OSCAR MUÑOZ: INVISIBILIA

VANESSA K. DAVIDSON
Curator/Curadora and Editor/Editora

**EXHIBITION ITINERARY/
ITINERARIO DE LA EXPOSICIÓN:**

Phoenix Art Museum, Phoenix, Arizona
September 11, 2021—January 16, 2022

Blanton Museum of Art, Austin, Texas
The University of Texas at Austin
February 20, 2022—June 5, 2022

CONTRIBUTORS/CONTRIBUIDORES:

FLORENCIA BAZZANO
NATALIA BRIZUELA
VANESSA K. DAVIDSON
JOAN FONTCUBERTA
MARTA GILI
MARIÁNGELA MÉNDEZ
OSCAR MUÑOZ
MARÍA INÉS RODRÍGUEZ
KARINA SALCIDO
ELENA SHTROMBERG
ROBERT STORR
ALEJANDRA USLENGHI

**PHOENIX ART MUSEUM
BLANTON MUSEUM OF ART**

**HIRMER PUBLISHERS
GERMANY**

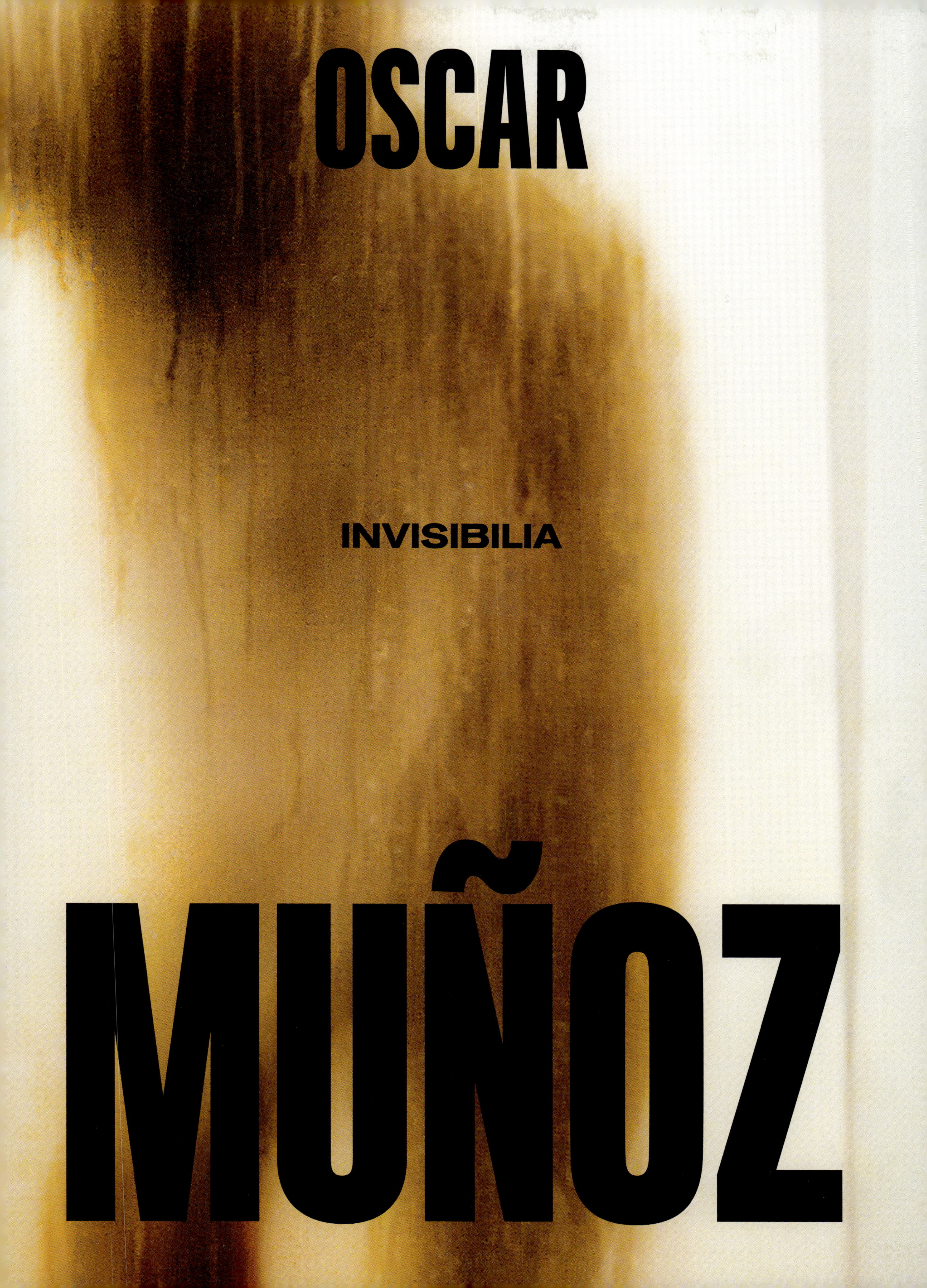

OSCAR

INVISIBILIA

MUÑOZ

CONTENTS

6 DIRECTOR'S FOREWORD
Phoenix Art Museum
Tim Rodgers

8 DIRECTOR'S FOREWORD
Blanton Museum of Art
Simone Jamille Wicha

10 PROLOGUE: MAKING THE INVISIBLE VISIBLE
Vanessa K. Davidson

14 PRESENCE/ABSENCE

36 INVISIBILIA
Vanessa K. Davidson

56 THE CITY, MEMORY, AND LIGHT: IMPRESSIONS IN THE EARLY WORK OF OSCAR MUÑOZ
Mariángela Méndez

71 LUGAR A DUDAS, AN ENCOURAGING SIGN: A CONVERSATION WITH OSCAR MUÑOZ
María Inés Rodríguez and Oscar Muñoz

ÍNDICE

7 PREFACIO DEL DIRECTOR
Museo de Arte de Phoenix
Tim Rodgers

9 PREFACIO DE LA DIRECTORA
Museo de Arte Blanton
Simone Jamille Wicha

11 PRÓLOGO: HACER VISIBLE LO INVISIBLE
Vanessa K. Davidson

14 PRESENCIA/AUSENCIA

36 INVISIBILIA
Vanessa K. Davidson

56 LA CIUDAD, LA MEMORIA Y LA LUZ: IMPRESIONES EN LA OBRA TEMPRANA DE OSCAR MUÑOZ
Mariángela Méndez

71 LUGAR A DUDAS, UNA SEÑAL ALENTADORA: UNA CONVERSACIÓN CON OSCAR MUÑOZ
María Inés Rodríguez and Oscar Muñoz

86 MEMORY/AMNESIA

110 TRACES
Robert Storr

116 OF BODIES AND CRITICAL PATIENCE: A LETTER TO OSCAR MUÑOZ
Marta Gili

130 APPEARANCE/DISAPPEARANCE

156 THE IMAGE-THOUGHT
Alejandra Uslenghi

172 CONJURING THE IMAGE: OSCAR MUÑOZ IN CONVERSATION WITH ELENA SHTROMBERG
Elena Shtromberg and Oscar Muñoz

176 A THRESHOLD OF SUSPENSION: BETWEEN THE FIXED AND THE MOVING IMAGE
Oscar Muñoz

190 COHESION/FRAGMENTATION

216 STARDUST: NOTES ON CARBON, LIFE, AND BECOMING GRAY IN OSCAR MUÑOZ
Natalia Brizuela

234 LIGHTNESS OF THE SHADOW, PRAISE OF THE STAIN: SOME FOOTNOTES ON OSCAR MUÑOZ
Joan Fontcuberta

250 CHRONOLOGY
Florencia Bazzano

272 SELECTED BIBLIOGRAPHY
Karina Salcido

280 CHECKLIST OF THE EXHIBITION

284 ACKNOWLEDGMENTS

86 MEMORIA/AMNESIA

110 TRAZOS
Robert Storr

116 DE LOS CUERPOS Y DE LA PACIENCIA CRÍTICA. CARTA A OSCAR MUÑOZ
Marta Gili

130 APARCICIÓN/DESAPARICIÓN

156 LA IMAGEN-PENSAMIENTO
Alejandra Uslenghi

172 INVOCAR LA IMAGEN: OSCAR MUÑOZ EN CONVERSACIÓN CON ELENA SHTROMBERG
Elena Shtromberg and Oscar Muñoz

176 UN UMBRAL DE SUSPENSIÓN: ENTRE LA IMAGEN FIJA Y EN MOVIMIENTO
Oscar Muñoz

190 COHESIÓN/FRAGMENTACÓN

216 POLVO DE ESTRELLAS: NOTAS SOBRE EL CARBONO, LA VIDA Y EL HECHO DE VOLVERSE GRIS EN OSCAR MUÑOZ
Natalia Brizuela

234 LEVEDAD DE LA SOMBRA, ELOGIO DE LA MANCHA: ALGUNAS NOTAS A PIE DE PÁGINA SOBRE OSCAR MUÑOZ
Joan Fontcuberta

250 CHRONOLOGÍA
Florencia Bazzano

272 BIBLIOGRAFÍA SELECCIONADA
Karina Salcido

280 LISTA DE OBRAS DE LA EXPOSICIÓN

285 RECONOCIMIENTOS

DIRECTOR'S FOREWORD PHOENIX ART MUSEUM

Phoenix Art Museum is proud to present the first US retrospective of Colombian artist Oscar Muñoz. A project four years in the making, *Oscar Muñoz: Invisibilia* offers an in-depth look at the artist's practice over the past six decades, including new work to be displayed for the first time. Muñoz's body of work, both engaging and elusive, will equally fascinate the museum's many diverse audiences, from schoolchildren and scholars of art and Latin American history, to first-time and frequent visitors alike. The artist's imagery draws from the history of his homeland and the impact of decades of violence and injustice, but the imprints of this trauma on the collective consciousness are filtered through a slanted lens that imbues the familiar with new meaning and dimension. Through Muñoz's work, audiences will learn the value of close looking and patience; this artist rewards those who linger.

We are delighted to partner with the Blanton Museum of Art on this singular exhibition. Their commitment to the study and display of art from Latin America is matched by our own dedication to Latin American art of historical and contemporary significance. The Blanton was the first museum in the United States to establish a department dedicated to Latin American art, and Phoenix Art Museum was the second.

We thank Simone Jamille Wicha, the director of the Blanton Museum, for her invaluable collaboration on this project, as well as exhibition curator Vanessa K. Davidson, PhD, who formerly served as the Shawn and Joe Lampe Curator of Latin American Art at Phoenix Art Museum, for her ongoing commitment to this exhibition at both institutions. It is our hope that this long-overdue spotlight on this seminal Colombian artist will lend visibility to the *invisibilia* that comprises Oscar Muñoz's radical practice. Through our collective efforts, visitors from across the country will experience the ways in which his ongoing deconstruction of photography creates specters that live on in the mind long after their physical manifestations fade into disappearance.

TIM RODGERS
The Sybil Harrington Director, Phoenix Art Museum

PREFACIO DEL DIRECTOR
MUSEO DE ARTE DE PHOENIX

El Museo de Arte de Phoenix se enorgullese en presentar la primera retrospectiva en los Estados Unidos del artista colombiano Oscar Muñoz. *Oscar Muñoz: Invisibilia*, un proyecto en preparación desde hace cuatro años, ofrece una mirada profunda a la práctica de este artista durante las últimas seis décadas, incluyendo trabajos recientes todavía inéditos. La obra de Muñoz, a la vez atractiva y elusiva, fascinará por igual al público diverso del museo, desde los niños de la escuela y los expertos en el arte y la historia de América Latina hasta a nuestros visitantes más frecuentes o más nuevos. La imaginería del artista se basa en la historia de su país natal y el impacto de décadas de violencia e injusticia, pero las huellas de este trauma en la conciencia colectiva se filtran a través de una lente oblicua que dimensiona lo familiar con nuevos significados. Por medio de la obra de Muñoz, el público aprenderá el valor de la mirada cercana y paciente; este artista premia a los observadores sin prisa.

Estamos encantados de colaborar con el Museo de Arte Blanton en esta muestra singular. El compromiso de esta institución con la investigación y exposición del arte de América Latina coincide con nuestra propia dedicación al arte latinoamericano de importancia histórica y contemporánea. El Blanton fue el primer museo de los Estados Unidos en establecer un departamento dedicado al arte latinoamericano, y el Museo de Arte de Phoenix fue el segundo en hacerlo.

Agradecemos a Simone Jamille Wicha, Directora del Museo de Arte Blanton, por su invaluable colaboración en este proyecto, así como a la Dra. Vanessa K. Davidson, quien se desempeñó como Curadora de Arte lLatinoamericano Shawn y Joe Lampe en el Museo de Arte de Phoenix, por su compromiso con esta exposición en ambas instituciones. Esperamos que la retrospectiva de este influyente artista colombiano confiera visibilidad a la *invisibilia* que comprende la práctica radical de Oscar Muñoz. A través de nuestros esfuerzos colectivos, los visitantes de todo el país podrán experimentar las formas en que su continua deconstrucción de la fotografía crea espectros que viven en la mente del observador mucho después de que sus manifestaciones físicas se desvanecen hasta desaparecer.

TIM RODGERS
El Director Sybil Harrington, Museo de Arte de Phoenix

DIRECTOR'S FOREWORD
BLANTON MUSEUM OF ART

It is an honor to host the first retrospective of Oscar Muñoz's work in the United States, which will help bring greater awareness to the remarkable work of a leading contemporary artist whose major US debut is long overdue. *Oscar Muñoz: Invisibilia* promises to be as visually arresting and thought-provoking to students of all ages as it will be to members of our diverse Austin community.

The Blanton acquired its first works by Muñoz in the early 1990s, gifts of visionary collector of Latin American art Barbara Duncan. The museum later added *Narcisos secos* (*Dry Narcissi*) (1994–95) to its collection of Muñoz's work, which has been featured in numerous exhibitions and collection rotations at the Blanton throughout the years. This piece speaks to global issues of identity, political freedom, and also the fundamental transience of images and the fragility of life—key themes in Muñoz's body of work—and it captivates viewers' imaginations whenever we put it on display.

Exhibiting, collecting, and producing new scholarship about modern and contemporary art from Latin America has been a core element of the Blanton's program since its foundation in 1963, when it became one of the first museums in the US with a focus on the art the Americas.

Founding museum director Donald Goodall's interest in acquiring Latin American art was ahead of its time. He traveled around South America in the late 1960s buying art for the museum, which came to the attention of Barbara Duncan and her husband John, who ultimately gave over 300 works to the Blanton. From there, the collection steadily grew thanks to an expanding community of supporters, most notably Judy and Charles Tate, UT alumni and Blanton National Leadership Board members who in 2014 made a transformative gift of modern and contemporary Latin American artworks to the museum, and Patricia Phelps de Cisneros, who has also donated a wide range of work to the Blanton.

The Blanton was the first museum in the country to establish a curatorial department devoted in Latin American art in 1988. Although twentieth-century Colombian art is one of the cornerstones of our vast and varied collection, we have never before had an exhibition focused solely on art from this country. This project is therefore timely. In addition, as the first substantial monograph on Muñoz's work in English, this publication also represents a significant contribution to scholarship, while helping to disseminate Muñoz's body of work to English-speaking audiences.

In 2019, the museum welcomed Vanessa K. Davidson as its new Curator of Latin American Art. A leader in the field who has organized exhibitions on many major figures in Latin American art, Vanessa had been working closely with Muñoz on this important survey for nearly three years when she came to the Blanton, leading to a partnership between the Blanton and Phoenix Art Museum, to present Muñoz's radical body of work at both institutions.

We are delighted to partner with Phoenix Art Museum to present *Oscar Muñoz: Invisibilia*. I am also deeply grateful to Oscar for entrusting us with the honor of showcasing this remarkable survey of his work. Through this exhibition and catalogue, we aim to expand understandings of one of Colombia's most significant contemporary artists, while also furthering the Blanton's mission to educate, to inspire, and to enrich the lives of our community through encounters with ground-breaking visual art.

SIMONE JAMILLE WICHA
Director, Blanton Museum of Art

PREFACIO DE LA DIRECTORA MUSEO DE ARTE BLANTON

Es un honor presentar la primera retrospectiva de la obra de Oscar Muñoz en los Estados Unidos, la cual ayudará a crear una mayor conciencia sobre la extraordinaria obra de un destacado artista contemporáneo, cuya presentación al público de los Estados Unidos ha tardado demasiado en llegar. *Oscar Muñoz: Invisibilia* promete ser una muestra visualmente impactante e intelectualmente provocadora, tanto para los estudiantes de todas las edades como para los miembros de nuestra diversa comunidad de Austin.

El Blanton adquirió sus primeras obras de Muñoz a principios de la década de 1990 como un regalo de la visionaria coleccionista de arte latinoamericano Barbara Duncan. Más tarde, el museo añadió a su colección *Narcisos secos* (1994–1995), obra que ha sido incluida en numerosas exposiciones y en rotaciones de la colección del museo a lo largo de los años. Esta pieza, que habla de cuestiones globales relacionadas con la identidad, la libertad política así como la fugacidad de las imágenes y la fragilidad de la vida, temas claves en la obra de Muñoz, cautiva la imaginación de los visitantes cada vez que la exponemos.

Exponer, coleccionar y generar nuevos estudios sobre el arte moderno y contemporáneo de América Latina, ha sido un elemento central del programa del Blanton desde su fundación en 1963, convirtiéndose en uno de los primeros museos de los Estados Unidos enfocado en el arte de las Américas. El fundador y director del museo, Donald Goodall, se adelantó a su tiempo al mostrar un interés por adquirir este arte. A fines de los años sesenta, viajó por Sudamérica para comprar arte para el museo, lo que llamó la atención de Barbara Duncan y su esposo John, quienes donaron más de 300 obras latinoamericanas a la colección. Desde entonces, la colección ha crecido de manera constante gracias a una comunidad de personas que han seguido apoyando al museo. Mencionamos particularmente a Judy y Charles Tate, ex alumnos de la Universidad de Texas y miembros del Consejo Nacional de Liderazgo del Blanton, quienes hicieron, en el 2014, una transformadora donación al museo de obras latinoamericanas modernas y contemporáneas, y a Patricia Phelps de Cisneros, quien también ha donado al Blanton una amplia gama de obras.

El Blanton fue el primer museo del país en crear, en 1988, un departamento de curaduría dedicado al arte latinoamericano. Una de las piedras angulares de nuestra vasta y variada colección es, precisamente, el arte colombiano del siglo XX. Sin embargo, nunca antes habíamos organizado una exposición centrada únicamente en el arte de ese país. Por lo tanto, este proyecto es sumamente oportuno. Además, la publicación de esta monografía, la primera en inglés en abordar sustancialmente el trabajo de Muñoz, representa una contribución significativa al campo de la historia del arte, y a la difusión de la obra de Muñoz en el público de habla inglesa.

En el 2019, Vanessa K. Davidson se convirtió en la nueva Curadora de Arte Latinoamericano del museo. Líder en el área, Vanessa ha organizado exposiciones sobre figuras importantes del arte latinoamericano, y venía trabajando estrechamente con Muñoz durante casi tres años a su llegada al Blanton. Esto llevó a una colaboración entre el Blanton y el Museo de Arte de Phoenix con el objetivo de presentar la obra experimental de Muñoz en ambas instituciones.

Estamos encantados de colaborar con el Museo de Arte de Phoenix para presentar *Oscar Muñoz: Invisibilia*. También estoy profundamente agradecida a Oscar por confiarnos el honor de exponer esta notable retrospectiva de su trabajo. Nuestro objetivo en presentar esta exposición y este catálogo que la acompaña es ampliar la comprensión de uno de los artistas contemporáneos más importantes de Colombia, y al mismo tiempo, estimular la misión del Blanton de educar, inspirar y enriquecer la vida de nuestra comunidad a través de encuentros con un arte visual innovador.

SIMONE JAMILLE WICHA
Directora, Museo de Arte Blanton

PROLOGUE: MAKING THE INVISIBLE VISIBLE

VANESSA K. DAVIDSON

Invisibilia is the first retrospective of Colombian artist Oscar Muñoz's work in the United States. Although he has had large-scale survey exhibitions throughout Europe and Latin America, this project will introduce US audiences to a broad scope of his evolving practice. Beginning with Muñoz's early stark charcoal drawings from the late 1970s and early 1980s, whose approach to light and shadow continued to impact his aesthetic in later photographic and video works, the exhibition presents approximately fifty exemplary works from his most evocative series created since the late 1980s to the present day. New work created between 2019 and 2021, yet to be seen, will also debut in the exhibition.

This exhibition is divided into four thematic sections to reflect the diverse themes underlying Muñoz's radical proposals. Rooted in dichotomies of **Presence/Absence**, **Memory/Amnesia**, **Appearance/Disappearance**, and **Cohesion/Fragmentation**, these flexible categories interconnect and intertwine; one flows into the next. These themes underlie his production writ large in different ways, not only in concept and content, but also in Muñoz's chosen methods. Rather than respecting chronology, these four thematic nuclei present a practice in flux, an artist continuously experimenting with new artistic means as he seeks to define and refine his philosophies by deconstructing the medium of photography. These thematic axes function on both literal and metaphorical levels, and passages between them are fluid.

Presence/Absence encompasses works that refer to shadowy lacunae where once there was concrete form or a physical being. It also refers to the tension between our ability to see and our blindness to experiences or histories that are physically altered, erased, replaced, or obscured from view or those that we might rather forget. Interplays between positive versus negative space, and the physical trace versus emptiness define the mechanics of many of these artworks.

Memory/Amnesia refers first to the impossibility of permanence, especially when relating to memory and to the image itself, both of which are as impermanent and imperfect as they can be evanescent and subject to corrosion or transfiguration over time. Past and present collide and inform one another; empty monuments stand as testaments to our collective tendency toward social amnesia. Changes in perspective recast histories in different slants. Constructions of knowledge and of identity are here juxtaposed with ambiguity and anonymity.

Appearance/Disappearance is founded on works that often operate cyclically, as images, like memories, fade then coalesce again before the eye and in the mind. Frequently serial in nature, repetition with slight variation acts to evoke the irrevocable elapse of time and the unrelenting march of history, but also to question how these are conceptually constructed. Many of these works trigger associations with the fragility of life and the precarious nature of the image itself.

Cohesion/Fragmentation alludes to processes as well as conceptual content. Pieces dissolve into fragments, both literal and metaphorical, and we must strive to seek unity from elusive visual clues that resist cohesion. Many such works evolve over the passage of time, and we are but fleeting witnesses to their unfolding. Others require us to become active participants in their realization, prompting us to question our complacency in how we perceive the world around us.

This publication constitutes the first substantive monograph on Muñoz's work in English, building on foundational scholarship in Spanish. It aims to contribute to the field of study of conceptual photography both within and beyond the Latin American context. In addition, this catalogue is the first to consider the entire span of Muñoz's career, beginning with his early works of the 1970s and continuing to

PRÓLOGO: HACER VISIBLE LO INVISIBLE

VANESSA K. DAVIDSON

Invisibilia es la primera retrospectiva de la obra del artista colombiano Oscar Muñoz en los Estados Unidos. Aunque en Europa y América Latina se han organizado importantes y exhaustivas exposiciones de su obra, la muestra actual presenta por primera vez al público estadounidense un amplio recorrido de de la práctica artística de Muñoz. Comenzando con sus primeros y austeros dibujos al carbón de finales de los años setenta y principios de los ochenta, cuyo tratamiento de la luz y la sombra también se refleja en posteriores trabajos fotográficos y de video, la exposición presenta, además, cerca de cincuenta obras fundamentales pertenecientes a sus series más significativas desde finales de la década de 1980 hasta la actualidad. También se presentarán por primera vez trabajos creados entre 2019 y 2021.

La exposición se divide en cuatro secciones temáticas que reflejan los diversos temas subyacentes las radicales propuestas de Muñoz. Articuladas en torno a las dicotomías **Presencia/Ausencia, Memoria/Amnesia, Aparición/Desaparición y Cohesión/ Fragmentación**, estas categorías flexibles se interconectan, entrelazan y fluyen entre sí. Se trata de temas que sustentan la producción de Muñoz de muy diversas maneras, no solo desde el punto de vista conceptual y de contenido, sino también en los métodos elegidos por el artista. Más que respetar la cronología, estos cuatro núcleos temáticos presentan una labor artística en constante cambio, y a un artista que experimenta continuamente con nuevos medios artísticos al definir y refinar sus filosofías mediante la deconstrucción del medio fotográfico. Estos ejes temáticos funcionan, simultáneamente, de manera literal y metafórica, y se hallan conectados de manera fluida.

Presencia/Ausencia abarca obras que aluden a vacíos sombríos en los que alguna vez hubo una forma concreta o un ser físico. También se refiere a la tensión entre nuestra capacidad de ver y nuestra ceguera ante experiencias o historias que están físicamente alteradas, borradas, reemplazadas u ocultas, o aquellas que preferimos olvidar. Las interacciones entre el espacio positivo versus el negativo y la huella física versus el vacío articulan los mecanismos con las que operan muchas de estas obras de arte.

Memoria/Amnesia gira en torno a la imposibilidad de la permanencia, especialmente de la memoria y la imagen, cuya naturaleza impermanente e imperfecta está dada por su carácter evanescente y su sujeción a la corrosión o transfiguración temporal. Pasado y presente chocan y se entrelazan. Los monumentos vacíos dan testimonio de nuestra tendencia colectiva a la amnesia social. Los cambios de perspectiva dan forma a nuevas historias y enfoques. Las construcciones del conocimiento y de la identidad se yuxtaponen aquí con la ambigüedad y el anonimato.

Aparición/Desaparición reúne obras que a menudo operan cíclicamente, partiendo del concepto de que las imágenes, como los recuerdos, se desvanecen y luego se reconstruyen, tanto ante la vista como en la imaginación. Dada su frecuente naturaleza serial, la repetición con ligeras variaciones evoca el paso irrevocable del tiempo y la marcha implacable de la historia, pero también permite cuestionar la construcción conceptual de ambos fenómenos. Muchas de estas obras convocan a una reflexión sobre la fragilidad de la vida y la naturaleza precaria de la imagen misma.

Cohesión/Fragmentación alude a procesos y contenidos conceptuales. Estas piezas se disuelven en fragmentos, literales y metafóricos, por lo que debemos esforzarnos por buscar la unidad a partir de pistas visuales ambiguas que se resisten a la cohesión. Muchas de estas obras evolucionan con el paso del tiempo, haciéndonos testigos fugaces de su desarrollo. Otras requieren que participemos de manera activa en su realización, haciéndonos cuestionar nuestra complacencia con relación a la forma en que percibimos el mundo que nos rodea.

Esta publicación es la primera monografía significativa en inglés sobre la obra artística de Muñoz, basada en los aportes de estudios fundamentales publicados en

2020. Spanish translations are intended to facilitate the book's contribution to the ongoing international dialogue about this seminal artist's practice over the past fifty years. A new generation of scholars is included here, complementing more established voices with fresh perspectives. Rounding out the catalogue is a detailed chronology as well as an essay by Muñoz himself on his video works.

This project is long overdue. It seeks to contribute to knowledge and understandings of Oscar Muñoz's radical and thought-provoking practice in the United States, and to provide US audiences with a glimpse at innovative works rarely seen outside Colombia. In addition, it is hoped that this publication will become an important research resource in the field. Ultimately, the intention has been to elucidate the praxis, the philosophies, and the poetics underlying this seminal artist's body of work, which merits further recognition on the international stage.

FOTO-GRAFÍA (MÉTODO LUDOVICO) (PHOTO-GRAPHY [THE LUDOVICO TECHNIQUE]), 2018–20
Video Installation with sound (Video instalación con sonido), 17 min.
7 x 10 cm (2¾ x 3⅞ in.)
Collection of the artist

español. Su objetivo es contribuir al campo de estudio de la fotografía conceptual tanto dentro como fuera del contexto latinoamericano. Además, este catálogo constituye el primer recorrido abarcador de la carrera de Muñoz, desde sus primeros trabajos en la década de 1970 hasta el 2020. Las traducciones al español están destinadas a facilitar el diálogo internacional que tiene lugar en la actualidad sobre la práctica artística de este influyente artista a lo largo de cincuenta años. Una nueva generación de historiadores del arte ha sido aquí incluida para ofrecer nuevas perspectivas que complementen las de autores establecidos. Completan el catálogo una cronología detallada, así como un ensayo del propio Muñoz sobre sus videos.

Este proyecto debería haberse realizado hace mucho tiempo. Busca contribuir al conocimiento y la comprensión en los Estados Unidos de la labor artística radical y provocativa de Oscar Muñoz, así como también proporcionar al público de este país la oportunidad de ver obras innovadoras rara vez expuestas fuera de Colombia. Esta publicación, además, se propone como un importante recurso de investigación en su campo, dado el análisis detallado que en ella se ofrece de la praxis, las filosofías y las poéticas que subyacen en la obra de este artista seminal, cuyo reconocimiento internacional es más que merecido.

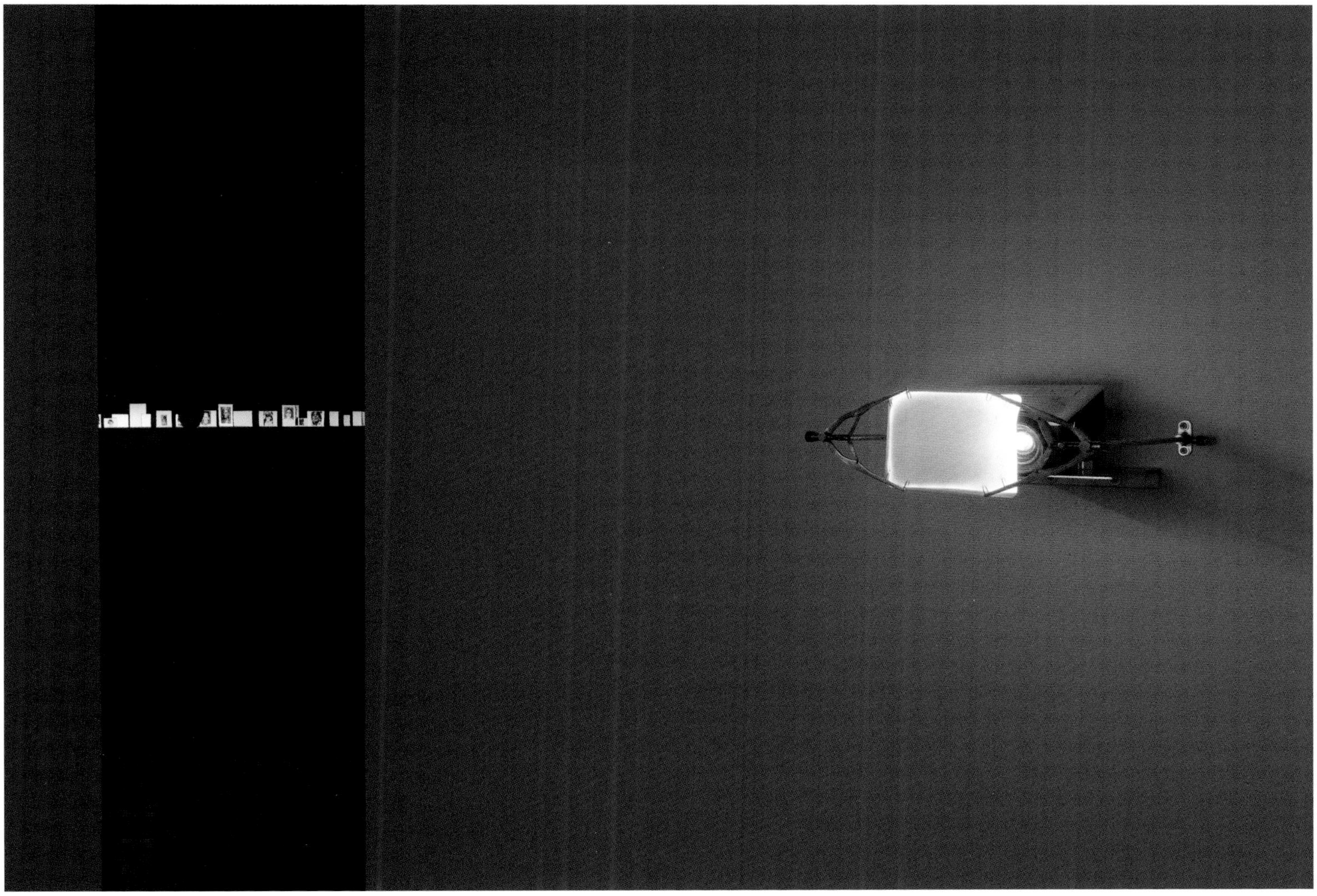

PRESENCE/ABSENCE

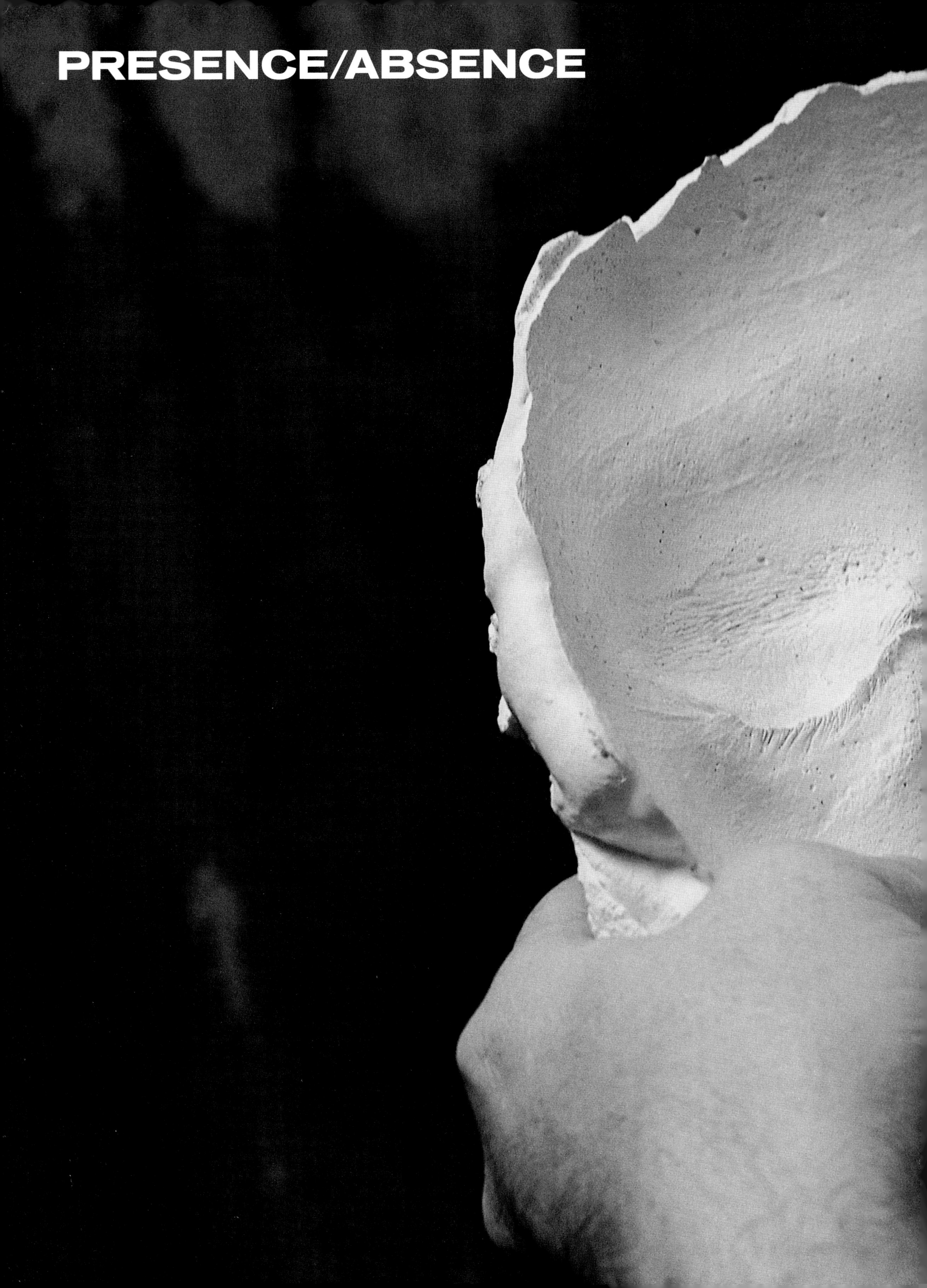

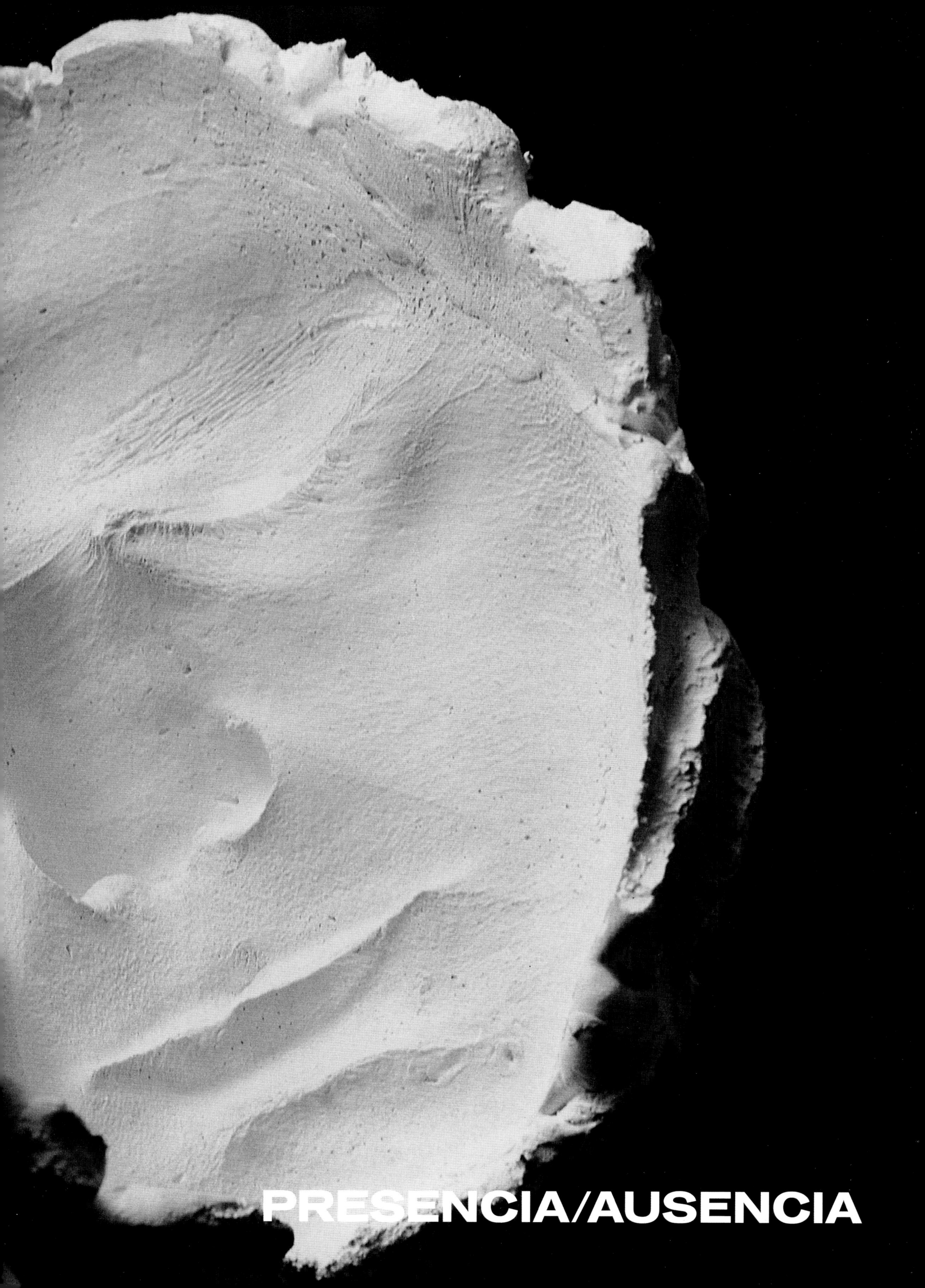

PRESENCIA/AUSENCIA

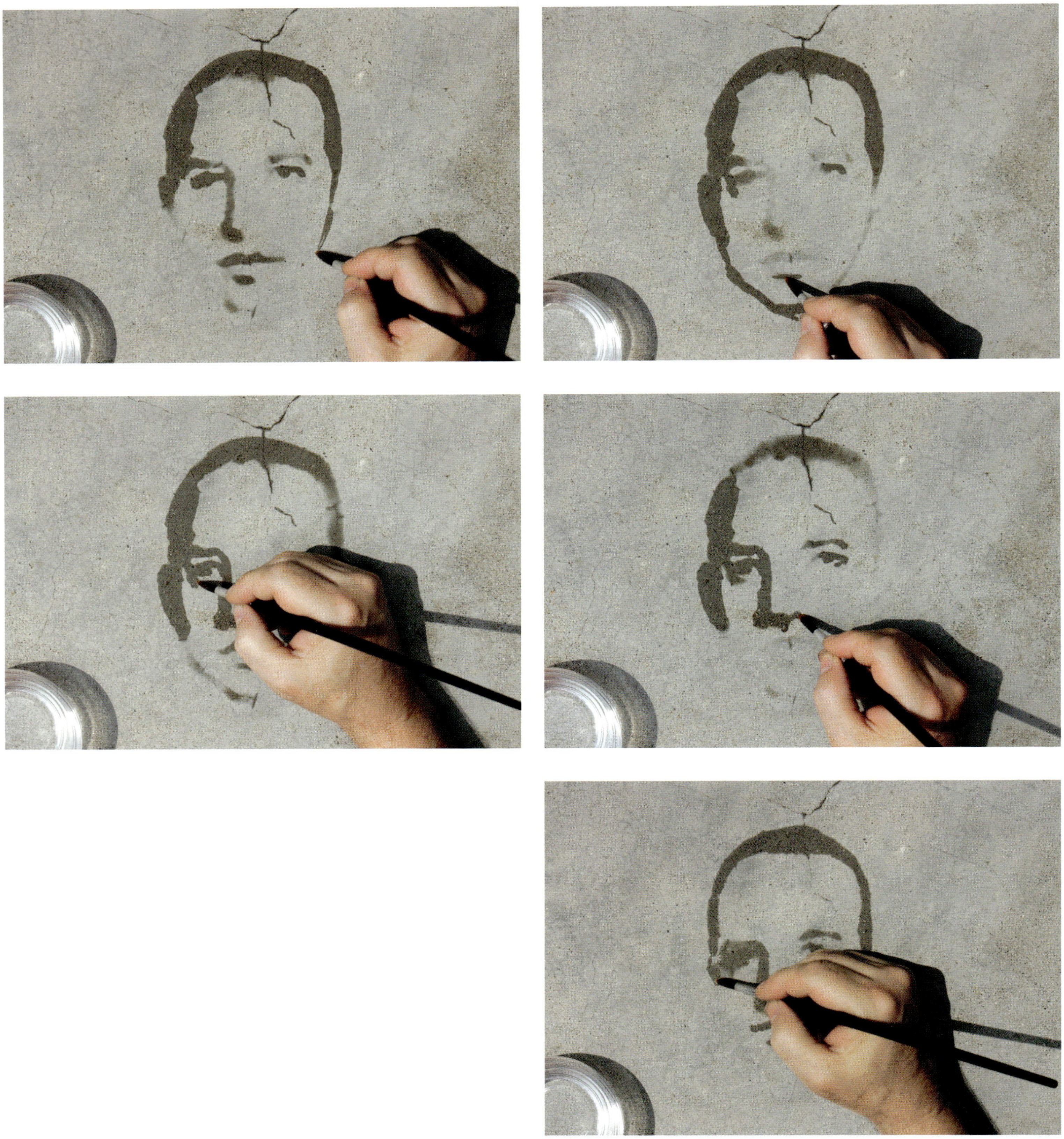

RE/TRATO (PORTRAIT/I TRY AGAIN), 2004
Single-channel video projection without sound
(Video monocanal, sin sonido), 28 min.
The Museum of Contemporary Art, Los Angeles,
Purchase with funds provided by the Jumex Fund for
Contemporary Latin American Art

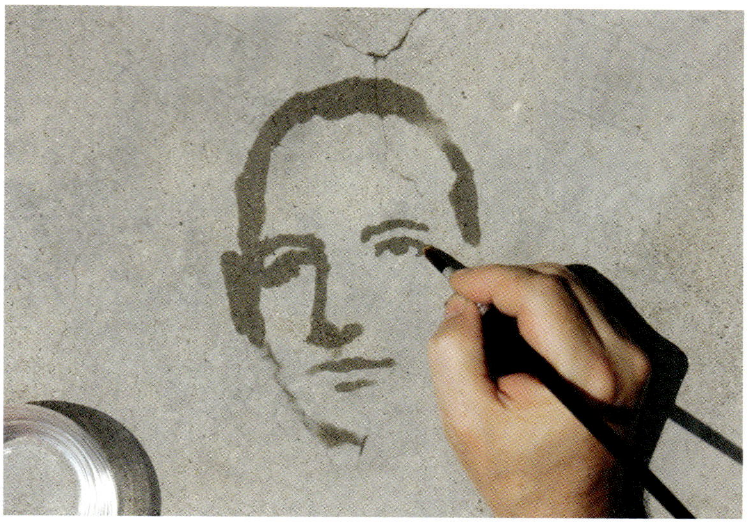

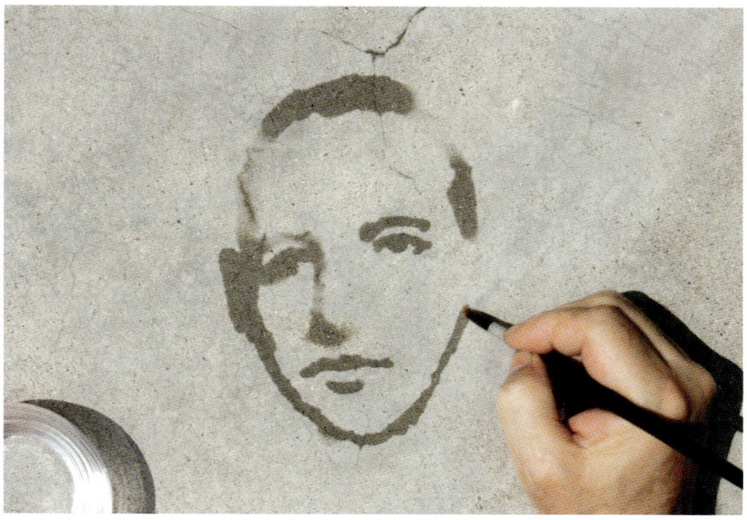

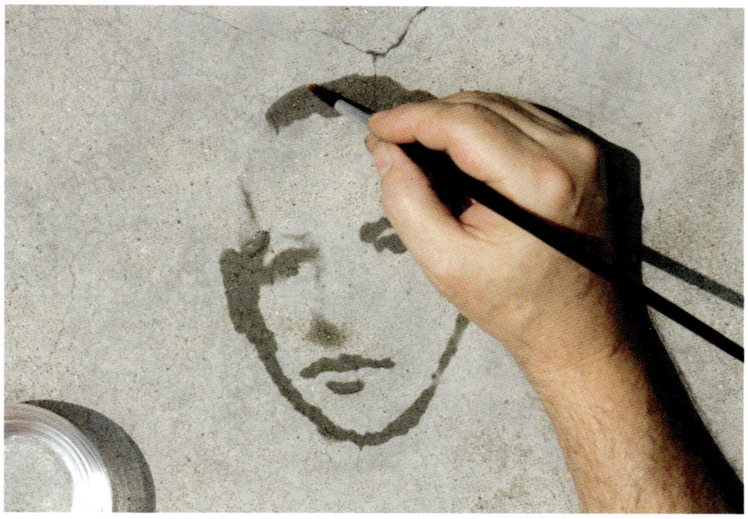

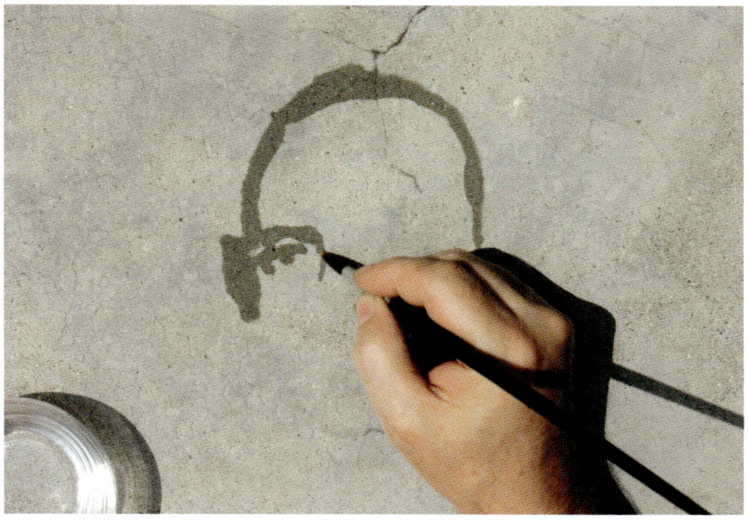

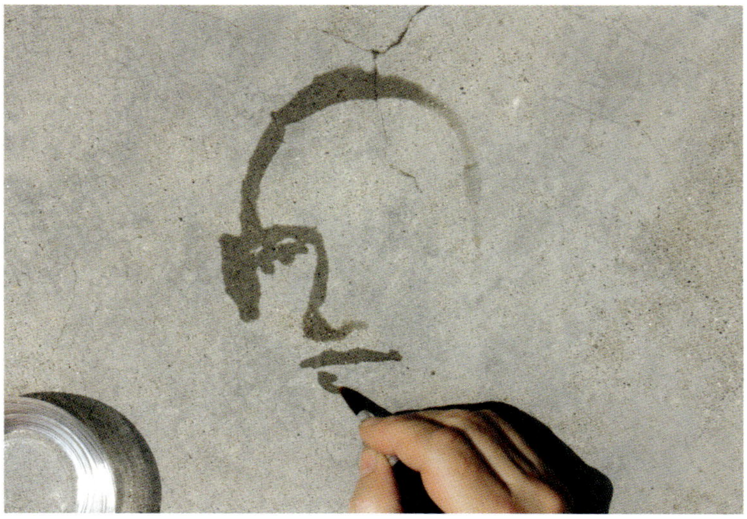

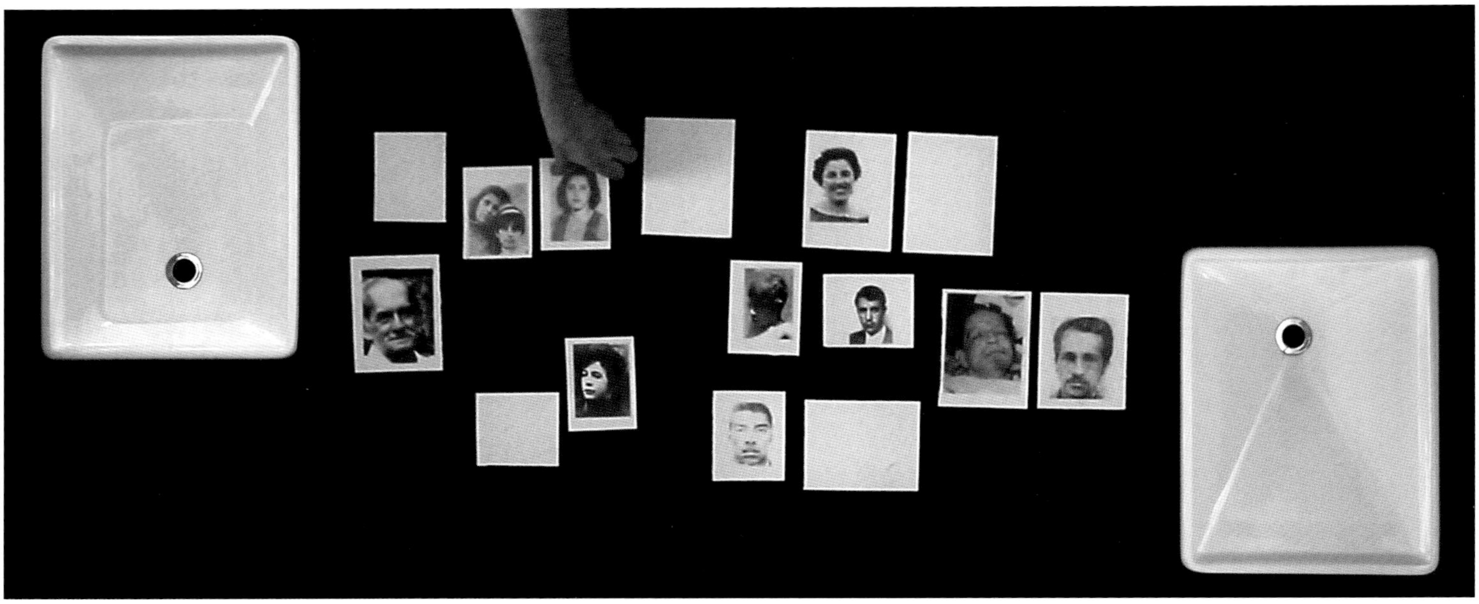

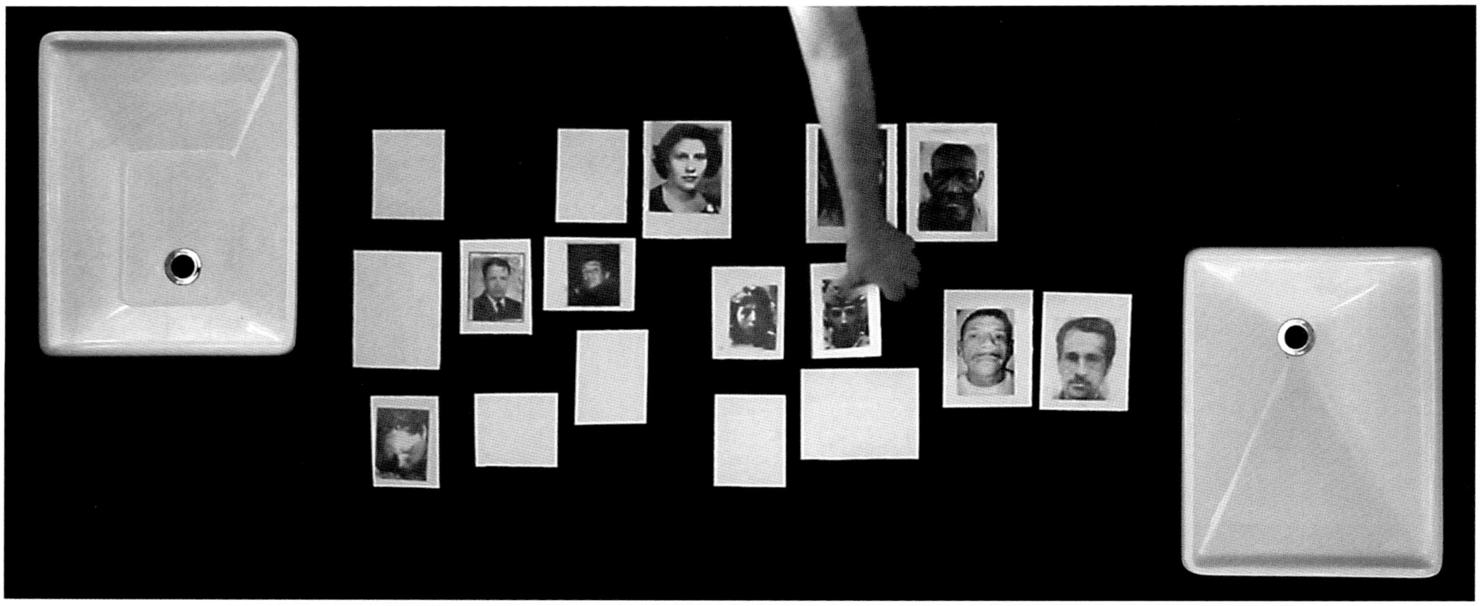

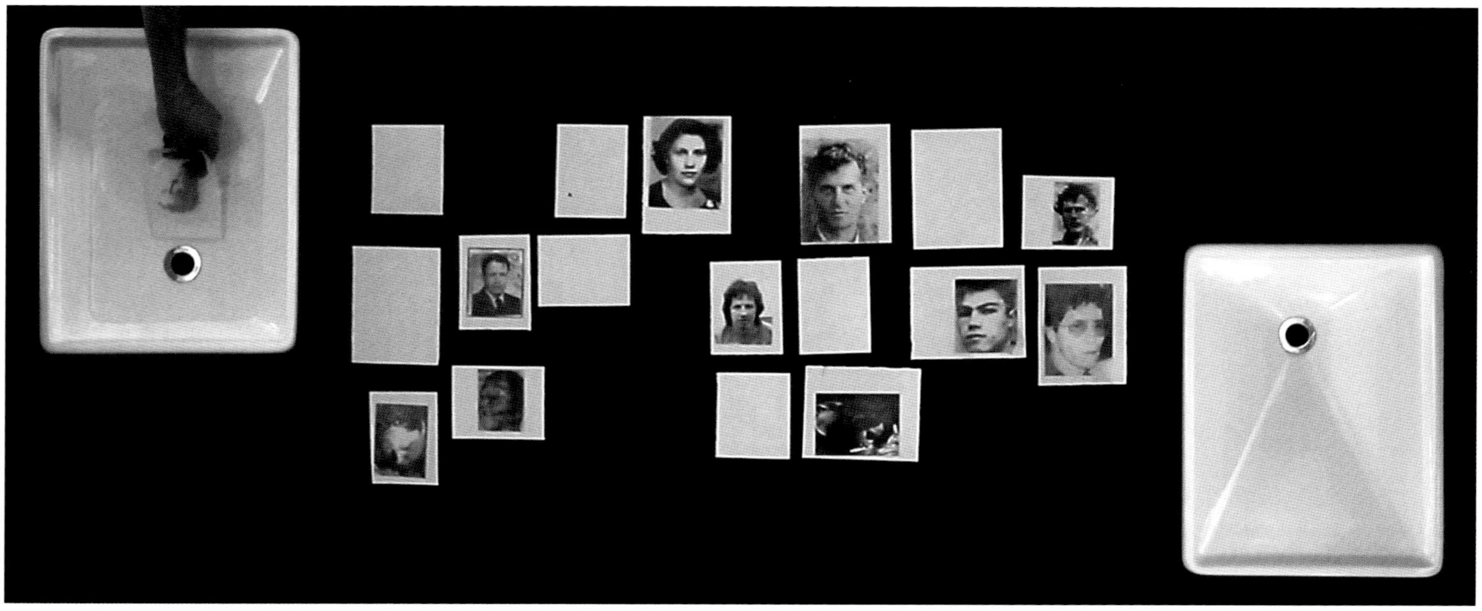

SEDIMENTACIONES (SEDIMENTATIONS), 2011
Blu-Ray video projection on three tables with sound (Video-proyección Blu-Ray sobre tres mesas con sonido), 36 min. 19 sec.
Collection of the artist

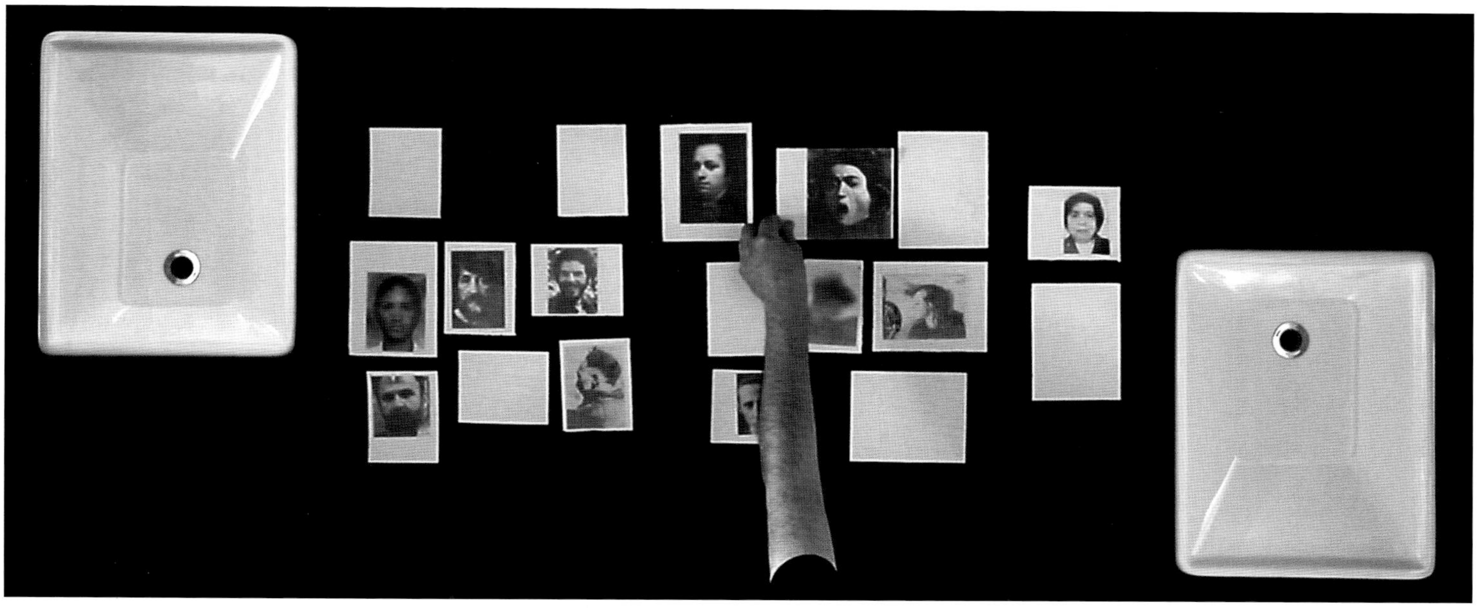

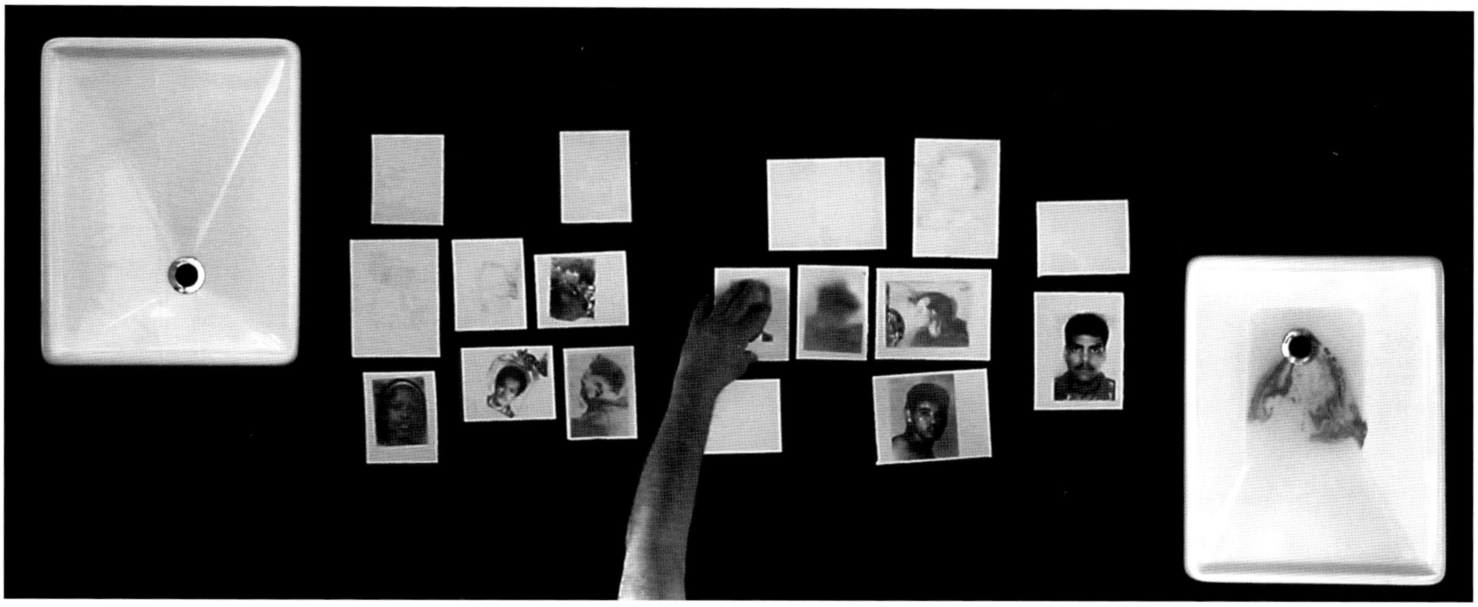

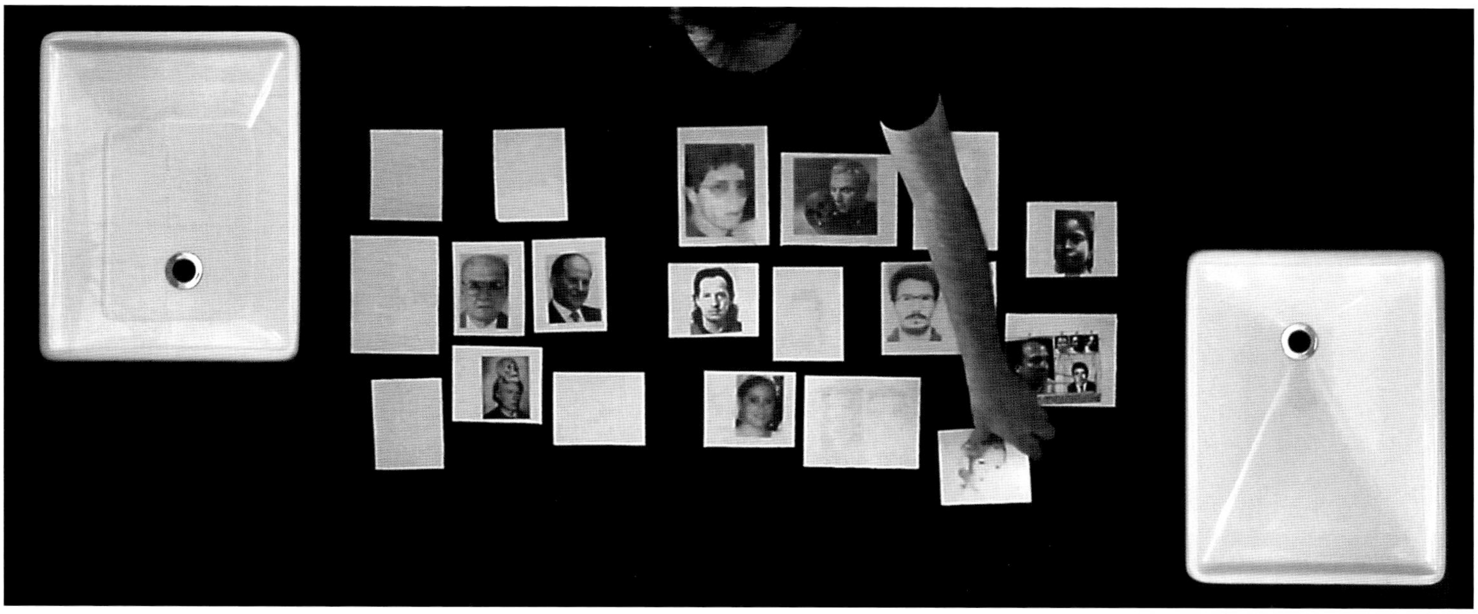

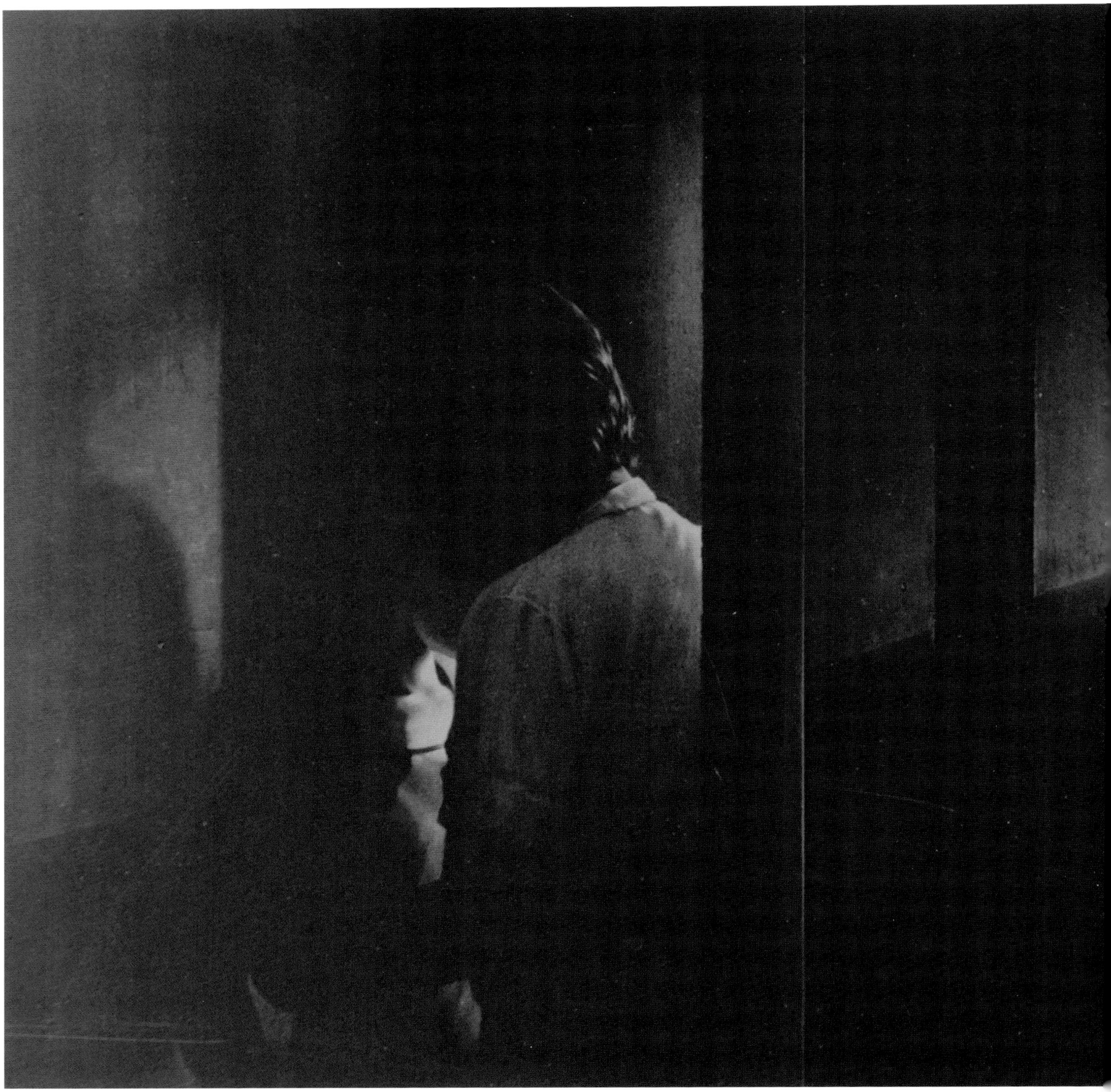

INQUILINATOS (TENEMENTS), 1976–78
Charcoal on paper (Lápiz carbón sobre papel)
100 x 190 cm (39⅜ x 74⅞ in.)
Collection of the Club Colombia, Cali, Colombia

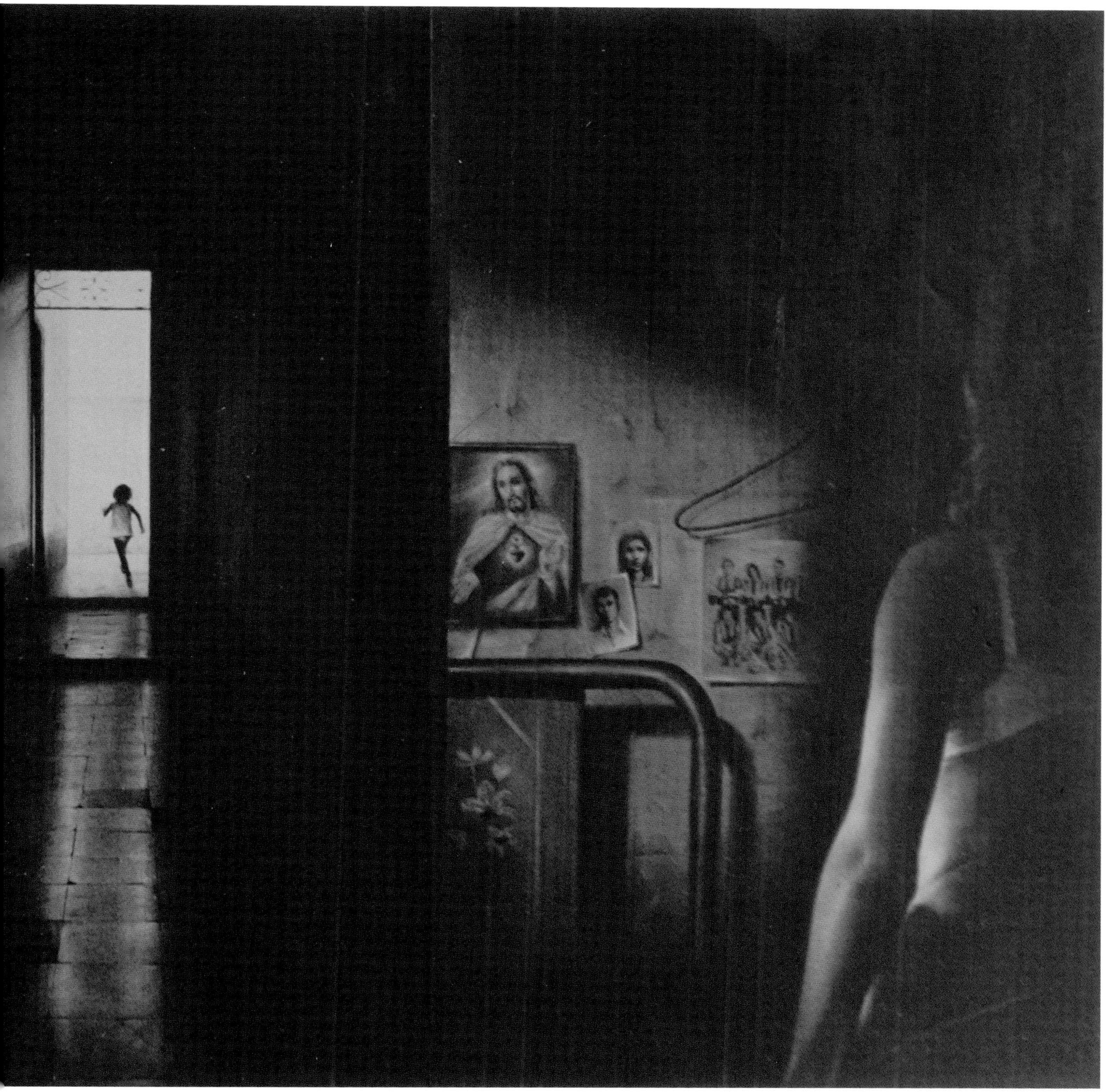

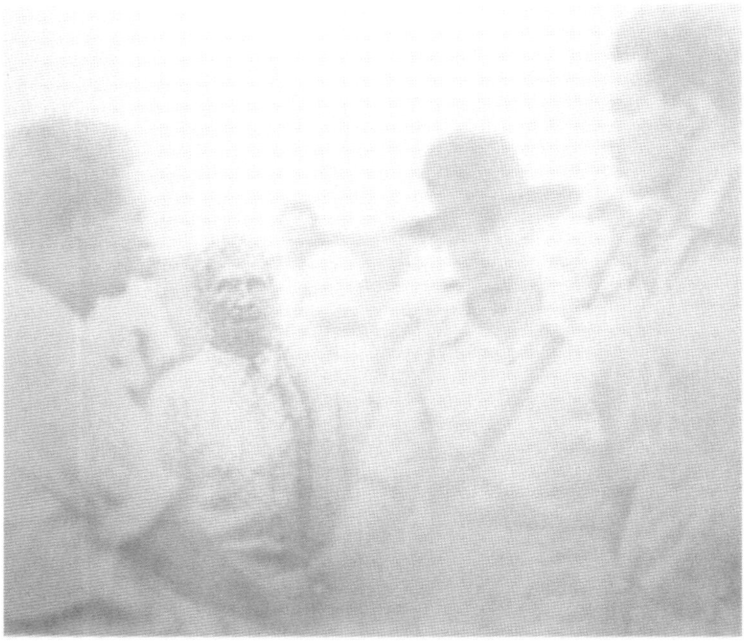

EL TESTIGO, SERIE IMPRESIONES DÉBILES (THE WITNESS, WEAK IMPRESSIONS SERIES), 2011
Print with charcoal powder on methacrylate (Impresión con polvo de carbón sobre metacrilato)
Three elements (Tres elementos): 73.5 x 85 cm each (29 x 33⅜ in.)
Collection of the artist

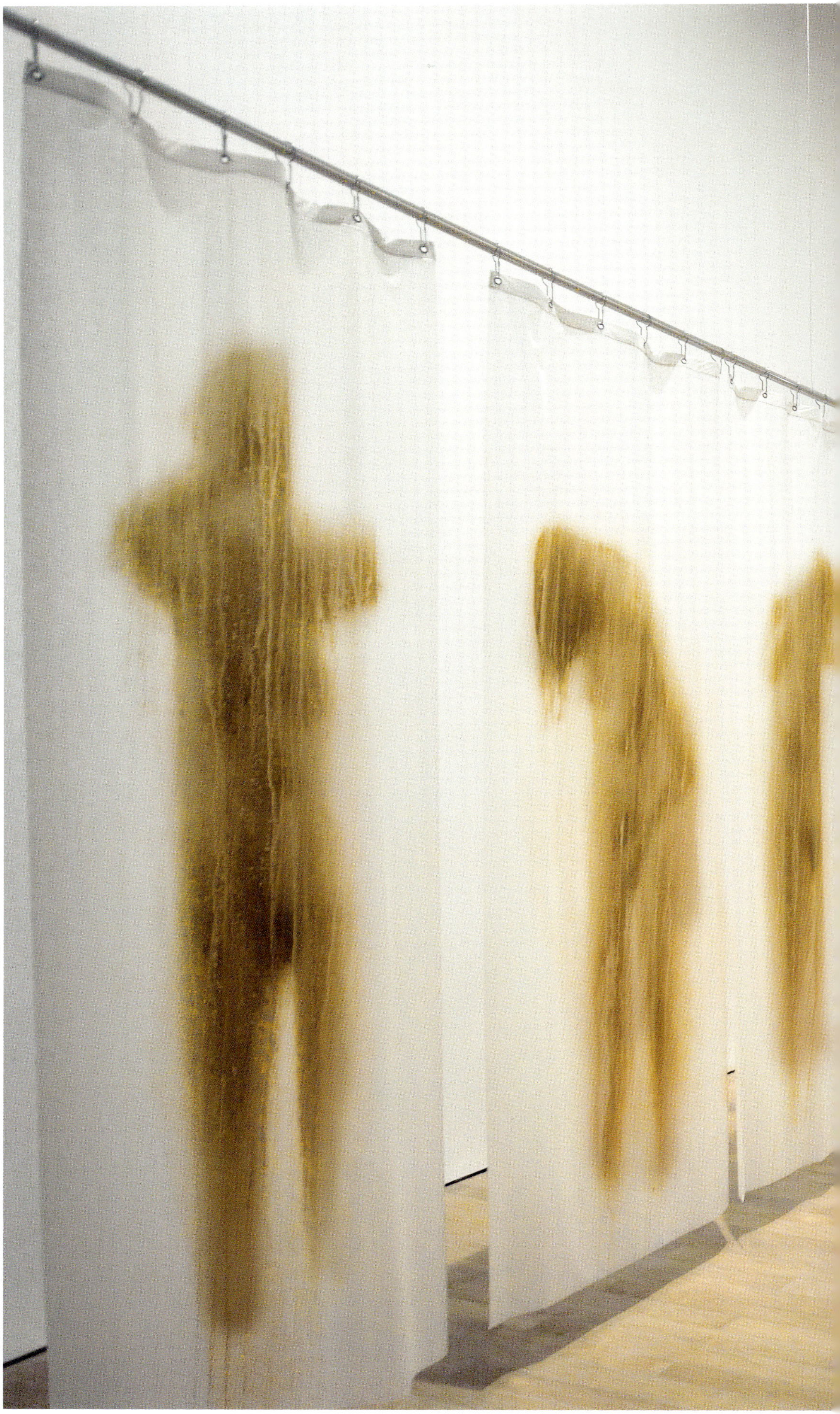

CORTINAS DE BAÑO (SHOWER CURTAINS), 1985–86
Acrylic on plastic (Acrílico sobre plástico)
Nine curtains, variable dimensions (Nueve cortinas, medidas variables)
Collection of the artist

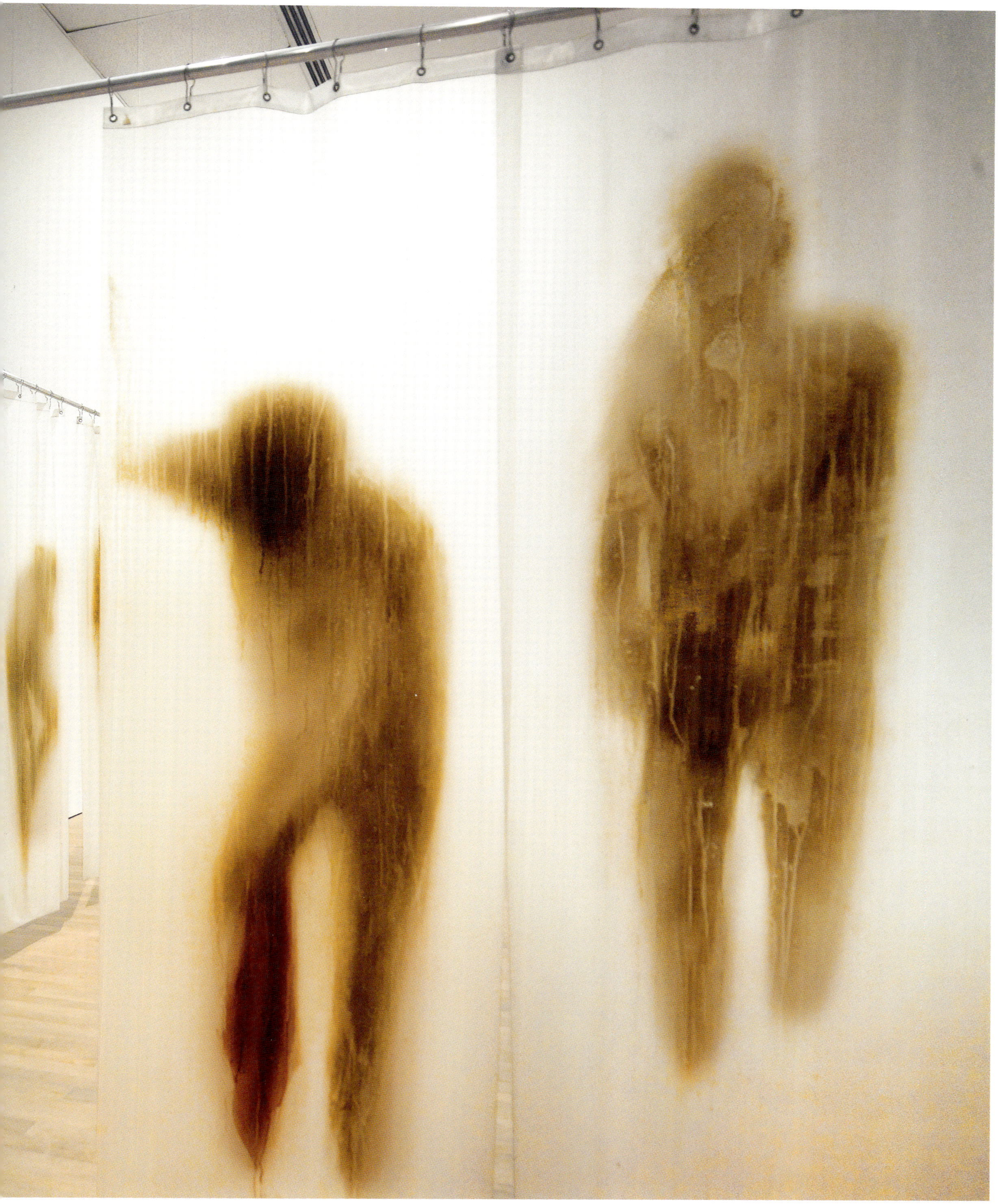

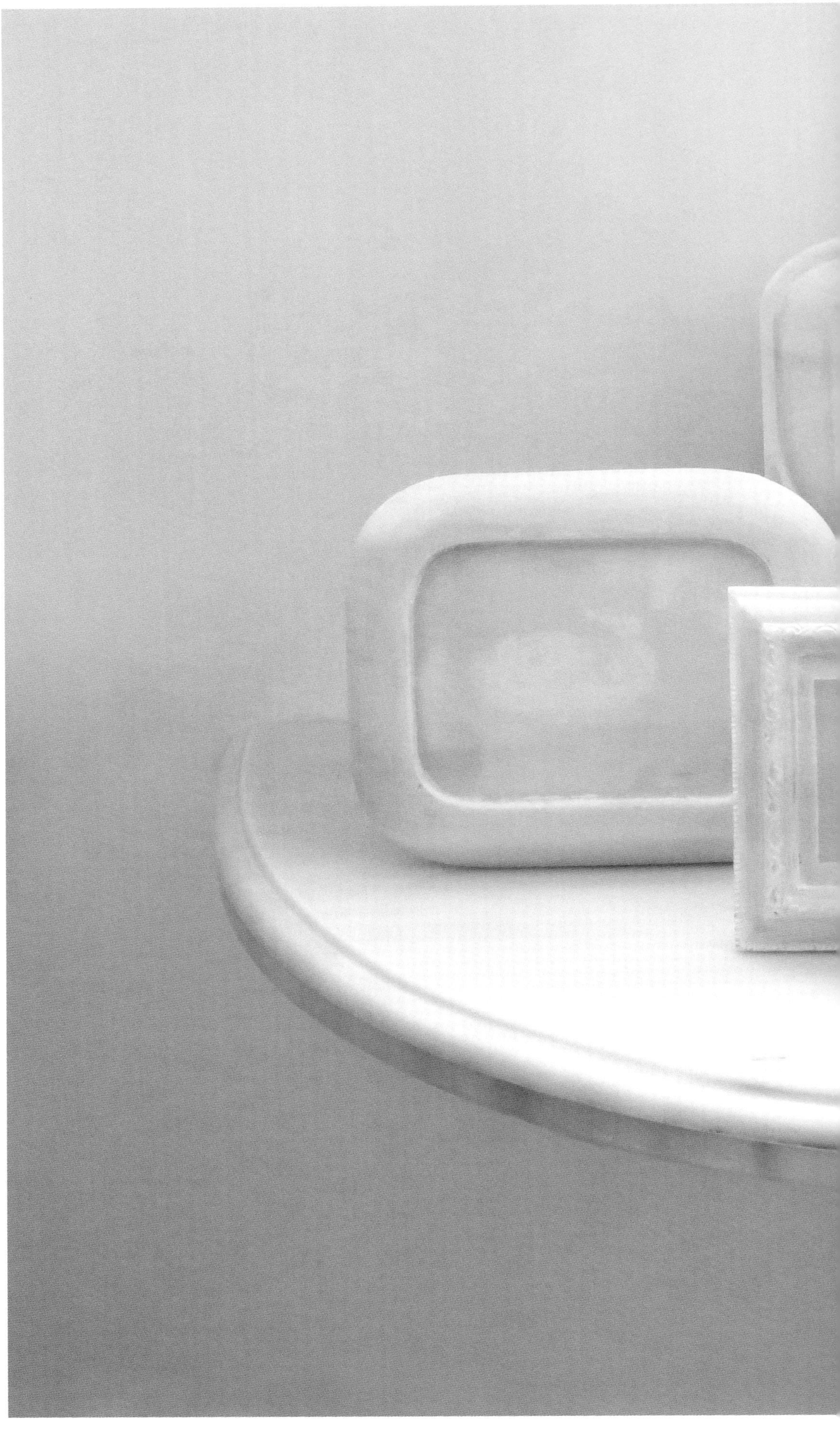

DOMÉSTICO (DOMESTIC), 2013–16
Eight carved marble picture frames on marble base
(Ocho portarretratos tallados sobre base de mármol)
Overall dimensions (Dimensión total): 80 x 40 x 40 cm (31⅜ x 15¾ x 15¾ in.)
Jorge M. Pérez Collection, Miami

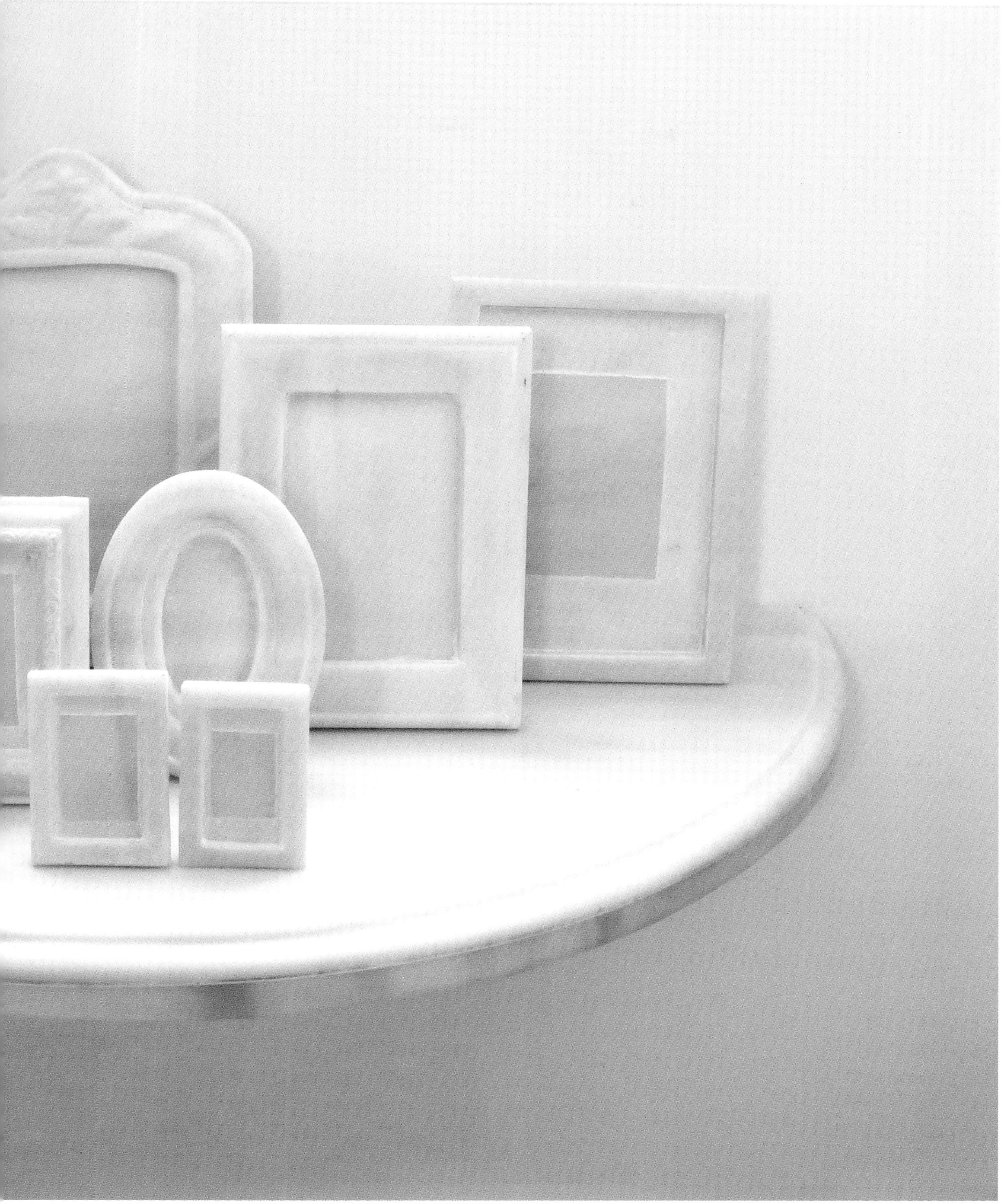

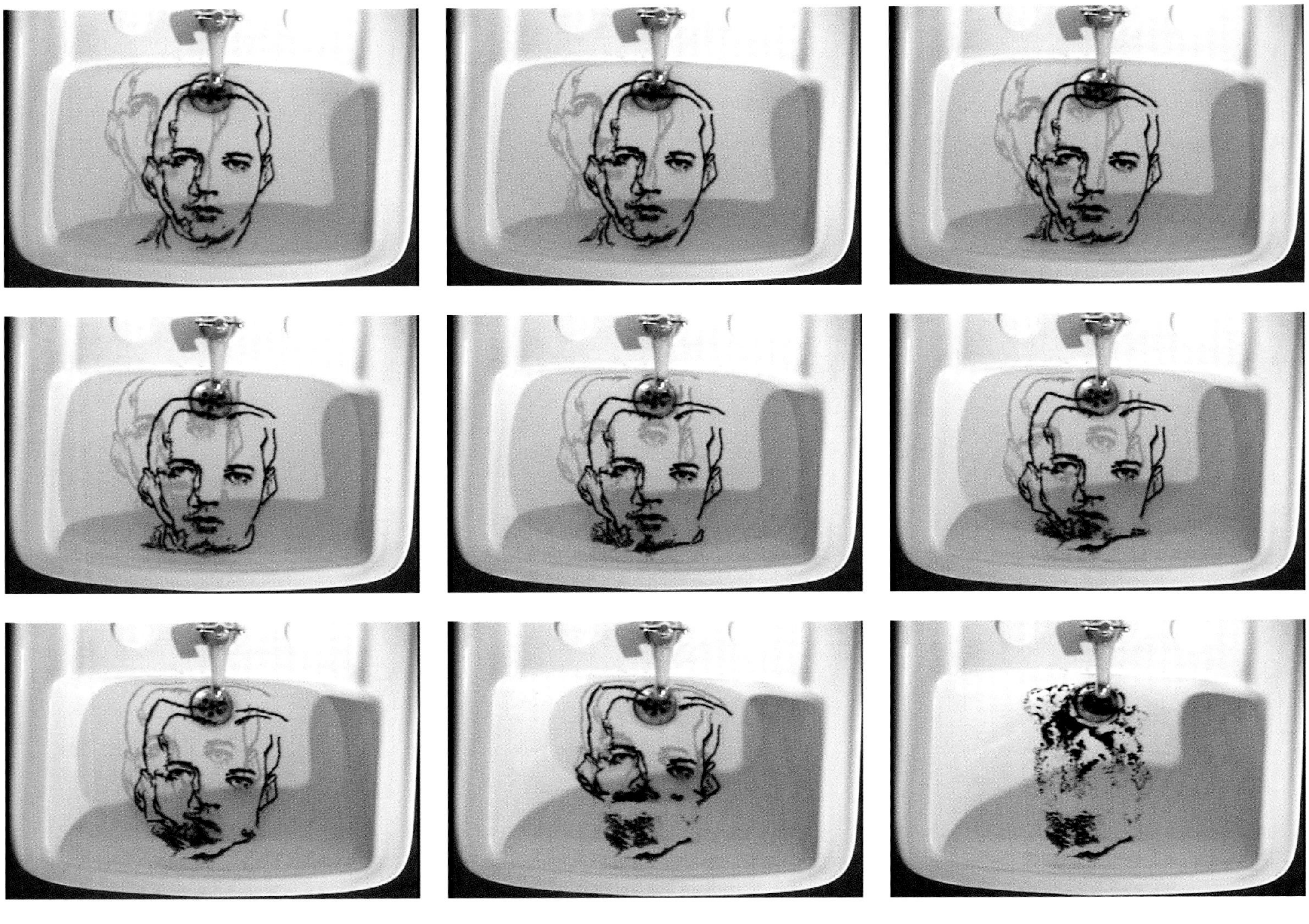

NARCISO (NARCISSUS), 2001
Single-channel video with sound (Video monocanal con sonido), 3 min.
Collection of Cecilia and Ernesto Poma, courtesy of
Sicardi | Ayers | Bacino

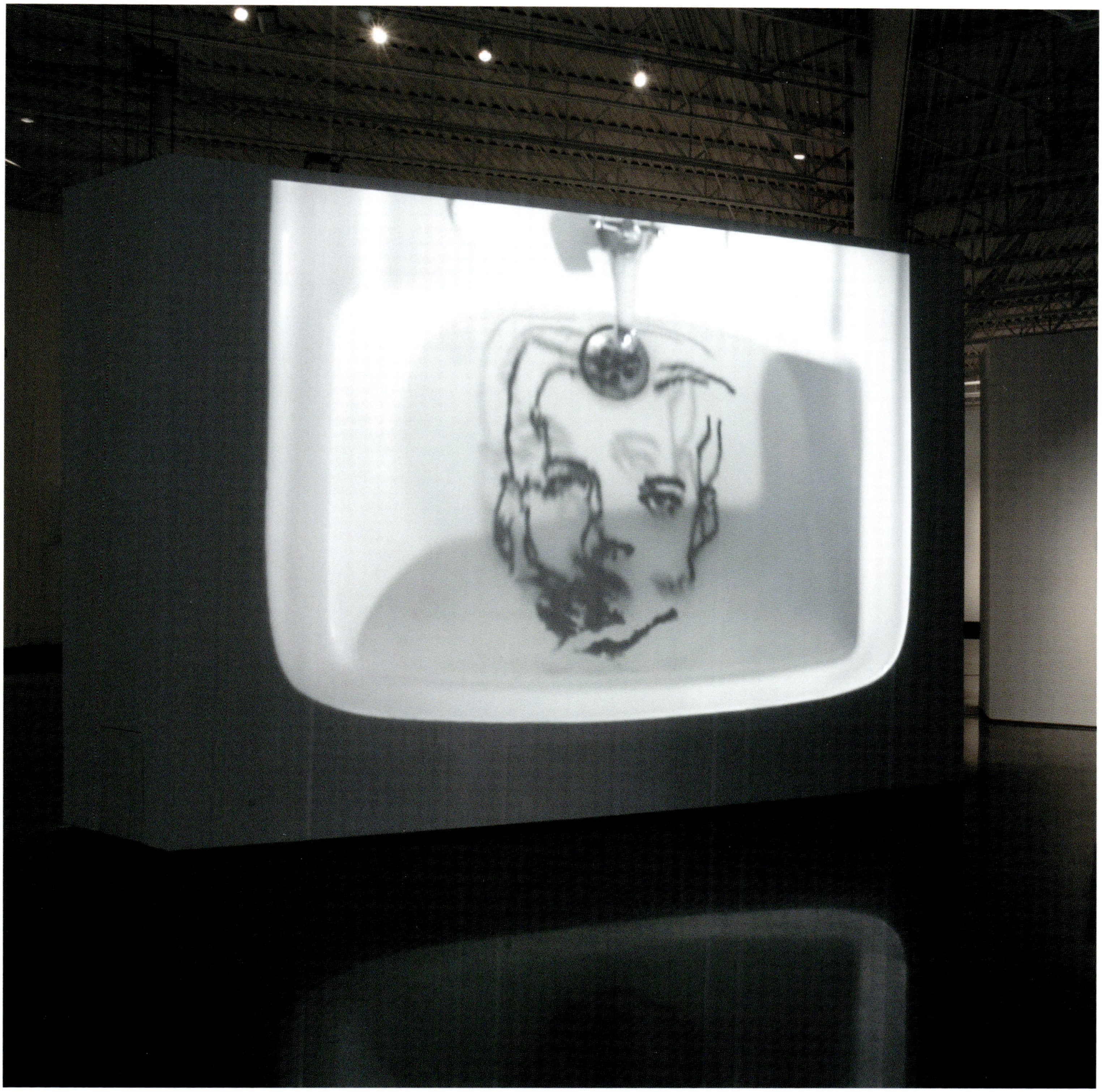

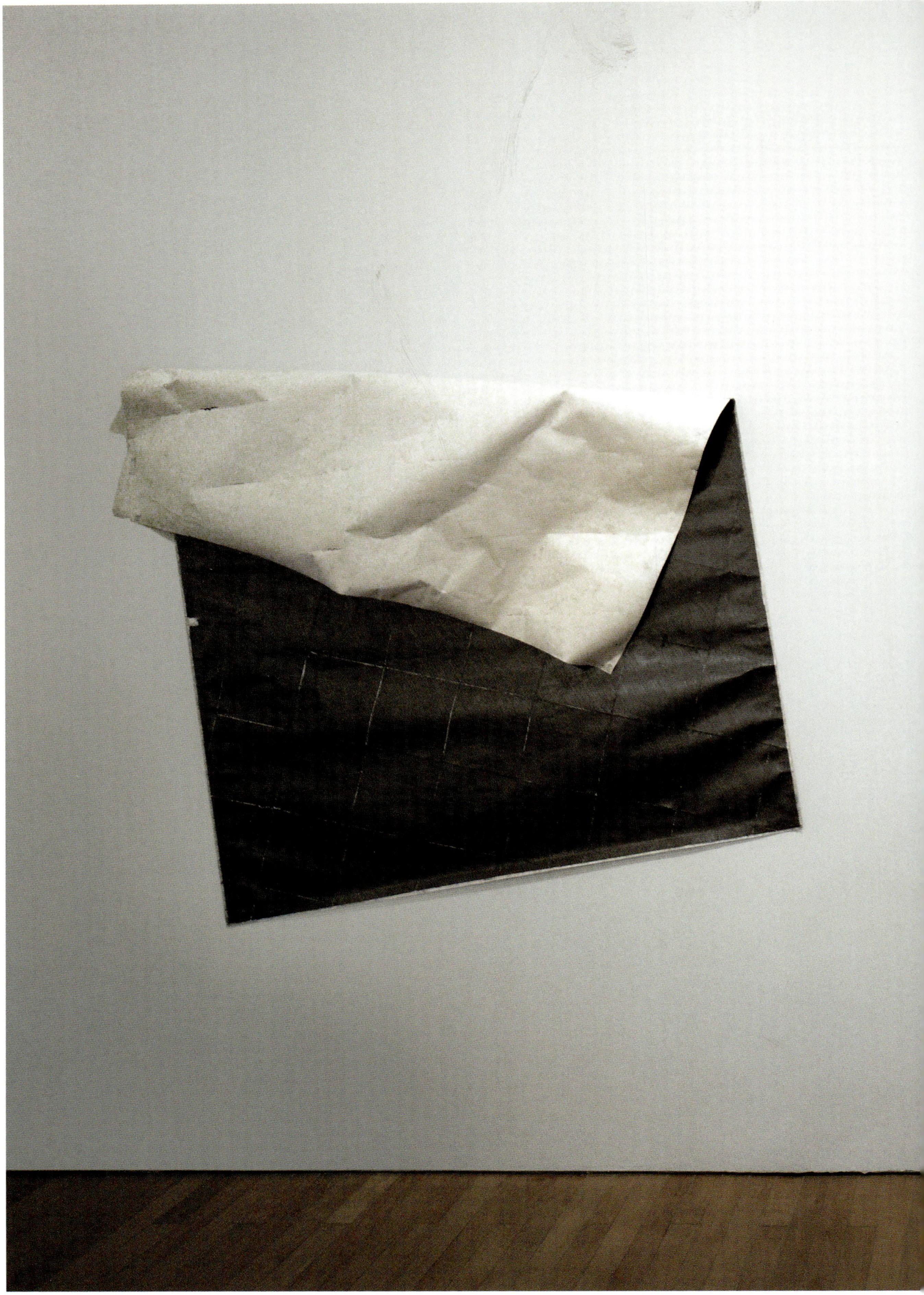

LEVANTAMIENTOS (LIFTINGS), 1987
Frottage and graphite drawing on paper (Frottage, dibujo graffito sobre papel)
Two elements (Dos elementos): 150 x 150 cm each (59 x 59 in.)
Collection of the artist

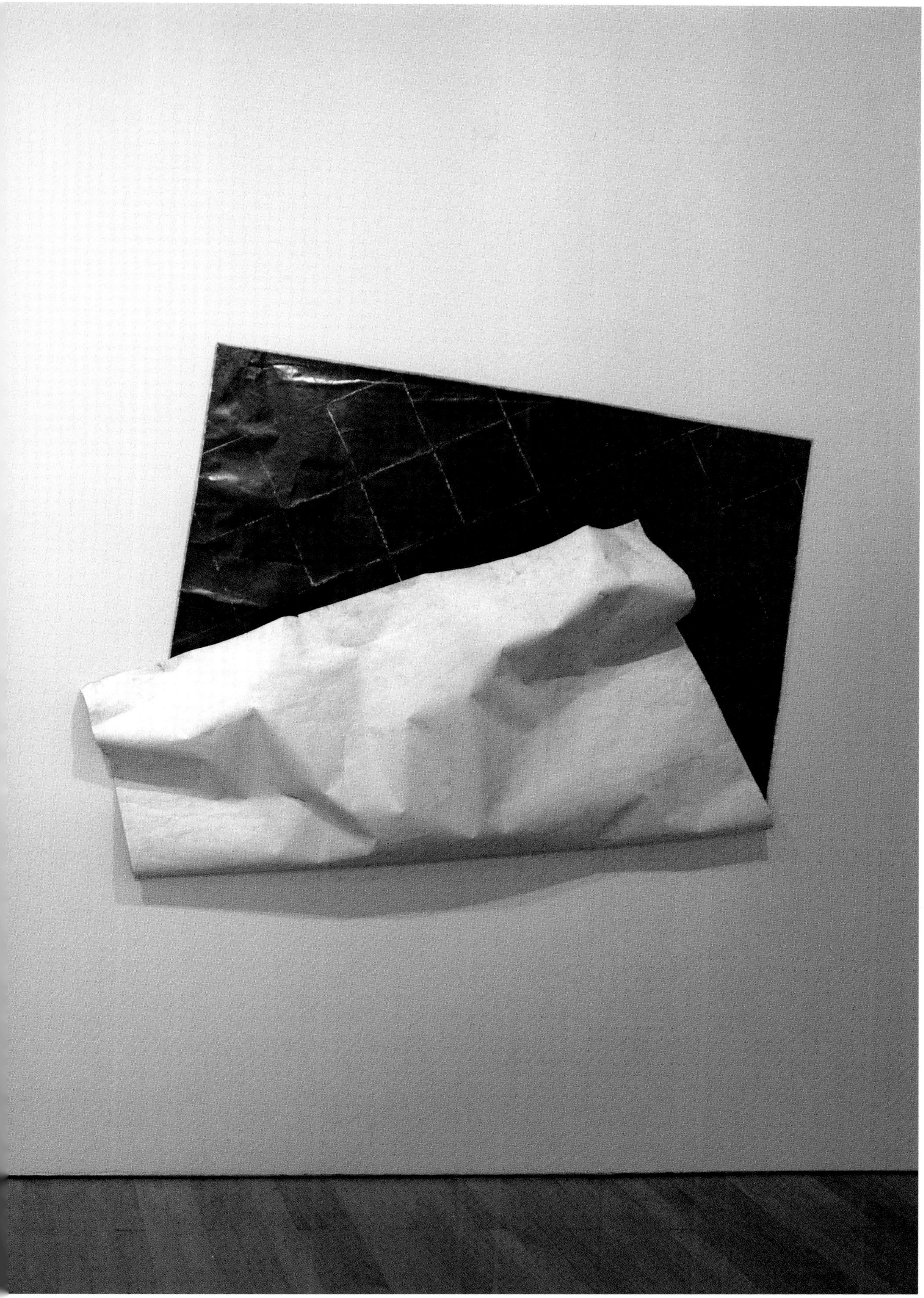

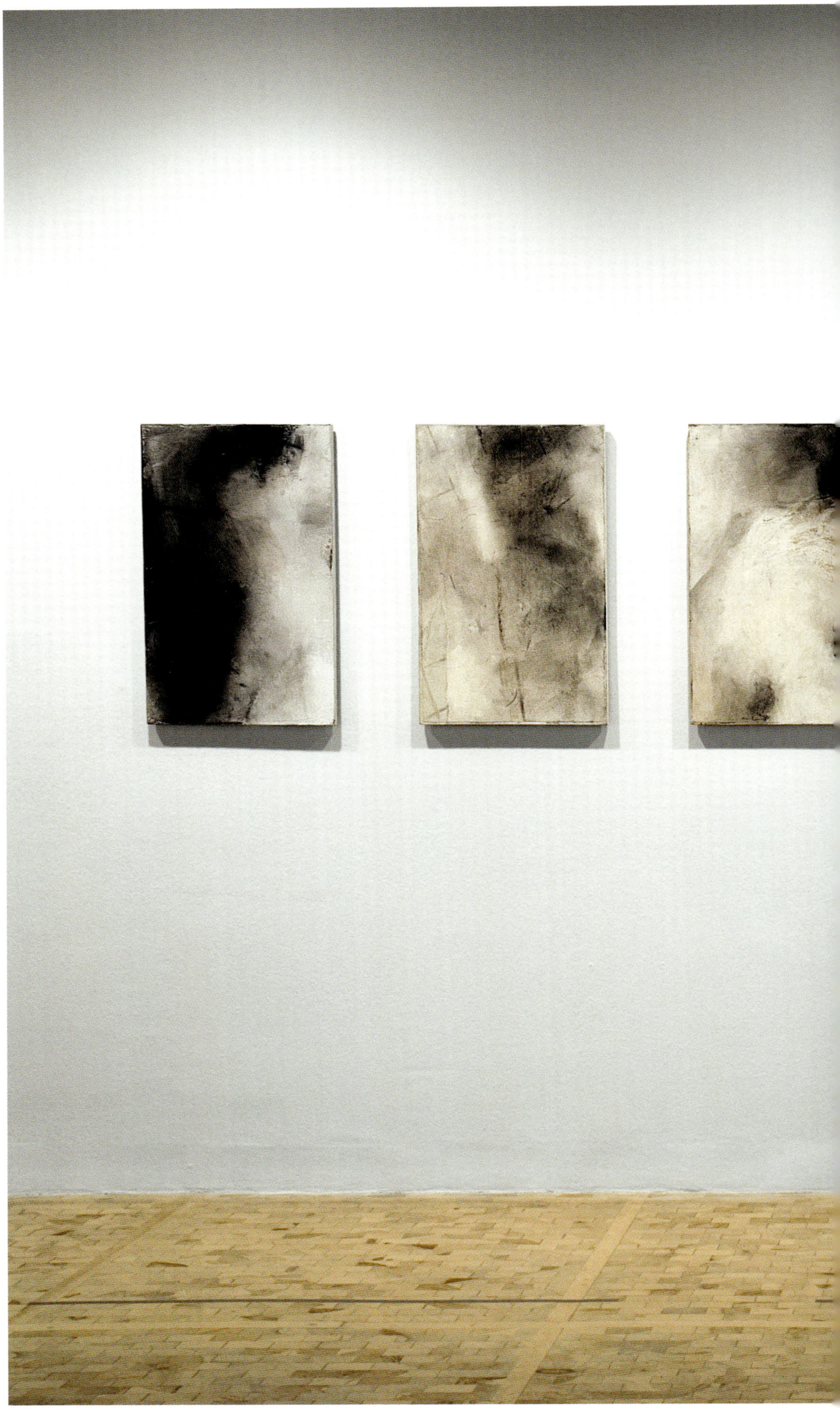

TIZNADOS (TAINTED), 1990
Charcoal, gesso, and paper on wood (Carbón, yeso, y papel sobre madera)
Seven panels (Siete paneles): 71 x 45 cm each (29 x 17¾ in.)
Collection of the Museo Nacional de Colombia, Bogotá, gift of the artist, 13.10.2006

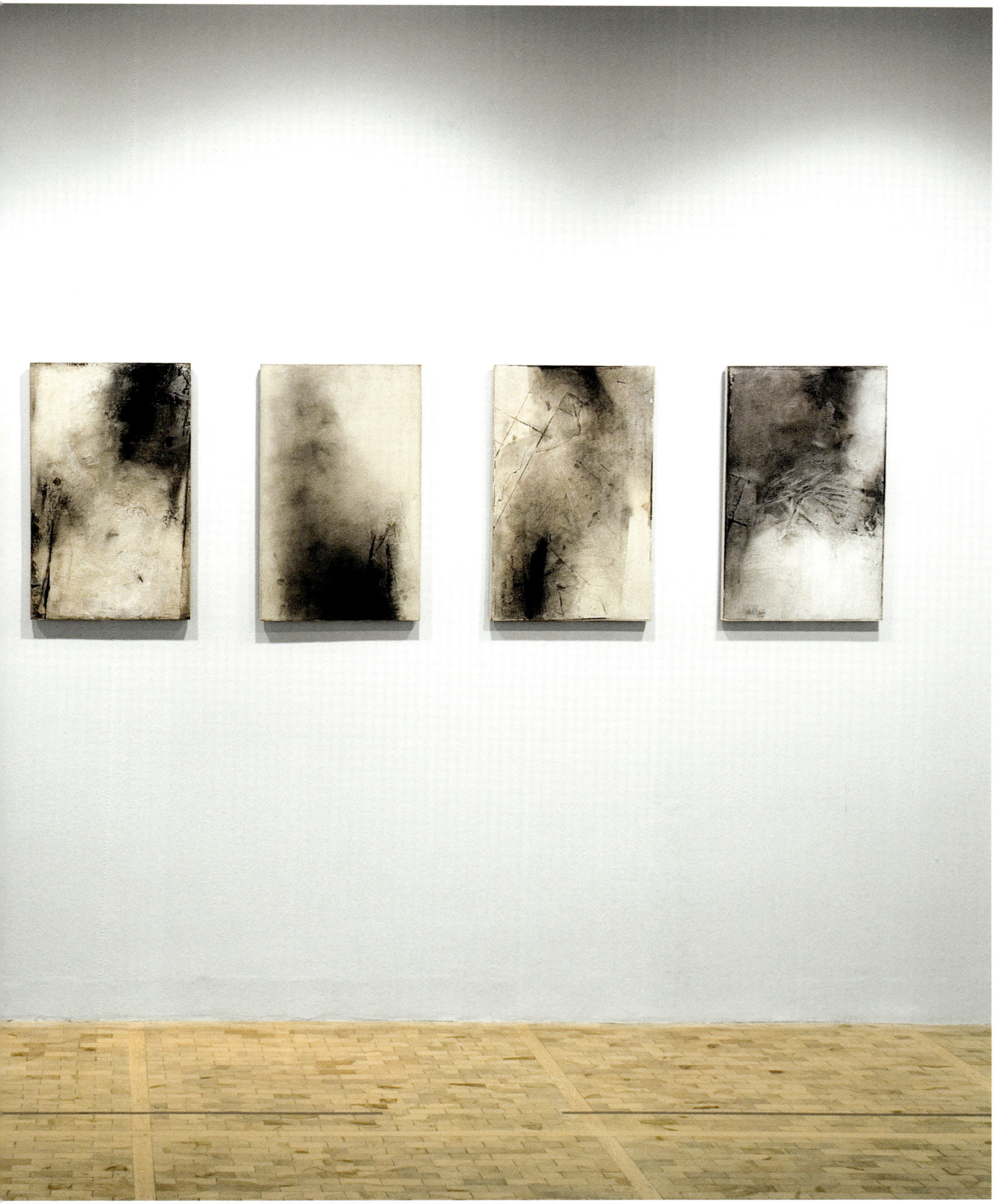

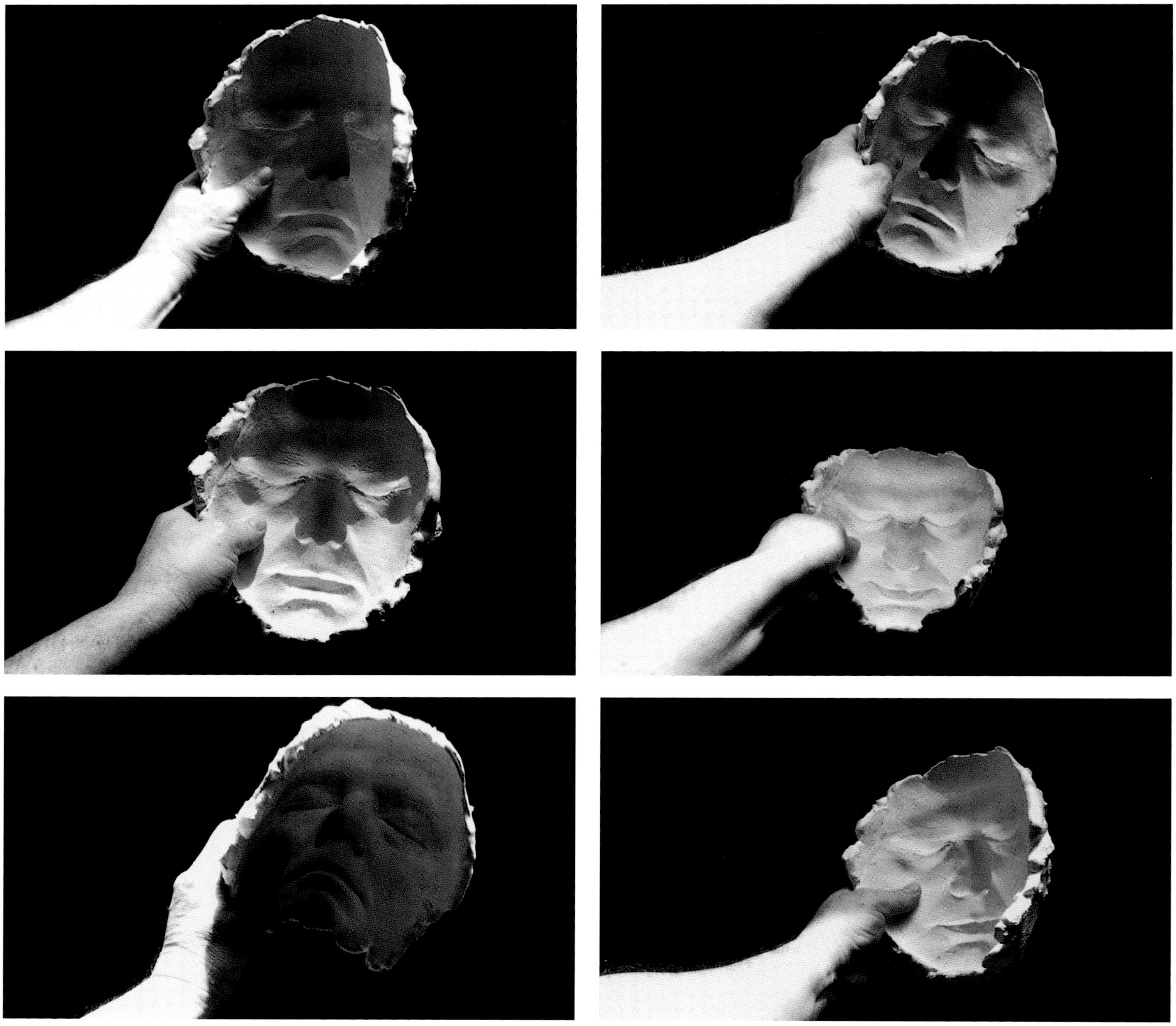

LA MIRADA DEL CÍCLOPE (THE CYCLOPS' GAZE), 2002–2009
Single-channel HD video without sound (Video monocanal HD, sin sonido), 3 min. 1 sec.
Collection of the artist

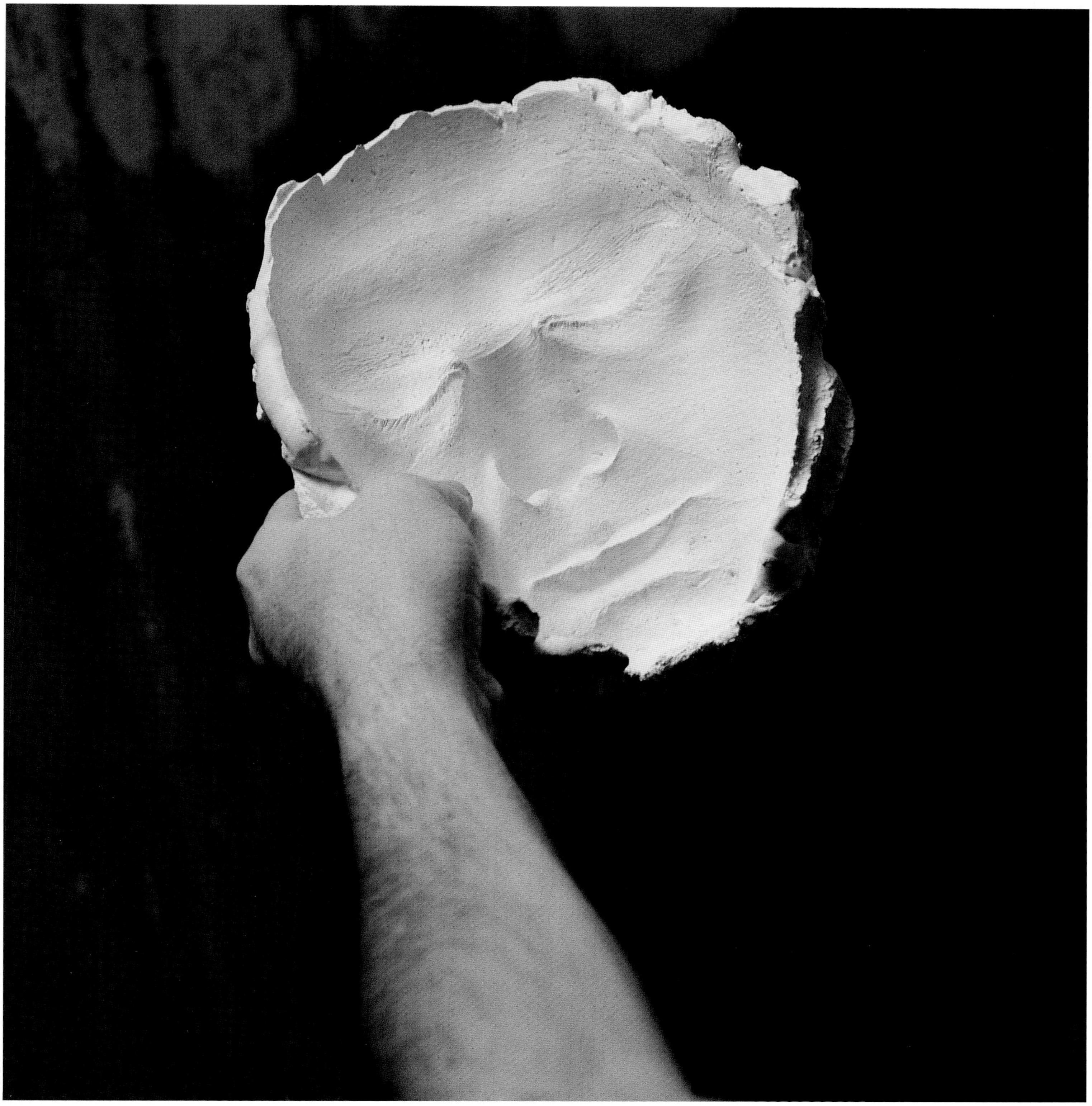

I am interested in the instant and the processes that occur so that an image can become consolidated, or not, in memory.
—OSCAR MUÑOZ, Interview with María Wills Londoño, 2011[1]

I alone have more memories than all mankind has probably had since the world has been the world.
—JORGE LUIS BORGES, "Funes the Memorious," 1942[2]

In Jorge Luis Borges's 1942 short story "Funes el memorioso" ("Funes the Memorious"), the phenomena of infinite temporality and infallible memory intersect. Borges relates the tale of the "chronometrical" Ireneo Funes, known in his hometown as a youth with "certain particularities such as avoiding contact with people and always knowing what time it was, like a clock." Thrown from a horse when he was nineteen, Funes was paralyzed. Suddenly, "the present was almost intolerable in its richness and sharpness, as were his most distant and trivial memories." Yet, "he reasoned (he felt) that his immobility was a minimum price to pay. Now his perception and his memory were infallible." The narrator of the story, Borges's alter-ego,

Me interesa el instante y los procesos que se dan para que una imagen pueda consolidarse, o no, en la memoria.
—OSCAR MUÑOZ, Entrevista con María Wills Londoño, 2011[1]

Más recuerdos tengo yo solo que los que habrán tenido todos los hombres desde que el mundo es mundo.
—JORGE LUIS BORGES, "Funes el memorioso", 1942[2]

En el cuento "Funes el memorioso" de Jorge Luis Borges, publicado en 1942, se entrecruzan los fenómenos de la temporalidad infinita y la memoria infalible. En él, Borges relata la historia del "cronométrico" Ireneo Funes, conocido en su ciudad natal "por algunas rarezas como la de no darse con nadie y la de saber siempre la hora, como un reloj". Una vez que queda paralizado tras haberse caído de un caballo, el joven Funes descubre que "el presente era casi intolerable de tan rico y tan nítido, y también las memorias, más antiguas y triviales". A pesar de su invalidez, él "razonó (sintió) que la inmovilidad era un precio mínimo. Ahora su percepción y su memoria eran infalibles". El narrador del cuento, alterego de Borges, pasa la noche conversando con aquel hombre "solitario y lúcido espectador de un mundo

recounts a night spent with Funes, "the solitary and lucid spectator of a multiform, instantaneous, and almost intolerably precise world." Funes is amazed that cases of prodigious memory in history should be considered astounding, since, he says to the young Borges, "I alone have more memories than all mankind has probably had since the world has been the world." When dawn breaks, the narrator sees the young Funes "as monumental as bronze, more ancient than Egypt, older than the prophecies and the pyramids." But at the same time, he realizes that Funes "was not very capable of thought. To think is to forget differences, generalize, make abstractions." Funes is able to learn foreign languages merely by reading a book. He can recall the quotidian, trivial tribulations of every day of his life from long ago. But he is lost in his infinite memories, trapped in the past and unable to process abstract thought in the present. He confesses to the rapt narrator: "My memory, sir, is like a garbage heap."[3]

The story of Funes's "implacable" memory, which makes him incapable of rational thinking, evokes the notion that an infinitely remembered past is almost as humanly "intolerable" as a pure present devoid of memory. This idea relates to Oscar Muñoz's artwork as well as his philosophies in ways that are as evocative as they are revealing. As the artist stated in 2004: "We need to forget, for self-defense and health reasons, but it is also necessary to remember. Memory filters things that should be remembered and others that should be forgotten."[4]

Muñoz has described the foundation of his artistic practice as an effort to "hacer memoria," to "make memory."[5] He marshals the photographic image as a mnemonic device that prompts us to reconsider how our own remembrance of the past informs our present. In his multifaceted work, Muñoz also explores what he refers to as the "immemorial." Alluding in 2006 to the succession of conflicts that have stricken his native Colombia over the past five decades, he remarked: "How can one assimilate and articulate in one's memory all these events that have been happening for so many years now?" "My work," he continued, "focuses on the signs of this immemorial setting—the impossibility of definitively retaining and fixing past events—and strives as well to provoke memory by using a similar device, that is, by focusing on impermanence and the intangible. Invariably employing the photographic act and its chemical nature as both reference and metaphor, and centering especially on the genre of portraiture."[6] In so doing, Muñoz has reinvented the medium of photography, creating hybrid works that splice photographic processes with drawing, painting, printmaking, installation, video, and sculpture, as well as interactive works.

Funes the Memorious is prisoner to his memories. But Muñoz compels viewers to question how memory itself is made;

multiforme, instantáneo, y casi intolerablemente preciso". Funes se muestra sorprendido de que, en la historia, los casos de memoria prodigiosa fueran considerados asombrosos, ya que, como le dice a su interlocutor: "Más recuerdos tengo yo solo que los que habrán tenido todos los hombres desde que el mundo es mundo". Con la luz del amanecer, el narrador logra ver al joven Funes y le parece tan, "monumental como el bronze, más antiguo que Egipto, anterior a las profecías y a las pirámides". Pero, al mismo tiempo, se da cuenta de que este "no era muy capaz de pensar. Pensar es olvidar diferencias, es generalizar, abstraer". Funes es capable de aprender idiomas extranjeros leyendo simplemente un libro; puede recordar sus tribulaciones cotidianas y triviales desde hacía tiempo atrás, pero está perdido en sus recuerdos infinitos, atrapado en el pasado. Es incapaz, además, de procesar el pensamiento abstracto en el presente. Le confiesa al narrador absorto: "Mi memoria, señor, es como un vaciadero de basuras".[3]

La historia de la memoria "implacable" de Funes, que lo hace incapaz de pensar racionalmente, evoca la idea de que es casi tan humanamente "intolerable" recordar infinitamente el pasado como vivir en un presente puro sin memorias. Esta idea se relaciona, de manera sugerente y reveladora, con la obra de Oscar Muñoz y con sus filosofías. Como declaró el artista en el 2004: "Nosotros necesitamos olvidar, por razones de legítima defensa y de salud, pero también hay una necesidad de recordar. La memoria selecciona cosas que deben ser recordadas y otras que deben olvidarse".[4]

Muñoz ha descrito los fundamentos de su práctica artística como un esfuerzo por "hacer memoria".[5] Por esta razón, concibe la imagen fotográfica como un dispositivo mnemotécnico de forma tal que nos lleva a reconsiderar cómo nuestros recuerdos del pasado conforman nuestro presente. En su trabajo multifacético, Muñoz también explora lo que él llama lo "inmemorial". En el 2006, refiriéndose a la sucesión de conflictos que han estado afectando a su Colombia natal en las últimas cinco décadas, se preguntaba: "¿Cómo se retienen y cómo se articulan en la memoria todos estos eventos que desde hace tanto tiempo vienen sucediendo?" Y continúa explicando: "Mi trabajo, entonces, insiste por un lado, en evidenciar ese escenario inmemorial: una imposibilidad de retener y fijar definitivamente los eventos pasados, e intenta, por otro lado, hacer memoria usando una mecánica similar, es decir, desde la impermanencia y lo inasible. Usando siempre el hecho fotográfico, su esencialidad química como referencia y como metáfora y enfocado en particular en el género del retrato".[6] Al hacerlo, Muñoz ha reinventado el medio de la fotografía, creando obras híbridas que entrelazan los procesos fotográficos con el dibujo, la pintura, el grabado, la instalación, el video y la escultura, así como con obras interactivas.

Funes el memorioso es prisionero de sus recuerdos; Muñoz, sin embargo, obliga a los espectadores a preguntarse cómo se conforma la memoria. Sus obras provocan reminiscencias subjetivas de la vida vivida y erosionan las distinciones entre lo personal y lo universal,

his works trigger subjective remembrances of life lived and erode distinctions between the personal and the universal, identity and anonymity, knowledge and ambiguity. The following pages examine the *invisibilia* at the crux of Muñoz's praxis. This text explores the mechanics and materiality of memory and the acute temporality imbedded in the very structure of Muñoz's works. Also addressed are the complex residues of meaning as images fleetingly appear simply to disappear once again—but only after forever altering our understandings of the past in the present.

Since the early 1990s, Muñoz has consistently explored the elusive phenomena of memory, history, and time by lending them visible, physical form, but often only fleetingly, just as we, too, are so quick to forget. He constructs a world in which past and present continuously inform one another in unexpected intersections; time becomes a continuum on infinite loop. He investigates memory as both a palpable and an ineffable material substance, one at the core of human understandings of ourselves and of the world around us. At the same time, for Muñoz, memory is entirely abstract, ungraspable, unknowable, and ultimately unretainable, as precarious as life itself. He turns photographic processes inside out to underscore the intrinsic fragility and transient nature of the image. And he also highlights how the act of opening the aperture to light instantaneously transforms the present into the past, life into memory. As he elucidated in 2005: "The photograph, as we all know, becomes memory at the moment when it not only receives the light rays from the exterior, but is also capable of fixing them. That is the moment when a photograph turns into the past."[7]

Temporality is intrinsic to the very fabric of Muñoz's works, which Jose Roca has termed "proto-grafías" ("protographs")[8] and Lupe Álvarez has described as "image-processes."[9] We are often but passing witnesses to their unfolding. Images of anonymous faces materialize only to disintegrate once again before our eyes or at our feet. Portraits silkscreened in charcoal dust over water settle into sediment over the span of an exhibition according to the laws of chance. Marble picture frames stand as atemporal, blank monuments to the past that underscore our collective amnesia in the present. Muñoz himself even described the crux of his artistic practice as anachronic, rather than respecting a chronological trajectory: "I do not see my process as a line moving forward. I see it as a series of detours in which everything returns and perhaps resembles itself, but it is not the same."[10]

In the spirit of the famous phrase of Greek philosopher Heraclitus, "No man ever steps in the same river twice, for it is not the same river and he is not the same man," Muñoz makes viewers acutely aware of the passage of time with images that undergo cycles of birth, life, and death on continuous loops.[11] He

identidad y anonimato, conocimiento y ambigüedad. Las siguientes páginas examinan la *invisibilia* como eje fundamental de la praxis de Muñoz. Este texto explora los mecanismos y materialidad de la memoria, así como la aguda temporalidad que informa la esctructura misma de las obras de Muñoz. También se abordan los significados residuales que se generan cuando las imágenes aparecen fugazmente para volver a desaparecer –pero solo después de alterar definitivamente nuestra comprensión del pasado en el presente.

Desde principios de la década de 1990, Muñozha explorado constantemente fenómenos elusivos como la memoria, la historia y el tiempo, otorgándoles una forma física que es visible, a pesar de desvanecerse tan rápidamente como nuestros recuerdos. Muñoz construye un mundo en el que el pasado y el presente se informan mutuamente en intersecciones inesperadas; el tiempo se convierte en un continuo de repetición infinita. Él investiga la memoria como una sustancia material palpable y a la vez inefable, situada en el núcleo de la comprensión humana de nosotros mismos y del mundo que nos rodea. Al mismo tiempo, para Muñoz, la memoria es completamente abstracta, inescrutable, incognoscible y, en última instancia, irrecuperable, tan precaria como la vida misma. Él trastoca el proceso fotográfico para subrayar la esencial fragilidad de la imagen y su naturaleza transitoria. Asismismo, subraya el hecho de que el acto de abrir la apertura del diafragma a la luz transforma de manera instantánea el presente en pasado, la vida en memoria. Como él explicó en el 2005: "La fotografía, como todos sabemos, se convierte en memoria no sólo en el momento en el que recibe los rayos de luz del exterior, sino cuando es capaz de fijarlos. Ese es el momento en que una fotografía se convierte en pasado".[7]

La temporalidad es intrínseca a la estructura de las obras de Muñoz, por lo que José Roca las ha denominado "proto-grafías"[8] y Lupe Álvarez las ha descrito como "imágenes-proceso".[9] A menudo somos testigos transitorios de su desarrollo. Los rostros anónimos contenidos en las imágenes se materializan solo para desintegrarse nuevamente ante nuestros ojos o a nuestros pies. Los retratos serigrafiados en polvo de carbón sobre agua se sedimentan en el transcurso de una exposición de acuerdo con las leyes del azar. Los marcos de mármol de las fotografías se erigen como monumentos vacíos, atemporales, del pasado, lo que subraya nuestra amnesia colectiva en el presente. Muñoz describe su proyecto artístico como una práctica anacrónica, que no busca plantear una trayectoria cronológica: "No veo mi proceso como una línea hacia adelante. Lo veo como una serie de rodeos donde todo vuelve y a lo mejor se parece pero no es igual."[10]

Siguiendo el espíritu de la famosa frase del filósofo griego Heráclito, "Ningún hombre jamás pisa el mismo río dos veces, porque no es el mismo río ni tampoco el mismo hombre", Muñoz hace que los espectadores se vuelvan conscientes del paso del tiempo confrontándolos con imágenes que experimentan en sí mismas ciclos de

rewards those who linger with fleeting images that encapsulate his declared premise to "try to weave a long history into an instant, or to thwart the instant by weaving a long history."[12] He even likens the creative process to a metaphor for the means by which memory is made. "I try with my work to situate myself, or to explain to myself, research for myself, question the moment, that moment in which the ink makes contact with the support and can, or not, become converted into a document. It is, metaphorically speaking, the moment in which we fix memory, or not; in which, so to speak, memories are constituted or consolidated."[13] Adopting photographic processes as mere tools to be deconstructed and subverted, he compels the spectator to reconsider how remembrances are made into meaning.

This is why, despite being awarded the 2018 Hasselblad Foundation International Award in Photography, Muñoz is not truly a photographer. His radical approach may be grounded, in part, in the fact that he studied drawing in art school but investigated photographic processes and their diverse creative possibilities independently. This personal exploration fostered experimentation, trial and error, and expanded uses of photography as a vehicle for other formal, material, and conceptual concerns. In his *Cortinas de baño* (*Shower Curtains*) series of the mid-1980s, he first fused his methods with their meanings, creating shadows of people in the shower using water and airbrushed ink in serigraphs on the plastic curtains themselves. He has since often collapsed his artistic process into the work he strives to achieve. Many of his approaches and projects are together self-referential, although never self-contained. Their material structure and conceptual content often mirror one another, such that his works' very substance embodies that to which he refers.

This mirroring is especially true in works that have to do with impermanence, the fragility of life, and the precarity of the image, as well as dichotomies of presence and absence, memory and oblivion, past and present. For instance, obituary images collected from newspapers literally disappear when we are not looking and breathing upon them (*Aliento* [*Breath*], 1995). Charcoal portraits on water dissolve over time, becoming disfigured, as we all do in the course of aging (*Narcisos* [[*Narcissi*] and *Narcisos secos* [*Dry Narcissi*], 1995–2011). An aerial photograph of the artist's home city of Cali covered with sheet glass crackles and fractures underfoot, much as urban pedestrians tread streets littered with glass from blown-out windows of bombed buildings (*Ambulatorio* [*Walking Place/Outpatient Ward*], 1994–2008). And images and texts pyroengraved on newspaper seem to dissolve and disintegrate as we turn their pages, just as the original periodicals from which their content was derived became obsolete the day after printing (*Paístiempo* [*Countrytime*], 2007).

nacimiento, vida y muerte en continuos bucles.[11] El artista recompensa a aquellos que permanecen frente a sus obras y las observan largamente con una vislumbre de imágenes transitorias de acuerdo a su premisa de "tratar de tejer una larga historia en un instante, o en desbaratar el instante tejiendo una larga historia".[12] Incluso, Muñoz compara el proceso creativo con una metáfora que remite a la forma en que se asientan los recuerdos. "Trato con mi trabajo de situarme, o de explicarme, indagarme, preguntar sobre el momento, ese momento en el que la tinta hace contacto con el soporte, y puede, o no, convertirse en un documento. Esto es, metafóricamente hablando, el momento en el que nosotros fijamos la memoria, o no; en donde, digamos, se constituyen o se consolidan los recuerdos".[13] Asumiendo los procesos fotográficos como meras herramientas para ser deconstruidas y subvertidas, Muñoz obliga al espectador a reconsiderar cómo los recuerdos se convierten en significado.

Es por eso que, a pesar de haber sido galardonado con el Premio Internacional de Fotografía de la Fundación Hasselblad 2018, Muñoz no es propiamente un fotógrafo. Su enfoque radical puede basarse, en parte, en el hecho de que estudió dibujo en la escuela de arte; sin embargo, los procesos fotográficos y sus diversas posibilidades creativas los investigó de forma independiente.

Esta exploración personal fomentó la experimentación, la prueba y el error, y le permitió expandir los usos de la fotografía como vehículo para otras preocupaciones formales, materiales y conceptuales. En su serie *Cortinas de baño* de mediados de la década de 1980, Muñoz fusionó los métodos con sus significados, usando agua y un aerógrafo con tinta aplicada con serigrafía sobre las mismas cortinas plásticas para crear sombras de personas en el baño. Desde entonces, él a menudo hace colapsar el proceso artístico dentro de la obra que intenta lograr. Una gran parte de sus métodos y proyectos son autoreferenciales aunque nunca autónomos. La estructura material y conceptual de sus obras a menudo se reflejan entre sí, de modo que los elementos constituyentes de sus obras encarnan lo que el artista quiere significar.

Esta interconexión es especialmente cierta en obras que tienen que ver con la impermanencia, la fragilidad de la vida y la precariedad de la imagen, así como con las dicotomías de presencia y ausencia, memoria y olvido, pasado y presente. Por ejemplo, las imágenes tomadas de los obituarios de los periódicos literalmente desaparecen cuando no las miramos ni respiramos encima de ellas (*Aliento* (1995). Los retratos al carbón en el agua se disuelven con el tiempo y se desfiguran, tal como lo hacemos todos en el proceso de envejecimiento (*Narcisos* y *Narcisos secos*, 1995–2011). La fotografía aérea de Cali, donde vive el artista, cubierta con láminas de vidrio, se fractura y quiebra con las pisadas de los espectadores, tanto como los peatones urbanos caminan sobre los fragmentos de vidrio de las ventanas de los edificios bombardeados (*Ambulatorio*, 1994–2008). Y las imágenes y los textos pirograbados en el papel de prensa parecen

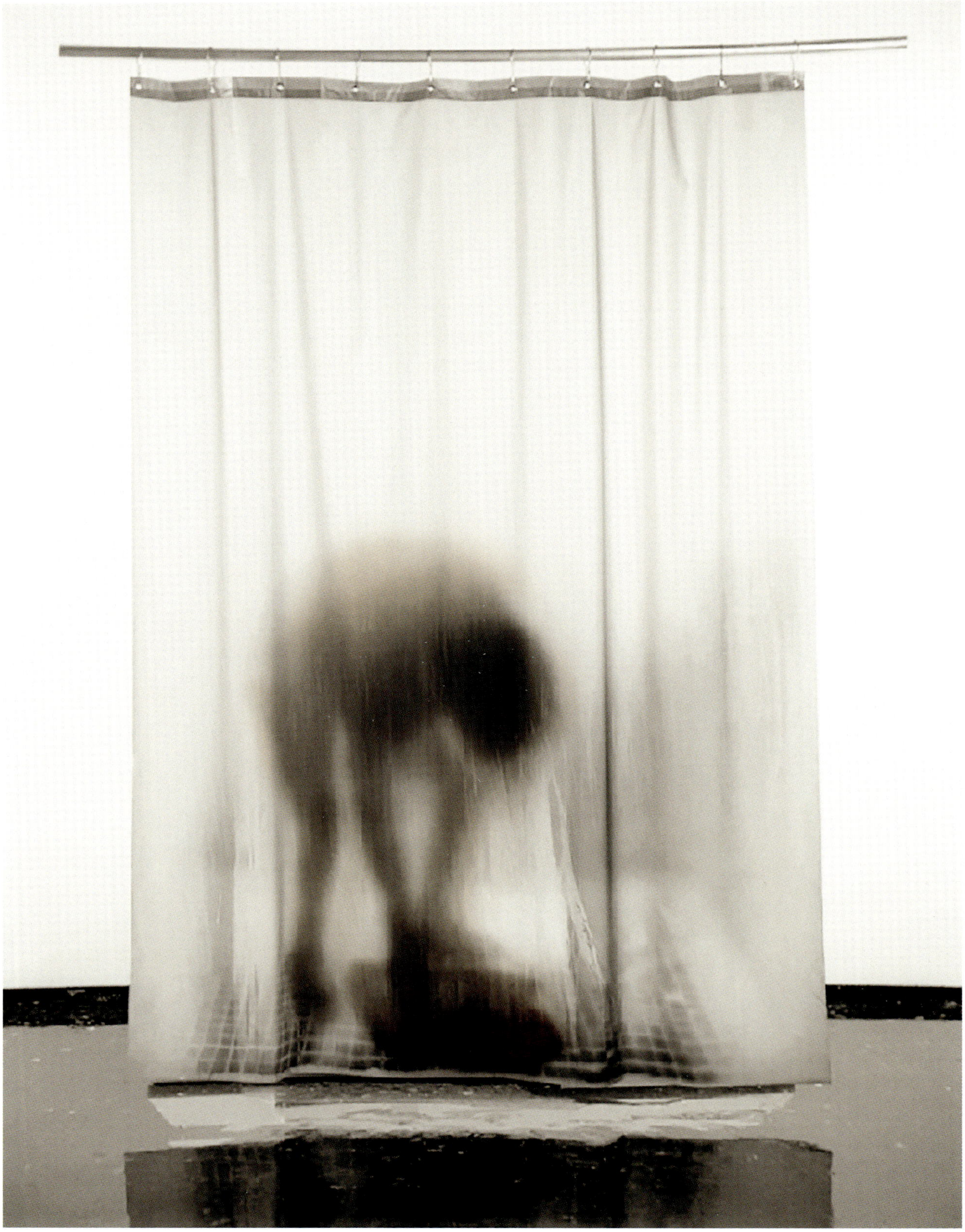

CORTINAS DE BAÑO (SHOWER CURTAINS), 1985–86
Acrylic on plastic (Acrílico sobre plástico)
Nine curtains, variable dimensions (Nueve cortinas, medidas variables)
Collection of the artist

This material transparency and conceptual materiality of Muñoz's works have yet to be explored, but resonate with the artist's own thinking about his practice. He refers to his works as "objects with their own materiality. I think this materiality functions expressively, and especially in the *Narcissi*, it undergoes a physical transformation during the show." He continues: "In other cases, like the videos, this de-materialization occurs visually, but in every piece, the conflict between image and medium is a metaphor for the impossibility of grasping, retaining, and containing."[14]

This fundamental impossibility, demonstrated by images that evade permanence and evoke the ineffable nature of memories that escape our grasp, gains additional significance in works that transform photography and video into interactive media experiences. Muñoz compels passive viewers to become active participants in discovering meaning. We encounter photographs of the dead momentarily revealed by our breath on mirrored surfaces and fused with our own reflections (*Breath*). We gaze at our companions through a distorting silver looking glass that disconcertingly superimposes both of our features (*Palimpsesto* [*Palimpsest*], 2003). And we gather around images projected on the floor at our feet, watching charcoal faces disappear down swirling drains and then recompose again (*Biografías* [*Biographies*], 2002). We are compelled to engage in these subtly performative works that condition our movement. At times, it is the artist's own hand that performs before the camera. In his 2004 *Re/trato* (*Portrait/I Try Again*), we watch this hand continuously attempt to paint a self-portrait using a wet brush on sun-warmed cement, only to have the sketch evaporate as soon as he finishes; like Sisyphus, he tries in vain again and again.

The materials Muñoz often employs—light, water, fire, and dust—are cosmic elements that supersede organic life cycles, but his recurrent application of such unorthodox media to create portraits lends them a fundamentally human dimension. His works evoke concepts that we all experience differently over the course of our lives, especially memory, amnesia, identity, and the transience of life. Even his references to violence as a dire reality in Colombia (but in works that hinge purposefully around the fragility of images themselves) take on a universal character, as his approach to such themes is more philosophical than political. Muñoz stated in 2005: "No doubt, the fact of having lived and grown up in Cali, in Colombia, a country with numerous, complex, and thorny conflicts, contributes to a certain outlook, a drive, maybe, a need to explore this to some extent in one's work." He continued: "The development of this reality, of these experiences, taking them to a poetic level, to a universal level and to a level that has to do with the artistic language, is more or less what I have explored in my work."[15]

disolverse y desintegrarse a medida que pasamos las páginas, al igual que las publicaciones periódicas originales que sirven de base para la obra devienen obsoletas al día siguiente de su impresión (*Paístiempo*, 2007).

Esta transparencia material y esta materialidad conceptual de las obras de Muñoz aún no se han explorado, pero afloran en las propias reflexiones del artista sobre su práctica. Él se refiere a sus obras como "objetos con su propia materialidad. Creo que esta materialidad funciona de manera expresiva, y especialmente en los *Narcisos*, sufre una transformación física durante la exposición". Y continúa: "En otros casos, como los videos, esta desmaterialización ocurre visualmente, pero en cada pieza, el conflicto entre imagen y medio es una metáfora de la imposibilidad de sujetar, retener y contener".[14]

Esta imposibilidad fundamental, demostrada con imágenes que evaden la permanencia y evocan la naturaleza inefable de la memoria, adquiere una importancia adicional en obras que transforman la fotografía y el video en experiencias interactivas. Muñoz estimula a los espectadores pasivos a convertirse en participantes activos en el develamiento del significado. Así, nos enfrentamos a fotografías de personas fallecidas que emergen momentáneamente cuando respiramos sobre una superficie espejada, y sus rostros se fusionan con nuestros propios reflejos (*Aliento*). Miramos a nuestros acompañantes a través de un espejo de plata que distorsiona las imágenes y superpone, de manera desconcertante, nuestros rostros con los de los otros (*Palimpsesto*, 2003). Y nos congregamos alrededor de las imágenes proyectadas en el suelo a nuestros pies, para observar cómo los rostros delineados con carbón desaparecen por los desagües arremolinados y luego se recomponen nuevamente (*Biografías*, 2002). Se nos incita a participar en estas obras, sutilmente performativas, que condicionan nuestro movimiento. A veces, es la propia mano del artista la que actúa ante la cámara. En su *Re/trato*, de 2004, vemos cómo su mano intenta continuamente dibujar un autorretrato con un pincel húmedo sobre el cemento calentado por el sol. Tan pronto como se esboza, el rostro se evapora y, como Sísifo, el artista lo intenta en vano una y otra vez.

Los materiales que Muñoz empleaa menudoa menudo –luz, agua, fuego y polvo– son elementos cósmicos que trascienden los ciclos de vida orgánicos. Sin embargo, la utilización recurrente de tales medios poco ortodoxos para crear los retratos les confiere una dimensión fundamentalmente humana. Sus obras evocan conceptos que todos experimentamos de manera diferente a lo largo de nuestras vidas, especialmente la memoria, la amnesia, la identidad y la fugacidad de la vida. Incluso sus referencias a la violencia como una terrible realidad en Colombia (pero en obras ancladas deliberadamente en la fragilidad propia de las imágenes) adquieren un carácter universal, dado que su enfoque de estos temas es más filosófico que político. Muñoz declaró en el 2005: "Sin duda, el hecho de haber vivido y crecido en Cali, en Colombia, un país con numerosos

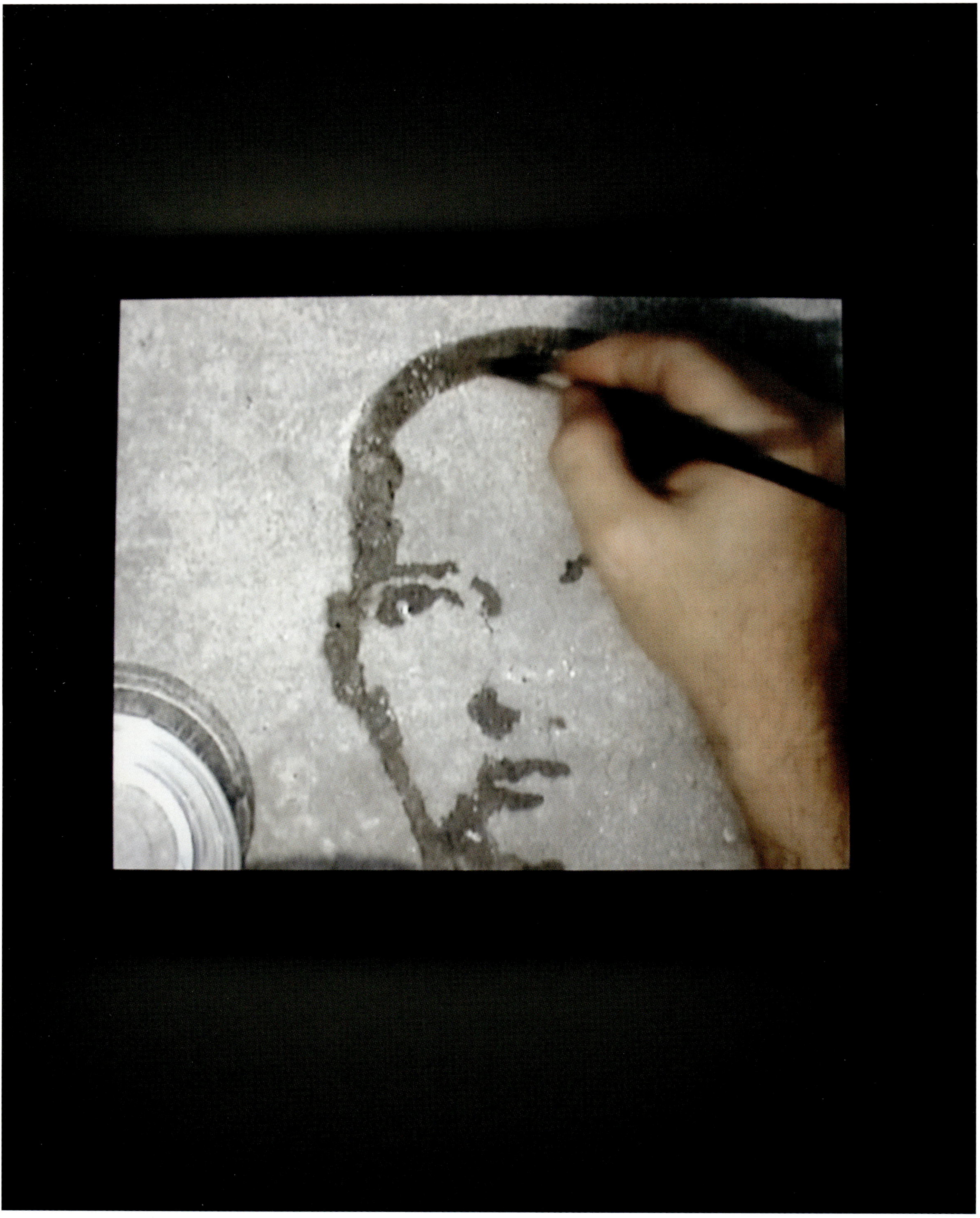

RE/TRATO (PORTRAIT/I TRY AGAIN), 2004
Single-channel video projection without sound
(Video monocanal, sin sonido), 28 min.
The Museum of Contemporary Art, Los Angeles, Purchase
with funds provided by the Jumex Fund for Contemporary
Latin American Art

The universality of Muñoz's production lies in his exploration of far-reaching themes of identity, time, knowledge, and history in diverse media. It is also present in the ways in which his material experiments mirror the inherent instability of images themselves as well as the precarious nature of life. He collapses distinctions between autobiographical and "found" photographic images to telescope the personal into the universal, the present into the past, as in such works as *Sedimentaciones* (*Sedimentations*) (2011), *Editor solitario* (*Solitary Editor*) (2011), and *El coleccionista* (*The Collector*) (2014), to name only the most recent. In all three of these video installations, a ghostly hand or figure moves photographs across surfaces, splicing the physical presence of blank pages placed on tables and installed upon walls with the intangible projections that define their visual content. Images from the artist's life are juxtaposed with and replaced by iconic historical photographs or anonymous individuals taken from photographers' archives, as well as images drawn from mythology and the global history of art. They unfold in sequences as bearers of disparate yet seemingly interchangeable historical moments, as faces are made to appear and disappear again in continuous loops by this unknown hand. Past and present become interchangeable.

The trays of photographic developing chemicals in *Sedimentations* allude to our own fundamental agency in crafting memories out of life events. But the images' reversion back to blank pages in these virtual trays also evokes how quickly we forget, as our memories sediment and become lost. In addition, in *Solitary Editor,* the title evokes the ways we marshal images as evidence of life lived, at once the editors and curators of our selves as defined through remembered moments; the game of solitaire can be played endlessly, as we shuffle playing cards and then set them up to begin again. Muñoz's fleeting projections remind us that our very subjectivities are often encapsulated within the photographs we keep and collect to document our previous selves, our previous lives, losses, and loves. An avid reader of philosophy, Muñoz himself elucidated: "I found a phrase by Eugène Disdéri that reads that more than photographing, we should 'biograph.' For me, to biograph implies to encompass a life in an image and abandon the idea that the photo captures a single moment."[16] Each photograph that fleetingly appears in these installations represents entire lives lived, lives inextricably connected to others that open a world of invisible intersections in the past as well as the present. Time and memory become malleable materials both in the histories that remain latent beyond each photograph, and also in the span of our presence, of our complicity in accompanying this ghostly figure in a liminal space between recognition and oblivion.

conflictos complejos y espinosos, contribuye a una cierta perspectiva, a un impulso, tal vez, a la necesidad de explorar esto en cierta medida en el trabajo de uno." Él continuó: "El desarrollo de esta realidad, de estas experiencias, llevándolas a un nivel poético, a un nivel universal y a un nivel que tiene que ver con el lenguaje artístico, es más o menos lo que he explorado en mi trabajo".[15]

La universalidad de la producción del artista radica en su exploración por medios diversos de temas de gran alcance como la identidad, el tiempo, el conocimiento y la historia,. También está presente en las formas en que sus experimentos con materiales reflejan la inestabilidad inherente de las imágenes, así como la naturaleza precaria de la vida. En obras como *Sedimentaciones* (2011), *Editor solitario* (2011), y *El coleccionista* (2014), por nombrar solo las más recientes, Muñoz deconstruye las distinciones entre imágenes fotográficas autobiográficas e imágenes "encontradas," para proyectar lo personal en lo universal, el presente en el pasado. En estas tres instalaciones de video, una mano o figura fantasmal mueve las fotografías a través de diferentes superficies, relacionando la presencia física de las páginas en blanco colocadas en las mesas o instaladas en las paredes con las proyecciones intangibles que definen su contenido visual. Imágenes de la vida del artista se yuxtaponen o son reemplazadas por fotografías históricas icónicas, o de individuos anónimos tomadas de archivos de fotógrafos, o por imágenes extraídas de la mitología y de la historia del arte global. Estas imágenes se despliegan en secuencias, como portadoras de momentos históricos diferentes pero aparentemente intercambiables, como representaciones de rostros que aparecen y desaparecen en ciclos continuos por obra de una mano desconocida. Pasado y presente se vuelven permutables.

En *Sedimentaciones,* las cubetas con los productos químicos para el revelado fotográfico aluden a nuestra propia capacidad de agencia a la hora de crear recuerdos sobre los eventos vividos. Pero, a la vez, la reversión de las imágenes a la página en blanco en estas cubetas virtuales evoca la rapidez con que olvidamos, a medida que nuestros recuerdos se sedimentan y desaparecen. Además, en *Editor solitario*, el título sugiere las formas en que organizamos las imágenes como evidencia de lo vivido. En efecto, somos editores y curadores de nostros mismos, en tanto nos definimos a partir de los momentos recordados. El juego del solitario se puede jugar sin cesar, mientras barajamos las cartas y luego las repartimos para comenzar de nuevo. Las fugaces proyecciones de Muñoz nos recuerdan que nuestras subjetividades a menudo están encapsuladas en las fotografías que guardamos y recopilamos para documentar nuestro yo anterior, nuestras pasadas vidas, pérdidas y amores.

Ávido lector de filosofía, Muñoz mismo aclaró: "Me encontré una frase de Eugène Disdéri que dice que más que fotografiar, deberíamos 'biografiar'. Para mí, biografiar implicó abarcar una vida en esa imagen y abandonar la idea de que la foto toma un solo momento".[16] Cada fotografía que aparece brevemente en estas

Muñoz interweaves history into the present in diverse ways, at the same time that he creates (and re-creates) images steeped in the history of Colombian society that has at once a site-specific and a universal character. A seminal example is his 2008 *Archivo porcontacto* (*Bycontact Archive*), based on an archive that he bought from the Instantáneas Panamericanas photographic studio before it shuttered in the late 1970s. From the 1950s until the 1970s, street photographers (*fotocineros*) shot and sold these thousands of informal snapshots of people crossing the Ortiz Bridge, an iconic artery that connects the center of Cali with the north. Muñoz not only displays these images in cases to emphasize the serial repetition of anonymous individuals photographed at the same landmark, one after the other, but also includes present-day photos of those identified holding these diminutive, past portraits of themselves in their hands or in family photo albums. Past and present collide in aged faces and in alterations to the surrounding urban architecture, a site that has seen much social change and political upheaval. Today, we are all *fotocineros*. Yet these vintage images have a symbolic charge that transcends geography; we become witnesses to a momentary present, frozen in time, but juxtaposed with visual evidence of time's irrevocable elapse.

Muñoz presents another means of viewing the present through the lens of the past in his 2011 *Impresiones débiles* (*Weak Impressions*) series. These are pivotal images from the span of Colombian history serigraphed in charcoal dust onto methacrylate, a kind of resin substrate. As the artist describes his choice of imagery:

> For years they have been propagated in books and publications, and despite being so connected to the events they represent and to our history, I wondered if it might be possible to see them spent or emptied of meaning precisely for this reason, because of the same cause that has enabled their diffusion for so many years; the physical and indissoluble connection with their powerful referent. Or if, on the contrary, to see them now from our present, if they have the capacity to unleash that which lives within what has been.[17]

Many of these photographs appear in history textbooks, but here, although still recognizable, they are faded almost to white as if overexposed. The artist's method enables him to shift the focus of the resulting prints in this series to place emphasis on details not highlighted in the originals. In the process of rewriting history by giving it a slightly different slant, he also calls into question the presumed objectivity of the camera's eye. The image re-created in *El testigo* (*The Witness*) depicts the historic relinquishing of arms by rebel groups, led by guerrilla leaders

instalaciones representa vidas vividas enteramente, vidas inextricablemente conectadas unas con otras, lo que devela un mundo de intersecciones invisibles tanto en el pasado como en el presente. El tiempo y la memoria se convierten en materiales maleables no solo en las historias que permanecen latentes más allá de cada fotografía, sino también en el lapso de nuestra presencia, de nuestra complicidad, cuando acompañamos a esa figura fantasmal en un espacio liminal entre el reconocimiento y el olvido.

Muñoz entrelaza la historia con el presente de diversas maneras, al mismo tiempo que crea (y recrea) imágenes entretejidas en la matriz de la sociedad y la historia colombianas, que tienen a la vez un carácter específico y universal. Un ejemplo fundamental es su *Archivo Porcontacto* (2008), basado en un archivo que compró en el estudio fotográfico Instantáneas Panamericanas antes de que cerrara, a fines de los años setenta. Entre las décadas de 1950 y 1970, los fotógrafos callejeros (fotocineros) fotografiaban y vendían miles de instantáneas informales de personas que cruzaban el Puente Ortiz, una arteria icónica de Cali que conecta el centro con el norte de la ciudad. Muñoz no solo presenta estas imágenes en vitrinas para enfatizar la repetición en serie de de personas anónimas, fotografiadas en el mismo punto de referencia, una después de la otra, sino que también incluye fotos actuales de algunas de estas personas que fueron identificadas, sosteniendo en sus manos aquellos diminutos retratos de sí mismos, o mostrándolos en un álbum de fotos de familia. Pasado y presente colisionan en los rostros envejecidos y en las modificaciones de la arquitectura urbana circundante, un sitio que ha sido testigo frecuente de la agitación política y los cambios sociales. Hoy, todos somos *fotocineros*. Sin embargo, estas imágenes antiguas tienen una carga simbólica que trasciende la geografía. Nos convertimos en testigos de un presente momentáneo, congelado en el tiempo, pero yuxtapuesto a la evidencia visual del paso irrevocable del tiempo.

En su serie *Impresiones débiles* (2011), por su parte, Muñoz presenta otra forma de ver el presente a través del lente del pasado. La obra está formada por imágenes icónicas que abarcan la historia de Colombia, serigrafiadas en polvo de carbón sobre metacrilato, un tipo de sustrato resinoso. El propio artista describe la elección de sus imágenes:

> Por años han sido difundidas en libros y publicaciones, y a pesar de estar tan ligadas a los eventos que presentan y a nuestro pasado, me pregunto si podría ser posible que las veamos desgastadas o vaciadas de sentido precisamente por esa causa, por el mismo motivo que se les ha permitido su difusión por tantos años; la conexión física e indisoluble con su poderoso referente. O si, por el contrario, al mirarlas ahora desde nuestro presente tengan la capacidad de desatar aquello que mora dentro de lo que ha sido.[17]

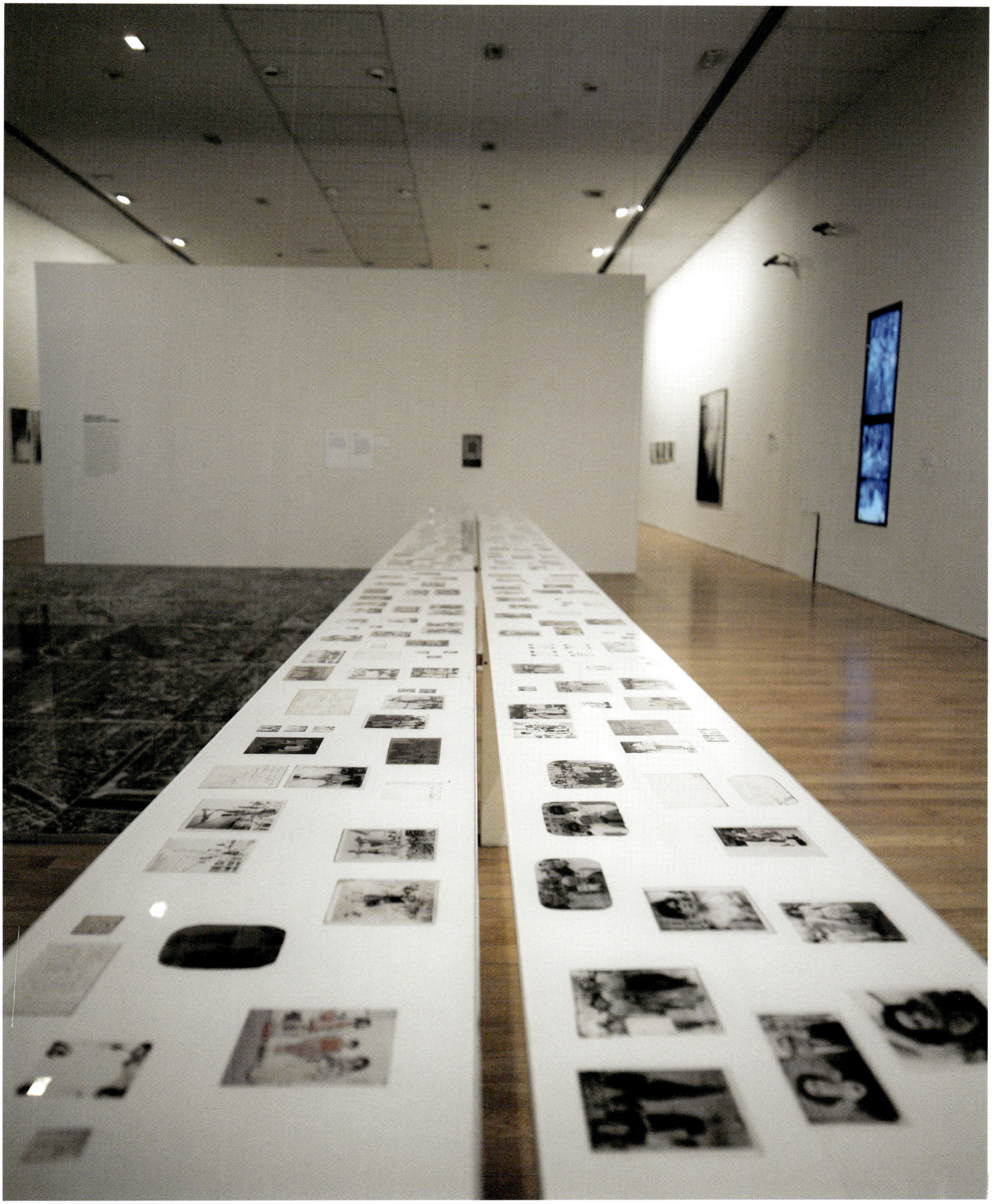

ARCHIVO PORCONTACTO (BYCONTACT ARCHIVE), 2008
Digital prints of archival photographs (Impresiónes digitales de fotografias de archivo)
Variable dimensions (Medidas variables)
Collection of the artist

NEXT SPREAD:
EL TESTIGO, SERIE IMPRESIONES DÉBILES (THE WITNESS, WEAK IMPRESSIONS SERIES), 2011
Print with charcoal powder on methacrylate (Impresión con polvo de carbón sobre metacrilato)
Two elements (Dos elementos): 73.5 x 85 cm each (29 x 33⅜ in.)
Collection of the artist

Guadalupe Salcedo and Dumar Aljure, who appear in the foreground. This encounter was photographed by government agents with the goal of identifying insurgents they could later assassinate. Muñoz alters the image's focus from the iconic handshake in the foreground to the blind "witness" who stands behind the clasped hands; his unseeing eyes could never betray the secret truths of this landmark encounter. In an ingenious, radical use of material and method, Muñoz gives us his "impressions" of the past, perhaps prompting us to reconsider more universally the interactions between actors in other images documenting realities we once thought we understood. According to the artist, "I chose this name for the series because the impressions have different levels of pressure, they can be in contact with the support and imprint more, or be separated from it, so it is a weak impression, without pressure. On a more metaphorical level, this being or not being fixed is the debate that we have with memory and forgetting."[18]

In this series of works, Muñoz also interrogates the very idea of truth in acquiring knowledge from images of a transient past whose nuances escape the photographer's lens. Yet these works are inextricably connected to the notion of memory in the present of landmark events in the distant past. In the artist's words: "In this series, I believe it is important to highlight the two meanings of the print. On one hand, something that remains engraved in your memory, that impacts you, that leaves a mark, a trace, and on the other, from the technical point of view, to print is to impress using a certain pressure, to leave an imprint on the paper."[19] This underscores the dual meaning of the series' title, *Weak Impressions*. They are literally "weak impressions" from a technical perspective, faint traces of charcoal dust that constitute images we must strive to see, and, on the other hand, faint memories of a distant past here reconsidered in a new light. The serial nature of these prints, each with a slightly different focus, enables us to consider relationships between pivotal characters and the forgotten, anonymous actors who are virtually invisible in the originals, lying latent there and revealed by the artist for us to discover.

This figure of the blind witness finds conceptual echoes in the abyss between seeing and not seeing, revealing and obscuring from view, that Muñoz explored in his *Tiznados* (*Tainted*) series of 1990 and later in the *Pixeles* (*Pixels*) of 1999–2000. Los Tiznados were a paramilitary group that wreaked havoc in Colombia in the 1990s. Taking as his point of departure overexposed photographs of unidentified murdered individuals printed in newspapers, Muñoz worked and reworked them using charcoal and gesso on paper and wood until their layered surfaces made the original images nearly unrecognizable, nearly abstract. Using charcoal not as a drawing implement but as a symbolic,

Muchas de estas fotografías aparecen en los manuales de historia, pero aquí, aunque todavía son reconocibles, se desvanecen hasta casi volverse blancas, como si estuvieran sobreexpuestas. El método del artista le permite enfatizar ciertos detalles en las impresiones de la serie, que no estaban resaltados en las imágenes originales. En el proceso de reescribir la historia desde un punto de vista ligeramente diferente, también cuestiona la presunta objetividad del ojo de la cámara. La imagen recreada en *El testigo* representa la histórica entrega de armas de un grupo de rebeldes, liderados por los guerrilleros Guadalupe Salcedo y Dumar Aljure, los cuales aparecen en primer plano. Este encuentro fue fotografiado por agentes del gobierno con el objetivo de identificar a los insurgentes para su posterior captura y asesinato. En vez de enfocar el icónico apretón de manos que aparece en primer plano, Muñoz dirige la atención hacia el "testigo" ciego, situado detrás de las manos entrelazadas. Sus ojos ciegos nunca podrían traicionar las verdades secretas de este histórico encuentro. A través de un uso ingenioso y radical del material y la técnica, Muñoz nos ofrece sus "impresiones" del pasado, y en cierta medida, nos insta a reconsiderar de manera más universal las interacciones entre actores que figuran en otras imágenes que han servido para documentar realidades que creíamos haber entendido. Según el artista, eligió "ese nombre para la serie porque las impresiones tienen diferentes niveles de presión, pueden estar en contacto con la seda y allí imprime más, o separado de esta, es una impresión débil, sin presión. Por el lado más metafórico, ese estar o no estar fijado es el debate que tenemos con la memoria y el olvido".[18]

En las obras de esta serie, Muñoz también cuestiona la idea misma de la verdad cuando nuestro conocimiento ha sido adquirido de imágenes de un pasado efímero cuyos matices escapan al lente del fotógrafo. Sin embargo, estas obras están inextricablemente conectadas con la noción de la memoria de eventos históricos del pasado distante que es preservada en el presente. En palabras del artista: "En esta serie me parece importante destacar los dos significados de impresión. Por un lado, algo que se te queda grabado en la memoria, que te impacta, que produce una marca, una huella, y desde el punto de vista técnico imprimir es estampar ejerciendo una cierta presión, dejar un grabado en el papel".[19]

Esto subraya el doble significado del título de la serie, *Impresiones débiles*. Son, literalmente y metodológicamente, "impresiones débiles". Producidas con leves rastros de polvo de carbón, estas imágenes demandan un esfuerzo para ser vistas. Y, por otro lado, se trata de recuerdos tenues de un pasado distante, ahora reconsiderado bajo una nueva luz. La naturaleza seriada de estas impresiones, cada una con un enfoque ligeramente diferente, nos permite considerar las relaciones entre las figuras cruciales y los personajes, olvidados y anónimos, prácticamente invisibles en los originales, donde yacieron pasivamente hasta ser resaltados por el artista para que los descubramos.

ashen substance chosen for its materiality and its association with death, through his facture he re-created the impossibility of clearly seeing these cadavers. For Muñoz, charcoal is a "loaded" material, "a living vegetable material which has been burned, charred, and reduced to dust." In the *Tainted* series, he continued, "I began to examine the expressive capacity of this material, a meaning, a character."[20] Images originally overexposed through an excess of photographers' flash now became overlayered, impastoed surfaces, nearly impossible to decipher and comprehend—perhaps also an allusion to Colombians' numbing overexposure to images of violence. "What interested me," Muñoz explained, "was not to give a testimony of the crime, but rather to approach the last residues that are left in a scene like vestiges. There one can perceive the last cracks, accidents, fissures, traces, as the final reduction where the dust becomes trapped."[21] These vestiges are the sole and ultimate repository of the memory of those assassinated individuals, anonymous and forgotten by all but their loved ones, but here memorialized in ashen metaphors for social amnesia.

Just as Muñoz perceived in the *Tainted* series "a powerful relationship between the dematerialization of the drawing and that violence"[22] occurring in Colombia in the early 1990s, the *Pixels* series he produced out of sugar cubes stained with coffee re-create images of anonymous faces of those killed in the crossfire between military forces and insurgent rebels. In a similar vein, but reflecting the unabated violence in the technological age of computer imaging, Muñoz also made these serial pixels out of charged materials: sugar and coffee, the foundation of Colombia's export economy. One must squint to make these faces appear cohesive; they remain latent there, in the throes of death, incongruously captured in sweet sugar. As the artist stated: "I was interested in the image that is situated in a space between its materialization and its dematerialization."[23]

Although *Tainted* and *Pixels* have an undeniably political punch, they allude to a philosophical dilemma: what is captured when a photograph is taken, in that fleeting opening of the aperture to light, and what remains afterward? By recasting such images that we must strive to perceive in symbolic materials, Muñoz makes us actively complicit in extracting meaning from the disfigured faces they at once display and obfuscate. Both series' inherent physical fragmentation alludes to our own impossibility of fixing images in our memories, which inevitably fade with time, like his originals, the grainy newsprint or pixilated computer screens. As Muñoz has stated: "A theme which I have still been working with and that fascinated me [is] the difficulty of fixing the image, which is related to memory—the difficulty of retaining an image and making it concrete."[24] As in his video works, time enters these series in the moments that

La figura del testigo ciego encuentra ecos conceptuales en el abismo entre ver y no ver, revelar y ocultar a la vista, que Muñoz había explorado en su serie *Tiznados*, de 1990, y posteriormente, en *Píxeles,* de 1999–2000. "Los Tiznados" era el nombre de una banda paramilitar que causó estragos en Colombia en la década de 1990. Tomando como punto de partida fotografías sobreexpuestas de víctimas no identificadas que habían sido impresas en publicaciones periódicas, Muñoz las trabajó y reelaboró utilizando carbón y yeso sobre papel y madera, hasta que sus superficies, formadas de varias capas, hicieron casi irreconocibles, casi abstractas, las imágenes originales. El artista utiliza el carbón, no como un instrumento de dibujo, sino como una sustancia cineraria simbólica. Elegido por su materialidad y su asociación con la muerte, el carbón le permite al artista recrear la imposibilidad de ver claramente a estos cadáveres. Para Muñoz, el carbón es un material cargado de significado, "un material vegetal vivo que ha sido quemado, carbonizado y reducido a polvo". A propósito de la serie *Tiznados*, continúa explicando: "Comencé a examinar la capacidad expresiva de este material, su significado, su naturaleza".[20] Las imágenes, originalmente sobreexpuestas a causa del exceso de flash por parte de los fotógrafos, ahora se convierten en superficies recubiertas, empastadas, casi imposibles de descifrar y comprender, tal vez también como una alusión a la sobreexposición anestesiante de los colombianos a las imágenes de violencia. "Lo que me interesaba" –explica Muñoz– "no era dar un testimonio del crimen, sino acercarme a los últimos residuos que quedan en una escena, como vestigios. Allí se perciben unas últimas grietas, accidentes, fisuras, rastros, como el reducto final donde el polvo queda atrapado".[21] Estos vestigios son el único y último depósito de la memoria de aquellos individuos asesinados, anónimos y olvidados por todos, menos por sus seres queridos, pero aquí conmemorados a través de metáforas de cenizas que evocan la amnesia social.

Tal y como percibe en *Tiznados,* la "relación fuerte entre la desmaterialización del dibujo y esta violencia"[22] que ocurre en Colombia a principios de la década de 1990 es retomada en la serie *Píxeles*, en la que recrea, por medio de terrones de azúcar manchados con café, rostros anónimos de víctimas del fuego cruzado entre las fuerzas militares y los insurgentes. De manera similar, pero reflejando ahora la violencia constante en la era tecnológica de las imágenes electrónicas, Muñoz hace estos píxeles seriales con materiales también cargados de significado: el azúcar y el café, la base de la economía de exportación de Colombia. Es preciso entrecerrar los ojos para que estas caras se manifiesten de manera coherente; permanecen latentes allí, en la agonía de la muerte, incongruentemente capturadas en el dulce azúcar. Como explica el artista: "Me interesaba la imagen que se sitúa en un lugar entre su materialización y su desmaterialización".[23]

Aunque *Tiznados* y *Píxeles* tienen un impacto político innegable, aluden a un dilema filosófico: ¿qué se captura cuando se toma

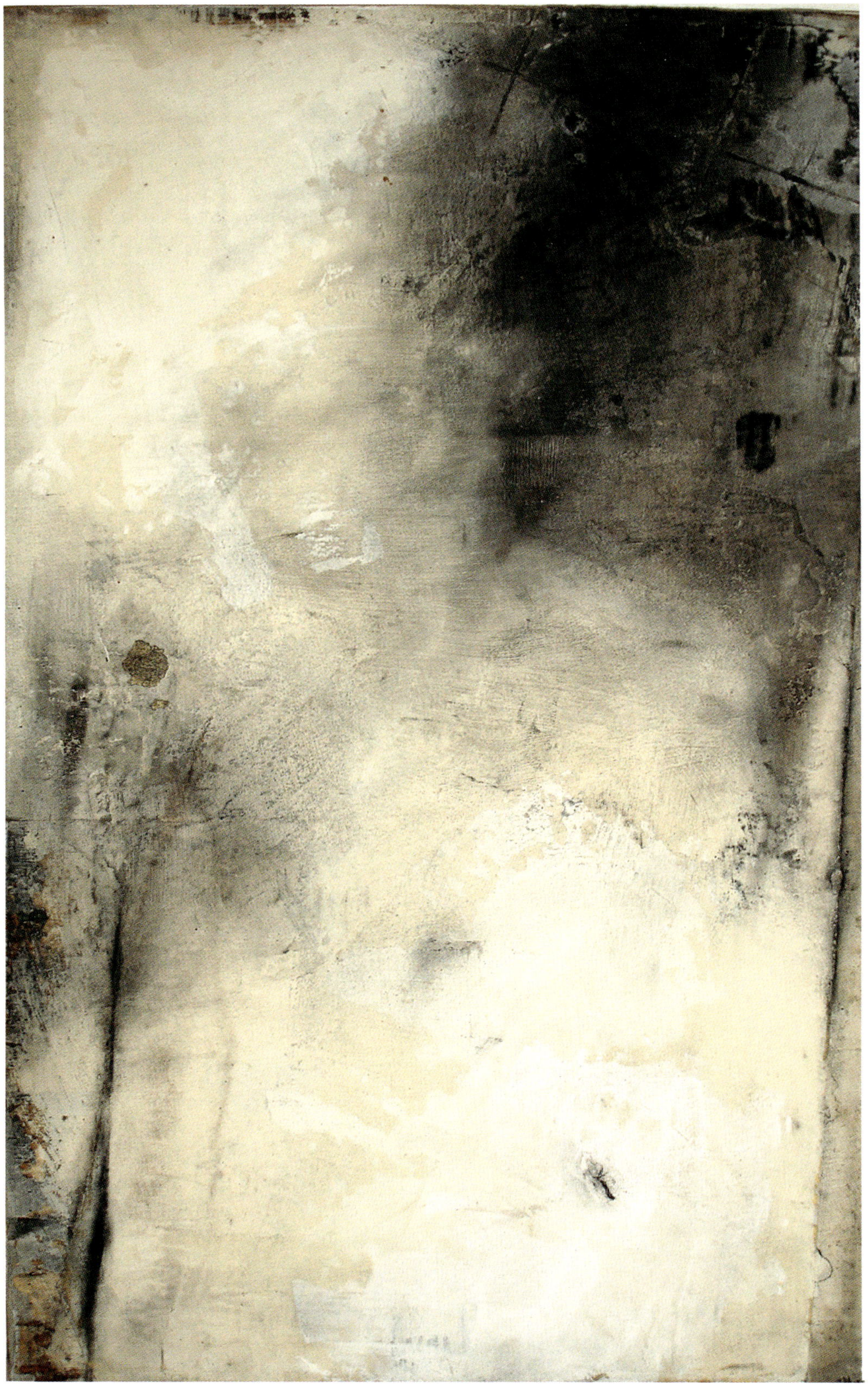

TIZNADOS (TAINTED), 1990
Charcoal, gesso, and paper on wood (Carbón, yeso, y papel sobre madera)
Seven panels (Siete paneles): 71 x 45 cm each (29 x 17¾ in.)
Collection of the Museo Nacional de Colombia, Bogotá, gift of the artist, 13.10.2006

NEXT SPREAD:
ECLIPSE, 2000–2002
Concave mirrors installed on wall (Espejos cóncavos montados en la pared)
20 cm diameter each (7⅞ in.)
Collection of the artist

elapse in our contemplation, in our struggle to reconstruct a cohesive image out of these fragmented surfaces. For Muñoz, "Much of what my work encompasses is to deconstruct the instantaneous, in time."[25] These instants trapped by the photographic lens and transmuted into symbolic substances are prolonged in the act of looking, contemplating, deciphering. The frustrated search for the original is as much related to the impossibility of accurately reconstructing images in our memories as it is to the inevitable fading and fragmentation of those memories with the passage of time.

Images that alternately appear and fade into disappearance have long been a theme of Muñoz's investigations, for instance (*Portrait/I Try Again*); *Proyecto para un memorial* (*Project for a Memorial*); *Biographies*; *Línea del destino* (*Line of Destiny*); *Hombre de arena* (*Sandman*]; *El puente* (*The Bridge*)—to name only a few. His 2000–2002 *Eclipse* transforms this phenomenon into both process and product. For this installation, concave mirrors are positioned at eye level in front of darkened windows, with tiny holes drilled into the panel directly before their reflective surfaces. This simple mechanism effectively turns them into camera obscuras: the view outside the window is refracted, inverted, upon the gallery wall. Yet the mirrors themselves partly obscure the reflection, just as the sun is partially hidden in the solar eclipse that lends the work its title. The museum itself is thus transformed into a camera, but the images it generates are impermanent and ever-changing, reflecting a pure present rather than fixing a moment from the past. As Muñoz explained:

> *Eclipse* is a kind of *Aliento* (*Breath*), but with the city. It reflects on memory or forgetfulness, it has an element that interests me: the un-freezable. Photography is a very important phenomenon because it is capable of capturing an instance of contact with reality, stopping it and freezing it. Ten years after taking a picture, you look at it again and there it is: the moment captured ten years ago. All that can be frozen is memory; it is archive. Someone described photography as a mirror with memory: it captures reality but also freezes it. This work inverts this idea: it captures the image through the mirror without freezing it. They become amnesic photographs, impossible to archive, unattainable.[26]

Capturing life and its flux as it unfolds in real time and space outside of the museum's walls, this installation literally brings the outside community inside the gallery. Marshaling light itself as an intangible artistic raw material, *Eclipse* encapsulates the artist's diverse experiments with the very mechanisms of the photographic process, which he turns inside out to reimagine its

una fotografía, en ese fugaz movimiento de la apertura del diafragma a la luz, y qué queda después? Al reconfigurar por medio de materiales simbólicos estas imágenes tan difíciles de percibir, Muñoz nos hace cómplices activos en la extracción de significado de esos rostros desfigurados que estas imágenes a la vez exponen y oscurecen.
La inherente fragmentación física de ambas series alude a nuestra propia imposibilidad de retener imágenes en nuestra memoria, las que se desvanecen inevitablemente con el tiempo, como ocurre con los originales granulados de los periódicos o pixelados de las pantallas de computadora. Como Muñoz ha declarado: "Un tema con el que todavía estoy trabajando y que me fascinó [es] la dificultad de fijar la imagen, lo que está relacionado con la memoria –la dificultad de retener una imagen y hacerla concreta".[24] Como en sus obras de video, en estas series lo temporal se hace presente en los momentos en los que ocurre nuestra contemplación, nuestra lucha por reconstruir una imagen coherente a partir de estas superficies fragmentadas. Para Muñoz, "Mucho de lo que abarca mi obra es de descomponer lo instantáneo, en el tiempo".[25] Estos instantes atrapados por la lente fotográfica y transmutados en sustancias simbólicas se prolongan en el acto de mirar, contemplar, descifrar. La búsqueda frustrada del original se relaciona tanto con la imposibilidad de reconstruir con precisión las imágenes en nuestra memoria como con el inevitable desvanecimiento y fragmentación de esos recuerdos con el paso del tiempo.

Las imágenes que alternativamente aparecen y se desvanecen hasta su desaparición han sido un tema recurrente de las investigaciones de Muñoz, como por ejemplo, *Re/trato, Proyecto para un memorial, Biografías, Línea del destino, Hombre de arena,* y *El puente*. Su obra *Eclipse* de 2000–2002 transforma este fenómeno en proceso y producto. Para esta instalación, unos espejos cóncavos se colocan a la altura de los ojos y frente a ventanas totalmente oscurecidas, con la excepción de pequeños agujeros perforados y alineados con las superficies espejadas. Este simple mecanismo convierte efectivamente a estos espejos en cámaras oscuras: la vista fuera de la ventana se refracta de forma invertida sobre la pared de la galería. Sin embargo, los espejos oscurecen parcialmente el reflejo, tal y como el sol se muestra parcialmente oculto en el eclipse solar que le da el título a la obra. El museo mismo se transforma, así, en una cámara, aunque las imágenes que se generan son impermanentes, siempre cambiantes, y reflejan un presente puro en lugar de fijar momentos del pasado. Como Muñoz explicó:

> *Eclipse* es una especie de *Aliento*, pero con la ciudad; reflexiona sobre la memoria o la desmemoria, y tiene un elemento que me interesa: lo no fijable. La fotografía es un hecho muy importante porque es capaz de fijar un instante de contacto con la realidad, puede detenerlo y fijarlo. Después de diez años de hacer una foto, vuelves a

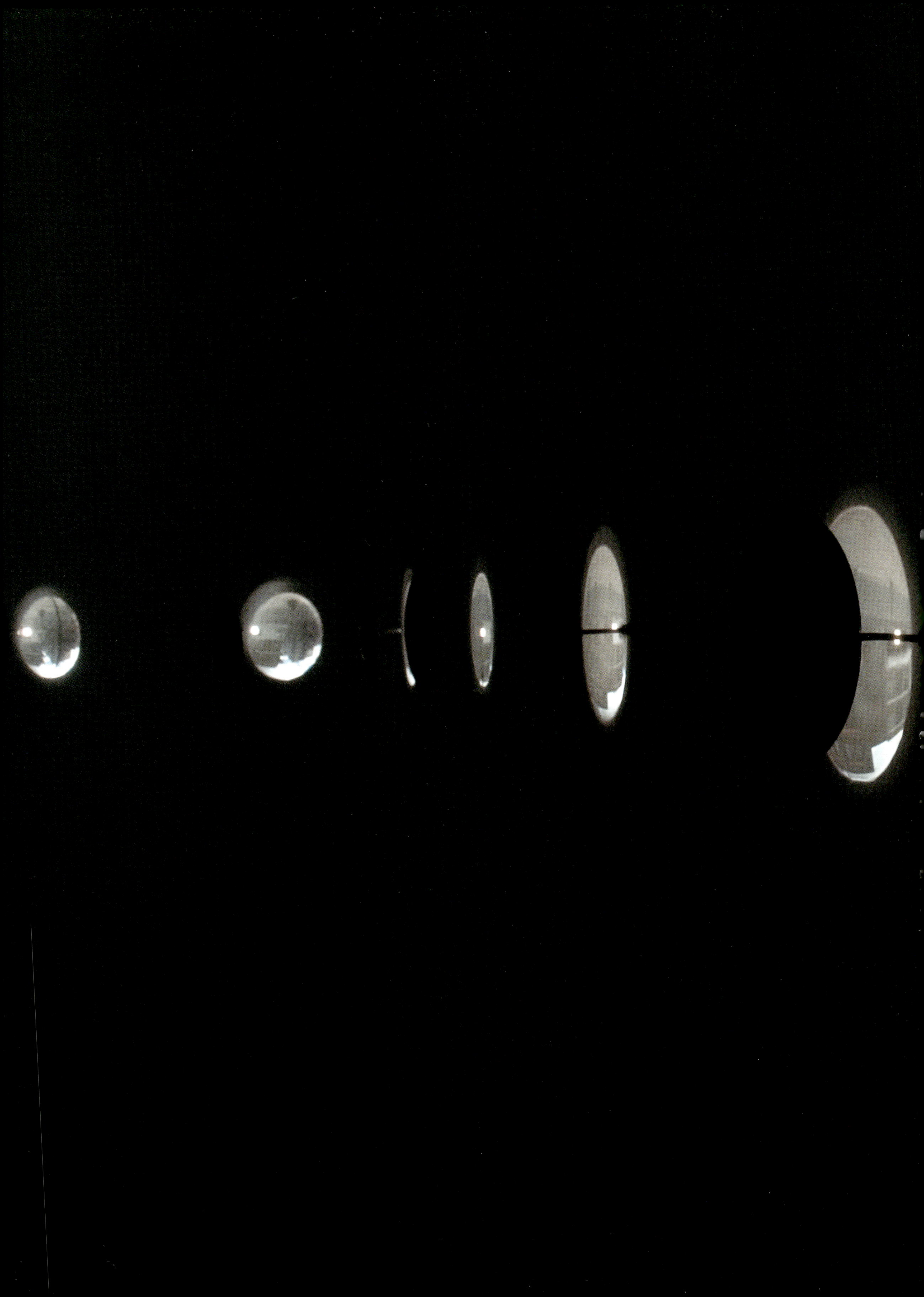

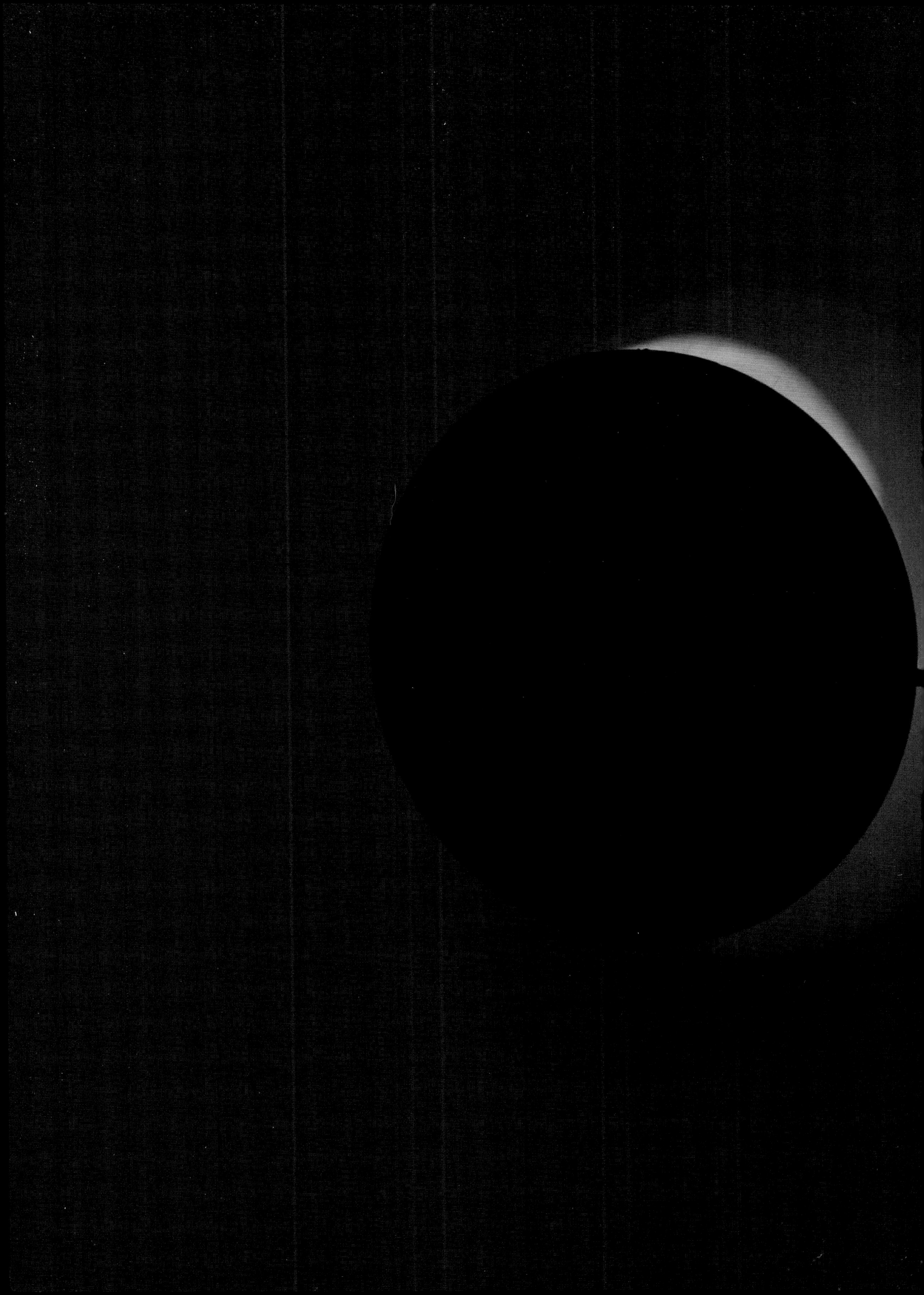

products and our intimate interactions with them. When the galleries empty and the lights darken, moonlight creates ghostly reflections of the shadowy scene outside upon the walls. Now, there are no witnesses to images of an elusive world that evades capture as it quietly unfolds.

By manipulating the medium of photography in his varied works, Muñoz makes us aware not only of how life itself becomes memory, but also of how fleetingly the instants that comprise our lives pass and are often all too quickly forgotten. As he commented, listing the *invisibilia* that define his practice, "By reflecting on the fixing of time, the relationship to the moment, the passing of time—all key elements of photography—I have also been reflecting on our relationship to the past."[27] Borges's Funes the Memorious is captive to his memories, trapped in a past that is as "intolerable" as it is infinite. In his work, Muñoz suggests the opposite: that we too frequently forget to remember, and that our memories themselves are intrinsically fallible. Resurrecting images from the past, and endowing them with an acute temporality inherent in the very structures of his artworks, Muñoz explores the mechanics of memory in unstable imagery, which, nevertheless, becomes indelible in our imaginations.

> mirarla y allí está, el instante captado diez años atrás. Todo lo que es fijable es memoria, es archivo. Alguien llamó a la fotografía el espejo con memoria: capta la realidad pero también la fija. Este trabajo invierte la idea: capta la imagen a través del espejo sin fijarla. Se convierten en unas fotografias amnésicas imposibles de archivar, inasibles.[26]

Al capturar la vida exterior y su flujo tal y como se desarrolla en tiempo real y en el espacio fuera de las paredes del museo, esta instalación literalmente trae la comunidad hacia el interior de la galería. Utilizando la luz como una materia prima artística intangible, *Eclipse* encapsula los diversos experimentos del artista con los mecanismos del proceso fotográfico, que él subvierte para reimaginar sus producciones así como nuestras interacciones íntimas con ellas. Cuando las galerías se vacían y las luces se oscurecen, la luz de la luna crea reflejos fantasmales en las paredes de la escena sombría del exterior. Pero ya no hay testigos de esas imágenes de un mundo esquivo que evade su captura mientras se desarrolla en silencio.

Manipulando el medio de la fotografía en sus variadas obras, Muñoz nos hace conscientes no solo de cómo la vida misma se convierte en memoria, sino también de cuán fugazmente pasan los instantes que componen nuestras vidas y de cuán rápido, a menudo, se olvidan. Como comentó, enumerando la *invisibilia* que define su práctica: "Al reflexionar sobre la fijación del tiempo, la relación con el momento, el paso del tiempo, todos los elementos clave de la fotografía, también he estado reflexionando sobre nuestra relación con el pasado".[27] Funes el memorioso del que escribió Borges vivía cautivo de sus recuerdos, atrapado en un pasado que era tan "intolerable" como infinito. En su trabajo, Muñoz sugiere lo contrario: que con demasiada frecuencia nos olvidamos de recordar y que nuestros recuerdos son intrínsecamente falibles. Resucitando imágenes del pasado y dotándolas de una aguda noción de temporalidad, inherente a la estructura misma de sus obras, Muñoz explora los mecanismos de la memoria con imágenes inestables, que, sin embargo, se vuelven indelebles en nuestra imaginación.

NOTES

1 On the occasion of the *Oscar Muñoz: protografías* exhibition at the Biblioteca Luis Ángel Arango del Museo de Arte del Banco de la República in Bogotá in 2011–12, Marta Wills conducted an insightful interview with the artist, encompassing his childhood to his current work. Part of this interview is published in the *Protografías* catalogue, but the entirety can be found online at https://www.banrepcultural.org /Óscar-Muñoz/entrevista-memorias-infancia-juventud.html. Hereafter cited as Banco de la República interview.
2 Borges first published "Funes el Memorioso" in the Argentine newspaper *La Nación* in June 1942. It later appeared in part two of the 1944 anthology *Ficciones*, entitled "Artifices." English translations from *Jorge Luis Borges: Collected Fictions* (New York: Penguin Group, 1998), 131–37.
3 Jorge Luis Borges, *Cuentos completos* (Barcelona: Penguin Random House Grupo Editorial, 2018), 163–70. English translations from *Jorge Luis Borges: Collected Fictions*.
4 Hans-Michael Herzog, *Cantos cuentos colombianos: arte colombiana contemporânea* (Rio de Janeiro: Editora de Livros Cobogó, 2013), 383.
5 Cited by Miguel Gualdrón, "Pensar con las manos. Otra mirada a las relaciones entre arte y memoria en la obra de Oscar Muñoz," in María del Rosario Acosta López, et al., *Resistencias al olvido: memoria y arte en Colombia* (Bogotá: Universidad de los Andes, Facultad de Artes y Humanidades, 2015), 56.
6 Oscar Muñoz, Talk, "Global Photography Now," Tate Modern, London, November 2006. published in Carlos Jiménez, et al., *Oscar Muñoz: Documentos de la amnesia* (Bajadoz: MEIAC, 2009), 206.
7 Eugenio Valdes Figueroa, ed., *Guerra y Pá: simposio sobre la situación social, política y artística en Colombia* (Zurich: Daros-Latinamerica, 2006), 109.
8 José Ignacio Roca, et al., *Oscar Muñoz: Protografías, exposición retrospectiva, Museo de Arte del Banco de la República* (Bogotá: Biblioteca Luis Ángel Arango, 2011).
9 Jiménez, et al., *Oscar Muñoz*, 173.
10 Banco de la República interview.
11 As Muñoz stated: "These three moments of process in the *Narcissi*—when the [charcoal] dust touches the water and is converted into an image, the processes and changes it undergoes during evaporation, and finally when the dust adheres to the ground—for me allude to three definitive moments: creation, life, and death." In Diego Garzón, *Otras voces, otro arte: diez conversaciones con artistas colombianos* (Bogotá: Editorial Planeta, 2005), 48.
12 Banco de la República interview.
13 Acosta Lopez, et al., *Resistencias al olvido*, 69n14.
14 Daniela Perez and Ana Paula Cohen, *Crónicas de la ausencia: Oscar Muñoz y Rosângela Rennó* (Mexico City: Fundación Olga y Rufino Tamayo, 2009), 57.
15 Cited in Figueroa, *Guerra y pá*.
16 Banco de la República interview.
17 Cited in Acosta López, et al., *Resistencias al olvido*, 62n6; see also Banco de la República interview.
18 Banco de la República interview.
19 Ibid.
20 Herzog, *Cantos cuentos colombianos*, 381.
21 Cited in Garzón, *Otras voces, otro arte*, 57.
22 Banco de la República interview.
23 Ibid.
24 Herzog, *Cantos cuentos colombianos*, 382.
25 Banco de la República interview.
26 Cited in Garzón, *Otras voces, otro arte*, 66.
27 Herzog, *Cantos cuentos colombianos*, 382.

1 Con motivo de la exposición *Oscar Muñoz: Protografías* en el Biblioteca Luis Ángel Arango del Museo de Arte del Banco de la República en Bogotá en 2011–12, María Wills Londoño realizó una esclarecedora entrevista con el artista, que abarca desde su infancia hasta su trabajo actual. Parte de esta entrevista se publicó en el catálogo de *Protografías*, pero la totalidad se puede encontrar en línea en https://www.banrepcultural.org/Óscar-Muñoz/entrevista-memorias-infancia-juventud.html. En lo sucesivo será citada como Entrevista Banco de la República.
2 Borges publicó por primera vez "Funes el Memorioso" en el periódico argentino *La Nación* en junio de 1942. Más tarde apareció en la segunda parte de la antología *Ficciones* de 1944, titulada "Artificios".
3 Jorge Luis Borges, *Cuentos completos* (Barcelona: Penguin Random House Grupo Editorial, 2018), 163–70.
4 Hans-Michael Herzog, *Cantos cuentos colombianos: arte colombiano contemporáneo* (Rio de Janeiro: Editora de Livros Cobogó, 2013), 383.
5 Citado por Miguel Gualdrón, "Pensar con las manos. Otra mirada a las relaciones entre arte y memoria en la obra de Oscar Muñoz", en María del Rosario Acosta López *et al.*, *Resistencias al olvido: memoria y arte en Colombia* (Bogotá: Universidad de los Andes, Facultad de Artes y Humanidades, 2015), 56.
6 Oscar Muñoz, Charla, "Fotografía Global Ahora", Tate Modern, Londres, Noviembre 2006. Publicado en Carlos Jiménez, et al., *Oscar Muñoz: Documentos de la amnesia* (Bajadoz, España: MEIAC, 2009), 203.
7 Eugenio Valdes Figueroa, ed., *Guerra y Pá: simposio sobre la situación social, política y artística en Colombia* (Zurich: Daros Latinamerica, 2006), 109.
8 José Ignacio Roca *et al.*, *Oscar Muñoz: Protografías, exposición retrospectiva, Museo de Arte del Banco de la República* (Bogotá: Biblioteca Luis Ángel Arango, 2011).
9 Jiménez, *et al.*, *Oscar Muñoz*, 173.
10 Entrevista Banco de la República.
11 Como ha dicho Muñoz: "Estos tres momentos del proceso en los *Narcisos*—cuando el polvo toca el agua y se convierte en imagen, los procesos y cambios que sufren durante la evaporación y cuando finalmente el polvo se adhiere al fondo—aluden para mí a tres momentos definitivos: la creación, la vida y la muerte." En Diego Garzón, *Otras voces otro arte: diez conversaciones con artistas colombianos* (Bogotá: Editorial Planeta, 2005), 48.
12 Entrevista Banco de la República.
13 Acosta López *et al.*, *Resistencias al olvido*, 69n14.
14 Daniela Perez y Ana Paula Cohen, *Crónicas de la Ausencia: Óscar Muñoz y Rosângela Rennó* (La Ciudad de México: Fundación Olga y Rufino Tamayo, México, 2009), 57.
15 Citado en Figueroa, *Guerra y pá*.
16 Entrevista Banco de la República.
17 Citado en Acosta López *et al.*. *Resistencias al olvido*, 62n6; ver también Entrevista Banco de la República.
18 Entrevista Banco de la República.
19 Ibid.
20 Herzog, *Cantos cuentos colombianos*, 381.
21 Citado en Garzón, *Otras voces, otro arte*, 57.
22 Entrevista Banco de la República.
23 Ibid.
24 Herzog, *Cantos cuentos colombianos*, 382.
25 Entrevista Banco de la República.
26 Citado en Garzón, *Otras voces, otro arte*, 66.
27 Herzog, *Cantos cuentos colombianos*, 382.

NOTES

THE CITY, MEMORY, AND LIGHT: IMPRESSIONS IN THE EARLY WORK OF OSCAR MUÑOZ

MARIÁNGELA MÉNDEZ

CITY

Colombian artists of the 1970s managed to free themselves from the pictorial influences and artistic conventions of the past by assuming the camera's optics as an instrument of reality editing. The photographic gaze, whether or not a camera was involved, became a kind of strategy to supersede regionalisms, even if the themes continued to be local. They were artists who, in their youth, noticed the richness of their everyday world, and opened their narratives and works to that reality. This reality led them to distrust the tradition, academicisms, good taste, religion, capitalism, class divisions, political parties, and, in general, the discourses supported by quite conservative ideologies.

From cities as diverse as Cali, Medellin, and Bogotá, these young artists had in common, even in the individuality of their work, an interest in urban issues. According to art critic Marta Traba, for this new generation, which she called "the newest Colombians," the province understood as "narrow vision, inferiority complex behavior and ignorance of the outside

CIUDAD

Los artistas colombianos de la generación del setenta emplearon la óptica de la cámara fotográfica como instrumento de edición de la realidad para liberarse de las influencias pictóricas y de las convenciones artísticas del pasado. En otras palabras, la mirada fotográfica —que no necesariamente necesitaba del uso de la cámara para su expresión— se convirtió en una estrategia que depuró formas de regionalismos, aun si las temáticas continuaron siendo autóctonas. Eran artistas que, en su juventud, advirtieron la riqueza del entorno cotidiano y abrieron sus narrativas, sus obras, a esa realidad que nacía de la desconfianza en la tradición, en el academicismo y sus nociones de buen gusto, en la religión, en el capitalismo y las divisiones de clase, en los partidos políticos y, en general, en los discursos tras los cuales se alinearon las ideologías que hasta entonces habían sido bastante conservadoras.

Desde ciudades tan disímiles como Cali, Medellín y Bogotá, estos jóvenes artistas tenían en común, aun en la individualidad de su obra, un interés por trabajar temas urbanos. Según la crítica de arte Marta Traba, para esta nueva generación, a la que ella se refería

LA CIUDAD, LA MEMORIA Y LA LUZ: IMPRESIONES EN LA OBRA TEMPRANA DE OSCAR MUÑOZ

MARIÁNGELA MÉNDEZ

environment" was replaced by "the pride of the region, supported by the analysis of its own cultural resources."[1]

By 1971, the young artists known as the "Cali Group," of which Oscar Muñoz was a part, agreed in the importance of making a record of the city before it was changed by renovations in preparation to host the Pan-American Games.[2] It was urgent to preserve the memory of the demolished city while another new city was rising. According to the filmmaker Luis Ospina (Colombian, 1949–2019), everyone shared "a look of love and hate for the city, the taste for cinema, salsa, bolero. They sought to strengthen their sense of belonging."[3] United by intellectual interests and with a curiosity for the experimentation that generated a particular perspective on their city, between 1971 and 1985 the artists generated proposals that helped mythologize the city. For the historian María Iovino, it was this climate that led to an art of urban realism in Cali that

> had no nostalgia for the landscape, and was concerned about the cultural particularities of the region and especially in the city. But that realism is based in a complex confrontation with the "real," stripped of exoticism, irreverent toward denominations or qualifications as "underdevelopment," "Latin America," or "poverty."[4]

It was in Cali, a city that was losing its architectural identity and gaining in dishonesty and corruption, that "a few good friends" managed to build their city version, as the curator and critic Miguel González says.[5] On July 26, 1971, two law students, Hernando Guerrero and Pakiko Ordoñez, opened the doors of Ciudad Solar (Solar City), an independent space that became a place of encounter and cultural exchange for a generation that believed, above all, in action and in the power of doing things.

Ciudad Solar was a vital space where different socioeconomic strata converged. There was a shared curiosity to know the neighborhoods at the edges of the city, to hear the salsa music played there, and to review, from a critical perspective, the way in which poverty was shown and marginalized.[6] It was also a space open to different practices. There was a photography laboratory, a place for graphic arts, a handicraft shop, a movie club, and a gallery. These endeavors led to the traffic of information, an exchange of references in film, music, and literature, and a fruitful collaboration among disciplines:

> There were talks and discussions; there were rumba, alcohol and drugs, various passions, and fornication ... Ideas from the left and the right were debated; creation and management exercises were projected outside the academy, although most of the members of the group transited through university life.[7]

como "los novísimos colombianos", la provincia, entendida "como visión estrecha, comportamiento acomplejado e ignorancia del medio exterior" fue reemplazada "por el orgullo de la región, apoyado en el análisis de los recursos culturales propios".[1]

Hacia 1971, un grupo de jóvenes creadores conocido como "Grupo de Cali",[2] del cual Oscar Muñoz formaba parte, coincidía en que había que dejar un registro de la ciudad antes de que cambiara a causa de las obras construidas con motivo de los Juegos Panamericanos. Guardar la memoria de esa ciudad, que se levantaba al tiempo que era demolida, resultaba urgente. Según el cineasta Luis Ospina (Colombiano, 1949–2019), todos compartían "una mirada de amor y odio por la ciudad, el gusto por el cine, la salsa, el bolero; buscaban afianzar lo propio".[3] Unidos por similares intereses intelectuales y con una curiosidad por la experimentación que generó una muy particular perspectiva sobre Cali, sus propuestas contribuyeron a mitificar la ciudad entre 1971 y 1985. Para la historiadora María Iovino, este clima propició el nacimiento de un arte realista de carácter urbano en Cali,

> sin nostalgias de paisaje, preocupado por la particularidad de la cultura en la región y especialmente en la ciudad. Pero ese realismo se surte de una confrontación compleja con lo "real", despojada de exotismos, irreverente hacia las denominaciones o calificativos armados como "subdesarrollo", "Latinoamérica" o "pobreza".[4]

En ese Cali que cada día perdía su identidad arquitectónica y ganaba en deshonestidad y corrupción, "unos pocos buenos amigos", como dice el curador y crítico de arte Miguel González, lograron construir su versión de ciudad.[5] El 26 de julio de 1971, dos estudiantes de Derecho, Hernando Guerrero y Pakiko Ordóñez, abrieron las puertas de Ciudad Solar; un espacio independiente que se constituyó en escenario de encuentro e intercambio cultural para una generación que creía, sobre todo, en la acción y en el poder hacer.

Ciudad Solar fue un espacio vital, donde confluían distintos estratos socioeconómicos; había curiosidad por conocer los barrios de extramuros, la salsa que ahí se escuchaba, y revisar, desde una posición crítica, la manera en que se marginaba (y también se mostraba) la realidad de la pobreza.[6] También fue un espacio abierto a diferentes prácticas artísticas y de socialización —había un laboratorio de fotografía, un lugar para las artes gráficas, una tienda de artesanías, un cineclub y una galería—, lo que propició el tráfico de información, el intercambio de referentes cinematográficos, musicales y literarios, y una fructífera colaboración entre las disciplinas:

> Se habló y discutió; hubo rumba, alcohol y drogas, diversas pasiones y fornicación.... Se debatieron ideas de izquierda y de derecha, se proyectaron ejercicios de creación y gestión que no estaban amparados en la academia, aunque la mayoría de sus miembros habían transitado por la vida universitaria.[7]

It was at Ciudad Solar that Oscar Muñoz had his first solo exhibition, titled *Dibujos morbosos* (*Morbid Drawings*), in 1971. More importantly, it was there he shared with others his interest in portraying the city that was disappearing. Preserving the memory of architecture, the urban environment, overcrowding, tenements, brothels, movie theaters, neighborhood corners, nightlife, music, and even its light, was the focus of the Cali Group's collective interest. Everyone, somehow, became documentarians of the city, and, as Luis Ospina would say, "documentary filmmakers are always filming things that are in transit to disappear."[8]

At Ciudad Solar, thanks to intellectual exchanges with a few good friends, Muñoz began to take an interest in what would become a constant in his work: photography. But for him, photography has not been a simple medium to portray something, but a mechanism for the production of images through processes that build, while destroying, the very image that it intended to fix. Muñoz's way of understanding photography has to do with his connection with Cali, a recurring theme throughout his extensive artistic career. This influence is present in his most ambitious project, Lugar a Dudas (Room for Doubt), and also manifests tacitly in his concern for memory, for the document, and for capturing what has been exiled from history and time.

MEMORY

The series *Inquilinatos (Trípticos)* (*Tenements [Triptychs]*) and, subsequently, the series *Interiores* (*Interiors*) are the result of one of Muñoz's first attempts to document, to portray in drawing and with extreme realism, the modern architecture of Cali that was disappearing.[9] These two series, difficult to identify because they are very similar to each other and do not have specific titles, were made approximately between 1976 and 1987. They are a group of drawings of interior spaces carefully rendered with charcoal pencil on paper. The drawings were initially made from the photographic records taken on the documentation tours that Muñoz made in the company of his friend and mentor the photographer Fernell Franco (Colombian, 1942–2006).[10]

The architecture of the tenement houses is a symbol of the large-scale social order that governed the Valle del Cauca region socially, politically, and economically. They are big houses that, once having become slums, give an account of a very typical process of reordering, but not of social transformation, in Colombian cities. Dozens of families gathered to live in houses formerly occupied by a single family, crammed between the resignation of banishment and nostalgia for the rural past. For Muñoz and Franco, the tenements embodied powerful symbolic

Fue en Ciudad Solar donde Muñoz tuvo, en 1971, su primera exposición individual titulada *Dibujos morbosos*. Y lo que tal vez es más importante, fue ahí donde compartió con otros el interés por retratar la ciudad que estaba desapareciendo. Hacer memoria de la arquitectura, del entorno urbano, de los hacinamientos e inquilinatos, de los burdeles, de las imágenes en las salas de cine y las esquinas de barrio, de la vida nocturna, su música y hasta su luz, fue el foco de interés colectivo del llamado "Grupo de Cali". Todos los integrantes, de alguna forma, se volvieron documentalistas de la ciudad y, como diría Luis Ospina, "los documentalistas siempre estamos filmando las cosas que están en tránsito de desaparecer".[8]

Gracias también a los intercambios intelectuales con unos pocos buenos amigos, en Ciudad Solar Muñoz comienza a interesarse por lo que será luego una constante en su obra: la fotografía. Pero la fotografía no como el simple gesto de retratar con una cámara, sino como un mecanismo para la producción de imágenes a través de procesos que construyen, al tiempo que destruyen, la misma imagen que se busca fijar. Esta manera de percibir la fotografía tiene que ver con su conexión con Cali, ciudad que se convertirá en tema recurrente a lo largo de su extensa carrera artística, evidente en su más ambicioso proyecto, Lugar a Dudas, pero también implícito en su preocupación por la memoria, por el documento, por fijar lo que ha sido exiliado de la historia y del tiempo.

MEMORIA

Las series *Inquilinatos (Trípticos)* y, posteriormente, *Interiores* son el resultado de los primeros intentos de Oscar Muñoz por documentar, retratar en dibujo, y con realismo extremo, la arquitectura popular de Cali que estaba desapareciendo.[9] Estas dos series, de difícil diferenciación entre sí porque son muy parecidas y no tienen títulos específicos, fueron realizadas entre 1976 y 1987 aproximadamente, y comprenden un grupo de dibujos de espacios interiores producidos minuciosamente con lápiz de carboncillo sobre papel. Los dibujos fueron hechos a partir de los registros fotográficos tomados por Muñoz y por su amigo y mentor, el fotógrafo Fernell Franco (Colombiano, 1942–2006), en recorridos de documentación.[10]

La arquitectura de los inquilinatos deviene símbolo del orden social latifundista que marcó desde el punto de vista social, político y económico la región del Valle del Cauca. Son caserones que, una vez tugurizados, dan cuenta de un proceso de reordenamiento —más no de transformación social— muy propio de las ciudades colombianas. Docenas de familias se aglomeraban para convivir de manera hacinada en casas antes ocupadas por una sola familia, viviendo entre la resignación del destierro y la nostalgia por el pasado rural. Por estas razones, tanto para Muñoz como para Franco, los inquilinatos ofrecían una carga simbólica potente, pues se trataba de espacios

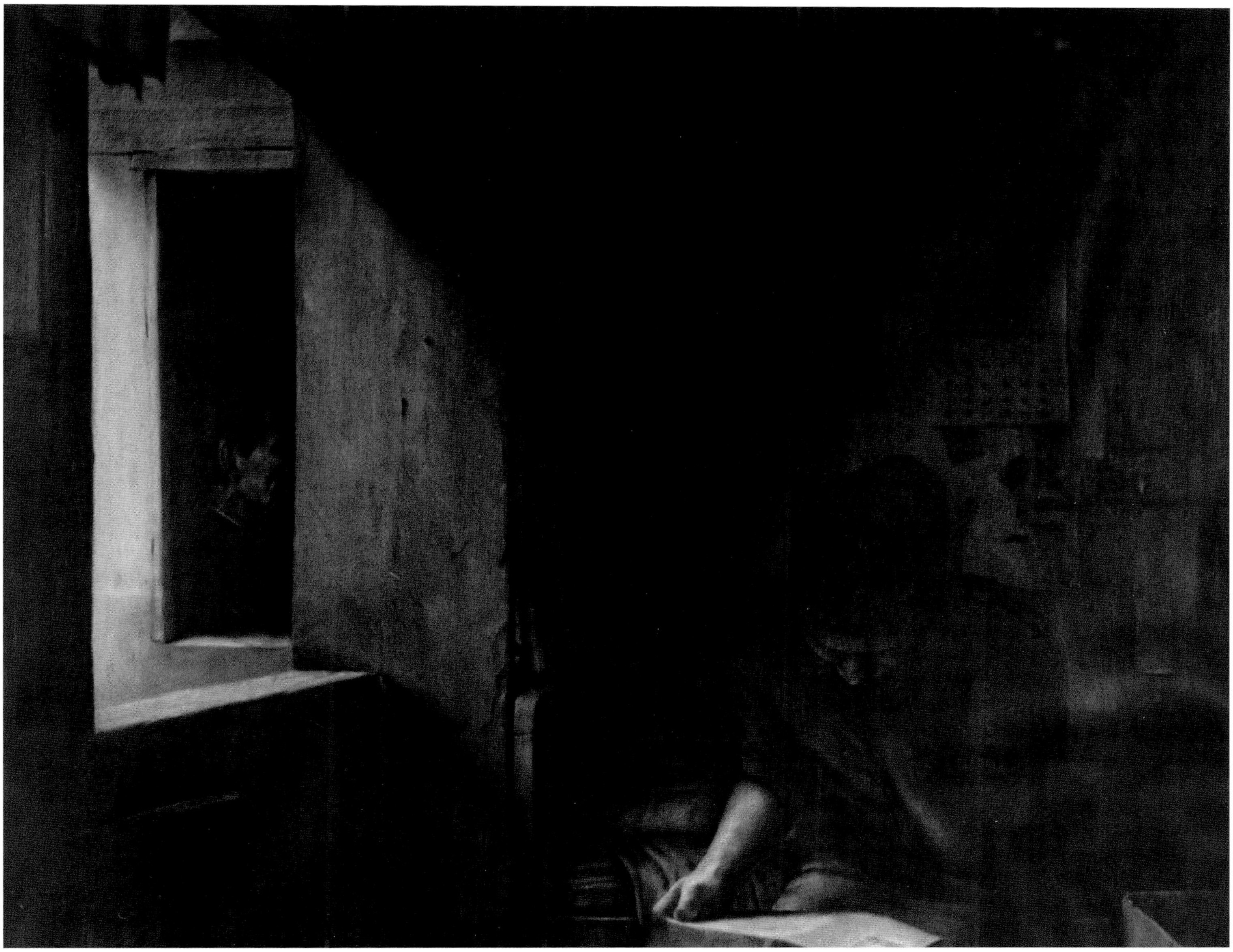

INTERIORES (INTERIORS), 1975
Charcoal on paper (Carbón sobre papel)
128 x 100 cm (50³⁄₈ x 39³⁄₈ in.)
Private collection

meaning as spaces where the opulence of yesteryear lived, still visible in the details of the architecture, alongside extreme forms of poverty and uprooting.

Muñoz and Franco began to portray the overcrowding of the displaced occupants of these houses, when the wealthy did not want to live in the center of Cali and moved to other neighborhoods. From these records, each artist made a project: Franco produced a series of black-and-white photographs; Muñoz made an extensive set of charcoal drawings on paper. Although each one worked in a specific medium, both used images that fit into the photographic frame made with or without a camera.

These drawings that Oscar Muñoz made between 1976 and 1980 are known by the title *Tenements,* but also as *Triptychs* because they were made by joining three sheets of paper to create a larger format (100 x 210 cm). The charcoal drawings offer a detailed description of the interior architecture of the tenements: long corridors that lead to hallways, windows that overlook an inner courtyard, cement floors, dark and narrow rooms sparsely furnished with a mirror or a metal bed, walls decorated with family photos, religious images, or posters of football teams or tango great Carlos Gardel, a clothes hanger or an almanac that hangs on a nail. Muñoz chose those details carefully for the composition as if it were a film set. The few belongings are not there to decorate but to denote intimacy, to communicate the history of the people who live there. In these dark, narrow, gloomy spaces, the human figure almost disappears or appears fragmented as if s/he is about to leave the scene.

Cinema and narrative are essential for Muñoz, as well as for the group of friends who frequented Ciudad Solar. In *Tenements*, for example, most of the drawings have been constructed almost like a film set designed to show two or more spaces at the same time. As mentioned above, by joining sheets of paper, Muñoz was able to reconstruct the compartmentalization of the intricate architecture of the tenements. The divisions offer a panoramic view of overcrowding in simultaneous spaces and situations.

The drawings generate a cinematographic sequence because of the "bumpers" that divide the work into three distinct spaces or scenes.[11] The idea of movement is given paradoxically, thanks to the figures captured in a suspended action: a woman taking off her blouse, a girl running down a corridor, a man arriving and encountering something we can't see ... In this way, the drawings build time that extends beyond a frozen moment; they offer a narrative, a scene. That frozen moment is closer to the frame of a movie than to an image of photojournalism. The set of images requires the viewer to connect them and reconstruct a situation that Muñoz barely hints at. It is a

donde convivía la opulencia de antaño, aún visible en los detalles de la arquitectura, con formas extremas de pobreza y desarraigo.

Muñoz y Franco comenzaron a retratar el hacinamiento de los desplazados que ocupaban estos caserones venidos a menos, cuando la gente adinerada no quiso vivir más en el centro de Cali y se mudó a otros barrios. A partir de esos registros fotográficos, cada uno hizo una propuesta: Franco produjo una serie de fotografías en blanco y negro, y Muñoz, una serie extensa de dibujos en lápiz de carboncillo sobre papel. Aunque cada uno trabajó en un medio específico, produjeron imágenes que respondían al encuadre fotográfico hecho con o sin cámara.

Esta serie que Muñoz realizó entre 1976 y 1980 se conoce con el título *Inquilinatos*, aunque a veces también aparece identificada como *Trípticos*, pues los dibujos fueron realizados uniendo tres pliegos de papel para conseguir un formato más grande (100 × 210 cm). Los dibujos en carboncillo ofrecen una detallada descripción de la arquitectura interior de los inquilinatos: corredores largos que desembocan en zaguanes y ventanas que dan a un patio interior; pisos de baldosas de cemento, habitaciones oscuras y estrechas, escuetamente amobladas con un espejo o una cama de metal; paredes decoradas con fotos familiares, imágenes religiosas o afiches de equipos de fútbol o de Carlos Gardel, o con un gancho de ropa o un almanaque que penden de un clavo. Detalles que Muñoz ha escogido cuidadosamente para la composición, como si se tratara de un *set*: unas pocas pertenencias que no tienen función decorativa, sino que dotan de intimidad e historia a los personajes. En estos espacios estrechos, lúgubres y oscuros, la figura humana casi desaparece, o aparece fragmentada como si fuera a salir de escena.

Para Muñoz, como para el grupo de amigos que frecuentaba Ciudad Solar, el cine y la narrativa son muy importantes. En esta serie, en particular, esto se hace evidente, por ejemplo, en el hecho de que la mayoría de los dibujos han sido construidos casi como un *set* de grabación que ha sido especialmente diseñado para mostrar dos o más espacios a la vez. Como ya se mencionó, Muñoz trabajaba juntando tres pliegos de papel, aprovechando las uniones entre una y otra hoja para reconstruir la compartimentación de la arquitectura intrincada de los inquilinatos. Esta división ofrece una vista panorámica del hacinamiento al yuxtaponer espacios y situaciones simultáneas.

Con esta especie de "cortinillas"[11] inspiradas en el lenguaje cinematográfico, que dividen la obra en tres espacios o escenas contrapuestas, los dibujos funcionan a manera de secuencia cinematográfica. La idea de movimiento se da, paradójicamente, gracias a la acción suspendida de las figuras: una mujer quitándose la blusa, una niña corriendo por un corredor, un hombre que llega y se encuentra con algo que no alcanzamos a ver ... Los dibujos construyen un tiempo que se extiende más allá del instante congelado; ofrecen una narrativa, una escena. Ese instante congelado está más

composition that delivers a narrative, as the critic and historian Álvaro Medina has observed.

Although Muñoz's concern here is to express the drama of the occupants, his intense black-and-white drawings are clean, neat, and without mannerisms. They are concise, extremely detailed drawings that seem to distance themselves from the reality they portray. This distancing allows us, as in the cinematographic experience, to reflect on fact. It is in the penumbra that Muñoz puts hopelessness. Mario Rivero, in the book *Los artistas plásticos en Colombia. Los de ayer y los de hoy* (*The Visual Artists in Colombia: Those of Yesterday and Today*), mentions something similar, contrasting the photorealistic drawing of Muñoz with that of other artists of his generation who, similarly, were trying to draw poverty. Muñoz's work is

> exactly the counterpart to that rhetoric of grace, charm, optimism that emanates from a "merry misery," as intended by the picturesque, the stereotyped, and the folkloric, all within the best commercial intentions. Muñoz's approach is a kind of dramatic journalism, which has an impactful tone of demystified reality. . . . A testimony of time and place that denounces the moral structure of class society.[12]

In *Tenements*, despite Muñoz's working with film references and from photographs taken on city tours, the effects of light are also configured through memories, reminiscences of childhood spaces recollected with more dramatic light. In Muñoz's work, the relationship between memory and image construction is based on a process of selection, or perhaps synthesis, in which only what impacts is preserved. According to María Iovino, light, in these drawings, more than an effect is an affection. She quotes an interview for the newspaper *La Prensa*, in which Muñoz says:

> My childhood is not a memory of a patio of Seville, as the song says, but a long dark corridor that led to an illuminated lot and that I used to ride on a tricycle. Those were my first paintings. That is why I cannot know for sure where my influences come from, which may be from Vermeer or my memories of the pictures in the room of the girl in the service.[13]

In this series, and in some of his later drawings, it seems as if the memory acted as a camera and became the mechanism through which the image was produced. While the camera freezes the present moment in order to save it, the drawing is the snapshot of the past, a fragment of memory that is brought up to the present to fix it on paper. That seems to be the search

cercano al fotograma de una película que a una fotografía de reportería gráfica. El conjunto de imágenes le pide al espectador que las anime, que las relacione, que reconstruya una situación que Muñoz deja apenas insinuada en una composición que entrega una narrativa, como lo observó el crítico e historiador Álvaro Medina.

Y aunque la preocupación de Oscar Muñoz con estos dibujos sea la de expresar el drama que se vive en los inquilinatos de las ciudades, sus dibujos de blancos y negros intensos resultan limpios, pulcros y sin falsos alardes. Son dibujos escuetos, aún si en extremo detallados, que parecen distanciarse de esa realidad que retratan. Es este distanciamiento el que permite, como en la experiencia cinematográfica, una reflexión sobre la realidad misma. En la serie *Inquilinatos*, es en la penumbra donde Muñoz aloja la desesperanza. El crítico Mario Rivero, en *Los artistas plásticos en Colombia. Los de ayer y los de hoy*, menciona algo parecido al contrastar el dibujo fotorrealista de Muñoz con el de otros artistas de su generación que, de igual manera, estaban intentando dibujar la pobreza. La obra de Muñoz es

> exactamente la contraparte a esa retórica de la gracia, el encanto, el optimismo que emana de una "miseria alegre", tal como lo pretende el pintoresquismo, el tipismo y el folklorismo, todos dentro de las mejores intenciones comerciales. El enfoque de Muñoz es una especie de periodismo dramático, que tiene el tono impactivo (*sic*) de la realidad no mistificada. . . . Un testimonio de tiempo y lugar que denuncia la estructura moral de la sociedad clasista.[12]

En la serie *Inquilinatos*, a pesar de que Muñoz trabaja con referentes del cine y a partir de fotografías de la ciudad tomadas por él, los efectos de luz se configuran como si estuvieran tamizados por los recuerdos, por las reminiscencias de los espacios de la infancia que en la memoria se conservan con una luz más dramática. En el trabajo de Muñoz, la relación de la memoria con la construcción de la imagen se traduce en un proceso de selección, o acaso de síntesis, en el que solo se guarda lo que definitivamente afecta. Según María Iovino, en estos dibujos la luz, más que un efecto, es un *afecto*, y cita una entrevista para el diario *La Prensa* en la que Muñoz dice:

> Mi infancia no es un recuerdo de Patio de Sevilla, como dice la canción, sino un corredor largo y oscuro que desembocaba en un solar iluminado y que yo recorría en triciclo. Esos eran mis primeros cuadros. Por eso yo no puedo saber de dónde vienen mis influencias, que pueden ser de Vermeer o mis propios recuerdos de las láminas que había en el cuarto de la muchacha del servicio.[13]

En esta serie, y en algunos de sus dibujos posteriores, pareciera como si la memoria hiciera las veces de cámara fotográfica y se convirtiera

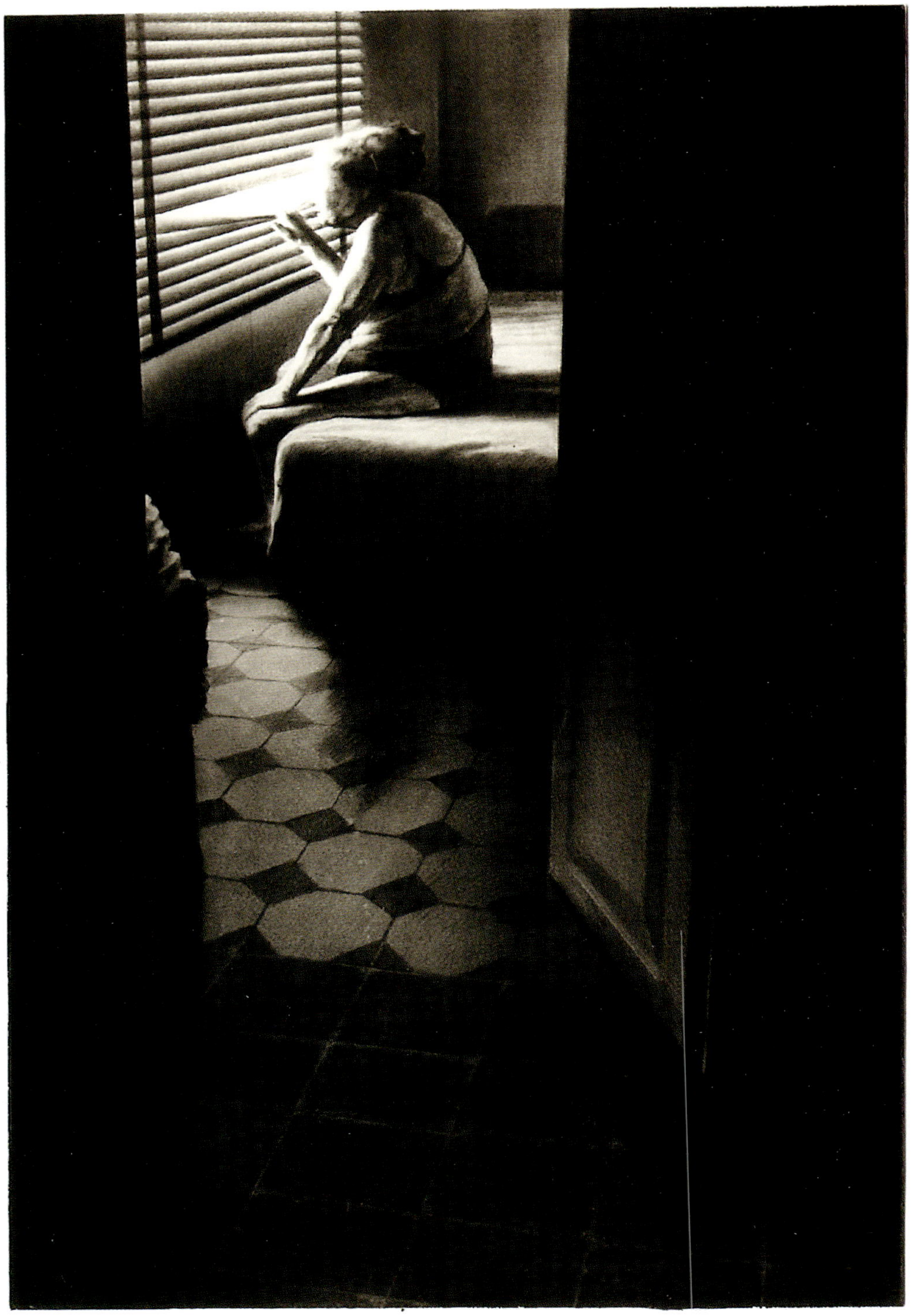

INTERIOR CON FIGURA (INTERIOR WITH FIGURE), 1982
Charcoal pencil on paper (Lápiz carbón sobre papel)
102 x 73 cm (40³⁄₁₆ x 28¾ in.)
Collection of the Blanton Museum of Art, The University of Texas at Austin, Gift of Barbara Duncan, 1991

that gives cohesion to the work of Muñoz, who, through different materials, supports, and chemistry, explores multiple ways of producing images. For Muñoz, it is clear that the camera is not the owner of this gesture because sometimes the only way to portray something is to bring it from memory and fix it in a drawing that remains a document of a particular history.

LIGHT

In the next series, *Interiors*, made between approximately 1980 and 1987, Muñoz focuses on how light affects the perception of dim spaces that seem to be memory places. Something in these drawings is reminiscent of Flemish paintings. They are still quite realistic drawings in charcoal on paper, but they are no longer the panoramic views of the *Triptychs*, but closed, contained, dark spaces with dense atmospheres. In his previous drawings, drama seemed to lie in the unhealthy overcrowding of the tenements; in *Interiors*, desolation is what inhabits those spaces.

The drawing format is smaller and this series is more extensive. Despite their similarity, the *Interiors* drawings can be classified into three different moments. Human presence seems like another object in the first drawings of the series—an appearance that is captured in an arrested moment of contemplation and sighs. An older woman looking out a window while getting dressed; a woman sitting in the kitchen and listening to the radio; another one, who seems to be the same woman in several drawings, lies on her bed in her underwear and contemplates the floor, and, in another drawing, sits in the kitchen. Another woman, seen from the back, stops ironing for a moment and looks up at the horizon. These women evoke the films of the French new wave but lack the sensuality of the French actresses. Their activities seem more about everyday trivialities in rooms where silence, spare décor, costumes, and objects tell stories. There is a prevailing interest in maintaining certain coherence with reality, with the truth of the lives of these tenement dwellers. And despite the poetry implicit in the scenes drawn, they somehow retain the documentary character of a graphic report.

If women were protagonists in the first of the series, other drawings depict uninhabited interiors empty of all but a few singular objects: a mirror, a suitcase, a bundle of clothes, a folded cot, a page of the newspaper on the floor—traces of someone who is gone. Within their plausible architecture, Muñoz conducts a thorough study of natural light and how lighting accesses and affects these enclosed spaces.

The movie *Pura Sangre* (*Pure Blood*) (1982), directed by Ospina, captures the moment when Perfect, the character played by Carlos Mayolo, enters the rental where he lives with his mother and greets an artist who is drawing. The artist has

en el dispositivo a través del cual se produce la imagen. Si la cámara congela el instante presente para poder preservarlo, el dibujo, por su parte, recupera una instantánea del pasado, un fragmento de recuerdo que se trae de regreso para fijarlo en un papel. Esa parece ser la búsqueda que da cohesión al trabajo de Muñoz quien, a través de distintos materiales, soportes y momentos de experimentación química, explora las múltiples formas de producir imágenes. Para Muñoz resulta claro que la cámara fotográfica no es la dueña absoluta de este gesto, pues a veces la única manera de retratar es traer de la memoria y fijar en un dibujo, para que de esa historia quede un documento.

LUZ

En su siguiente serie, *Interiores*, realizada entre 1980 y 1987 aproximadamente, Muñoz se concentra en el manejo de la luz y en la manera en que esta incide en la percepción de espacios que, por la penumbra en que se encuentran, parecen lugares de la memoria. Algo en ellos recuerda a las pinturas flamencas. Se trata de dibujos bastante realistas en carboncillo sobre papel, pero ya no son vistas panorámicas como las que privilegió en los trípticos. Ahora el artista se centra en espacios cerrados, contenidos, oscuros, de atmósferas densas. Y si en los dibujos anteriores el drama parecía estar representado en el hacinamiento malsano de los inquilinatos, en estos espacios de *Interiores* solo habita la desolación.

Los dibujos de *Interiores* no son de gran formato como los de *Inquilinatos*, pero la serie es más extensa. A pesar del parecido entre las piezas, estas se pueden clasificar en tres momentos distintos. En los primeros dibujos de la serie, la figura humana parece un objeto más. Se trata de una presencia *capturada* en el instante de contemplación, de pausa y suspiro: una mujer mayor mira a lo lejos por una ventana mientras se viste; otra, en ropa interior, contempla el suelo sentada en su cama y en otro dibujo, quien pareciera ser la misma figura femenina, ahora aparece sentada en la cocina; otra mujer, a la que no le vemos el rostro porque está de espaldas, deja de planchar por un instante y levanta la mirada al horizonte. Las mujeres en estos dibujos evocan las películas de la nueva ola francesa, pero sus gestos carecen de la sensualidad de aquellas actrices. Las escenas representan más bien nimiedades cotidianas en habitaciones donde los silencios, la decoración escueta, el vestuario y las cosas mismas son las que cuentan las historias. En estos dibujos, igual de detallados que los anteriores, prevalece el mismo interés por mantener cierta coherencia con la realidad, con la verdad de las vidas que habitan esos inquilinatos. Y a pesar de la poesía implícita en cada una de las escenas escogidas, de alguna manera conservan el carácter documental de la reportería gráfica.

En un segundo momento de la serie se muestran interiores deshabitados, casi vacíos, de no ser por los objetos que de forma singular aparecen en cada dibujo: un espejo, una maleta, un bulto de

his back to the camera, but we can see the drawing. We can infer that he is Oscar Muñoz, working right there on site, in one of his emblematic spaces where light comes alive when reflected on the floor tiles.

Toward the end of the *Interiors* series, sharp contrasts of light begin to disappear and the small rooms are saturated with light and steam. Water, an element that will later be recurrent in Muñoz's work, appears as a surface on which reflection and light create the image. The last drawings in the series feature bathrooms in which only the walls are discernible, sometimes a tap. Steam blurs the perception of space almost entirely, and, as in a fragile memory, the grid of tiles suggests the bathroom. It seems as if Muñoz is less and less interested in depicting detailed interior spaces and is more concerned with the idea of what representation can say about our habits of seeing and reflecting on what we are seeing.

From now on, Muñoz will thoroughly engage in analyzing the play of light, the particular light of Cali, where, according to him, "the sky is always white, attenuating everything else." He says, in voice-over in Ospina's 1995 documentary *Cali: Ayer, hoy y mañana* (*Cali: Yesterday, Today and Tomorrow*):

> The atmosphere and sky [of Cali] are wet, causing images to lose sharpness. People seem to disintegrate at a certain time of day. In other places, the light is sharper, the sky is bluer, and the contours are better defined.[14]

Alejo Carpentier, one of the first writers to conceptualize the "marvelous real," considered it indispensable that Latin American novelists—who shared responsibility with the artists—begin to name everything that defines and surrounds their reality, even in their unthinkable particularities, starting with its light. For the Latin American context to begin to exist or, as Carpentier himself says, "to place it in the understanding of the universal," the first things to name should be cities, cities in their invisible details:

> Very few of our cities have been revealed until now—unless it is believed that a mere enumeration of exteriors, of appearances, constitutes the revelation of a city. It is challenging to reveal something that does not initially appear in a book, an archive of sensations, contacts, epistolary admirations, images, and personal approaches; it is difficult to see, define, weigh, something like Havana was.[15]

Carpentier points out that the difficulty in beginning to name, to reveal that context, is that there are no referents, neither visual nor written, that define Latin American reality. The light of Cali

ropa anudado, un catre cerrado, una página de un periódico en el suelo ... Vestigios dejados atrás por alguien que se fue, se mudó o ya no está. Se trata de dibujos de habitaciones cuya arquitectura resulta verosímil. Un estudio meticuloso de la luz natural y de la manera en que esta accede a los espacios cerrados, afectando sus interiores. En la película *Pura Sangre* (1982), dirigida por Luis Ospina, es posible observar a Oscar Muñoz dibujando del natural, a las puertas de un inquilinato. Cuando el personaje Perfecto —interpretado por Carlos Mayolo— entra al inquilinato donde vive con su madre, saluda a un artista que aparece de espaldas a la cámara. Por el dibujo, sin embargo, podemos inferir que se trata de Muñoz intentando atrapar esa luz particular del inquilinato, cuando cobra vida al reflejarse sobre las baldosas del piso.

Hacia el final de la serie *Interiores*, los fuertes contrastes de luz comienzan a desaparecer; ahora los reducidos cuartos aparecen saturados de luz y vapor. Y es aquí cuando el agua, un elemento que luego se volverá recurrente en la obra de Muñoz, emerge como superficie donde reflejo y luz crean la imagen. Los últimos dibujos de la serie son baños en los que solo son discernibles las paredes, a veces un grifo. El vapor difumina la percepción del espacio casi por completo y, como en la recolección débil de un recuerdo, la geometría del cuarto de baño queda sugerida por la cuadrícula de sus baldosas. Pareciera como si a Muñoz le interesara cada vez menos el dibujo como herramienta para representar en detalle los espacios interiores y le preocupara más, en cambio, lo que el dibujo puede revelar sobre nuestra mirada, sobre nuestros hábitos de ver y reflexionar sobre lo que estamos viendo.

A partir de este momento, Muñoz se dedicará a desmenuzar artesanalmente el ejercicio de la luz, la particular luz de Cali donde, según él mismo, "el cielo siempre es blanco y opaca todo lo demás". En el documental de Luis Ospina, *Cali: Ayer, hoy y mañana* (1995), se oye la voz en off de Muñoz que explica:

> La atmósfera y los cielos son húmedos, hacen que las imágenes pierdan nitidez, la gente parece que se desintegrara a una determinada hora del día. En otra parte la luz es más nítida, los cielos son azules y definen más los contornos.[14]

Alejo Carpentier, uno de los primeros escritores en conceptualizar lo *real maravilloso*, consideraba indispensable que los novelistas latinoamericanos —y esta es una responsabilidad compartida con los artistas— comenzaran a nombrar todo lo que los definía, envolvía y circundaba, aún en sus impensadas particularidades, empezando por la luz. Para que el contexto latinoamericano pudiera comenzar a existir o, en palabras de Carpentier, "para poder situarlo en el entendimiento de lo universal", las primeras cosas a nombrar debían ser las ciudades, con sus detalles hasta entonces "invisibles":

is not that of Bogotá; the two are distinctly different. In Bogotá, the light approximates distance, whereas in Cali, the light of noon can erase what is nearby. Each of these types of light, as Muñoz and Carpentier observed, is "an element of identification and definition."[16] That is why every Latin American novelist and artist should carefully study the *lighting of their cities.*

THE STRUCTURE OF THE GAZE

The meticulous process of drawing something to look like a photograph can be considered absurd and excessive work. Still, for Muñoz, this work was fundamental to unmasking the artifice of perception. His *Interiors* seem to underscore that the camera cannot see what the eye sees. In that competition between photography and drawing, the camera cannot leave an unfinished image in the same way a drawing can. From the technical skill shown in his first drawings, Muñoz understood what photography wanted or could say. Photography was assumed not as a mere technology that reproduces images of the world, for drawing does that too, but as a structure of the gaze, able to account for memory's futile struggle to remember.

By the mid-1980s, Muñoz began a new phase in his work. He ceased to be interested in the sensuous character of the photographic image and concentrated on other aspects of photography, such as questions of time, permanence, image fixation, transcendence, and the mechanisms through which this image is constructed. The type of drawings that seduced a broad audience during the 1970s, images of extreme realism that communicate daily life in the tenements, the atmosphere of their interiors, as well as the light of Cali, gradually disappeared in favor of the need to experience, with other media, the conceptual nature of photography.

Despite the visible transformation that occurred from one decade to another in Muñoz's work, the city, memory, and light or, in other words, Cali, the archive, and photography, have been three constants in his practice. In more recent works, such as *Ambulatório* (*Walking Place/Outpatient Ward*) (1994–2008), Muñoz is still referring to the transformation of the city but no longer with the almost obsessive interest in tenements. In this floor work, sixteen panels form a large-scale aerial photograph of the city of Cali, which is covered by a sheet of safety glass that cracks under the weight of the people who walk on it. It is the map of a city that tells of its destruction by the violence generated by drug trafficking.

Other works, such as *3-3A* (2008–18) and *El Puente* (*The Bridge*) (2004), which are derived from a photographic archive that Muñoz acquired in 2002, with images of passersby captured by Cali *fotocineros* (street photographers) between 1950

> Muy pocas ciudades nuestras han sido *reveladas* hasta ahora —a menos que se crea que una mera enumeración de exterioridades, de apariencias, constituya la *revelación* de una ciudad—. Difícil es *revelar* algo que no ofrece información libresca preliminar, un archivo de sensaciones, de contactos, de admiraciones epistolarias, de imágenes y enfoques personales; difícil es ver, definir, sopesar, algo como fue La Habana.[15]

Carpentier señalaba que la dificultad para comenzar a nombrar, para revelar ese contexto, radicaba en que no había referentes, ni visuales ni escritos, que definieran la particular realidad latinoamericana. La luz de Cali no es la de Bogotá, por ejemplo; hay una enorme diferencia entre ambas. En Bogotá la luz aproxima las lejanías, en tanto que, en Cali, la luz del mediodía puede borrar lo que está próximo. Cada uno de esos tipos de luz, como lo observara Oscar Muñoz y, antes, Carpentier "son un elemento de identificación y de definición".[16] Por eso, todo novelista y artista latinoamericano debería estudiar cuidadosamente la *iluminación de sus ciudades*.

LA ESTRUCTURA DE LA MIRADA

El dispendioso proceso de dibujar algo que parezca una fotografía se puede considerar como un trabajo absurdo y desmedido, pero para Muñoz ha sido un trabajo fundamental que le ha permitido develar el artificio de la percepción. Sus dibujos de los interiores de los inquilinatos parecen subrayar que el lente de la cámara no puede ver lo que el ojo ve. En esa competencia entre fotografía y dibujo, la cámara no puede dejar una imagen incompleta, inacabada, como sí lo puede hacer un dibujo. Con la destreza técnica de los primeros dibujos, Muñoz pudo ir entendiendo lo que la fotografía quería o podía decir. La fotografía, no como tecnología para reproducir imágenes del mundo —eso también lo hace el dibujo o el grabado—, sino como una estructura de la mirada, capaz de dar cuenta de esa lucha fútil de la memoria por recordar.

Hacia mediados de los años ochenta comienza una etapa diferente en el trabajo de Muñoz al dejar de interesarse en el carácter sensual de la imagen fotográfica para concentrarse en otros temas vinculados a la fotografía, como la cuestión del tiempo, de la permanencia, la fijación de la imagen, su trascendencia y los mecanismos a través de los cuales esta imagen se construye. El dibujo con el que sedujo a un público amplio durante la década del setenta, con imágenes de extremo realismo que lograban comunicar la vida cotidiana y la atmósfera interior de los inquilinatos, así como la particular luz de Cali, fue desapareciendo poco a poco ante la necesidad de experimentar, con otros medios y soportes, la naturaleza conceptual de la fotografía.

A pesar de la visible transformación que ocurrió de una década a otra en el trabajo de Muñoz, la ciudad, la memoria y la luz o, dicho

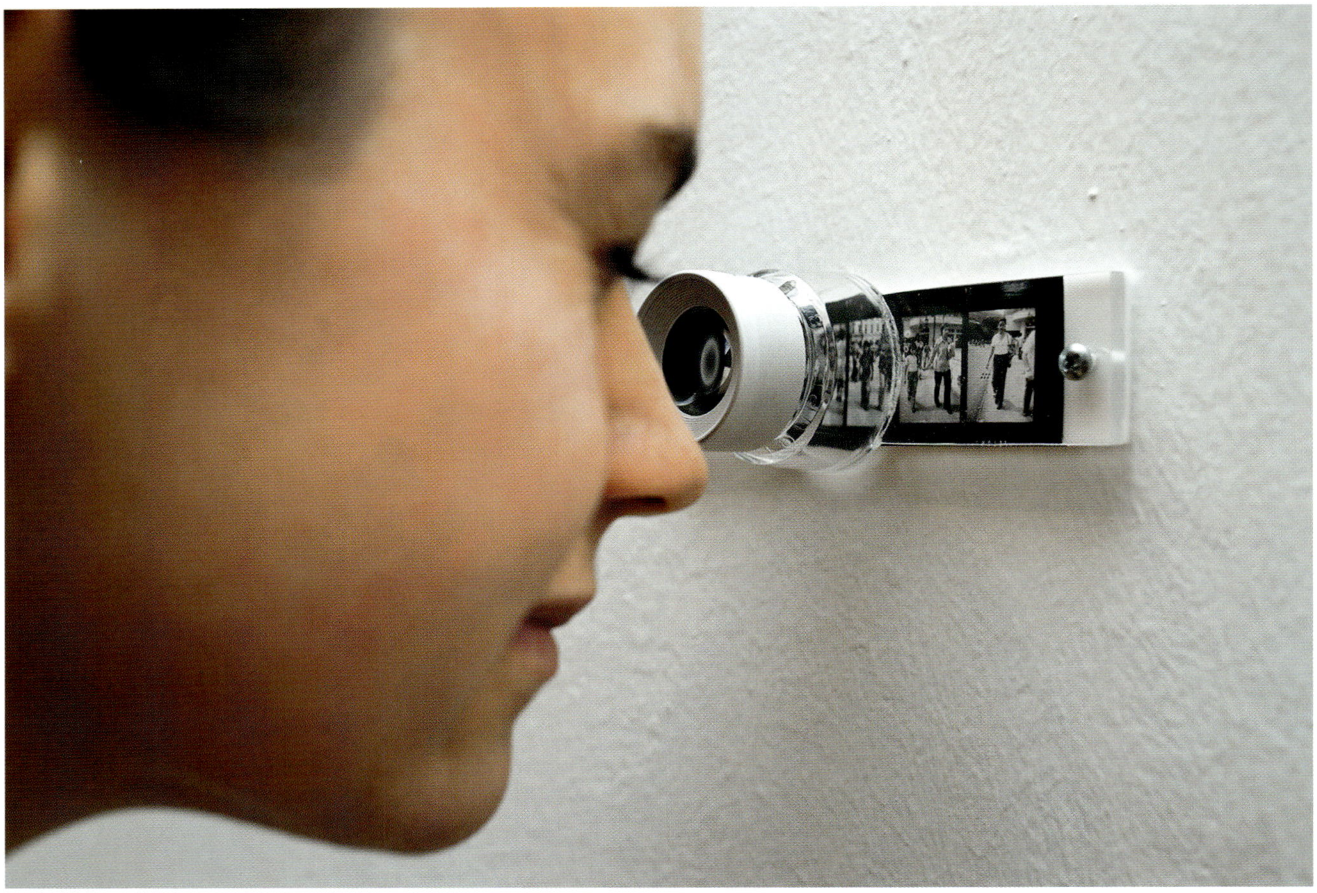

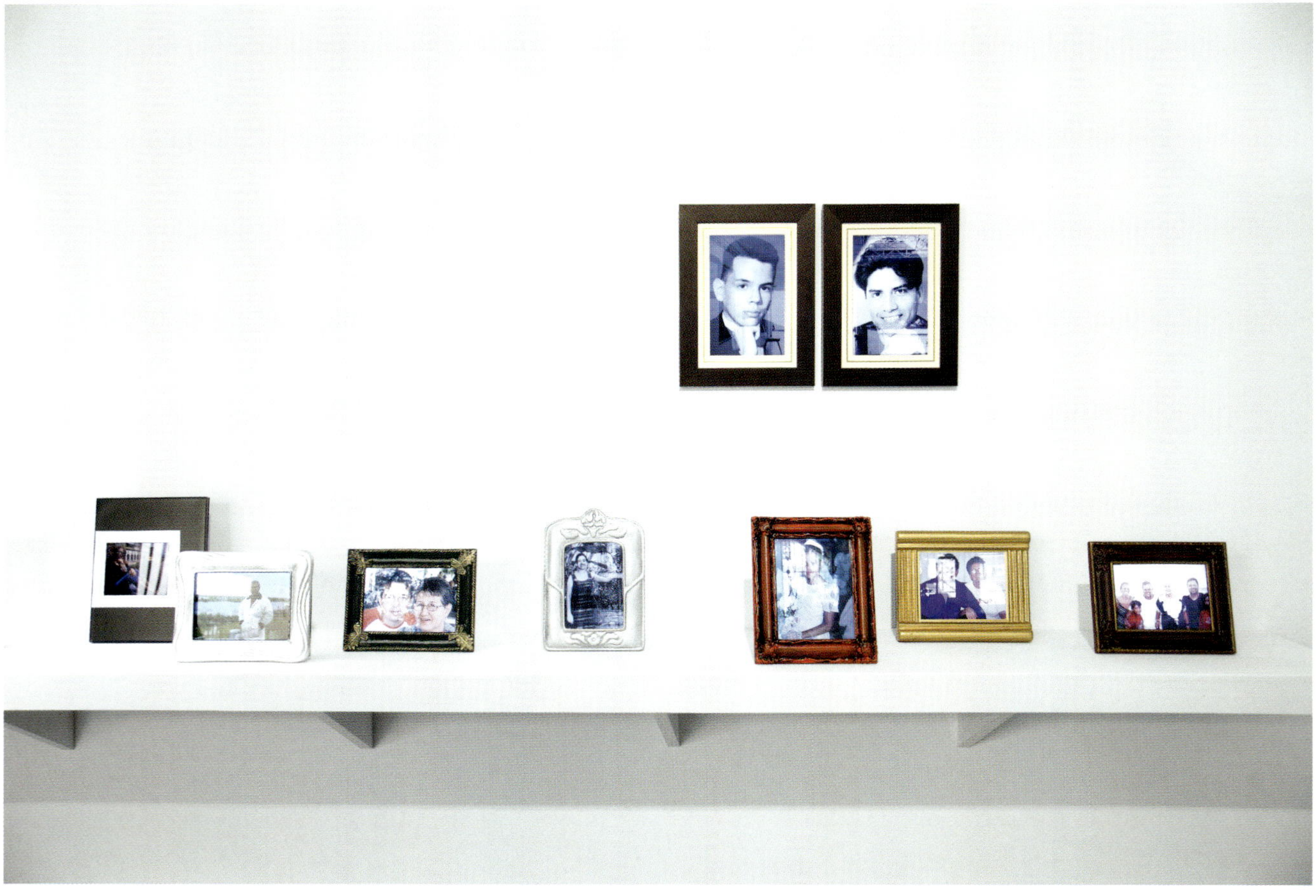

3-3A, 2008
Magnifying glass and four contact negatives installed on wall (Lupa y cuatro contactos negativos instalados sobre pared)
11 x 4 cm (4³⁄₈ x 1½ in.)
Collection of the artist

A TRAVÉS DEL CRISTAL (THROUGH THE GLASS), 2008–18
Video installation with sound; LCD screens with wood, metal, and plastic frames (Video-instalación con sonido; pantallas LCD con marcos de madera, metal y plastico)
Variable dimensions (Medidas variables)
Collection of the artist

and 1970, also comprise a repertoire of moments of everyday life. In this myriad of unclaimed photographs taken at random, it appears there was nothing that needed to be remembered: it is an archive of what people deemed forgettable. The photos thus become something ephemeral, evidence that memory is contingent.

In the video installation *A través del cristal* (*Through the Glass*) (2008), the particular light of Cali emerges as a protagonist. The series of videos recorded by Muñoz in houses in Cali show how the light enters the domestic spaces and is reflected in the family photo frames. The installation presents an intricate composition of family pictures, the surrounding sounds, and the changes of light reflected in the photo frames.

Through that look that provides an understanding of the city, Muñoz has entered into observations involving photography, with or without a camera. Photography produces a contingent image: reception of that image depends on factors external to the act of taking it. Each image can be understood differently according to the culture, according to who, when, and under what circumstances it is received. Therefore, the city as a theme and as a referent in his work has offered Muñoz a subject that is specific and universal at the same time; it allows him to track how we elaborate, or stop elaborating, the memory of the city, be it Cali or any other. A memory of what inevitably transforms, changes, and disappears. The city offers a referent, a visual archive that when scrutinized, allows us to understand and to track what people have sought to preserve through photography or memory. What, how, and whom do we remember?

In this way, Muñoz has used elemental printing techniques to produce documents and be able to archive them, to problematize aspects that revolve around memory. These are devices that "function as prostheses of one's memory," he said in an interview after he received the Hasselblad Prize in Gothenburg in 2018.[17] By reinterpreting printing techniques, Muñoz tries to put himself at the precise moment where the footprint, the file, the document, is constituted.

In an interview with Brazilian curator Hans-Michael Herzog, Muñoz paraphrased French philosopher Roland Barthes, saying that "the true meaning of photography is fulfilled when the referent disappears; it is then that photography acquires all its strength and value."[18] And that photography is always about the presence and the inevitable absence, about the impossibility of representing images of what was destroyed, of what is no longer, of the disappeared, of what became absent. Within the visual policies that have operated in the culture of oblivion and amnesia, Muñoz's work is of vital importance. Since he eagerly began to document the city in the 1970s, his interest has always been in mediating, in making a representation of how the

de otro modo, Cali, el archivo y la fotografía, han sido tres constantes en su obra. En trabajos más recientes, como *Ambulatorio* (1994–2008), Muñoz se sigue refiriendo a los cambios que ocurren en la ciudad. En esta obra de piso, los 16 paneles que forman una fotografía aérea de gran escala de Cali están cubiertos por una lámina de vidrio de seguridad que se rompe bajo el peso de las personas que caminan sobre la obra. Es el mapa de una ciudad que da cuenta de la destrucción a manos de la violencia generada por el narcotráfico.

Otras obras, como *3-3A* (2008) y *El puente* (2004), que se derivan del archivo fotográfico de imágenes de transeúntes capturadas por fotocineros de Cali (fotógrafos callejeros), entre 1950–1970, y que Muñoz adquirió en el 2002, también revelan un repertorio de instantes de la vida cotidiana que la ciudadanía parece haber querido olvidar. Se trata de un sinfín de fotografías tomadas al azar por los fotocineros y que nadie reclamó. Parece que no había nada en ellas que necesitase ser recordado o preservado. Se trata de un archivo de lo que la gente estimó olvidable; las hojas de contacto se convierten en documento de lo efímero, en prueba de que la memoria es contingente.

En la videoinstalación *A través del cristal* (2008–18), por su parte, la particular luz de Cali protagoniza una serie de videos que Muñoz grabó en algunas casas en Cali. Las imágenes muestran la manera en que la luz entra a los espacios domésticos y se refleja en los vidrios de los portarretratos que contienen fotos familiares. En la instalación, el portarretrato ya no ofrece simplemente una fotografía, sino una imagen compuesta por los retratos, los cambios de luz reflejados en los vidrios y los sonidos circundantes de las casas en las que ellos existen.

A través de esa mirada constante que aporta una comprensión de la ciudad, Muñoz ha podido aproximarse a cuestiones de observación que implican a la fotografía, con o sin cámara. La fotografía produce una imagen contingente, pero la recepción de esa imagen depende de otros factores externos a ella. Cada imagen se puede entender de forma distinta según la cultura –según quién, cuándo y bajo qué circunstancias se recibe. Por eso la ciudad, como tema y como referente en su trabajo, le ha ofrecido a Muñoz una imagen particular, universal a la vez, que le permite rastrear cómo hacemos o dejamos de hacer memoria de la ciudad, sea Cali o cualquier otra: memoria de lo que inevitablemente se transforma, cambia y desaparece. En esa medida, la ciudad ofrece una forma visual que, al ser interrogada, nos permite entender y rastrear qué es lo que llamamos a existencia a través de la fotografía, al recordar. ¿Qué, cómo y a quién recordamos?

De esta forma, Muñoz ha utilizado elementales técnicas de impresión para producir documentos y poder archivarlos con la intención de problematizar aspectos que giran alrededor de la memoria. Se trata de dispositivos que "fungen como prótesis de la propia memoria", según dijo en una entrevista con motivo del Premio Hasselblad que recibió en Gotemburgo, en 2018.[17] A partir de estas

camera portrays, or cannot portray, what the violence of destruction and oblivion erase. For Muñoz, the image is not in the photograph but in its translation. It is in the chemical instant in which it is fixed as a document and can be archived. It is in the problem of the gaze. It is in the way of making visible, of bringing to light, of showing and claiming reality, presence, and existence for expressions without voice, disappeared, annulled, and prohibited by a society that perpetuates itself in its meanness and injustices.

In sum, the difference between photography, one of the means through which reality is observed, and the world within which art operates with all its mechanisms of image production, is that art can portray not only what has been invisible because that can be done by photography, but what is hidden in itself. That is why the relationship between drawing and the city, memory, light, and photographic optics is essential. In their constructions, given their dual nature of being presence and memory, document and fiction, commitment and distance, Oscar Muñoz's works allow composing/completing the image of reality with strokes or gestures that seem to be confused with what exists. And we know, what exists is always much more than the facts that can be photographed.

técnicas de impresión que reinterpreta, Muñoz intenta situarse en el lugar y el momento propio donde se constituye la huella, el archivo, el documento.

En una entrevista con el curador brasilero Hans Herzog, Muñoz comenta, parafraseando a Roland Barthes, que "el verdadero sentido de la fotografía se cumple cuando el referente desaparece; es entonces cuando la fotografía adquiere toda su fuerza y su valor".[18] Y es que la fotografía remite siempre a la presencia y a la inevitable ausencia, a la imposibilidad de representar imágenes de lo que se destruyó, de lo que ya no está, de los desaparecidos, de lo que se hizo ausente. Si uno piensa en las políticas visuales que han operado en la cultura del olvido y de la amnesia, el trabajo de Muñoz resulta de vital importancia. Su interés ha estado siempre —incluso desde su afán de documentar la ciudad en los años setenta— en el proceso de mediación, en representar cómo la cámara retrata, o no puede retratar, lo que la violencia de la destrucción y el olvido borran. Para Muñoz, la imagen no está en la fotografía sino en su traducción: en el instante químico en el que queda fijada como documento y puede volverse archivo; en el problema de la mirada, en la forma de visibilizar, de sacar a la luz y reclamar realidad, presencia y existencia para expresiones sin voz, desaparecidas, anuladas y prohibidas por una sociedad que se perpetúa en sus mezquindades e injusticias.

En suma, la diferencia entre la fotografía, uno de los medios a través de los cuales se observa la realidad, y el mundo dentro del cual opera el arte con todos sus mecanismos de producción de imagen, es que el arte puede retratar no solo lo que ha sido invisibilizado, pues eso lo puede hacer la fotografía, sino lo que es invisible en sí mismo. Por eso, la relación de los dibujos de Muñoz con la ciudad, la memoria, la luz y la óptica fotográfica es esencial. En sus obras, dada la doble naturaleza de lo que convocan (presencia y recuerdo, documento y ficción, compromiso y distancia), Muñoz permite componer/completar la imagen de la realidad con trazos/gestos que parecerían confundirse con lo que existe. Pero sabemos que lo que existe es siempre mucho más que hechos fotografiables.

NOTES

1 Marta Traba, *Los novísimos colombianos* (Caracas: Museo de Arte Contemporáneo, 1977), 11.

2 The writer Andrés Caicedo, the filmmakers Luis Ospina and Carlos Mayolo, the curator Miguel González, the artists Oscar Muñoz, Ever Astudillo, Fernell Franco, María de la Paz Jaramillo, Pedro Alcántara, Alicia Barney, and Karen Lamasone, among others, were part of the "Cali Group."

3 Luis Ospina, *Cali: Ayer, hoy y mañana* (Cali: Colcultura and U Universidad del Valle, 1995). DVD.

4 María A. Iovino, *Oscar Muñoz: Volverse aire* (Bogotá: Eco, 2003), 78.

5 I borrow the expression "a few good friends" from the title of the documentary *Andrés Caicedo: A Few Good Friends* (1986), directed by Luis Ospina.

6 In the late 1970s, Ospina and Mayolo contributed to a critical reading of how the marginalized city was exploited. In their fake documentary *Agarrando pueblo* (*The Vampires of Poverty*) (1978), the directors criticize the unethical way in which filmmakers commodified poverty in Latin America. Ospina and Mayolo defined this type of cinematic representation with the term "pornomiseria" ("porno-misery").

7 Miguel González, "Sobre y en Ciudad Solar," in *¡Urgente! 41° Salón Nacional de Artistas* (Cali: Ministerio de Cultura, 2008).

8 Luis Ospina, "La ausencia de memoria es la muerte": Interview of Luis Ospina by Pedro Adrián Zuluaga. *Arcadia Magazine*, September 27, 2019.

9 In my book *Seducción: Realismo extremo en la década del setenta en Colombia* (Bogotá: Fundación Gilberto Alzate Avendaño y Universidad de los Andes, 2015), I use the category "extreme realism" to refer to the work of a group of artists in which Muñoz is included. These artists, without prior agreement, created a pictorial image so real, faithful, and precise that it looked like a photograph. Hyperrealism or photorealism are other terms used by critics to refer to this phenomenon.

10 Franco, Muñoz, and Astudillo went out to walk Cali looking to document the phenomena of urban projects and people's daily life. For the literary critic Ángel Rama, the works of these three artists of the "Cali Group" "realistically evoke the emotional triviality of human lives." See Ángel Rama, "Los contestatarios del poder," in *Crítica literaria y utopía en América Latina*, edited by Carlos Sánchez Lozano (Medellín: Universidad de Antioquia, 2005), 92. In 1979, the Museo de Arte Moderno La Tertulia in Cali presented a group exhibition by Astudillo, Franco, and Muñoz, recognizing the common features of their work.

11 The bumper is the transition from one scene to another in which the new scene appears gradually as if a curtain was running over the previous scene. A line between the two scenes seems to act as the edge of a curtain as it crosses the screen. This type of transition was popular in the 1930s and 1940s. See Ira Königsberg, *Diccionario Técnico Akal de Cine* (Madrid: Akal, 2004), 144.

12 Mario Rivero, *Artistas plásticos en Colombia. Los de ayer y los de hoy* (Bogotá: Stamato,1982), 260.

13 Iovino, *Oscar Muñoz,* 15.

14 Ospina, *Cali: Ayer, hoy y mañana*, Episode VI, 12:41 minutes.

15 Alejo Carpentier, "Problemática de la actual novela latinoamericana," in *Tientos y diferencias y otros ensayos* (Barcelona: Plaza y Janés, 1987), 4.

16 Ibid., 10.

17 Interview with Oscar Muñoz, October 10, 2018, by the Hasselblad Foundation, https://www.hasselbladfoundation.org/wp/portfolio_page /oscar-munoz-2/.

18 Hans-Michael Herzog ,"Oscar Muñoz," in *Cantos/Cuentos Colombianos* (Zurich: Daros-Latinoamérica, 2004), 246.

1 Marta Traba, *Los novísimos colombianos* (Caracas: Museo de Arte Contemporáneo, 1977), 11.

2 El Grupo de Cali estuvo formado por el escritor Andrés Caicedo, los cineastas Luis Ospina y Carlos Mayolo, el curador Miguel González, los artistas Oscar Muñoz, Ever Astudillo, Fernell Franco, María de la Paz Jaramillo, Pedro Alcántara, Alicia Barney y Karen Lamasone, entre otros.

3 Luis Ospina, *Cali: Ayer, hoy y mañana* (Cali: Colcultura and U Universidad del Valle, 1995). DVD.

4 María A. Iovino, *Oscar Muñoz: Volverse aire*. (Bogotá: Eco, 2003), 78.

5 Tomo prestada la expresión "unos pocos buenos amigos" del título del documental *Andrés Caicedo: Unos pocos buenos amigos* (1986), dirigido por Luis Ospina.

6 A finales de la década del setenta, los cineastas Luis Ospina y Carlos Mayolo también contribuyeron a elaborar una lectura crítica de la manera como se explotó la ciudad marginada. En el falso documental *Agarrando pueblo* (1978), los directores critican la forma poco ética en que los documentalistas mercantilizan la pobreza en Latinoamérica; una explotación que producía un tipo de cine que fue bautizado por Ospina y Mayolo con el término de "pornomiseria".

7 Miguel González, "Sobre y en Ciudad Solar" en ¡Urgente! 41° *Salón Nacional de Artistas* (Cali: Ministerio de Cultura, 2008).

8 Luis Ospina, "La ausencia de memoria es la muerte": una entrevista inédita con Luis Ospina por Pedro Adrián Zuluaga. *Arcadia Magazine*, September 27, 2019.

9 "Realismo extremo" es la categoría utilizada por mí en el libro *Seducción: Realismo extremo en la década del setenta en Colombia* (Bogotá: Fundación Gilberto Alzate Avendaño y Universidad de los Andes, 2015), para referirme al trabajo de un grupo de artistas en los que se incluye a Oscar Muñoz, que, sin previo acuerdo, buscaron crear una imagen en pintura o dibujo, tan real, fiel y precisa que parecían fotografías. Hiperralismo o fotorrealismo han sido otros términos con los que la crítica especializada se ha referido a esta forma de crear una imagen.

10 Fernell Franco, Oscar Muñoz y Ever Astudillo salían a recorrer Cali buscando documentar los fenómenos de los proyectos urbanos y la vida cotidiana de la gente. Para el crítico literario Ángel Rama, los trabajos de estos tres artistas del Grupo de Cali "realísticamente evocan la emotiva trivialidad de las vidas humanas". Véase Ángel Rama, "Los contestatarios del poder" en *Crítica literaria y utopía en América Latina* (Medellín: Universidad de Antioquia, 2005), 92. En 1979, el Museo de Arte Moderno La Tertulia presentó una exposición grupal de Ever Astudillo, Fernell Franco y Oscar Muñoz, reconociendo el trabajo conjunto y los rasgos comunes que estos artistas compartían en sus obras.

11 Cortinilla es la transición de una escena a otra en la que la nueva escena aparece gradualmente mientras empuja o "corre una cortina" sobre la anterior. Una línea entre las dos escenas parece actuar como el borde de una cortina a medida que atraviesa la pantalla. Este tipo de transición fue popular en los años treinta y cuarenta. Véase Ira Königsberg, *Diccionario Técnico Akal de Cine* (Madrid: Akal, 2004), 144).

12 Mario Rivero, *Artistas plásticos en Colombia. Los de ayer y los de hoy* (Bogotá: Stamato, 1982), 260.

13 Iovino, *Oscar Muñoz,* 15.

14 *Cali: Ayer, hoy y mañana*, dirigido por Luis Ospina (Cali: Colcultura and Universidad del Valle, 1995). Episodio VI, min. 12:41.

15 Alejo Carpentier, "Problemática de la actual novela latinoamericana" en *Tientos y diferencias y otros ensayos* (Barcelona: Plaza y Janés, 1987), 4.

16 Ibid, 10.

17 Entrevista de Oscar Muñoz, October 10, 2018, Hasselblad Foundation, https://www.hasselbladfoundation.org/wp/portfolio_page/oscar-munoz-2/.

18 Hans-Michael Herzog, "Oscar Muñoz" in *Cantos/Cuentos Colombianos* (Zúrich: Daros-Latinoamérica, 2004), 246.

NOTES

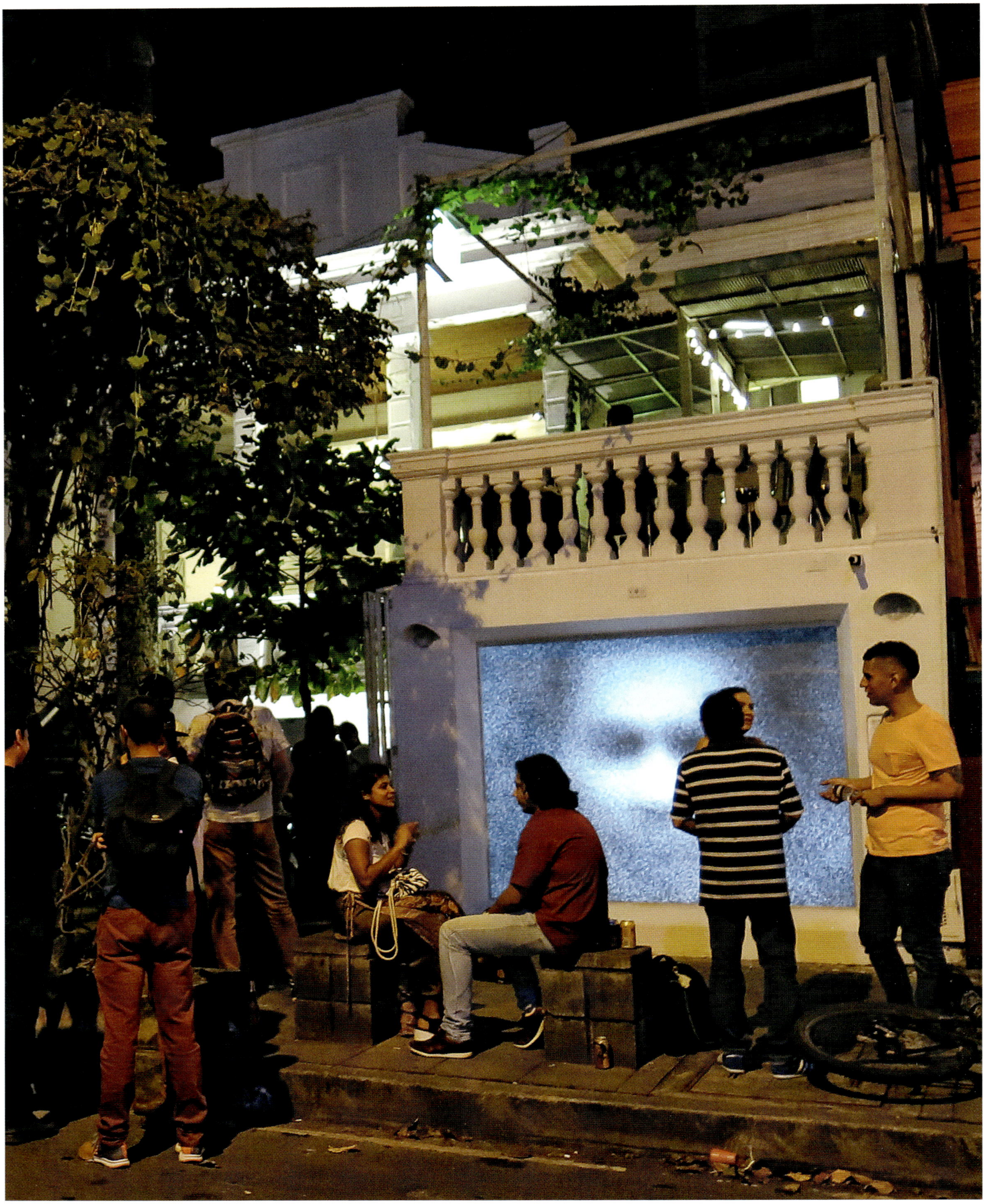

Exterior View of Lugar a Dudas, Cali, Colombia
Vista del exterior de Lugar a Dudas, Cali, Colombia

LUGAR A DUDAS, AN ENCOURAGING SIGN: A CONVERSATION WITH OSCAR MUÑOZ

MARÍA INÉS RODRÍGUEZ AND OSCAR MUÑOZ

The art center Lugar a Dudas (Room for Doubt) founded in Cali, Colombia, in 2004 by Oscar Muñoz and Sally Mizrachi, has become, thanks to their dedicated and generous work over the years, a platform for discussion around contemporary art practices. Involving other cultural sectors of the city and the country, Lugar a Dudas has established itself as a space of resistance, solidarity, and creativity within a society that still has qualms about fully accepting a new era of reconciliation and construction for a lasting peace. In this conversation with Oscar Muñoz initiated a decade ago, which we have maintained over time and continue today, we talk about the origins of this project, its scope, and its future.

FIRST MOVEMENT: CALI–PARIS, JUNE–JULY 2008

MARÍA INÉS RODRÍGUEZ: To begin this conversation, I would like you to tell me about the cultural scene in the 1970s in Cali, a movement in which you played an active role, in this city where you have lived and worked most of your life.

LUGAR A DUDAS, UNA SEÑAL ALENTADORA: UNA CONVERSACIÓN CON OSCAR MUÑOZ

MARÍA INÉS RODRÍGUEZ Y OSCAR MUÑOZ

Lugar a Dudas, centro de arte fundado por Oscar Muñoz y Sally Mizrachi en Cali, Colombia, en el 2004, se ha convertido a través de los años, y gracias a un dedicado y generoso trabajo, en una plataforma de discusión y trabajo alrededor de las prácticas artísticas contemporáneas.

Involucrando a otros sectores culturales de la ciudad y del país, *Lugar a dudas* se ha consolidando como un espacio de resistencia, solidaridad y creatividad frente a una sociedad que aún tiene reparos en aceptar plenamente una nueva era de reconciliación y construcción para una paz duradera. En esta conversación, iniciada con Oscar Muñoz hace una década, y que hemos mantenido en el tiempo y continuado hasta hoy, hablamos del contexto que originó este proyecto, sus orígenes, sus alcances y su futuro.

PRIMER MOVIMIENTO: CALI–PARÍS; JUNIO–JULIO 2008

MARÍA INÉS RODRÍGUEZ: Para iniciar esta conversación me gustaría que me hablaras del movimiento cultural que existió en los años 70, movimiento del que formaste parte activa en Cali, ciudad en la que has vivido y trabajado la mayor parte de tu vida.

OSCAR MUÑOZ: At the beginning of the 1970s, I was in the last years of endless high school in a boys' school named Claret run by priests with strict discipline. I remember that the classes felt burdensome and never-ending in the heat of Cali's high temperatures at 3:00 pm. At the same time, I was studying at the School of Fine Arts (BBAA) at night. I would combine my passion for the arts with the discipline and obligations that the school imposed upon me. My love for the arts was confirmed every day when I compared the two environments: BBAA was for me the territory of play, freedom, and pleasure!

In those years, Miguel González, who was a friend of my older sister, Stella, began to visit our house in El Peñón frequently. Miguel was in charge of organizing the art exhibitions in Ciudad Solar (Solar City)—the title of curator was not used at that time. He invited me to show an exhibition of the drawings I was doing at the School of Fine Arts, and, well, thus began "my career" and also a friendship that endures today.

In Ciudad Solar, I also met people who became great friends for many years, such as Fernell Franco, who months earlier exhibited, in that same space, an unforgettable series of photographs of prostitutes from Buenaventura.[1] This exhibition had also an impressive poster designed by Hernán Nicholls. I also met the writer Andrés Caicedo, the photographer Eduardo Carvajal, the filmmaker Luis Ospina, and professor Ramiro Arbelaéz. I find it difficult to comprehend that this space was open only about two years; Ciudad Solar was a kind of non-profit space, the first one in Colombia.

MIR: Ciudad Solar was a short-lived project, but it left a mark on the collective Cali imaginary and we could say on the Colombian one as well. Why did this space arise? Were there no places dedicated to literature, film, or art in the city?

OM: I think that, precisely, these spaces were being created at that time. If the 1970s are still a reference point for the cultural life of the city, it is because Ciudad Solar was one of several private initiatives that emerged during those years in Cali and that energized the fledgling art scene and attracted new audiences: the Art Festival, La Tertulia Museum of Modern Art, the Experimental Theater in Cali (TEC), the Sigmund Freud Institute, etc. Ciudad Solar was undoubtedly important because its activities established a link between different groups and disciplines such as the visual arts, film, and theater.

MIR: What was your work like at the time?

OM: I was a student and then a new graduate from the School of Fine Arts. The drawings I showed at Ciudad Solar were kind of

OSCAR MUÑOZ: A comienzos de los 70 yo estudiaba los últimos años del interminable bachillerato de día en un colegio de curas llamado Claret, un colegio de varones con una estricta disciplina y unas clases que recuerdo pesadas e interminables en el calor de 3:00 de la tarde en Cali, y por las noches estudiaba artes en la escuela de Bellas Artes.

A la vez, por las noches combinaba mi pasión por la escuela de Bellas Artes de Cali, frente a la disciplina y las obligaciones que el colegio me imponía. Mi amor por las artes lo confirmaba cada día comparando los dos ambientes donde estudiaba: ¡BBAA era para mi el territorio de juego, la libertad, y el placer! …

Por esos años empezó a visitar muy a menudo mi casa de El Peñón, Miguel González, que era amigo de Stella, mi hermana mayor. Miguel, quien manejaba (el nombre de comisario o curador no se usaba entonces) la sala de exhibiciones de Ciudad Solar, me invitó a hacer una muestra de los dibujos que hacía en ese entonces en la escuela de Bellas Artes y bueno, allí comenzó "mi carrera" y también una amistad que duraría hasta hoy.

En Ciudad Solar conocí también a las personas que serían mis grandes amigos por muchos años: Fernell Franco,[1] quien meses antes había mostrado, en esa misma sala, una inolvidable serie de fotografías de prostitutas de Buenaventura. Esta muestra contaba además con un impactante cartel diseñado por Hernán Nicholls. Allí conocí también al escritor Andrés Caicedo, al fotógrafo Eduardo Carvajal, al cineasta Luis Ospina y al profesor Ramiro Arbelaéz. Se me hace difícil pensar que este espacio duró sólo como 2 años … Ciudad Solar fue una suerte de espacio *non profit*, el primero que tuvo Colombia …

MIR: Ciudad Solar tuvo poco tiempo de vida, pero quedó grabado en el imaginario caleño y podría decir colombiano. ¿Por qué surgió este espacio? ¿No había lugares dedicados a la literatura, al cine o al arte en la ciudad?

OM: Creo yo que, precisamente, por que se estaban formando. Si los años 70 son hoy una referencia en la vida cultural de la ciudad es porque Ciudad Solar fue una de las varias iniciativas particulares que coincidieron más o menos por esos años en Cali. Iniciativas que agitaban por esos años la incipiente escena artística y atraían nuevos públicos en Cali: los Festivales de Arte, el Museo de Arte Moderno La Tertulia, el TEC, Teatro Experimental de Cali, el Instituto Sigmund Freud, etc. Ciudad Solar fue sin duda importante también porque sus actividades establecieron un vínculo entre grupos y disciplinas como las artes plásticas, el cine y el teatro …

MIR: ¿Cómo era tu trabajo en ese momento?

Pop-style fragments (trimmed and without backgrounds), overweight and unattractive nudes. They were drawings made without a model. I called them *Dibujos Morbosos* (*Morbid Drawings*).

Now, I think that my work then contained ironic gestures, with a little mockery but also admiration for various situations, institutions, and artists of the time. On the one hand, I was trying to get rid of that overdose of canons of academic figure drawing. On the other hand, I discovered Darío Morales's hyperrealist nude fragments. Botero also caught my attention. I really believe that those early works of mine were not very interesting.

MIR: What seems interesting to me is that drawing has been a constant presence in your work.

OM: Yes, drawing was fundamental for me. I remember that the only things I had to take to the fine arts class were charcoal and the blue plasticine for erasing, that was it; the school provided the newsprint. I would reflect on those materials, the charcoal bars and the eraser, in my later works. Perhaps this is why I have always considered drawing simply essential. These things remain with me. So many years have passed and I still sometimes use charcoal dust and newspaper in my most recent works.

MIR: Drawing is very present in your work. You have used it in various ways, even evoking its disappearance in videos and in the series *Narcisos* (*Narcissi*) or in *Aliento* (*Breath*), in which breath reveals the image. There is something ephemeral that at the same time refers to memory.

OM: I've never stopped drawing; this action represents a lot for me. I remember when in my adolescence I read *Lolita* by Vladimir Nabokov and the disturbing story that appears as an epilogue to the novel: "About a book entitled *Lolita*," Nabokov writes on the first drawing made by an animal, an ape from the Jardin des Plantes in Paris, that served as inspiration for his novel. "As far as I can recall, the initial shiver of inspiration was somehow prompted by a newspaper story about an ape in the Jardin des Plantes who, after months of coaxing by a scientist, produced the first drawing ever made in charcoal by an animal: this sketch showed the bars of the poor creature's cage."[2]

I also heard someone say something that seemed memorable to me about the act of drawing: the hand supports the pencil between its two extremities, and between them, precision and error struggle. Despite the technological digital skills of today's man, the relationship of our hand supporting a pencil that ends in a tip is very different from the relationship of our fingers with

OM: Como te comenté antes, era estudiante de Bellas Artes o recién egresado . . . Los dibujos que mostré en Ciudad Solar eran fragmentos medio Pop –recortados y sin fondo– de desnudos pasados de kilos y poco atractivos, eran dibujos hechos sin modelo. Los llamamos *Dibujos Morbosos*.

Ahora pienso que mi trabajo de entonces hacía guiños de ironía, con algo de burla y algo de admiración, a varias situaciones, instituciones y artistas del momento. Por un lado, trataba de deshacerme de esa sobredosis de cánones del dibujo académico de la figura humana en Bellas Artes . . . Por otro lado, conocía por primera vez los fragmentos de desnudos hiperrealistas de Darío Morales en sus sillas . . . Botero también llamaba mi atención . . . La verdad, creo que esos trabajos no eran algo muy interesante.

MIR: Lo que me parece interesante es que la presencia del dibujo ha sido una constante en tu trabajo.

OM: Sí, lo del dibujo para mí fue fundamental . . . recuerdo que entonces, lo único que debía llevar a clase de Bellas Artes eran las barras de carbón y la plastilina azul para borrar, eso era todo . . . El soporte de papel periódico lo suministraba la escuela, ese material de las barritas del carboncillo y el borrador, serían materiales de reflexión en mis trabajos posteriores. Tal vez por esto el dibujo siempre lo he considerado sencillamente esencial, estas cosas permanecen conmigo . . . han pasado tantos años y todavía trabajo a veces con polvo de carbón y los últimos trabajos que he hecho son sobre papel periódico.

MIR: El dibujo está muy presente, lo has utilizado de diversas formas, incluso evocas su desaparición en los videos y la serie de los narcisos, en la que es necesario el aliento para revelar la imagen, hay algo efímero que al mismo tiempo hace alusión a la memoria . . .

OM: Nunca he dejado de dibujar, esta acción representa mucho para mí. Recuerdo desde cuando leí en mi adolescencia Lolita de Vladimir Nabokov, su perturbador relato que figura como epílogo de la novela, "Sobre un libro llamado *Lolita*", en él que se habla del primer dibujo hecho por un animal, un chimpancé del Jardin des Plantes en París. "Si no recuerdo mal, el estremecimiento inicial de la inspiración fue provocado de algún modo por un relato periodístico acerca de un chimpancé, en el Jardin des Plantes, que, después de meses de incitaciones por parte de un científico, hizo el primer dibujo que haya esbozado nunca un animal. Ese dibujo mostraba los barrotes de la jaula de la pobre criatura".[2]

También escuché alguna vez a alguien decir algo que me pareció memorable acerca del acto de dibujar: la mano soporta el lápiz entre sus dos extremos y entre ambos se debate la agudeza y el error. A pesar de las destrezas tecnológico-digitales del hombre de

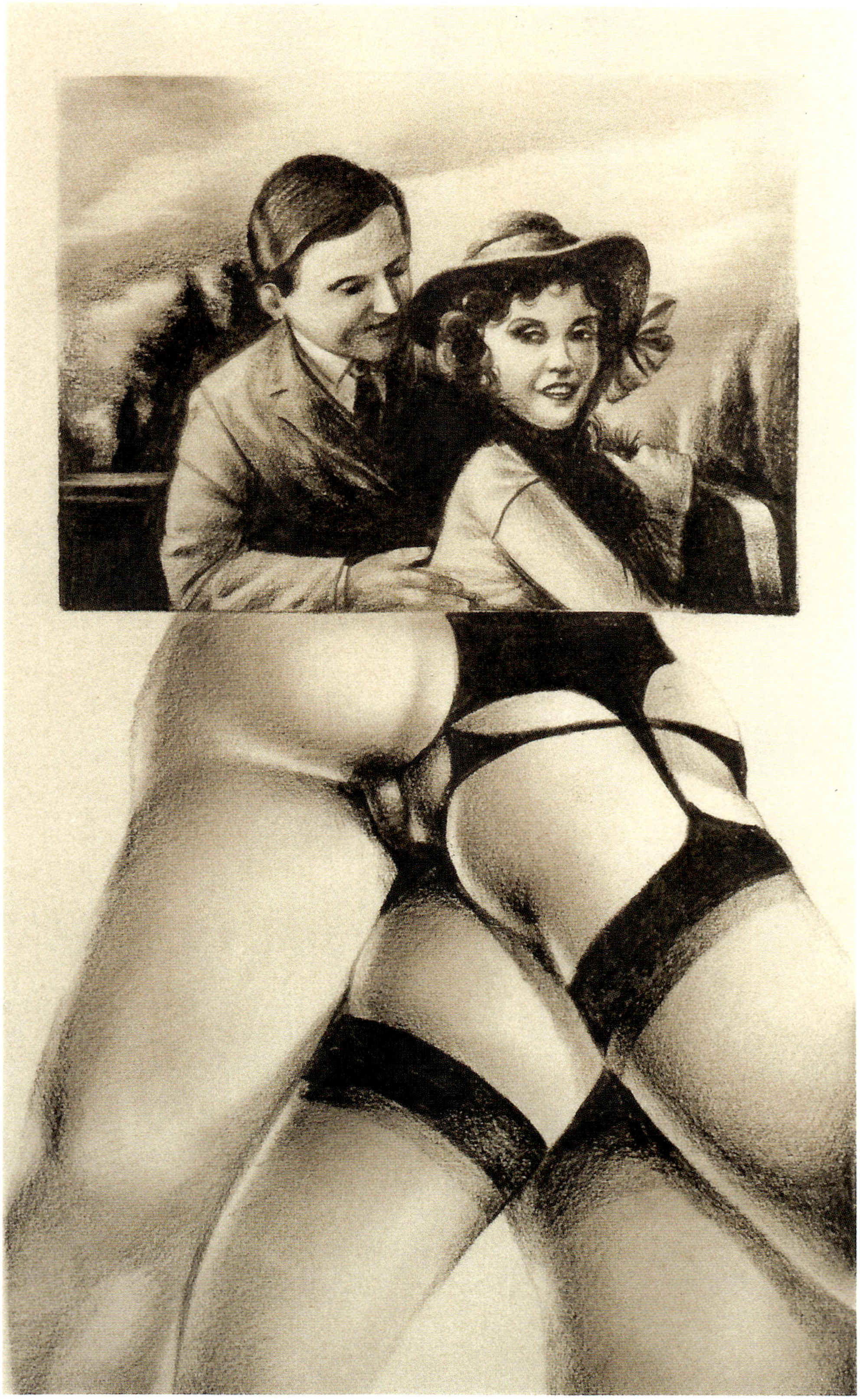

PAREJA (COUPLE), 1973
Pencil and pastel on paper (Lápiz y pastel sobre papel)
30 x 26 cm (11⅞ x 10¼ in.)
Collection of the artist

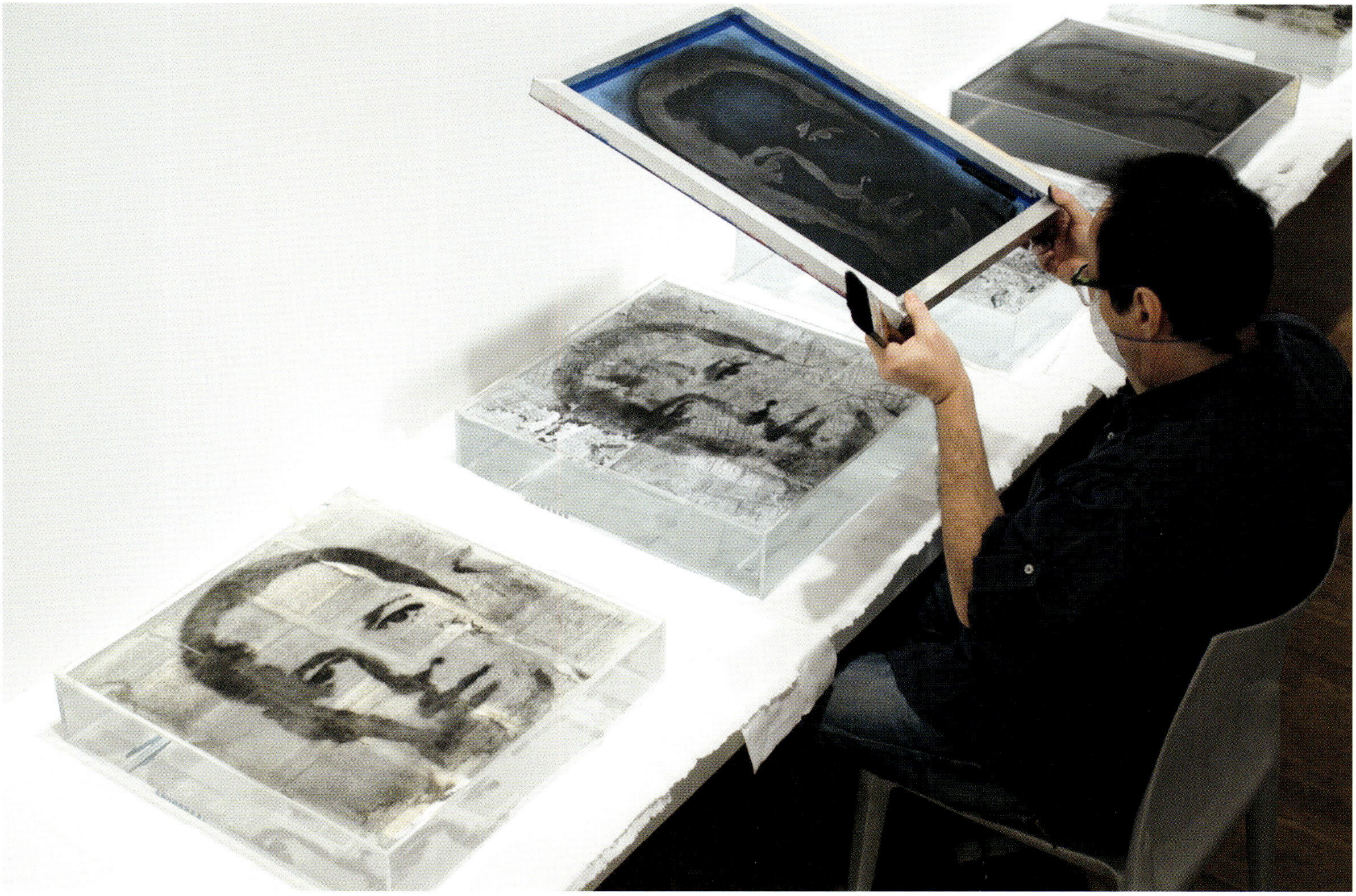

Oscar Muñoz creating *Narcissi in Progress*
Oscar Muñoz creando *Narcisos en proceso*

the mouse. These days, drawing systems on the digital screen have appeared, which return to the pencil.

MIR: I've always seen drawing as an activity that allows us to see, either at the level of the imaginary or the real, but to see, in any case. To see clearly, to get rid of what we do not need—to go to the essential. That's how I see it in your work.

OM: I like the expression you use—get rid of. I think that it has a lot to do with the mental exercise of synthesis that the act of drawing implies. I think that in childhood we have that ability in drawing (can you imagine the chimpanzee that Nabokov speaks about drawing those lines?).

MIR: That's it, it is a mental exercise of synthesis. Yes, I can imagine the chimpanzee. And what about the model? Are they self-portraits? Why do you use your own image?

OM: I think it's like when the writer narrates in the first person and talks about his own experiences from his perspective. But as in the myth of Narcissus, the other is replaced by my face; I also believe that the viewer, who stands in front of the work, sees the "other" (me), seeing himself.

MIR: While we are talking, there have been new events in Colombia. Yesterday, Ingrid Betancourt and other hostages were released, thanks to Operation Jaque.[3] Again, as almost every day, the reality of the country reminds us where we live or, in my case, where we came from. As natives of that country, this affects us, permeates our lives. How is the reality of Colombia reflected in your work?

OM: From such a succession of news, confusing and full of half-truths, deceptions, and manipulations, I always have a sense of unease (although I envy artists who work well with humor). I think my work always has the tone that there is no remedy.

I am interested in working on the instant with intensity. To a large extent, by our obvious "instantaneistic" [*sic*] way of living or, at least, of understanding what we live: yesterday an event occurred that erased what happened the day before yesterday; today a new one that erases the previous one; tomorrow there will surely be another event that will overlay the former, and so on. We survive the moment without being able to perceive the imperceptible, as Pierre Bourdieu said.[4]

MIR: Do you think that art occupies the interstices that allow us to perceive the imperceptible?

hoy, la relación de nuestra mano soportando un lápiz que termina en punta y nuestros dedos con el *mouse* es bien diferente ... Por estos días han aparecido sistemas de dibujo sobre la pantalla digital que retoman el lápiz.

MIR: El dibujo siempre me ha parecido una actividad que permite ver, ya sea a un nivel del imaginario o de lo real, pero ver en todo caso. Ver claramente, despojarse de lo que sobra para ir a lo esencial. Así lo veo en tu trabajo.

OM: Me gusta la palabra que usas: despojado. Creo que eso tiene que ver bastante con el ejercicio mental de síntesis que supone el acto de dibujar; creo que en la infancia tenemos esa capacidad en el dibujo (¿te imaginas el chimpancé del que habla Nabokov haciendo esas líneas?).

MIR: Es eso, un ejercicio mental de síntesis. Imagino al chimpancé, sí.... Y en cuanto al modelo, ¿son autorretratos? ¿por qué utilizar tu propia imagen?

OM: Pienso que es como el escritor cuando escribe en primera persona; habla de sus experiencias desde su punto de vista ... pero, como en el mito del Narciso, el otro es reemplazado por mi cara, también creo que el espectador, el que se para al frente, ve al otro (yo) viéndose a sí mismo ...

MIR: Mientras conversamos, a distancia, se han producido nuevos eventos en Colombia. Ayer fueron liberados Ingrid Betancourt y otros secuestrados (Operación Jaque[3]). De nuevo, como casi cotidianamente, la realidad del país esta ahí recordándonos dónde vivimos o de dónde venimos, en mi caso. Como ciudadanos que somos de ese país nos afecta, impregna nuestras vidas. ¿En tu obra, de qué forma se refleja lo real de Colombia?

OM: De esta sucesión de noticias, confusa y llena de medias-verdades, engaños y manipulaciones sólo me queda la desazón de siempre (aunque envidie a los artistas que trabajan bien el humor), creo que mi trabajo siempre tiene ese tono, no hay remedio ...

Me interesa trabajar con intensidad el instante. En gran medida por esta manifiesta manera "instantaneísta" de vivir o, al menos, de comprender lo que vivimos: ayer un evento que borró el de anteayer, hoy uno nuevo que borra el de ayer, mañana habrá, de seguro, otro evento que se superpone y así; sobrevivimos el instante sin poder percibir lo imperceptible, como dice Bourdieu.[4]

MIR: ¿Piensas que el arte ocupa ese intersticio que permite percibir lo imperceptible?

OM: Me gusta eso que dices, sí, entendiendo percibir desde un espectro amplio que no excluye lo llamado inefable. Me gustaría

OM: I like what you say. Yes, I understand "perceive" from a broad spectrum that does not exclude what is called ineffable. I would also like to believe in art as space to attempt to reveal the essential aspects of things that are hidden due to their simplicity and familiarity—as Ludwig Wittgenstein says.

MIR: Your reference to Wittgenstein allows me to move to another area, which has to do with the simplicity and familiarity of everyday life. I refer to Lugar a Dudas, the place that you created in 2004, which in a short time has become a reference point in Cali and Colombia, precisely because of its approach to art and for being a space where ideas and thought are welcomed. This space reminds me, as you can imagine, of Ciudad Solar.

OM: I started Lugar a Dudas because I wanted to propose a space for discussion and meeting in the city. But we didn't have a clear idea of how to do it. We have been adjusting components of the project on the fly and with a team that has gradually formed. These adjustments are in no way definitive, but they mark some paths along which to circulate. We take care that we can plan and direct the activities toward a point without losing fluidity or the capacity to respond to circumstances and eventualities. On the other hand, it has been our concern to bring an audience close to the space so they can feel ownership.

MIR: I am also very interested in the idea that Lugar a Dudas is part of a network of such spaces around the world. For a long time, we in Latin America have been isolated from our geographical neighbors, almost completely unaware of what is happening right next door. Has Lugar a Dudas encouraged the creation of professional collaborations?

OM: We are trying to create and strengthen them. Lugar a Dudas is one of four artist-in-residence programs from Argentina, Brazil, Bolivia, and Colombia, along with the Triangle Art Trust in London. This is perhaps the first artist-in-residence network in Latin American countries created with the goal of establishing true working links, and we believe that this program has a great potential to develop and expand relationships in South America—relationships that, as you say, have hardly existed, and that have been little valued by our leaders or, in some cases, overly mediated by the United States.

In addition to Lugar a Dudas's exchange program among participants that comprise the network (Capacete, Rio de Janeiro; Basilisco, Buenos Aires; Kiosko, Santa Cruz, Bolivia), it has temporary agreements with the Batiscafo project, Havana; Crac, Valparaíso; and Gasworks, London. These connections are very encouraging. It is wonderful that we can send Colombian artists to live an experience in one of these places, and that

creer también el arte como el espacio donde se intentan revelar los aspectos importantes de las cosas que están ocultos y que, como dice Wittgenstein, se ocultan debido a su simplicidad y familiaridad.

MIR: Tu referencia a Wittgenstein me permite pasar a otro campo que tiene que ver con la simplicidad de lo cotidiano y su familiaridad. Me refiero a Lugar a Dudas. El espacio que creaste hace ya unos años, y que en poco tiempo se ha convertido en un lugar de referencia en Cali y en Colombia, justamente por su forma de abordar el arte, por ser un espacio de hospitalidad de las ideas y del pensamiento, que me recuerda, como podrás imaginar, a la citada Ciudad Solar . . .

OM: Empecé con Lugar a Dudas porque quería proponer un espacio de discusión y encuentro para la ciudad. Pero no teníamos una idea clara de cómo hacerlo, ha sido en la marcha y con el equipo que se ha ido conformando, como hemos ido ajustando los componentes del proyecto, esos ajustes de ninguna manera son definitivos pero marcan unas rutas por donde circular, cuidando que podamos planear con cierta antelación y articular las actividades hacia un punto sin que perdamos fluidez o capacidad de respuesta a las circunstancias y a las eventualidades . . . Por otro lado, ha sido una constante nuestra la preocupación por acercar un público al espacio y hacerlo sentir de su propiedad . . .

MIR: También me interesa mucho la idea de que Lugar a Dudas forme parte de una red de espacios de este tipo en el mundo, ya que durante mucho tiempo hemos estado en América Latina aislados de nuestros vecinos geográficos, desconociendo casi por completo lo que sucede justo al lado. ¿Lugar a Dudas ha permitido crear lazos de trabajo?

OM: Estamos tratando de crearlos y fortalecerlos. Lugar a Dudas forma parte de un grupo de cuatro programas de artistas en residencia de Argentina, Brasil, Bolivia y Colombia, junto con Triangle Art Trust de Londres. Tal vez esta es la primera red de residencias entre países de América Latina que se crea con ese criterio: el de establecer vínculos reales de trabajo, y creemos que este programa tiene un gran potencial por desarrollar, por ampliar las relaciones entre los países del sur . . . Una relación que, como dices, a duras penas ha existido y que a nivel de nuestros mandatarios ha sido poco valorada en unos casos o demasiado mediada por los EEUU en otros.

Lugar a Dudas tiene, además del programa de intercambios entre los que componemos la red (Capacete de Río, Basilisco de Buenos Aires, Kiosko de Santa Cruz, Bolivia), convenios temporales con Batiscafo de La Habana, Crac de Valparaíso en Chile y Gasworks en Londres. Estas conexiones son un paso muy alentador; es una maravilla que podamos enviar artistas colombianos a vivir una experiencia a alguno de estos lugares, y es una maravilla también que jóvenes artistas del continente vengan a vivir a Cali dos meses . . .

young artists from the continent also can come to live in Cali for two months and share everyday life, knowledge, and information with local artists.

To get closer to defining our intentions with Lugar a Dudas and Cali, I would finally quote Catherine David in an interview by Xavier Antich: "What matters is to open the horizon of representation and the way to make certain problems visible. We are interested in creating contexts to invent other possibilities of encounters that do not hide the antagonisms and that allow the existence of a debate."[5]

SECOND MOVEMENT: CALI–PARIS, JUNE 2019–JANUARY 2020

MIR: Let's continue the conversation we started more than a decade ago. I would like to know how you see today, at the end of 2019, the evolution of Lugar a Dudas at the end of the decade. The first years were fundamental for a project that was a precursor in the region and especially in Colombia. In its beginnings it could have seemed a utopian dream, but its existence, visibility, and activities demonstrate, as Yona Friedman says, that utopias are possible.

OM: Maybe to start, I will tell you that it has been key to recognize our uncertainties and desire to learn from experience, as I said in 2008 in the first part of this interview: "we didn't have a clear idea of how to do it . . ." Despite—or against—our experiences, accumulated during these fifteen years, what I said is still valid, it is always our way of working.

It has been this way of acting that has defined our journey. Of course, the people who have collaborated with Lugar a Dudas have left their mark on the project, and they have influenced its current tone. Undoubtedly, the economic possibilities that we have enjoyed in some periods, as well as the limitations and difficulties we have faced on other occasions, have affected the development of the project. At present, for example, the future looks darker than orange.[6] But we are clear that resisting without resources is not resistance, it is just survival, and we have not contemplated this.

It's "Room for Doubt" not "Space for Resisting."[7]

MIR: The word "resistance" has several meanings: in sports, it refers to the ability to endure the physical and psychological fatigue generated by the competition; in social sciences, we speak of opposition to a status quo, of standing firm; in physics, it is an electrical device that opposes the flow of current. The last is more complex and involves other variables such as material, internal structure, intensity, but what I find interesting is that in physics, resistance can be measured with an instrument

a intercambiar cotidianidad, conocimiento e información con los locales.

Para acercarme a definir nuestras intenciones con Lugar a Dudas y Cali citaría finalmente a Catherine David en una entrevista con Xavier Antich: "Interesa crear contextos para inventar otras posibilidades de encuentros que no oculten los antagonismos y que permitan la existencia de un espacio de debate ".[5]

SEGUNDO MOVIMIENTO: CALI–PARÍS, JUNIO 2019–ENERO 2020.

MIR: Continuando con nuestra conversación, iniciada hace más de una década, me gustaría saber cómo ves hoy, a finales del 2019, finalizando esta década, la evolución de Lugar a Dudas. Los primeros años fueron fundamentales para consolidar un proyecto precursor en la región, y sobre todo en Colombia, que habría podido parecer utópico en sus inicios, pero cuya presencia, visibilidad y actividades demuestran, como dice Yona Friedman, que las utopías son realizables.

OM: Tal vez para empezar ha sido clave reconocer nuestras incertidumbres y deseo de aprender con la experiencia, tal como dije en 2008 en la primera parte de esta entrevista "no teníamos una idea clara de como hacerlo . . .". A pesar –o en contra– de nuestras experiencias acumuladas durante estos quince años, sigue siendo cierto, sigue siendo nuestro modo de trabajar.

Ha sido esta manera de actuar la que ha ido definiendo el recorrido. Por supuesto lo que han aportado las personas que han pasado por Lugar a Dudas le han dejado su impronta, le han cargado del tono que tiene. Indudablemente han tenido muchísimo que ver las posibilidades económicas de que hemos disfrutado en algunos momentos, así como las limitaciones y dificultades con que nos hemos enfrentado en otros. En este momento, por ejemplo, el porvenir pinta más oscuro que naranja . . .[6] Pero bueno, tenemos claro que resistir sin recursos no es resistencia es solo supervivencia; durar y nada más, y esto no lo tenemos contemplado.

No es lugar a durar.[7]

MIR: La palabra resistir tiene varias acepciones: en el deporte se refiere a la capacidad para aguantar y soportar la fatiga física y psicológica que genera la competición; en ciencias sociales hablamos de oposición a un status quo, de mantenerse firme, y en física es un dispositivo eléctrico que tiene la particularidad de oponerse al flujo de la corriente. Esta última acepción es evidentemente más compleja que lo que estoy describiendo e implica otras variables como el material, la estructura interna, la intensidad . . . pero lo que me parece interesante es que se puede medir con un instrumento que se llama el óhmetro. Estaba pensando en qué pasaría si pudiésemos medir

called the ohmmeter. I was thinking about what would happen if we could measure our resistance capacity: How far would we go—especially in our field? And above all, what would be the strategies to achieve it, and not just to survive, as you said?

OM: There have been many and varied strategies but, in general, all of them have aimed to open fissures, from other perspectives, within the dominant truths, to critically challenge the establishment. Also, through our methodology and in operating these programs. For almost fifteen years, our team has met every week to review and rethink the best possible strategies to carry out each program. I refer to the public service programs such as the Documentation Center, the workshops, the cinema club, the exhibitions, or the storefront La Vitrina (The Showcase) and El Ensayadero (The Rehearsal), etc. We offer the public these programs for free and in a sustainable way. We manage resources and for our artist-in-residence programs, and during the past four years, we have organized the Escuela Incierta (Uncertain School), an annual two-month immersion program.

Being part of several networks over time—being part of an ecosystem like Arts Collaboratory, made up of a group of organizations from around the world—has been significant for the strengthening of our capacity to operate in our own way. This has brought us financial resources, in addition to the privilege of continuing to experiment with other colleagues to change paradigms, learn, and unlearn. Regarding resistance and flexibility, I am thinking about the relevance of the name of *Palmeras en la tormenta* (*Palm Trees in the Storm*),[8] a book on Lugar a Dudas edited by Víctor Albarracín that we published last year.

MIR: Education has been an important component of your project. I remember that from the beginning the presence of a library, which today has become a documentation center open to the public, was a priority. What is Escuela Incierta?

OM: Yes, education has always been a key priority. I remember that, from the start, we opened Lugar a Dudas with a series of curatorial workshops. We also presented "education without a school," with the intention that all our activities would be related to that idea. Beyond promoting exhibition opportunities and support for artistic practices, we seek to generate spaces for critical thought, and to articulate the artists' interests by fostering extensive discussion around culture as a transformer of social dynamics, discursive and pedagogical.

Escuela Incierta has been an annual summer activity for three years. Its founder, Víctor Albarracín, who is also our artistic director, has clearly articulated the mission:

nuestra capacidad de resistencia, ¿hasta donde llegaríamos? Y, sobre todo, desde nuestro oficio, ¿cuáles serían las estrategias para lograrlo?, y no para lograr sobrevivir únicamente como bien apuntas.

OM: Las estrategias han sido muchas y variadas, pero en general todas han apuntado a abrir fisuras, desde otras perspectivas, a las verdades dominantes; a dudar críticamente de lo dado. También mediante nuestros modos de hacer y de operar esos programas. Desde hace casi quince años, cada semana nos estamos reuniendo con el equipo, para revisar y repensar las estrategias para llevar a cabo de la mejor manera cada programa. Tanto los programas de servicio al público como la consulta del centro de documentación, los talleres o el cineclub, exposiciones, "La vitrina", "El ensayadero" etc. Todos son programas que hemos ofrecido al público todos estos años de manera sostenida y gratuita. Gestionamos recursos y convenios para nuestro programa de residencias y desde hace cuatro años, para la Escuela Incierta; una fuerte inmersión durante dos meses cada año.

Muy importante para el fortalecimiento de nuestra capacidad de operar a nuestro modo ha sido la posibilidad de ser parte de varias redes a través del tiempo, de formar parte de un ecosistema como *Arts Collaboratory*, conformado por un grupo de organizaciones alrededor del mundo. Nos ha permitido, además de tener recursos financieros, el privilegio de seguir experimentando con otros colegas para cambiar paradigmas, aprender y desaprender con otros. Acerca de la resistencia y la flexibilidad, estoy pensando en la pertinencia del nombre del libro sobre Lugar a Dudas que publicamos bajo la dirección Víctor Albarracín el año pasado: *Palmeras en la tormenta*.[8]

MIR: La educación ha sido un factor importante. Recuerdo que desde el principio la presencia de una biblioteca, que hoy se ha convertido en un centro de documentación abierto al publico, fue una prioridad. ¿En qué consiste la Escuela Incierta?

OM: Sí, siempre ha sido una tarea pendiente. Desde el comienzo, recuerdo que abrimos Lugar a Dudas con una serie de talleres de curaduría. Tuvimos también "Educación sin escuela" con el propósito de atravesar todas nuestras actividades por ella. Más allá de impulsar procesos de exhibición y de apoyo a las prácticas artísticas, estamos buscando cruzar estas, generar espacios críticos de pensamiento, articular los intereses de los artistas a una discusión extensa en torno a las posibilidades de la cultura como transformadora de dinámicas sociales, discursivas y pedagógicas.

La Escuela Incierta ha sido una actividad anual de verano que hemos incorporado desde hace tres años. El autor es Víctor Albarracín, quien está con nosotros como director artístico. De este programa él dice algo que se ajusta muy bien a lo que veníamos intentando:

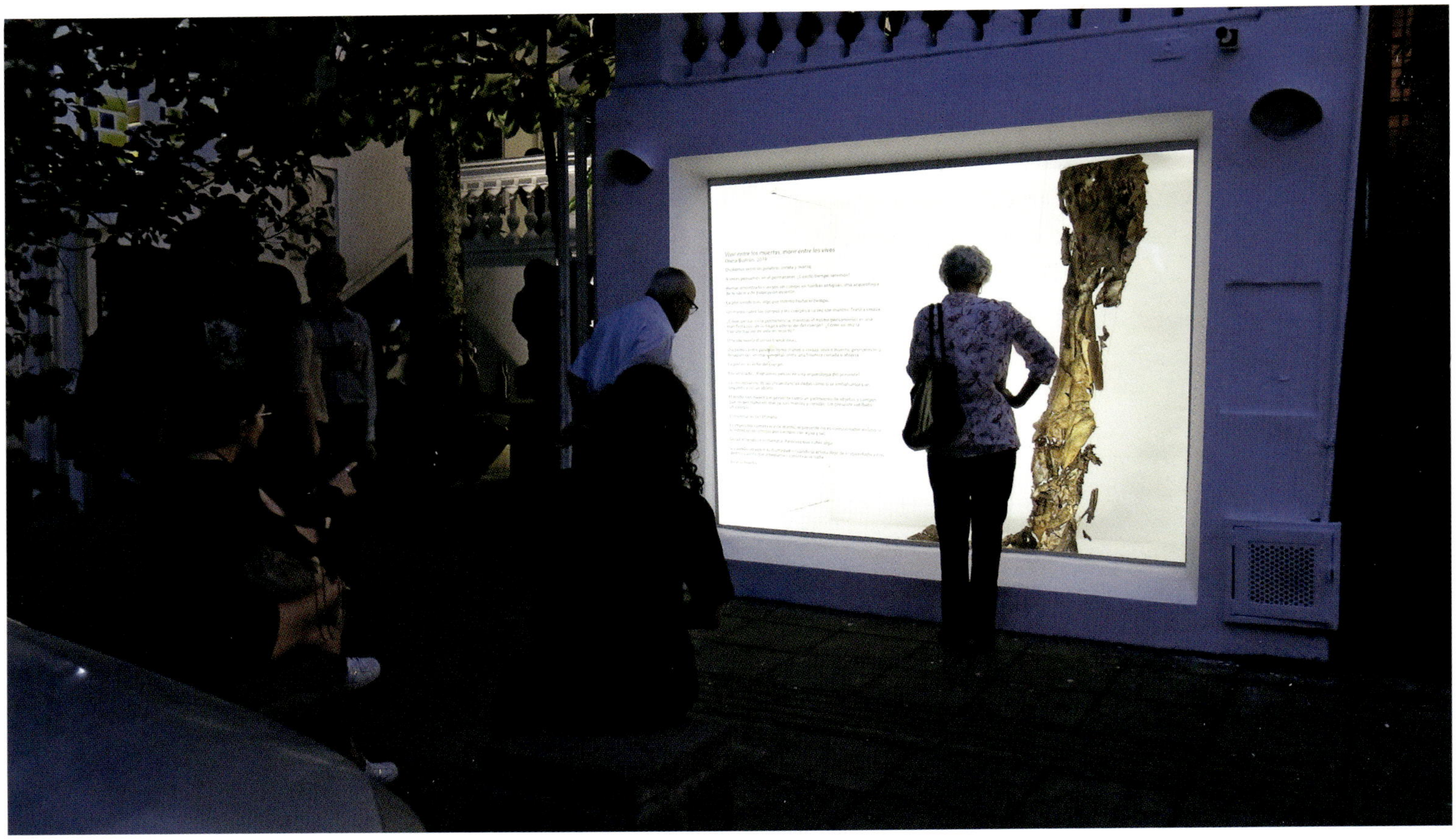

Lugar a Dudas's La Vitrina (The Showcase), a space for revolving installations that brings art to the street
La Vitrina de Lugar a Dudas, un espacio de exposiciones temporales que lleva el arte a la calle.

Escuela Incierta is a program that seeks, under the guise of an ambitious conceptual idea, to open spaces to share, to doubt, and to be together, building prototypes of new worlds and experiencing new ways of shaping our lives.

In these days of uncertainty, we need spaces for reflection to inquire about the complex times we live in and also to glimpse other alternatives, if there are any.

MIR: It is very difficult, practically impossible, to separate our projects from the political, economic, and social context in which they arise. Many times, it is due or thanks to the context that alternative ideas or responses arise, alternatives that become converted into projects to alleviate basic needs, in which I would include those of culture. The possibility of true reconciliation among Colombians crumbles day after day, as we are seeing now with stupefaction. The great advance of the Colombian peace process, preceded by years of negotiations, seems to be being erased at a dizzying speed. How has the national context influenced Lugar a Dudas? Its programs? Its relationships with citizens?

OM: Lugar a Dudas's very name refers to a space of thought. We believe that actions and gestures have more power if they are based on expanded meanings that nourish our ideas from encounters with others. We create conditions to break paradigms, expanding our ethical principles of openness, generosity, hospitality, affection, care, and time. Always thinking of an open space, with more and better roads and intersections, not only physical but in all its metaphorical implications. Thus, together, we are part of the local scene in an active and critical way. We went from a total lack of support and stimuli for the visual arts in Cali to an alliance with the municipality to consult on a first portfolio to support the production of local artists. In this renewed panorama, we look for new possibilities to invest in affinities, energy, passion, and efforts to achieve our desires.

However, today in Colombia we are living in a similar or even worse political situation, in some aspects, to that of 2004 when the project was created. I think it is even worse now, because of the feelings of loss and the return to times of enhanced horror; as you say, we are witnessing the collapse of a peace process that aroused new hopes and perspectives in our society.

On the one hand, this government[9] is implementing new "cultural policies" that we do not quite understand; actions aimed at stimulating what has been called the "Orange Economy," benefiting projects that rely on productivity. I don't understand how to match our project with those productivity demands, and I think our team perceives this in the same way.

Escuela Incierta es un programa que busca, bajo la excusa de una apuesta conceptual ambiciosa, abrir espacios para compartir, para dudar y para estar juntos, construyendo prototipos de mundos nuevos y experimentando nuevas maneras de dar forma a nuestras vidas.

Estos días de incertidumbre urgen de espacios que le den cabida, que indaguen sobre los complejos tiempos que vivimos y vislumbren también otras salidas, si las hay.

MIR: Es muy difícil, prácticamente imposible, desligarse del contexto político, económico y social, en el que surgen los proyectos. Muchas veces es a causa de, o gracias al contexto, que surgen ideas, respuestas, alternativas que se convierten en proyectos para paliar necesidades básicas, en las que incluyo la cultura. Estamos viendo con estupefacción cómo se desmorona, día tras día, la posibilidad de una verdadera reconciliación entre los colombianos. El gran paso que implicó el proceso de paz, con los años de negociaciones que le precedieron, parece estar borrándose a velocidades vertiginosas. ¿Cómo ha influido el contexto nacional en Lugar a Dudas? ¿En sus programas? ¿En su relación con la ciudadanía?

OM: El mismo nombre, Lugar a Dudas, alude a un espacio de pensamiento. Creemos que las acciones y gestos tienen más potencia y una resignificación que nutre nuestras propuestas en el encuentro con los otros. Creamos condiciones para romper paradigmas, expandiendo nuestros principios éticos de apertura, generosidad, hospitalidad, afecto, cuidado y tiempo. Siempre pensando en un espacio abierto, en más y mejores caminos y cruces, no sólo en lo físico sino en todas sus implicaciones metafóricas. Así, juntos, formamos parte de la escena local de una manera activa y crítica. Pasamos de una carencia total de apoyos y estímulos a las artes visuales en Cali a establecer una alianza con la municipalidad para ser asesores de un primer portafolio de estímulos para apoyar la producción de los artistas locales.

Es desde este renovado panorama donde buscamos las nuevas posibilidades en las que trabajamos invirtiendo afectos, energía, pasión y esfuerzos para lograr nuestros deseos.

Sin embargo, hoy vivimos en Colombia una situación política igual o hasta peor, en algunos aspectos, a la que vivíamos en el 2004 cuando empezamos. Y si pienso que ahora es peor, es por la sensación de pérdida y de regreso a unos tiempos de horror potenciado; por que como dices, estamos siendo testigos del desmoronamiento de un proceso de paz que abrió nuevas perspectivas y optimismos a nuestra sociedad.

Por un lado, este gobierno[9] viene implementado nuevas "políticas culturales" que no terminamos de comprender, acciones dirigidas a estimular lo que se ha llamado la economía naranja, donde entran emprendimientos diversos que se apoyan en una productividad que en nuestro caso se hace difícil de implementar; no puedo entender

When we began to operate, not having the financial support of official cultural public institutions, at the local and national level, was understandable. However, now, in 2020, it is difficult to come to terms that after such an uninterrupted run with a strong and continuous activity of promoting education and artistic production that we still have not received sustained support. On the other hand, there are worrisome signs in the cases of forced breaking and entering, later considered as irregular, that various cultural spaces in Bogotá suffered on the eve of the strike of November 2019 in that city.

This 2020, when our selves and our societies are going through one of the most critical moments in recent history, among other things because of the pandemic, our space had to remain closed for the last nine months. Almost all the programs Lugar a Dudas has as a space hinge on coming together and dialoguing with others. This situation has made obvious that in the foreseeable future we will not be able to maintain our services, nor the programs that we were offering to the public. Not only because of the restrictions that are imposed over public gatherings, but also because we do not have the economic resources that they demand.

Today, after fifteen years of uninterrupted public service, we feel that it is indispensable to stop and rethink our programs and ways to operate. We will take a few months to do so, with the firm intention to continue. For now, our name is relevant, it implies a series of challenges that make continuing worth it. And to resist, there is the motto we used for our commemorative edition of *Zapatos adudas* (*Shoes Withdoubts*): "You have not made enough mistakes."

MIR: *Cali, ayer, hoy y mañana* (*Cali, Yesterday, Today and Tomorrow*), a documentary series with ten chapters directed by Luis Ospina,[10] which was shown on Colombian television in 1995 and to which he has generously granted free access on his webpage,[11] is about the cultural and social history of Cali. It paints a portrait of the city and its inhabitants through a series of testimonials. History, urban myths, moving on to literature, art, television; the city is characterized as "active, multiple." Cali has always had great cultural activity, either official or in reaction to the official culture. All those interviewed emphasize the pioneering nature of Cali but also the constant problem of violence, intensified by drug trafficking. Miguel González, former curator of the La Tertulia Museum, explains, "There are two major changes in the Colombian society of the 1980s and 1990s: one is given by the presence of the mafias, and the other by the collapse of the economy; the two are related."

But the interviewees also emphasize the bonds of friendship that, despite the adversities, allowed for the creation of

cómo encajar en esos emprendimientos y creo que el equipo lo percibe de igual manera.

Cuando empezamos nuestras labores, no contar con el apoyo financiero de las instituciones publicas de cultura, a nivel local o nacional para operar, podría ser comprensible. Pero hoy, en 2020, es difícil de entender y de aceptar que tras un funcionamiento ininterrumpido de una fuerte y permanente actividad de promoción de la educación y de la producción artística sigamos sin recibir un apoyo sostenido. Por otro lado, no deja de ser una señal preocupante los allanamientos, que luego fueron considerados irregulares, ocurridos en vísperas de la marcha del paro del 21 de noviembre 2019 en Bogotá a varios espacios culturales de esa ciudad.

Este 2020, cuando nosotros y por supuesto nuestra sociedad esta atravesando uno de los momentos más críticos de la historia reciente, entre otras cosas a raíz de la pandemia, nuestro espacio ha tenido que permanecer cerrado desde hace nueve meses. Casi todos los programas de Lugar a dudas, como espacio, giran alrededor del encuentro y la conversación con otros. Esta situación nos ha puesto en evidencia que en un futuro inmediato no podremos mantener ni los servicios, ni los programas que veníamos ofreciendo al público. No solo por las restricciones impuestas a los encuentros públicos sino también porque no tenemos el recurso económico que demandan.

Hoy, después de 15 años de servicio ininterrumpido al público, sentimos que es indispensable detenernos a re-pensar nuestros programas y nuestra manera de operar. Vamos a tomarnos unos meses para hacerlo, con la firme intención de continuar.

Por estos días, nuestro nombre es pertinente, implica una serie de retos por el que vale la pena continuar y para resistir, como lo dice el lema que usamos para la edición conmemorativa de nuestros zapatos adudas: "no te has equivocado lo suficiente".

MIR: En *Cali, ayer, hoy y mañana*, serie documental en diez capítulos dirigida por Luis Ospina[10] sobre la historia cultural y social de Cali, que hizo para la televisión colombiana en 1995, y que él puso generosamente en acceso libre en su página[11], se dibuja, a través de una serie de testimonios, un retrato de la ciudad y de sus habitantes. La historia, los mitos urbanos, pasando por la literatura, la música, el arte, la televisión; la ciudad es descrita como "activa, múltiple". Cali siempre ha tenido una gran actividad cultural, ya sea oficial o en reacción a lo establecido como cultura oficial. Todos los entrevistados hacen énfasis en el carácter de ciudad pionera en muchos aspectos y también de la violencia como una constante probablemente intensificada por la presencia del narcotráfico, tal y como lo explicaba Miguel González, curador del Museo La Tertulia: "hay dos grandes cambios en la sociedad colombiana de los 80 y 90, uno está dado por la presencia de las mafias y el otro, por la caída de la economía, los dos están relacionados". Pero también se habla mucho de la importancia de los afectos, de los vínculos de amistad que, a pesar de la

concrete ideas and were an important mechanism for many projects, large and small. It's been almost twenty-five years since Ospina made that documentary. How do you see that social fabric today? And how do you understand it in relation to Lugar a Dudas and to Ciudad Solar?

OM: Yes, although many of these particularities persist, the city has changed; it is different from the Cali of the 1970s, with its modern ideals of progress and an emerging cultural upheaval, when it was promoted as the host city for many multinational corporations or the sports capital of America, among other things. Then, in the 1980s, the city was under the power of the cartels and in the 1990s there was the collapse of the so-called Cali Cartel and its strong impact on society and the economy. The next decade was characterized by fear of the mass kidnappings carried out by guerrillas on the outskirts of the city. All these moments have left layers, like a palimpsest, that are still perceived in everyday life, in citizens, in buildings, and in small things.

Today, fortunately, there is a new generation with other perspectives and new demands; a generation that seeks to overcome, without forgetting, this tragic past, and to envision another possible society, with greater justice and less inequality. And yes, I think that in all this time the ties, the friendships, have been a very valuable and important engine in the materialization of projects that surely would have been impossible to realize individually—initiatives such as La Tertulia Museum, Ciudad Solar, Helena Productions, and many more. They were proof that, as I said before, a group of friends or collectives together managed to establish initiatives that are paradigmatic, important references in the history of the city.

MIR: On affection, friendship, solidarity, and what can be done when you meet with others, during these last weeks Colombia has experienced an unprecedented movement. Hundreds of thousands of people are in the streets demanding political, economic, and social changes; and, as you rightly point out, the new generations are fighting for a different future. I saw that the Lugar a Dudas web page also speaks of this national strike.

OM: Yes, and we have a big fence at the residency program house that says: "Mobilize your discomfort." Of course, we recognize the urgency of being part of this mobilization, this kind of link is essential, and the voices of citizens in the streets or at their windows are heard. These are citizens, artists, indigenous people, students, and workers of any political persuasion who are demanding to have a country that ends, among other things, the scandalous social inequality and endless war of extermination against the other.

These protests are an encouraging sign.

adversidad, permiten concretar ideas y son un motor importante de muchos proyectos, a pequeña y a gran escala. Han pasado casi 15 años desde que Ospina hiciera ese documental, ¿cómo ves hoy ese tejido social? ¿En Lugar a Dudas y con relación a Ciudad Solar?

OM: Sí, aunque persisten muchas de esas particularidades, la ciudad de hoy ha cambiado; es distinta de la Cali de los años setenta, con sus ideales modernos de progreso y con una emergente agitación cultural cuando se promovía como la ciudad sede de muchas multinacionales, o como capital deportiva de América, entre otras cosas. Después en los 80 la ciudad está bajo el poder de las mafias, y en los 90 se desploma el llamado cartel de Cali y sufre del fuerte impacto en la sociedad y en la economía. Luego, la década posterior es caracterizada por el miedo que desataron las pescas milagrosas y los secuestros masivos de la guerrilla en las afueras de la ciudad. Todos esos momentos han ido dejando unas capas, como un palimpsesto, que aún se perciben en la vida cotidiana; en los ciudadanos, en los edificios y en pequeñas cosas.

Hoy, afortunadamente, nuevas generaciones han aparecido con otras perspectivas y con nuevas demandas, una generación que busca superar, sin olvidar, este pasado trágico para pensar otra sociedad posible, con más justicia y menos desigualdad. Y sí, creo que en todo este tiempo los afectos, la amistad han sido un motor muy valioso e importante en la materialización de proyectos que seguramente de manera individual serían imposibles ... iniciativas como el museo La Tertulia, Ciudad Solar, Helena Producciones y muchas más fueron una prueba de que, como te decía anteriormente, grupos de amigos o colectivos, unidos, lograron establecer iniciativas que son paradigmáticas, referentes importantes en la historia de la ciudad.

MIR: Hablamos de los afectos, de amistad, de solidaridad y de lo que se puede materializar cuando te reúnes con otros. Estas semanas Colombia vive un movimiento sin precedentes, que ve a cientos de miles de personas en las calles exigiendo cambios políticos, económicos y sociales, y como bien señalas, también a las nuevas generaciones luchando por un futuro diferente. He visto que la página de Lugar a Dudas también habla de este paro nacional ...

OM: Sí, y tenemos una gran valla en la casa de las residencias que hoy dice: "Moviliza tu malestar". Por supuesto reconocemos la urgencia de formar parte de esta movilización, este tipo de vínculos se hacen imprescindibles, la voz de los ciudadanos en las calles o desde las ventanas se hace escuchar. Y son ciudadanos, artistas, indígenas, estudiantes y trabajadores de cualquier grupo político, los hacemos parte de las manifestaciones sociales que demandan un país que ponga fin, entre otras cosas, a la escandalosa desigualdad social y a esta guerra interminable de exterminio al otro.

Estas protestas son una señal alentadora.

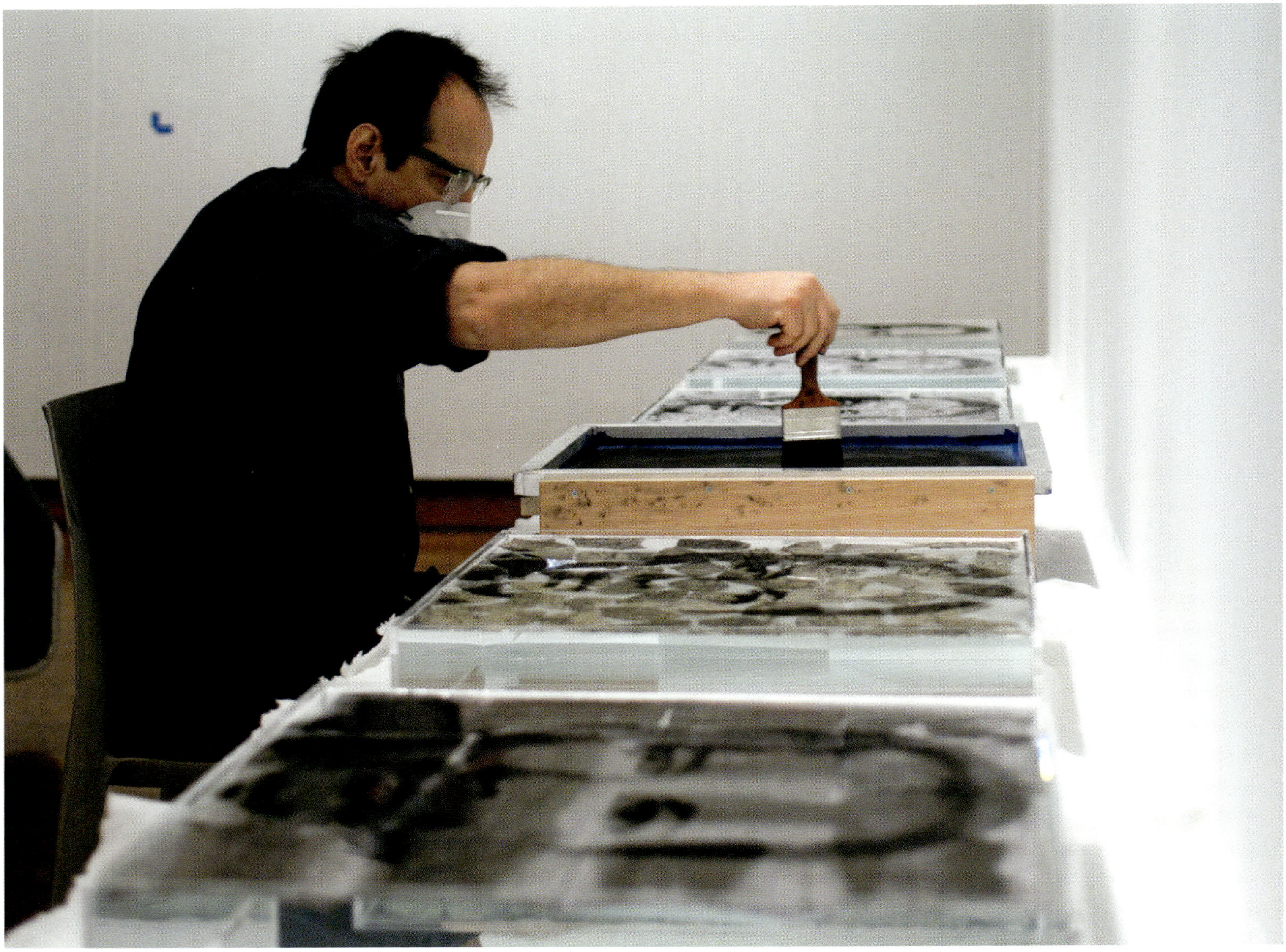

Oscar Muñoz creating *Narcissi in Progress*
Oscar Muñoz creando *Narcisos en proceso*

NOTES

1 Fernell Franco (Colombian, 1942–2004). For this exhibition, Franco altered and overexposed parts of the photographs to make montages that evoked cinematographic effects. The images were accompanied by a salsa soundtrack.

2 Vladimir Nabokov, *Lolita* (Greenwich: Fawcett Publications, 1955), 281–82.

3 Operation Jaque, July 2, 2008. It was named after the first letter of the month when the operation took place (July) and in reference to checkmate ("jaque"), in chess. The humanitarian rescue of eighteen people kidnapped by the Revolutionary Armed Forces of Colombia (FARC) included international political figure Ingrid Betancourt, who worked against the corruption in Colombia and advocated for a peaceful exit from the country's armed conflict. Betancourt was kidnapped on February 23, 2002.

4 As Bourdieu explains: "There is a patent lack of interest in subtle, nuanced changes, or in processes that, like the continental drift, remain unperceived and imperceptible in the moment, revealing their effects only in the long term. This inattention to nuance both repeats and reinforces the structural amnesia induced by day-to-day thinking and by the competition that equates what's important with what's new—the scoop. This means that journalist ... can show us the world only as a series of unrelated flash photos." Pierre Bourdieu, *On Television* (New York: New Press, 1998), 7.

5 Xavier Antich, "Entrevista a Catherine David," *La Vanguardia*, Barcelona, May 5, 2002.

6 This is said in reference to the so-called Orange Economy or the Creative Economy initiative in Colombia.

7 Munoz plays here with the phonetic similarity of the Spanish verbs *durar* ("to last") and *dudar* ("to doubt").

8 *Palmeras en la tormenta. Una historia de Lugar a dudas* (Cali: Ministerio de Cultura, 2018).

9 Ivan Duque, President of Colombia, 2018–22.

10 Luis Ospina (Cali, 1949–Bogotá, 2019), director, screenwriter, and film producer. He was part of the Grupo de Cali with Carlos Mayolo, Andrés Caicedo, Ramiro Arbeláez, and other artists who founded the Cine Club de Cali and the magazine *Ojo al cine* in the 1970s. The ten-part documentary *Cali, ayer, hoy y mañana* (1995) on the cultural and social history of Cali was directed by Luis Ospina for Colombian television.

11 See https://www.luisospina.com/videoteca/videoteca1/.

1 Fernell Franco (Colombia, 1942–2004). Para esta exposición en Ciudad Solar, Franco intervino las fotografías haciendo montajes que evocaban efectos cinematográficos y sobreexponiendo partes de las imágenes. Las imágenes eran acompañadas con una banda sonora de salsa.

2 Vladimir Nabokov, *Lolita* (Barcelona: Grijalbo, 1975), 315.

3 La Operación Jaque, 2 de julio 2008, nombrada así por la primera letra del mes de la operación (julio) y en referencia al jaque en ajedrez). Fue el rescate humanitario de dieciocho personas secuestradas por las FARC (Fuerzas Armadas Revolucionarias de Colombia), entre los que se encontraba Ingrid Betancourt, figura internacional que trabajó contra la corrupción en Colombia y abogó por una salida pacífica del conflicto armado del país. Betancourt fue secuestrada el 23 de febrero de 2002.

4 Como explica Bourdieu: "El desinterés por los cambios insensibles, es decir, por todos los procesos que, al igual que la deriva de los continentes, pasan inadvertidos y son imperceptibles mientras ocurren, y cuyos efectos sólo se manifiestan plenamente con el tiempo, incrementa los efectos de la 'amnesia estructural' que favorecen la lógica del pensamiento al día y la competencia impuesta por la identificación de lo importante y lo nuevo (la noticia sensacional y las 'revelaciones') para inclinar a los periodistas a producir una representación 'instantaneísta' y discontinua del mundo". Bourdieu, Pierre, *Contrafuegos (Barcelona: Editorial Anagrama), 2006.*

5 Xavier Antich, "Entrevista a Catherine David", *La Vanguardia*, Barcelona, 5 mayo 2002.

6 Esto se dice en referencia a la llamada Economía Naranja o la iniciativa de Economía Creativa en Colombia.

7 Muñoz juega aquí con la similitud fonética de los verbos españoles "durar" y "dudar".

8 *Palmeras en la tormenta. Una historia de Lugar a dudas*. Cali, Ministerio de Cultura, 2018.

9 Ivan Duque, Presidente de Colombia de 2018 a 2022.

10 Luis Ospina (Cali,1949–Bogotá, 2019) director, guionista y productor de cine. Formó parte del Grupo de Cali junto con Carlos Mayolo, Andrés Caicedo, Ramiro Arbeláez y otros artistas caleños, quienes en la década de 1970 fundaron el *Cine Club de Cali* y la revista *Ojo al cine*. El documental *Cali, ayer, hoy y mañana* (1995), sobre la historia cultural y social de Cali, fue dirigido por Luis Ospina para la televisión colombiana.

11 Ver https://www.luisospina.com/videoteca/videoteca1/

NOTES

MEMORY/AMNESIA

MEMORIA/AMNESIA

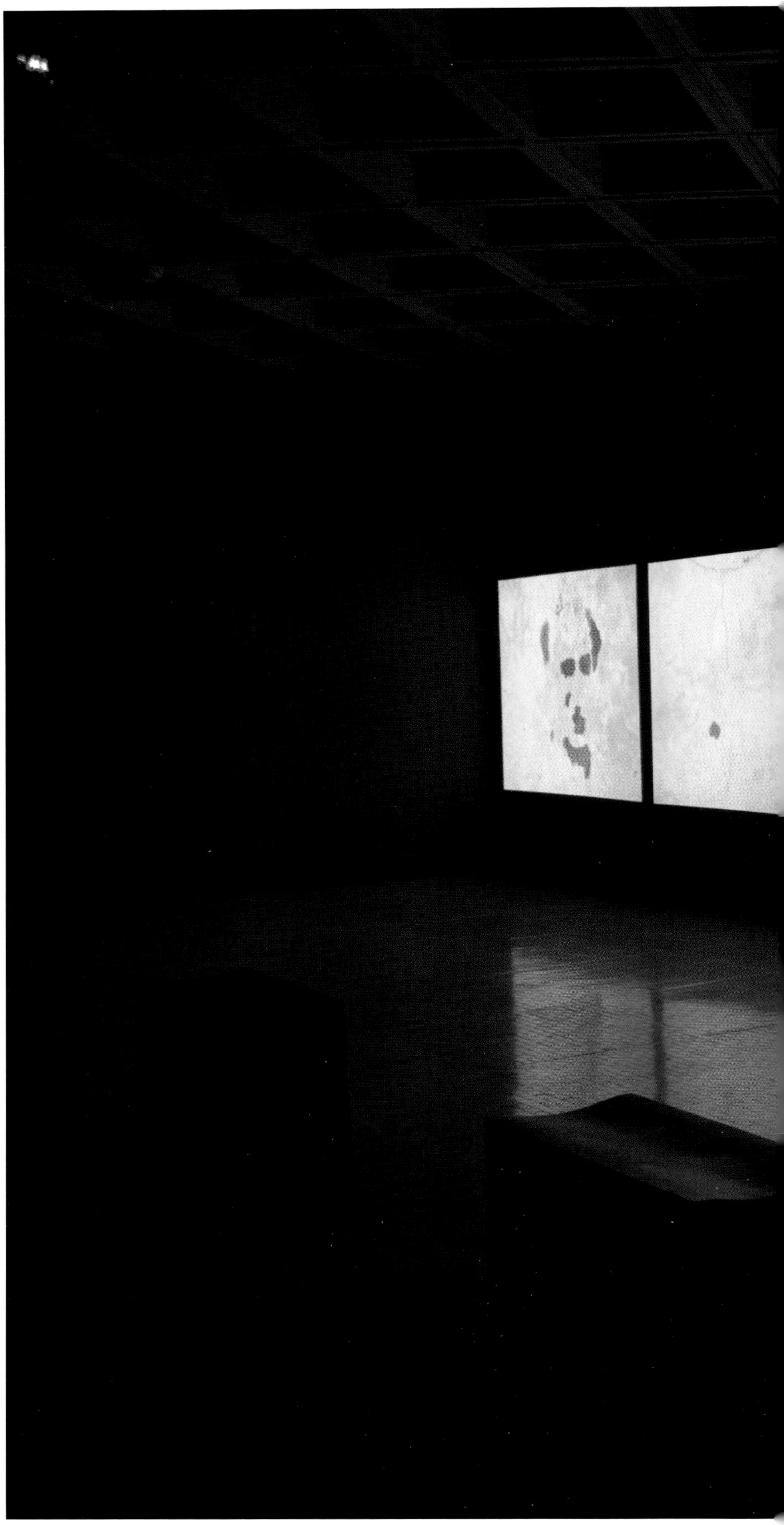

PROYECTO PARA UN MEMORIAL (PROJECT FOR A MEMORIAL), 2005
Five-channel video installation without sound (Video-instalación, cinco videos sincronizados sin sonido), 7 min. 30 sec.
Collection of Clarissa Alcock Bronfman

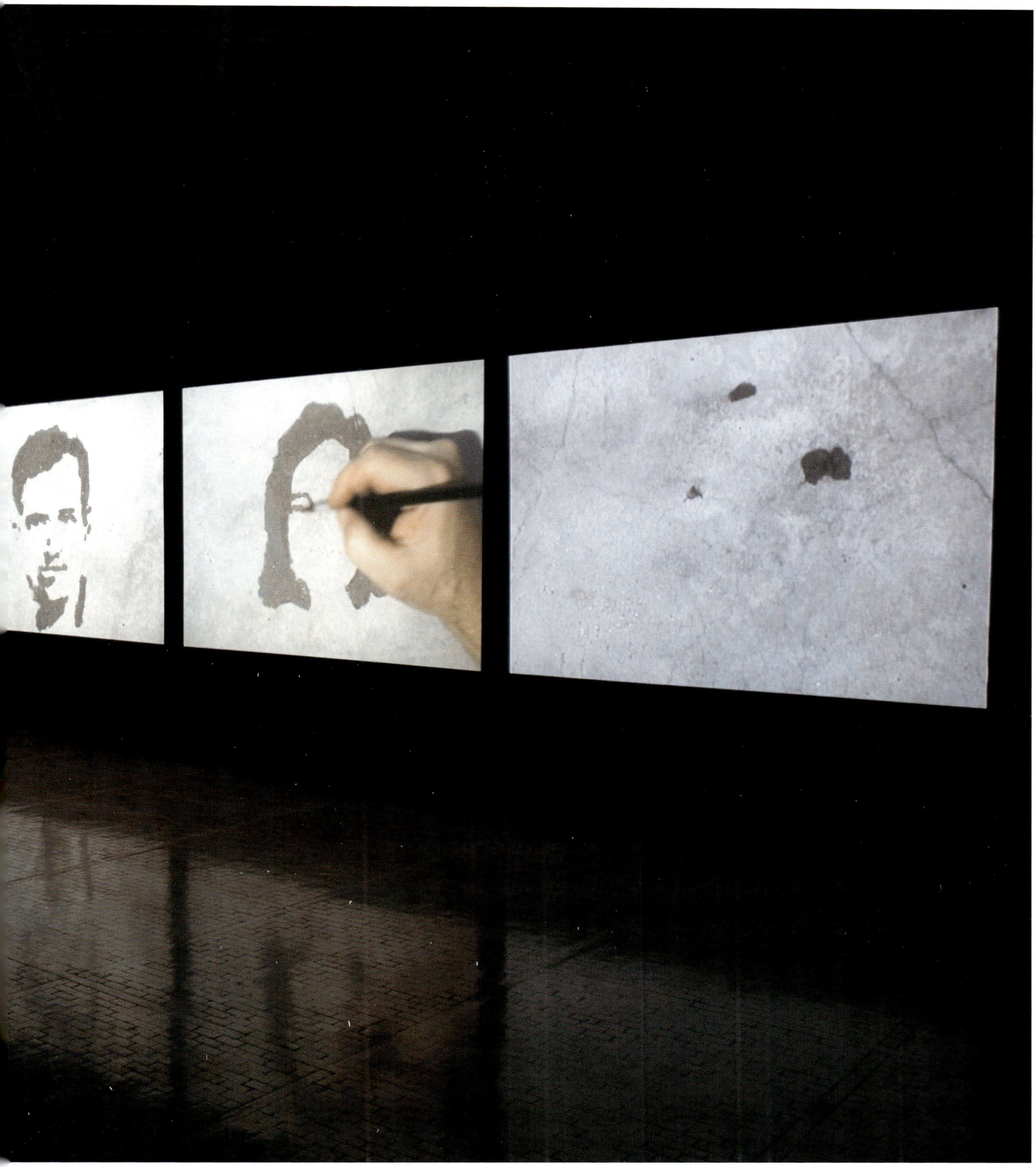

INTENTOS 1 Y 2 (PROYECTO PARA UN MEMORIAL) (ATTEMPTS 1 AND 2 [PROJECT FOR A MEMORIAL]) (2004–19)
Single-channel video installation without sound (Video instalación, monocanal sin sonido), 15 min.
Collection of the artist

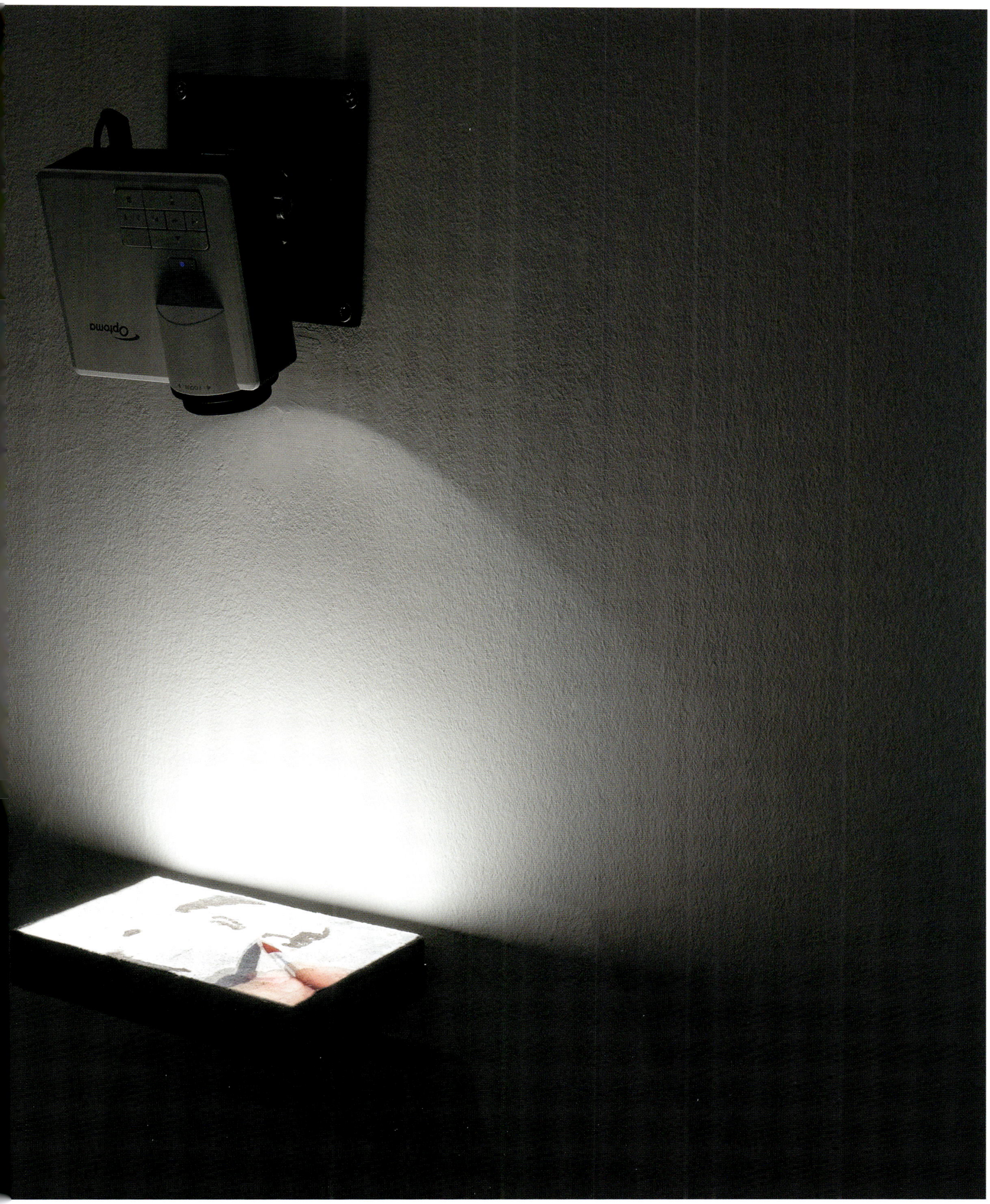
Optoma

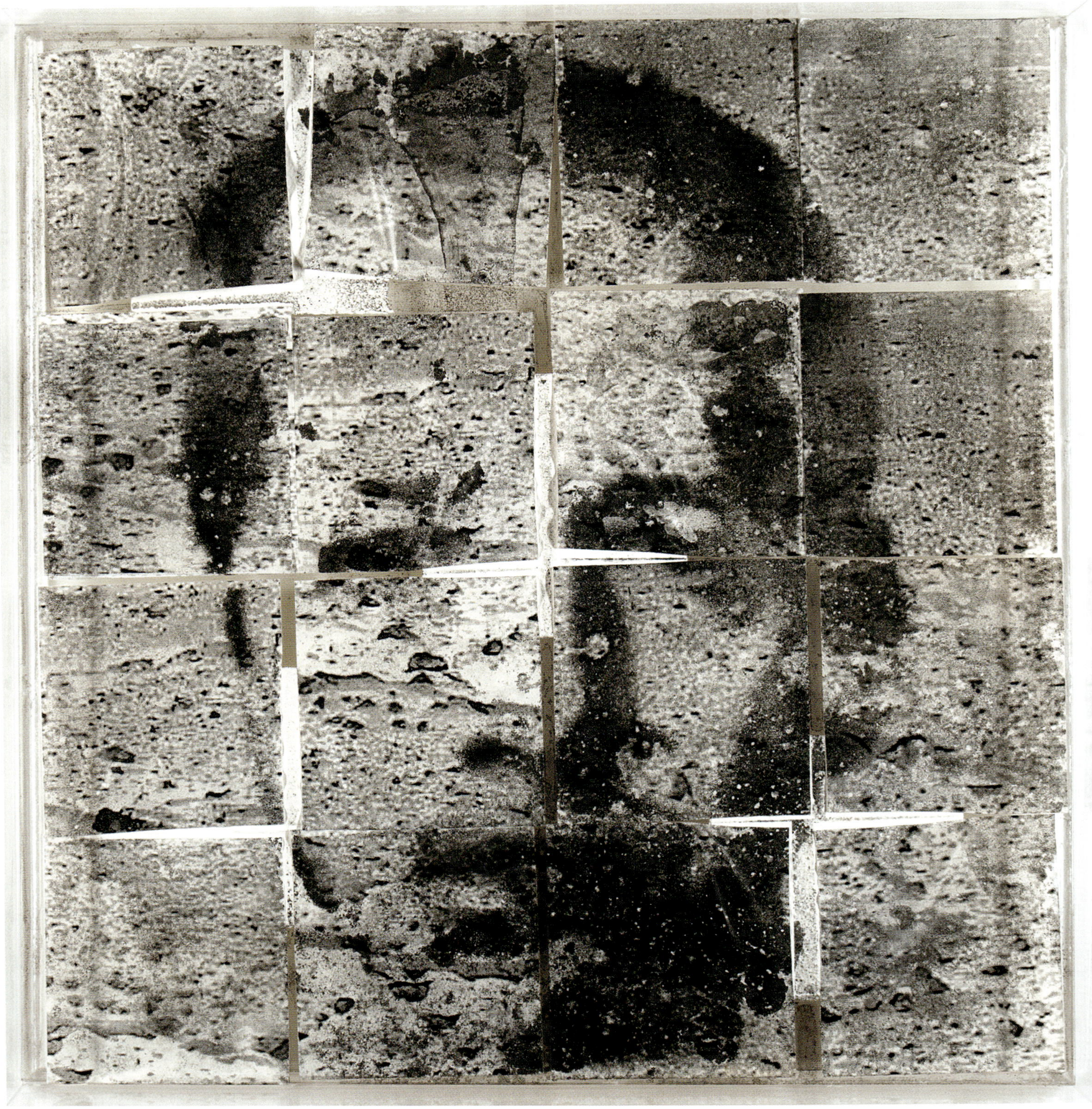

NARCISOS EN PROCESO (NARCISSI IN PROGRESS), 1995–2011
Charcoal powder and paper on water in acrylic containers
(Polvo de carbón, papel sobre água en contenedores de acrílico)
50 x 50 x 10 cm each (19⅝ x 19⅝ x 3⅞ in.)
Collection of the artist

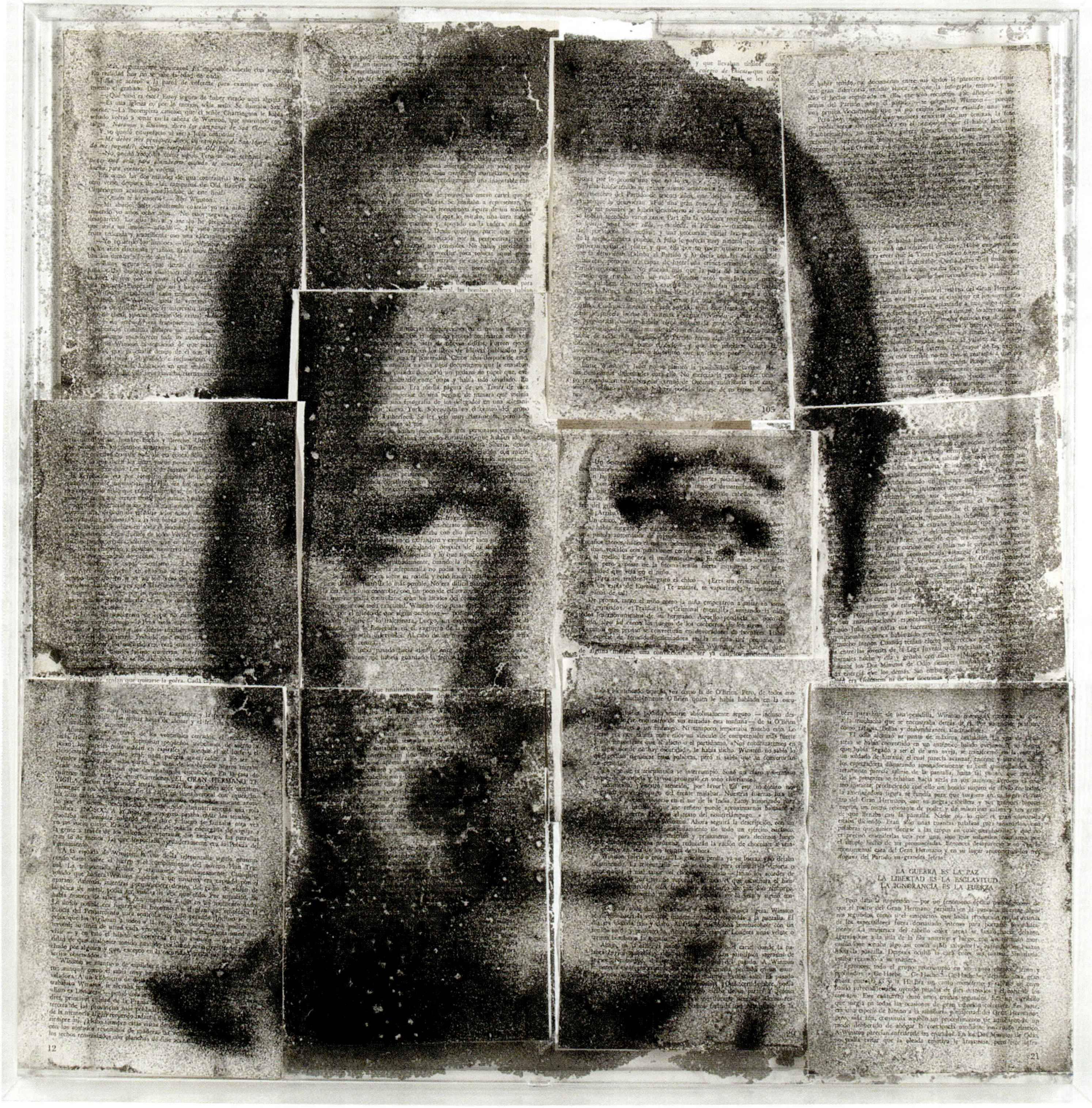
LA GUERRA ES LA PAZ
LA LIBERTAD ES LA ESCLAVITUD
LA IGNORANCIA ES LA FUERZA

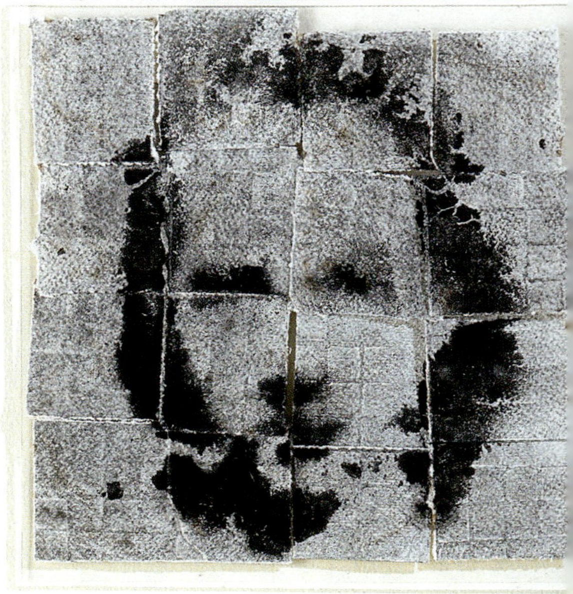

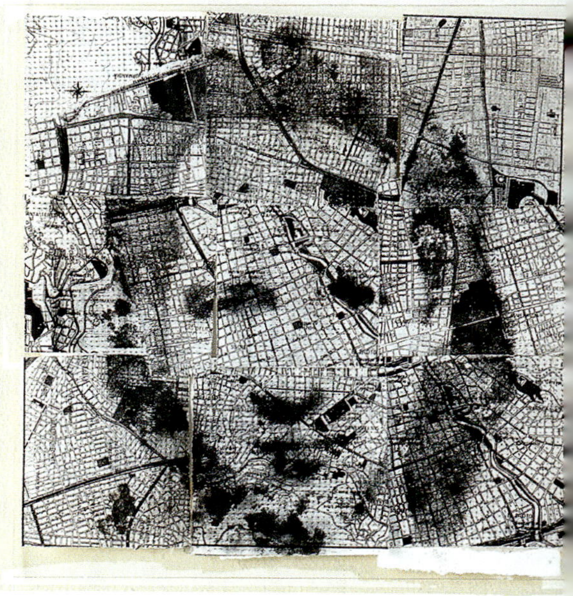

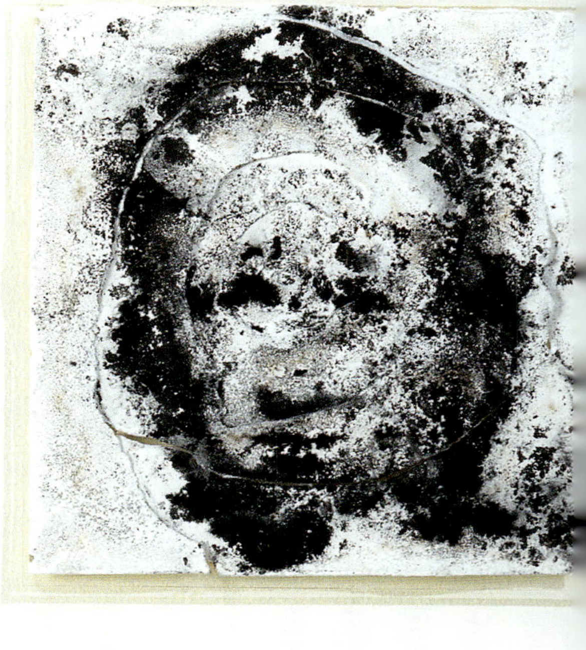

NARCISOS SECOS (DRY NARCISSI), 1994–95
Charcoal powder and paper in plexiglass containers
(Polvo de carbón y papel en contenedores de plexiglás)
Six elements (Seis elementos): 5 x 35 x 35 cm each (2 x $13\frac{7}{8}$ x $13\frac{7}{8}$ in.)
Collection of the Blanton Museum of Art, The University of Texas at Austin, The 1996 Friends of the Archer M. Huntington Art Gallery Purchase

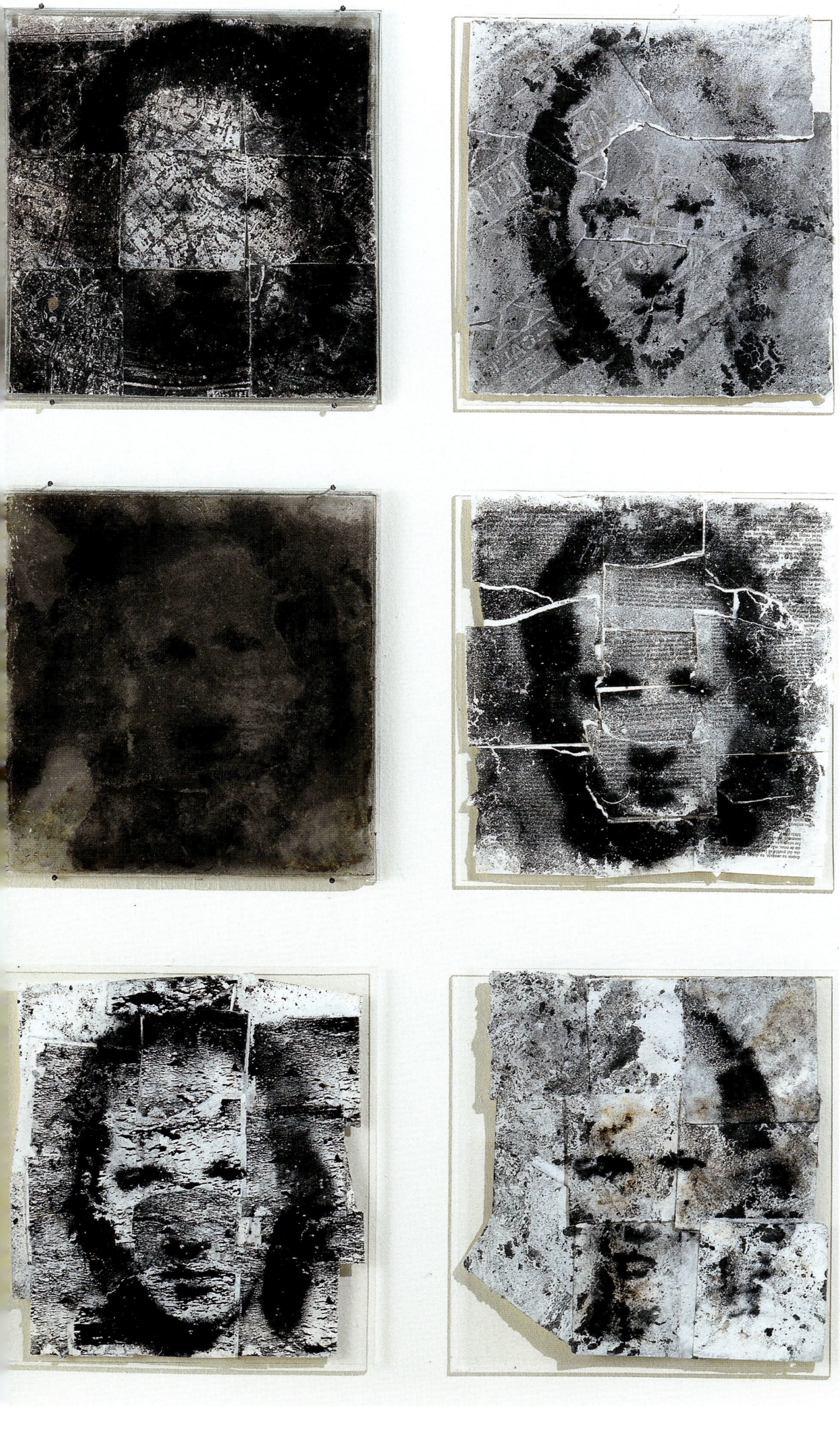

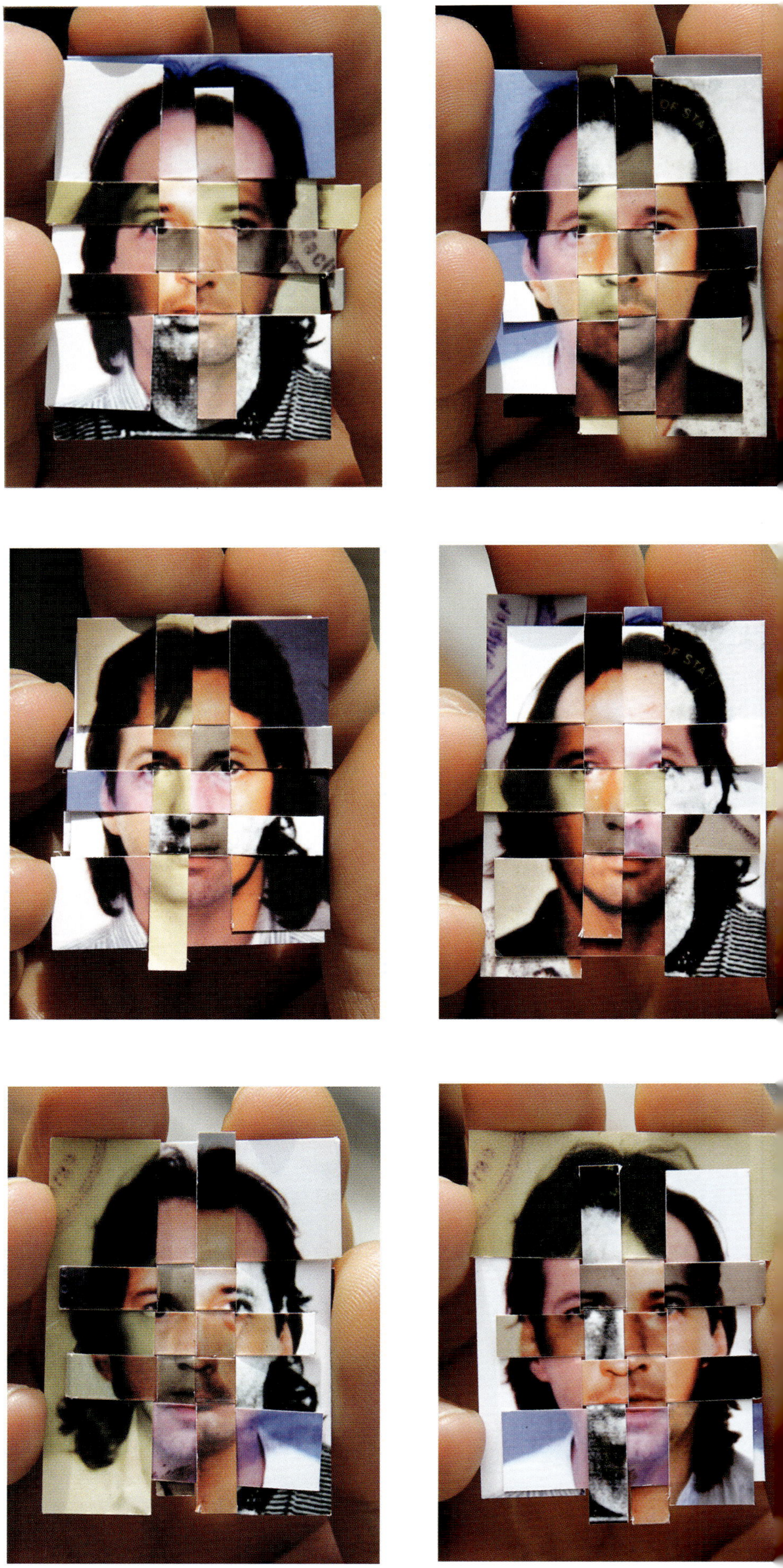

EL JUEGO DE LAS PROBABILIDADES (THE GAME OF PROBABILITIES), 2007
Twelve color photographs (Doce fotografías en color)
55 x 44.6 cm each (21⅝ x 17 ½ in.)
Collection of Cecilia and Ernesto Poma, courtesy of Sicardi | Ayers | Bacino

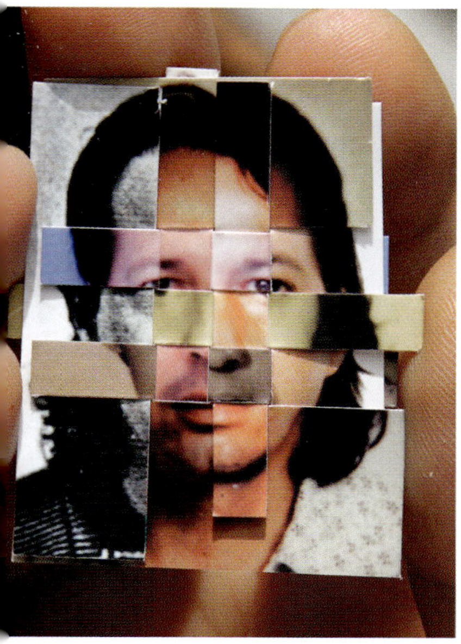
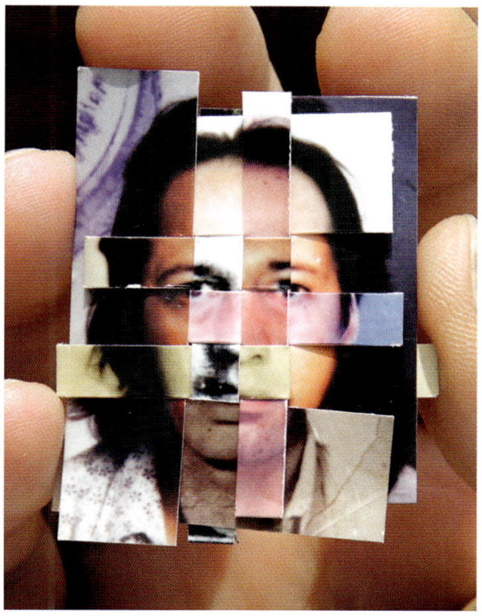
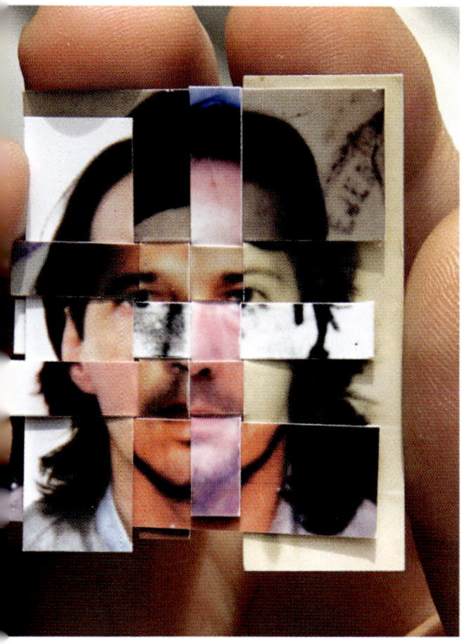
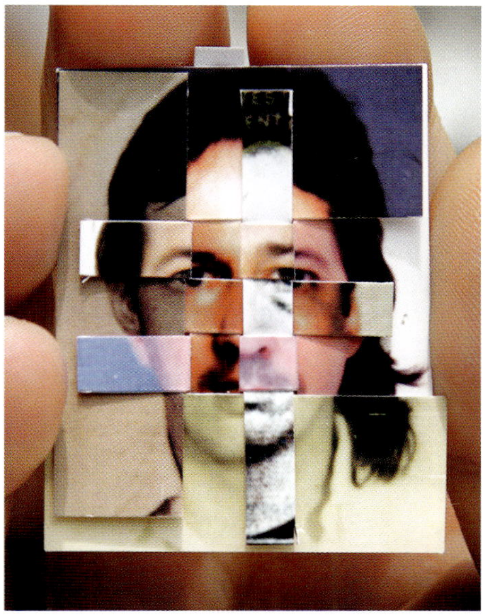
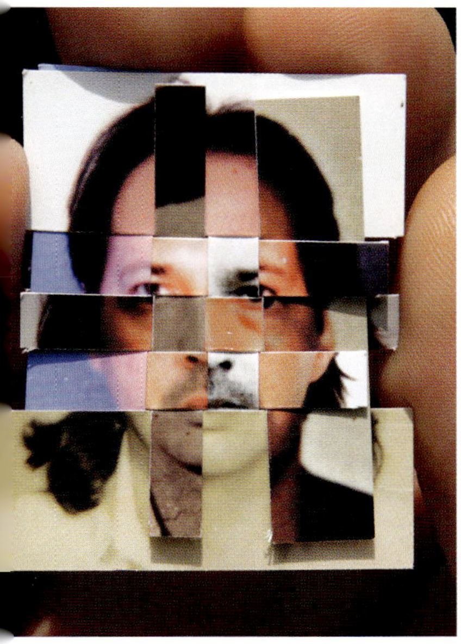
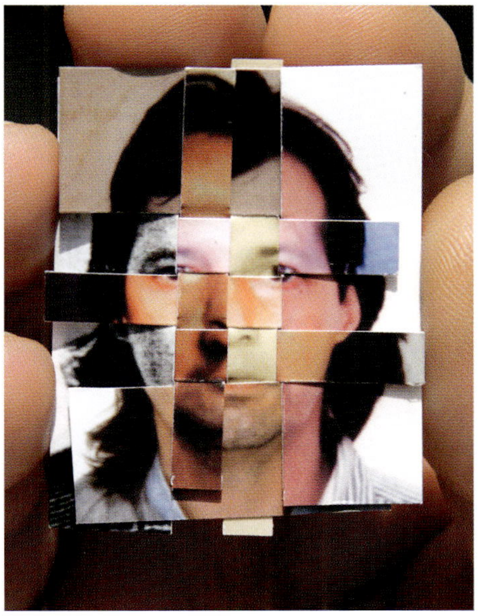

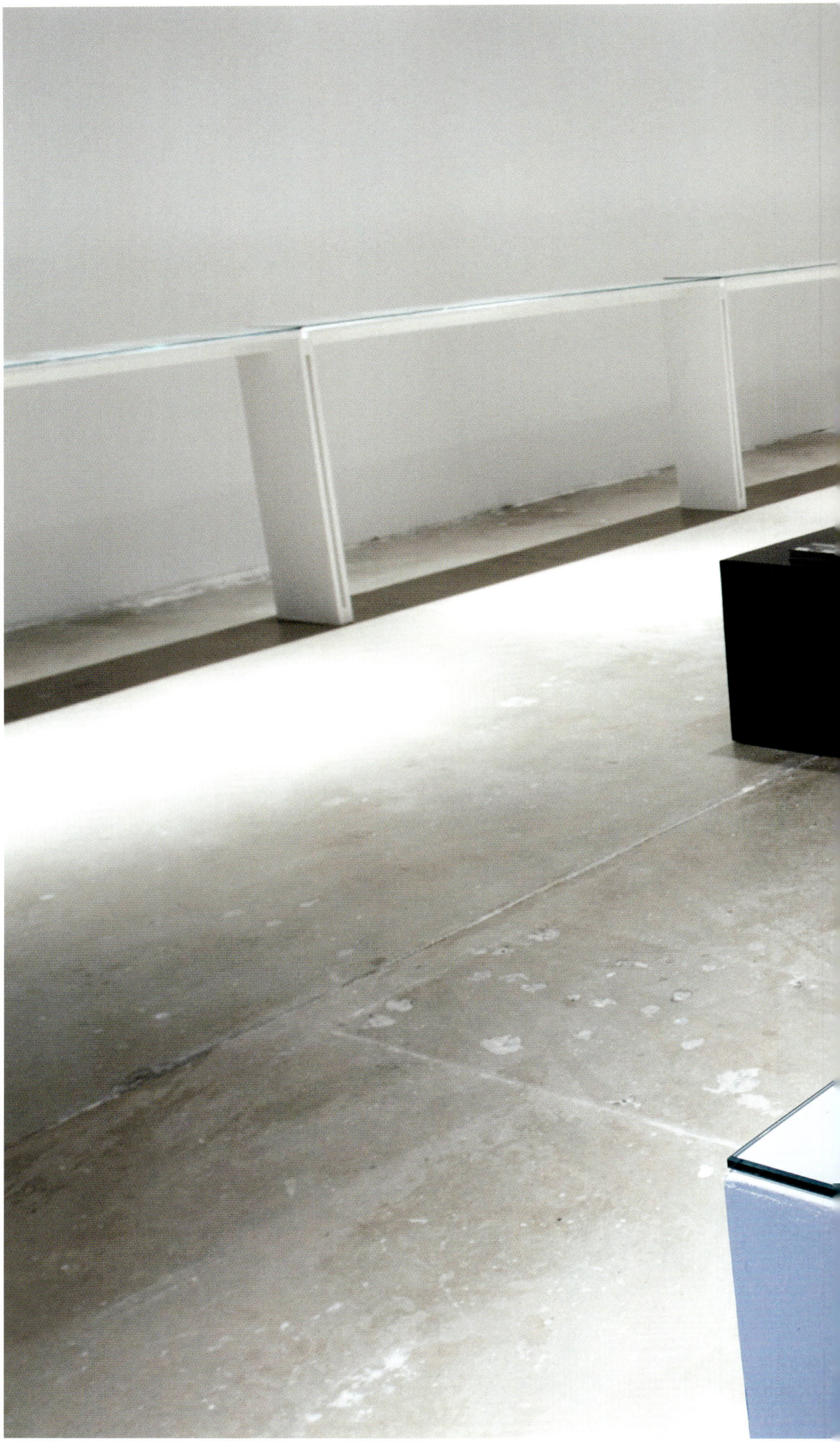

ARCHIVO PORCONTACTO (BYCONTACT ARCHIVE), 2008
Digital prints of archival photographs (Impresiónes digitales de fotografias de archivo)
Variable dimensions (Medidas variables)
Collection of the artist

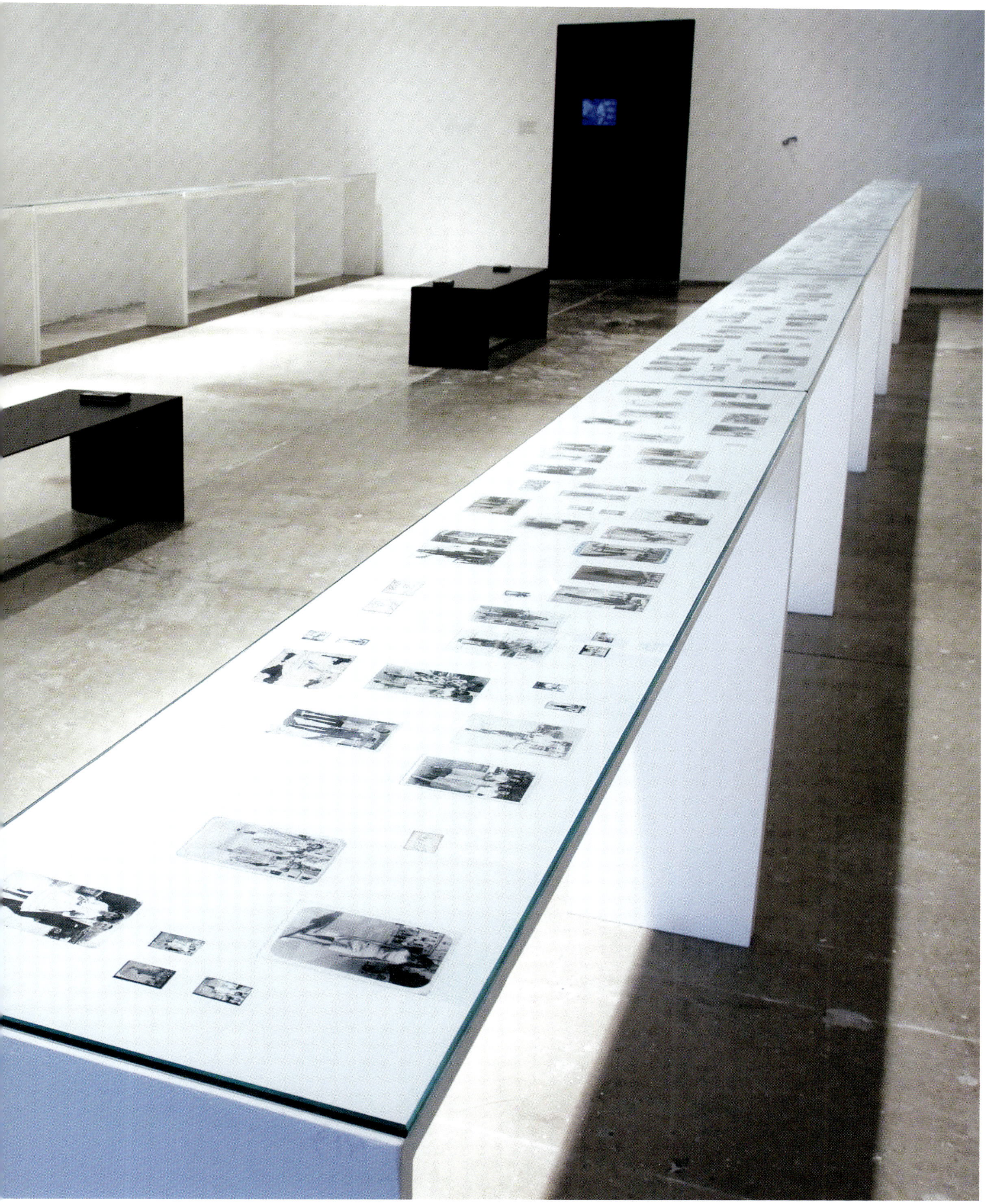

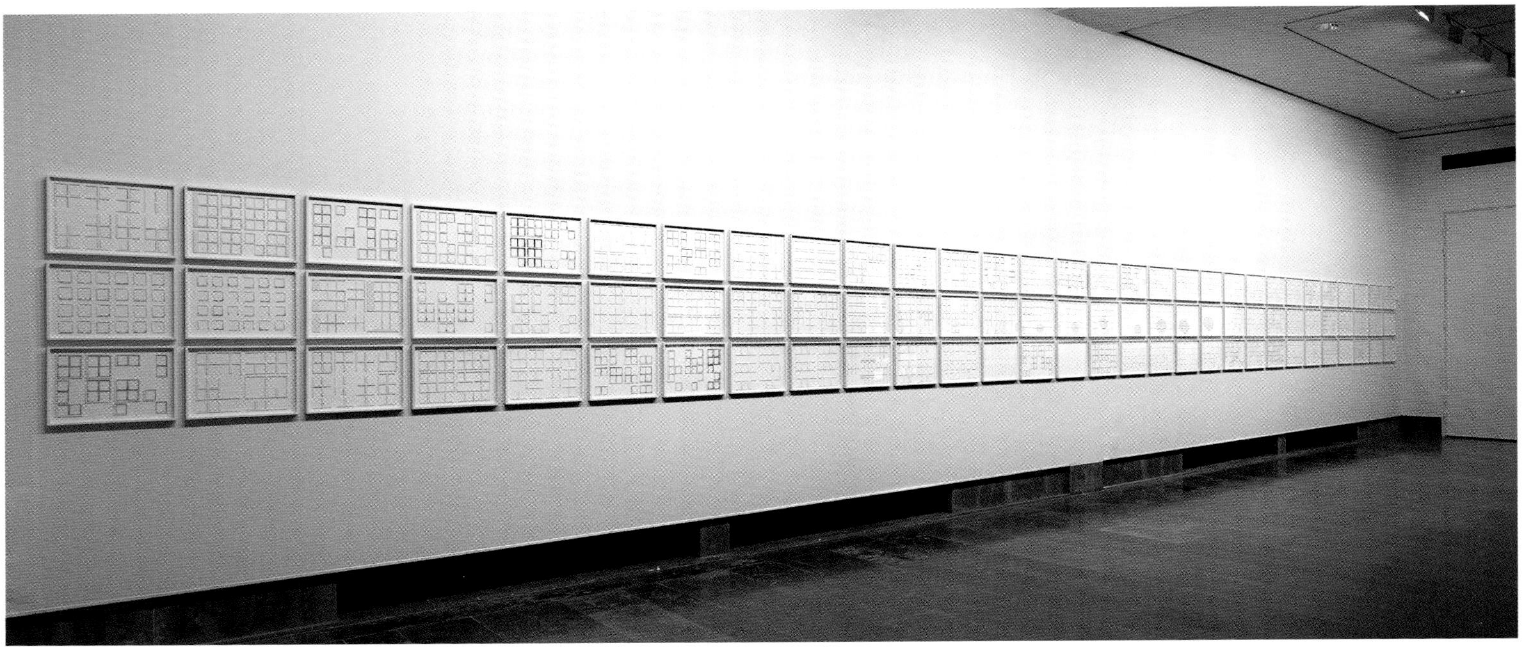

4x3, 2013–17
Photographic remains mounted on 640g Fabriano paper
(Restos fotográficos montados sobre papel Fabriano 640g)
30.5 x 37.5 cm each (12 x 14¾ in.)
Collection of the artist

3-3A, 2008
Magnifying glass and four contact negatives installed on wall
(Lupa y cuatro contactos negativos instalados sobre pared)
11 x 4 cm (4⅜ x 1½ in.)
Collection of the artist

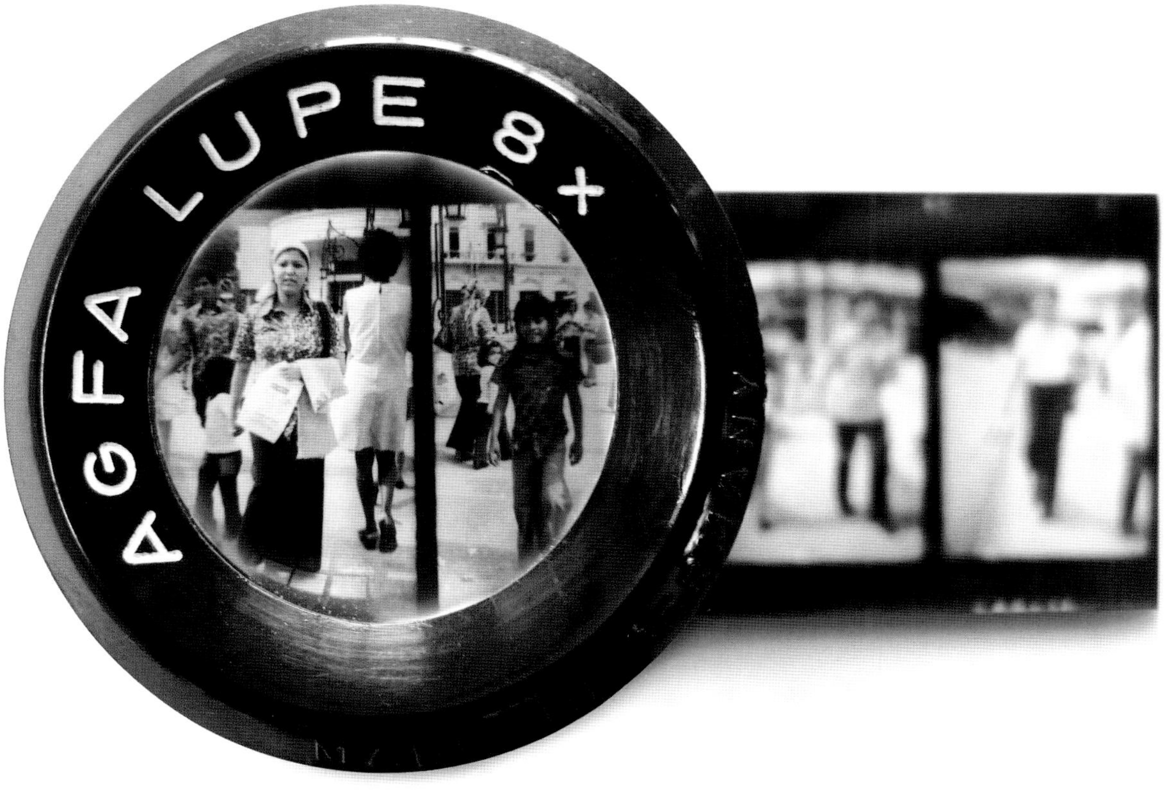
AGFA LUPE 8×

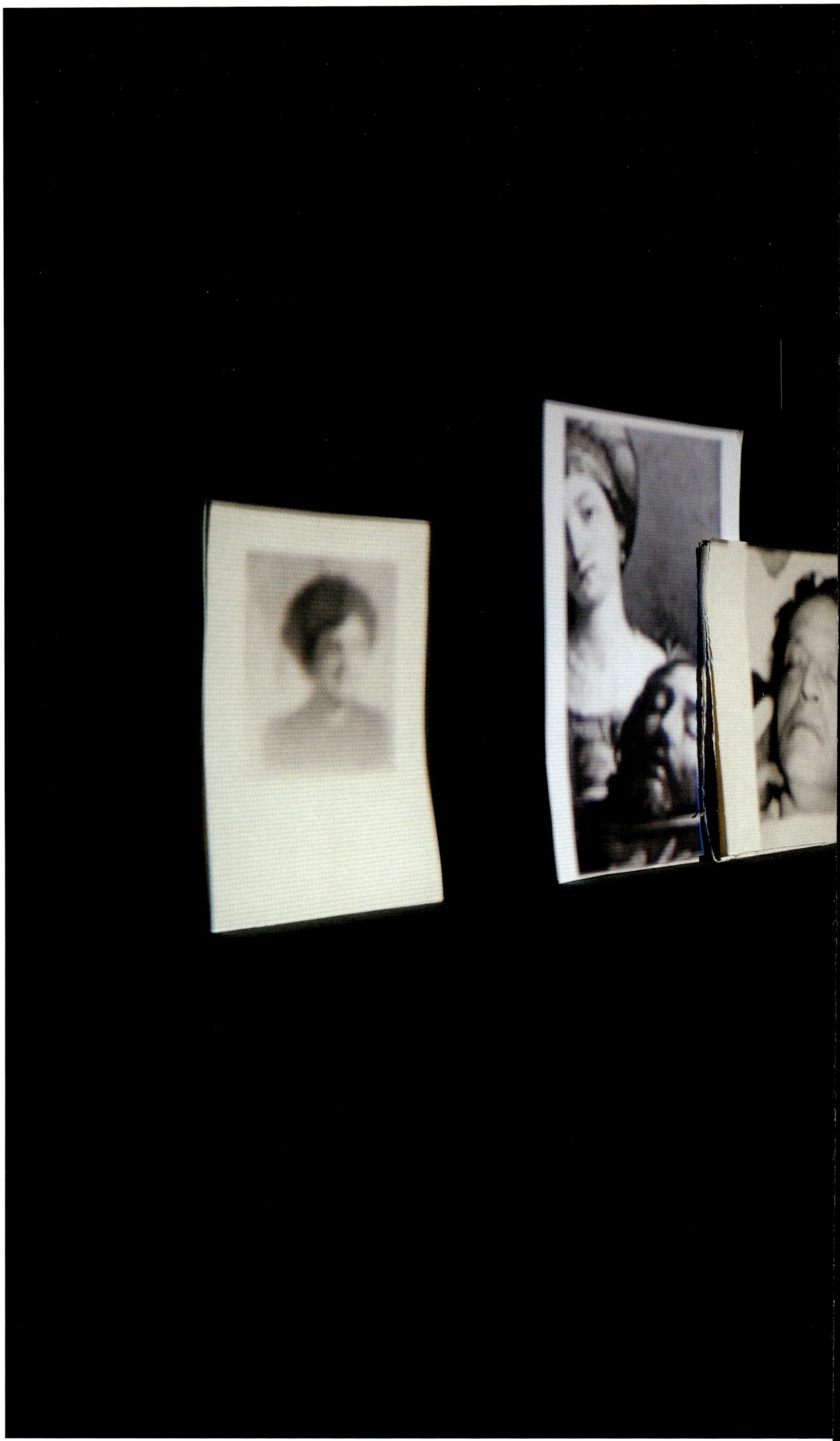

EL COLECCIONISTA (THE COLLECTOR), 2014–16
Synchronized HD projections with sound (Proyecciones HD sincronizadas con sonido), 52 min.
Collection of the Carl & Marilynn Thoma Foundation

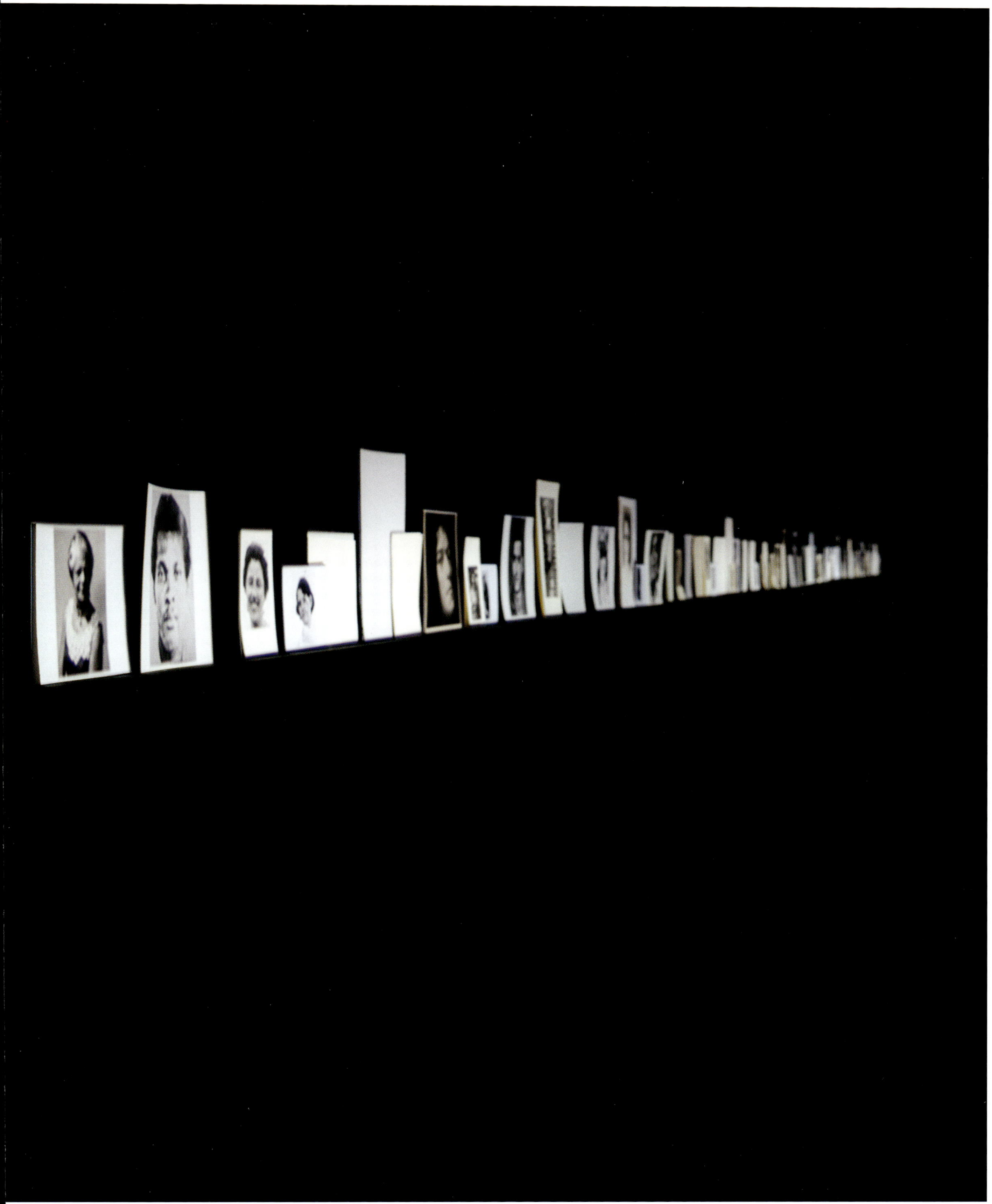

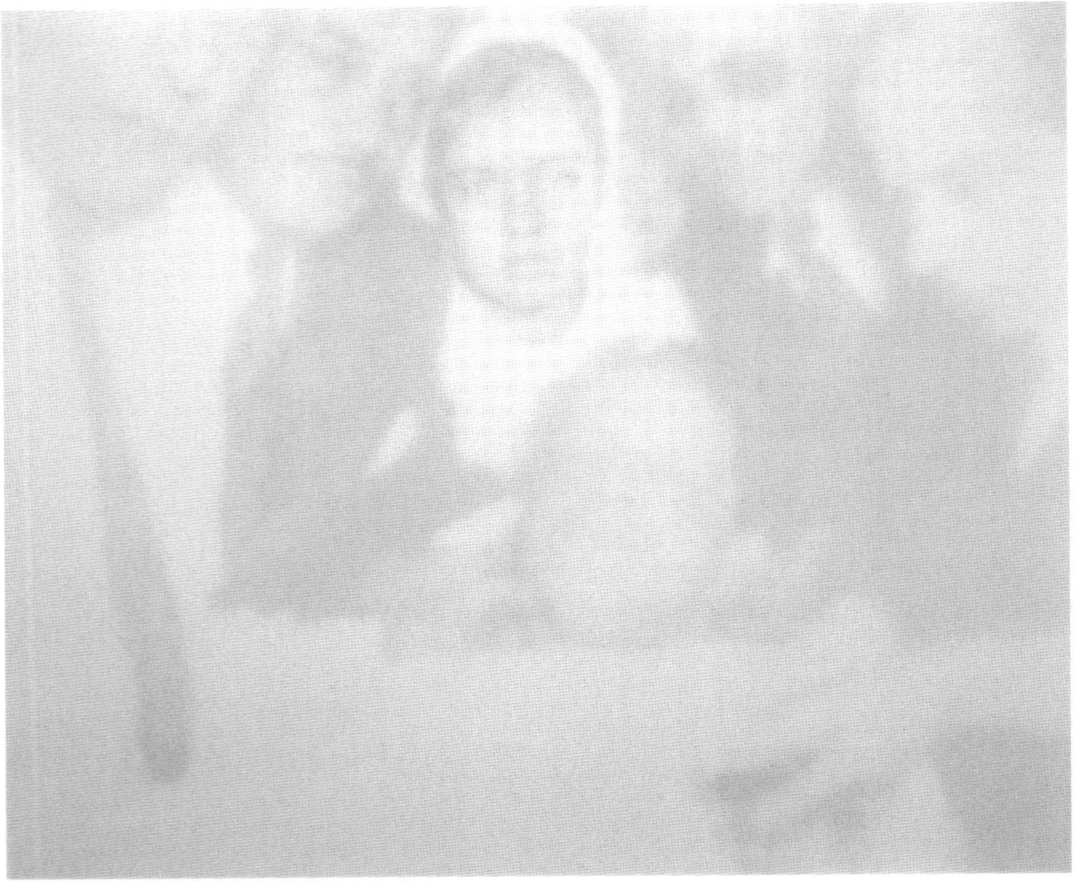

HABER ESTADO ALLÍ, SERIE IMPRESIONES DÉBILES (TO HAVE BEEN THERE, WEAK IMPRESSIONS SERIES), 2011
Print with charcoal powder on methacrylate (Impresión con polvo de carbón sobre metacrilato)
Four elements (Cuatro elementos): 73.5 x 85 cm each (29 x 33½ in.)
Collection of the artist

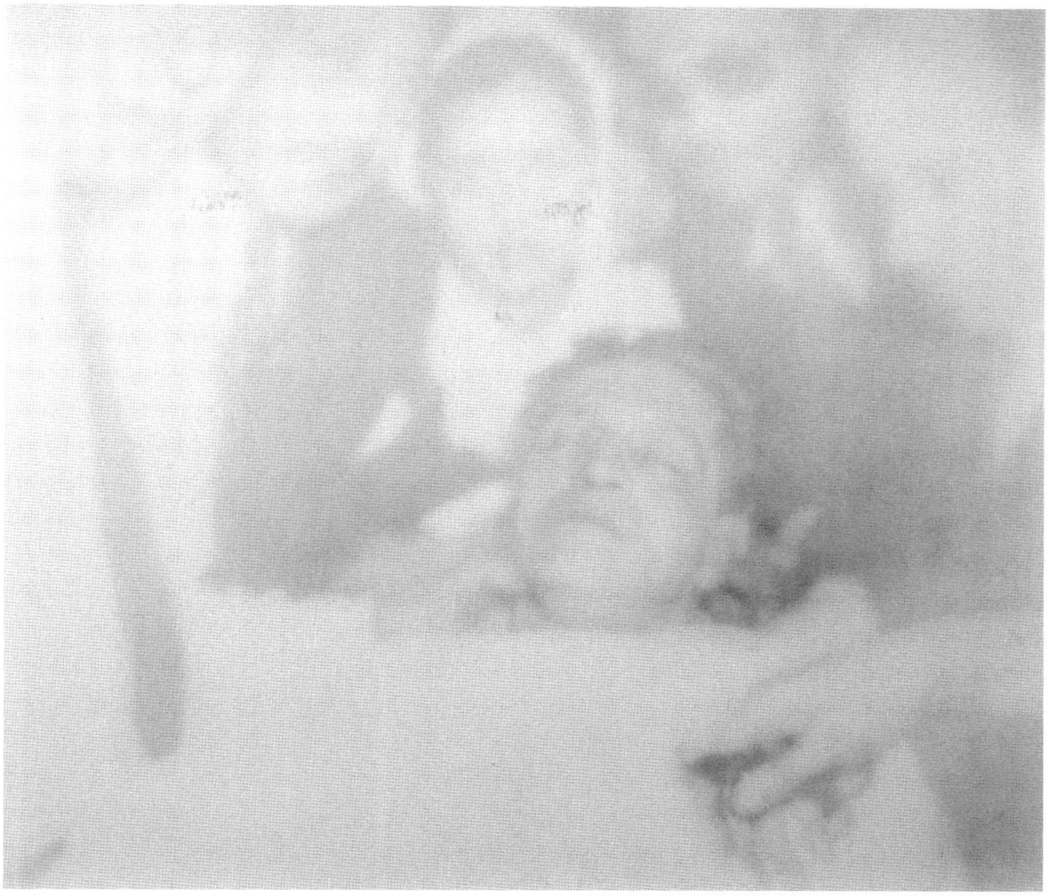

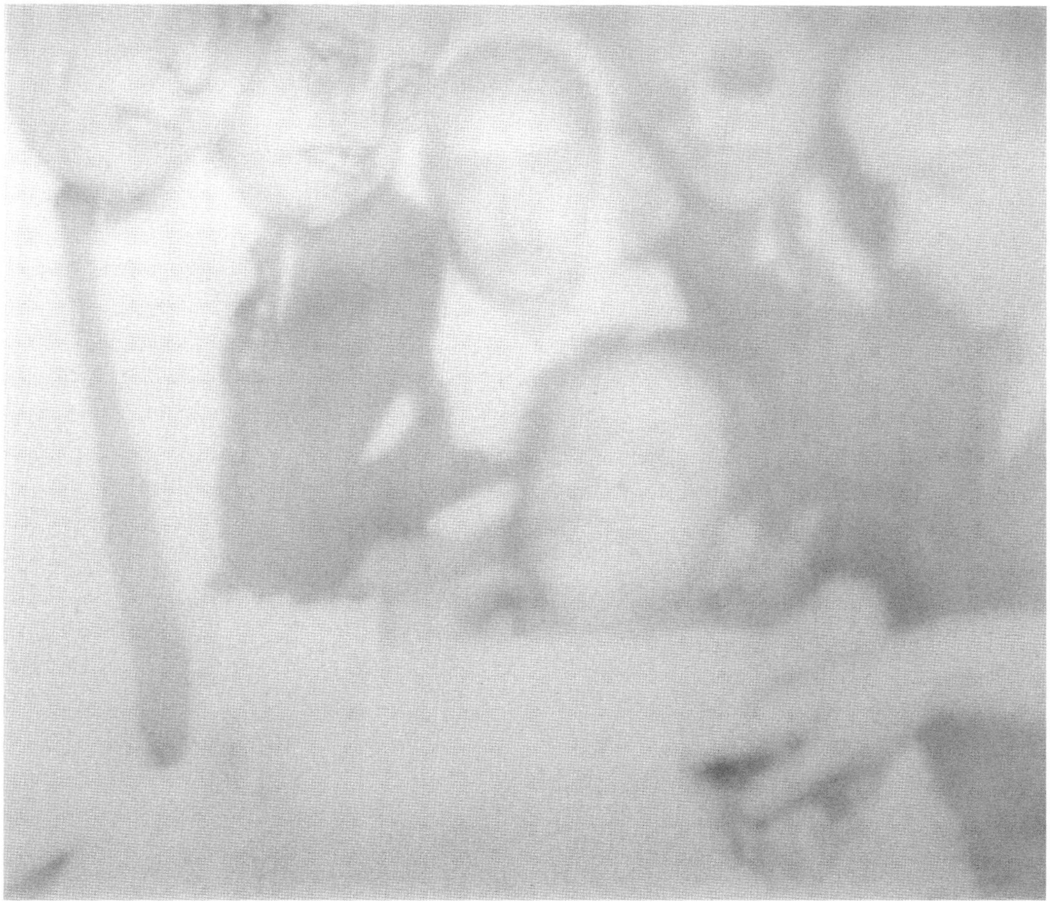

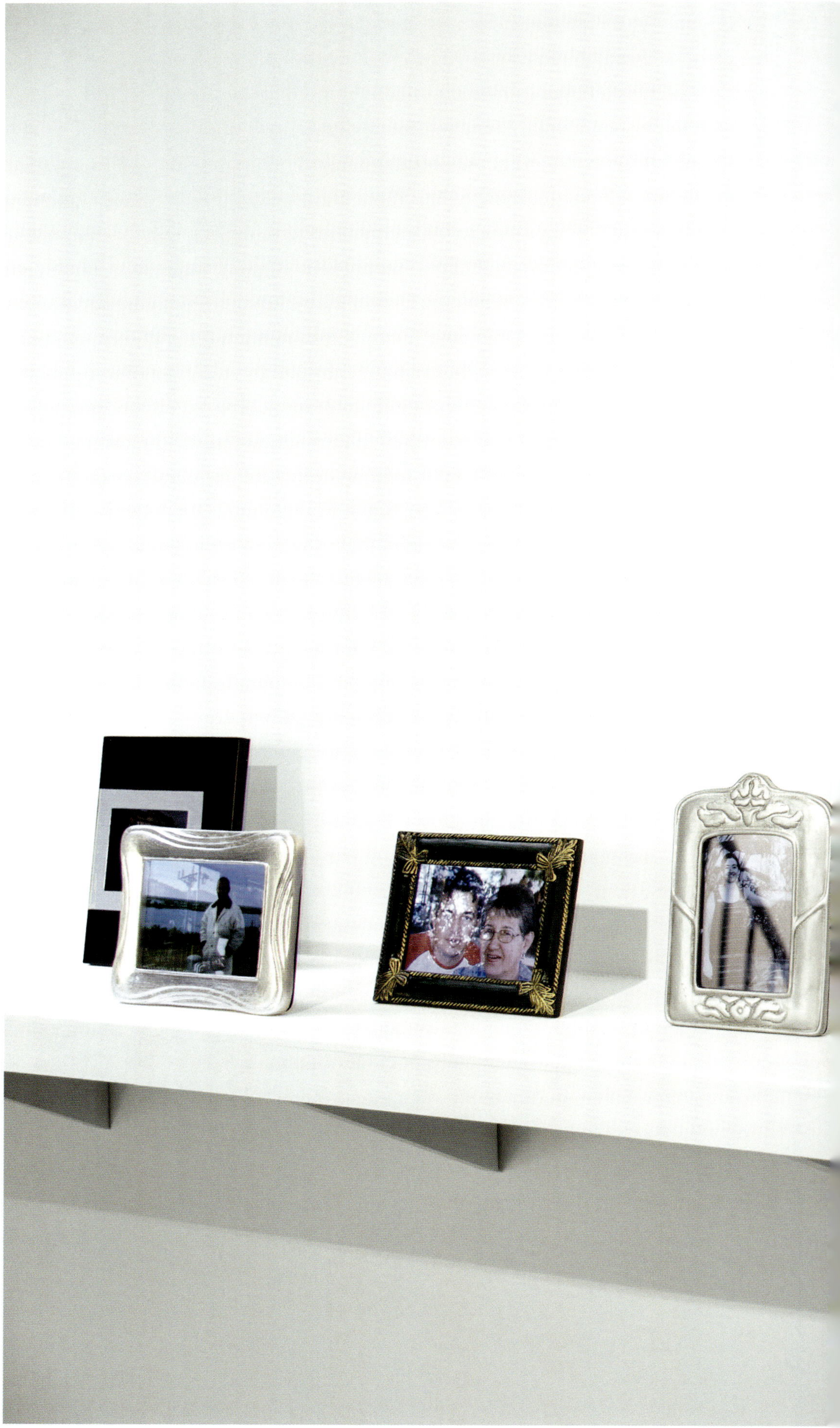

A TRAVÉS DEL CRISTAL (THROUGH THE GLASS) (detail), 2008–18
Video installation with sound; LCD screens with wood, metal, and plastic frames (Video-instalación con sonido; pantallas LCD con marcos de madera, metal y plastico)
Variable dimensions (Medidas variables)
Collection of the artist

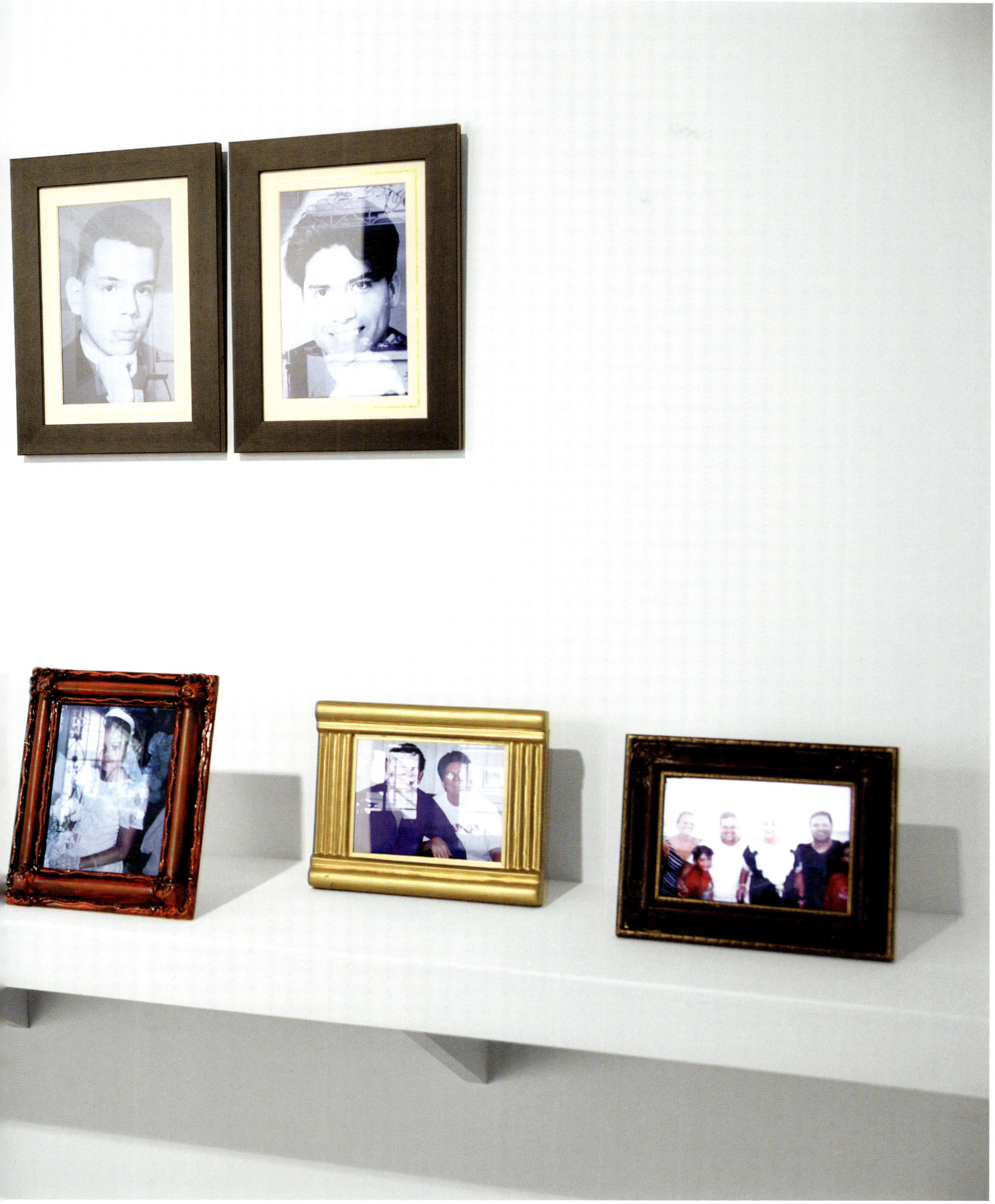

The tablets of God's Law were carved in stone, as are most grave markers. In the former, the effort of chiseling them objectifies collective belief in the permanence of the codes they promulgate. In the latter, it is a paradoxical as well as pathos-drenched labor of love reminding us of our impermanence and that of those who are important, even dear to us. Correspondingly, drawing lines in the sand or writing on water are metaphors for things that are inherently futile or ephemeral. All of these tropes say the same thing but in different registers: none of us are here to stay. Quite the contrary, all of us are, to borrow the phrase Isak Dinesen used to evoke the fleeting presence of humans and animals on the African savannahs, shadows on the grass.

That noted, the existential poetics of transience are also conditioned by cultural and historical contingencies. Take for example the Chinese custom of water writing practiced for the most part by old men in public parks, and ponder how its semiotics changed over the course of the second half of the twentieth century. At its most basic, the practice consists of rehearsing and performing the traditional calligrapher's art with brushes dipped in water rather than ink and used on smooth

Las tablas de la Ley de Dios fueron talladas en piedra, como la mayoría de las inscripciones funerarias. En cuanto a las primeras, el esfuerzo de cincelarlas materializa la creencia colectiva en la permanencia de los códigos que ellas promulgan. En el caso de las segundas, se trata de un trabajo de amor tan paradójico como lleno de compasión que nos recuerda nuestra transitoriedad y la de aquellos que son importantes o queridos por nosotros. En consecuencia, dibujar líneas en la arena o escribir en el agua son metáforas de cosas inherentemente fútiles o efímeras. Todos estos tropos dicen lo mismo pero en diferentes registros: ninguno de nosotros está aquí para quedarse. Por el contrario, todos somos sombras en la hierba, tomando prestada la frase que Isak Dinesen usara para evocar la fugaz presencia de los humanos y los animales en las sabanas africanas.

Lo antes expuesto significa que la poética existencial de la transitoriedad también está condicionada por contingencias culturales e históricas. Tomemos, por ejemplo, la costumbre china de escribir con agua, practicada mayoritariamente por hombres ancianos en parques públicos, y reflexionemos sobre cómo ha cambiado su semiótica a lo largo de la segunda mitad del siglo XX. En su forma

flagstones or setts that allow for the most nuanced of mark-making. In the hands of its aged masters, this medium lends itself to philosophical reflections the meaning of which is intrinsically connected to the brief duration of the texts thus momentarily "lettered." There is a natural poignancy to this exercise, one of which those who are committed to it, given their advanced years, are doubtless acutely conscious, as are younger passersby who watch them. Anyone who has observed old people assuming the postures and making the motions of Tai Chi will have some idea of what I am talking about. That the writing be as graceful as it is temporary is the whole point. Meanwhile, consider what it must have been like to witness men born before the Communist takeover of China in 1949 engaging in this activity during the Cultural Revolution (1966–76) during which the walls of towns and cities were filled with Big Character posters proclaiming the slogans of the day and the bedrock principles of the New Order as codified in Party Chairman Mao Tse Tung's Little Red Book. That book was printed on cheap stock and bound in flimsy plastic even as the posters were printed on the equivalent of butcher paper and glued to every imaginable surface in layers creating an aleatory version of collaborative *afficchisme,* thereby materially conflating the oxymoronic tenets of "permanent revolution" with the flux of perpetual upheaval and course correction essential to the crusading ideology of the youthful Red Guards when confronting their Communist Party elders.

Such generational and sectarian divisions were characteristic of the mid-1960s when the Marxist-Leninist FARC (Revolutionary Armed Forces of Colombia) was formed and initiated a protracted, and, on both sides, frequently savage civil war with the ever-changing Colombian government. And, as was woefully the case throughout South and Central America, death squads did their cruel and dirty business of eliminating those thought to belong to the opposition whether within the ranks of other political formations, factions of their own parties, the clergy, or within the population at large that was caught in the crossfire between them. Colombia's poignantly named National Center for Memory, puts the number of dead between 1948 when it all began, and 2019 when a delicate truce was called, at 220,000 with roughly two thirds being non-combatants. However, the exact toll of this over half century-long conflict will never fully be known because so many of its victims simply "disappeared."

Oscar Muñoz's *Proyecto para un memorial* (*Project for a Memorial*) (2005) commemorates this huge, harrowing collective loss by portraying readily recognizable but otherwise anonymous individuals in the fugacious medium of water on stone. Anticipated by a series of spare linear portraits done essentially

más básica, la práctica consiste en ejercitar el arte caligráfico tradicional con pinceles remojados en agua en lugar de tinta, y usados en losas o superficies lisas que permiten la ejecución de las marcas más matizadas. En las manos de estos avejentados maestros, este medio se presta a reflexiones filosóficas cuyo significado está intrínsecamente conectado a la breve duración de los textos, momentáneamente visibles.

Hay una angustia natural en este ejercicio, de la cual están extremadamente conscientes quienes lo practican, dados sus avanzados años, al igual que los transeúntes más jóvenes que los miran. Cualquiera que haya observado a personas mayores asumiendo las posturas y haciendo los movimientos de Tai Chi tendrá una idea de lo que estoy hablando. El punto principal es que la escritura sea tan elegante como temporal.

Por otra parte, considérese cómo debe haber sido presenciar a hombres, nacidos antes de que los comunistas tomaran el control de China en 1949, practicar aquella actividad durante la Revolución Cultural (1966–1976); periodo en el que los muros de pueblos y ciudades se llenaron de carteles escritos con enormes caracteres chinos que proclamaban los lemas del día y los principios fundamentales del Nuevo Orden, tal y como estaban codificados en el Pequeño Libro Rojo del presidente del partido, Mao Tse Tung. Ese libro se imprimió en papel barato, con un encuadernado de plástico endeble. Incluso los carteles se imprimieron con el equivalente al papel de estraza y se pegaban a cada superficie imaginable, formando capas y creando, de esta forma, una especie de versión aleatoria de afichismo colaborativo que combinaba, materialmente, los principios oximorónicos de la "revolución permanente" con el flujo de la agitación perpetua y la corrección del rumbo, esenciales para la cruzada ideológica de los jóvenes Guardias Rojos cuando se enfrentaban a sus mayores del Partido Comunista.

Tales divisiones generacionales y sectarias fueron características de mediados de la década de 1960, cuando se formaron las marxistas-leninistas FARC (Fuerzas Armadas Revolucionarias de Colombia), que iniciaron una guerra civil prolongada y frecuentemente salvaje—por ambos lados—contra el constantemente cambiante gobierno colombiano. O, como fue lamentablemente en el caso en América del Sur y Central, la creación de los escuadrones de la muerte que hicieron su cruel y sucio negocio de eliminar a aquellos considerados como parte de la oposición, ya sea por ser miembros de grupos políticos, de facciones de sus propios partidos, del clero, o de la población en general, la que quedó atrapada en el fuego cruzado entre ellos. El conmovedor "Centro Nacional para la Memoria" de Colombia cifra el número de muertos entre 1948, cuando todo comenzó, y 2019, cuando se convocó a una frágil tregua, en 220,000 víctimas, con aproximadamente dos tercios de civiles. Sin embargo, el costo exacto de este conflicto de más de medio siglo nunca se conocerá por completo porque muchas de sus víctimas simplemente "desaparecieron".

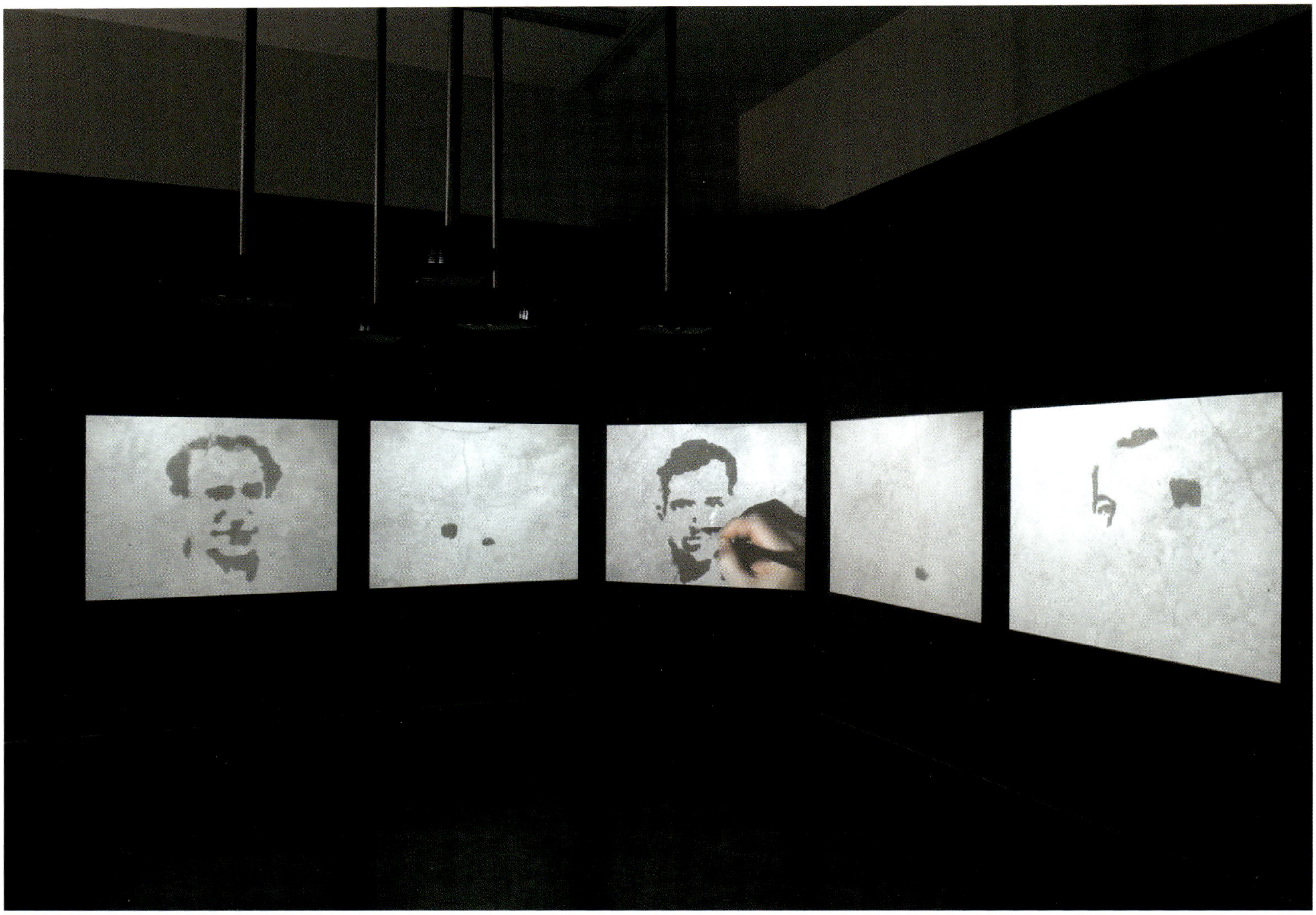

PROYECTO PARA UN MEMORIAL (PROJECT FOR A MEMORIAL), 2005
Five-channel video installation without sound (Video-instalación, cinco videos sincronizados sin sonido), 7 min. 30 sec.
Collection of Clarissa Alcock Bronfman

the same way as well as in other non-conventional materials (for instance the equally fugitive powder or dust of *Narcisos secos* (*Dry Narcissi*) (1994–95), Muñoz's ongoing meditation on fixated self-regard and the difficulty of achieving a likeness, spans over a decade. All in preparation, it would seem, for a work that centers on regard for others and vain attempts to prevent them from vanishing from recall even as they evaporate before our eyes.

The ensemble of videos consists of multiple evenly spaced projections—at the 2007 Venice Biennale, of which I was overall artistic director, there was a sequence of five shown on the walls of the Arsenale—with each image representing a different face delineated at a different moment by a rapidly moving, briefly visible hand. Thereafter, indeed even during the process, aspects of a given incomplete face melt and morph as the water dries making the whole a staggered race against time with the pace of articulation barely exceeding pace of evaporation. Moreover, that sense of ineluctable evanescence inheres not just within the bright rectangle of the projection, but also within the mirror image in the mind of viewers desperately attempting to retain, and since one sees five at a time those simultaneously emerging and retreating graphic phantoms compound the pathos of their tenuousness by competing with one another for the viewers' attention—and their powers of recollection. For when survivors of violence and repression bravely declare "We shall never forget!" what they really mean is that they will commit to fighting hard to resist the inexorable process of forgetting those who did not survive. And, while they may in fact never forget the crimes committed against them (though traumas have a way of slipping away for the sake of the mental health of those who have endured them) and against society at large, the ability to hold on to the essence of someone taken from us personally absent specific keepsakes or reminders, or more challenging still, preserve the memory of someone who was part of a decimated crowd is all but beyond the capacities of most humans. Depending on specific circumstances, the decomposition of images can be as fast or as slow as the physical decomposition of bodies but the one thing that is certain is that sooner rather than later, identifying details of countenances that are familiar if not dear to us will blur and blank out leaving motes in the mind's eye that widen holes in the heart.

Muñoz's project, then, is to render the very concept of a memorial for the "disappeared" problematic all the while commemorating their endangered existence and ultimate suffering. Many North Americans may find it hard to relate to this complex dialectic of absence/presence inasmuch as few have had anything resembling the horrors to which Muñoz alludes visited upon them during their lifetimes. But empathy requires imagining fates one has not yet been called upon to deal with; we do it

El *Proyecto para un Memorial* (2005) de Oscar Muñoz conmemora esta enorme y desgarradora pérdida colectiva al retratar, en el medio efímero del agua sobre piedra, a personas fácilmente reconocibles pero anónimas. Precedido por otros trabajos como la serie de retratos lineales hechos esencialmente de la misma manera, aunque con otros materiales no convencionales, (por ejemplo, el igualmente transitorio polvo o ceniza de los *Narcisos secos*, 1994–95), la meditación continua de Muñoz sobre la observación obstinada de uno mismo y el desafío de lograr un parecido abarca más de una década. Todo esto parece ser en preparación de una obra centrada en el respeto por los demás y en el vano intento de evitar que las personas desaparezcan del recuerdo, incluso cuando se evaporen ante nuestros ojos.

El conjunto de videos consta de múltiples proyecciones espaciadas de manera uniforme (en la Bienal de Venecia de 2007, de la que fui director artístico general, se proyectó una secuencia de cinco imágenes en las paredes del Arsenale), cada una representando un rostro distinto, delineado en diferentes momentos por una mano que aparece brevemente moviéndose con rapidez. En este acto, e incluso durante el proceso, los rasgos de una cara incompleta se desvanecen y transforman a medida que el agua se seca, lo que hace del conjunto de videos una serie [alternada/despareja] de carreras contra el tiempo, en las que el ritmo de enunciación apenas supera el ritmo de evaporación. Además, esa sensación de evanescencia ineludible no es solo inherente a los límites del rectángulo luminoso de la proyección sino que también ocurre en la imagen reflejada en la mente de los espectadores, quienes intentan desesperadamente retenerla. Al ser vistos en cinco proyecciones a la vez, esos fantasmas gráficos que simultáneamente emergen y retroceden incrementan el *pathos* de su fugacidad al competir entre sí por la atención del público—y su capacidad de recordar.

Porque cuando los sobrevivientes de la violencia y la represión declaran valientemente "¡Nunca olvidaremos!", lo que realmente quieren decir es que se comprometen a luchar contra el proceso inexorable de olvidar a los que no han sobrevivido. Y aunque en realidad nunca olviden los crímenes cometidos contra ellos (a pesar de que los traumas tienden a borrarse por el bien de la salud mental de quienes los han soportado), o contra la sociedad en general, la capacidad de aferrarse a la esencia de alguien cercano que nos ha sido arrebatado, sin recuerdos o recordatorios específicos o, lo que es aún más desafiante, querer preservar el recuerdo de alguien que ha formado parte de una multitud diezmada, está más allá de la capacidad de la mayoría de los humanos. Dependiendo de las circunstancias específicas, la descomposición de las imágenes puede ser tan rápida o tan lenta como la descomposición física de los cuerpos. Aún así, lo cierto es que, más temprano que tarde, los detalles de los rostros que nos son familiares o queridos se volverán borrosos y se quedarán en blanco, dejando motas en la memoria visual que ensanchan los agujeros en el corazón.

every time we enter a theater or pick up a book or watch the news. In the present context, empathy means projecting oneself into a projection of someone unknown. Naturally, this must be undertaken with a strict respect for all the ways that one cannot lay claim to experiences one has not had, histories one has not lived. The paradoxes explicit in testing the limits of empathy against the hard realities of fundamentally different cultural and political subjectivities is among the most vexed issues of contemporary art. A first step in addressing those dilemmas is to acknowledge the fact that there is risk of insulting others by claiming too easy a grasp of their involuntarily paid-for pain—the fact that one is *choosing* to enter into a zone of torment is the dividing line between you and them—and also of being rebuked by them for overstepping the bounds of respect and conscience in a sincere effort to bridge the distance by not considering whether or not your solicitude is welcome much less worth the discomfort it is almost bound to cause.

That said, no one and no community holds exclusive rights to victimization, and the critical imagination necessary for making sense of work like Muñoz's has a historical component. Anyone who recalls growing up with or listening to stories about marauding night riders and the dread midnight knock on the door—which is to say virtually all Jews, African-Americans, and Hispanics in this country not to mention immigrants from Eastern Europe, the Arab world, and many parts of Africa and Asia—should have sufficient background to "get" what he is thinking about. But now, the rest of the normative "white" population of the United States does as well, though directly or indirectly "we" have been positioned on the wrong side of history and of morality by the actions of our government. And in the process the faces for a new iteration of Muñoz's memorial project have changed from those of adults to those of children. Specifically, kids separated from their parents when crossing illegally into the United States or rounded up after having done so. Although the border patrols were supposed to have kept records of these families in order that they might be reconstituted, the truth of the matter is that few clues as to the identities of many of the youngest of these children exist. Although still among the living, they also have to all intents and purposes been *disappeared*. So, when looking at Muñoz's *Project for a Memorial*, ponder the terrible fate of the men and women who perished in Colombia's Civil War, and all of the related conflicts in South and Central America over the course of the past half century—the Cold War in the rest of the world was fought by proxy as a Hot War in the Americas, Asia, and Africa—think of the ardent slogan that often accompanies the questionable phrase, "We Shall Never Forget!" - *Nunca más*! Never Again!

El proyecto de Muñoz, entonces, problematiza el concepto mismo de un memorial para los "desaparecidos", al mismo tiempo que conmemora la existencia puesta en peligro de estas personas y su sufrimiento final. A muchos norteamericanos les puede resultar difícil relacionarse con esta dialéctica compleja de ausencia/presencia, ya que pocos han experimentado durante sus vidas algo parecido a los horrores a los que alude Muñoz. Pero la empatía requiere imaginar destinos con los que no hemos tenido que lidiar aún; lo hacemos cada vez que entramos en un teatro, elegimos un libro, o vemos las noticias. En este contexto específico, la empatía significa la capacidad de proyectarse uno mismo en la proyección de alguien desconocido. Naturalmente, esto debe hacerse respetando estrictamente todas las formas en que uno no puede reclamar para sí experiencias que uno no ha tenido, historias que uno no ha vivido. Las paradojas explícitas que surgen al poner a prueba los límites de la empatía frente a las duras realidades de subjetividades culturales y políticas fundamentalmente diferentes se encuentran entre los temas más discutidos del arte contemporáneo.

Un primer paso para abordar esos dilemas es reconocer el hecho de que existe el riesgo de insultar a otros al afirmar que se comprende fácilmente el dolor que han experimentado involuntariamente —el hecho de que uno pueda *elegir* entrar o no en un estado de aflicción es justamente lo que te separa de ellos. También se corre el riesgo de ser criticados por las víctimas al traspasar los límites que impone el respeto y la conciencia cuando intentamos sinceramente acortar la distancia que nos separa de ellas, sin considerar si tus atenciones son bienvenidas o meritorias de la incomodidad que con seguridad van a provocar.

Dicho esto, nadie, ni ninguna comunidad, tienen derechos exclusivos de victimización, y la imaginación crítica necesaria para dar sentido a una obra como la de Muñoz tiene un componente histórico. Cualquiera que haya vivido o crecido escuchando historias sobre bandas de saqueadores nocturnos a caballo y el terror de una llamada a la puerta a la medianoche –es decir, prácticamente todos los judíos, afro-estadounidenses e hispanos en este país, sin mencionar los inmigrantes de Europa del Este, del mundo árabe y de muchas partes de África y Asia–, deben tener suficientes antecedentes para comprender lo que Muñoz está proponiendo. Pero ahora, el resto de la población "blanca" normativa de los Estados Unidos también puede hacerlo, aunque directa o indirectamente "nosotros" hayamos sido posicionados en el lado equivocado de la historia y de la moral por las acciones de nuestro gobierno. Y en el proceso, los rostros para una nueva repetición del proyecto conmemorativo de Muñoz han cambiado de adultos a niños. Específicamente, me refiero a los niños que han sido separados de sus padres en la frontera, al cruzar ilegalmente a los Estados Unidos, o al ser interceptados después de haberlo hecho. Aunque se suponía que las patrullas fronterizas debían haber mantenido registros de estas familias para que

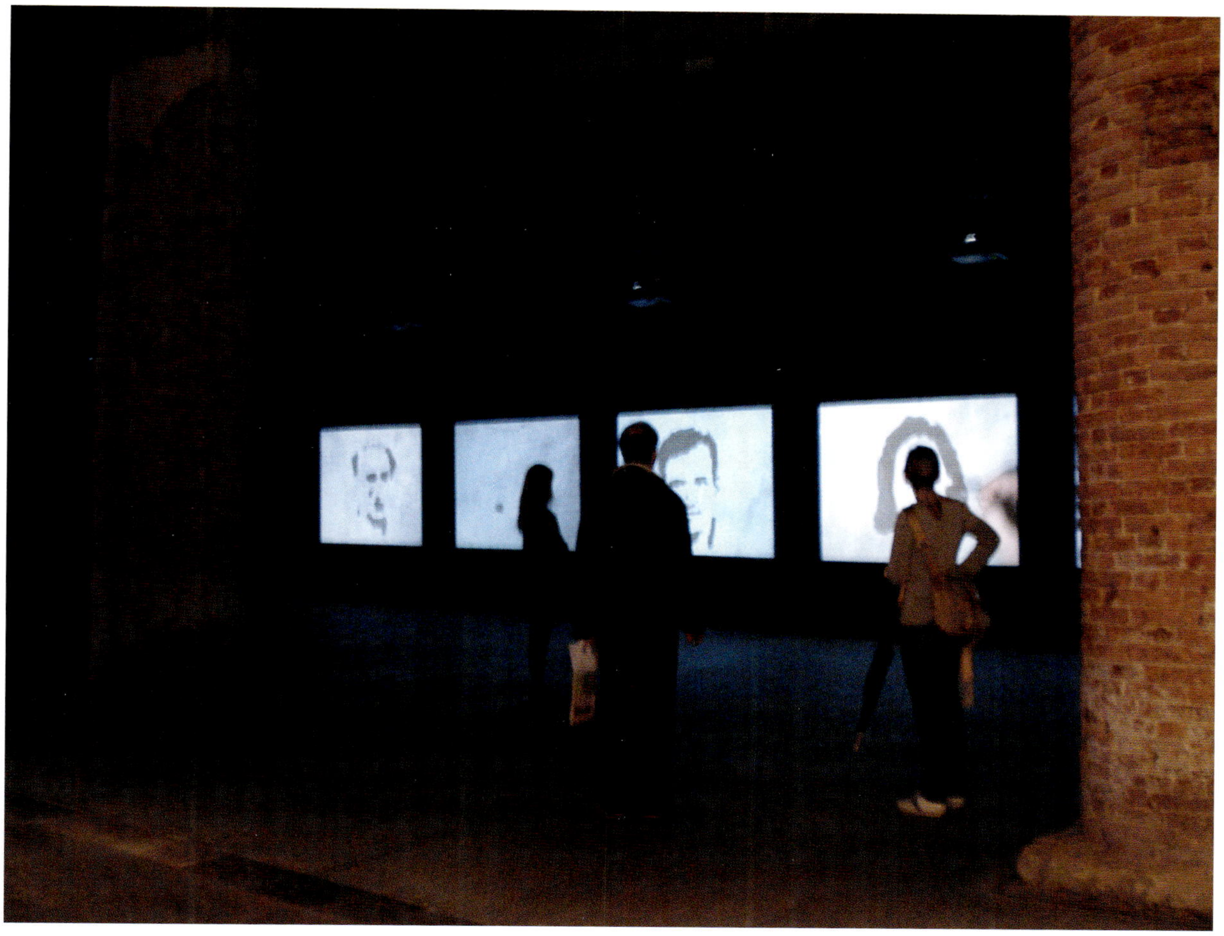

pudieran reconstituirse posteriormente, en realidad existen pocas pistas sobre las identidades de muchos de los niños más pequeños. Aún estando entre los vivos, estos niños también han sido prácticamente *desaparecidos*. Entonces, cuando miremos el *Proyecto para un Memorial* de Muñoz, reflexionemos sobre el terrible destino de los hombres y mujeres que perecieron en la Guerra Civil de Colombia y en todos los conflictos relacionados con ella en América del Sur y Central durante el último medio siglo. En el resto del mundo, la Guerra Fría puede haber sido librada de manera indirecta, pero en Latinoamérica, Asia y África fue una "Guerra Caliente". Recuerden entonces el apasionado eslogan que a menudo acompaña la cuestionable frase "¡Nunca olvidaremos!" –*Never again!* ¡Nunca más!

PROYECTO PARA UN MEMORIAL (PROJECT FOR A MEMORIAL), 2005
Five-channel video installation without sound (Video-instalación, cinco videos sincronizados sin sonido), 7 min. 30 sec.
Collection of Clarissa Alcock Bronfman

OF BODIES AND CRITICAL PATIENCE: A LETTER TO OSCAR MUÑOZ

MARTA GILI

Dear Oscar,

For some time, I've been taking notes in some of the little brown notebooks that you and Sally gifted me when you were in Paris, with "Lugar a Dudas" (Room for Doubt) written on the covers, alluding to the magnificent art center that you direct in Cali.

Observations, ideas for new projects, notes taken from lectures here and there, drafts of texts that follow, disorderedly, in the notebook "for doubts." I don't know why, but I've always written in pencil in these notebooks. Maybe it's because that "room for doubt" invites me to pause to consider and reconsider things, to write and rewrite, to make my comments, to be mistaken over and over, and begin again with no witness other than my pencil and eraser. Without haste, without regrets, and with many contradictions.

Writing you a letter, instead of the customary exhibition catalogue essay, to me, seems like an ideal formula to continue the relationship that I established in the last few years between these notebooks and your work. Whatever it be, the epistolary form strikes me as a strategy of parsimonious introspection

Querido Oscar,

Hace tiempo que vengo tomando notas en unos pequeños cuadernos marrones que tú y Sally me regalasteis cuando estuvisteis en París, y que en la cubierta llevan escrita la frase "Lugar a Dudas", aludiendo al magnífico centro de arte que dirigís en Cali.

Observaciones, pistas para proyectos, citas tomadas de lecturas aquí y allá, o borradores de textos se suceden, desordenadamente, en este cuaderno "a dudas". No sé el motivo, pero siempre he escrito a lápiz en estos cuadernos. Quizá sea porque ese "lugar a dudas", me invita a considerar y reconsiderar las cosas de forma pausada, a escribir y reescribir, a comentar mis propios comentarios, a equivocarme una y otra vez, y a volver a empezar sin más testigos que mi lápiz y mi goma de borrar. Sin prisas, sin lamentos y con muchas contradicciones.

Escribirte una carta, en vez de un texto de catálogo al uso en estos casos, me pareció una fórmula idónea para dar continuidad a la relación que he establecido en esos últimos años entre estos cuadernos que me regalaste y tu propia obra. Sea como sea, la forma epistolar se me antoja una estrategia de parsimoniosa introspección que,

DE LOS CUERPOS Y DE LA PACIENCIA CRÍTICA. CARTA A OSCAR MUÑOZ

MARTA GILI

which, by its nature, establishes neither a thesis nor principles, but rather imagined collusions that gravitate, in this case, toward your artistic practice.

At this very moment in September 2019 that I'm writing to you, I'm on the train taking me from my home city, Barcelona, to Arles, in the South of France, where I work now. Incidentally, trains also embody, for me, one of those places of seductive procrastination, in which time turns indulgent with the wandering of the mind.

I make this trip fairly often, and I always have the same hope: to arrive at this magical moment when the train is drawn literally into a stunning area of marshes. For only a few minutes, one could say that the rail car abandons the track and traverses the sea, where the water extends as far to its right as it does to its left, creating a fascinating sensation of sudden unreality. Likely, the poetic force of that moment resides in the superposition of unexpected visual experiences, which upheaves for a few moments the perception of time and space and, as a result, disrupts the inertia of "being" in the world, here and now.

I thought that, in some way, you too transport your images from solid territories, known, to surprising liquid territories (including gas territories), and so create unprecedented perceptive experiences. The distinct transformations to which you submit your photographs and videos confer on your work the inherent restlessness of doubting and interrogating the nature of what we see. Is this or not a picture? Is this or not a body? Does this float or not float on water? Does this appear or disappear? What relationship does this have with me, with us, with my experience, with our experience?

In a certain way, your art deliberately desecrates the credulity of the photographed by introducing it to magically poetic territories that revive reality without showing it. "Profanation, however"—according to the contemporary Italian philosopher Giorgio Agamben—"neutralizes what it profanes. Once profaned, that which was unavailable and separate ... loses its aura and is returned to use."[1] In your case, I believe that when you have questioned the aura that traditionally surrounds photography as a guarantee of certain restitution of reality, it is this reality that you have put in question through a particular use of images. Both profanation and revelation of what has been profaned "are political operations," asserts Agamben, "the first guarantees the exercise of power by carrying it back to a sacred model; the second deactivates the apparatuses of power and returns to common use the spaces that power had seized."[2]

I never told you, but maybe now is the time and place. When together we discovered, for the first time, the installation of your work *El coleccionista* (*The Collector*) (2014 in your exhibition at the Jeu de Paume in Paris[3]) I felt a certain uneasiness

por su propia naturaleza, no establece ni tesis ni principios, sino complicidades imaginadas que gravitan, en este caso, entorno a tu práctica artística.

En este preciso momento en el que empiezo a escribirte, en septiembre de 2019, estoy en el tren que me lleva desde mi ciudad natal, Barcelona, a Arles, en el sur de Francia, donde trabajo ahora. Dicho sea de paso, para mí, el tren encarna, también, uno de esos lugares de seductora procrastinación, en el que el tiempo se torna indulgente con el divagar.

Realizo este itinerario muy a menudo, pero siempre espero con la misma expectación que llegue el momento mágico en el que el tren se introduce literalmente en una impresionante zona de marismas. Por unos escasos minutos, se diría que el vagón abandona el suelo y surca el mar, ya que el agua se extiende tanto a su derecha como a su izquierda, creando una fascinadora sensación de repentina irrealidad. Probablemente, la fuerza poética de ese momento resida en la superposición de experiencias visuales inesperadas, que descalabran, por unos instantes, la percepción del tiempo y del espacio y, por consecuencia, perturban las inercias del "estar en el mundo", aquí y ahora.

Pensé que, de algún modo, tu también transportas tus imágenes desde territorios sólidos, conocidos, hacia sorprendentes territorios líquidos (e incluso gaseosos), creando así experiencias perceptivas inusitadas. Las distintas transformaciones a las que sometes tus fotografías o videos confieren, al conjunto de tu obra, el desasosiego inherente a la duda, y la interrogación sobre la naturaleza de lo que vemos. ¿Es o no es esto una fotografía?, ¿es o no es esto un cuerpo?, ¿flota o no flota en el agua?, ¿parece, aparece o desaparece?, ¿qué relación tiene conmigo, con nosotros, con mi experiencia, con la nuestra?

En cierto modo, tu obra profana, conscientemente, la credulidad en lo fotográfico, llevando su dispositivo hacia territorios poético-mágicos que reactivan la realidad sin mostrarla. "La profanación implica –según el filósofo italiano contemporáneo Giorgio Agamben– una neutralización de aquello que profana. Una vez profanado, aquello que no estaba disponible y se hallaba separado pierde su aura y es restituido al uso".[1] En tu caso, creo que una vez que has cuestionado el aura que tradicionalmente ha rodeado a la fotografía en tanto garante de cierta restitución de la realidad, es esta misma realidad la que ha quedado puesta en evidencia por medio de un uso particular de las imágenes. Tanto la profanación como la revelación de lo profanado "son operaciones políticas", prosigue Agamben, "pero la primera tiene que ver con el ejercicio del poder ...; la segunda desactiva los dispositivos de poder y restituye al uso común los espacios que aquél había confiscado".[2]

Nunca te lo dije, pero quizá éste sea el momento y el lugar. Cuando juntos descubrimos instalada, por primera vez, tu obra *El coleccionista* (2014) en la exposición que presentaste en la *Galerie*

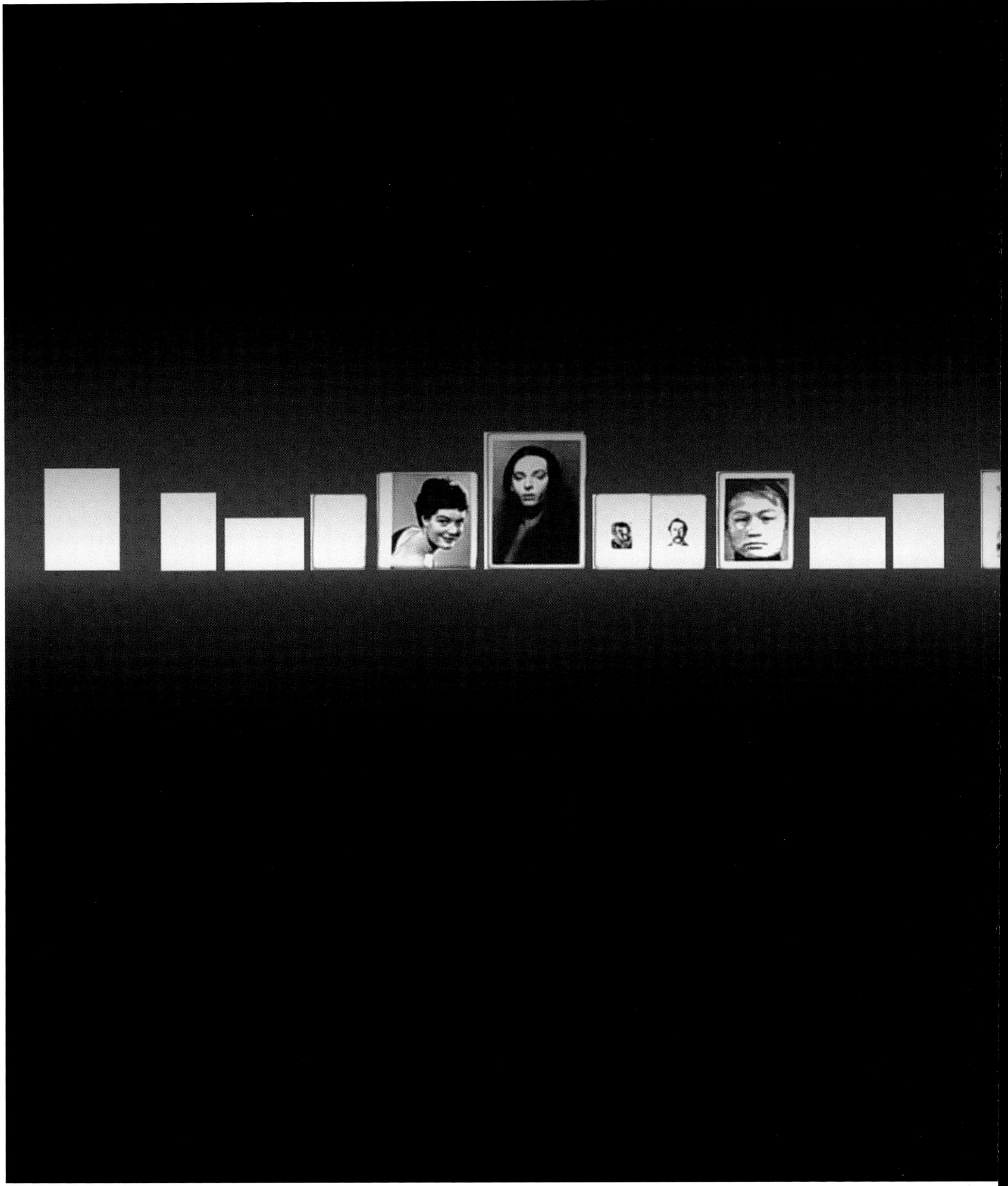

EL COLECCIONISTA (THE COLLECTOR), 2014–16
Synchronized HD projections with sound (Proyecciones HD sincronizadas con sonido), 52 min.
Collection of the Carl & Marilynn Thoma Foundation

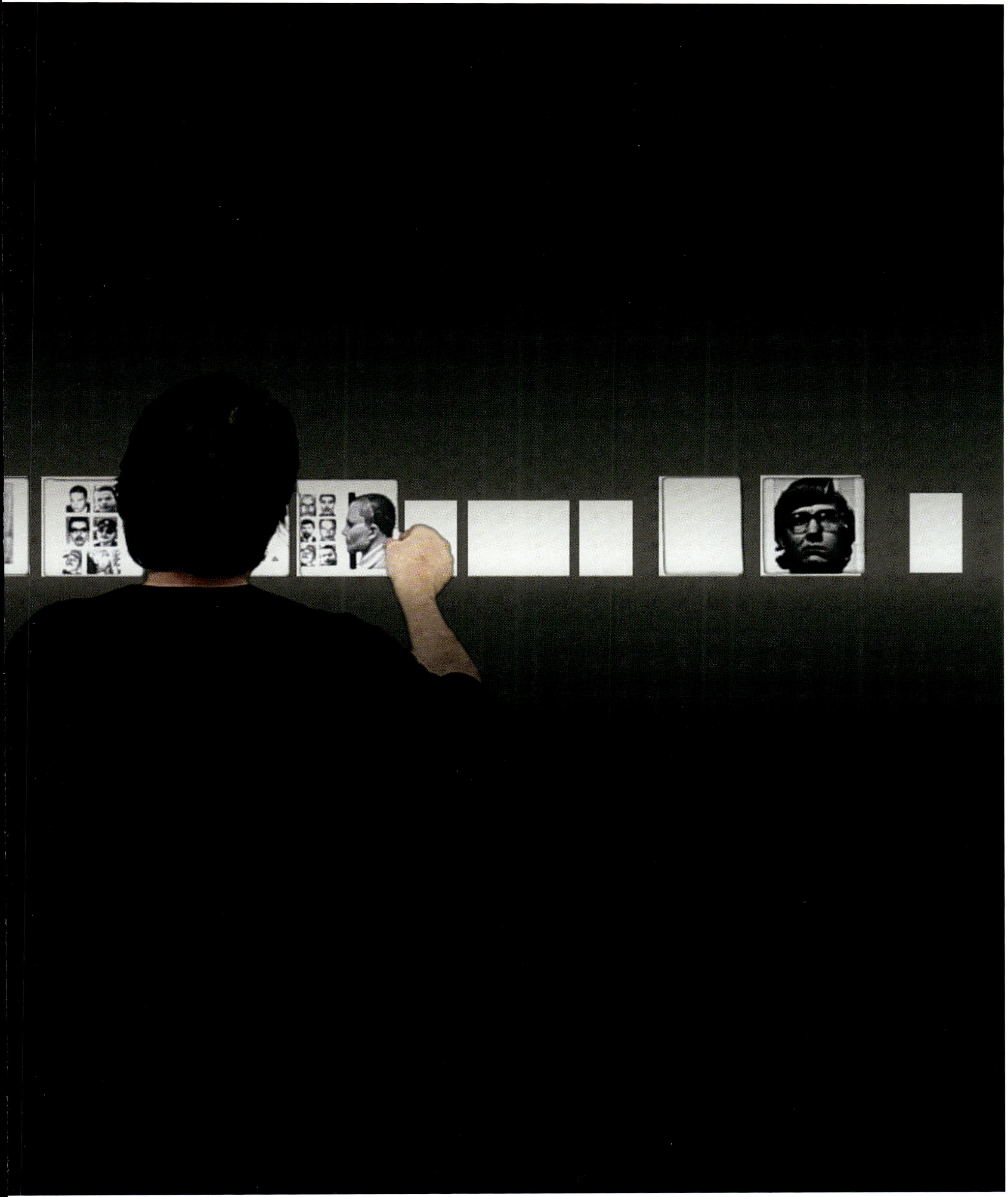

in front of that back silhouette that arranged your photos on a shelf, moving with great speed from one side to the other, not so much to show them as to relate them to each other. Just the same as on the train that cuts across the marshlands, I lived, for a moment, an experience of fascinating unreality in front of what I already knew.

Build, tear down, overlay, exchange, choose, move, shift; has my task for more than thirty years curating and organizing exhibitions not also been, in some way, like that of your "collector?" But what impressed me most about this work was the fundamental role of that silhouette, that body of backs that discredits the mechanisms of the power of photography, which discloses without disclosing. I'm reminded of that character the British poet Edward James, painted by Réné Magritte (Belgian, 1898–1967) from behind so that he faces away toward a mirror which, instead of reflecting his face, shows him again from behind. Your collector of backs, projected on the wall of the gallery, does not show his face either, but instead puts together and takes apart stories from unknown faces. The contemporary French theater critic Georges Banu describes very assuredly the function of the character seen from behind with this sentence: "The face is read like a short story, the back like an encrypted poem."[4]

It didn't seem to me that the collector turned his back on the spectator out of spite or shyness, but rather as a rejection of the face's authority. Are the faces, silhouettes, and bodies that are recurrently blurred in large part of your work not perhaps a rebuttal strategy, of both the frontality of photography, as well as the transcendence that photography shows?

In an interview, you had talked about your work with images taken from newspapers—the series *Impresiones débiles* (*Weak Impressions*) (2011–15), *Tiznados* (*Tainted*) (1990), or *Paístiempo* (*Countrytime*) (2007), for example—as "images that have a filter to be bearable,"[5] so that the surface of the image, its *pathos*, does not invade the view with its anecdote and in this way impede an attitude both emotional and reflexive. I definitely do not believe that *The Collector* is afraid to face the spectator, rather the opposite: it challenges the spectator, ignoring him without concessions. "Once in a while, one must have the courage to turn one's back on the spectators, and must never think of it," noted the eighteenth-century French philosopher and playwright Denis Diderot.[6]

In your entire artistic career, you have not offered any type of concession either: not to the spectator, or the media, or the techniques you work with, or the social or political context of your country. Maybe, for this reason, the reception of your work is so powerful and effective.

You've mentioned on various occasions that your investigations focus on the disintegration of the image, the cycles of

Nationale du Jeu de Paume de París,[3] sentí un cierto desasosiego frente a esa silueta de espaldas que disponía sus fotografías en una repisa, moviéndose con gran celeridad de un lado a otro, no tanto para mostrarlas, como para relacionarlas. Como me sucede en el tren que atraviesa las marismas, viví, por unos instantes, una experiencia de fascinante irrealidad frente a lo conocido de antemano.

Montar, desmontar, superponer, intercambiar, seleccionar, mover, desplazar, ¿no ha sido también, de alguna manera, mi tarea durante más de 30 años curando y organizando exposiciones, como la de "tu coleccionista"? Pero lo que más me impresionó de la obra fue el rol fundamental de esa silueta, de ese cuerpo de espaldas que desactiva los dispositivos de poder de la fotografía, y que da a ver, sin darse a ver. Me acordé de ese personaje, el poeta británico Edward James, pintado al óleo por Réné Magritte (Belga, 1898–1967), y al que vemos dando doblemente la espalda frente a un espejo. Tu coleccionista, proyectado sobre el muro de la sala de exposiciones, tampoco da la cara, sino que arma y desarma historias a partir de los rostros ajenos. El crítico contemporáneo de teatro francés Georges Banu describe muy acertadamente esa función del personaje de espaldas con esta frase: "El rostro se lee como una novela; el dorso, como un poema cifrado".[4]

Desde luego, no me pareció que el cuerpo del coleccionista diera la espalda al espectador por despecho o por timidez, sino más bien como rechazo a la autoridad del rostro. ¿No son acaso esos rostros, siluetas y cuerpos diluidos una y otra vez en gran parte de tu obra una estrategia de impugnación, tanto de la frontalidad de la fotografía, como de la trascendencia de lo que ella muestra?

Tú mismo, en una entrevista, has hablado acerca de tus obras realizadas con imágenes extraídas de las noticias en los periódicos – las series *Impresiones débiles* (2011–15), *Tiznados* (1990), o *Paístiempo* (2007), por ejemplo– como "imágenes que tienen un filtro para que sean soportables",[5] es decir, para que la superficie de la imagen, su *pathos*, no invada la mirada con su anecdotario e impida, de este modo, una actitud a la vez emocional y reflexiva. Definitivamente, no creo que "el coleccionista" tema dar la cara al espectador, sino todo lo contrario: lo desafía, ignorándolo sin concesiones. "A veces hay que tener el valor de dar la espalda al público; no hay que acordarse de él", apuntaba el filósofo y dramaturgo francés del siglo diecinueve, Denis Diderot.[6]

En el conjunto de tu trayectoria artística tú tampoco has hecho ningún tipo de concesión: ni al espectador, ni a los medios, ni a las técnicas con las que trabajas, ni al contexto social y político de tu país. Quizá, por esa misma razón, la recepción de tu trabajo resulta tan poderosa y eficaz.

Has mencionado en varias ocasiones que tus investigaciones se centran en torno a la desintegración de la imagen, los ciclos del tiempo y la fragilidad de la memoria. Y me parece totalmente adecuado destacar estos tres temas que, efectivamente, asoman

time, and the fragility of memory. And it seems to me entirely justified to highlight these three themes that, in fact, continuously surface in the majority of your works. I am not going to insist so more than necessary. I believe that your research regarding the processes of the image's formation and deformation is also exemplary and has produced compelling works of art.

There is, however, an aspect of your work that has always drawn my attention, and it is the constant presence of the human body as a poetic vehicle that unites the emotional with the political; a body, sometimes defined, others indefinite, messy and broken, many other times in plain metamorphosis or transfiguration, but, in every case, it is a battlefield in which people debate the present conflicts.

It has been said many times that all reproductions suffer a deterioration of their context and thus have the ability to mean different things in the function of critical displacement. We know that in situations of social conflict or war, these displacements can become tools of one side or another with the purpose of destabilizing hegemonies. And it appears to me that in your works, this idea is settled precisely as a result of challenging the conventional image, which prevents the image from being considered "finished," but more of a sketch—an intellectual expression of visual experience.

I remember that in those days when we were working on your exhibition's installation in Paris, I tried often to provoke you to talk to me about the political context of a particular piece, and I felt that you were reluctant to give me many explanations. I understood, like you suggested, that in your works everything was there and nothing at the same time. Between that everything and that nothing, the images that unfold in most of your works resist a dissolution that you impose on them.

For example, those bodies that debate between appearance and disappearance, evoke, in my opinion, in addition to the visual ones, other precariousness that has to do with the shortage of the recognition of "a body" and an "us"; whose rights to "live a livable life" are never definitively concretized, not "fixed," neither in social terms nor photographic terms, like American feminist and philosopher Judith Butler often claims.

Your studied and recurring "protography" strategy (a clever neologism coined with curator José Roca to mark your "profanations" of photography and your experiments with the more primitive side of attachment and destabilization of the image), problematizes the visualization of the body in the contemporaneity. The human bodies that appear in your works do not constitute a metaphor or a sign as happens in conventional photographs, but a symptom, a shadow that announces

constantemente en la mayoría de tus obras. Yo no voy a insistir en ello aquí, más de lo necesario. Creo que tu investigación sobre los procesos de formación y deformación de la imagen es también ejemplar y te ha llevado a producir obras muy poderosas.

Hay, sin embargo, un aspecto en tu obra que siempre me ha llamado la atención y es la constante presencia del cuerpo humano como vehículo poético que hermana lo sensible con lo político; un cuerpo, a veces activo, otras indefinido, quebrado o turbio, muchas otras en plena metamorfosis o transfiguración, pero que en todos los casos constituye un campo de batalla en el que se dirimen algunos de los conflictos del presente.

Se ha dicho muchas veces que toda fotografía, aislada de su contexto, puede significar distintas cosas en función del desplazamiento crítico al que se la someta. Sabemos que en situaciones de conflicto social o de guerra estas dislocaciones pueden llegar a ser instrumentalizados por uno u otro bando, con el fin desestabilizar hegemonías. Y me parece que en tus obras este tema está zanjado, precisamente por tu desafío a las convenciones de la imagen, que impide que ésta se considere como "acabada", sino más bien como un esbozo, una expresión intelectual de la experiencia visual.

Recuerdo que en esos días en los que estábamos trabajando en la instalación de tu exposición en París intenté en varias ocasiones que me hablaras del contexto político de tal o tal obra, y sentí que eras reacio a dar muchas explicaciones. Entendí, efectivamente, como tú sugerías, que todo estaba allí y nada también. Y que, entre ese todo y esa nada, se despliegan las imágenes que, en la mayoría de tus obras, parece que se resisten a la disolución que tú mismo les impones. Por ejemplo, esos cuerpos que se debaten entre la aparición y la desaparición, evocan, a mi modo de ver, otras precariedades además de las visuales; aquellas que tienen que ver con la penuria del reconocimiento de un cuerpo, de un "nosotros", cuyo derecho a "vivir una vida vivible", como reclama muy a menudo la filósofa y feminista americana Judith Butler, no se concreta nunca definitivamente, no "se fija", ni en términos sociales, ni en términos fotográficos.

Tu estudiada y recurrente estrategia "protofotográfica" problematiza, efectivamente, la visualización del cuerpo contemporáneo. Con este inteligente neologismo, que acuñaste con José Roca, has enmarcado tus "profanaciones" de la fotografía y tus experimentaciones con el lado más primitivo de la fijación y la desestabilización de la imagen. Los cuerpos humanos en tus obras no constituyen tanto una metáfora o un signo, como lo serían si se tratara de fotografías convencionales, sino un síntoma, una sombra que anuncia que algo va mal y que ese "nosotros" pugna, sin apenas aliento, por una existencia justa.

Es evidente que te ha tocado vivir en un contexto, el de tu país, en el que la violencia y el conflicto han sido, desgraciadamente, elementos importantes de las biografías de toda una generación, o de

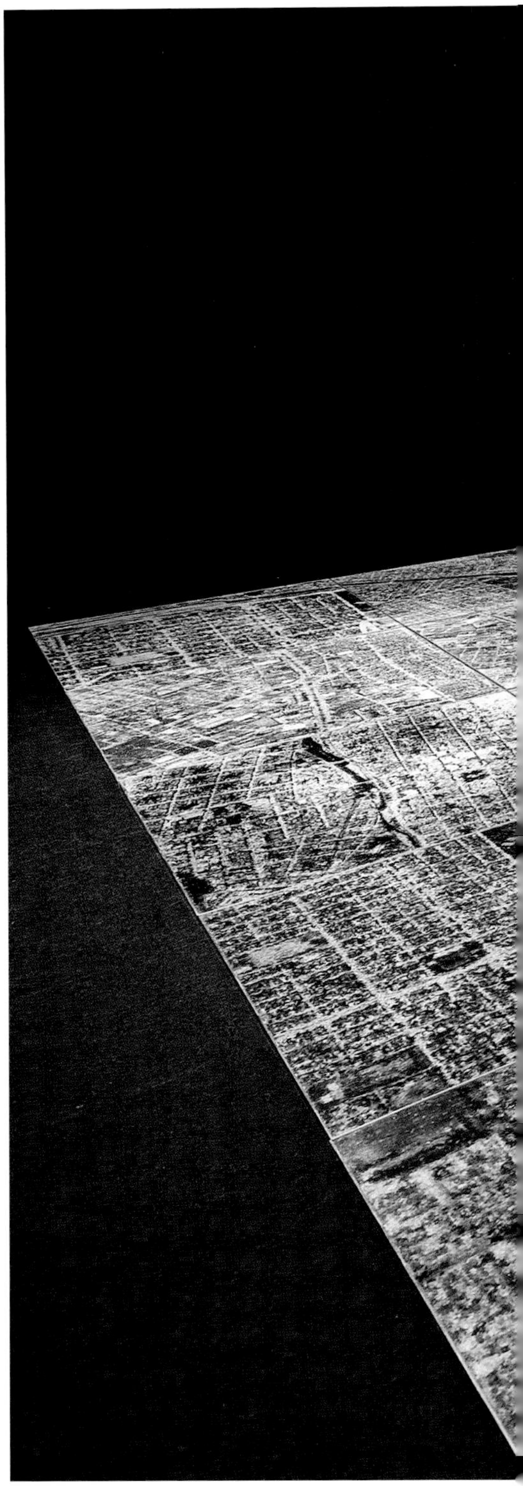

AMBULATÓRIO (WALKING PLACE/OUTPATIENT WARD), 1994–2008
Thirty-six modules of photographs encapsulated in shattered tempered security glass (Treinta y seis módulos de fotografías encapsuladas en vidrio de seguridad templado destrozada)
100 x 100 cm each (39⅜ x 39⅜ in.)
Collection of the artist

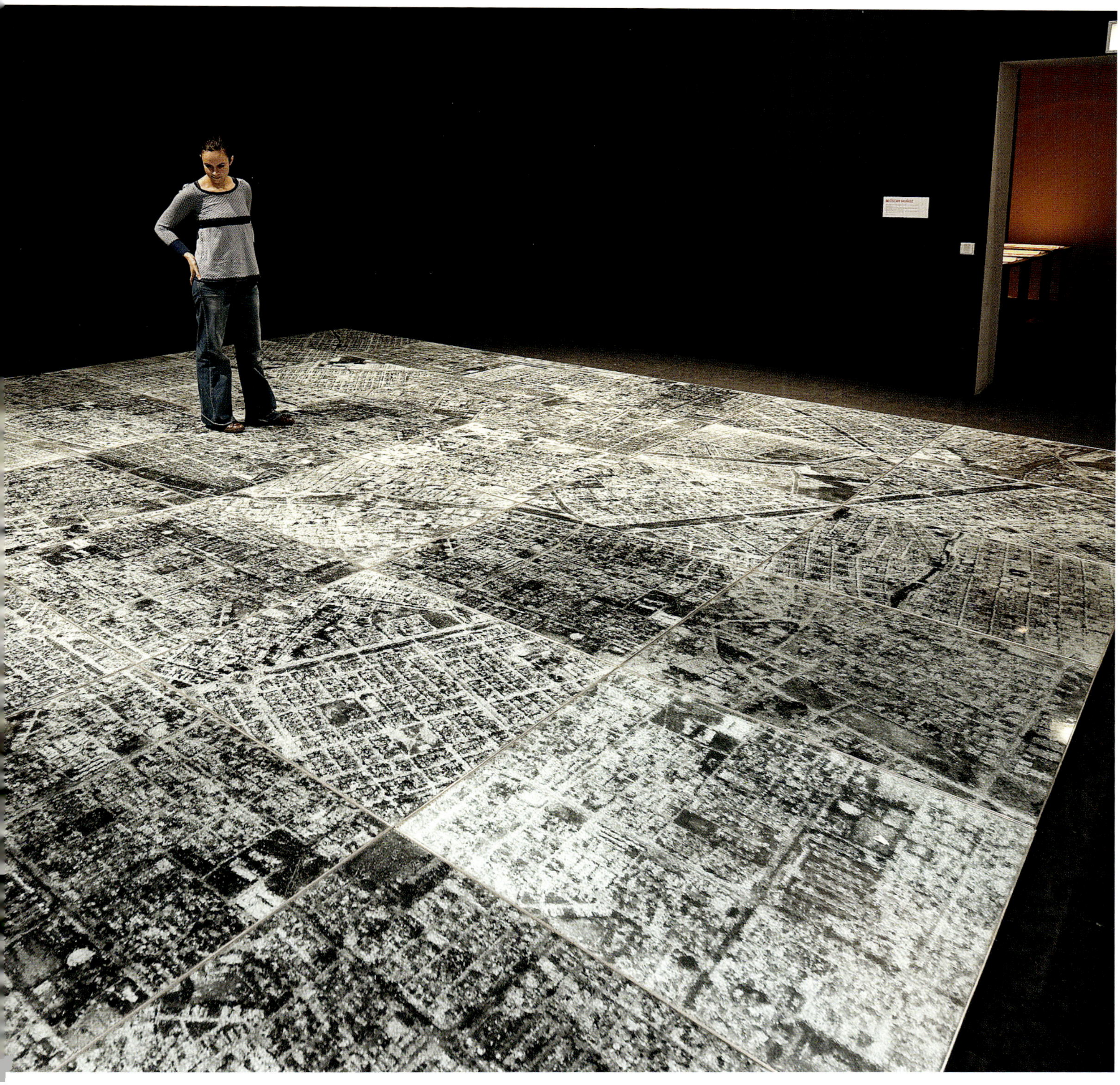

that something is wrong and that "we" struggle, with hardly any breath, for a fair existence.

It's evident that it's your turn to live in a context, that of your country, in which violence and conflict have been, unfortunately, essential elements in the biographies of an entire generation, or many generations, and of course your own. A first glance at your work continually reminds us of this. *Biografías* (*Biographies*) (2002), *Narcisos* (*Narcissi*) (1995), *Proyecto para un memorial* (*Project for a Memorial*) (2005), *Re/trato* (*Portrait/I Try Again*) (2004), are emblematic works that suggest a country of broken bodies in which the constant presence of violence is now unsurprising. The multitude of images that have circled around this conflict are now part of the collective imaginary, as it has been with all conflicts for more than a century. How do we use images to convey what is already overrepresented? How do we support those images without deserting what they represent?

I do not know if this is one of those reasons, in combination with the inherent discrediting of photography, for your use of archived images or recovered photographs from mediums of communication. I don't believe, however, that you feel invested in the mission to rewrite History, or a single story, but rather evoke fissures and cracks in the collective memory, including the most recent. Because in reality, to what degree are we responsible for that which we did not choose or that in which we found ourselves already ensconced and unable to escape?

Likely, it would be your piece *Ambulatório* (*Walking Place/Outpatient Ward*) (1994–2008) that triggers this question strongly. In the presentation of the installation, a large aerial photo of the city of Cali on the floor, encapsulated in protective glass, you oblige visitors to wander around above it. Every spectator has to access the space by walking on the art itself. All visitors, with their steps, fracture the glass that they found already cracked by the coming and going of others. The photography that represents Cali with its heavy mist appears cracked, although it never breaks completely, which evokes the weight that these bodies exert on the city. The fog, in turn, as you have said on occasion, represents the despair of this city. To what extent are we responsible for how we find the world when we arrive? In *Walking Place/Outpatient Ward*, the powerlessness of the spectators in the face of the violent action of their steps above the representation of the city raises consciousness of collective responsibility and, maybe, the need to find zones of reparation.

In a conference in Barcelona at the CCCB (Centre de Culture Contemporània de Barcelona), the Anglo-Pakistani writer Kamila Shamsie talked about her birth city Karachi, created, according to her, "by its destruction." She often referred

varias generaciones y, por supuesto, de la tuya propia. Una primera lectura de tu trabajo recuerda constantemente este contexto. *Biografías* (2002), *Narcisos* (1995), *Proyecto para un memorial* (2005), *Re/trato* (2004), son obras emblemáticas que sugieren un país de cuerpos rotos, en el que la violencia ha desgarrado el "nosotros" con tanta fuerza que su constante presencia ya no sorprende. La multitud de imágenes que ha circulado acerca de esta contienda forma parte ya del imaginario colectivo (como sucede en todos los conflictos desde hace ya más de un siglo). ¿Como tratar en imágenes lo que ya está sobrerrepresentado? ¿Como cargar con esas imágenes sin desertar frente a lo que ellas representan?

No sé a ciencia cierta si éste es uno de los motivos, junto con el descrédito inherente al propio medio fotográfico, por el que en tu trabajo utilizas imágenes de archivo o fotografías recuperadas de los medios de comunicación. No creo, sin embargo, que te sientas investido de la misión de reescribir ni la Historia, ni una historia, sino más bien de evocar las fisuras y quebrantos de la memoria, incluso la más reciente. Porque, en realidad, ¿en qué medida somos responsables de lo que no hemos elegido o de lo que nos hemos encontrado ya armado y de lo que no podemos escapar?

Probablemente sea tu obra Ambulatório (1994–2008) la que active con más fuerza esta interrogante. En la exposición de la instalación obligas a los visitantes a deambular sobre una gran fotografía aérea de la ciudad de Cali, colocada sobre el suelo y encapsulada en un vidrio de seguridad. Sagazmente concebiste la escenografía de la muestra para que todo espectador tuviera que acceder al recinto de las salas pisando la obra. Cada visitante, con sus pasos, fractura el vidrio que ya encontró resquebrajado por los pasos de visitantes precedentes. Con el tiempo, la fotografía parece resquebrajada, aunque nunca rota del todo, por el ir y venir de unos y otros, por el peso que ejercen los cuerpos sobre la representación de una ciudad tomada por su pesada bruma –a la que has hecho referencia en ocasiones– de su propia desesperación. ¿Hasta qué punto somos responsables de cómo nos encontramos el mundo cuando llegamos a él? En *Ambulatorio*, a la impotencia del espectador frente a la acción violenta de sus propios pasos sobre la representación de la ciudad, se añaden la consciencia de la responsabilidad colectiva y, quizá, la necesidad de encontrar zonas de resarcimiento.

En una conferencia dictada en el CCCB de Barcelona (Centro de Cultura Contemporània de Barcelona), la escritora de origen anglo-pakistaní Kamila Shamsie explicó que su ciudad natal, Karachi, había sido creada "a partir de su propia destrucción". Una ciudad rota por el conflicto, con episodios de frágil supervivencia que la mantenían a flote:

> Sabíamos que comenzaría todo de nuevo: el tiroteo a gran escala, el silencio antinatural por las noches, la mentalidad de asedio, pero por el momento, por hoy, Karachi se estaba

to Karachi as a city broken by conflict but with episodes of fragile survival that kept the people afloat:

> We all knew it would start up again—the shooting on a massive scale, the unnatural silence in the evenings, the siege mentality—but for the moment, for today—Karachi was getting up to its feet . . . If there is one word used more often than others to characterize the city by those who love it, it's "resilience": the ability to endure suffering without breaking—but Karachi is full of broken people who have long since ceased to be astonished at discovering new ways it breaks. And the unbroken develop carapaces that allow them to endure the suffering of others.[7]

We know. Art can't change the world. "But sometimes it happens," wrote the contemporary French philosopher Clément Rosset, "that what intelligence cannot clarify, poetry, like any other art form, can occasionally glimpse and feel."[8] Walking on top of a city broken by the weight of everyone's bodies, by those who came before and those who come now, is a physical and poetic experience that, likely, does not remain unaltered in the consciousness of many.

The bodies represented in your works are rarely singular or individualized; they are not recognizable, although you sometimes use your face or that of people close to you. They are bodies without names to be mourned collectively. As noted by Judith Butler: "For populations to become grievable, does not require that we come to know the singularity of every person who is at risk or who has, indeed, already been risked."[9]

Unfortunately, anonymity and injustice go hand in hand. Just today, the front page of *El País* reports the lack of accord between parties that demand new elections in Spain, vocational training growing, wages accelerating, and the European Parliament backing finance minister Christine Lagarde. The totality of page two is dedicated to the exit polls in the Israeli elections. You have to wait until page three to read a short text at the bottom left: "Fifty dead in two attacks in Afghanistan."[10] There seem to be bodies whose disappearance is not worth counting on the cover or crying over in the first place.

I believe that in *Sedimentaciones* (*Sedimentations*) (2011), you make reference to it, among other things. Faces that are blurred in one sink and are recuperated on a photo paper in another sink reclaim the persistence of the body in a gesture of "infinite recapitulation of an existence"[11]—a precarious existence. In this sense, Butler distinguishes precisely between "precarity" and "precariousness": "Policy needs to understand precariousness as a shared condition, and precarity as the politically induced condition that would deny equal exposure through the radically unequal distribution of wealth and the differential

> poniendo en pie . . . Si hubiera una palabra usada con más frecuencia que otras para caracterizar la ciudad sería "resistencia": la capacidad de soportar el sufrimiento sin doblegarse. Pero Karachi esta llena de personas destrozadas que hace mucho tiempo han dejado de sorprenderse al descubrir las nuevas formas en que se deshace la ciudad. Y aquellos que son más resistentes han creado carapazones que les permiten soportar el sufrimiento de los demás".[7]

Lo sabemos. El arte no puede cambiar el mundo. "Pero a veces sucede" –como dijo el filósofo francés contemporáneo Clément Rosset– "que lo que la inteligencia no puede aclarar, la poesía, como cualquier otra forma de arte, puede vislumbrar y sentir".[8] Caminar por encima de la ciudad quebrada por el peso de los cuerpos de todos, de los que anduvieron antes y de los que lo hacen ahora, es una experiencia física y poética que, probablemente, no mantenga indemne la conciencia de muchos.

Los cuerpos representados en tus obras raramente son singulares o individualizados; no son reconocibles, aunque, en ocasiones, utilices tu propio rostro o el de personas cercanas. Son cuerpos sin nombre para ser llorados colectivamente. Como apunta de nuevo Judith Butler: "para que las poblaciones se vuelvan susceptibles de ser lloradas, no es necesario conocer la singularidad de cada persona que está en peligro o que seguramente ya lo ha estado".[9]

Desgraciadamente, el anonimato y la injusticia van de la mano. Hoy mismo, la primera página del periódico *El País* habla de la falta de acuerdo entre partidos políticos en España, lo que obliga a nuevas elecciones; de que la formación profesional crece; de que vuelve la gran pasarela del fútbol; de que los salarios se aceleran en España; de que el Europarlamento respalda a Lagarde. Por su parte, la totalidad de la página 2 está dedicada a los sondeos a pie de urna en las elecciones en Israel. Hay que esperar a la página 3 para leer, en un pequeño recuadro abajo a la izquierda: "Medio centenar de muertos en dos atentados en Afganistán".[10] Parece que hay cuerpos, cuya desaparición no merece ser contada en portada, ni llorada en primer lugar.

Creo que en *Sedimentaciones* (2011) haces referencia a ello, entre otras cosas. Las fotografías de rostros que se diluyen en un lavadero y que vuelven a ser recuperados en una hoja de papel fotográfico, en otro lavadero, reclaman una persistencia del cuerpo, en un gesto de "infinita recapitulación de una existencia" precaria.[11] En este sentido, Butler distingue justamente entre "precariedad" y "precaridad": La política necesita comprender la *precariedad* como una condición compartida, y la *precaridad* como la condición políticamente inducida que negaría una igual exposición mediante una distribución radicalmente desigual de la riqueza y unas maneras diferenciales de exponer a ciertas poblaciones, conceptualizadas desde el punto de vista racial y nacional, a una mayor violencia.[12]

ways of exposing certain populations, racially and nationally conceptualized, to greater violence."[12]

Many conceptual and thematic ideas can be traced throughout the entirety of your work. In this letter, as I told you, I am interested in turning to the political relevance of the human body. I know that the evocation of the body's transience and fragility is just one of the many layers of your images. But I also believe that there are other essential evocations in your work from the body, especially if we consider the body as, at the same time, a vehicle and territory of power. In a certain way, the dialectic tension between both the terms "precarity" and "precariousness" lives bountifully in your work. To name only three examples: *Fundido a blanco (dos retratos)* (*Fading to White [Two Portraits]*) (2009), *Project for a Memorial* (2005), and *Aliento* (*Breath*) (1995).

Fading to White, one of a few of your works that create a direct and almost instant depiction, suggests a shared condition that joins us all together under the fragility of existence: breath and its cadence necessary to continue living. In the video, the sound of inhaling and exhaling, again and again, becomes as present as the possibility of its sudden silence. For everyone, death begins with life.

The failed attempt to repeatedly draw an image with water on hot pavement in your installation of *Project for a Memorial* integrates, of course, that shared precariousness of *Fading to White*, but, additionally, as you had mentioned on several occasions, refers to the many missing persons in Colombia's recent history. Would it not be that impossibility, under specific authoritarian political regimes, to emerge as a "subject," an intelligible individual, to which Butler makes reference when speaking about "precarity?"

In *Breath*, there seems to be an osmotic relationship between the organic and the political, between the "bios" and the "zoe." Through those newspaper obituary portraits reproduced on a mirror, which become visible only when the spectator breathes on them, you activate once again the dialogue between bodies, present and absent. Undoubtedly, you allude to the invisibility of certain bodies with respect to others, between those who are susceptible to being remembered and those who are not.

Your research around the archaeology of the image and the means of production and circulation allows you to analyze the complexity of their reception processes as well. The "interactivity" of your pieces has been discussed from time to time, such as *Breath* or *Walking Place/Outpatient Ward*. I don't believe, however, that your artistic practice centers on the sphere of human interaction, or do you pretend that the spectator ends or completes the work. I believe that the spectator's

Se podrían trazar muchas idas y venidas conceptuales y temáticas en el conjunto de tu obra. En esta carta, como te dije, me interesa recalar en la relevancia política de la figura del cuerpo humano. Sé que la evocación de la transitoriedad del cuerpo y de su fragilidad configuran una de las múltiples capas con las que compones tus imágenes. Pero creo, también, que existen otras evocaciones que, desde mi punto de vista, me parecen esenciales, sobre todo si consideramos el cuerpo como vehículo y territorio del poder. En cierto modo, la dialéctica entre ambos términos, "precariedad" y "precaridad," habita generosamente en tu obra. Por nombrar solamente tres ejemplos: *Fundido a blanco (dos retratos)* (2009), *Proyecto para un memorial* (2005) y *Aliento* (1995).

Fundido a blanco, una de tus pocas obras que constituye un retrato directo y casi instantáneo, sugiere esa condición compartida que nos reúne a todos bajo la fragilidad de la existencia: la respiración y su cadencia necesaria para seguir viviendo. En este video, el sonido de la inhalación y la exhalación, repetido una y otra vez, deviene tan presente como la posibilidad de su repentino silencio. Para todos, la muerte empieza con la vida.

El intento, fracasado, de trazar con agua repetidamente un retrato sobre un pavimento caliente, en tu instalación *Proyecto para un memorial*, integra, por supuesto, esa precariedad de la existencia humana ya abordada en *Fundido a blanco*. Pero, como tú has mencionado en algunas ocasiones, la obra se refiere además a los múltiples desaparecidos en la historia reciente de Colombia. ¿No sería esa imposibilidad de emerger como "sujeto", como individuo inteligible, que se da bajo ciertos regímenes políticos autoritarios, a la que hace referencia Butler cuando habla de "precaridad"?

En *Aliento* me parece entrever una relación osmótica entre lo orgánico y lo político, entre el "bios" y el "zoe". En esta obra, el espectador se enfrenta a espejos circulares instalados a cierta distancia unos de otros que contienen retratos serigrafiados de personas fallecidas que has tomado de los obituarios de la prensa. Pero estos retratos solo se hacen visibles cuando el espectador lanza su aliento sobre ellos. De esta forma, activas de nuevo el diálogo entre cuerpos presentes y desaparecidos. Indudablemente, aludes a la invisibilidad de ciertos cuerpos con respecto a otros, a aquellos que son susceptibles de ser recordados y aquellos que no.

Tus investigaciones en torno a la arqueología de la imagen, y a los modos de producción y circulación de esta, te permiten analizar también la complejidad de sus procesos de recepción. Se ha hablado a veces acerca del carácter interactivo de tus obras, como *Aliento* o *Ambulatorio*, por ejemplo. No creo, sin embargo, que tu práctica artística se centre en la esfera de las relaciones humanas, ni mucho menos que pretendas que el espectador sea quien termine o complete tu obra. Creo que el cuerpo del espectador, como los otros cuerpos que integran algunas de tus obras, ocupa su propio espacio político, tanto individual como colectivamente. Cuando "tu coleccionista" le

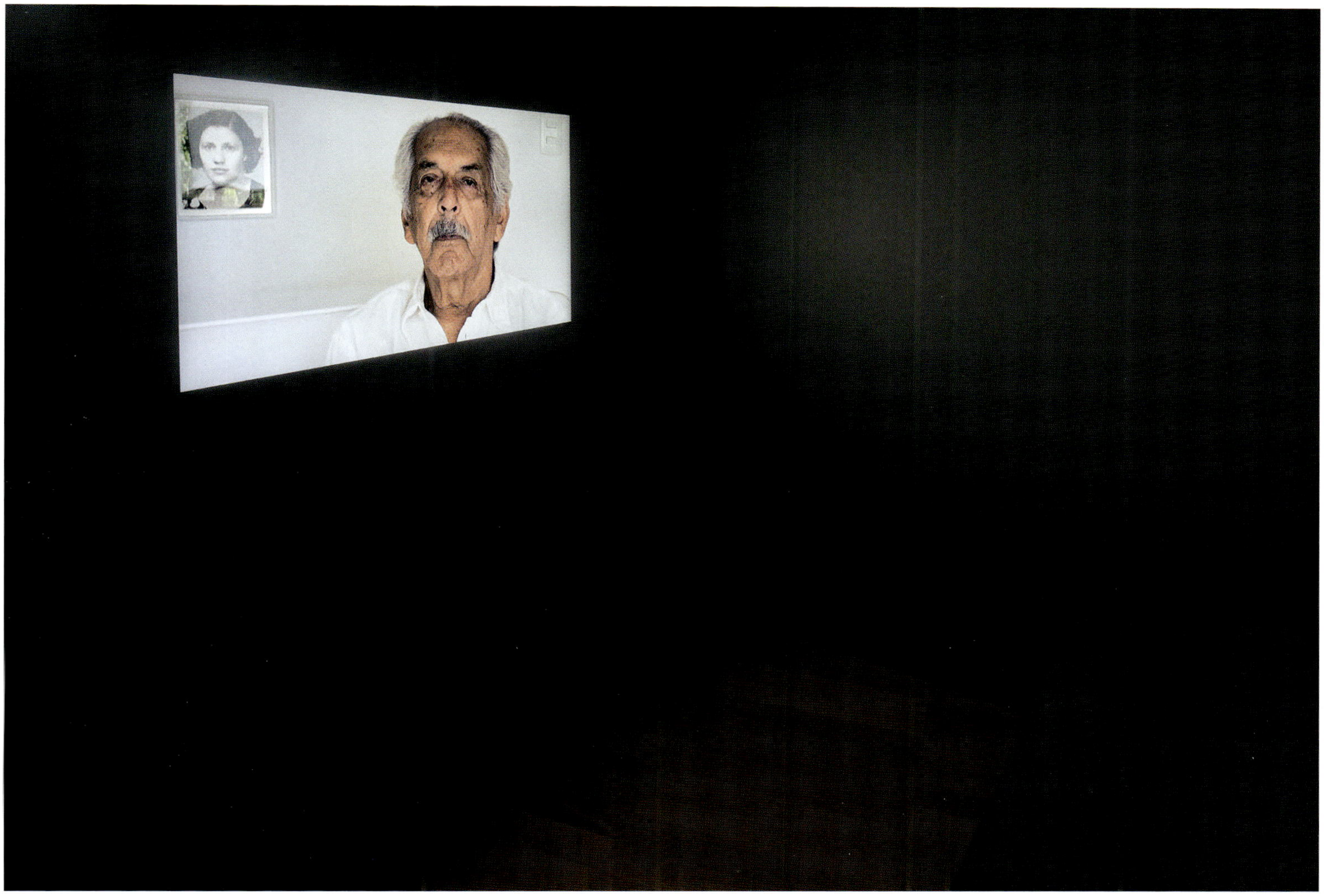

FUNDIDO A BLANCO (DOS RETRATOS) (FADING TO WHITE [TWO PORTRAITS]), 2009
Single-channel HD video with sound (Video monocanal HD con sonido), 7 min. 40 sec.
Collection of the artist

body, like the other bodies that bring together some of your pieces, occupies its own political space, both as individual as it is collective. When "your collector" turns his back on the spectators, and seems not to remember them, he only recognizes their presence and their complicity, as subjects, through sensitivity. I doubt that you encourage reciprocal influence from the spectator in your art. Still, instead, I suppose that you integrate their body, as well as their experience, in the same ephemeral place for doubts, full of contradictions that are art and life.

I've looked over some of the recent notes in my "room for doubt" notebook, and I found this quotation from the Barcelona philosopher Fina Birulés, which in that day I had underlined three times: "I think that reading literature, reading it well, when and if that happens, actually teaches us the practice of *critical patience* that we need in our public and political lives to understand where we have been and where we are going."[13] I don't remember when, but in the margin of this quotation I noted, in pencil as always: Oscar Muñoz. I don't know if you would agree with me.

Marta Gili
Barcelona-Arles, September 2019

da la espalda al espectador, y parece no acordarse de él, no hace sino reconocer su presencia y su complicidad, como sujeto, en lo sensible. Dudo, pues, que en tu obra fomentes la influencia recíproca con el espectador; más bien intuyo que integras su cuerpo y, por tanto, su experiencia, en el mismo *lugar a dudas* efímero y lleno de contradicciones que son el arte y la vida.

He repasado algunas de las notas recientes en mi cuaderno "lugar a dudas" y he encontrado esta cita de la filósofa barcelonesa Fina Birulés que, en su día, subrayé tres veces: "Creo que leer literatura, leerla bien, cuando y si eso sucede, en realidad nos enseña la práctica de la paciencia crítica que necesitamos en nuestra vida pública y política para comprender hasta dónde hemos llegado y hacia dónde vamos".[13] No recuerdo cuándo, pero al margen de esta cita anoté, como siempre en lápiz: Oscar Muñoz. No sé si estarás de acuerdo conmigo.

Marta Gili
Barcelona-Arles, septiembre 2019

NOTES

1 Giorgio Agamben, *Profanations* (New York: Zone Books, 2007), 77.
2 Ibid.
3 *Oscar Muñoz. Protographies*. Le Jeu de Paume, Paris, June–September, 2014.
4 Georges Banu, *L´homme de dos* (París: Adam Biro, 2000), 11–12: "Le visage se lit comme une nouvelle, le dos comme un poème chiffré."
5 Oscar Muñoz Interview by Yhonathan Virguez, January 22, 2017, audio, 1:35 min., https://nodoarte.com/2017/01/22/oscar-munoz -el-aliento-y-la-memoria.
6 Denis Diderot, *Paradoja del comediante; Carta a Mme Riccoboni; Cartas a la señorita Jodin* (Buenos Aires: Losada, 2006), 72.
7 Kamila Shamsie, *Karachi, The Unmapped City* (Barcelona: CCCB, 2014), 56–57.
8 Clément Rosset, *L'endroit du paradis* (París: Edition les Belles Lettres, 2018), 15: "Mais il arrive que ce que l'intelligence ne parvient pas à éclairer, la poésie, comme d'ailleurs toute forme d'art, puisse parfois réussir à le faire entrevoir et ressentir."
9 Judith Butler, *Frames of War. When Is Life Grievable?* (New York: Verso, 2009), 28.
10 *El País*, September 18, 2019.
11 Agamben, *Profanations*, 25.
12 Butler, *Frames of War*, 28.
13 Judith Butler and Fina Birulés, *L'embolic del gènere. Per què els cossos importen? / Gender Trouble: Why do Bodies Matter?* (Barcelona: CCCB, 2019), 78–79

1 Giorgio Agamben, *Profanaciones* (Barcelona: Anagrama, 2005), 101.
2 Ibid.
3 *Oscar Muñoz. Protographies*. Le Jeu de Paume, París, junio-septiembre, 2014.
4 Georges Banu, *L´homme de dos* (París: Adam Biro, 2000), 11–12: "Le visage se lit comme une nouvelle, le dos comme un poème chiffré".
5 Oscar Muñoz, Entrevistado por Yhonathan Virguez, Enero 22, 2017, audio, 1:35 min., https://nodoarte.com/2017/01/22/oscar-munoz -el-aliento-y-la-memoria.
6 Denis Diderot, *Paradoja del comediante; Carta a Mme Riccoboni; Cartas a la señorita Jodin* (Buenos Aires: Losada, 2006), 72.
7 Kamila Shamsie, *Karachi, the unmapped city* (Barcelona: CCCB, 2014), 56–57.
8 Clément Rosset, *L'endroit du paradis* (París: Edition les Belles Lettres, 2018), 15: "Mais il arrive que ce que l'intelligence ne parvient pas à éclairer, la poésie, comme d'ailleurs toute forme d'art, puisse parfois réussir à le faire entrevoir et ressentir."
9 Judith Butler, *Marcos de guerra. Vidas lloradas* (Madrid: Paidós, 2010), 50.
10 *El País*. Edición Española, 18 de septiembre, 2019.
11 Agamben, *Profanaciones*, 32.
12 Judith Butler, *Marcos de guerra*, 50.
13 Judith Butler y Fina Birulés, *L'embolic del gènere. Per què els cossos importen? / Gender Trouble: Why Bodies Matter?* (Barcelona: CCCB, 2019), 78–79, subrayado de la autora.

NOTES

APPEARANCE/DISAPPEARANCE

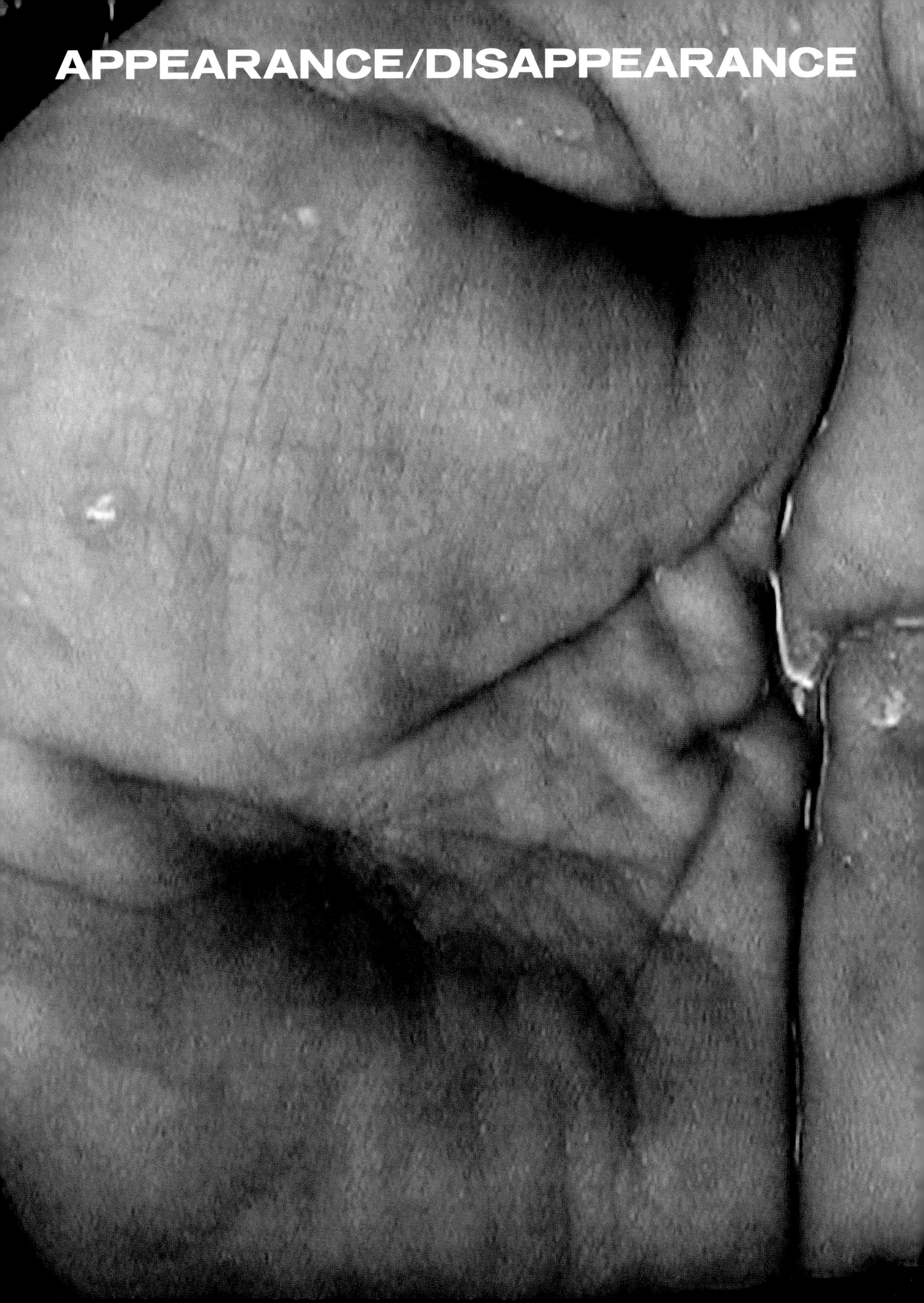

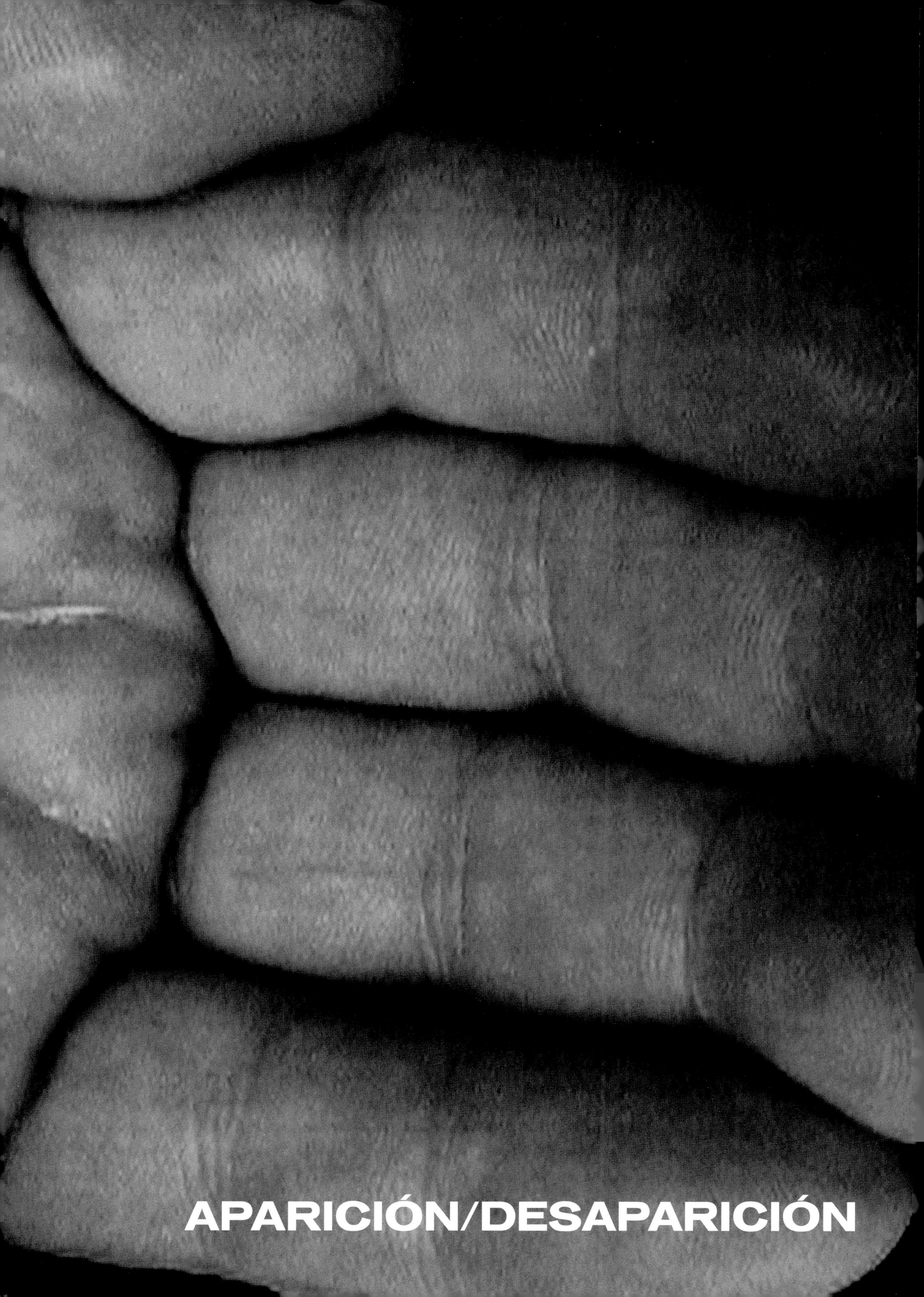
APARICIÓN/DESAPARICIÓN

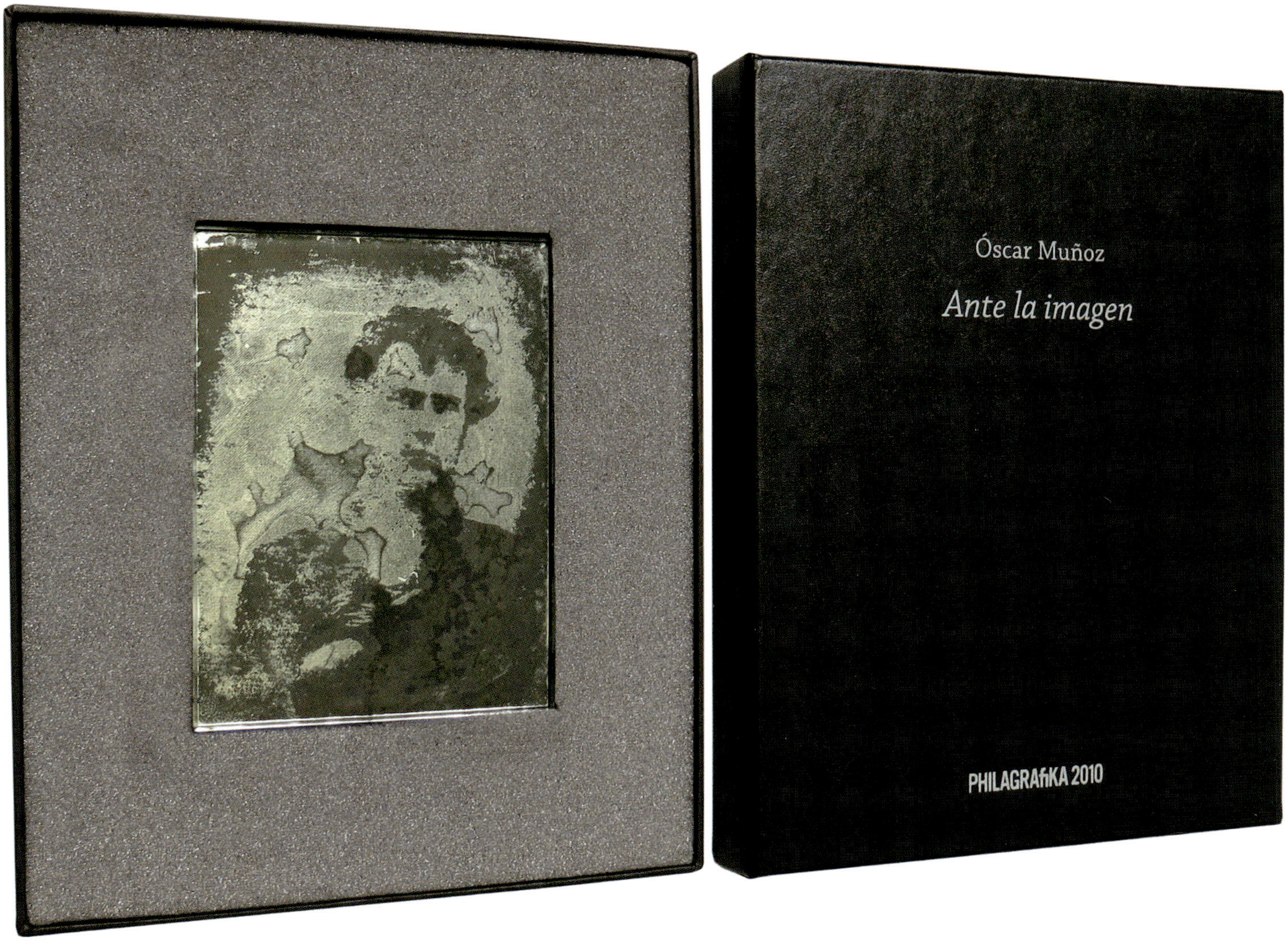

ANTE LA IMAGEN (BEFORE THE IMAGE), 2009
Photoengraving on mirror (Fotograbado sobre espejo)
Six elements (Seis elementos): 10.8 x 15.2 cm each (4¼ x 6 in.)
Collection of the artist

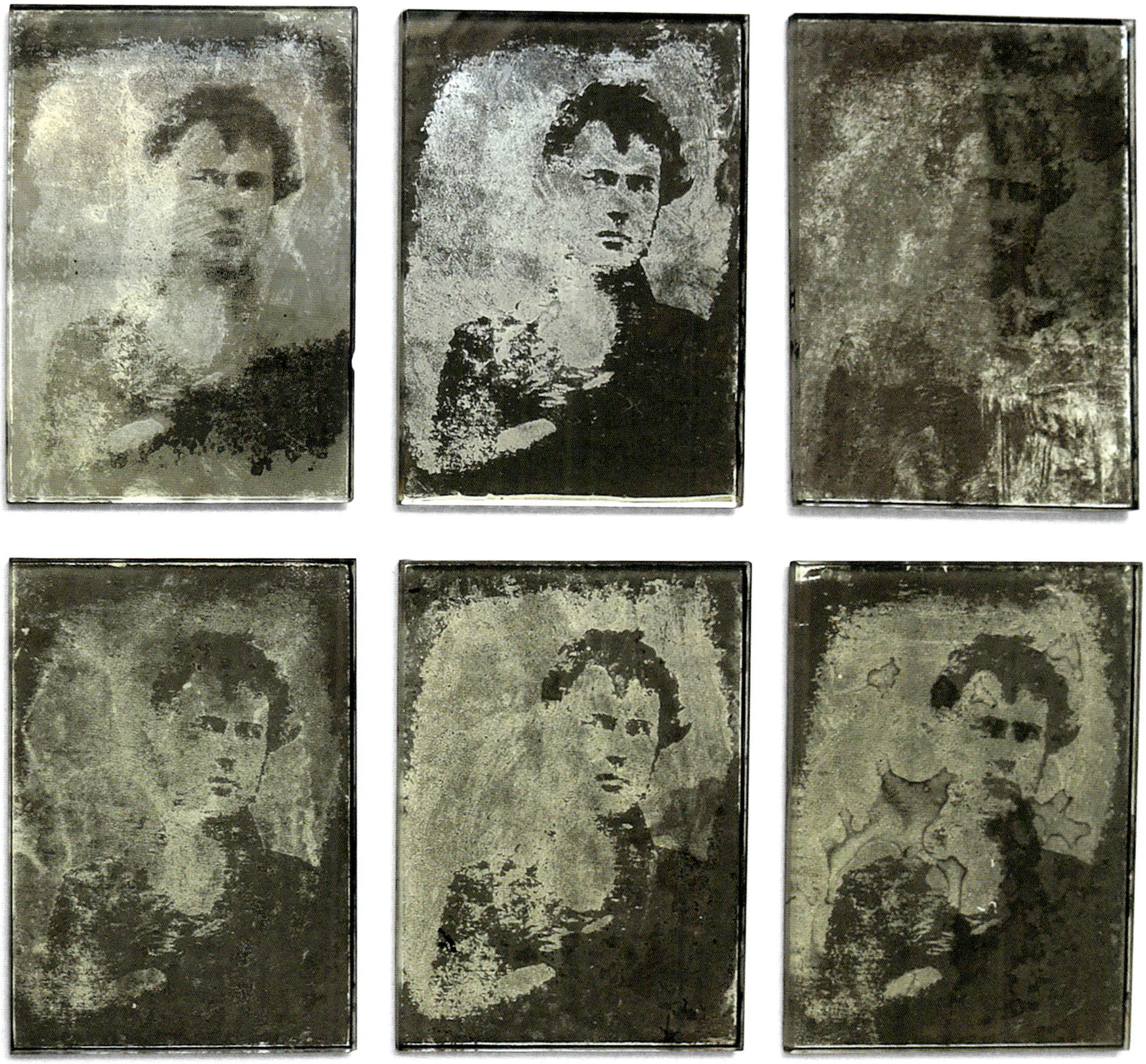

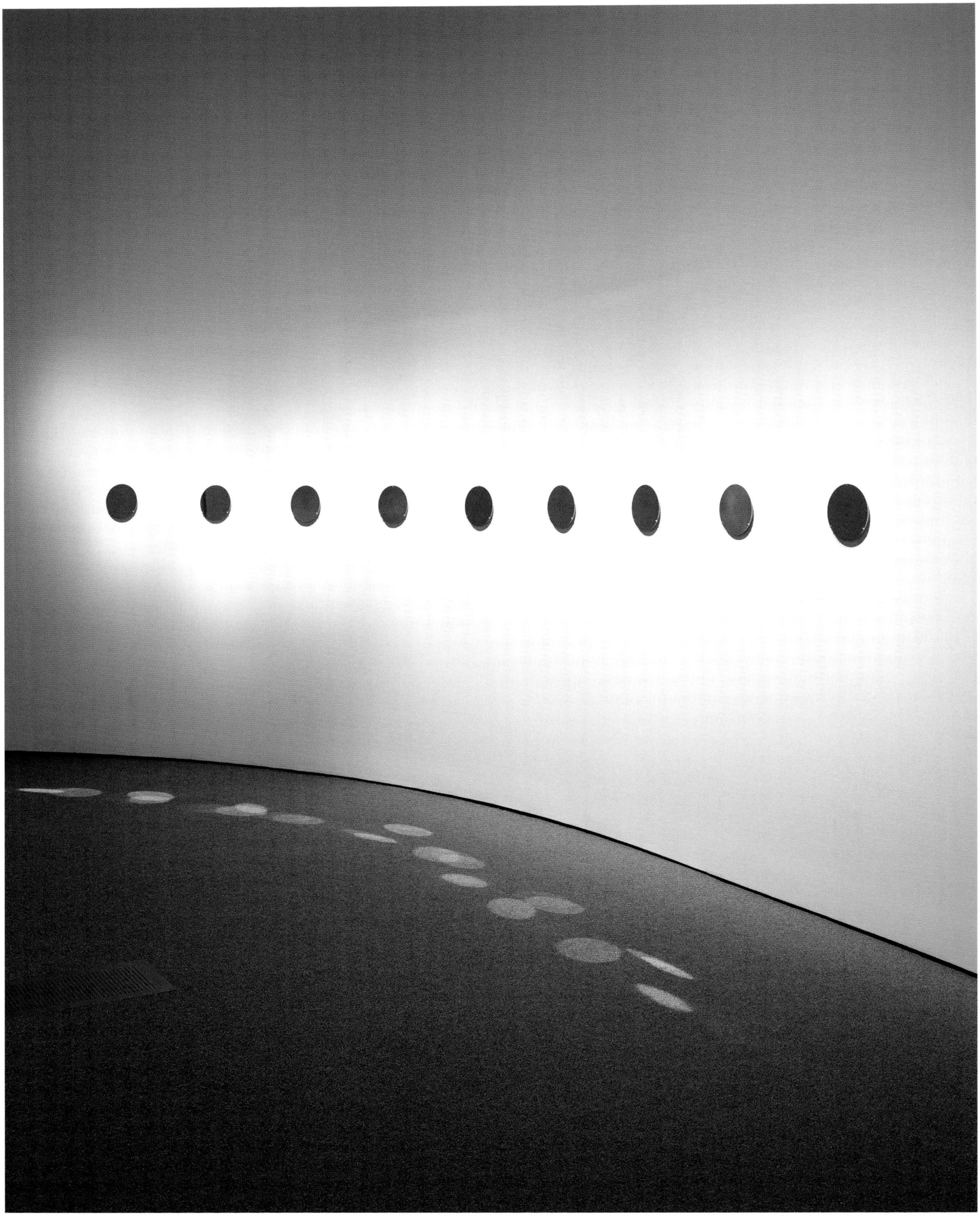

ALIENTO (BREATH), 1995
Serigraph on steel disks (Serigrafía sobre discos de acero)
Twelve elements (Doce elementos): 20 cm diameter each (7⅞ in.)
Collection of the artist

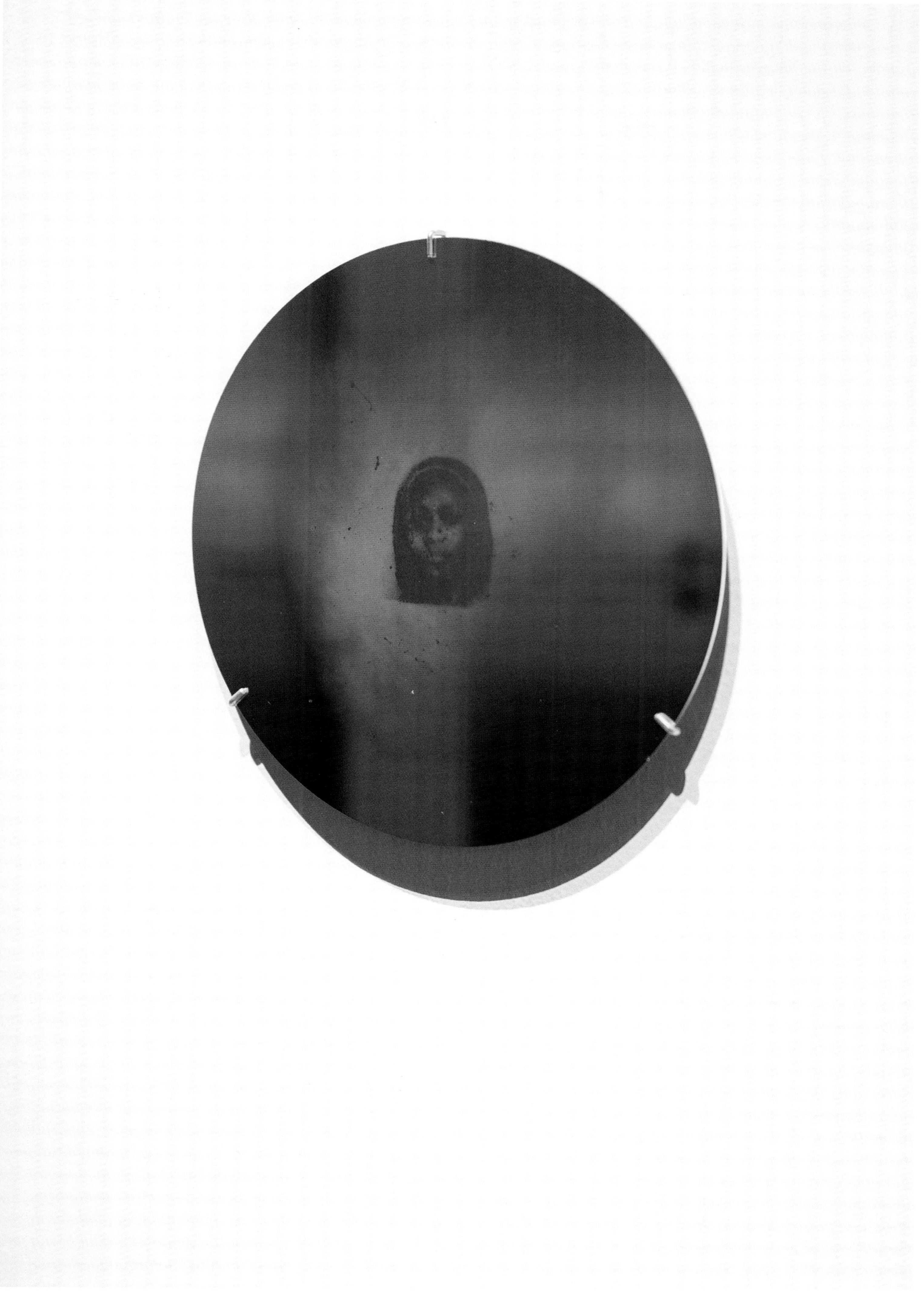

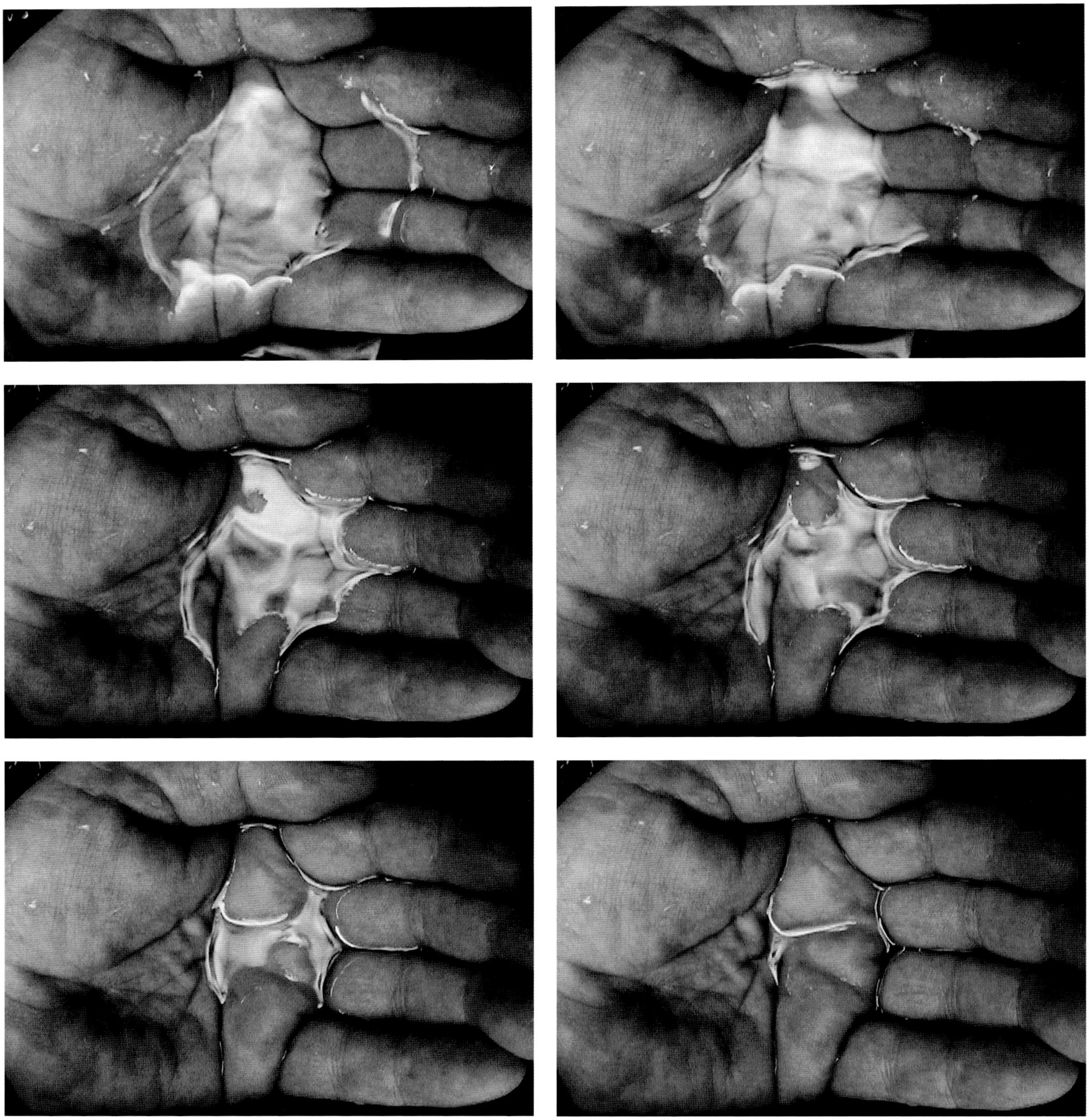

LÍNEA DEL DESTINO (LINE OF DESTINY), 2006
Single-channel video without sound (Video monocanal, sin sonido), 2 min.
Denver Art Museum: Gift of Polly and Mark Addison, 2011.298.1-2

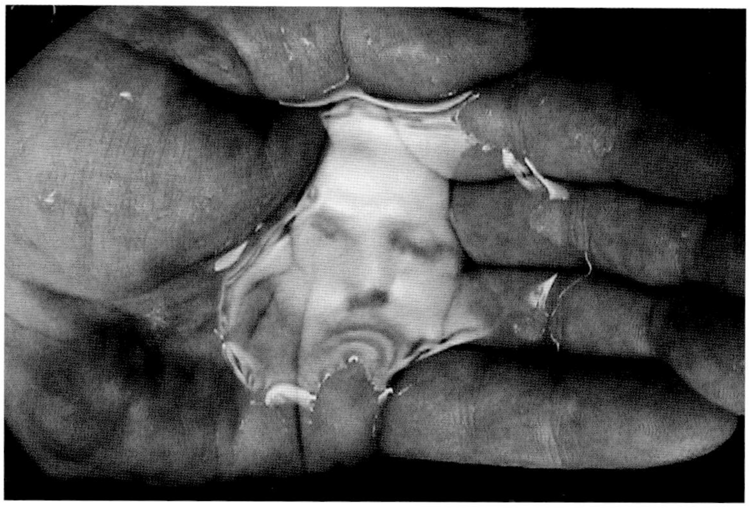
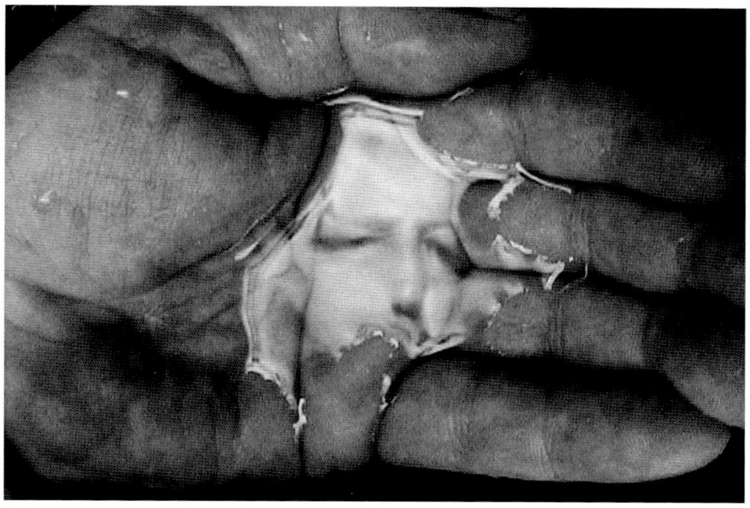
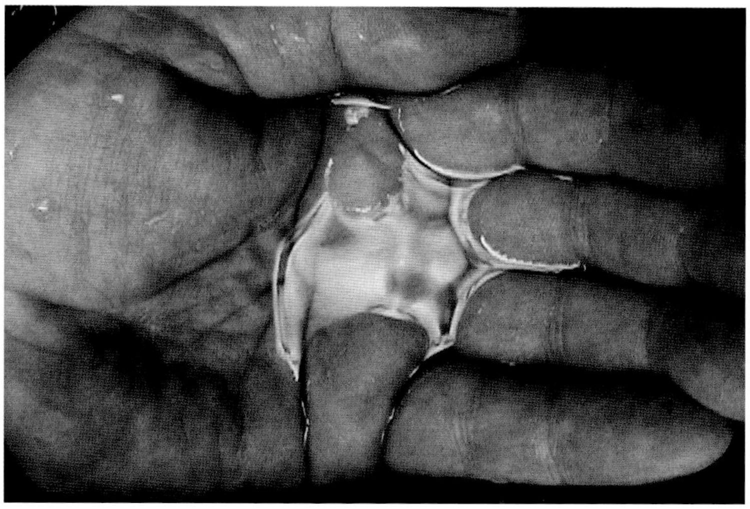
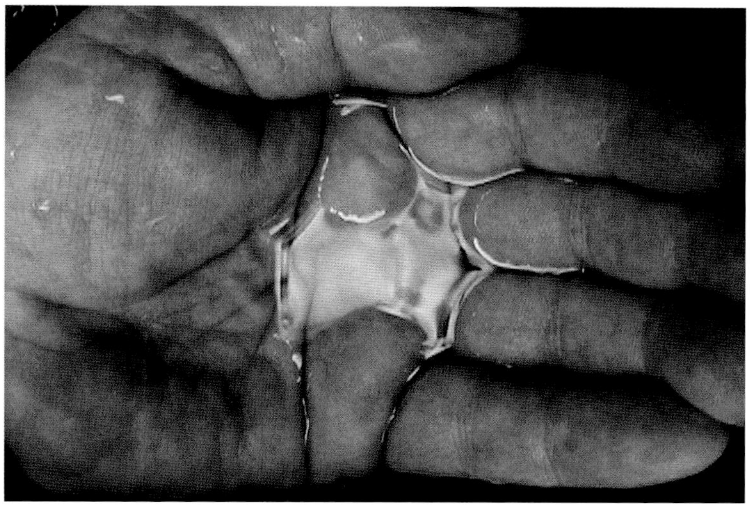
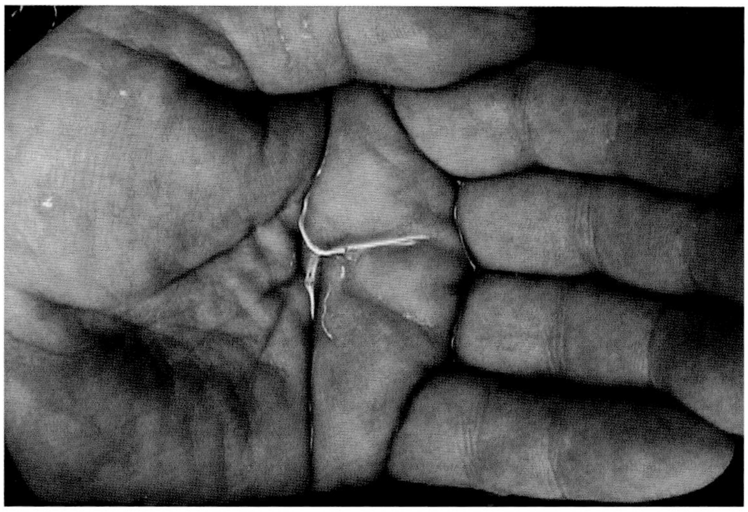
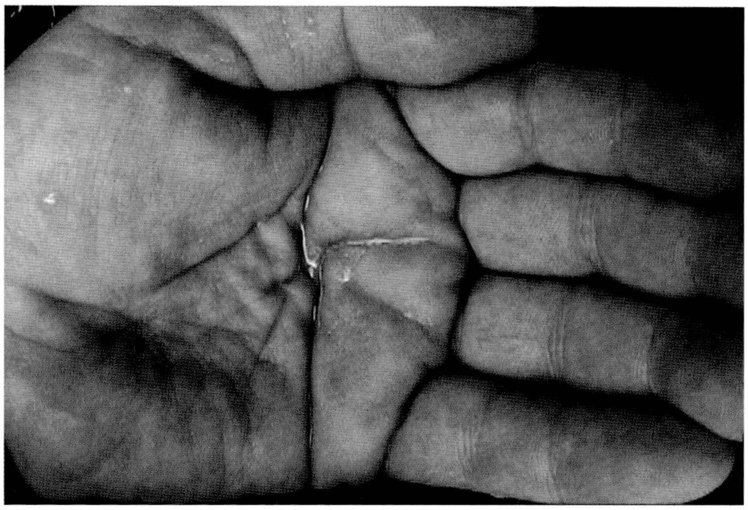

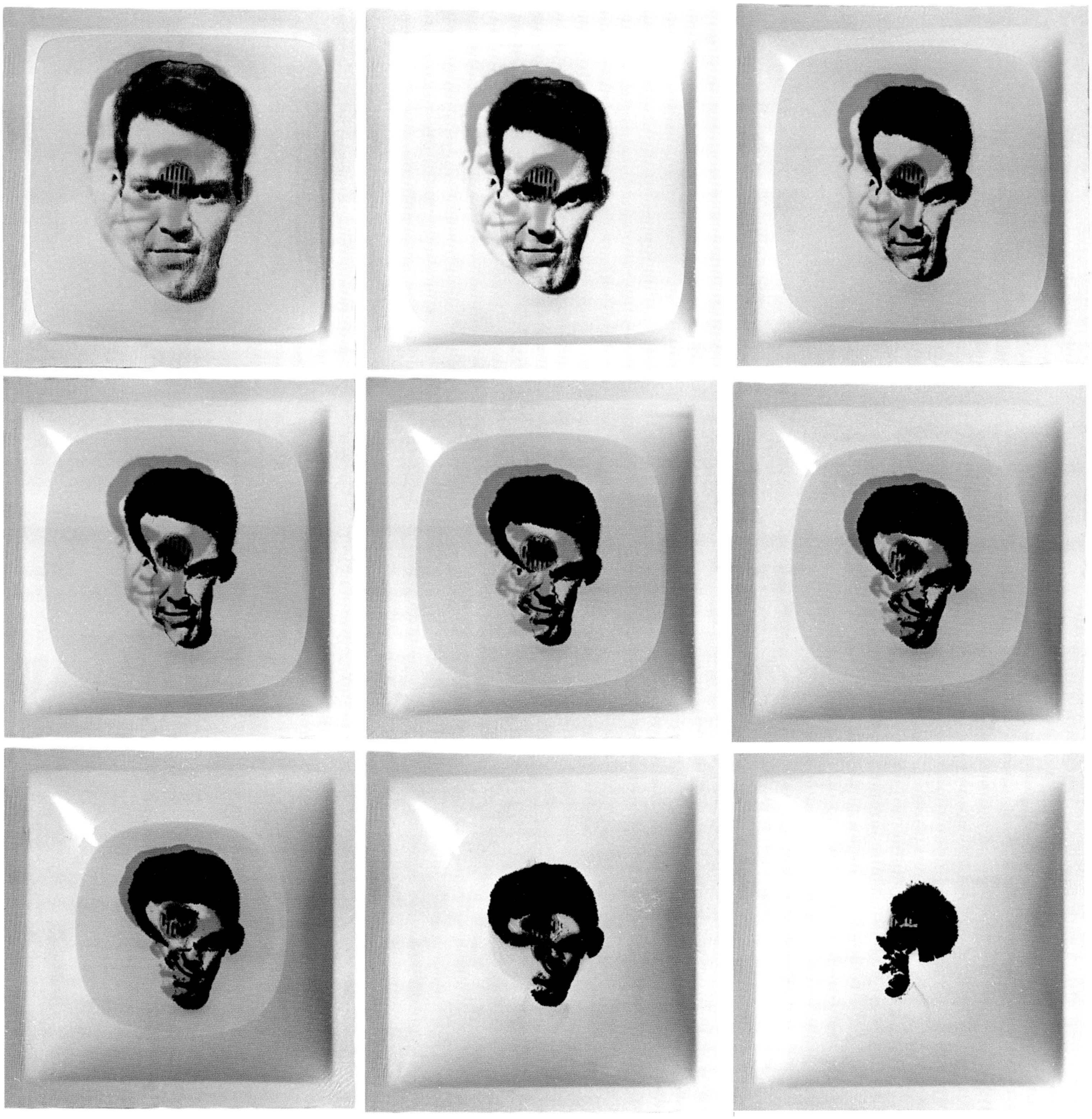

BIOGRAFIAS (BIOGRAPHIES), 2002
Five-channel video installation with sound (Video-instalación, cinco canales con sonido)
Each projection (Cada proyección): 128 x 128 cm (50³⁄₈ x 50³⁄₈ in.)
Ed. AP1
Collection of Fundació Sorigué, Spain

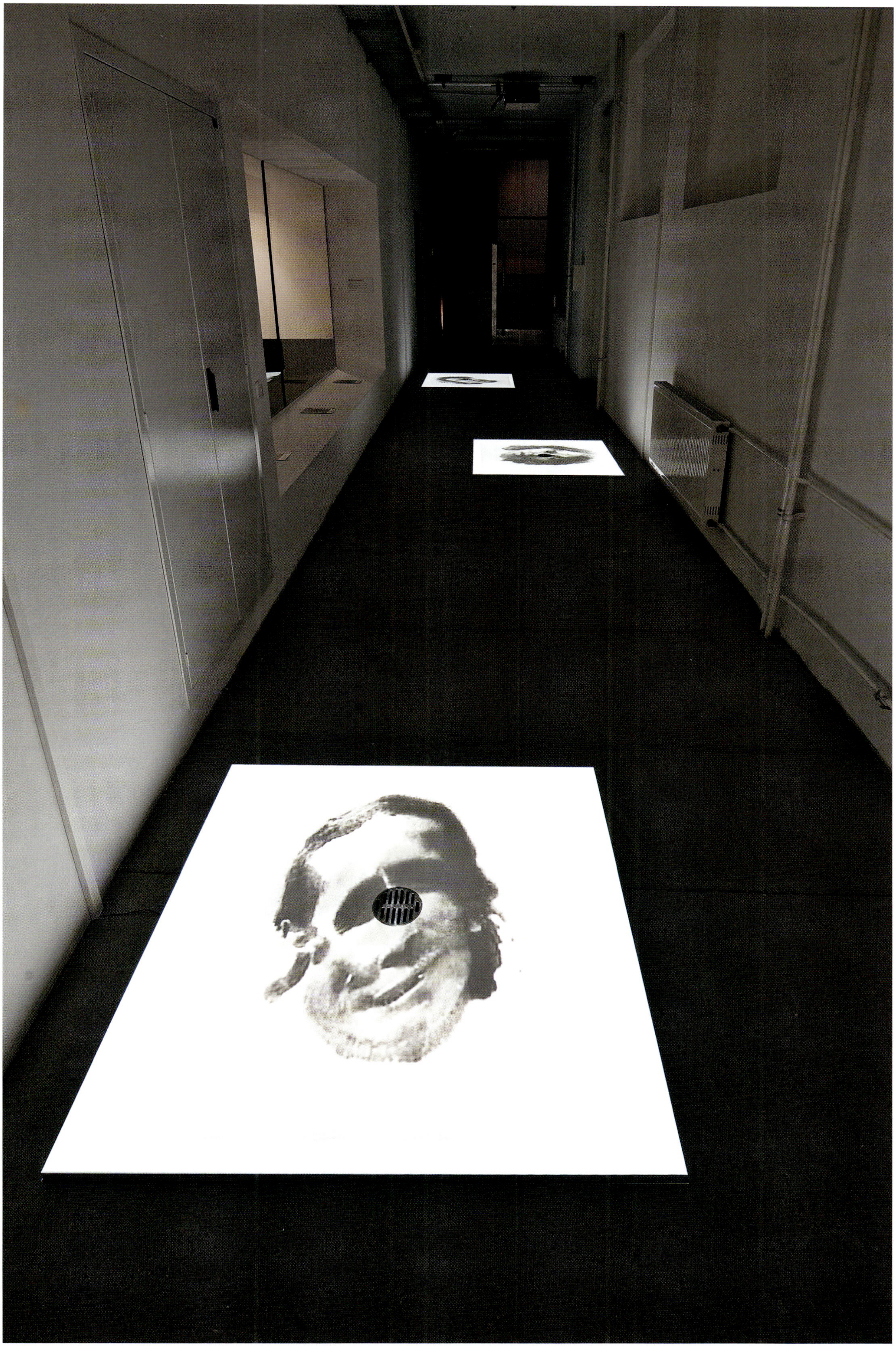

SEIS INTENTOS (BIOGRAFIAS) (SIX ATTEMPTS [BIOGRAPHIES]), 2002–19
Single-channel video installation with sound (Video instalación, monocanal con sonido), 14 min.
Collection of the artist

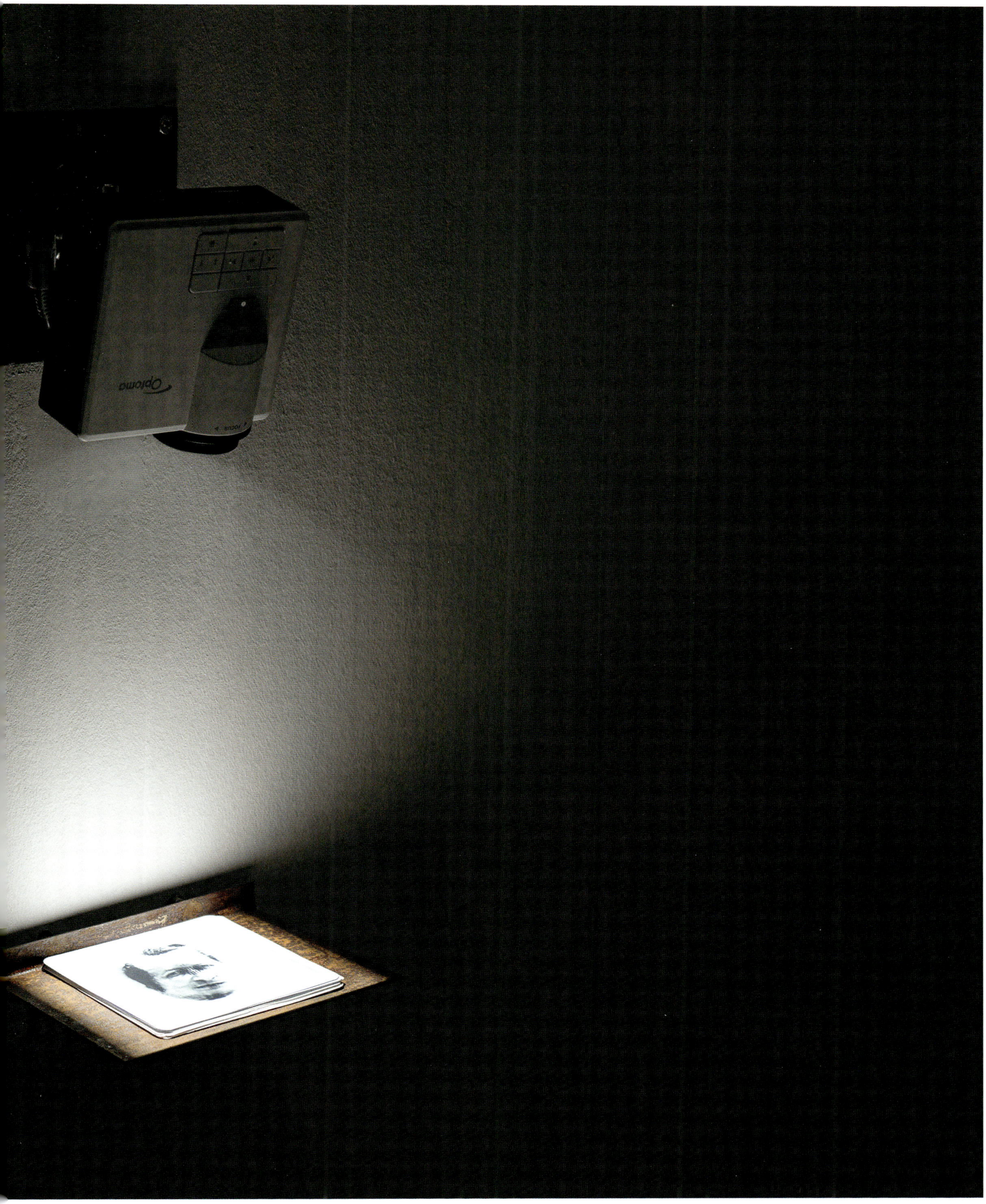
Optoma

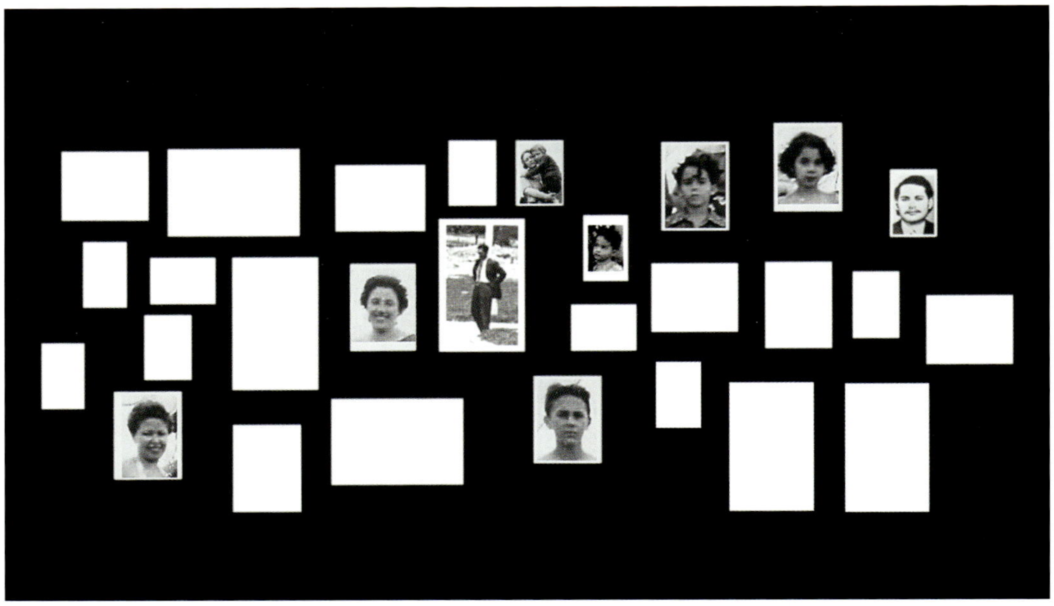

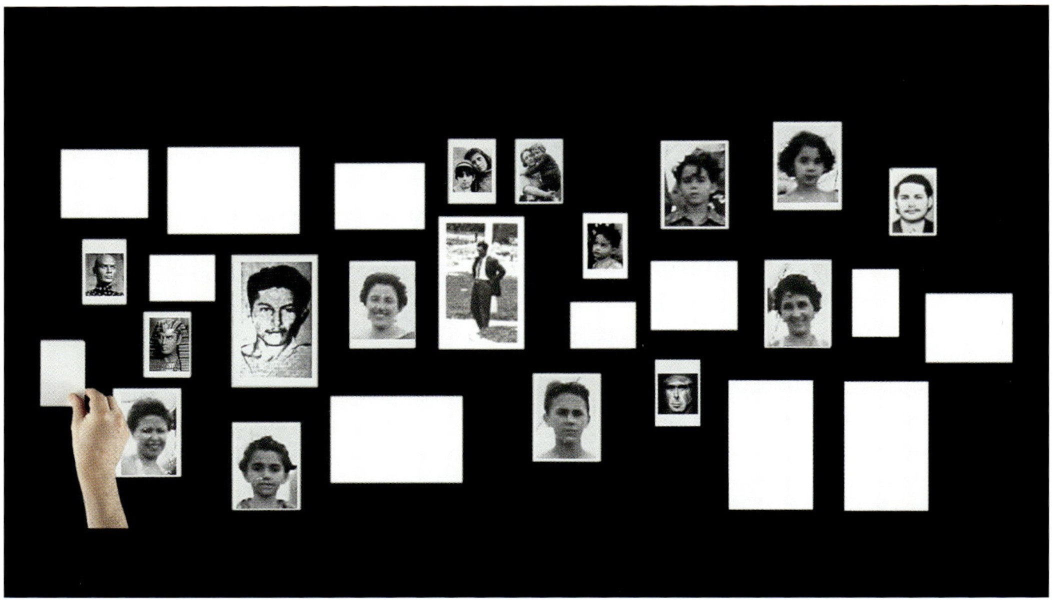

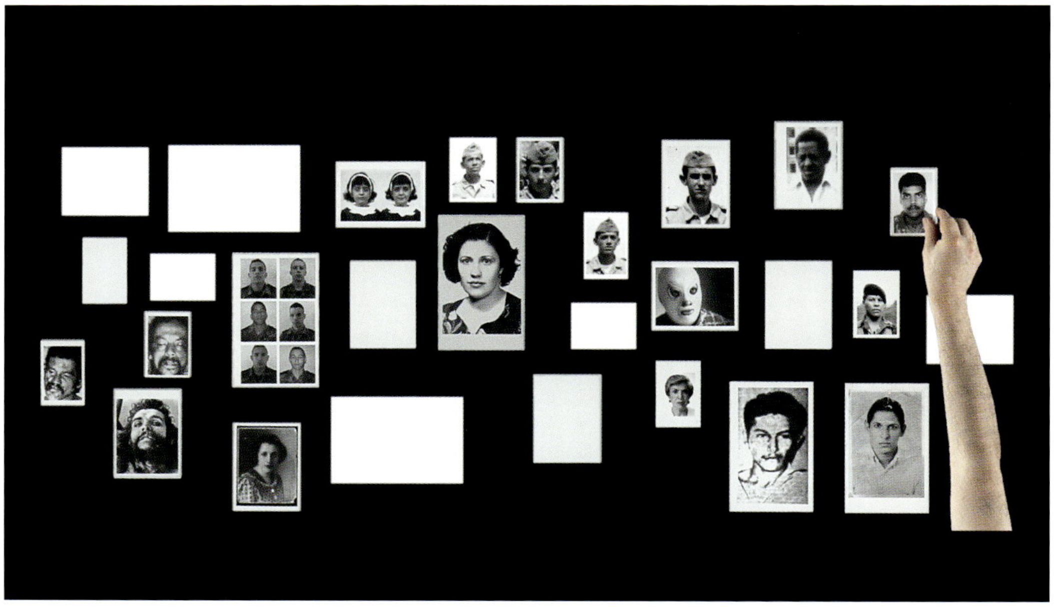

EDITOR SOLITARIO (SOLITARY EDITOR), 2011
Blu-Ray video projection on a table with sound (Video-proyección Blu-Ray sobre una mesa con sonido), 36 min. 19 sec.
200 x 80 cm (78¾ x 31½ in.)
Collection of the artist

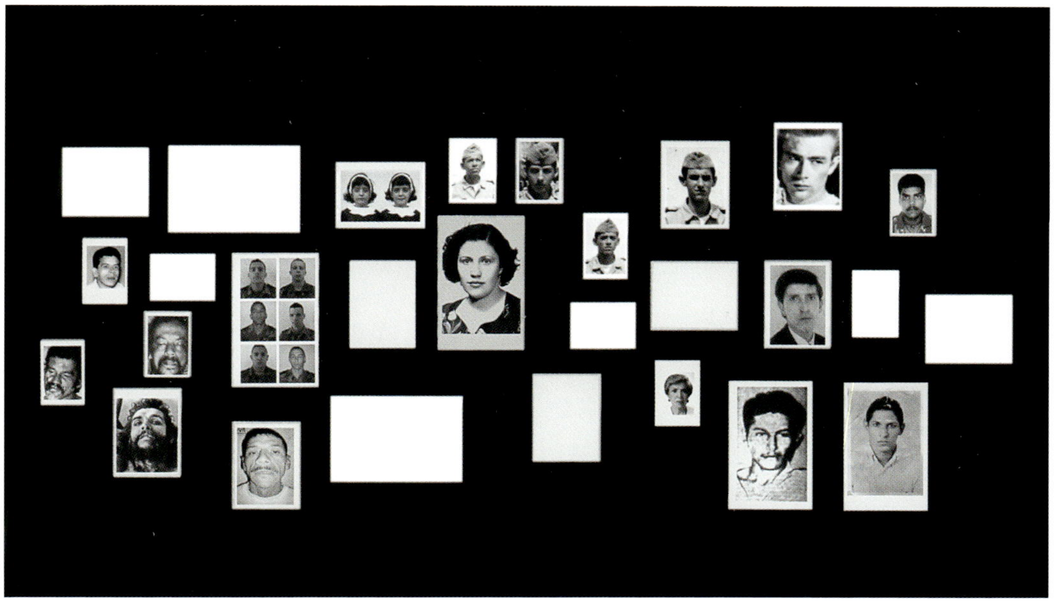

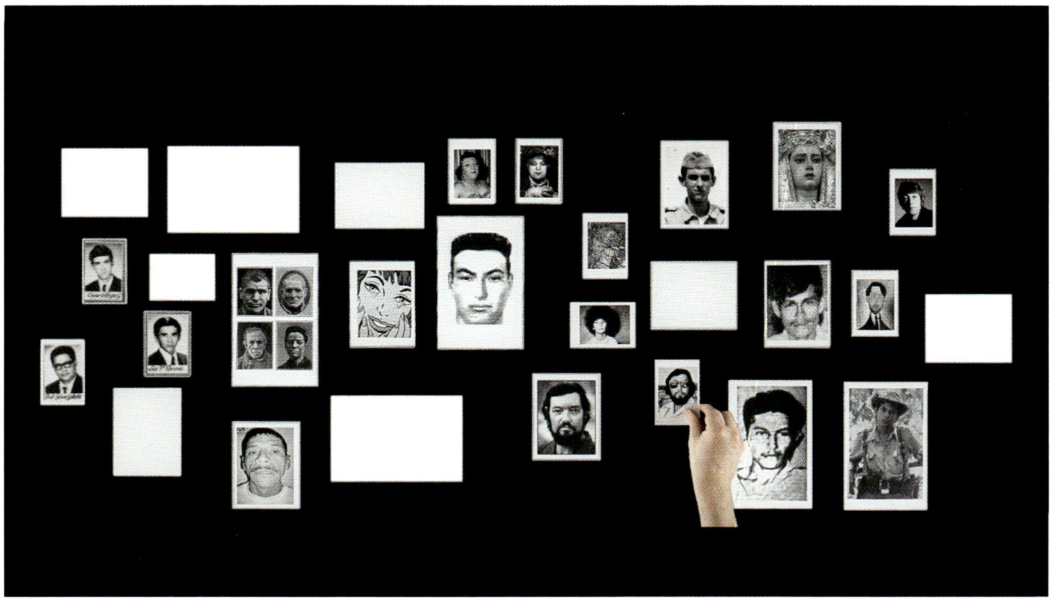

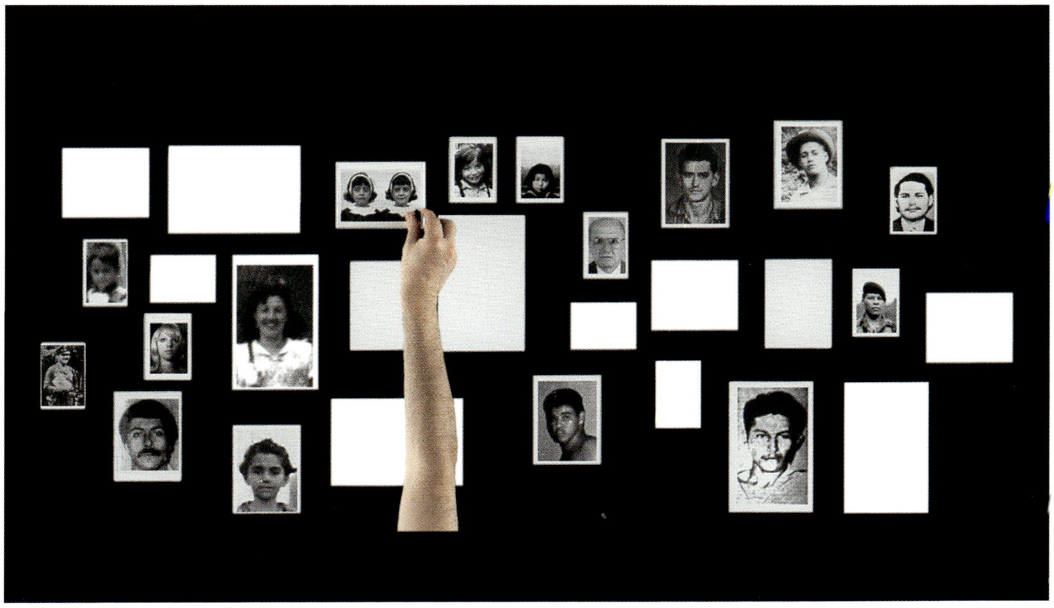

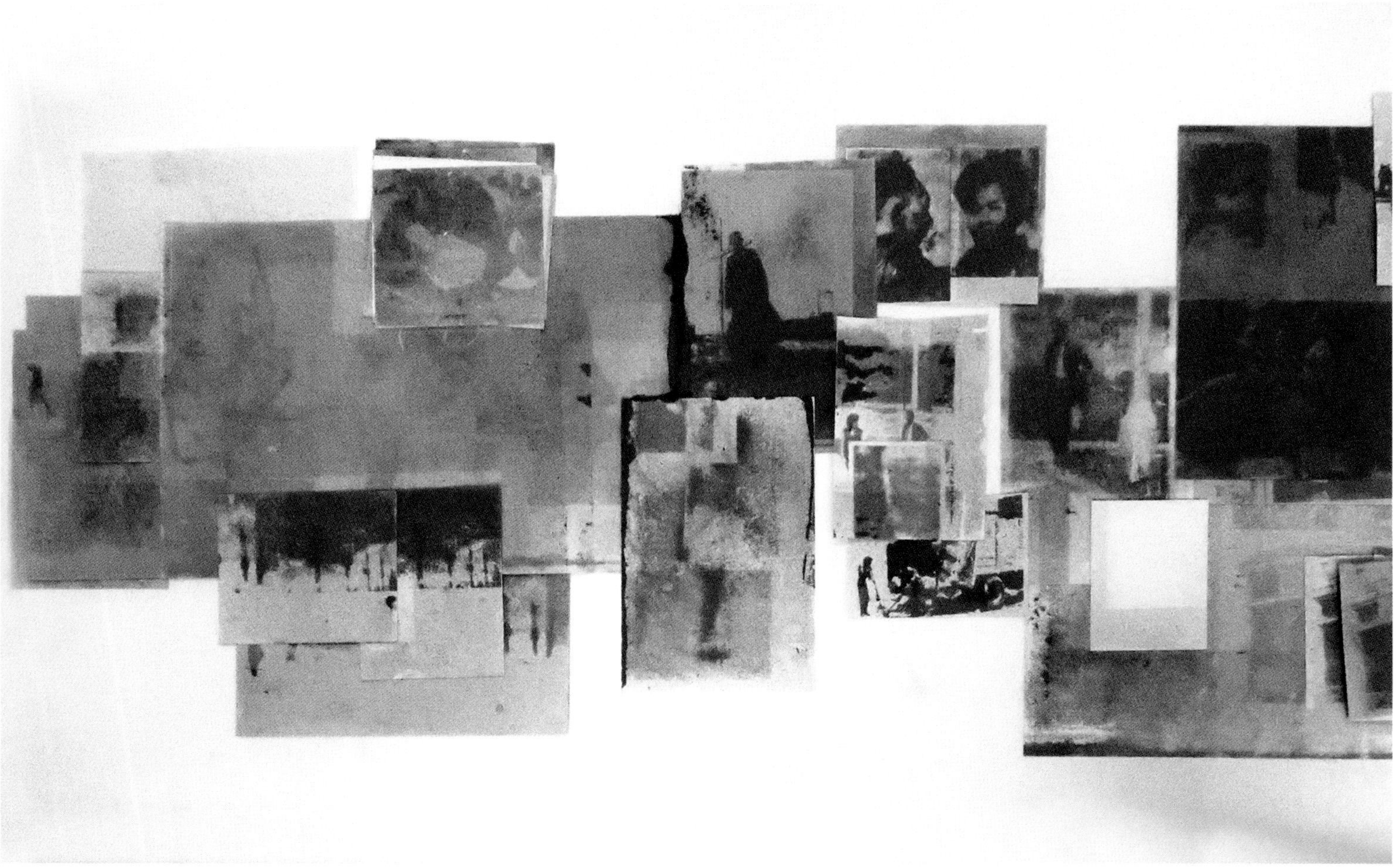

ATLAS LEVE (MILD ATLAS) (Working Title/Título de trabajo), 2019–21
Four to six tables, mixture of clay and charcoal dust on paper
(Cuatro a seis mesas, mezcla de arcilla y polvo de carbón sobre papel)
Variable dimensions (Dimensiones variables)
Collection of the artist

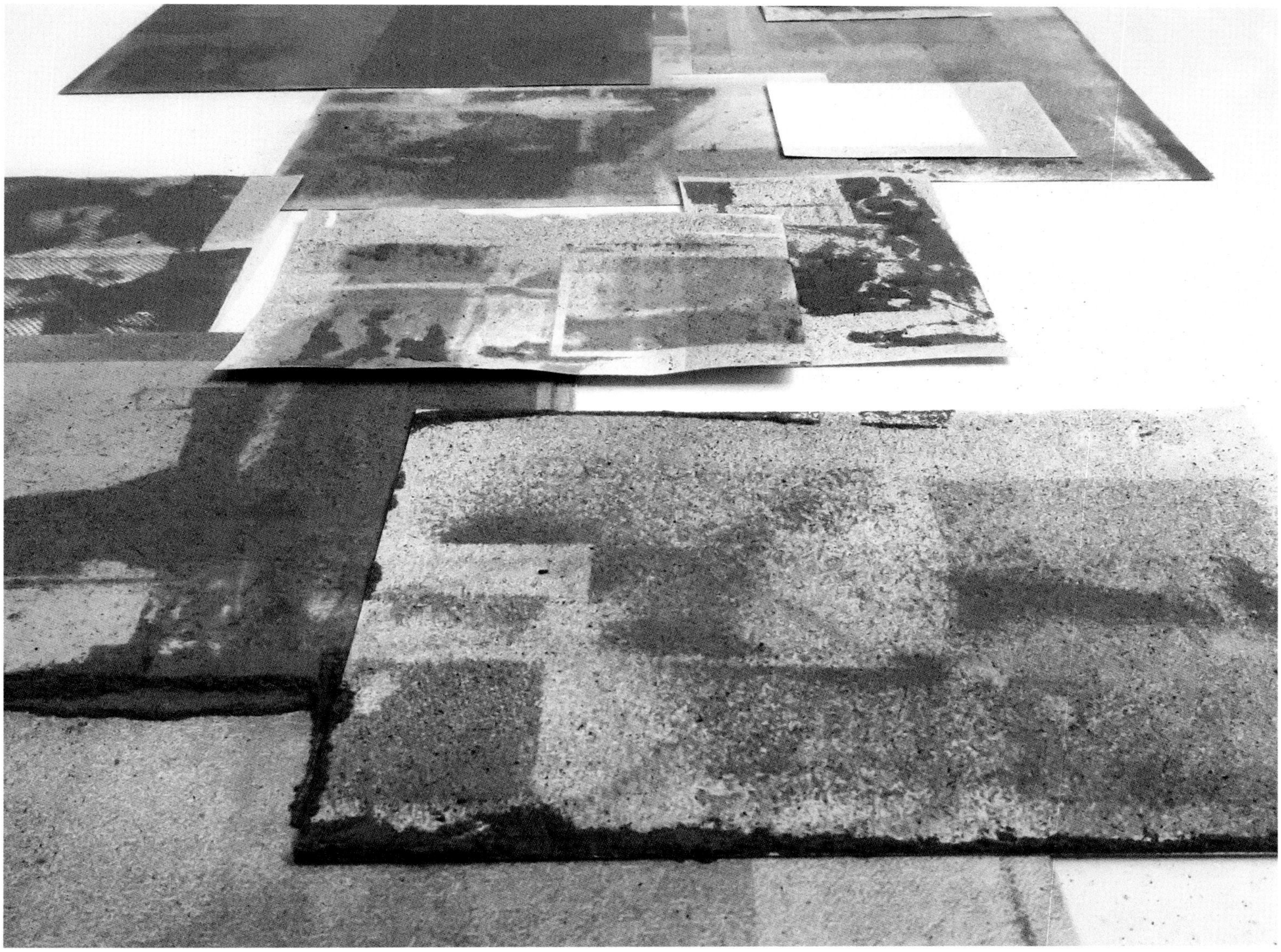

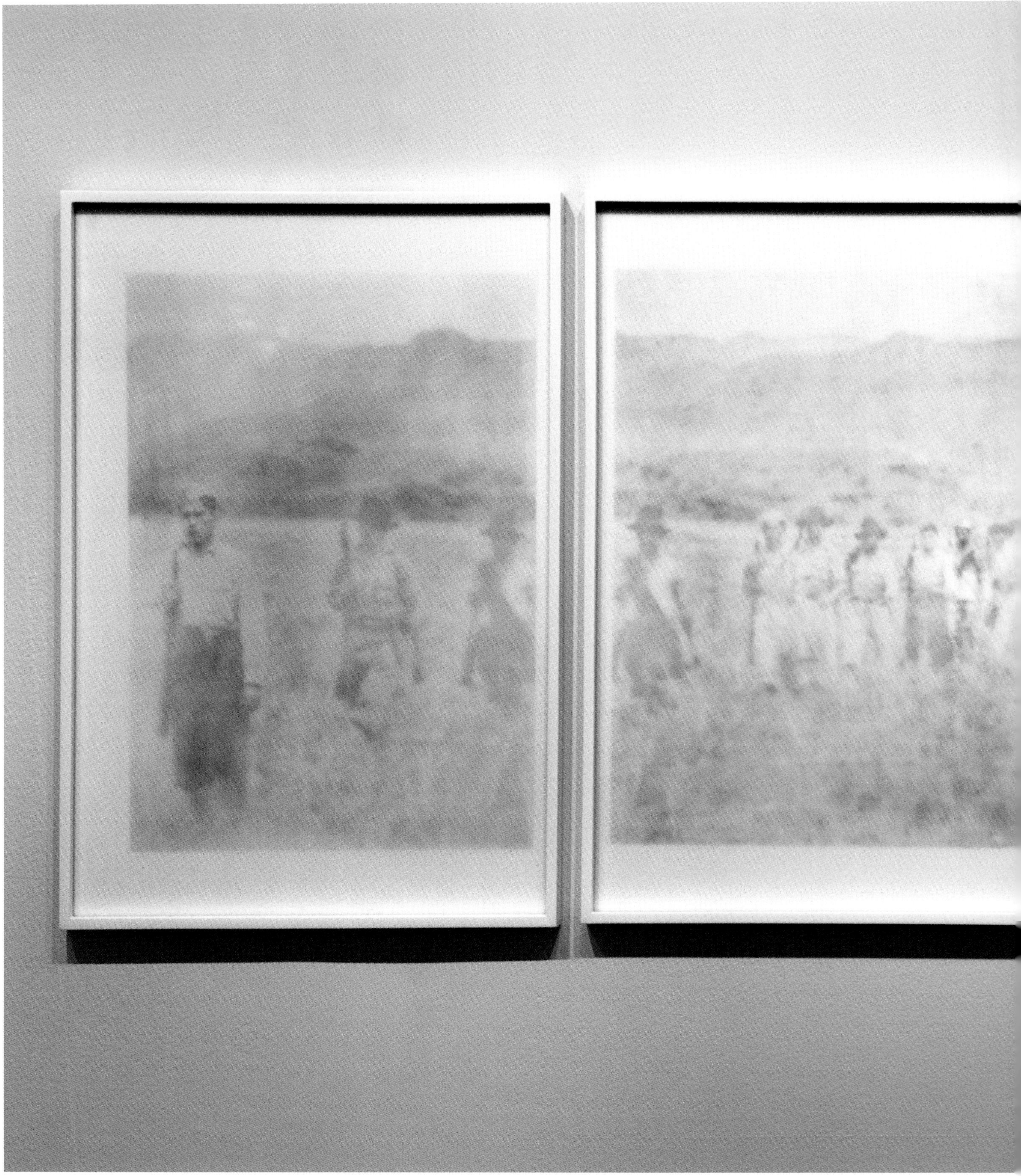

HORIZONTE, SERIE IMPRESIONES DÉBILES (HORIZON, WEAK IMPRESSIONS SERIES), 2011
Print with charcoal powder on methacrylate (Impresión con polvo de carbón sobre metacrilato)
Four elements (Cuatro elementos): 62 x 93 cm; 61 x 93 cm; 59 x 93 cm; 63 x 93 cm ($24\frac{3}{8}$ x $36\frac{5}{8}$ in.; 24 x $36\frac{5}{8}$ in.; $23\frac{1}{4}$ x $36\frac{5}{8}$ in.; $24\frac{7}{8}$ x $36\frac{5}{8}$ in.)
San Francisco Museum of Modern Art, Accessions Committee Fund purchase

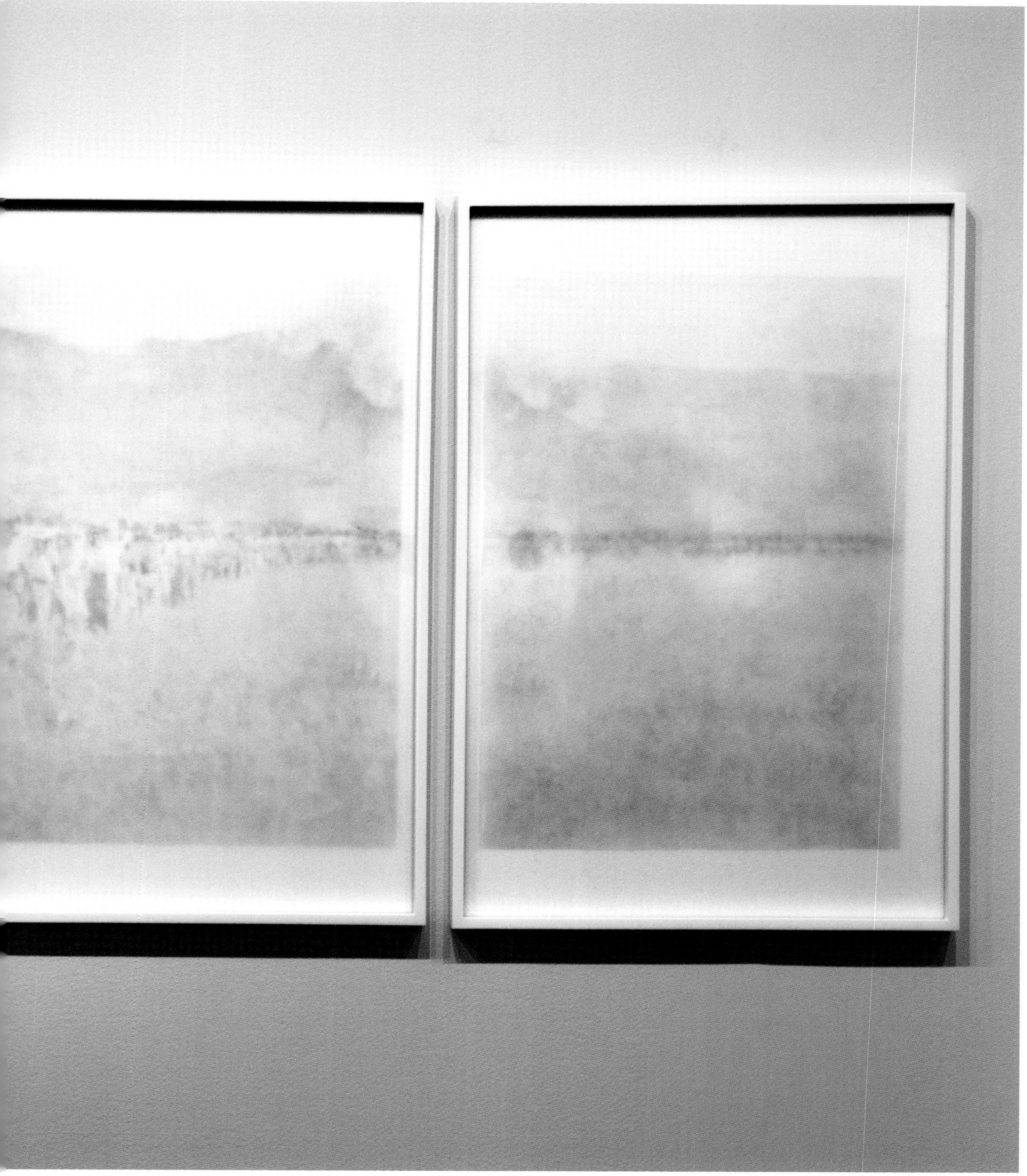

SEÑALES DE VIDA (SIGNS OF LIFE), 2019–21
Single-channel video-animation without sound (Video-animación monocanal sin sonido), 15 min.
Collection of the artist

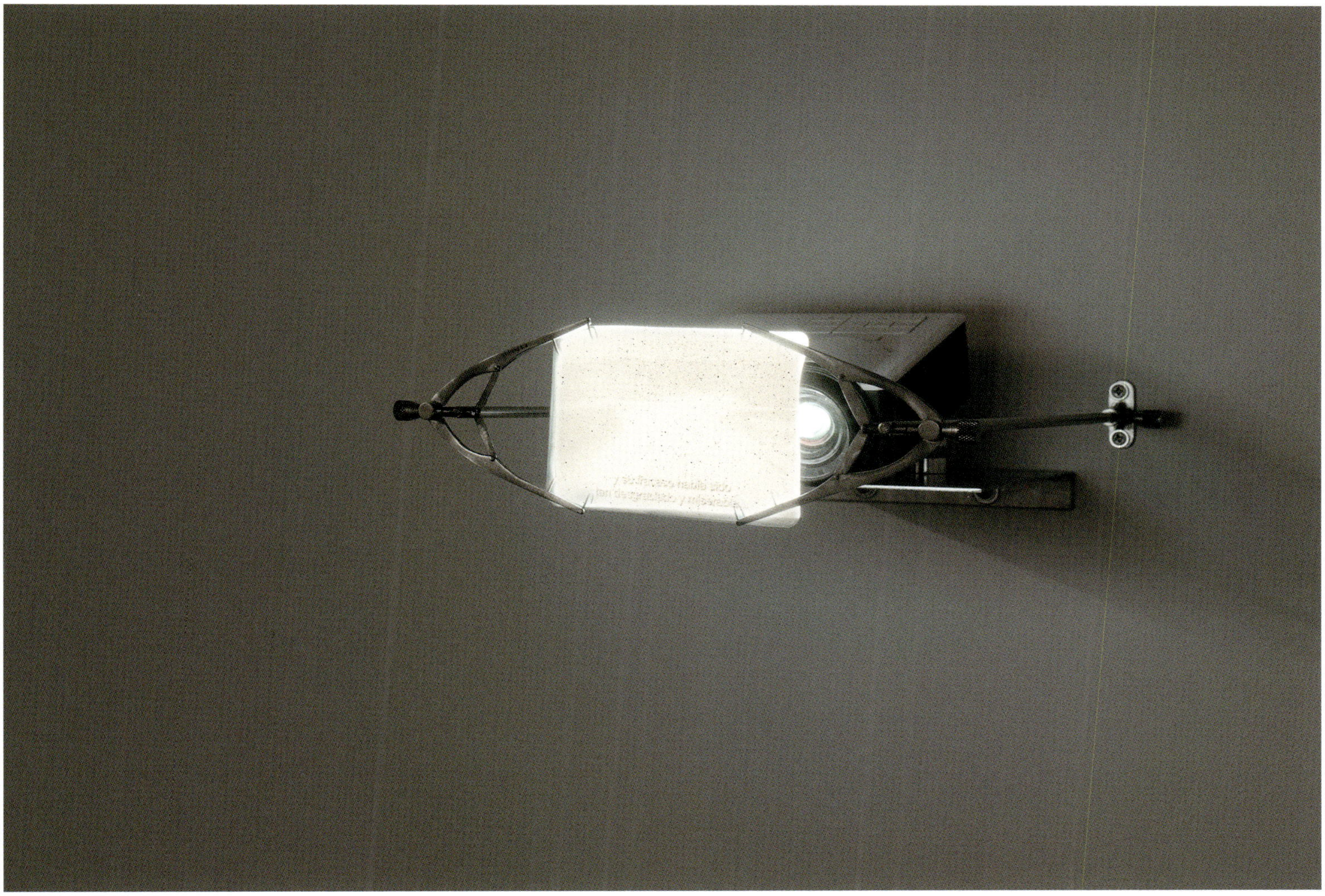

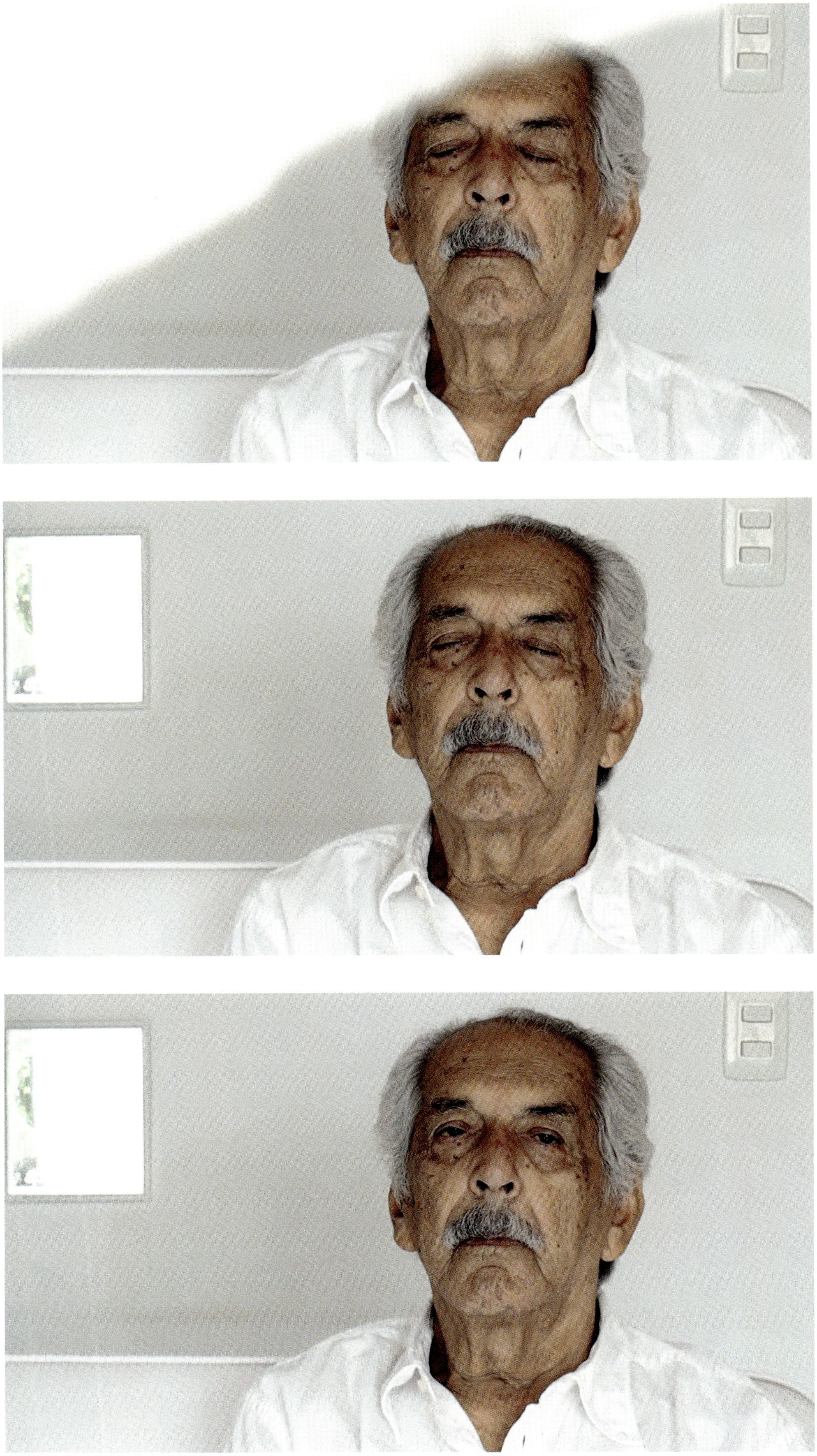

FUNDIDO A BLANCO (DOS RETRATOS) (FADING TO WHITE [TWO PORTRAITS]), 2009
Single-channel HD video with sound (Video monocanal HD con sonido), 7 min. 40 sec.
Collection of the artist

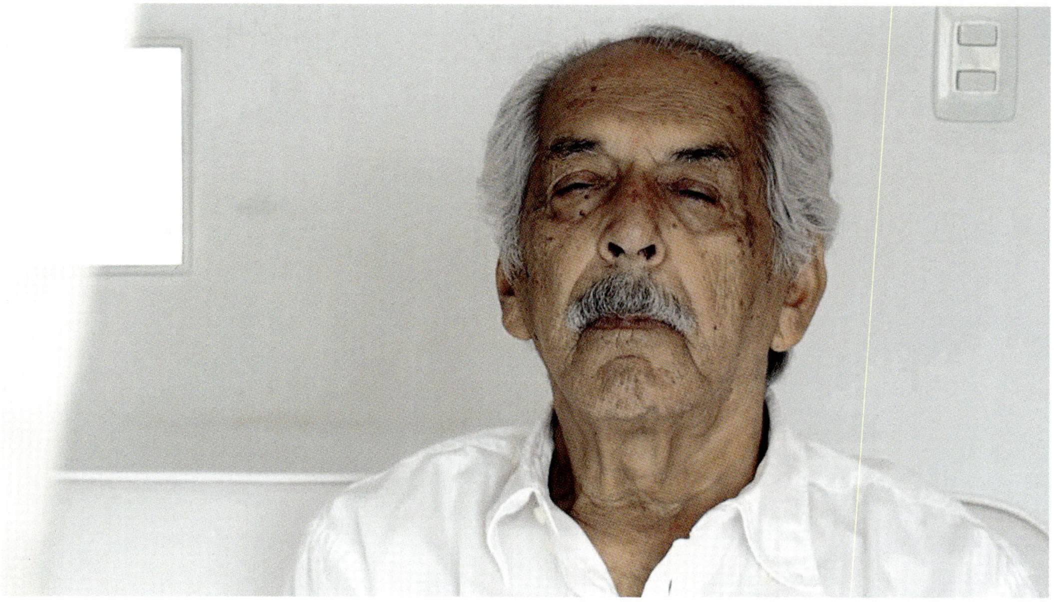

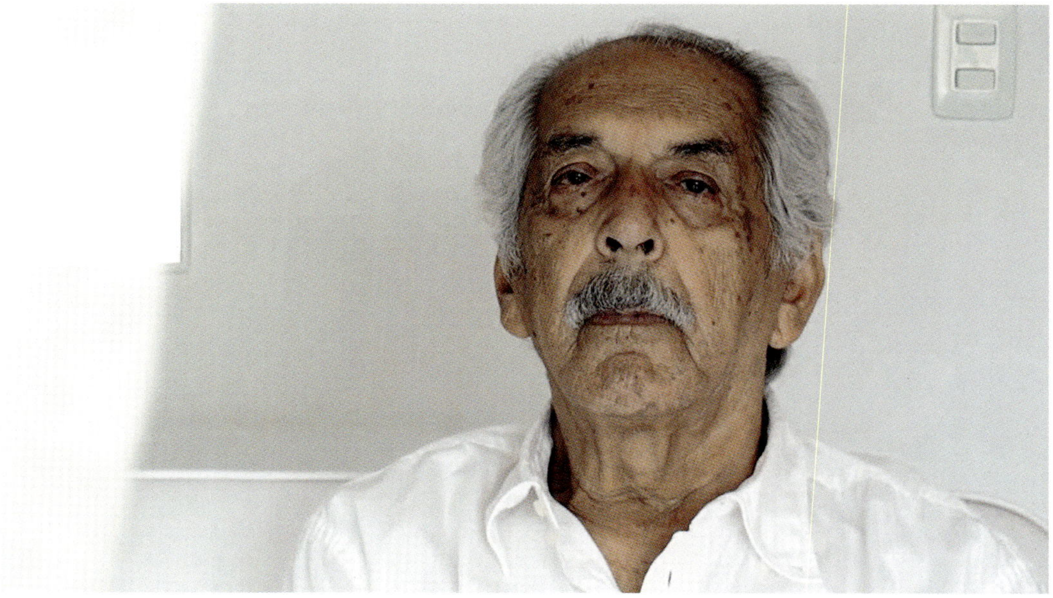

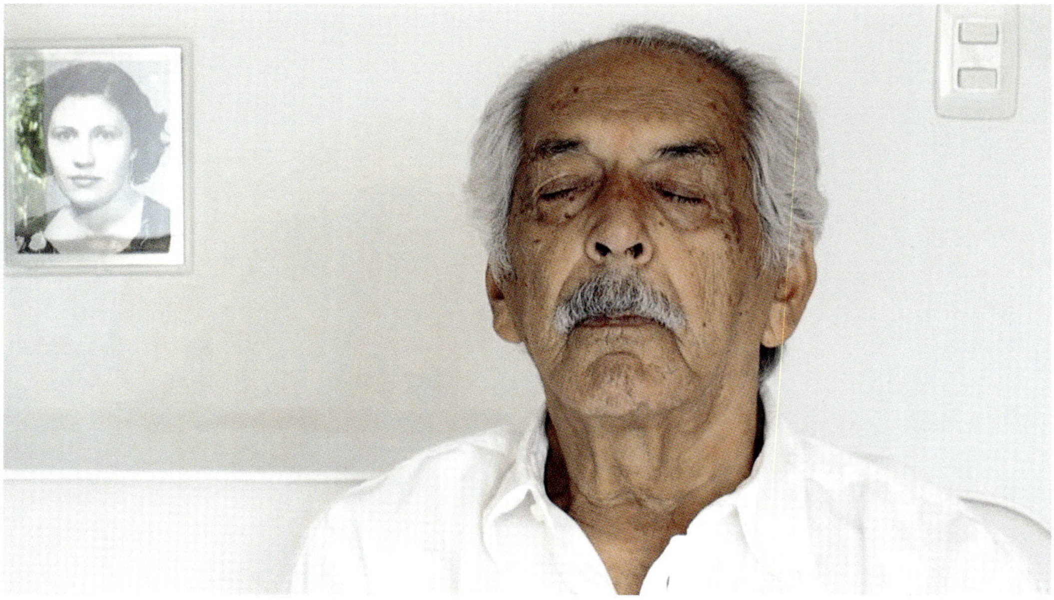

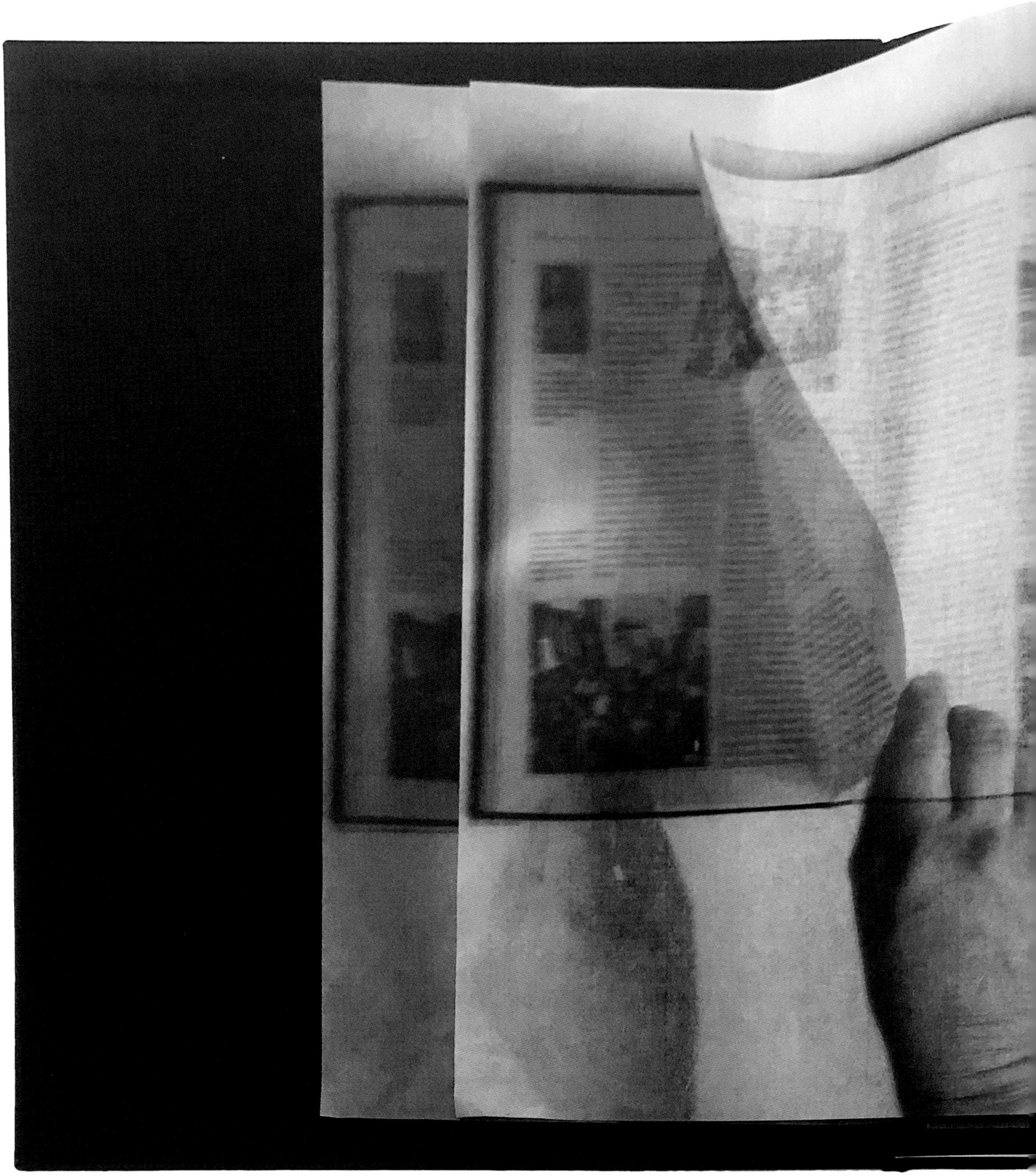

LIBRO ABIERTO (OPEN BOOK), 2019
Three prints on polymer plate stamped on both sides of Arte Bambu & Zonzo 25g paper (Tres grabados sobre plancha de polímero estampado sobre ambas caras del papel Arte Bambu & Zonzo 25g)
Open (Abierto): 69 x 41.5 cm (27⅛ x 16⅜ in.)
Collection of the artist

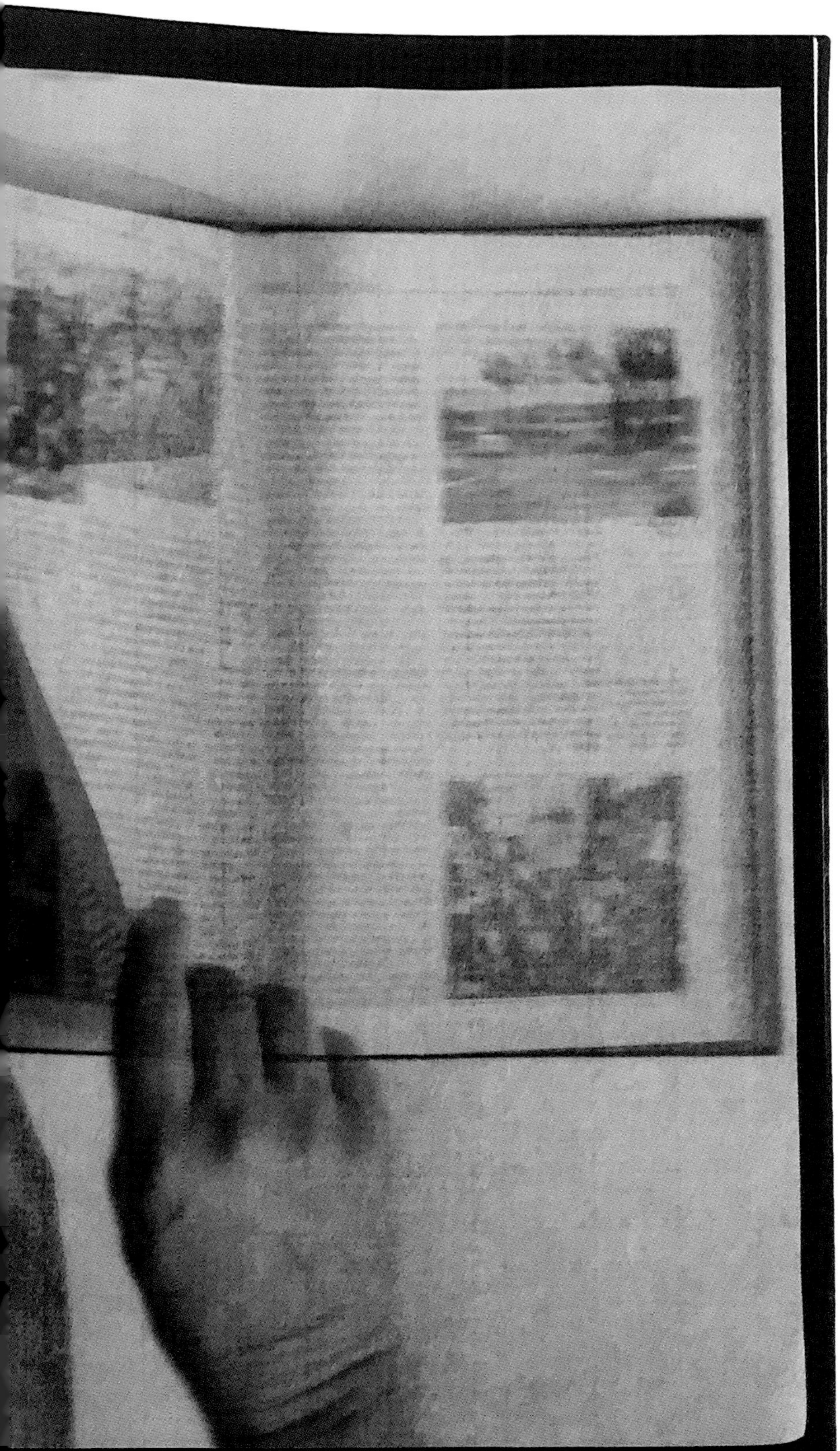

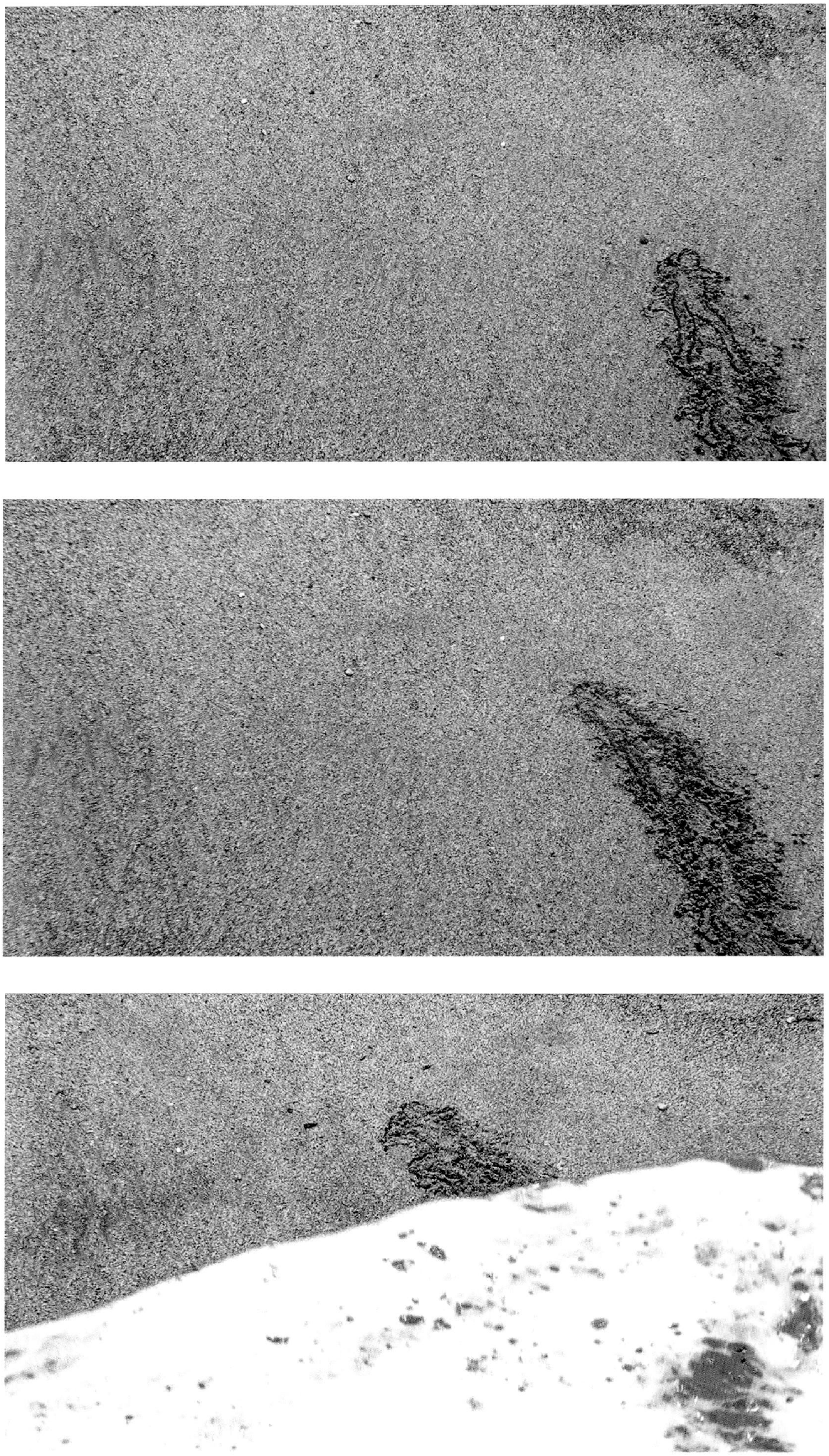

HOMBRE DE ARENA (SAND MAN), 2006–2009
Single-channel Blu-Ray video with sound (Video-instalación Blu-Ray monocanal con sonido), 3 min. 40 sec.
Collection of Eduardo Macia and Beatriz Fernandez, courtesy of Sicardi | Ayers | Bacino

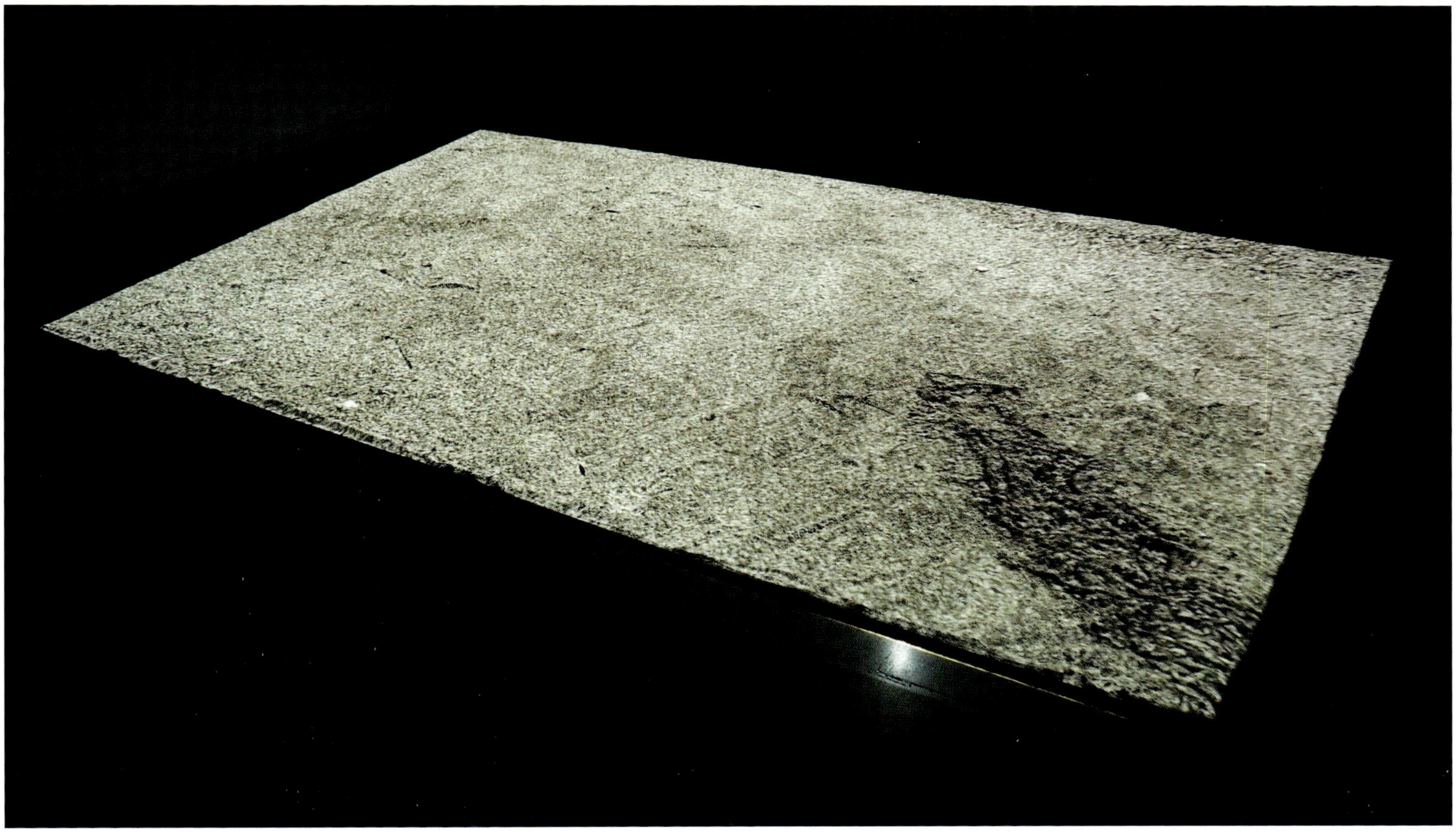

HOMBRE DE ARENA (SANDMAN), 2002
Single-channel video installation with sound (Video-instalación monocanal con sonido), 5 min. 23 sec.
Collection of the artist

> *Photography shows the reality of thought.*
> —JEAN-LUC NANCY, "The Weight of a Thought"[1]

On several occasions, in interviews, Oscar Muñoz has recounted an episode related to photography that seems foundational. Like any experience treasured in memory for its revealing and transformative power, this episode is impossible to date accurately. It took place in the mid-1970s, at the beginning of his work as an artist, and it would replicate its effects discretely in the years to come, emerging in various formal expressions of his work. Muñoz was part of an effervescent cultural scene in Cali, a city in southeastern Colombia. This scene was marked by the influence of the French May '68 rebellions, the advent of pop and conceptual art, and the resurgence of a type of realistic figuration linked, to some extent, with the inclusion of photography along those aesthetic practices that were defying traditional boundaries of art. The nerve center of this aesthetic experimentation was Ciudad Solar (Solar City), but the episode under consideration here took place in a more precise context, in a privileged space of creation that, until that moment, Muñoz had not known existed.

> *La fotografía muestra la realidad del pensamiento.*
> —JEAN-LUC NANCY, "El peso de un pensamiento"[1]

En repetidas oportunidades y entrevistas, Oscar Muñoz ha relatado una escena relacionada con la fotografía que podríamos llamarla fundacional. Como toda experiencia atesorada en la memoria por su poder revelador y transformador –experiencia que replicará sus efectos de forma discontinua en el trascurso de años venideros y emergerá en diversas expresiones formales de su obra–, sería imposible datar con precisión esta escena, pero tuvo lugar en los comienzos de su trabajo como artista, a mediados de los setenta. Muñoz formaba parte de una efervescente escena cultural en la ciudad de Cali, en el sureste de Colombia, bajo los influjos de las rebeliones de mayo del 68 francés, el advenimiento del arte pop y conceptual, y el resurgimiento de un modo de figuración realista ligado, no en menor grado, a la inclusión del medio fotográfico en las prácticas estéticas que desbordan las clasificaciones tradicionales. Si el punto neurálgico de esta experimentación estética puede localizarse en el centro cultural Ciudad Solar, la escena a la que me refiero tuvo lugar en un contexto más preciso, en otro espacio

Muñoz was working on the drawings that would later become the *Interiores* (*Interiors*) (1976–81) and *Inquilinatos* (*Tenements*) (1976–78) series, in which he used documentary photography as a reference and, in particular, Fernell Franco's 1970–72 series *Las prostitutas* (*Prostitutes*)—which brought into view marginal, enclosed, and interior spaces that had eluded the public eye—and mediated between that world view and his charcoal drawings. Like the skeptical and melancholic main character in Jorge Luis Borges's "The Aleph," who descends to the basement of an old house on Garay Street in Buenos Aires without expecting to experience what it is like to look at the world through an infinite prism, Muñoz visits Franco's house one afternoon and ends up witnessing the magical process of image production. This is how Muñoz remembers being inside the darkroom:

> I have one unforgettable memory: The first time I needed a photograph for my work and was visiting Fernell Franco, I went into his darkroom and saw how he used a pair of photographic tweezers to move a sheet of white paper in the developer so that the image appeared. I was puzzled, taken aback . . . Aside from the different techniques, it was experiences of this type, relating to the image in its broadest sense, that undoubtedly marked my work.[2]

The scene of the alchemical transformation in the darkroom fascinates the young Muñoz, as it has many artists and intellectuals since the late nineteenth century. The first impression is pure amazement—a magical appearance—as an image analogous to the world emerges from blank paper. But what Muñoz treasures most in his memory is the discovery of a precise and delicate process: the movement of Franco's hands as he holds the tweezers, grabbing the paper to make it dance in a chemical bath. Witnessing this analog processing allows him to learn how a photograph is created and thus it discloses the material history of the very object that Muñoz had already appropriated for his drawings.

In that darkroom, withdrawn from the outside world, Muñoz becomes a witness to a production process; Franco deconstructs before his eyes each of the steps of this process that the final image knots in time: hands, machine, and chemical substances combine to reveal and fix an image. This image is exposed onto sensitized paper using an enlarger, its lens adjusted by the photographer to select the type of reproduction desired, projecting light onto a film negative processing the latent image. That light bounces off and is printed on emulsified paper, which is then placed in the stop bath where the image is first revealed. It is then fixed by dissolving the light-sensitive emulsions and finally left out, like freshly washed clothes, to

privilegiado de la creación que, hasta ese momento, le era desconocido al artista, según sus propias palabras.

Muñoz realizaba por entonces los dibujos que luego se convertirán en las series *Interiores* e *Inquilinatos,* para los que utilizaba como referencia la fotografía documental y, en particular, la de Fernell Franco y su serie *Prostitutas* (1970–72), que dirigía una mirada hacia espacios marginales, reservados e interiores que escapaban al ojo público y que le servirá a Muñoz para mediar entre esa figuración del mundo y su dibujo en carbonilla, con el que las escenas adquirían una atmósfera singular. Como el escéptico y melancólico personaje del cuento "El Aleph" de Jorge Luis Borges, quien desciende hacia el subsuelo de una vieja casona de la calle Garay en Buenos Aires para descubrir cómo es mirar el mundo a través de ese prisma infinito, Muñoz visita una tarde la casa de Fernell Franco en busca de fotografías y termina siendo testigo del mágico proceso de su producción. Franco se encuentra trabajando, pero en un momento de interrupción, el fotógrafo lo invita a entrar en su cuarto oscuro. Así lo recuerda Muñoz:

Tengo un recuerdo inolvidable: la primera vez que necesité una fotografía para mi trabajo y estaba de visita en la casa de Fernell Franco, entré en el cuarto oscuro y vi cómo el usaba un par de pinzas con las que movía una hoja de papel blanco en el baño químico del revelador hasta que apareció una imagen . . . me quedé perplejo, se cortó mi respiración. Más allá de toda técnica, este tipo de experiencia en relación a la imagen en su sentido más amplio ha marcado, sin ninguna duda, mi trabajo.[2]

> La escena de la transformación alquímica en el cuarto oscuro fascina al joven Muñoz, como a muchos artistas e intelectuales desde fines del siglo diecinueve y veinte. La primera impresión, como suele suceder, es de puro asombro –asociada a una aparición mágica–, al ver emerger del papel en blanco una imagen análoga al mundo. Sin embargo, aquello que Muñoz más atesora es el recuerdo del descubrimiento de un proceso metódico y delicado: el movimiento de las manos con la pinza, tomando por el extremo al papel para hacerlo danzar en un baño químico. Ser testigo del proceso de revelado analógico le permite a Muñoz conocer el modo en que una imagen fotográfica se crea y restituir la historia material del objeto fotográfico del que, hasta entonces, Muñoz se había apropiado figurativamente.

En ese cuarto oscuro, retraído del mundo exterior, Muñoz se vuelve testigo de un proceso de producción: Fernell Franco deconstruye ante sus ojos cada uno de los pasos previos de un proceso que la imagen final anuda temporalmente. Allí, las manos, la máquina y las sustancias químicas se combinan para revelar y fijar una imagen: la máquina ampliadora, cuya lente es ajustada por el fotógrafo,

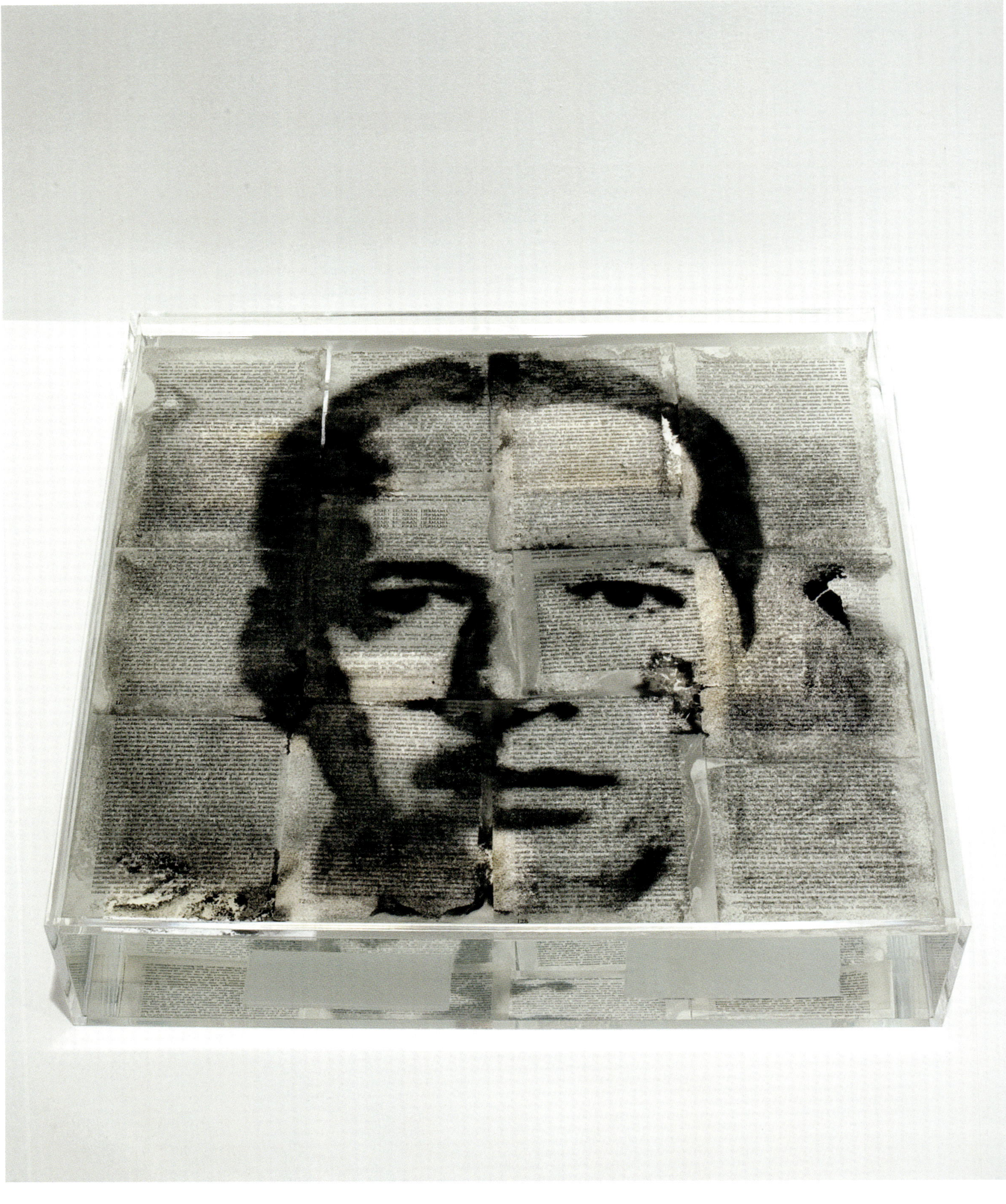

NARCISOS EN PROCESO (NARCISSI IN PROGRESS), 1995–2011
Charcoal powder and paper on water in acrylic containers (Polvo de carbón, papel sobre água en contenedores de acrílico)
50 x 50 x 10 cm each (19⅝ x 19⅝ x 3⅞ in.)
Collection of the artist

hang and dry before being manipulated as a copy-object. Once he becomes aware of this process, Muñoz decides to become a part of it, and his relationship with photography, as an idea, process, and object, begins to structure his artistic project.

This memory scene—which inaugurated one of the most dazzling, sensitive, and evocative visual oeuvres of Latin American contemporary art—could be thought of as a profane illumination whose conceptual light would guide Muñoz in his artistic evolution. The allegorical and conceptual intensity of this scene would gradually spill into each artwork made by Muñoz through the years, either in his experiments with various media, re-creations of the decisive moment in which an image is fixed and reproduced, or by exposing it to the reverse process, when the sharpness of an image is blurred, and its materiality evaporates.

Muñoz's work has always focused on this material, procedural, and artisanal condition of photography, thus inviting the viewer to have a sensorial experience of that process. In *Narcisos* (*Narcissi*) (1995), the portrait of the artist, outlined in charcoal, floats on the faint surface of a sink or plastic tray filled with water. As the water evaporates, the image distorts and becomes sediment. In *Aliento* (*Breath*) (1995), a latent portrait printed on a metal disk emerges only when the viewer's breath activates it. In the video-installation *Proyecto para un memorial* (*Project for a Memorial*) (2005), the artist's hand tenaciously paints a face with water on hot asphalt, configuring the image almost at the same time that it evaporates. The conceptual, critical, and reflexive nature of these artworks is always anchored in that sensory immersion Muñoz offers the viewer in his images and installations. The material, and the very processes of creation or decomposition of the image that unfold in front of us as spectators, incite and urge our affective participation; we reflect on how memory operates, on the effect of the passage of time on the material and imaginary imprint of images, and on the human face and its portrait, as an invocation for the presence of those who are no longer here.

Oscar Muñoz is a photographer—a categorization that he did not always claim for himself, but that is undoubtedly accurate—to the extent that his visual and conceptual work replicates every step, moment, and result of the process of creation and reproduction of images that has marked the twentieth century. Situated at the core of modern culture is the question of the image, its production, use, circulation, preservation, and archiving. Muñoz's work echoes this technical dimension in our forms of memorialization through a singular constellation of themes, motives, processes, and images, thus signaling the fundamental role that photography has acquired, among other techniques of material inscription, in our collective historical experience, and in our emotional, physical, and affective

seleccionando el tipo de reproducción deseada, proyecta luz sobre un film en negativo que contiene en forma latente la toma fotográfica; esa luz rebota y se imprime en el papel emulsionado, que es entonces colocado en el baño revelador donde la imagen se muestra, para luego ser fijada y puesta, cual ropa recién lavada, a colgar y secar antes de ser manipulada como copia-objeto. Una vez consciente de este proceso, Muñoz se volverá partícipe de él, y su relación con la fotografía, en tanto idea, proceso y objeto, comenzará a estructurar su propio proyecto artístico.

Esta escena-recuerdo, que funda una de las obras visuales más deslumbrantes, sensibles y evocativas del arte latinoamericano contemporáneo, puede pensarse como una "iluminación profana" (siguiendo a Benjamin), cuya luz conceptual guiará a Muñoz en su devenir artístico. La densidad alegórica y conceptual de esta escena de creación se irá desgajando gradualmente con cada una de las iteraciones que de ella hará Muñoz en sus obras, ya sea cuando experimente con diversos soportes, cuando recree el momento en que la imagen se revela, se da a ver, es fijada y se reproduce, o cuando exponga el proceso inverso, en el que la nitidez de la imagen se disuelve, se borra o desaparece, su materialidad se evapora.

La obra de Muñoz se ha centrado siempre en esta dimensión material, procesual, artesanal del acto fotográfico para, desde allí, invitar al espectador a tener una experiencia sensible de ese proceso. En *Narcisos* (1995), un rostro impreso en carbonilla suspendida sobre el agua contenida en un lavatorio o una cubeta plástica se sedimenta por su evaporación; en *Aliento* (1995), un rostro impreso sobre un disco de metal se manifiesta cuando el aliento del espectador lo activa; en la video-instalación *Proyecto para un memorial* (2005), la mano tenaz del artista pinta un rostro con agua sobre el asfalto configurándolo a medida que se va también evaporando. El carácter conceptual, crítico y reflexivo de estas obras se sostiene siempre en una experiencia sensible que Muñoz reclama a quien se posiciona ante sus imágenes e instalaciones. La materia y los procesos mismos de creación o descomposición de la imagen a los que asistimos como espectadores son los que suscitan e instan nuestra participación afectiva y nuestra reflexión sobre las formas en que la memoria humana opera, sobre el efecto del paso del tiempo en el soporte material e imaginario de la imagen y sobre el rostro y su retrato como invocación de presencia frente a la ausencia de quienes ya no están.

Oscar Muñoz es fotógrafo –una denominación que no siempre reclamó para sí pero que sin duda es precisa– en la medida en que su obra visual y conceptual replica cada paso, momento y resultado de ese proceso de creación y reproducción de imágenes que marcó el siglo XX y que situó la pregunta por la imagen, su producción, uso, circulación, preservación y archivo en el problemático núcleo de la cultura moderna. La obra de Muñoz se hace eco, a través de una constelación de temas, motivos, procesos e imágenes, de la

memory. *Paístiempo* (*Countrytime*) (2007), and perhaps more explicitly *Horizonte* (*Horizon*) from his *Impresiones débiles* (*Weak Impressions*) (2011), are all series in which Muñoz works conscientiously on the very surfaces of the images, both their material support and inscription, to make evident the instability of images. The faint traces on the paper, the out-of-focus and blurred effects, and even a complete effacement, expressly disfigure the testimonial and documentary value we naturally attribute to the photographic record. Thus, these works allow us to fundamentally challenge the presumption of stability and durability, as well as the integrity, of both lived experience and its analog photographic record. Just as forgetting is as constitutive of our memory processes as remembering—comprising both a voluntary memory, anchored in the recording of facts, and an involuntary memory that fortuitously assails and seizes our consciousness—Muñoz shows us the ways in which photography also partakes, culturally and socially, in this tension that constitutes our own subjectivity.

It is perhaps in the video-installation *Sedimentaciones* (*Sedimentations*) (2011), that Muñoz most vividly evokes his first encounter with photographic processing, and here his recollection of that scene acquires its allegorical force. The work invites us to see and experience the ways in which the principles of photographic processing invoke our lived experience—both its inscription in our memory, our forgetting and its erasure, as well as in those moments in which experience can be surreptitiously recovered. Working in the video format, Muñoz makes use of the moving image as a resource that intensifies reflection on the procedural nature of photographic creation, underlining its temporal dimension. Placing the viewer in front of a scene similar to the one that amazed him at Franco's house, Muñoz faithfully re-creates the spatial dimensions of the darkroom and the worktable where the images coexist, juxtapose, and combine unpredictably. Two worktables become horizontal screens onto which the black-and-white images are projected directly from above. At the beginning of the video, we see on each side of the table the enameled rectangles of a sink that are presented as two white developer trays full of water and, between both, small rectangles of white paper and several photographs. They comprise an archive of both personal images and other well-known photographs; a personal album whose organization, dissimilar and heterogeneous, seems to be connected by the invisible thread of the artist's subjectivity. Portraits of a young Muñoz are mixed up with portraits belonging to the history of photography and fine art; recognizable individuals—writers and artists—are placed side by side with unknown ones taken from the press. A hand appears as it takes a photograph and submerges it in one of the buckets. The image dissolves in the water, leaving

dimensión técnica de nuestras formas de memorialización; muestra el rol fundamental que la fotografía ha adquirido entre otras técnicas de inscripción material de nuestra experiencia histórica colectiva, de nuestra memoria afectiva, física y sensible. *Paístiempo* (2007), y quizás más explícitamente *Horizontes* de su série *Impresiones débiles* (2011), son obras en las que Muñoz trabaja sobre la superficie misma de la imagen, tanto en su soporte como en el modo de inscripción, para hacer evidente su inestabilidad. La marca leve sobre el soporte, el fuera de foco y la borradura desfiguran el valor testimonial y documental que muchas veces atribuimos naturalmente al registro fotográfico. Es así que estas obras nos permiten cuestionar fundamentalmente la presunción de estabilidad y perdurabilidad, tanto de la integridad del recuerdo vivido, como de su análogo registro fotográfico y soporte material. Si el olvido es tan constitutivo del proceso de la memoria como lo es el recuerdo -tanto el recuerdo voluntario, apoyado en el registro de los hechos, como el fortuitamente involuntario, que asalta y embarga nuestra conciencia-, Muñoz nos demuestra el modo en que la fotografía participa cultural y socialmente de esa ambivalencia que constituye nuestra subjetividad.

Es quizás la video instalación *Sedimentaciones* (2011) donde esa escena primordial de descubrimiento del proceso fotográfico se evoca vívidamente y el recuerdo de Muñoz se reanima adquiriendo una fuerza alegórica. La obra nos invita a ver y entender el modo en que los principios del proceso fotográfico invocan nuestra experiencia vivida, tanto su inscripción en la memoria como su borradura y olvido, pero también aquellos instantes en que esta experiencia puede ser subrepticiamente recobrada. Por medio del formato del video, Muñoz recurre a la imagen en movimiento como recurso que intensifica la reflexión sobre el carácter procesual de la creación fotográfica, subrayando su dimensión temporal. Para situar al espectador frente a una escena similar a aquella que supo maravillarlo hasta cortar su respiración, Muñoz recrea fielmente también la dimensión espacial del cuarto oscuro donde tiene lugar el proceso de revelado fotográfico y la mesa de trabajo donde las imágenes, una al lado de otra conviven, se yuxtaponen, y se combinan impredeciblemente. Dos mesas de trabajo se convierten en pantallas horizontales sobre las que se proyectan cenitalmente las imágenes en blanco y negro. En el comienzo, podemos ver a cada costado de la mesa los rectángulos esmaltados de un lavatorio que se presentan como dos cubetas de revelado blancas, llenas de agua y, entre ambas, rectángulos de papel blanco y varias fotografías. Es posible identificar un archivo compuesto tanto de imágenes íntimas como de fotografías públicamente reconocidas; un álbum personal cuya organización, disímil y heterogénea, está guiada por el hilo de la propia subjetividad del artista. Retratos del joven Muñoz aparecen mezclados con retratos que pertenecen a la historia de la fotografía y del arte; retratos de personajes reconocibles -escritores, artistas- se colocan lado a lado con retratos extraídos de la prensa, con rostros desconocidos

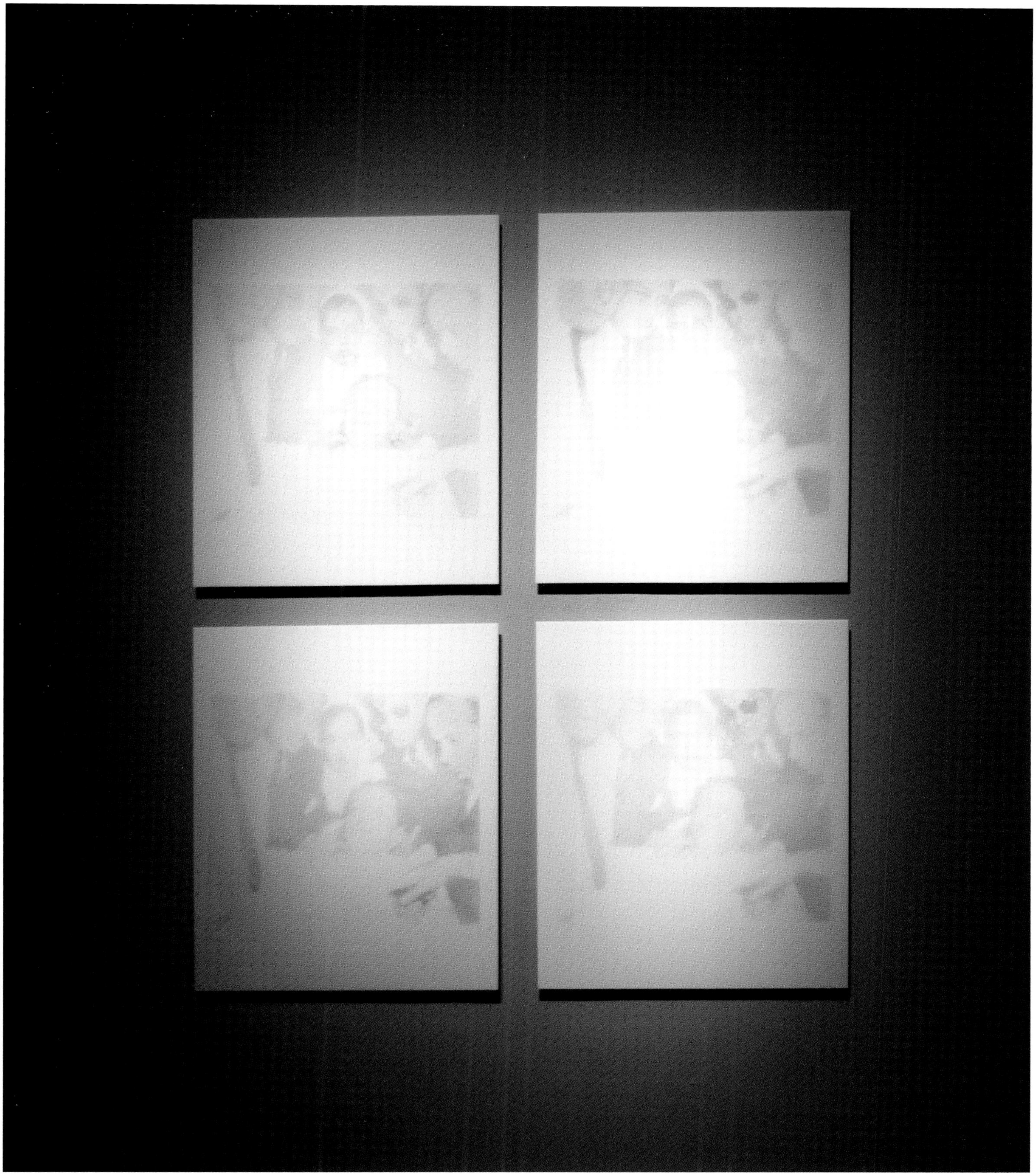

HABER ESTADO ALLÍ, SERIE IMPRESIONES DÉBILES (TO HAVE BEEN THERE, WEAK IMPRESSIONS SERIES), 2011
Print with charcoal powder on methacrylate (Impresión con polvo de carbón sobre metacrilato)
Four elements (Cuatro elementos): 73.5 x 85 cm each (29 x 33½ in.)
Collection of the artist

only charcoal residue at the bottom, as in the *Narcissi*. Finally, the hand places the sheet of paper, now wholly blank, back on the table. On the other side, another hand takes a white paper, immerses it in the other bucket, and an image takes shape before our eyes. In the succession of actions on either side and always with different photographs, it becomes apparent that what we see in the sequence where the image is developed turns out to be, rather, its dissolution, but projected in reverse mode.

The carefully synchronized montage of sequences is repeated continuously as the images appear and disappear from the photographer's table in the darkroom. The magic of the chemical bath, which had so vividly impressed the young artist, evokes that fundamental fact of the photographic process: the possibility of fixing the image on a paper support, stopping its development process and arresting, in that act, both the time of the image and the time of its production. By deconstructing and re-creating the essence of his own recollection, Muñoz represents the creative process of the photographer-artist. It is not, indeed, a simple passage from the negative to the copy (that is, an affirmative act of reproduction). It also involves the moment in which the constitutive disfiguration that already nests in each image is undone. In this way, the resulting image is monochromatically reduced to its primordial materiality: the blackness of charcoal reproduces a figure in suspension over the whiteness of the paper that, when diluted, becomes a trace, a residue of a representation that disappears into pure abstraction. The abstract white rectangle, which stands for the blank paper, chemically sensitized and waiting to reveal a latent image, is also the blank screen onto which the photographer's wishes and fantasies of fixing, extracting, and manipulating a record of reality are projected.

Blank paper with a light-sensitive emulsion has served as an allegory of those lived experiences that have left traces on and remain dormant in our unconscious, exerting their influence over our lifetime, since Sigmund Freud used that metaphor in *The Interpretation of Dreams*, and later revisited in *Moses and Monotheism*.[3] Our personal stories, in particular those events in which we are exposed to harm, violence, and danger, are inscribed in our memory in suppressed form, awaiting their moment to be developed as experiences, that is, to become images, images of ourselves recovered. This singular relationship between the photographic medium and time—the possibility of representing multiple temporalities coexisting simultaneously, as the video-installation *Sedimentations* shows—finds in Muñoz' s work the expressive form capable of representing our affective memory, the ways in which our lived experiences are printed or recorded onto it, evoking that sensorial emotion that connects us to its personal, social, and political dimensions.

para el espectador. Inmediatamente aparece una mano que toma una de las fotografías y la sumerge en una de las cubetas. La imagen se disuelve en el agua dejando solo residuos de carbonilla, como en *Narcisos*. Finalmente, la mano vuelve a colocar el papel, ahora completamente en blanco, sobre la mesa. En el otro extremo, otra mano toma uno de los papeles blancos, lo sumerge en la otra cubeta y allí, ante nuestra mirada, se forma una imagen, aunque en la sucesión de las acciones de uno y otro lado, y siempre con fotografías distintas, percibimos que la secuencia donde la imagen se revela resulta ser, en realidad, la secuencia de disolución proyectada en reverso.

El montaje cuidadosamente sincronizado de ambas secuencias se repite constantemente con las imágenes que aparecen y desaparecen de la mesa del fotógrafo en ese cuarto oscuro. La magia del baño químico, que impresionara al joven artista, refiere a ese hecho fundamental del proceso fotográfico: la posibilidad de fijar una imagen en su soporte de papel, deteniendo su proceso de revelado y suspendiendo, en ese acto, tanto el tiempo de la imagen como el tiempo de su toma y producción. Al deconstruir y recrear la esencia de su propio recuerdo, Muñoz representa ese proceso de creación que las manos del fotógrafo-artista realizan, no como el paso del negativo a la copia (es decir un acto afirmativo de reproducción), sino como su reverso, como el momento en el que se deshace la constitutiva desfiguración que ya anida en cada imagen. La imagen resultante queda monocromáticamente reducida a una materialidad primordial; el negro de la carbonilla reproduce en suspensión sobre el blanco papel una figura que, al diluirse, se vuelve rastro, resto, residuo de una representación que desaparece en pura abstracción. Esa abstracción del rectángulo en blanco, el papel en blanco, químicamente sensibilizado a la espera de revelar una imagen es también la pantalla sobre la que se proyectan los deseos y fantasías del fotógrafo quien quiere fijar lo real, obtener un registro de él y manipular, de ese modo, la realidad y las imágenes.

El papel en blanco, referente del soporte emulsionado vuelto sensible a la luz, alegoriza, desde que Sigmund Freud lo empleara como metáfora en *La interpretación de los sueños*, y luego la retomara en *Moisés y el monoteísmo*,[3] el modo en que nuestras vivencias permanecen latentes como recuerdos remotos y huellas en el inconsciente, ejerciendo su influencia extendida en el tiempo. Nuestra historia, en particular aquellos acontecimientos en los que nos vemos expuestos al peligro y la violencia, se inscribe en la memoria de modo tal que permanece latente, aguardando revelarse como experiencia, es decir volverse imagen, nuestra propia imagen recobrada. La singular relación del medio fotográfico con el tiempo –la posibilidad de presentar múltiples temporalidades simultáneamente, tal como el montaje de *Sedimentaciones* lo demuestra– encuentra en Muñoz el modo expresivo de figurar la memoria sensible sobre la cual se imprime o registra la experiencia de lo vivido, aquella sensación afectiva que nos conecta a una historia en su dimensión personal, social y política.

This allegorical mode in which Muñoz's work examines the expressive possibilities of the link between photography, memory, and historical experience evokes the potential that the German philosopher Walter Benjamin found in the language and the temporal structure of photography to develop his theory of experience under condition of modernity.[4] Considering the impact that technology has on our understanding of historical progression and the capacity of art to convey historical experiences—in particular, the reproducible image that photography introduces—Benjamin affirms that the way to get to the truth of history (and not a true story) is not by representing the past as it actually was but by producing an image. This image would always configure a complex temporal relationship between the historical materials of that from which it is made and the present time of the artist who creates it.[5] Experience is that vital register that remains latent in the darkroom of the lived moment until it is revealed to us in the traces of a figure that makes it present, that brings it to our consciousness. The possibility of remembering, and consequently of narrating and participating in a history that is personal as well as collective, that is cultural as well as political, is tied to the survival of the scattered traces of the past and to our ability to interpret them and thus bring them into the present. In other words, composing their image takes the risk of making history, instead of assuming that they belong in the past.[6] Nonetheless, as with the photographer in Muñoz's *Sedimentations* (who also could be any of us), whose hands reorganize an image archive in incessant configuration and deconstruction, much like Aby Warburg's *Mnemosyne Atlas*,[7] we know that the very instant in which we recognize ourselves in a past image or one extracted from the vertiginous present, is a fleeting, contingent one—the light of a flash that briefly illuminates. The danger of misfortune, the possibility of non-apprehension, and, therefore, the possibility of its loss, marks in an essential way this ephemeral moment.

Muñoz, creatively mining his recollection of the discovery of the photographic process, after years of experimentation and conceptual reconstruction of the mechanisms of perception and memory, gives us images where what we might have deemed impossible to represent finds its aesthetic form. The very experience of historical time, a permanent becoming without any fixity but its own incessant dissolution—how does memory inform our subjectivity, remembering and forgetting who and what we are both at the same time?—finds its articulation too in the language of art and photography.

The way in which the photographic image takes shape in front of the spectators in *Sedimentations* (the hand that holds the white paper seems to act like a magnet attracting the tiny black particles of charcoal "drawing" a portrait) conjures the

Este modo alegórico en el que la obra de Muñoz examina las posibilidades expresivas del vínculo entre fotografía, memoria y experiencia histórica evoca los usos que el filósofo alemán Walter Benjamin supo encontrar en el lenguaje y en la estructura temporal de la fotografía para desarrollar su análisis de la noción de experiencia bajo las condiciones de la modernidad.[4] Considerando el impacto que ha tenido la tecnología, en particular, la reproducibilidad técnica que la fotografía inaugura, sobre nuestra comprensión del devenir histórico y sobre la posibilidad del arte de contener y dar expresión a tal experiencia, Benjamin afirma que la forma de acercarse a la verdad de la historia (no a la historia verdadera) no es representando el pasado tal cual ha sido, sino produciendo una imagen que está siempre situada en una compleja relación temporal, entre la historia de los materiales de la cual está hecha y el presente de quien la produce.[5] La experiencia es ese registro vital que permanece latente en el cuarto oscuro del momento vivido hasta que se nos revela en los trazos de una figura que lo vuelve presente, que lo trae a nuestra conciencia. La posibilidad de rememorar y, en consecuencia, de narrar y participar en esa historia que es personal y colectiva, cultural y política, está atada a la supervivencia de las huellas y los rastros dispersos de lo pasado tanto como a nuestra capacidad para descifrarlos, volverlos legibles como tales en nuestro presente. Es decir, construir una imagen, tomar el riesgo de hacer historia en lugar de asumir que pertenecen al pasado.[6] Pero al igual que el fotógrafo de la obra de Muñoz –quien podría ser, sencillamente, cualquiera de nosotros–, cuyas manos despliegan un archivo de imágenes en proceso de perpetua composición y descomposición, como en el *Atlas Mnemosyne* de Aby Warburg,[7] sabemos que ese momento en el que nos reconocemos ante una imagen proveniente del pasado o extraída del vértigo de lo contemporáneo evoca, también, un instante efímero y contingente –un flash que iluminó brevemente. Se trata de un momento marcado esencialmente por el peligro del infortunio, por la posibilidad de la no aprehensión de la realidad y, por tanto, de su pérdida y de su olvido.

Muñoz, escavando creativamente sus recuerdos del descubrimiento del proceso fotográfico en el cuarto oscuro de Fernell Franco, y luego de años de experimentación reconstruyendo conceptual y sensitivamente los mecanismos de la percepción y la memoria, nos da imágenes con las cuales aquello que podría parecer imposible de representar, esa vivencia en permanente transformación sin otra fijeza que su incesante disolución –¿cómo la memoria constituye las formas de nuestra subjetividad, recordando y olvidando quien y qué somos al mismo tiempo?– encuentra su articulación en el lenguaje de la fotografía y el arte.

El modo en que la imagen fotográfica toma forma frente a nuestra mirada en *Sedimentaciones* (la mano que sostiene el papel blanco parece un imán que atrae las ínfimas partículas negras que se organizan para dibujar un retrato), evoca algo de la sorpresa y

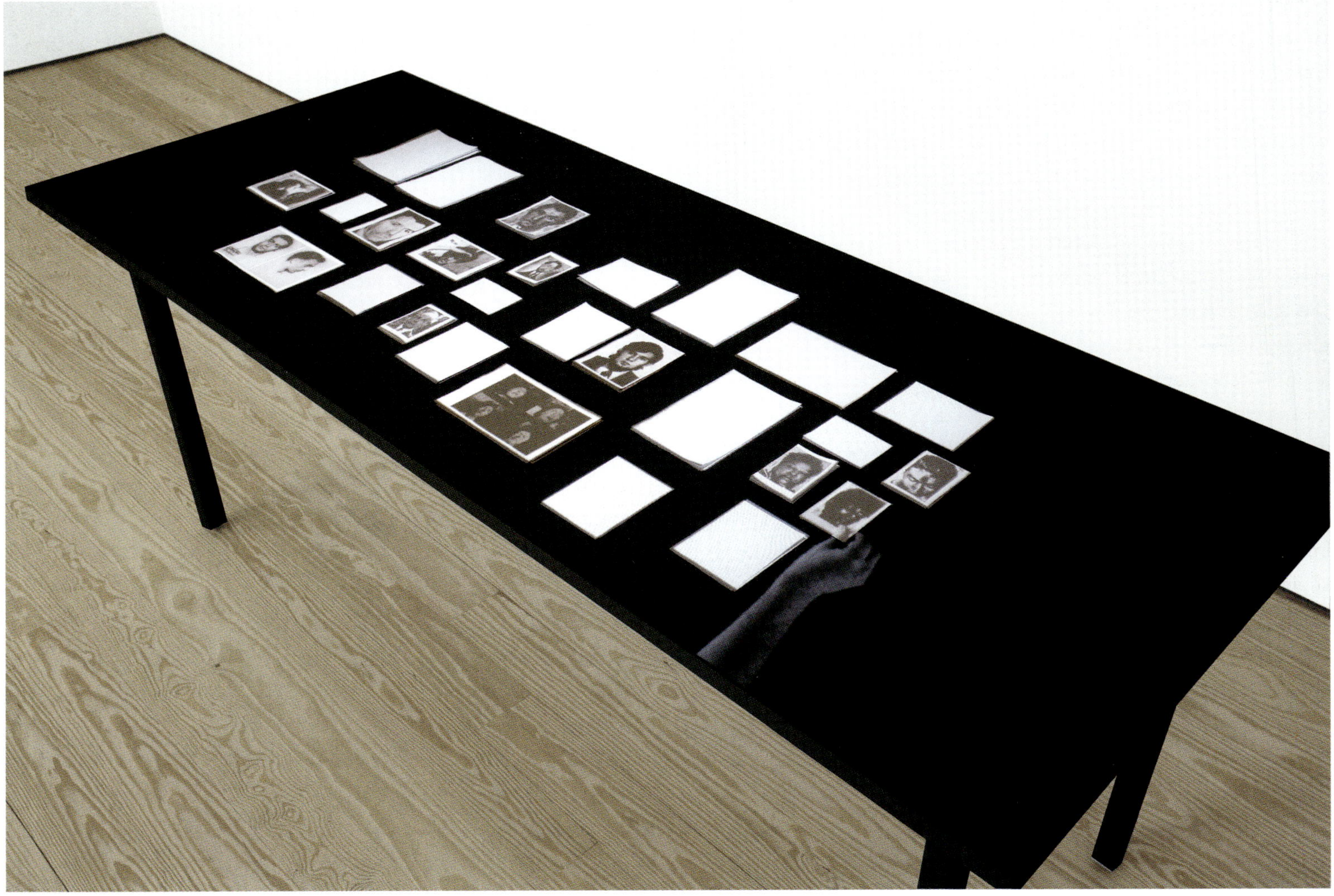

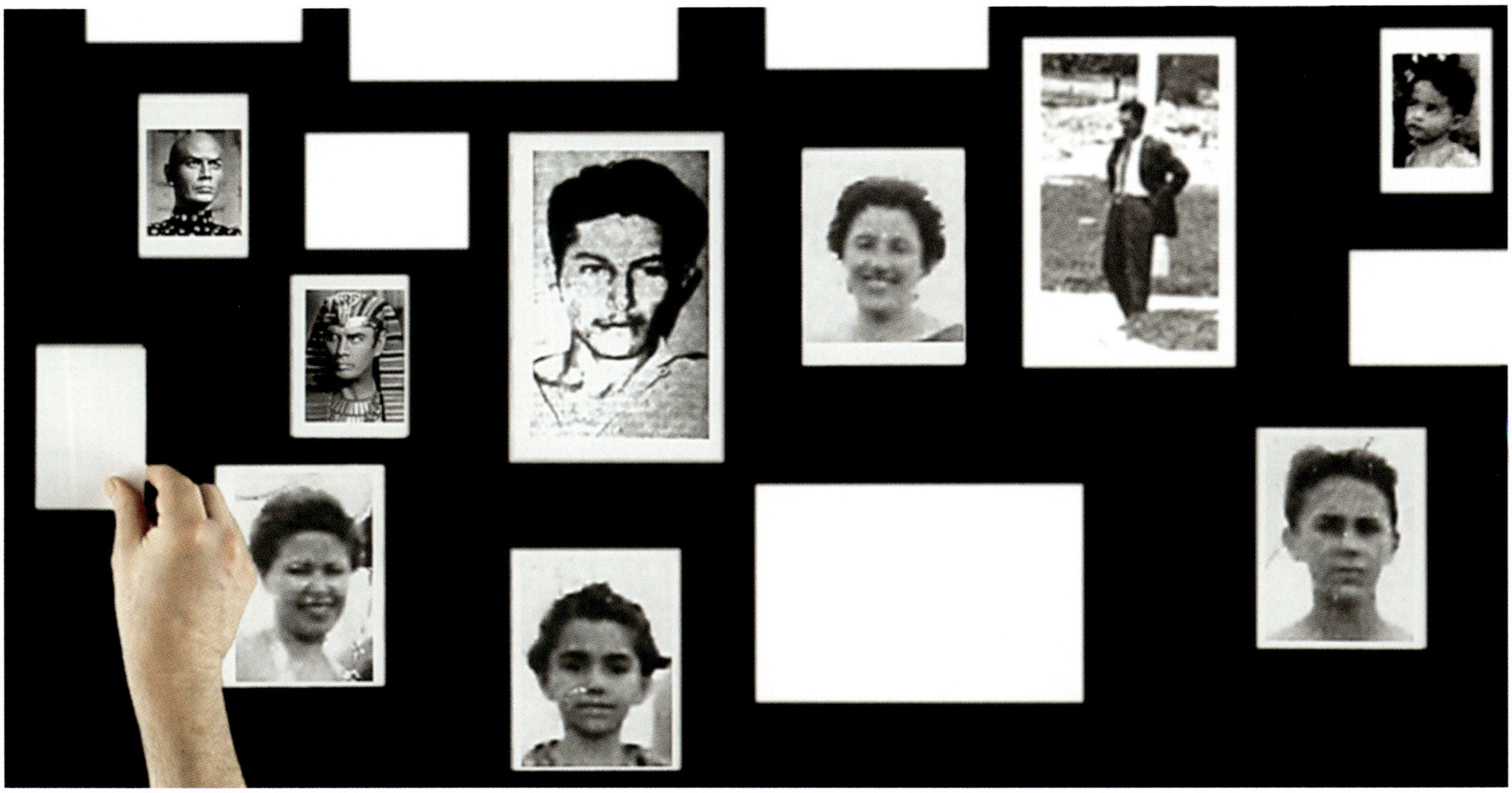

EDITOR SOLITARIO (SOLITARY EDITOR), 2011
Blu-Ray video projection on a table with sound (Video-proyección Blu-Ray sobre una mesa con sonido), 36 min. 19 sec.
200 x 80 cm (78¾ x 31½ in.)
Collection of the artist

artist's amazement at the unveiling of the image for the first time, thus beholding its magical or "auratic" character (in Benjamin's terms). The video installation takes us back to the beginnings of the photographic practice itself, to the desire of photographers to fix what the camera obscura allowed them to see and then cut out from reality, in how light sears the emulsified supports to reveal a face.

As the historian Geoffrey Batchen has stated, this "burning with desire," which is at the origin of photography, that is, the desire to extract from the flow of history a materiality, an event, a subject, a scene to preserve it perpetually, is connected, as in all representation, to the unstoppable longing to replace an anticipated loss with an image. It is also related to the belief in the possibility of establishing contiguity between the photograph as object and the body of the one we desire and love.[8] In *Sedimentations* as in many other works by Muñoz, the essential image that evokes the presence of the other or that names their absence, is the human face. The archive of *Sedimentations* and *Editor solitario* (*Solitary Editor*) (2011), two similar and complementary bodies of work, contains a series of portraits that includes the artist's own likeness.

Muñoz's portrait, which appears and reappears throughout his work, is an uncanny presence. In its recurrence, we can witness the traces that time has left on the artist's face, which allow us to think of his work as being in constant process and transformation, rather than in terms of evolution or progress. In *Solitary Editor,* the rapid movement of a hand enables us to see the recombination of the site that each photograph occupies in his archive. Through the placement of the camera, viewers are situated in the same position as the "editor," looking at the way the images appear and disappear, as if it were the rhythm of the card game the title alludes to. One begins to detect patterns although the rules are not clear: which photographs remain in view the longest, and which ones derive from the historical archive. This game of possible configurations that the visual archive of photography has been constructing since the mid-nineteenth century, to the hyper-abundance of I mages today, is also displayed in the video installation *El coleccionista* (*The Collector*) (2014–16). In this work, we see Muñoz himself manipulating a row of images on a horizontal shelf, which is different from but complementary to the worktable that is in *Sedimentations* and *Solitary Editor*.

In this work, the artist is not alluding to the photographic production process, but rather to the way photographs are collected and exhibited, that is, to the archive that each artist recombines to give a new vision of the history of photography, of art, and of visual representation in a general sense. The photographs that Muñoz places on the shelf, and subsequently

conmoción del artista al ver la aparición de la imagen por primera vez, al presenciar su carácter mágico o "aurático" (en términos de Benjamin). La video instalación también nos remonta a los comienzos de la práctica fotográfica misma y al afán por fijar aquello que la cámara oscura permitía ver y recortar de lo real, el modo en que la luz abrasaba el soporte para revelar un rostro.

Ese "ardiente deseo" que está en el origen de la fotografía –el deseo de extraer del flujo de la historia un acontecimiento, un sujeto, una escena para fijarlo y así preservarlo a perpetuidad, como lo ha estudiado el historiador Geoffrey Batchen–, está ligado, como en toda representación, al indómito anhelo de sustituir una imagen por una pérdida anticipada, así como a la posibilidad de establecer, a través del objeto-fotografía, una contigüidad con el cuerpo de aquel que deseamos, amamos.[8] En *Sedimentaciones,* como en otras obras de Muñoz, la imagen esencial que evoca la presencia del otro, o que nombra su ausencia, es la imagen del rostro humano. El archivo de *Sedimentaciones,* como también el de *Editor solitario* (2011), dos obras similares y complementarias, contiene una serie de retratos que incluyen el autorretrato del artista. El retrato de Muñoz aparece y reaparece a lo largo de su obra; es una presencia inquietante.

En esas repeticiones podemos constatar la medida del paso del tiempo y la huella que este opera sobre el rostro del artista, lo que permite pensar, nuevamente, más que en términos de evolución o progreso, en una obra en constante proceso y transformación. *Editor solitario* nos permite ver, con el rápido movimiento de una mano, la recombinación del sitio que ocupa cada fotografía de su archivo, mientras quien observa es colocado en la misma posición del "editor", mirando la forma en que las imágenes aparecen y desaparecen, conformando el ritmo del juego de naipes que se alude en el título de la obra. Comenzamos a detectar regularidades, aunque las reglas resulten de algún modo opacas: cuáles de las fotografías permanecen por más tiempo; cuáles son las que provienen del archivo histórico. Este juego de configuraciones posibles que el archivo visual de la fotografía viene constituyendo desde mediados del siglo XIX hasta la súper abundancia de la imagen en la contemporaneidad es desplegado en la también afín video instalación *El coleccionista* (2014–16). En la obra se puede ver al propio Muñoz manipulando una hilera de imágenes en una repisa horizontal, que es diferente pero complementaria a la mesa de trabajo *Sedimentaciones,* y a la del *Editor solitario*.

En esta obra no se alude al modo en que la fotografías se producen, sino al modo en que son coleccionadas, colgadas, exhibidas; al archivo visual que cada artista recombina para dar una nueva visión de la historia del medio, del arte, y de la representación en su sentido más amplio. Las fotografías que incesantemente Muñoz, de espaldas a la cámara pero frente a las imágenes, posiciona y reacomoda son, en su mayoría, retratos y autorretratos de fotógrafos y pintores. Nuevamente es el rostro la figura privilegiada, como cifra de una presencia que se invoca, de una subjetividad que se hace presente

resituates over and over, are for the most part portraits and self-portraits of photographers and painters. Once again, the human face is the privileged icon through which presence is invoked, a form of subjectivity that comes from the past to claim its place and its intelligibility in the present. Muñoz positions himself facing these images and with his back to the video camera, creating a scene of recognition in which, as Benjamin argued, the last glimpse of an image's aura can be experienced: the viewer's gaze meets the portrayed person's eyes, and they seem to be looking back at us. Muñoz uses the photographic portrait as an invitation to foster that reciprocal gaze with the viewer, either through his own portraits or those he rescues from various archives. As Benjamin stated, collectors are the great physiognomists of the world of things. By transforming mere commodities into collectible items, and by extracting these objects from their original site and placing them into a new constellation, collectors preserve the memory of those yearnings and fantasies perhaps still unrealized in the world.[9]

In the work *Ante la imagen* (*Before the Image*) (2009), Muñoz had previously worked more intimately with this idea of the auratic encounter between the gaze of and/or from the past—coded in the longing expression of those early photographs, particularly in the sharpness of daguerreotypes—and those who observe the photograph in the present. A posthumous presence, Kaja Silverman calls it, based on the reversibility of the visual relationship between the photographer and the person portrayed.[10] Making this connection even more allegorical, Muñoz prints one of the first portraits in the history of photography—American chemist Robert Cornelius's own daguerreotype—onto a mirrored glass surface. In this way, viewers see themselves confronting the image and are challenged by a spectral presence; they become aware of their looking at themselves, gazing into eyes that seem to look back. This fortuitous encounter between the eyes from the past that demand recognition and intelligibility, and the gaze that acknowledges them in the present, is what Benjamin called "dialectical image": the possibility of a revolutionary way of thinking that can restore, redeem, and above all re-signify everything that the history of progress has left behind as residue, dust, and dispossession.[11] The task of the "solitary editor" is based, then, on the desire to see these fragments, images, and their scattered meanings, not as irreparable losses, but as archive in perpetual construction. *Before the Image,* whose title takes after Georges Didi-Huberman's homonymous essay,[12] allows us to think about the power of the image to conjure presence, as well as the singular way in which art history has configured forms in order to represent them.

It is in *Breath* (1995), however, that Muñoz poses the political dimension that Benjamin had theorized in his notion of

desde el pasado para reclamar su lugar y su inteligibilidad en el ahora. Muñoz se posiciona ante las imágenes de esos rostros que coloca a la altura de su propia mirada; una escena de reconocimiento en la cual, tal y como sostenía Walter Benjamin, podríamos experimentar el último resquicio del aura de una imagen, cuando la mirada se funde en los ojos del retratado y parece devolvérnosla. El retrato, como una invitación a la mirada recíproca con el espectador, es uno de los usos fundamentales que Muñoz moviliza en sus obras, tanto cuando usa sus propios retratos como aquellos que rescata de archivos diversos. Como afirmaba Benjamin, los coleccionistas son los grandes fisonomistas del mundo de las cosas que, al transformar meras mercancías en objetos de colección, sustrayéndolas de su lugar propio para colocarlas en una nueva constelación, preservan la memoria de los anhelos y fantasías quizás insatisfechas de ese mundo.[9]

En la obra *Ante la imagen* (2009), Muñoz ya había trabajado de forma más íntima, y en referencia directa a la historia de la fotografía, con esta idea del encuentro aurático entre la mirada del/desde el pasado, cifrada en el rostro del retratado que la fotografía –y particularmente la nítida calidad del daguerrotipo– trae al presente de quien la sostiene ante sí. Una presencia póstuma, como la llama Kaja Silverman, basada en la reversibilidad de la relación visual entre fotógrafo y retratado.[10] Haciendo esta concurrencia aún más alegórica, Muñoz imprime uno de los primeros retratos de la historia de la fotografía (el daguerrotipo del químico estadounidense Robert Cornelius) sobre una superficie espejada y, de ese modo, el observador se ve frente a la imagen y es interpelado por esa presencia espectral del pasado, y asimismo es consciente de su mirar mirándose en el rostro ante sí. Ese encuentro fortuito entre los ojos que desde el pasado reclaman reconocimiento, inteligibilidad, y la mirada que desde el presente los acoge es lo que Walter Benjamin llamaba "imagen dialéctica": la posibilidad de un modo revolucionario del pensamiento que puede restaurar, redimir y sobre todo resignificar todo aquello que la historia del progreso dejó atrás como resabio, polvo, despojo.[11] La tarea del editor solitario se basa, entonces, en el deseo de ver esos fragmentos, imágenes, y sus sentidos dispersos, no como una pérdida irreparable, sino como algo en perpetua construcción. *Ante la imagen* de Oscar Muñoz –y siguiendo a Georges Didi-Hubermann en su ensayo homónimo–,[12] es una obra que nos permite pensar en la potencia de la imagen para conjurar la presencia, así como el modo singular en que la historia del arte ha configurado formas de representarla.

Es en *Aliento* (1995), sin embargo, donde Muñoz propone la dimensión política que Benjamin teorizaba en su noción de "imagen dialéctica". Esta obra surge en medio de un período de violencia política en Colombia, cuando los asesinatos, las desapariciones y los rostros y cuerpos de las víctimas de grupos armados estatales, paramilitares y de grupos insurgentes se vuelven representaciones cotidianas de la prensa y los medios audiovisuales. Al repetir

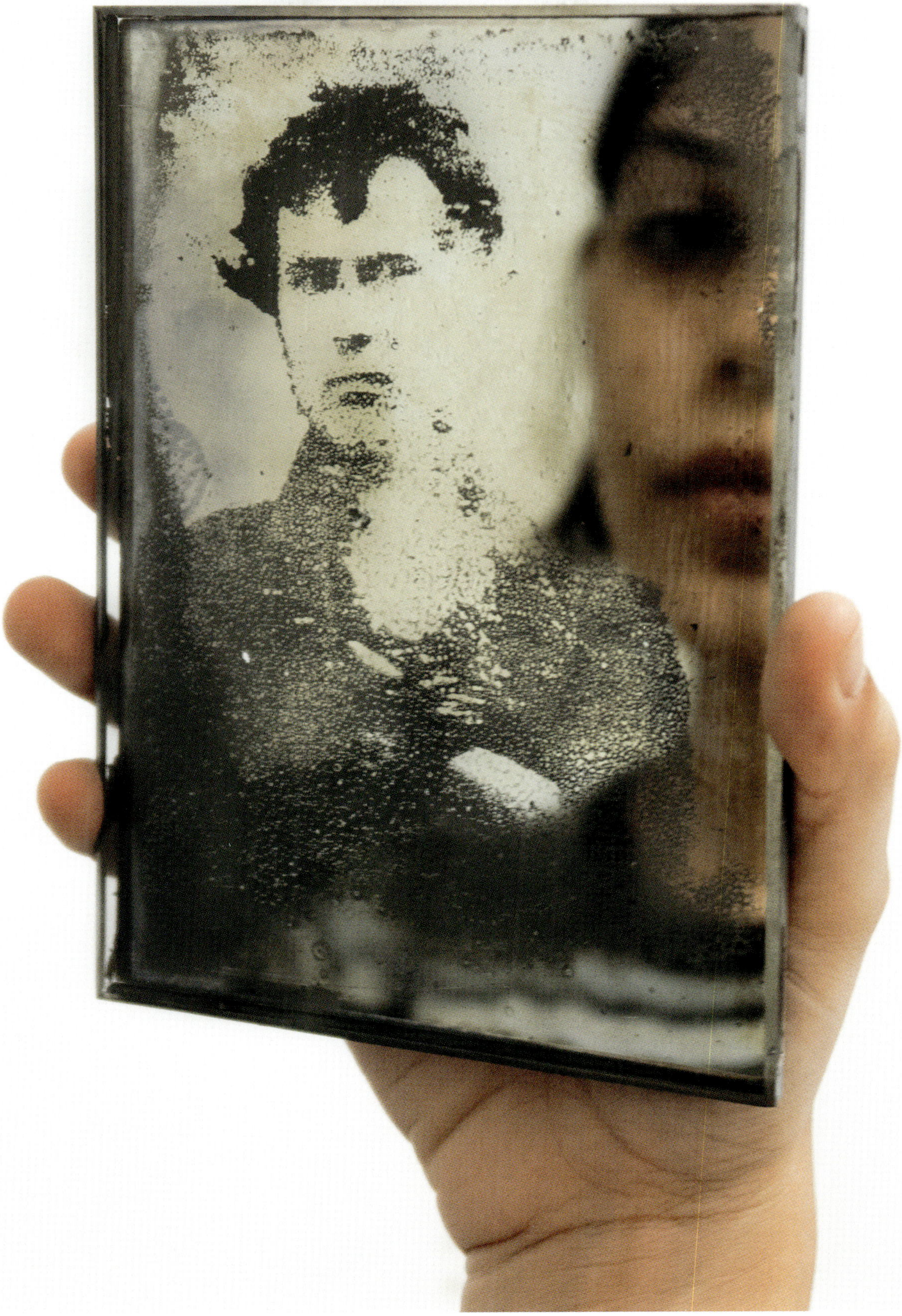

ANTE LA IMAGEN (BEFORE THE IMAGE), 2009
Photoengraving on mirror (Fotograbado sobre espejo)
Six elements (Seis elementos): 10.8 x 15.2 cm each (4¼ x 6 in.)
Collection of the artist

NEXT SPREAD:
ALIENTO (BREATH), 1995
Serigraph on steel disks (Serigrafía sobre discos de acero)
Twelve elements (Doce elementos): 20 cm diameter each (7⅞ in.)
Collection of the artist

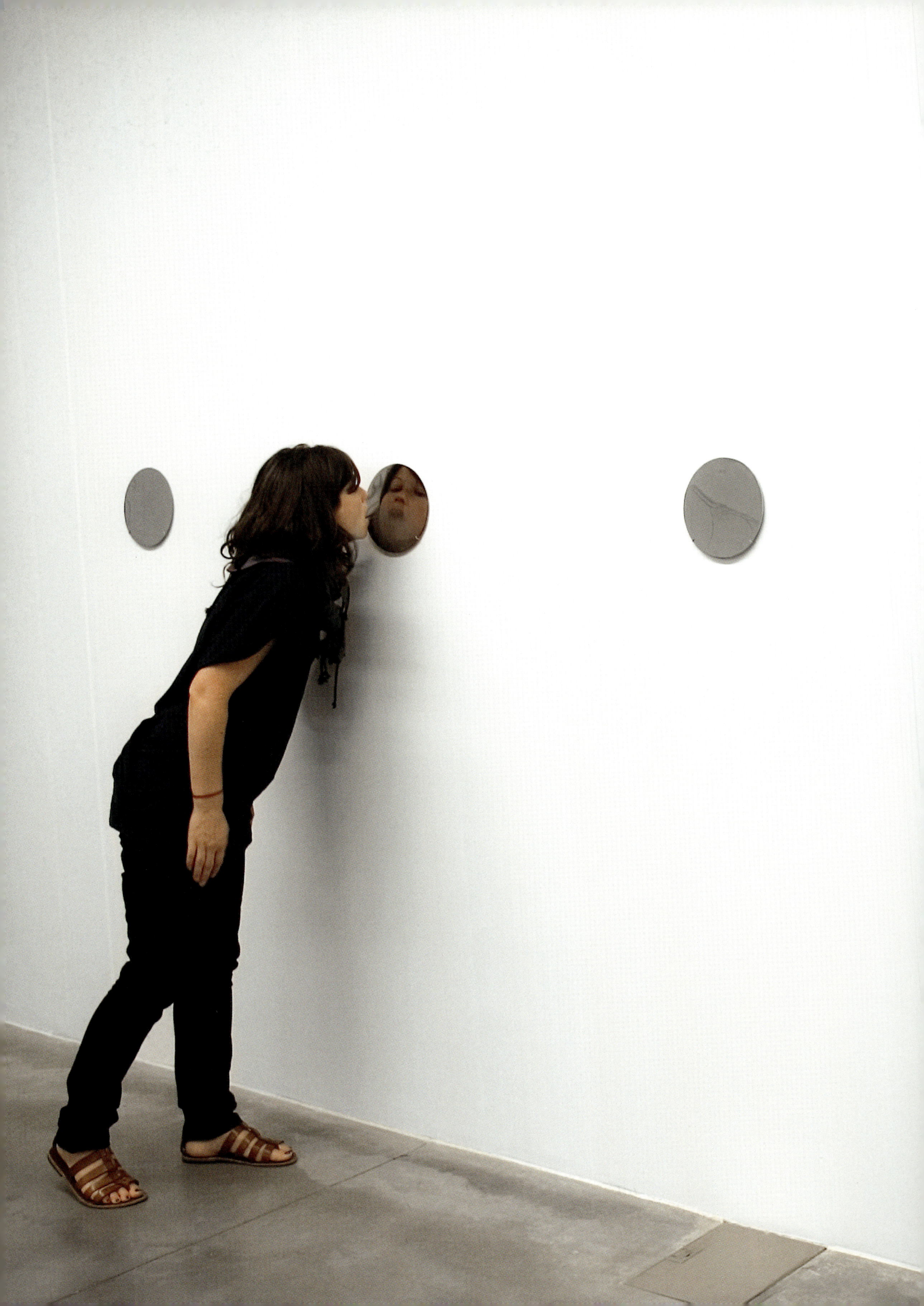

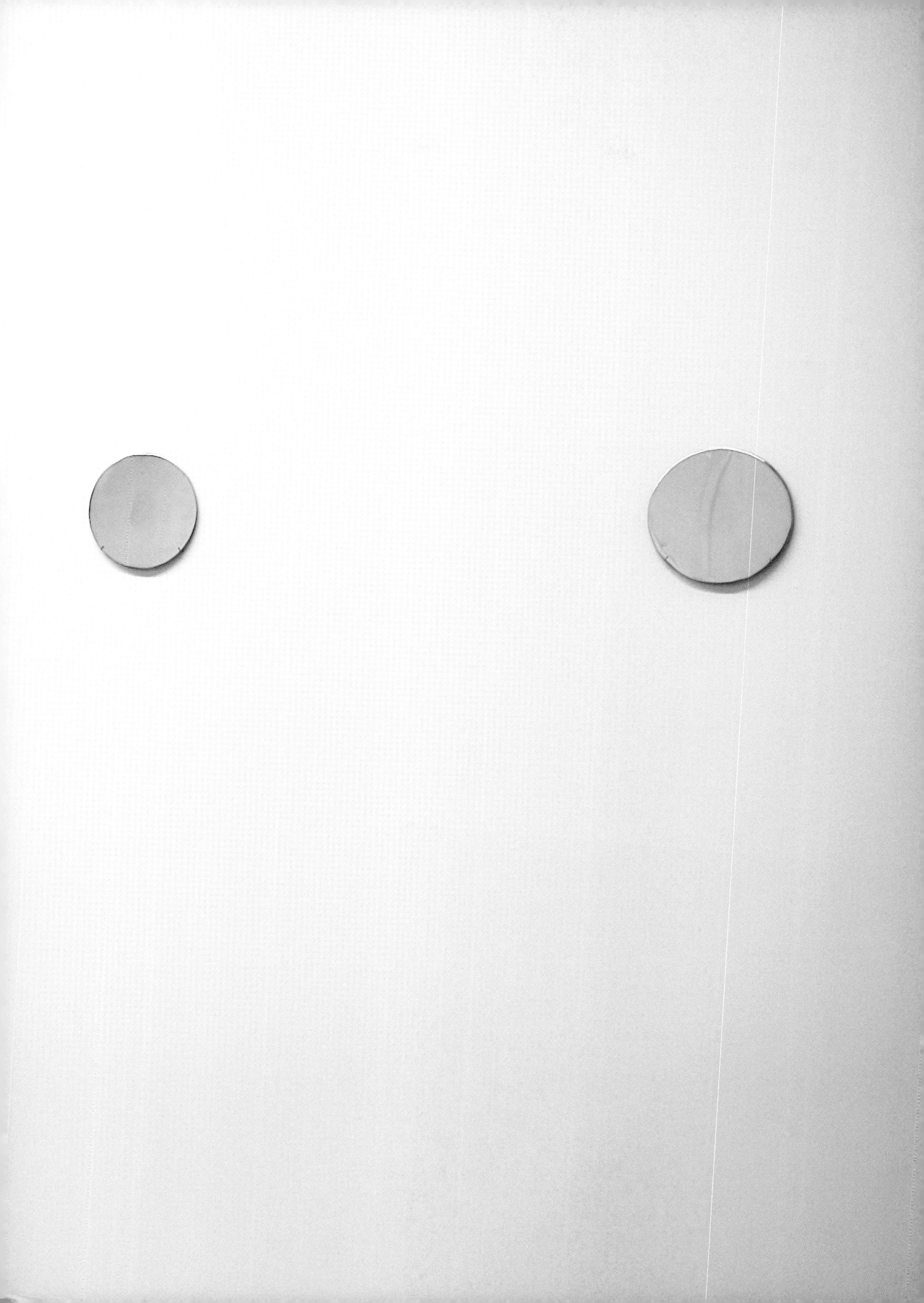

"dialectical image." This work was conceived during the period of political violence in Colombia when the killings, the disappearances, and the faces and bodies of the victims of state-armed factions, paramilitaries, and insurgent groups became everyday representations in the press and audiovisual media. The unremitting reproduction of images of violence, often of anonymous victims, anesthetized and desensitized the media-consuming audience, despite the societal dimension of these events.

Breath confronts the viewer with an image from that archive of violence, specifically from those ephemeral memorials that took shape in the press obituaries, that humble form of public space where relatives of the victims tried to leave a mark of the disappearance or murder of their loved one, as a kind of symbolic burial, given the absence, in many cases, of their bodies. By appropriating images from the press, Muñoz preserves and redefines the faces of these murdered people, creating a memorial archive. Muñoz makes photo-seriographs using an oily substance on a metal disk, thereby evoking the very chemical processes that in the history of photography have served to reproduce and fix images. These faces, like an unprocessed photograph or an unconscious memory, remain latent, invisible, just as our awareness remains blind to the immeasurable and incessant demands of violent events when exposed to the constant reproduction of these images. Viewers develop the image by using their own vital breath, an allegorical breath of life that makes those forgotten faces, marginalized from official history, visible and intelligible, as their spectral presence emerges before the gaze of those who have conjured them to claim their recognition.

Unfulfilled promises of justice, calls for a dignified mourning, the impossible reconciliation of a history of violence that does not even allow legibility for its victims, are making their way, shaping a face in front of whoever approaches with their face and breathes onto that mirror. The viewer's gaze is thus replicated on the face of the absent one, responding to the demand of the anonymous face to name the injustice that it has suffered, and to claim recognition. This is the challenge Oscar Muñoz poses to the viewer: to look at ourselves looking into the face of another so that the unknown person looks back, in part, configuring our own face. When we feel that the image, thanks to our own breath, looks at us, our perception of being sovereign subjects is undone: when I see myself in the other's eyes, I recognize myself as another. In the minimal space that separates the mouth that exhales the breath of life from the surface where the face emerges, for just an instant, Muñoz constructs, allegorically and materially, a common space, an ephemeral but potentially transformative recognition in which the politics of an emerging community are based.

incesantemente un ciclo de reproducción de imágenes, muchas veces anónimas para la mayoría de los espectadores, y a pesar de la dimensión social de estos acontecimientos, se anestesiaba y desensibilizaba a una audiencia consumidora de los medios de difusión.

Aliento coloca al espectador ante una imagen que proviene de ese archivo de la violencia que encontraba su efímero memorial en los obituarios de la prensa, ese sencillo espacio público donde los deudos o familiares de las víctimas buscaban dejar una huella, un rastro de la desaparición o muerte de su ser querido a modo muchas veces de sepultura simbólica, dada la ausencia de los cuerpos. Apropiándose de las imágenes de la prensa, Muñoz conserva y resignifica esos rostros de personas asesinadas, creando un archivo de recuerdos. Son foto-serigrafiados con una sustancia oleaginosa sobre un disco de metal, evocando de esta forma los procesos químicos que en la historia de la fotografía han servido para lograr reproducir y fijar la imagen. Esos rostros, cual imagen aún no revelada, recuerdo aún no consciente, permanecen latentes, invisibles, así como la memoria vivida, que al ser expuesta a la incesante reproducción de imágenes de violencia se mantiene ciega a la inconmensurable demanda de los acontecimientos. Es el espectador quien los revela, utilizando su propio aliento vital, alegórico soplo de vida que vuelve visibles, inteligibles esos rostros olvidados, marginados de la historia oficial, que en su espectral presencia se hacen presentes ante la mirada de quien los conjura para reclamar su reconocimiento.

La promesa incumplida de justicia, el reclamo de un duelo digno, la imposible conciliación con una historia de violencia que no permite legibilidad para sus víctimas va abriéndose paso, configurando un rostro, frente a quien acerca su boca y sus ojos a ese espejo. La mirada del espectador se replica en el rostro de un ausente. De esta forma, la interpelación de ese rostro anónimo que vuelve para nombrar su injusticia y reclamar su reconocimiento es la misma que Oscar Muñoz le propone al espectador. Mirar mirándose en el rostro de otro, para que el desconocido nos devuelva, en parte, la figuración de nuestro propio rostro. Al sentir que la imagen que se hace visible con nuestro aliento nos mira, se desrealiza nuestra percepción de ser sujetos soberanos —así como me veo en el otro, me reconozco otro. En la mínima distancia entre la boca que exhala el aliento de vida y el modo en que este aliento se posa en la superficie espejada para invocar ese rostro que se conforma ante sí por tan sólo un instante, Muñoz construye, alegórica y materialmente, un espacio de lo común, de efímero pero transformador reconocimiento sobre el que fundar una política de la comunidad por venir.

NOTES

1 Jean-Luc Nancy, "The Weight of a Thought," in *The Gravity of Thought,* trans. François Raffoul and Gregory Recco (London: Humanities Press International, 1997).
2 María Wills Londoño, "Interview with Oscar Muñoz," in *Oscar Muñoz: Protographies* (Paris, Le Jeu de Paume: Filigranes Éditions, 2014), 85–86.
3 For the relationship between Freud and photography, see Sarah Kofman, *Camera Obscura: Of Ideology* (Ithaca, NY: Cornell University Press, 1999).
4 Walter Benjamin, *The Work of Art in the Age of Its Technological Reproducibility,* ed. Michael Jennings, Brigid Doherty, and Thomas Levin (Cambridge & London: Belknap Press, 2008).
5 Walter Benjamin, "On the Concept of History," in *Walter Benjamin: Selected Writings, 4: 1938–1940* (Cambridge & London: Belknap Press, 2006).
6 On Walter Benjamin and photography, see Eduardo Cadava, *Words of Light: Theses on the Photography of History* (Princeton.: Princeton University Press, 1997); and Kaja Silverman, "Posthumous Presence," in *The Miracle of Analogy. History of Photography Vol. 1* (Stanford: Stanford University Press, 2015).
7 German art historian Aby Warburg's *Mnemosyne Atlas* (1925–29) is a prescient work of mixed-media assemblage, made up of hundreds of images arranged into startling juxtapositions that follows his own metonymic, intuitive logic, even as it is based in decades of rigourous scholarship. See Georges Didi-Hubermann, *Atlas, or the Anxious Gay Science* (Chicago: University of Chicago Press, 2018).
8 Geoffrey Batchen, *Burning with Desire: The Conception of Photography* (Cambridge, MA: MIT Press, 2006).
9 Walter Benjamin, *The Arcades Project* (Cambridge & London: Belknap Press, 1999).
10 Silverman, "Posthumous Presence."
11 Benjamin, *The Arcades Project.*
12 Georges Didi-Hubermann, *Confronting Images: Questioning the Ends of a Certain History of Art* (University Park: Penn State University Press, 2009).

1 Jean-Luc Nancy, *El peso de un pensamiento* (Castellón, España : Ellago Ediciones, 2007), 98.
2 María Wills Londoño, "Interview with Óscar Muñoz". En Oscar Muñoz. Protographies (Trézélan: Filigranes Editions, 2014), 85–86.
3 Para la relación entre Freud y la fotografía, véase Sarah Kofman, *Cámara oscura: De la ideología* (Madrid: Taller de Ediciones de JB, 1975).
4 Walter Benjamin, *La obra de arte en la época de su reproductibilidad técnica* (Buenos Aires: La marca editora, 2017).
5 Walter Benjamin, *Tesis sobre la historia y otros fragmentos* (México: UNAM, 2008).
6 Sobre Walter Benjamin y la fotografía, véase Eduardo Cadava, *Trazos de luz. Tesis sobre la fotografía de la historia* (Santiago de Chile: Editorial Palinodia, 2014) y Kaja Silverman, "Posthumous Presence". En *The Miracle of Analogy. History of Photography, Part 1* (Stanford: Stanford University Press, 2015).
7 *Atlas Mnemosyne* (1925–1929) del historiador de arte alemán Aby Warburg es una obra profética de ensamblaje de medios mixtos, compuesta por cientos de imágenes organizadas en yuxtaposiciones sorprendentes que siguen su propia lógica metonímica e intuitiva, incluso cuando se basa en décadas de estudios rigurosos. Ver Georges Didi-Hubermann, *Atlas o Anxious Gay Science* (Chicago: University of Chicago Press, 2018).
8 Geoffrey Batchen, *Arder en deseos. La concepción de la fotografía* (Barcelona: Gustavo Gili, 2004).
9 Walter Benjamin, *Libro de los pasajes* (Madrid: Akal, 2004), 225.
10 Kaja Silverman, "Posthumous Presence".
11 Walter Benjamin, *Libro de los pasajes.*
12 George Didi-Hubermann, *Ante la imagen. Pregunta formulada a los fines de una historia del arte* (Murcia: CENDEAC, 2010).

NOTES

CONJURING THE IMAGE: OSCAR MUÑOZ IN CONVERSATION WITH ELENA SHTROMBERG

ELENA SHTROMBERG AND OSCAR MUÑOZ

The following brief interview was part of a conversation with Oscar Muñoz in 2019 about the early context of his work, included here to provide background for the discussion that follows.

ELENA SHTROMBERG: Before your work in video, you were involved with the Experimental Cinema Group in the 1970s, could you tell us a little about this time? What is the relationship between this group and your early work?

OSCAR MUÑOZ: I think that during those years in the small artistic scene of Cali there was an interdisciplinary connection that revolved, above all, around a few institutions such as La Tertulia, the Teatro Experimental de Cali, Bellas Artes, Ciudad Solar, etc. Pedro Alcantara formed a group dedicated to graphic art, which I was a part of and which was important for my proximity to this practice when I began. I had some work relationship with all these institutions. I was also friends with the experimental filmmakers in Cali, a time during which the connection between visual artists and filmmakers was especially prosperous and rich.

Esta breve entrevista, incluida aquí para proporcionar antecedentes para la discusión que sigue, forma parte de una conversación sostenida con Oscar Muñoz en 2019 sobre el contexto inicial de su obra.

ELENA SHTROMBERG: Antes de trabajar en video estuviste involucrado, en la década de 1970, con el Grupo de Cine Experimental, ¿podrías contarnos un poco sobre esta época? ¿Cuál es la relación entre este grupo y tu obra inicial?

OSCAR MUÑOZ: Creo que durante esos años en el pequeño escenario artístico de Cali había una conexión interdisciplinaria que giraba, sobre todo, en torno a unas pocas instituciones como La Tertulia, el Teatro Experimental de Cali, Bellas Artes, Ciudad Solar, etc. Pedro Alcántara formó un grupo dedicado al arte gráfico, del cual formé parte, y que fue importante por mi cercanía a esta práctica en mis comienzos. Tuve alguna relación laboral con todas estas instituciones. También fui amigo de los cineastas experimentales de Cali, en una época en la que la conexión entre artistas visuales y cineastas era especialmente próspera y rica. En algunos casos

INVOCAR LA IMAGEN: OSCAR MUÑOZ EN CONVERSACIÓN CON ELENA SHTROMBERG

ELENA SHTROMBERG Y OSCAR MUÑOZ

There were some instances in which I collaborated with them; I remember I made the poster for Carlos Mayolo's film *Carne de tu Carne* (*Flesh of Your Flesh*) (1983) I'm also in some of Oscar Campo's documentaries, and in some of Ospina's documentaries as well. However, I distinguish my experimentation in video from that of my friends in the film group in some specific points. Even though cinema is a big influence for me, my work comes from my practice with graphics, with drawing and photography—from the static image rather than cinematic image. While both moving images tell stories, I consider video to be very different from film, and unlike screening a movie in a theater, a video is exhibited so that you can pass by, stop to look at it for a bit, then continue on.

ES: How do you see your work in relation to other art from Latin America, particularly with respect to systemic violence?

OM: With regard to the extended and rich production of video in Colombia and even more so in Latin America, I find it difficult to have one defined and clear idea. In Colombia and Latin America as a whole, one commonality is there is a broad spectrum of approaches to the implications of systemic violence, a problem that has affected all of us. In both film and video, there are artists who have widely used material produced by mass media; Jose Alejandro Restrepo often works in this way. Gilles Charalambos's work was one of the first examples of video art that I remember seeing. Additionally, I see new artists who work with video from an intimate and often autobiographical perspective, for example Laura Huertas. For my part, I believe that my work that can be characterized as perhaps paradoxical: it seeks an approach but from a certain distance of reflection with poetic or philosophical intentions.

ES: Do you remember what camera you used to make your first video, and where you first exhibited it?

OM: I haven't considered myself an active operator of photographic or video cameras (instead I have attempted to take them apart so as to understand them better) and because of this I have asked for help with my photographs and videos from people who understand them better. Maybe this has been the reason that my work is done in my studio, with the camera fixed, registering an action and simply attempting to occupy my place, that of my point of view.

For the first two videos that I remember making, *Narciso (Narcissus) and La mirada del cíclope* (*The Cyclops' Gaze*) (2002–2009), I used a Hi 8 camera that belonged to my friend Eduardo Carvajal, and he acted as cameraman for the piece and then Ernesto Salmeron taped my work *Re/trato*: 2004. Later, I

colaboré con ellos. Recuerdo que hice el cartel de la película *Carne de tu carne* de Carlos Mayolo (1983). También estuve en algunos de los documentales de Oscar Campo y de Ospina. Sin embargo, yo hago una diferencia entre mi experimentación en video y la de mis amigos del grupo de filmación en algunos puntos específicos. Aunque el cine es una gran influencia para mí, mi trabajo proviene de mi práctica con la gráfica, con el dibujo y la fotografía –de la imagen estática más que de la imagen cinematográfica. Si bien ambas imágenes en movimiento cuentan historias, considero que el video es muy diferente a una película y, a diferencia de la proyección de una película en un cine, un video se exhibe para que el espectador pueda pasar, detenerse a mirarlo un poco y luego continuar.

ES: ¿Cómo ves tu obra en relación con otras propuestas artísticas de América Latina, particularmente con respecto a la violencia sistémica?

OM: Con respecto a la extensa y rica producción de videos en Colombia y, más aún, en Latinoamérica, me cuesta tener una idea definida y clara. Un punto en común en Colombia y América Latina en general es que existe un amplio espectro de enfoques sobre las implicaciones de la violencia sistémica, un problema que nos ha afectado a todos. Tanto en el cine como en el video, hay artistas que han utilizado ampliamente el material producido por los medios de comunicación. José Alejandro Restrepo trabaja a menudo con este material. Las obras de Gilles Charalambos fueron los primeros ejemplos de videoarte que recuerdo haber visto. Además, veo nuevos artistas que trabajan con video desde una perspectiva íntima y, a menudo, autobiográfica, por ejemplo, Laura Huertas. Por mi parte, creo que mi trabajo quizás se puede caracterizar como paradójico: busca un acercamiento, pero desde cierta distancia reflexiva con intenciones poéticas o filosóficas.

ES: ¿Recuerdas qué cámara usaste para hacer tu primer video y dónde lo exhibiste por primera vez?

OM: No me considero un operador activo de cámaras fotográficas o de video (en cambio, he intentado desarmarlas para entenderlas mejor) y, por eso, para mis fotografías y videos, he pedido ayuda a personas que las entienden mejor. Quizás esta sea la razón por la que mi trabajo se hace en mi estudio, con la cámara fija, registrando una acción y simplemente intentando ocupar mi lugar, el de mi punto de vista.

Para los dos primeros videos que recuerdo haber hecho, *Narciso* y *La mirada del cíclope* (2002–2009), usé una cámara Hi 8 que pertenecía a mi amigo Eduardo Carvajal, y él actuó como camarógrafo de la pieza. Luego, Ernesto Salmerón grabó mi obra *Re/trato*: 2004. Más tarde, tuve un MiniDV con el que hice otros videos, pero siempre con la ayuda de mi asistente.

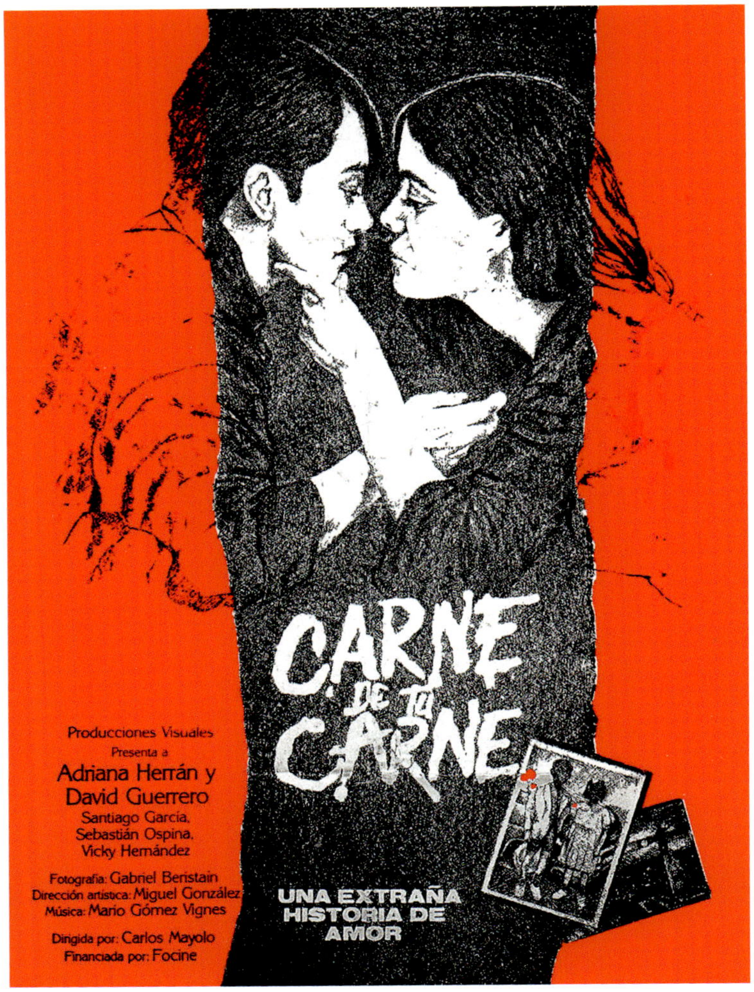

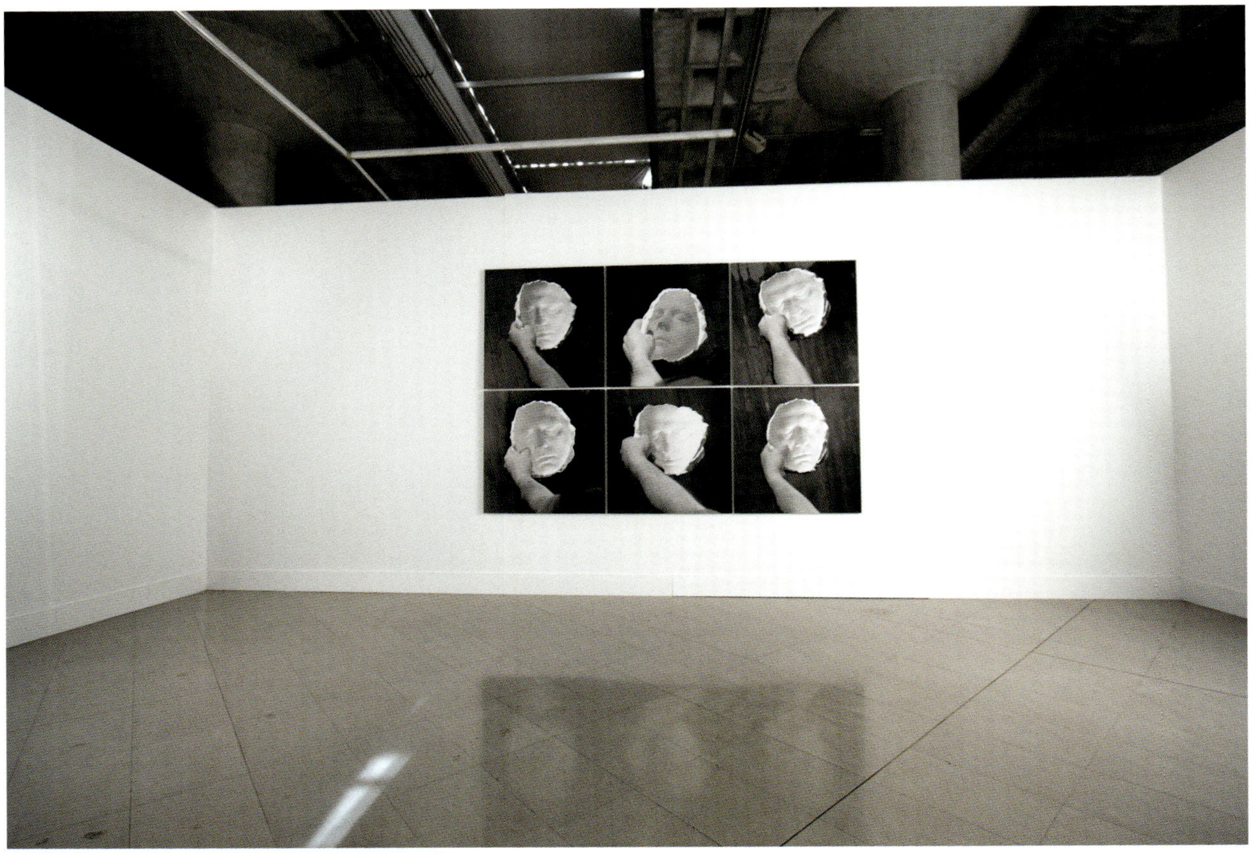

CARNE DE TU CARNE (FLESH OF YOUR FLESH), 1983
Film directed by Carlos Mayolo (Película dirigida por Carlos Mayolo)
Poster design by Oscar Muñoz (Diseño de cartel de Oscar Muñoz)

LA MIRADA DEL CÍCLOPE (THE CYCLOPS' GAZE), 2002–2009
Single-channel HD video without sound (Video monocanal HD, sin sonido), 3 min. 1 sec.
Collection of the artist

had a MiniDV which I used to make other videos always with the help of my assistant.

The first time I exhibited my video work was during my first solo exhibition at the Sicardi Gallery in Houston, and simultaneously in 2002 at the "LA Freewaves," a festival of films made in several Latin American countries held in Los Angeles. This edition of Freewaves was the inaugural exhibition we had at Lugar a Dudas (our independent space and artistic laboratory in Cali) with four simultaneous monitors and a projection. Video exhibitions were not very common in Cali at that time, and Lugar a Dudas was just starting to evolve, so not many people attended. As a result of this exhibition we began to discuss new ways of having the works interact with the public at Lugar a Dudas. These reflections resulted in having the vitrine, a space that is open to the street which since then has exhibited video works and projections to pedestrians and passersby.

ES: How do you determine which medium is most suitable for a piece? Do you pick a theme and then develop it through a specific medium?

OM: Each of my works starts with an idea that I try to explore and understand, and each medium gives me a means to empower them, charge them with intensity, and at the same time simplify them. I have always thought that in the process of understanding the work, the materials and the process of materialization intervene a lot. The manipulation and mode of a work allow one to approach it more closely from different angles; if you don't get there, at least you get closer to what you are attempting. For example, since more than a year ago, I have been working with dust as a leading material in two parallel works, a video and an installation, and even though I have been working with carbon dust for a while now, in this case it is linked to the movement of the image and to time as layers of dust physically accumulated on surfaces and in a video made frame by frame. I address this in my text for this book; I take my fascination with what I call the "threshold of suspension" and examine how it emerges throughout various works. While they are not all video pieces, you can understand more clearly if you see how this idea resonates across media, how they are shaped and formed in different ways.

ES: Thank you, Oscar!

La primera vez que expuse mi trabajo en video fue durante mi primera muestra individual en la Galería Sicardi en Houston y, simultáneamente, en el 2002, en el festival de Los Ángeles "LA Freewaves", en donde se muestran películas hechas en varios países latinoamericanos. Esta edición de Freewaves fue la exposición inaugural de Lugar a Dudas (nuestro espacio independiente y laboratorio artístico en Cali), en la que utilizamos cuatro monitores simultáneos y una proyección. Las exhibiciones de video no eran muy comunes en Cali en aquel momento y Lugar a Dudas estaba recién comenzando, por lo que no asistió mucha gente. A partir de esta exposición empezamos a discutir sobre nuevas formas de lograr que las obras interactuaran con el público en Lugar a Dudas. Estas reflexiones dieron como resultado La Vitrina, un espacio abierto a la calle que, desde entonces, ha exhibido trabajos en video y proyecciones a peatones y transeúntes.

ES: ¿Cómo determinas qué medio es el más adecuado para una pieza? ¿Eliges un tema y luego lo desarrollas a través de un medio específico?

OM: Cada uno de mis obras parte de una idea que trato de explorar y comprender, y cada medio me ofrece una manera de potenciar estas obras, cargarlas de intensidad y, al mismo tiempo, simplificarlas. Siempre he pensado que en el proceso de entender la obra intervienen muchísimo los materiales y el proceso de realización. La manipulación y la técnica de una obra permiten abordarla más de cerca desde diferentes ángulos. Si no llegas, al menos te acercas a lo que estás intentando lograr. Por ejemplo, desde hace más de un año he estado trabajando con polvo como material principal en dos trabajos paralelos, un video y una instalación. Aunque hace tiempo que trabajo con polvo de carbón, en este caso, mi obra está vinculada al movimiento de la imagen y al tiempo, al físicamente acumularse las capas de polvo en las superficies, en un video realizado de fotograma a fotograma. Abordo esto en mi texto para este libro. Estoy fascinado con lo que llamo el "umbral de suspensión" y examino cómo surge a lo largo de varias obras. Si bien no todas las piezas a las que me refiero son de video, se puede comprender más claramente cómo esta idea repercute a través de medios distintos, cómo se moldean y se forman de diferentes maneras.

ES: ¡Gracias, Oscar!

A THRESHOLD OF SUSPENSION: BETWEEN THE FIXED AND THE MOVING IMAGE

OSCAR MUÑOZ

> I look at this scale not to see whether the pointer will presently dip down again, or even come to a moment of absolute rest. I look at it instead to see, within the miracle of that hesitant immobility, the slight, inappreciable tremor that indicates life.[1]

It has always been difficult for me to discuss my own work. However, today I will try to, so that the reader can accompany me on a brief tour of some of my works, keeping in mind that this perspective doesn't exhaust—or at least I hope it doesn't—other possible angles of approach.

This journey has an order, which I propose is motivated more by the connections that I find between them than chronology; I will refer to works from different periods and different mediums, including pieces in process, prints, photographs, and videos. The connection I'd like to concentrate on, which subtly ties them together like a thread, frayed at times, aims to give a better idea of the image in time: of the strangeness of perceiving "inappreciable tremors" and of the transformations suffered by an image that has been designed to remain, fixed or printed, over time. This connection is about the different tensions that

> Lo que espero no es verla pronto inclinarse nuevamente, menos aún el momento de la fijación absoluta, sino, en el milagro de esta inmovilidad dubitativa, el temblor ligero, imperceptible, que me indica que vive.[1]

Siempre me ha sido difícil referirme a mis propios trabajos. Sin embargo, hoy lo intento para que el lector me acompañe en un corto recorrido por algunos de ellos, sabiendo que esta mirada no tiene porqué agotar –al menos eso espero– otros posibles ángulos de acercamiento.

El recorrido que propongo está movido más por las conexiones que encuentro entre ellos, que por el cronológico. Aludo a obras de distintos períodos y trabajadas con diferentes medios; -piezas en proceso, grabados, fotografías y videos. La conexión en la que quisiera concentrarme aquí, y que, a la manera de un hilo, deshilachado a veces, sutilmente las anuda, intenta más bien una cierta idea de la imagen en el tiempo: de la extrañeza de percibir los "ligeros temblores" y de las transformaciones que sufre una imagen que habría sido concebida para que permanezca, fijada o impresa, a lo largo del tiempo; de, esa conexión por lo tanto, de diferentes tensiones que

UN UMBRAL DE SUSPENSIÓN: ENTRE LA IMAGEN FIJA Y EN MOVIMIENTO

OSCAR MUÑOZ

result from these images' instability; when their permanence is put in crisis, they are put into what I call a *threshold of suspension*: they are neither in full motion nor completely fixed. It recalls the suspense of an interrupted film, flickering before the imminent danger of being burned, which I remember happening many times back when the film would accidentally freeze during projection. In other words, I've always wanted to focus my attention toward the critical moment of the fixation of the image—be it chemical, physical, or metaphorical—in which it faces the dilemma of being consolidated and of creating a memory, or of dissolving and being buried by forgetfulness.

Therefore I have decided to group the discussed works in two sets: the first comprises pieces/objects that, although "fixed"—note the inadequacy of this adjective—their own materiality makes them react in a procedural manner to the flow of time, and, for this reason, they enclose within them the possibility of oscillating, transforming, and changing, but also the possibility of being lost, of no longer being an image: *Ante la Imagen* (*Before the Image*) (2009), *Narcisos en proceso* (*Narcissi in Progress*) (1995–2011), and *Aliento* (*Breath*) (1995).

The second group includes works that I have recorded on video; in these the moving images confront the tension of a latent detainment, suffering from the danger of being fixed, or, as aforementioned with the previous works, of also disappearing as an image: *Narciso* (*Narcissus*) (2001), *Linea del destino* (*Line of Destiny*) (2006), *Re/trato* (*Portrait/ I Try Again*) (2004), and *Fundido a blanco* (*Fading to White*) (2009).

THE OBJECT BECOMING THE SUBJECT

> The images that constitute our memory tend incessantly to rigidify into specters over the course of their (collective and individual) historical transmission: the task is hence to bring them back to life.[2]

Both material and chemical properties determined the sensitivity of the photographic image. Without both, its development, its fixation and permanence, its way of capturing the moment, would be impossible. The photographic image has been celebrated for its ability to be the permanent imprint of that which for an instant was, but will never be again.

In 2010 I came across the story of Robert Cornelius (1809–1893), a chemistry enthusiast with knowledge of metallurgy who worked in a lamp factory that belonged to his family in Philadelphia. In 1839, just a few months after the invention of the daguerreotype and Daguerre's famous shot of the Boulevard du Temple, Cornelius had made a real breakthrough in his quest for a photographic image: after testing various compounds he found

resultan de su inestabilidad, la cual, poniendo en crisis su contundencia como imagen, la pondrían en lo que llamo aquí un umbral de suspensión: ni en pleno movimiento ni completamente fija. Algo como ese suspenso ante la imagen detenida pero temblorosa frente al peligro inminente de arder, fue lo que varias veces pasó ante mis ojos cuando, durante las proyecciones del cine que recuerdo, se daban los accidentales congelamientos del film. En otras palabras, he querido centrar mi atención en aquel momento crítico de fijación de la imagen –sea químico, físico o metafórico– en que ella se atiene a la disyuntiva de consolidarse y poder grabarse en la memoria o de disolverse y quedar sepultada en el olvido.

He decidido entonces agrupar dichas obras en dos conjuntos: el primero, está compuesto por piezas/objeto que, aunque "fijas", reaccionan en su propia materialidad al flujo del tiempo y, por esto mismo, a que encierren dentro de sí la posibilidad de oscilar, de transformarse y cambiar, pero también de perderse, de no poder ser ya más una imagen: *Ante la imagen* (2009), *Narcisos en proceso* (1995–2011) y *Aliento* (1995).

El segundo conjunto comprende algunos trabajos que he grabado en video; en ellos, la imagen en movimiento se enfrenta a la tensión de una detención latente, sufriendo por tanto el peligro de su fijación o, como en las obras antes citadas, de desaparecer también como imagen: *Narciso* (2001), *Línea del destino* (2006), *Re/trato* (2004) y *Fundido a blanco* (2009).

EL DEVENIR SUJETO DEL OBJETO

> Las imágenes de que está hecha nuestra memoria tienden, pues, de forma incesante, en el curso de su transmisión histórica, a quedar fijadas en espectros, y se trata precisamente de restituirlas a la vida.[2]

Tanto su materialidad como sus propiedades químicas determinaron el desarrollo de la sensibilidad del soporte de la imagen fotográfica. Sin ambas, sería imposible su revelado, su fijación y permanencia, o su modo de capturar el instante. De la imagen fotográfica se ha destacado su capacidad de ser la huella permanente de aquello que por un instante fue y que no volverá a ser.

En el año 2010, me encuentro con la historia de Robert Cornelius (1809–1893), un químico aficionado, con conocimientos de metalurgia, que trabajaba en una fábrica de lámparas de propiedad de su familia en Filadelfia. En 1839, apenas unos pocos meses después del invento de Daguerre y de su famosa captura del Boulevard du Temple, Cornelius había logrado un verdadero avance en la búsqueda del instante fotográfico: luego de ensayar con varios compuestos, encontró un modo de reacción más rápido, usando una emulsión de sales de bromo sobre la placa de cobre con haluros de plata con la que lograría capturar el que se considera el primer autorretrato de la historia de la fotografía. Según la mayoría de las

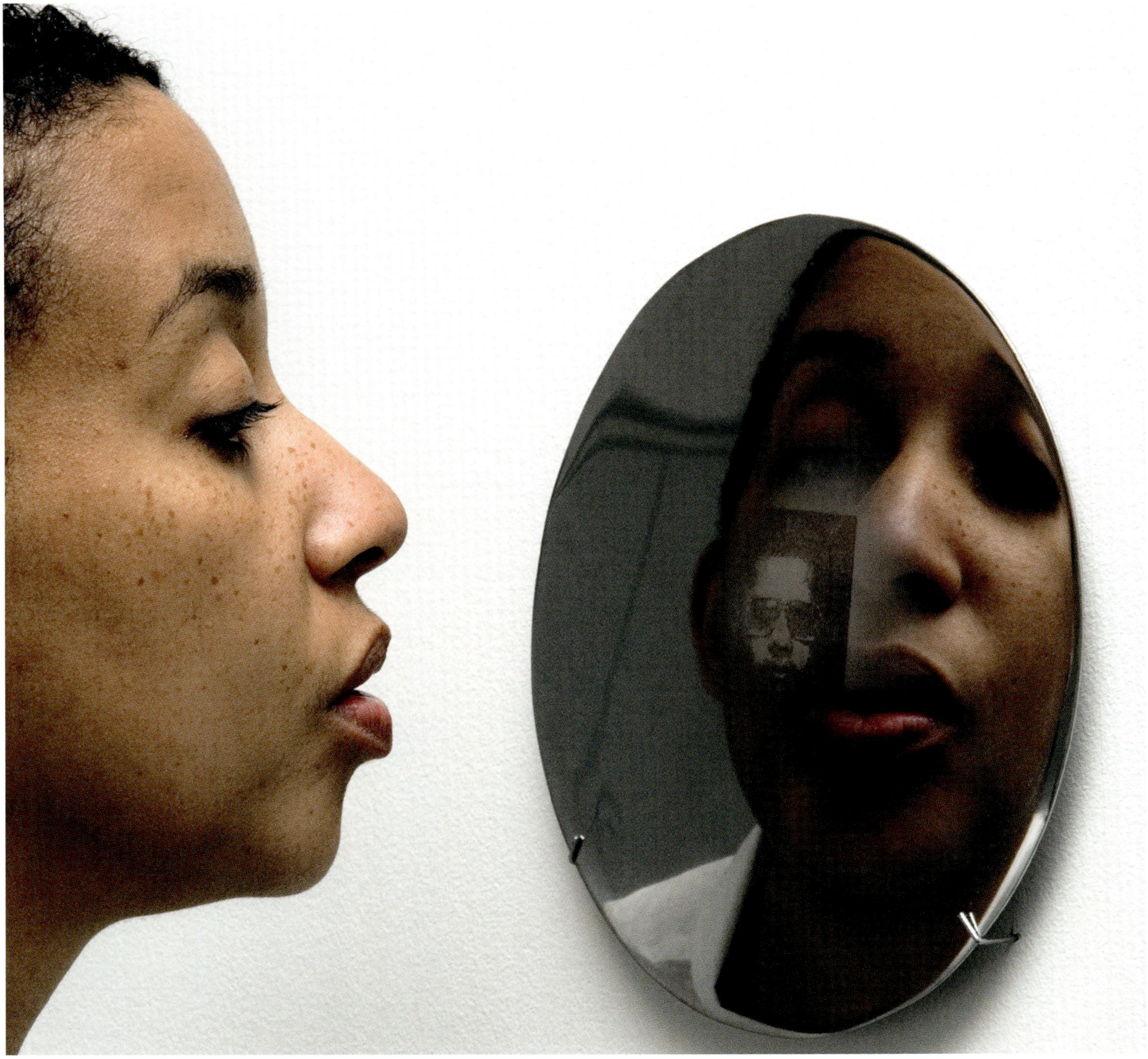

ALIENTO (BREATH), 1995
Serigraph on steel disks (Serigrafía sobre discos de acero)
Twelve elements (Doce elementos): 20 cm diameter each (7⅞ in.)
Collection of the artist

a way to create a faster reaction with an emulsion of bromine salts on a copper plate with silver halides. Using this process, he captured what could be considered the first self-portrait in the history of photography. According to most accounts of this event, Cornelius was immobile between five and fifteen minutes in order to record his image on the plate. This would be the unprecedented record of the efforts of a subject to become a photographic object, to be embalmed forever in a daguerreotype plate.

My own work *Before the Image*, which was commissioned by Jose Roca for Philagrafika 2010, returns to Cornelius's self-portrait, but in etching the image on the back of a mirror, the emulsion acts simultaneously on the layer that protects against corrosion as well as on the reflective side of the mirror, leaving the engraved image at the mercy of contact with the air. Thus it creates, also chemically, a reversal of the achievement of Cornelius by unfixing the image, clinging to this supposed immobility, as it is left exposed to the air and the corrosion of time. Due to the physical and chemical reactions that occur on the mirror when it comes into contact with the humidity of the environment, there is a kind of disturbing mobility that, although imperceptible, is always constant. In the words of Jose Roca, the image "frees it and returns it to time, gives it an existential condition and returns it to the state of flux, vulnerable to deterioration, like life itself."[3]

THE LATENT IMAGE

> Finally, the image burns for memory, that is to say, it still burns, even when it is more than ash, a way of claiming its essential vocation for survival, in spite of it all. But, to know, to feel it, you have to dare, you have to put your face to the ash. And blow gently so that the embers underneath re-emit their heat, their radiance, their danger.[4]

In the mirrors of the *Breath* series, the impression of the silicone screen-print on the stainless steel mirror only becomes visible when it is dampened: when you humidify it with your breath, you can see what is printed. These fleeting instances, when the mirror is cloudy and then clears, also allow one to see the flash of the image, simultaneously allowing the engraved portrait to return the gaze.

For years, I have been selecting and cutting out piles of small portraits that families publish, usually for only one day, in the obituary section of the papers to share the loss of their loved ones. The impressions in *Breath* come from this collection. Impressions that may be visible, or not, depending on the action of the observer. We are all, like me, relentless collectors of images that our memories keep in a certain state of latency, and therefore are accessible for their resurgence when a breath or

versiones que relatan este evento, a Cornelius le tomó entre cinco y quince minutos de inmovilidad el poder grabar su imagen en la placa. Sería este el inédito registro de los esfuerzos de un sujeto por convertirse en un objeto fotográfico, por embalsamarse para siempre en la placa del daguerrotipo.

Ante la imagen, una obra que me fue comisionada por José Roca para Philagráphica 2010, retoma el autorretrato de Cornelius, pero en este grabado al aguafuerte sobre el reverso de un espejo, la emulsión actúa simultáneamente sobre la capa que protege de la corrosión y sobre la reflectora del espejo, quedando la imagen grabada a merced del contacto con el aire. Se produce así, químicamente también, una inversión del logro de Cornelius al des-fijarse la imagen, aferrada a esa supuesta inmovilidad, para dejarla expuesta al aire y a la corrosión del tiempo. Gracias a las reacciones físicas y químicas que se dan sobre el espejo cuando entra en contacto con la humedad del ambiente, se produce una suerte de movilidad inquietante que, aunque imperceptible, no deja de ser constante. En palabras de José Roca, la obra "libera [la imagen] y la devuelve al tiempo, le da una condición existencial y la retorna a un estado de flujo, vulnerable al deterioro, como la vida misma".[3]

LA IMAGEN LATENTE

> Finalmente, la imagen arde por la memoria, es decir que todavía arde, cuando ya no es más que ceniza: una forma de decir su esencial vocación por la supervivencia, a pesar de todo. Pero, para saberlo, para sentirlo, hay que atreverse, hay que acercar el rostro a la ceniza. Y soplar suavemente para que la brasa, debajo, vuelva a emitir su calor, su resplandor, su peligro.[4]

En los espejos de la serie *Aliento*, la impresión de grasa sobre la superficie de acero sólo se hace visible cuando esta se empaña, cuando al depositar mi soplo húmedo, logro ver lo impreso. Aquellos pocos instantes en que el espejo se empaña y desempaña, son los mismos que relampaguean en mi visión de la imagen, o los que, a su vez, permiten que el retrato grabado me mire.

Durante años he ido seleccionando y recortando pilas de pequeños retratos que los familiares de los recién fallecidos publican, usualmente por un solo día, en la sección de obituarios de la prensa para compartir la pérdida de sus seres queridos. De ese archivo provienen las impresiones de *Aliento*. Impresiones que pueden ser visibles, o no, dependiendo de la actitud de quien las observa. Todos somos, como yo, incansables coleccionistas de imágenes que nuestros recuerdos conservan en cierto estado de latencia y que, por lo

an instant revives them. The moment in which my image in the mirror disappears, due to the fogging, is the same when another is made visible.

A MEDIUM FOR THE FLEETING

In the series *Narcissi in Progress*, I lined up a group of acrylic trays full of water, and in each I "printed" a self-portrait that floats on the surface. ("Print" is another difficult word, since in this series the "printing" is also a problematic action: it is an application, but not by contact like screen-printing, but by the application of carbon dust on the surface of the water.) Over time, as the water in the container evaporates, the image sinks until it rests at the bottom of the tray.

The fragile image is softened and shaped over by time. Time governs its lengthy journey from the initial event that deposits it on the surface of the water until, through eventual transformations, it lies fixed at the bottom, dry and motionless. There is imperceptible movement in this process, similar to that of the continents; the image is at the mercy of the process and the rhythm of the water's evaporation.

THE LINE AND ITS SHADOW

I have observed that my video work has a commonality of being an attempt to make a portrait that almost always remains in a state of suspension. With a static camera I try to record simple actions that tend to explore critical moments of unrest, of impermanence, or of eventual disappearance. In 2001, I made a video of the same self-portrait from *Narcissi in Progress*, but this time in a sink, which reminds me of a TV screen, filled with water that the image rests on. The video shows how the carbon dust image, once deposited on the water, slowly drains and is lost through the pipe.

This precarious image is like a line drawing that unravels as the water drains. The shadow of the dust pattern that floats on the surface also produces another portrait on the porcelain background. The image and its shadow, separated at the beginning, come closer and are dissolved once the water that distanced it diminishes.

FLICKERING MOVEMENTS

Line of Destiny documents the action of cupping a little bit of water in my hand while simultaneously trying to steady the trembling of my hand in order to figure out what the water's

tanto, están allí, atentas a resurgir cuando algún soplo o instante las reanima. El mismo instante en que mi imagen en el espejo desaparece por el empañamiento para volver visible al otro.

UN SOPORTE PARA LO INSOSTENIBLE

En la serie de *Narcisos en proceso*, dispuse en línea un grupo de cubetas de acrílico llenas de agua y en cada una de ellas "imprimí" un autorretrato que quedó flotando en la superficie. ("Imprimir" es otro de esos vocablos difíciles, ya que en esta serie la "impresión" es justo la acción problemática por tratarse de una aplicación, pero no por contacto, similar a la serigrafía, y hecha con polvo de carbón sobre la superficie del agua). Con el tiempo, y a medida que el agua del contenedor se va evaporando, la imagen también se sumerge hasta reposar definitivamente en el fondo de la cubeta.

Se trata de una imagen frágil, sometida y hecha de tiempo. El tiempo rige el transcurrir de su dilatado viaje desde la intervención inicial que la deposita en la superficie del agua hasta que, pasando por eventuales transformaciones, se fija en el fondo de la cubeta, seca e inmóvil. En este proceso hay un movimiento imperceptible, semejante al de los continentes, en el que la imagen queda al arbitrio de la contingencia del evento o a la del ritmo de evaporación del agua.

LA LÍNEA Y SU SOMBRA

Observo que mis trabajos en video comparten un intento por realizar un retrato que casi siempre queda en estado de suspensión. Con una cámara estática, trato de registrar acciones sencillas que tienden a situarse en el instante crítico de su inquietud, de su impermanencia o de su eventual desaparición.

En el año 2001, grabé en video el mismo autorretrato de *Narcisos en proceso*, pero esta vez un lavamanos –que me recuerda una pantalla de tubo de tv– contiene el agua sobre la que reposa la imagen. En el video se observa cómo esa imagen de polvo de carbón depositada sobre la superficie del agua se va hundiendo lentamente y se pierde por la rejilla del sifón.

Esta imagen precaria corresponde a un dibujo en línea que se deshace a medida que el agua del pozuelo se pierde por el sifón del lavamanos. La sombra del dibujo de polvo que flota sobre la superficie produce otro retrato sobre el fondo de porcelana. La imagen y su propia sombra, separadas al comienzo, se van acercando y se destruyen cuando el agua que las distanciaba desaparece.

MOVILIDAD TITUBEANTE

Línea del destino registra la acción de contener un poco de agua en el cuenco de la mano mientras se intenta detener la inestabilidad, el

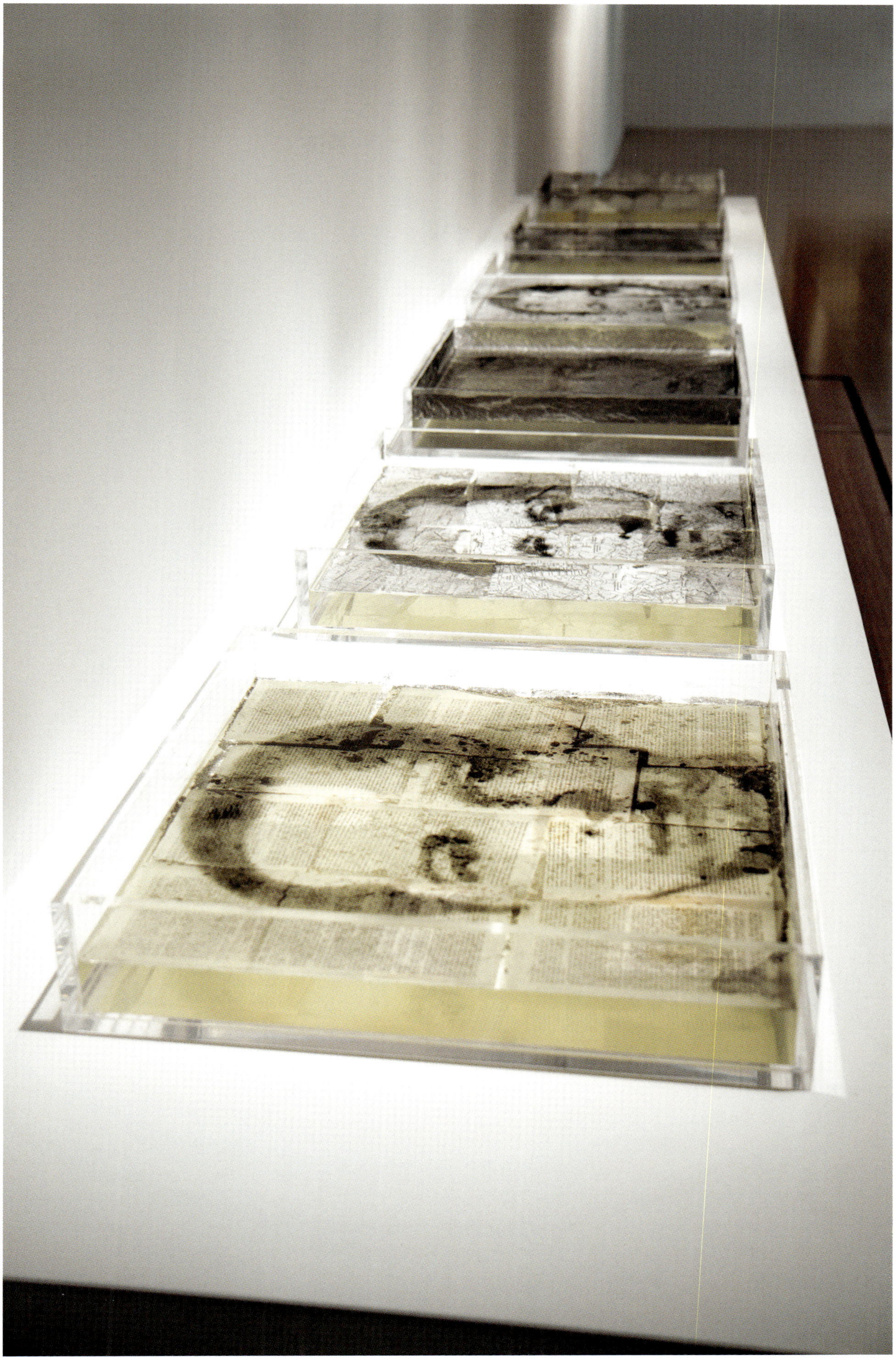

NARCISOS EN PROCESO (NARCISSI IN PROGRESS), 1995–2011
Charcoal powder and paper on water in acrylic containers
(Polvo de carbón, papel sobre água en contenedores de acrílico)
50 x 50 x 10 cm each (19⅝ x 19⅝ x 3⅞ in.)
Collection of the artist

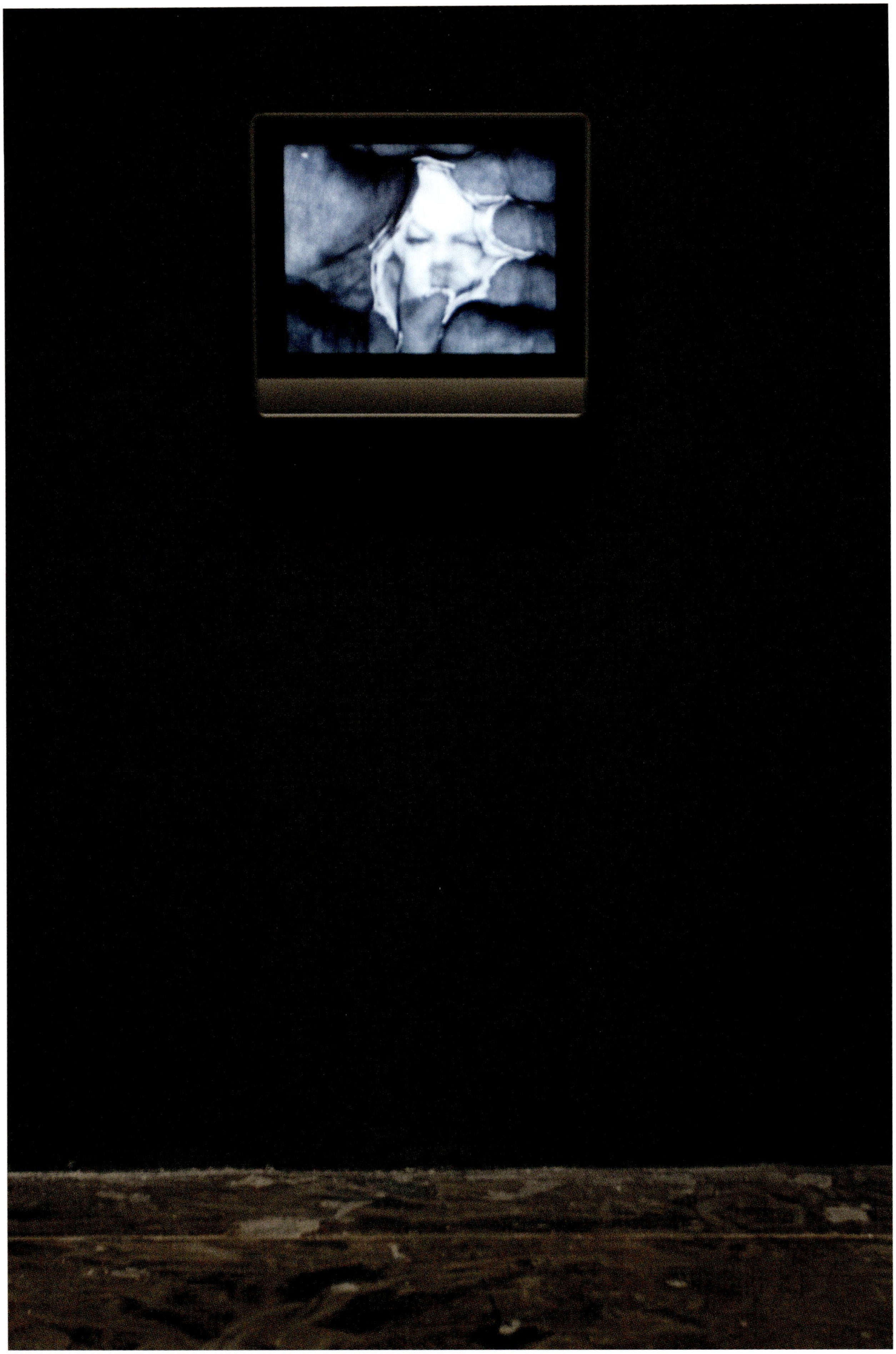

LÍNEA DEL DESTINO (LINE OF DESTINY), 2006
Single-channel video without sound (Video monocanal, sin sonido), 2 min.
Denver Art Museum: Gift of Polly and Mark Addison, 2011.298.1-2

reflection creates. But the shaking doesn't stop. The video ends up being a frustrated attempt to capture a reflection that is just that: a light reflected in a mirror of water that can't be contained.

This illusion of the immateriality of the image as a pure reflected light is also present in other recent video installations like *Editor solitario* (*Solitary Editor*) (2011), or *El coleccionista* (*The Collector*) (2014–16). In *Solitary Editor* the projection shows a man's hands arranging a series of portraits on a table that he continuously regroups and reorganizes. In *The Collector* an almost transparent character, with his back to the observer and facing a wall, arranges a horizontal line of portraits. In both works a person engrossed in their activity as editor, organizer, and exhibitor selects, groups, and shows an endless archive of portraits of people of different origins: from those who are part of his family, his personal circle, or national life, to characters from mythology and the world of art.

These portraits are projected onto actual piles of white paper that act like screens; the images pass fleetingly over the paper that accommodates them for a moment without allowing them to adhere or cement.

MAKING FOR UNMAKING

From the tapestry of Penelope, what you see (during the day) is because it has been undone (during the night), and what can be undone (during the night), is only what was woven during the day . . .[5]

Portrait/I Try Again is the video documentation of a repeating action—of the drive to record and preserve in the face of imminent fading—in which a hand with a brush struggles to finish a self-portrait. Here water acts as an ink that evaporates on the cement slab (the base for the drawing), which is warmed by the sun. This action, as its name indicates, is as insistent as it is unfruitful: while the hand is finishing the line on one end, the other end is already disappearing, not allowing a permanent and static image to be fixed: the ink doesn't permeate, the foundation rejects it.

This is how the image is made and unmade like Penelope's tapestry: I draw new lines over those that were recently erased, trying to repeat the movements, but never achieving them in the same way. In this incessant exercise of construction, in which the drawn line disappears without leaving marks or traces, the image is constantly in movement, making it perhaps difficult to perceive. But more than the evaporation or the inadvertent fading of the line, is the important thing not the fleeting

temblor de la figura que la luz hace reflejar en el agua. Pero esta movilidad titubeante no se detiene. El video termina siendo un intento frustrado de capturar un reflejo que es solo eso: una luz reflejada en un espejo de agua que no se deja contener.

También la ilusión de inmaterialidad de la imagen, como pura luz reflejada, está presente en otras video-instalaciones recientes, como *Editor solitario* (2011) o *El coleccionista* (2014–16). En *Editor solitario*, la proyección muestra las manos de un hombre disponiendo sobre una mesa una serie de retratos que continuamente reagrupa y reorganiza. En *El coleccionista*, un personaje casi transparente, de espaldas al observador y frente a un muro, dispone un horizonte de retratos. En las dos obras, un personaje ensimismado en su actividad de editor, montajista y expositor, selecciona, agrupa y exhibe un archivo interminable de retratos de personas de diversos orígenes: desde aquellas que hacen parte de su vida familiar, de su entorno cercano o de la vida nacional, hasta personajes de la mitología y la historia del arte universal. La proyección de estos retratos recae sobre pilas físicas de papeles blancos que fungen como pantallas; las imágenes pasan fugazmente sobre los papeles que las acogen por un momento, sin dejar que se adhieran a ellos.

HACER PARA DESHACER

Del tejido de Penélope, lo que se ve (durante el día) es porque se ha deshecho (durante la noche) y solo puede ser deshecho (en la noche) lo que se tejió durante el día . . .[5]

Re/trato es el registro en video de una acción repetida –de la pulsión de registro e impresión frente al desvanecimiento inminente– en la que una mano con un pincel lucha por concluir un autorretrato. Pero aquí el agua funge como tinta que se evapora sobre la losa de cemento que ha calentado el sol, y que es su soporte. Esta acción, como lo indica su nombre, es tan insistente como infructuosa, pues mientras la mano está terminando el trazo en un extremo, en el otro, la línea ya está desapareciendo, no pudiendo fijarse una imagen permanente y estática, porque la tinta no impregna, porque el soporte la rechaza.

Y así se hace y deshace la imagen como el tejido de Penélope: dibujo nuevas líneas sobre aquellas recién borradas, intentando repetir los mismos movimientos, pero nunca logro que los trazos sean iguales. En este ejercicio incesante de construcción, en el que el trazo dibujado desaparece sin dejar marcas ni huellas, la imagen se halla en constante movimiento, tal vez difícil de percibir. Pero más que la evaporación o el inadvertido desvanecimiento de la línea, ¿no es acaso aquí determinante la fuga que hace la mirada hacia el toque del pincel sobre la losa, el punto de la línea -que equivaldría al

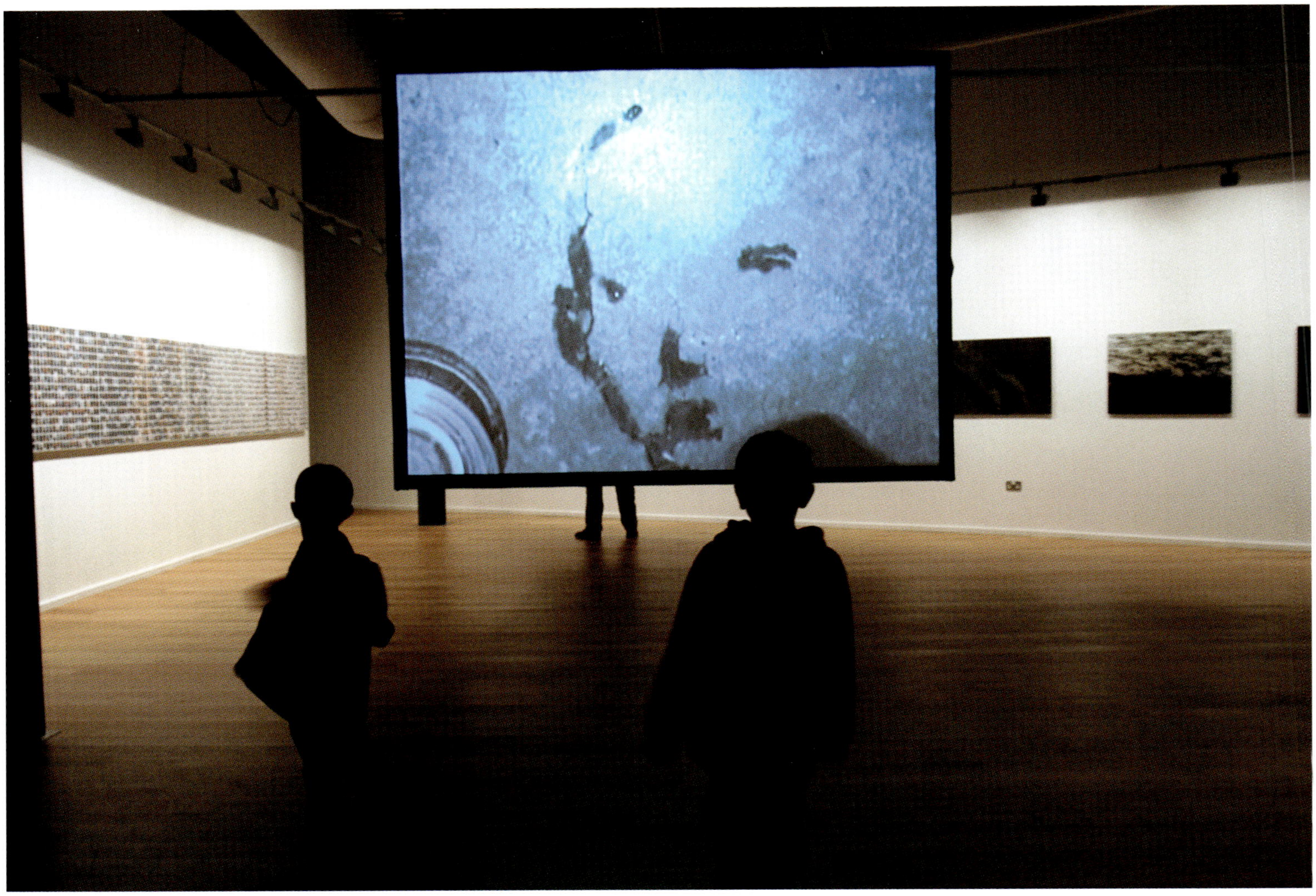

RE/TRATO (PORTRAIT/I TRY AGAIN), 2004
Single-channel video projection without sound (Video monocanal, sin sonido), 28 min.
The Museum of Contemporary Art, Los Angeles,
Purchase with funds provided by the Jumex Fund for Contemporary Latin American Art

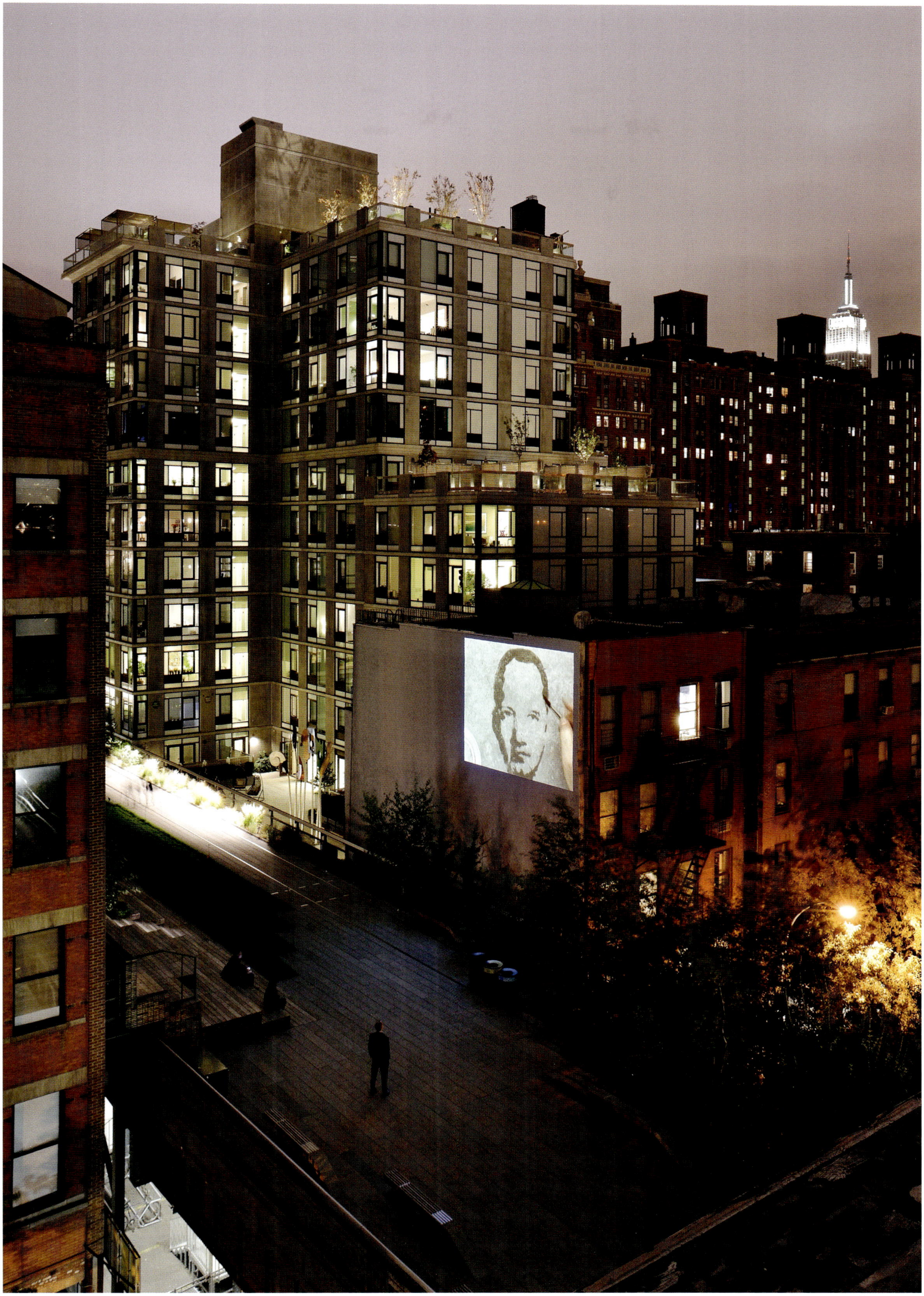

gaze that follows the movement of the brush on the slab? The gaze follows the point of the line, which would be equivalent to the ephemeral *Now* of the moving image—where it attempts to signal the place dividing the past that has vanished from the future that has not yet arrived. It is the continual creation of an image, interlaced with its disappearance,[6] which evokes the perception of movement on our retina. Would this not give us a good reason to be suspicious of the materiality of the moving image, or, better put, of its phantasmagoric immateriality?

THE SUBJECT BECOMING AN OBJECT

The Photograph (the one I *intend*) represents that very subtle moment when, to tell the truth, I am neither subject nor object but a subject who feels he is becoming an object: I then experience a micro-version of death (of parenthesis): I am truly becoming a specter.[7]

In 2009, I started to record the video *Fading to White*, an intimate portrait of my father, who was then ninety-six years old. He passed away one year later.

I remember that back then I was using a Canon camera that had the ability to make videos—that is, a device that appeared to be a photographic camera, not a video camera. I wanted the camera on the window sill, so that the source of light came from outside and would be reflected in my subject's pupils. After doing several takes of my dad sitting with his gaze fixed on the camera, futilely trying to stay upright and awake, I realized that he was posing, as still as possible, as if posing for a photo. It was likely that he was also waiting for the clicking sound of the camera, which never arrived. We repeated this action a few times, which, in retrospect, was a mission that was perhaps unclear to him: was this destined to be a short "take" on video or a photographic capture?

With this action I was trying above all to understand the process of prolonging the experience of those instants before a photograph is taken, which calls to mind two passages I read in this regard—one by Benjamin and one by Barthes—that complement (or oppose?) one another. I'll start with the quote from *A Short History of Photography*: "'The synthesis of expression brought about by the length of time that a model has to stand still,' says Orlik of early photography, 'is the main reason why these pictures, apart from their simplicity, resemble well-drawn or painted portraits and have a more penetrating and lasting effect on the spectator than more recent photography.' The procedure itself taught the models to live inside rather than outside the moment. During the long duration of these shots they grew as it were into the picture and in this way presented an extreme opposite to the figures on a snapshot."[8]

efímero *Ahora* de la imagen- donde se pretende señalar el lugar que divide lo pasado que se desvanece y lo por venir que no ha llegado aún?

Es la generación continua de una imagen, así como su desaparición entrelazada, lo que provoca la percepción de animación en nuestra retina.[6] ¿ No nos daría esto un buen motivo para sospechar de la materialidad de la imagen en movimiento, en favor, más bien, de su inmaterialidad fantasmagórica?

EL DEVENIR OBJETO DEL SUJETO

La Fotografía, (aquella que está en mi intención) representa ese momento tan sutil en que, a decir verdad, no soy ni sujeto ni objeto, sino más bien un sujeto que se siente devenir objeto: vivo entonces una microexperiencia de la muerte (del paréntesis): me convierto verdaderamente en espectro.[7]

En el año 2009, empecé a grabar el video *Fundido a blanco*, un retrato íntimo de mi papá, que entonces cumplía 96 años. Eso fue un año antes de su muerte.

Recuerdo que para entonces yo usaba una cámara fotográfica Canon con capacidad para hacer video, es decir, un dispositivo con apariencia de cámara fotográfica, no de video. Quise ubicar la cámara con trípode en el umbral de una ventana, de tal forma que esa fuera la única fuente de luz y el único reflejo en las pupilas de mi modelo. Luego de hacer varias tomas en video con mi papá sentado al frente, mirando fijamente a la cámara, mientras trataba inútilmente de mantenerse erguido, combatiendo el sueño; deduje que él estaba posando, lo más quieto posible, para una fotografía. Es probable que él también estuviera esperando el sonido percutor de la cámara fotográfica, que no llegaba. Repetimos esta posición varias veces, que, pensándolo bien, no era tal vez una misión muy clara para él: ¿estaba destinada a una corta "toma" en video, o a una captura fotográfica?

Intentaba con esta acción, sobre todo, entender los procedimientos de la experiencia del instante prolongado en los inicios de la fotografía, recordando dos pasajes leídos al respecto, uno de Benjamin y otro de Barthes que se complementan ¿o se oponen?. Empiezo con la cita de la Pequeña historia de la fotografía:

"De las primeras fotografías dice Orlik: 'La síntesis de la expresión que engendra la larga inmovilidad del modelo es la razón capital de que estos clichés, junto a su sobriedad pareja a la de retratos bien diseñados o pintados, ejerzan sobre el espectador un efecto más duradero y penetrante que el de las fotografías más recientes'. El procedimiento mismo inducía a los modelos a vivir no fuera, sino dentro del instante; mientras posaban largamente crecían, por así decirlo, dentro de la imagen misma y se ponían por tanto en decisivo contraste con los fenómenos de una instantánea".[8]

Continúo con la descripción que Barthes llamó una microexperiencia de la muerte: "Para tomar los primeros retratos (hacia 1840)

Following with the description Barthes gives for the "micro-version of death": "In order to take the first portraits (around 1840) the subject had to assume long poses under a glass roof in bright sunlight; to become an object made one suffer as much as a surgical operation; then a device was invented, a kind of prosthesis invisible to the lens, which supported and maintained the body in its passage to immobility: this headrest was the pedestal of the statue I would become, the corset of my imaginary essence."[9]

In *Fading to White* the camera rests on the sill, positioned so that the window curtain can sway into the field of view—a signifier of inside or outside, an unstable, interposed layer that threatens the disappearing or appearing of what is being photographed. This interferes as well with the waking and sleeping of the subject as he continuously nods off; the instant waivers, and is prolonged between his fixed gaze and the flickering; it wavers, and lingers on the threshold of the detained and moving image; on the inhale and exhale of his breath.

That subtle tension remains in a loop.

There is no end.

OSCAR MUÑOZ
Cali, March 2019

era necesario someterse a largas poses bajo una cristalera a pleno sol, devenir objeto hacía sufrir como una operación quirúrgica; se inventó entonces un aparato llamado apoyacabezas era el pedestal de la estatua en que yo me iba a convertir, el corsé de mi esencia imaginaria".[9]

En *Fundido a blanco* la cámara quieta en el umbral, en el lugar que el vaivén de la cortina de la ventana nos señala como el afuera o el adentro, al modo de una inestable capa interpuesta que amenaza con hacernos aparecer o desaparecer al fotografiado, interviene también en su constante cabeceo. El instante vacila y se prolonga entre la mirada fija y el parpadeo: vacila y se prolonga en el umbral de la imagen detenida y en movimiento, en el inhalar y exhalar de su respiración.

Esa sutil tensión permanece en loop.

No hay fin.

OSCAR MUÑOZ
Cali, marzo 2019

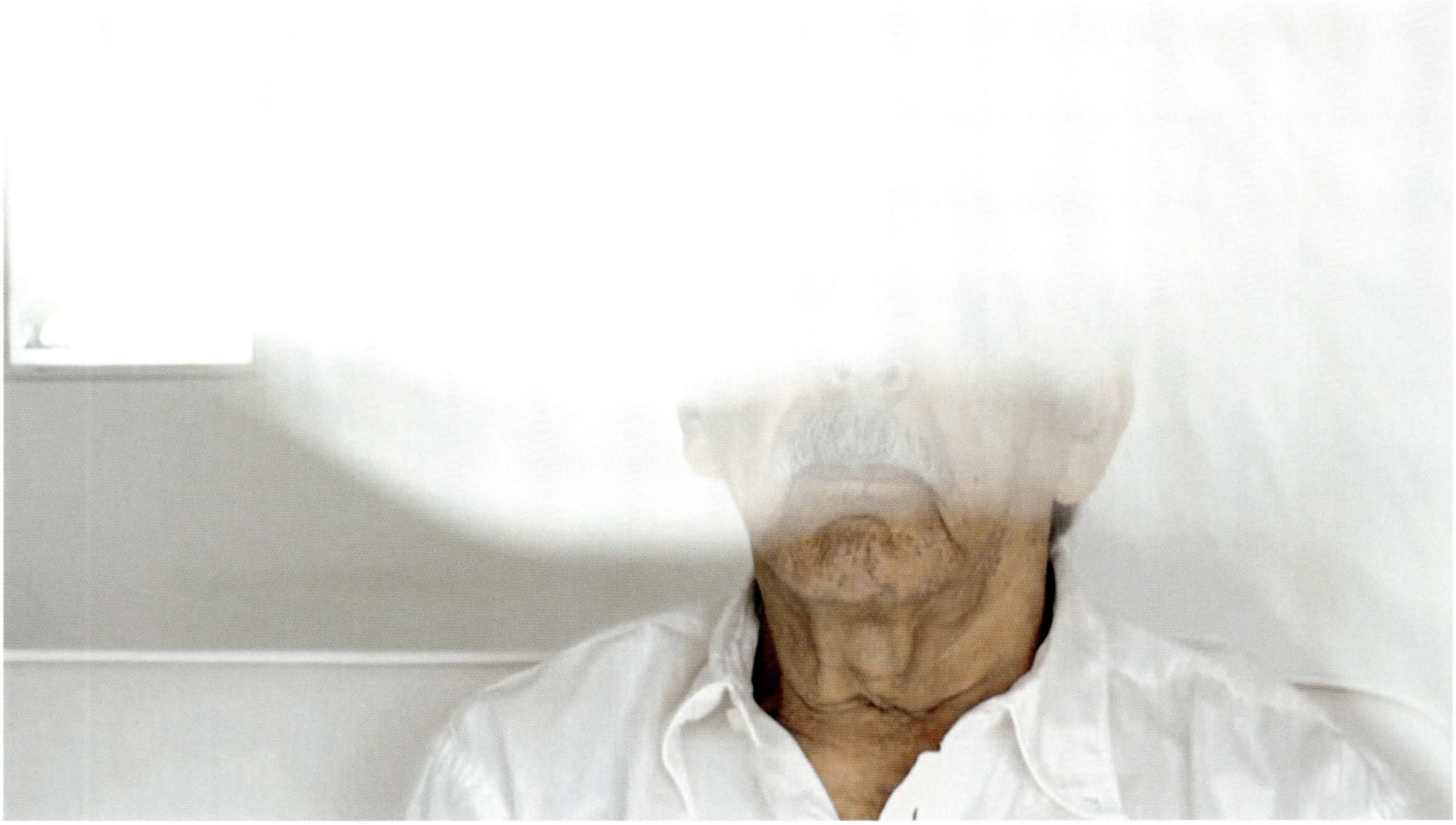

FUNDIDO A BLANCO (DOS RETRATOS) (FADING TO WHITE [TWO PORTRAITS]), 2009
Single-channel HD video with sound (Video monocanal HD con sonido), 7 min. 40 sec.
Collection of the artist

NOTES

Editor's Note: *Conjuring The Image: Oscar Muñoz In Conversation with Elena Shtromberg* and *A Threshold of Suspension: Between The Fixed and The Moving Image* were commissioned for the volume *Encounters in Video Art in Latin America*, edited by Elena Shtromberg and Glenn Phillips. This publication explores the history and current state of artistic experimentation with video in Latin America. It is forthcoming from the Getty Research Institute.

1 Henri Focillon, *The Life of Forms in Art*, trans. George Kubler (New York: Zone Books, 1989).
2 Giorgio Agamben, "Nymphs," in *Releasing the Image: From Literature to New Media* (Stanford: Stanford University Press, 2011).
3 José Roca, *Oscar Muñoz: Protografías* (Bogotá: Museo del Arte del Banco de la República, 2014), 30.
4 Georges Didi-Huberman."Cuando las imágenes tocan lo real," *Arts Coming / Contemporary Art Editions*, September 8, 2015.
5 Ricardo Espinoza Lolas and Óscar Barroso Fernández, eds., *Zizek reloaded: Políticas de lo radical* (Madrid: Ediciones Akal, 2018), 57.
6 This analogous mechanism reminds me of the system of retransmission of images that replaced the flickering at 24 frames per second called *interlaced scanning*, in which the images create the sensation of movement via the flow of the interlaced horizontal lines of a screen; there, the odd lines are an image and the evens are another. With a momentary delay between them, the interlacing divides them into even and odd lines and then updates them at 30 frames per second. The small delay between updating odd and even lines creates a distortion. This happens only because half of the lines follow the moving image while the other half waits to be updated.
7 Roland Barthes, *La Cámara lucida* (Barcelona: Paidós: 2003), 46.
8 Walter Benjamin, "Discursos Interrumpidos," in *Tesis sobre la historia* (Ciudad de México: Ed. Itaca, 2008), 69.
9 Roland Barthes, *Camera lucida,* trans. by Richard Howard (New York: Hill and Wang, 1982), 13.

Nota de la Editora: *Invocar la imagen: Oscar Muñoz en conversación con Elena Shtromberg* y *Un umbral de suspensión: Entre la imagen fija y en movimiento* fueron comisionados para el libro *Encuentros en videoarte en América Latina*, editado por Elena Shtromberg y Glenn Phillips. Esta publicación indaga la historia y el estado actual de la experimentación artística con el video en América Latina. Estará publicado próximamente por el Getty Research Institute.

1 Henri Focillon, citado por Walter Benjamin en sus "Apuntes" para *Tesis sobre la historia* (Ciudad de México: Ed. Itaca, 2008).
2 Giorgio Agamben, *Ninfas* (Valencia: Pre-textos, 2010), 23.
3 José Roca, *Oscar Muñoz: Protografías* (Bogotá: Museo del Arte del Banco de la República, 2014), 30.
4 Georges Didi-Huberman."Cuando las imágenes tocan lo real," *Arts Coming / Contemporary Art Editions*, 8 de Septiembre , 2015.
5 Ricardo Espinoza Lolas y Óscar Barroso Fernández (eds.). *Zizek reloaded: Políticas de lo radical* (Madrid: Ediciones Akal, 2018) 57.
6 Este mecanismo análogo me sugiere el sistema de retransmisión de imágenes que reemplazó el parpadeo a 24 cuadros por segundo, llamado *barrido entrelazado*, en que las imágenes crean la sensación de movimiento por el flujo de las líneas horizontales entrelazadas de una pantalla; allí, las líneas impares son una imagen y las pares son otra. Con un retraso momentáneo entre ellas, el entrelazado las divide en líneas pares e impares y, a continuación, las actualiza a 30 imágenes por segundo. El pequeño retraso entre las actualizaciones de una línea par e impar crea una distorsión. Esto ocurre porque solo la mitad de las líneas sigue la imagen en movimiento, mientras que la otra mitad espera a ser actualizada.
7 Roland Barthes, *La Cámara lucida* (Barcelona: Paidós: 2003), 46.
8 Walter Benjamin, "Discursos Interrumpidos," en *Tesis sobre la historia* (Ciudad de México: Ed. Itaca, 2008), 69.
9 Roland Barthes, *Camera lucida,* trans. Richard Howard (New York: Hill and Wang, 1982), 45.

NOTES

COHESION/FRAGMENTATION

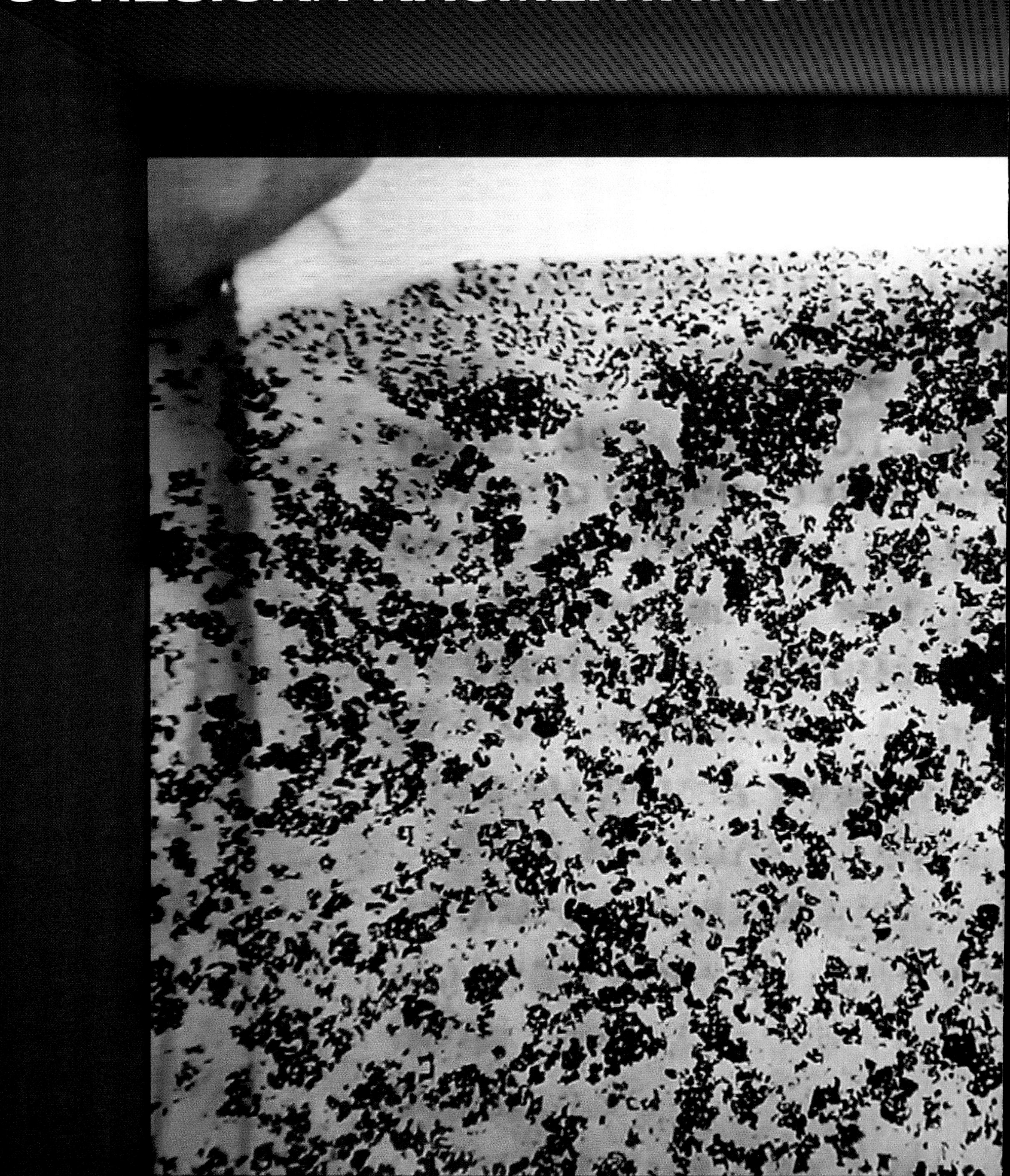

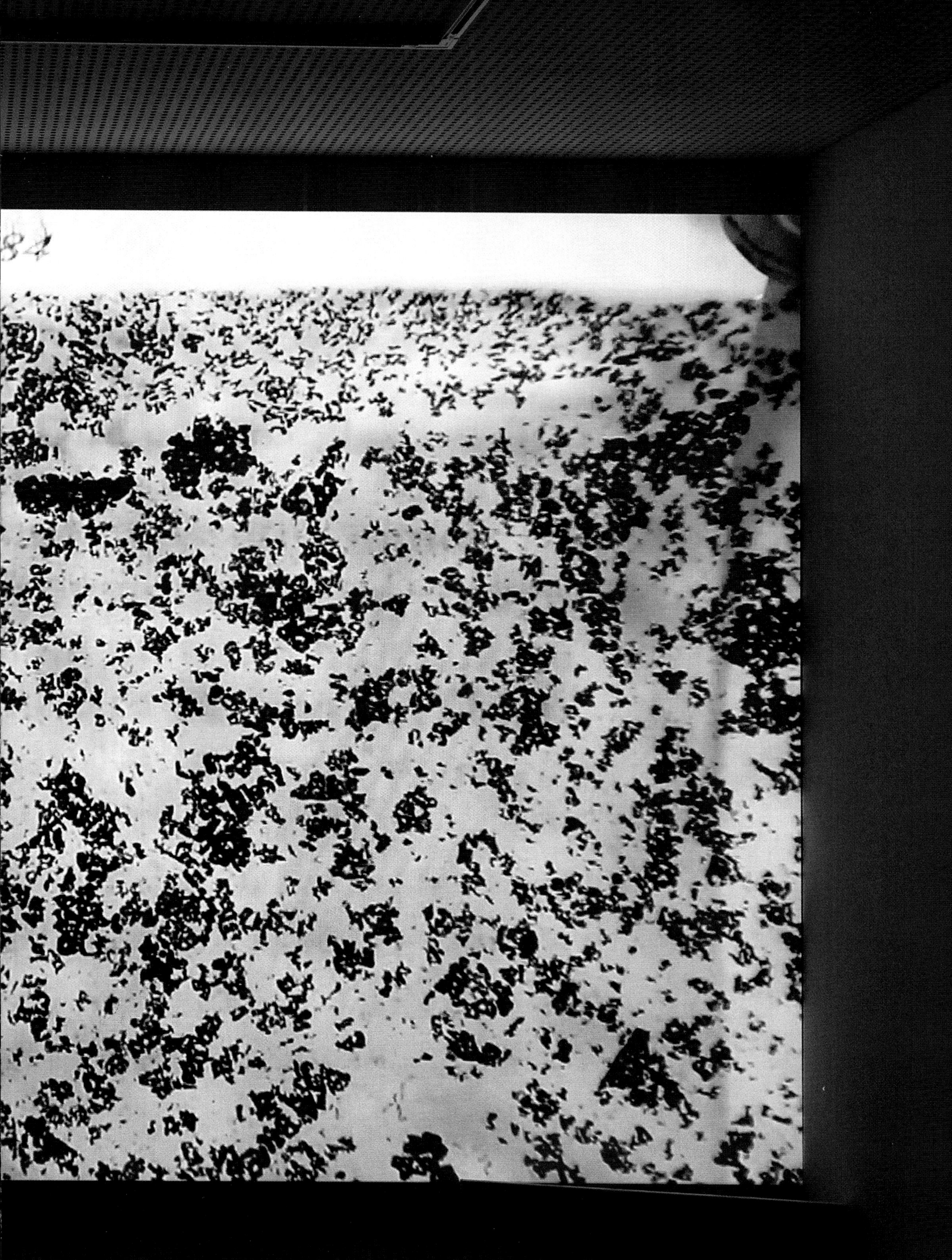

COHESIÓN/FRAGMENTACIÓN

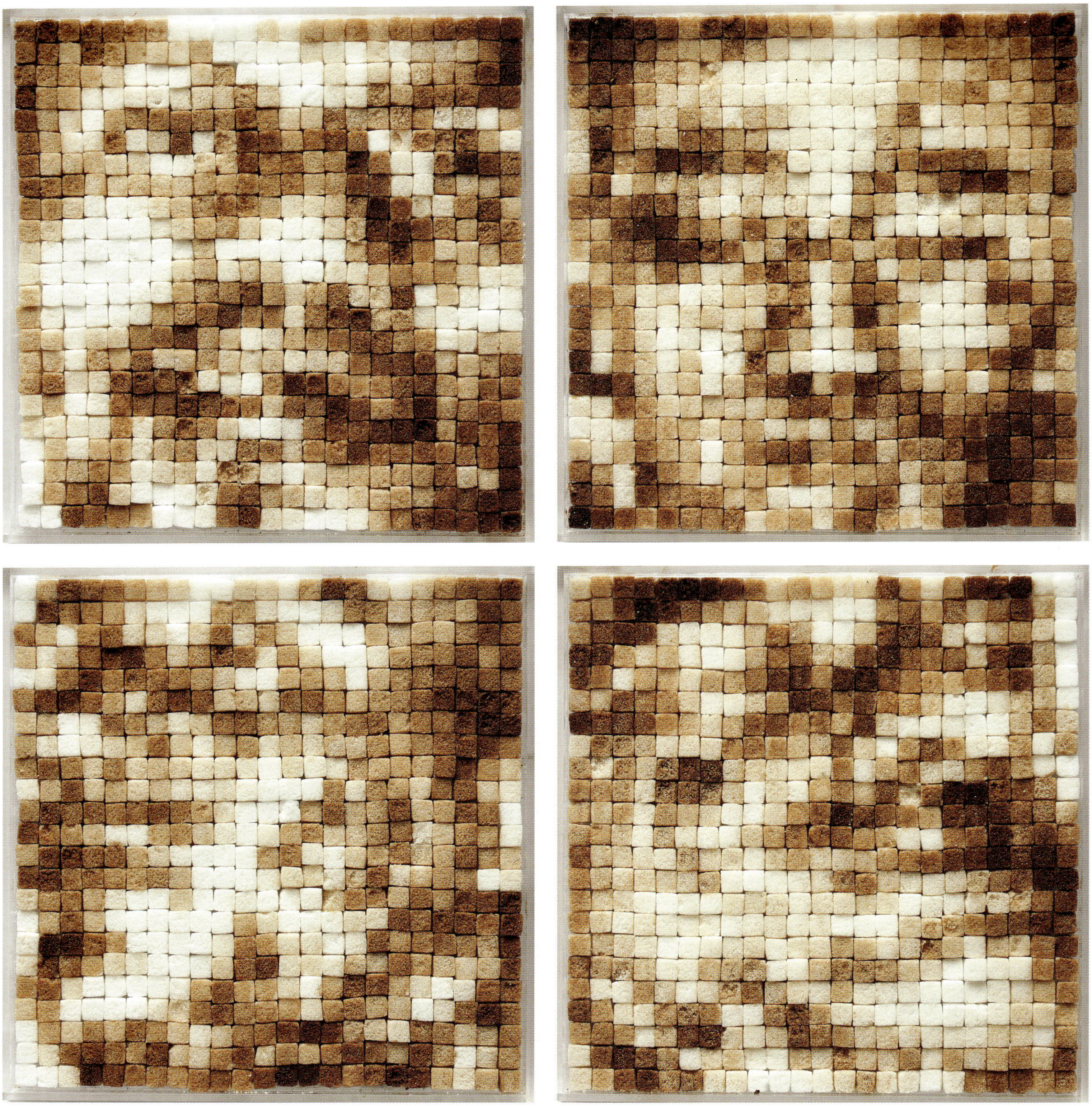

PIXELES (PIXELS), 1999–2000
Coffee tincture on sugar cubes in plexiglass (Cubos de azúcar pintados con café sobre plexiglas)
Six elements (Seis elementos): 35 x 35 x 3 cm each ($13\frac{7}{8}$ x $13\frac{7}{8}$ x $1\frac{3}{16}$ in.)
Collection of The Diane and Bruce Halle Foundation

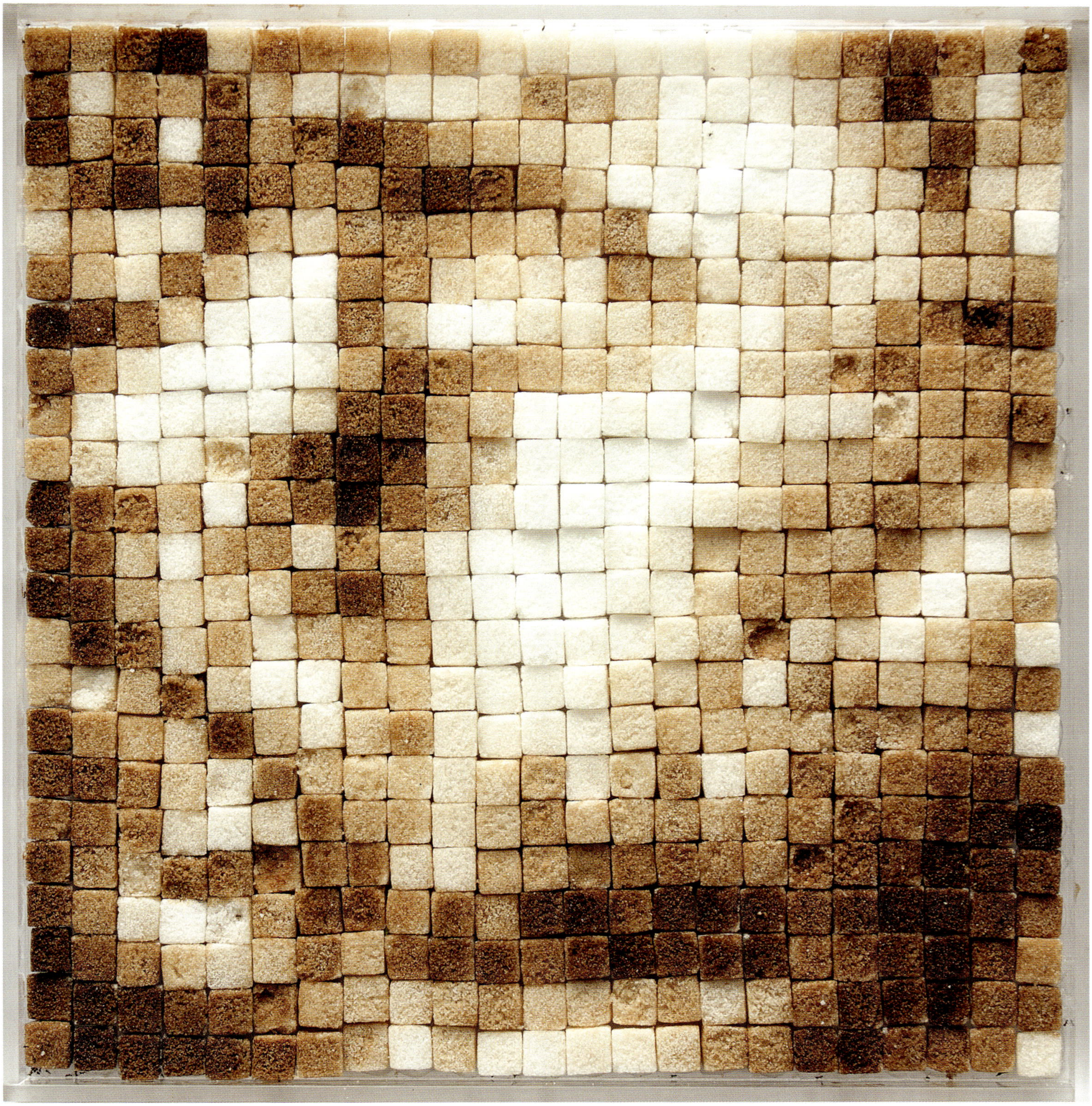

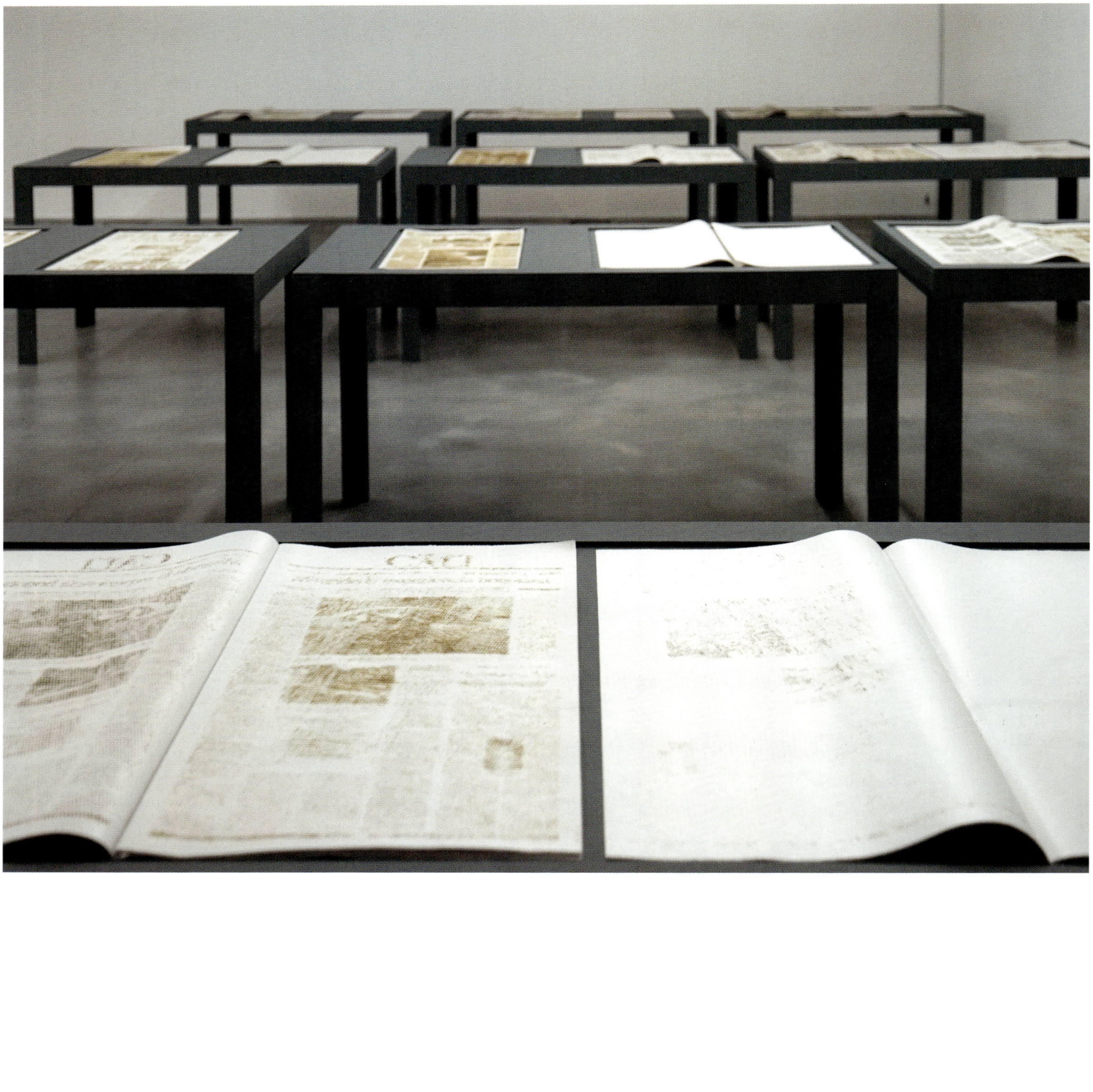

PAÍSTIEMPO (COUNTRYTIME), 2007
Pyroengraving on newspaper (Pirograbado sobre papel periódico)
56.3 x 33.5 cm each (22⅛ x 13⅛ in.)
Collection of the artist

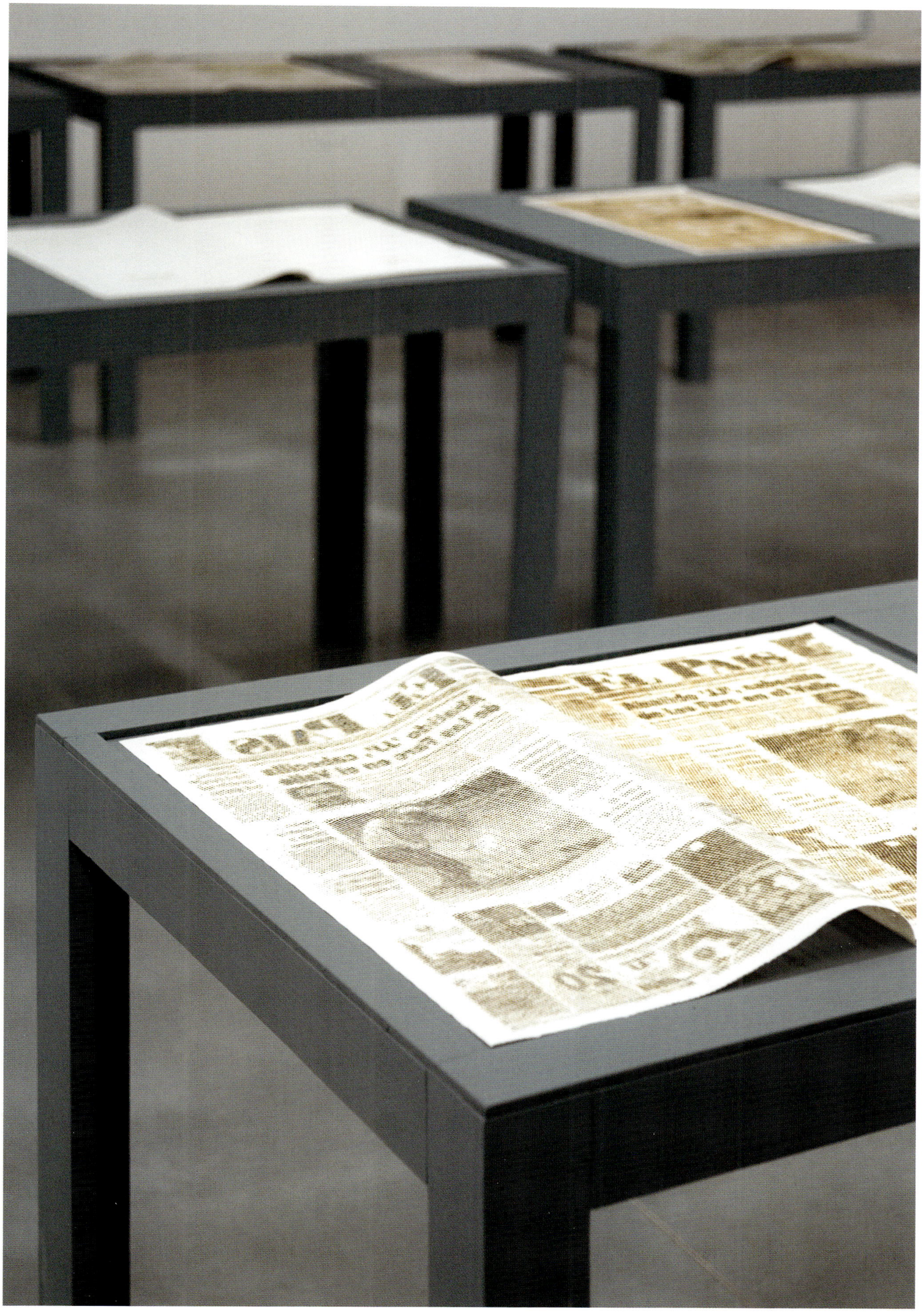

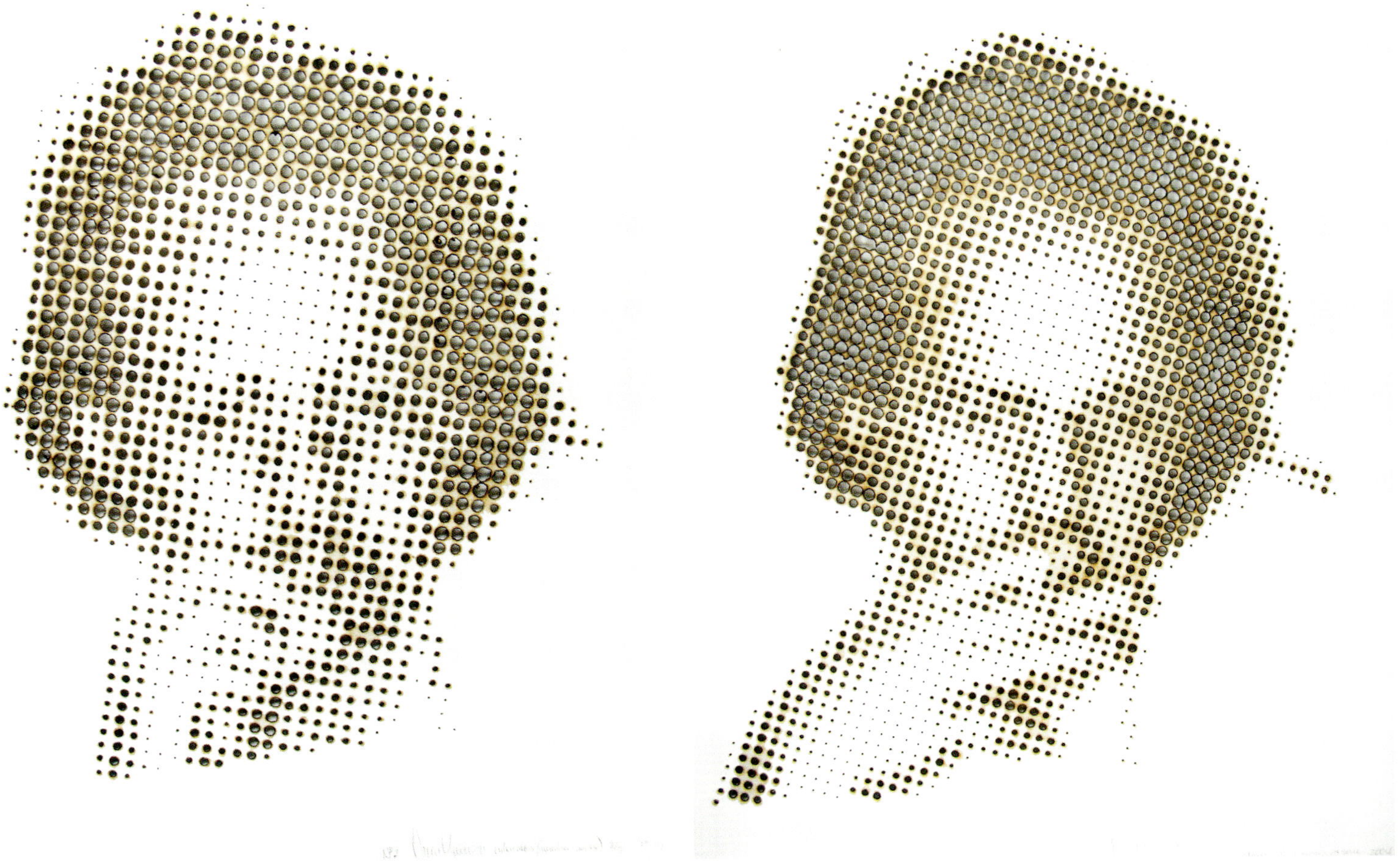

INTERVALOS (MIENTRAS RESPIRO) (INTERVALS [WHILE I BREATHE]), 2004
Burnt paper (Papel quemado)
Three elements (tres elementos): 60 x 50 cm each ($23\frac{5}{8}$ x $19\frac{3}{4}$ in.)
Collection of the artist

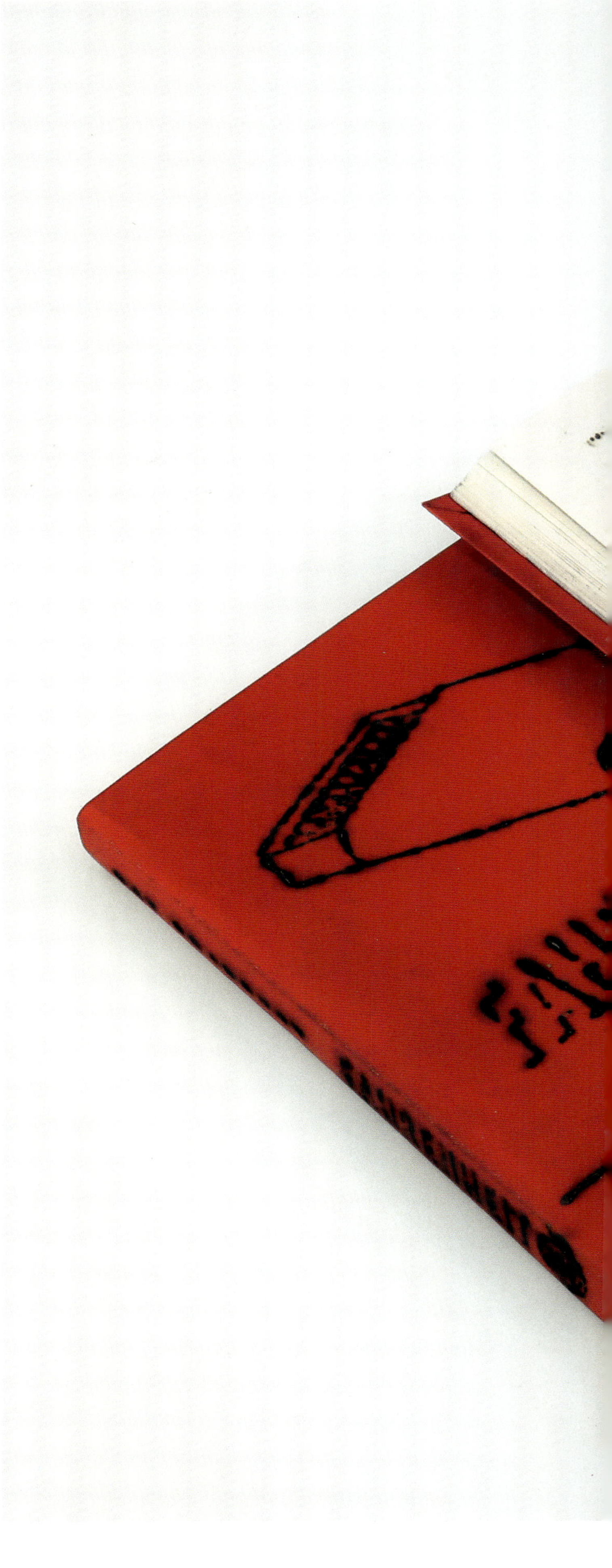

LIBRO FAHRENHEIT 451 (FAHRENHEIT 451 BOOK), 2020
Pyro-engraved book, 200 pages (Libro pirograbado, 200 páginas)
Open (Abierto): 27 cm x 21 cm (10⅝ x 8¼ in.)
Collection of the artist

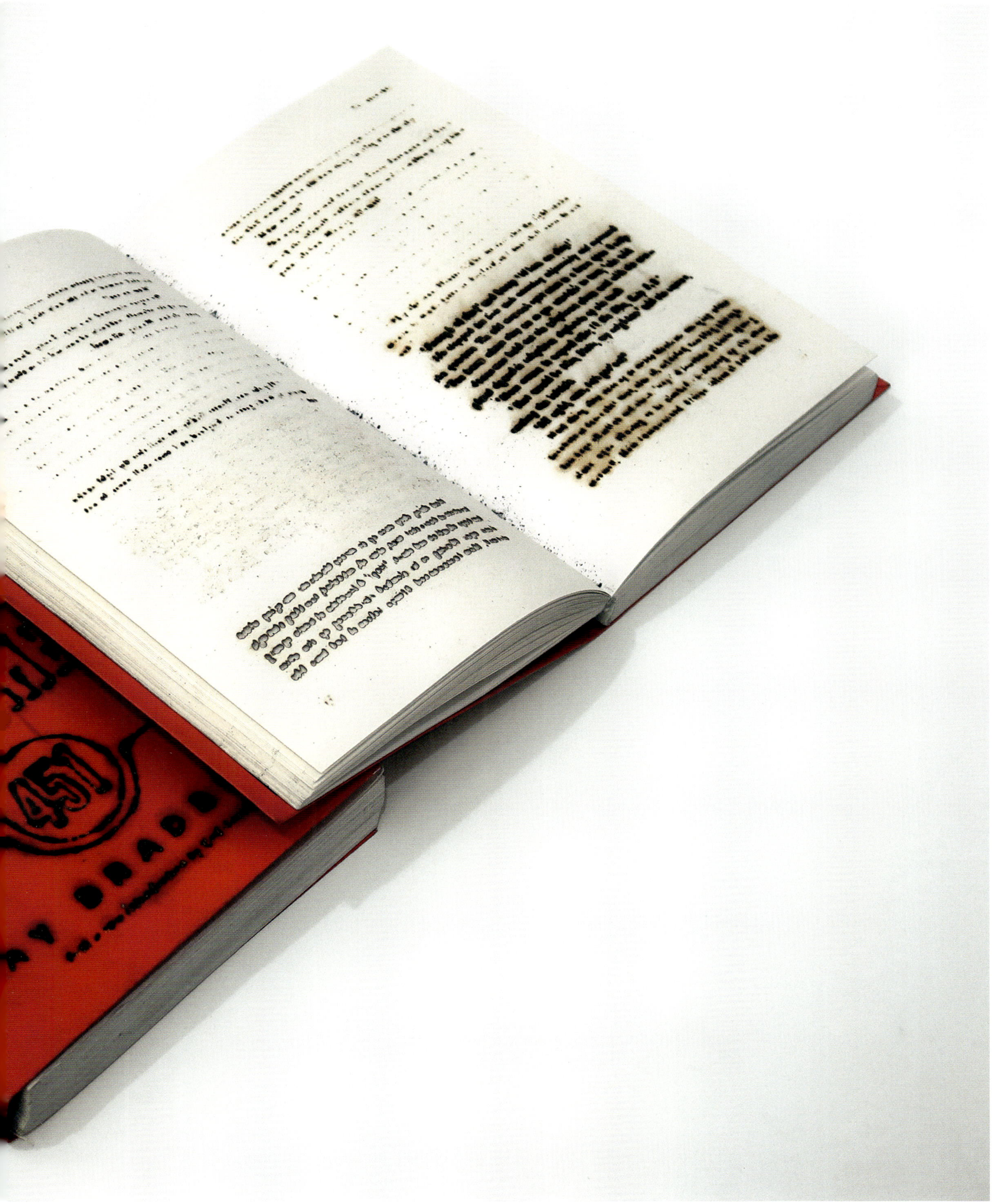
451

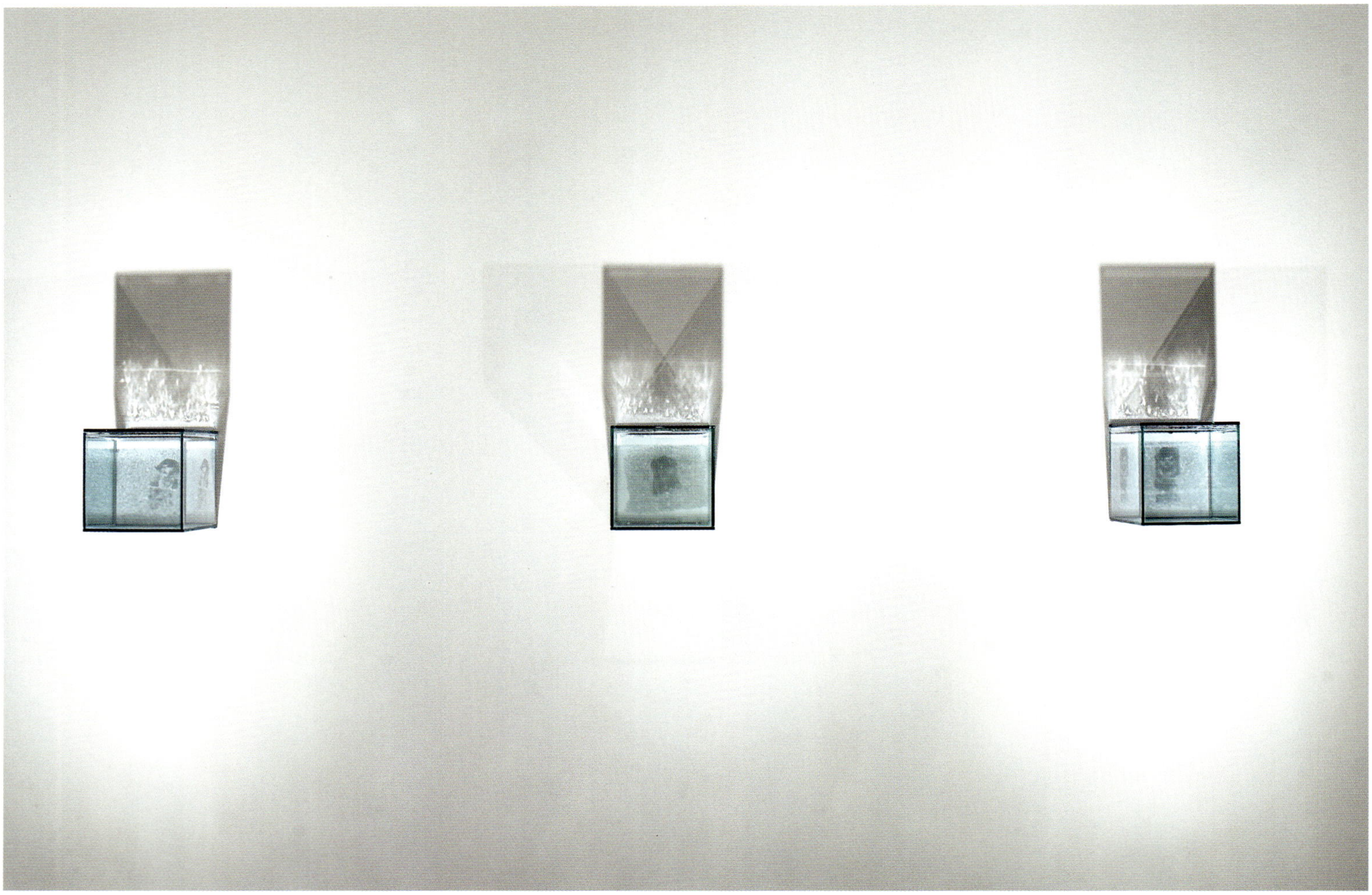

LACRIMARIOS (TEAR COLLECTORS), 2000–2001
Glass containers, water, charcoal powder, and halogen lamps
(Contenedores de vidrio, água, polvo de carbón, lámparas halógenas)
20 x 20 cm each (7⅞ x 7⅞ in.)
Collection of the artist

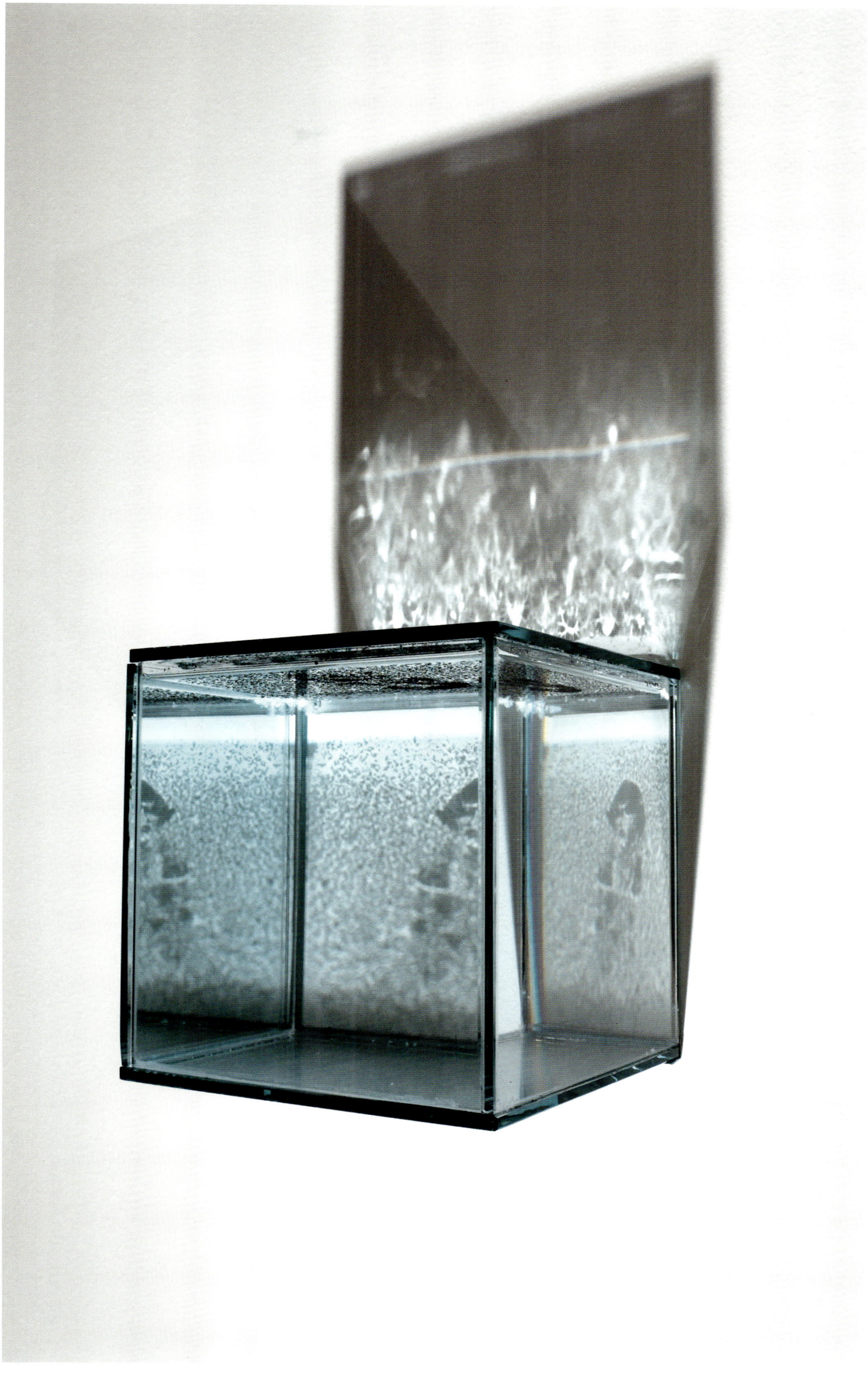

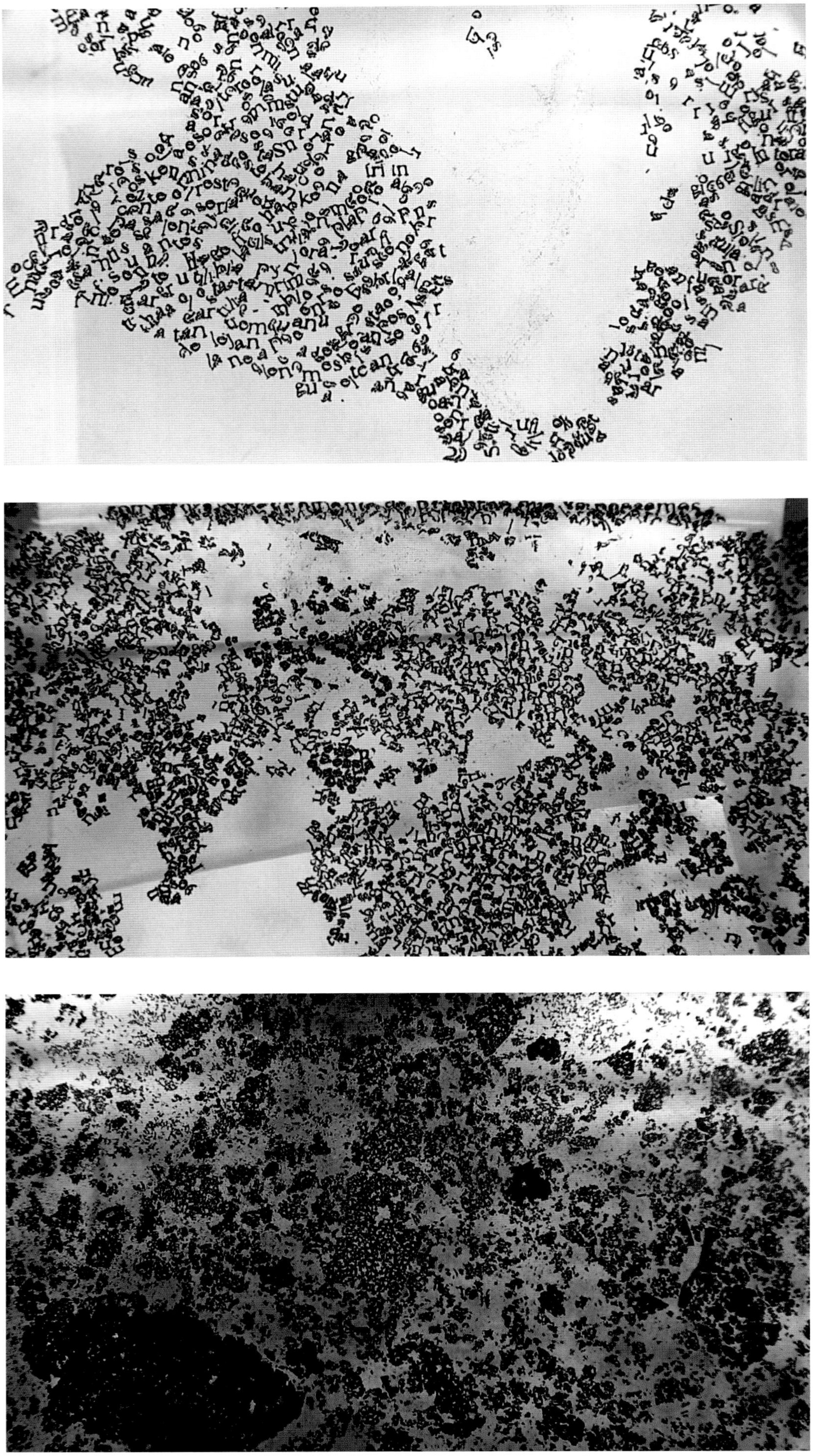

DISTOPÍA (DYSTOPIA), 2015
Single-channel FHD video without sound (Video monocanal FHD sin sonido), 15 min.
Collection of the artist

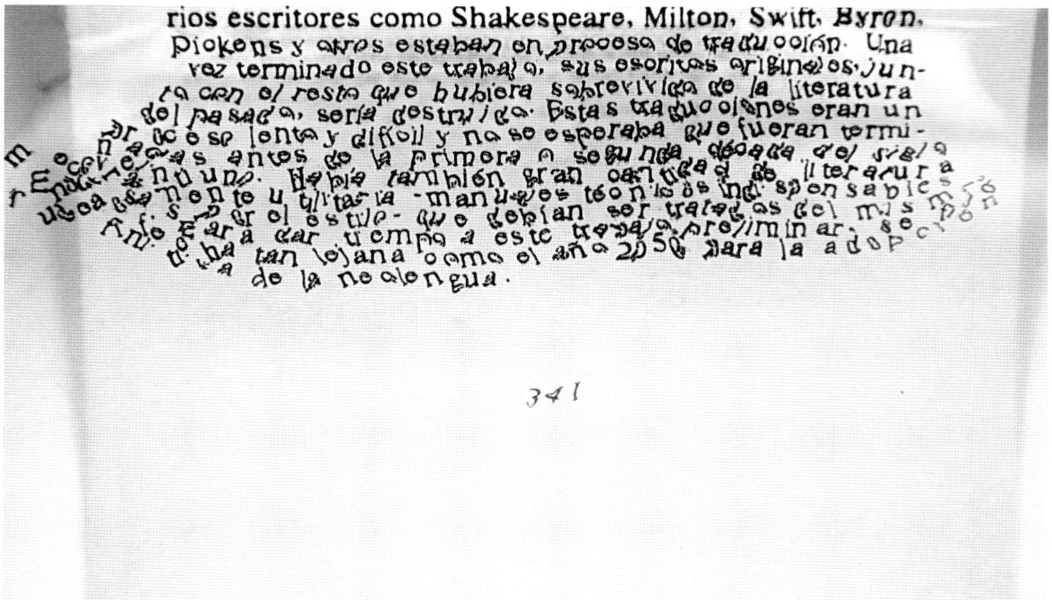
rios escritores como Shakespeare, Milton, Swift, Byron.
341

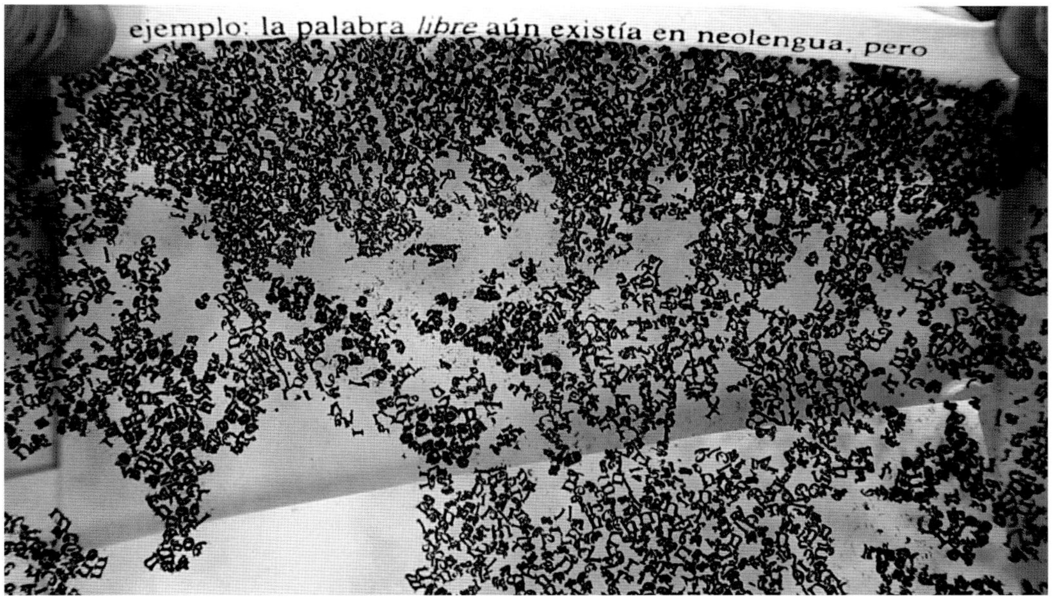
ejemplo: la palabra *libre* aún existía en neolengua, pero

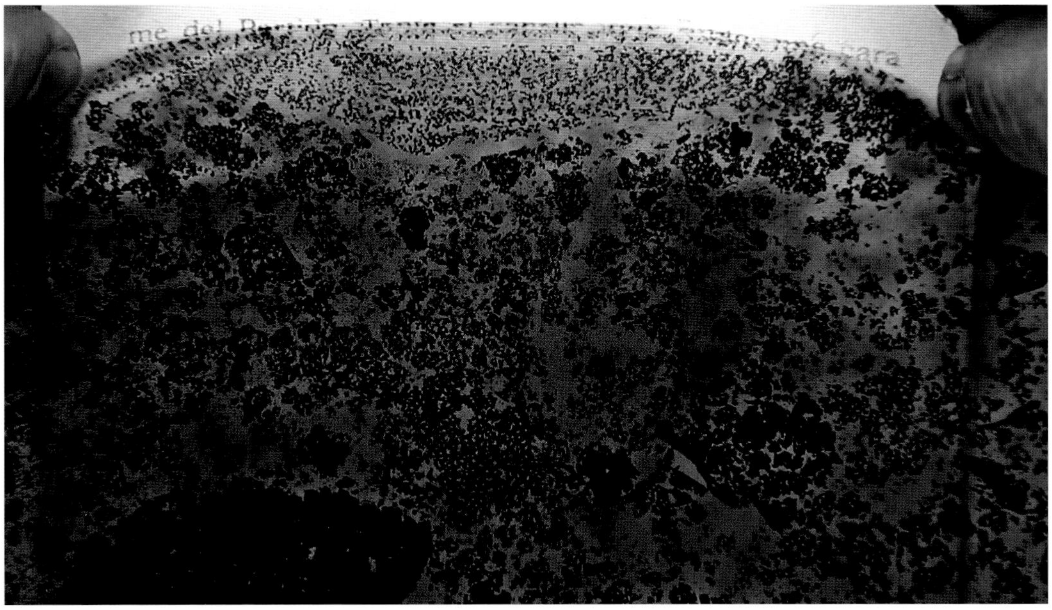

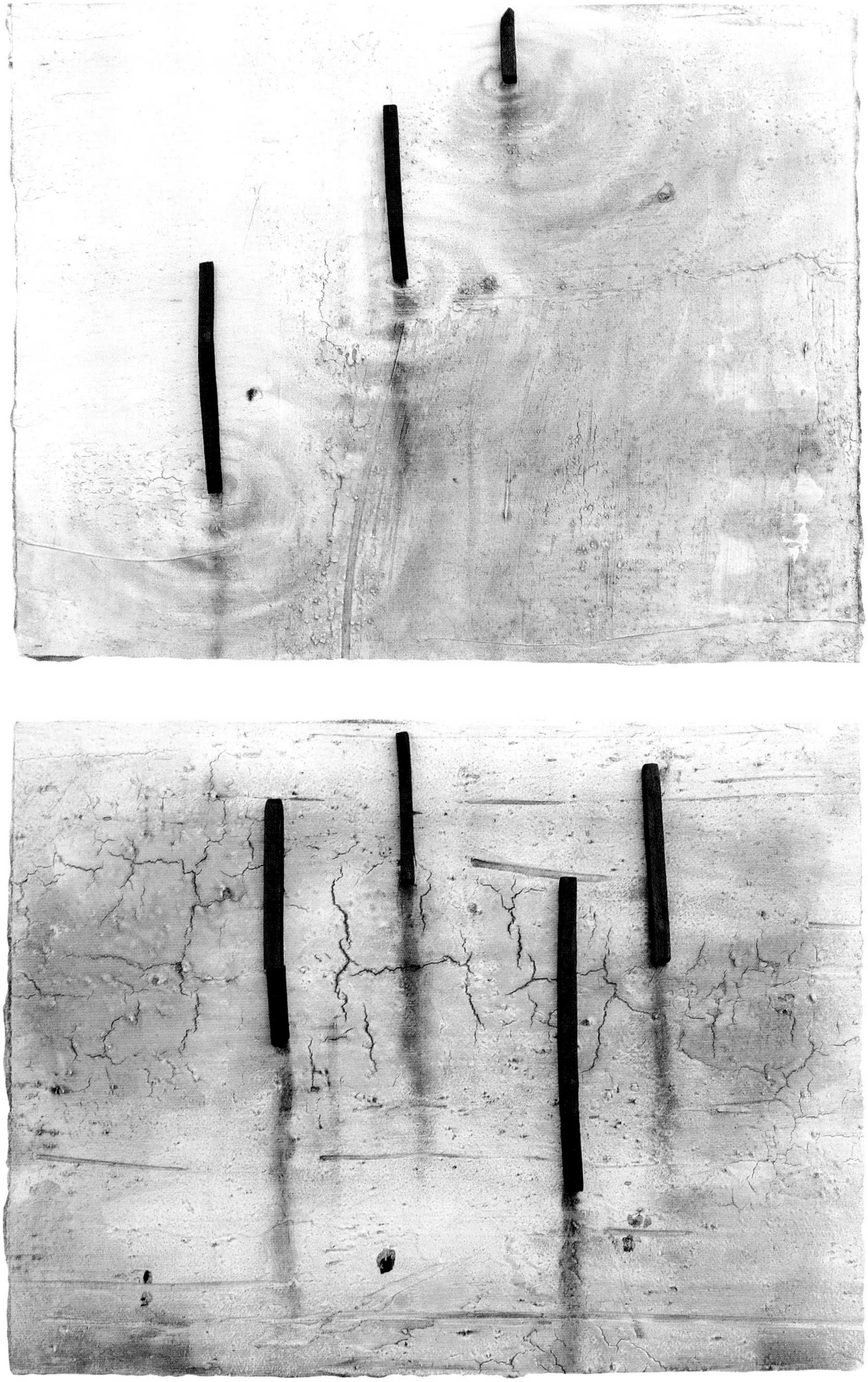

APUNTES DEL NATURAL (NOTES FROM NATURE), 1990
Charcoal on plaster and paper (Carbón sobre yeso y papel)
25 x 35 cm (9⅞ x 13¾ in.)
Collection of the artist

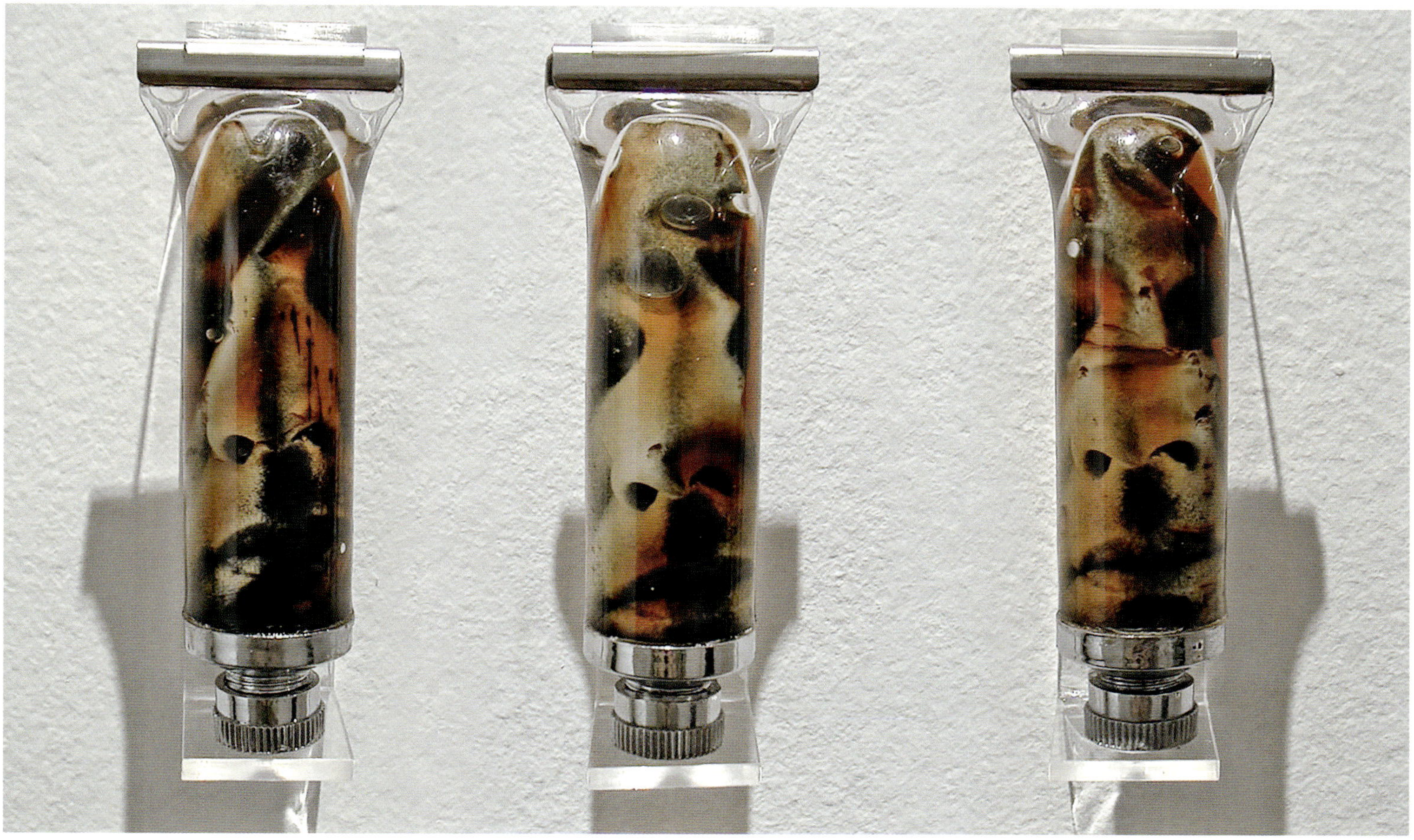

SIN TÍTULO (TUBOS), (UNTITLED [TUBES]), 1995
Photographs, organic material, and acrylic tubes (Fotografía, material orgánico y tubos acrílico)
Three elements (Tres elementos): 30 x 30 cm each (11⅞ x 11⅞ in.)
Collection of the artist

DISTANCIA FOCAL, SERIE IMPRESIONES DÉBILES (FOCAL DISTANCE, WEAK IMPRESSIONS SERIES), 2014–15
Print with charcoal powder on methacrylate (Impresión de polvo de carbón sobre metacrilato)
Two elements (Dos elementos): 404 x 186 cm each (159 x 73⅛ in.)
Collection of the artist

INTENTO DEL JUEVES (NARCISO) (THURSDAY ATTEMPT
[NARCISSUS]), 2003–20
Single-channel video installation without sound (Video instalación, monocanal sin sonido), 3 min. 1 sec.
Collection of the artist

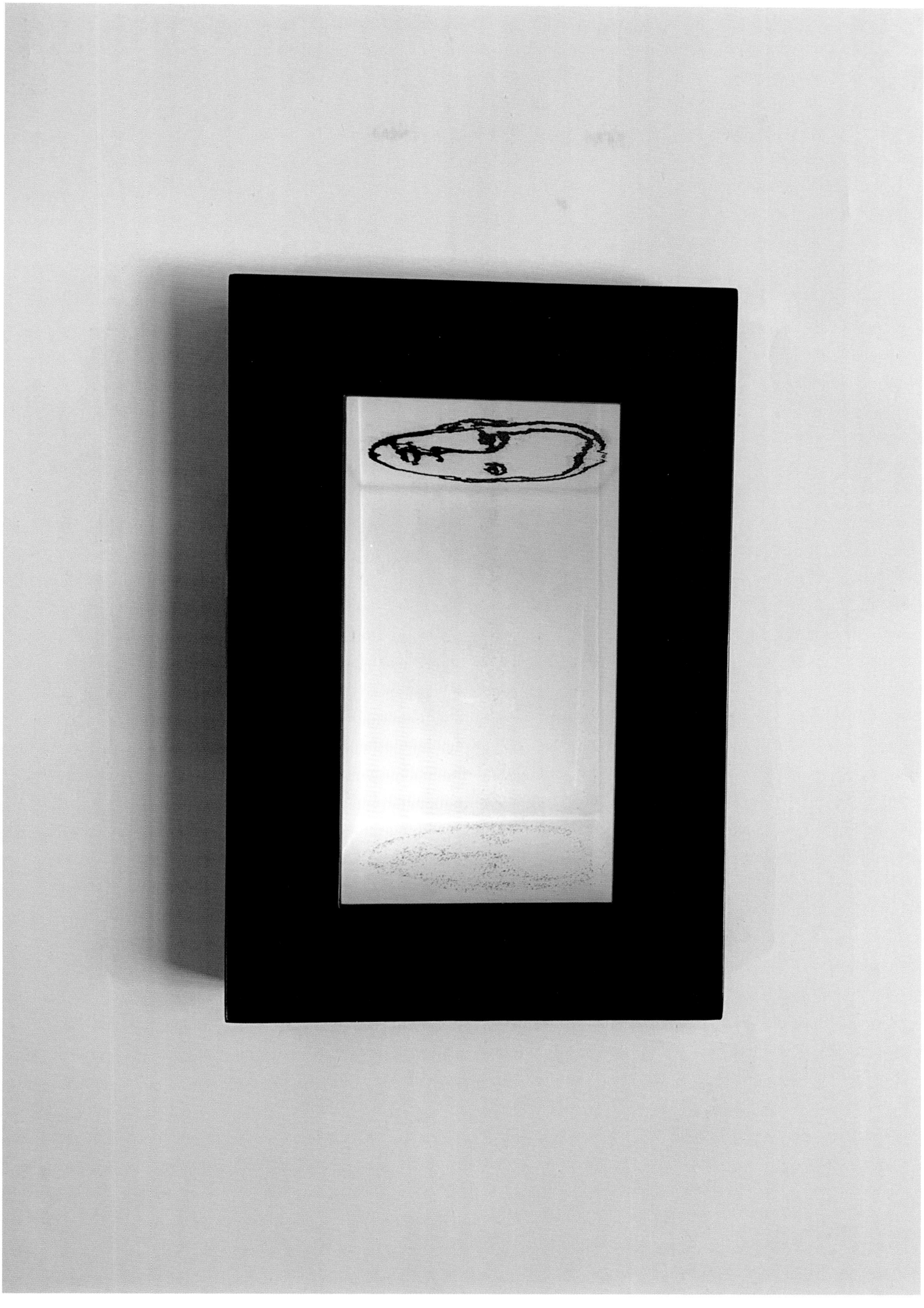

PALIMPSESTO (PALIMPSEST), 2003
Silver mirror and engraved glass (Espejo de plata, vidrio grabado)
34.5 x 15.5 cm (13⅝ x 6⅛ in.)
Collection of the artist

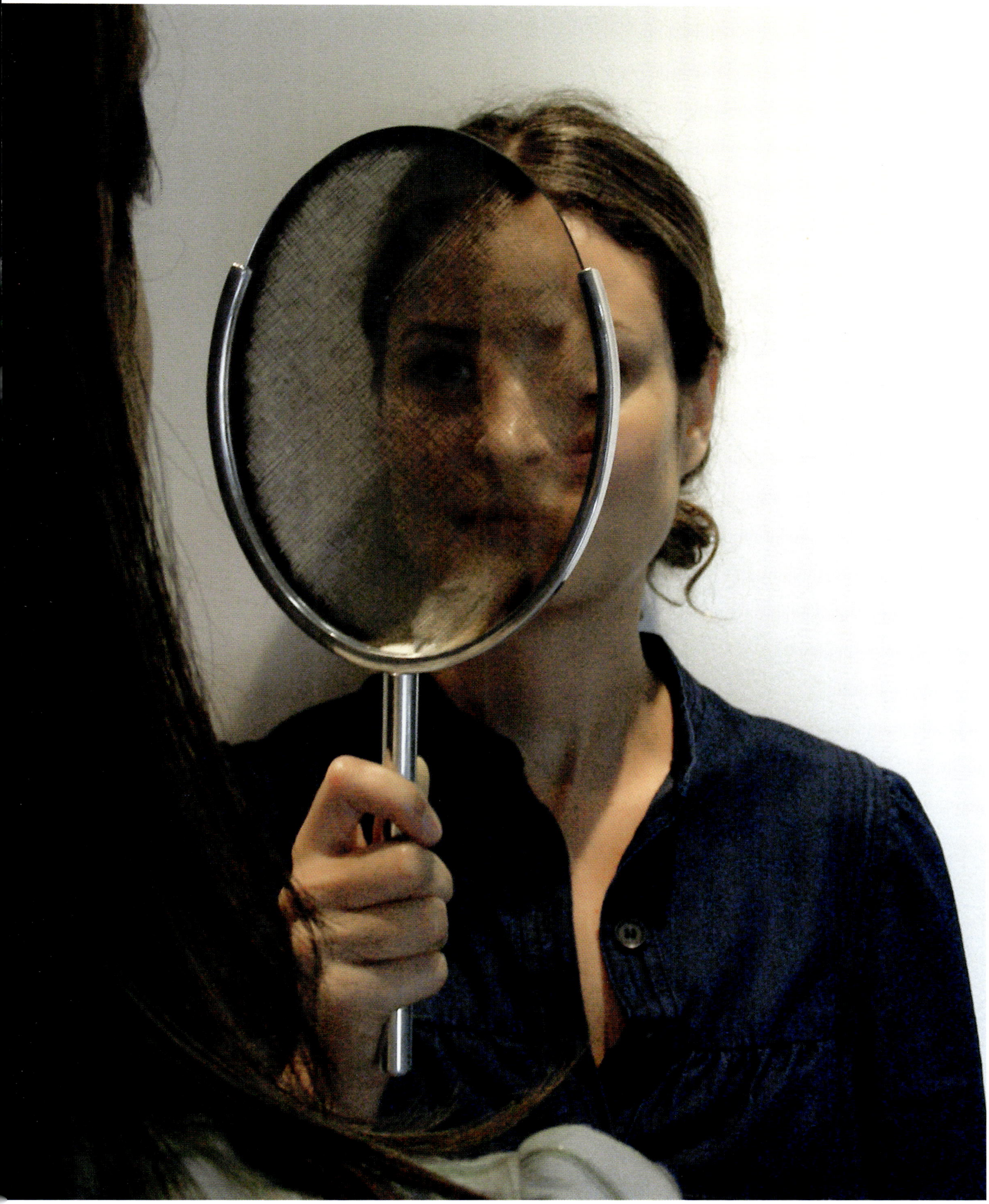

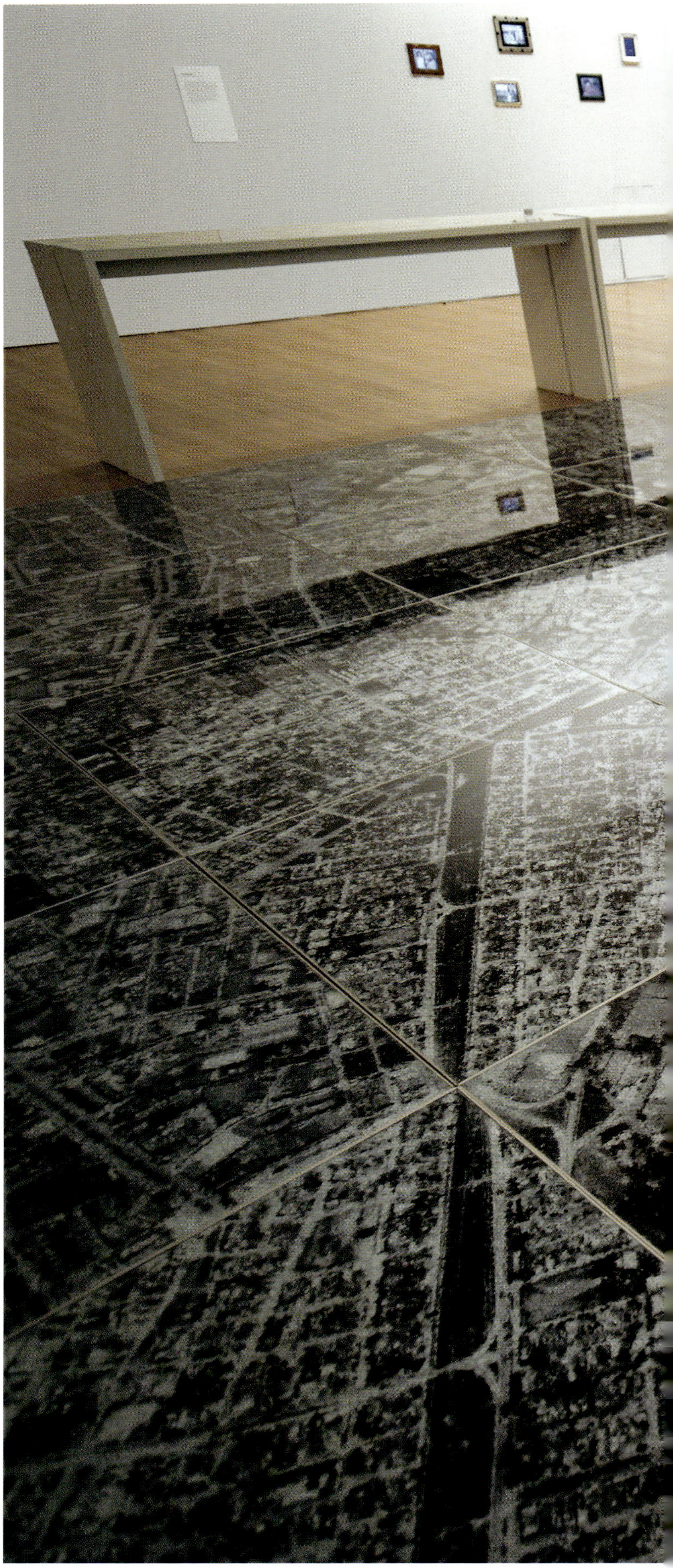

AMBULATÓRIO (WALKING PLACE/OUTPATIENT WARD), 1994–2008
Thirty-six modules of photographs encapsulated in shattered tempered security glass (Treinta y seis módulos de fotografías encapsuladas en vidrio de seguridad templado destrozada)
100 x 100 cm each (39⅜ x 39⅜ in.)
Collection of the artist

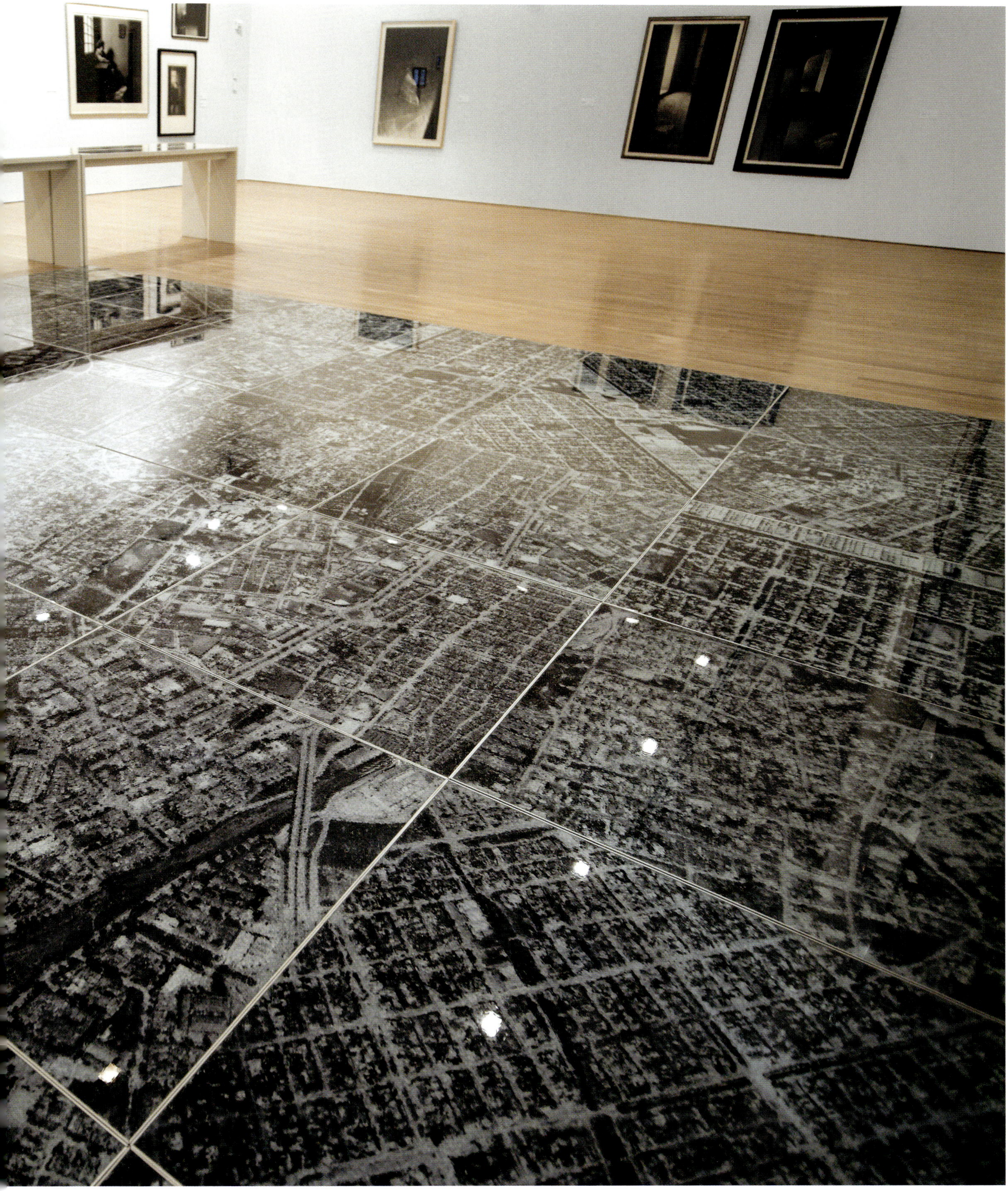

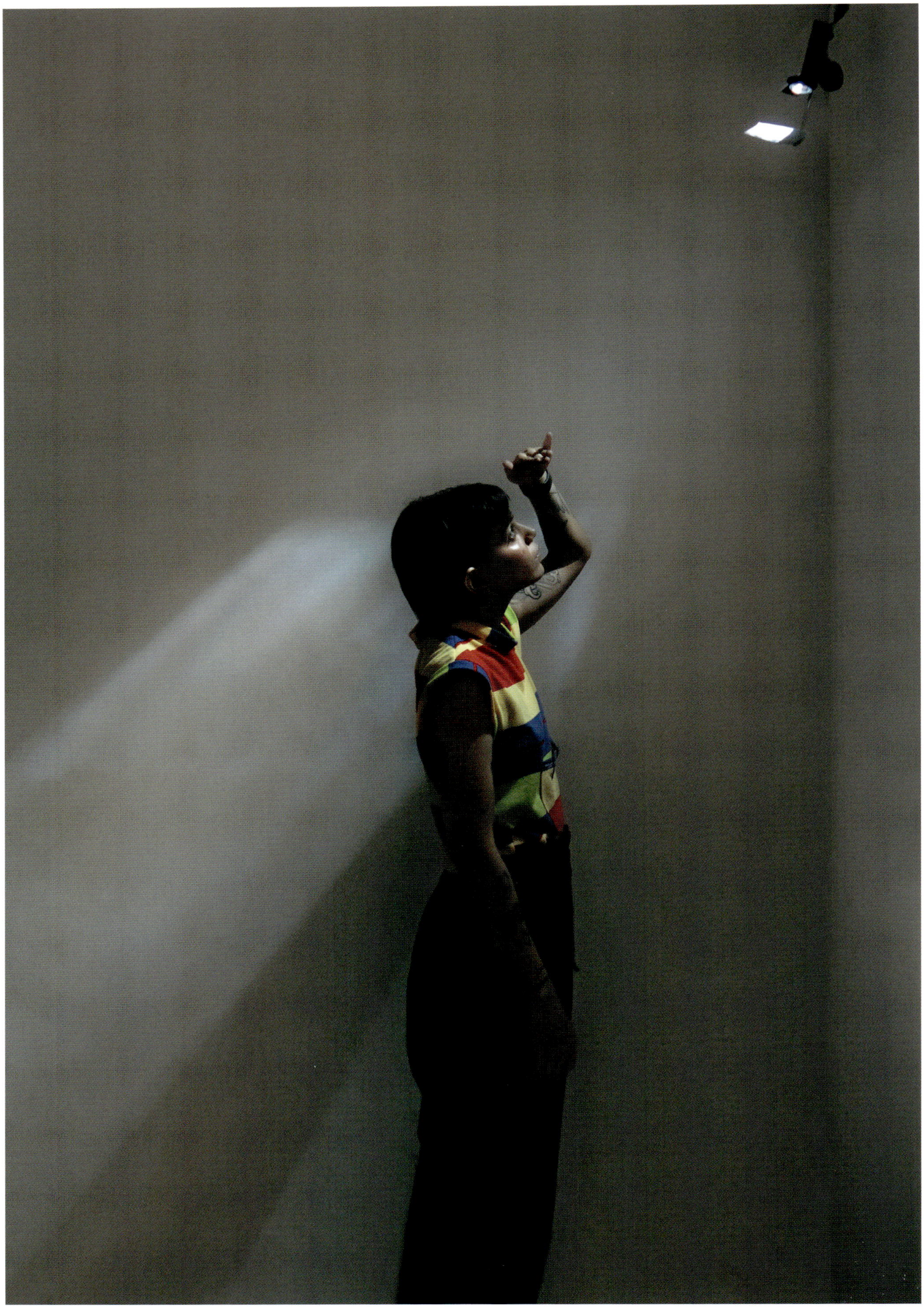

FOTO/GRAFÍA (PHOTO/GRAPHY), 2020–21
Single-channel video without sound
(Video monocanal sin sonido), 16 min.
Collection of the artist

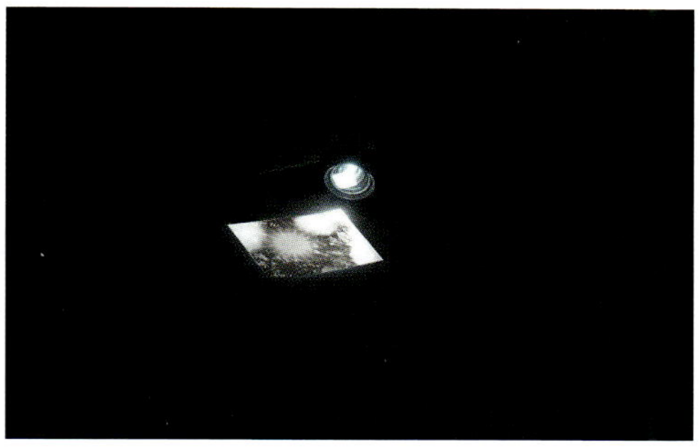
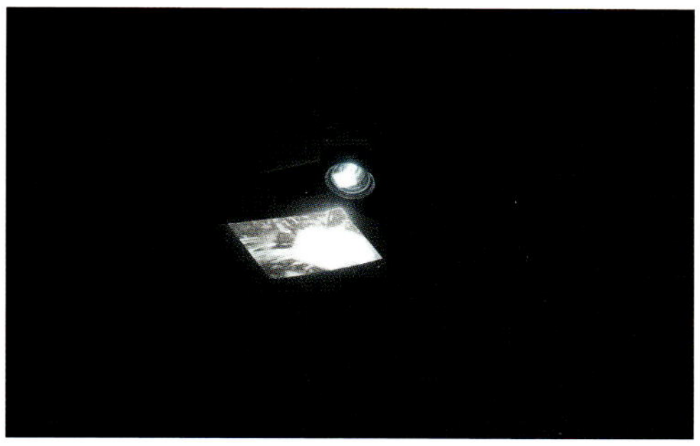
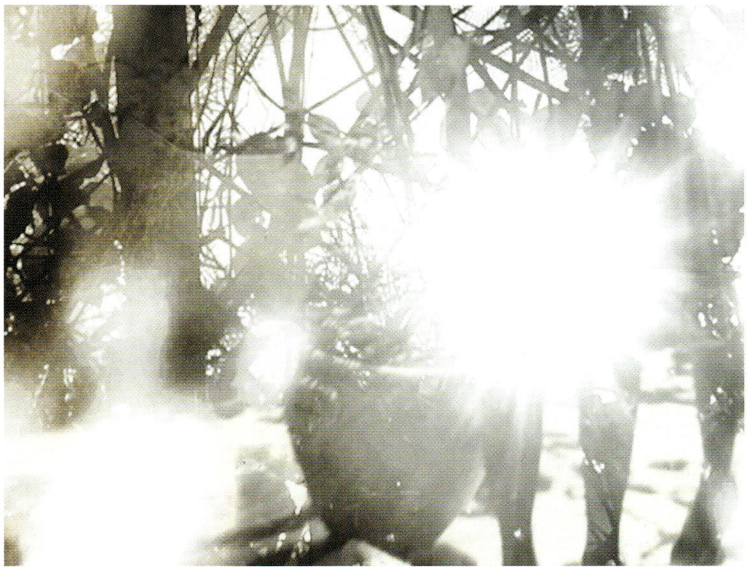
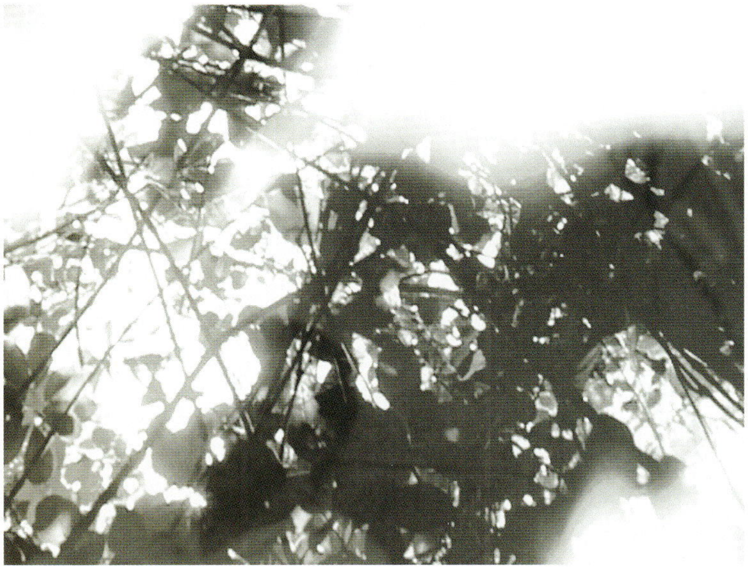
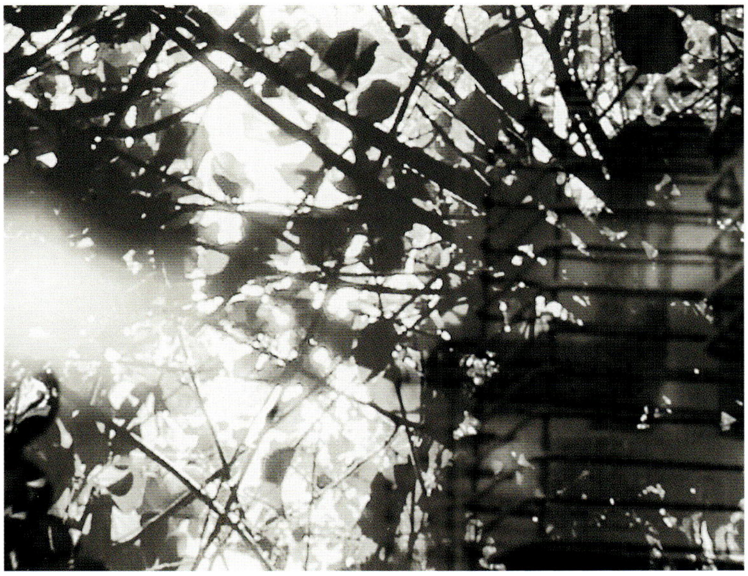
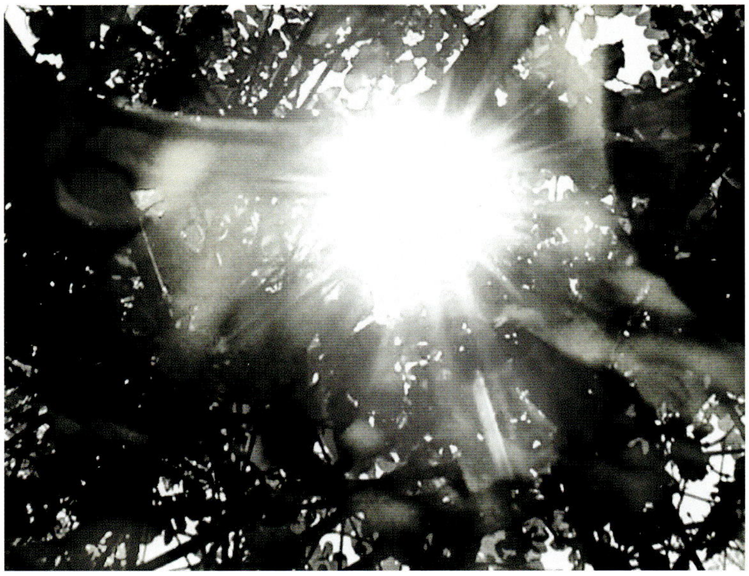

STARDUST: NOTES ON CARBON, LIFE, AND BECOMING GRAY IN OSCAR MUÑOZ

NATALIA BRIZUELA

Carbon is the element of life.
—ROBERT HAZEN, *Symphony in C*[1]

It would not be surprising if the photographic practices which today, for the first time, direct our gaze back to that pre-industrial primer, turned out to be linked subterraneously with the crisis of capitalism.
—WALTER BENJAMIN, *A Short History of Photography*[2]

More than static memories, experiences come to me. [. . .]
I am interested in matter.
—OSCAR MUÑOZ, "Entrevista con María Willis Londoño"[3]

We will not leave a trace
Only stardust.
—JORGE DREXLER[4]

During a conversation in his studio in Cali in late November of 2018, Oscar Muñoz shared a childhood memory with me: minuscule carbon particles from the burning of sugar cane harvests

El carbono es el elemento de la vida.
—ROBERT HAZEN, *Sinfonía en C.*[1]

No sería extraño que las prácticas fotográficas, que comienzan hoy a dirigir retrospectivamente la mirada a aquel floreciente período preindustrial, estuviesen en relación soterrada con las conmociones de la industria capitalista.
—WALTER BENJAMIN. *Breve historia de la fotografía.*[2]

A mí, más que recuerdos estáticos, me llegan vivencias.
. . . Hay un interés por la materia.
—OSCAR MUÑOZ, "Entrevista con María Willis Londoño".[3]

No dejaremos huella
Sólo polvo de estrellas.
—JORGE DREXLER[4]

Durante una conversación en su estudio de Cali, a finales de Noviembre de 2018, Oscar Muñoz compartió conmigo un recuerdo de

POLVO DE ESTRELLAS: NOTAS SOBRE EL CARBONO, LA VIDA Y EL HECHO DE VOLVERSE GRIS EN OSCAR MUÑOZ

NATALIA BRIZUELA

making their way through the windows into his home in the outskirts of Cali. The burning fields were far away, yet the specks would enter his home arriving through the chance of wind patterns. The distant fires were invisible to him but became visible through this residue in the form of a material trace that had traveled and endured despite its seeming fragility.

Muñoz recalled this habitual occurrence from his childhood as a side comment to his description of how he had made his 2011 *Impresiones débiles* (*Weak Impressions*). For that project he modified a detail of the carbon powder silkscreen approach that had become one of his signature methods after he first used it with *Narcisos* (*Narcissi*) in 1994. For *Weak Impressions*, he simply raised the sieve/stencil away from the paper on which he would print. The greater the distance between sieve and paper, the weaker and more unfocused the impression. As a consequence of the widened gap, the carbon dust-silkscreened prints of photographs from the early 1950s that had been reproduced in school and popular press history manuals became weak impressions, hence the series title. Muñoz was interested in how physical and temporal distance mark the way any event comes into our field of vision, altering our experience and knowledge of it and consequently its impact at both the individual and communal level. Muñoz had seen the historical events of the 1950s only through the mass reproduction of certain photographs of the surrender of the first liberal guerrilla in Colombia to the national armed forces, yet he—like all Colombians—had lived under the powerful immediate and long-term effects of that event. As years passed and the gap between the past event and the present widened, the effect and visibility of the event itself blurred, much like every cheap, mass reprinting of the original photographs offered increasingly out of focus images. Muñoz translated the historical and representational drama into the technique he used.

Those minuscule carbon specks that entered Muñoz's childhood home as residual material evidence of an unseen event led me to rethink the concepts through which Muñoz's work has been widely written about—chiefly time, violence, and death.[5] Muñoz's observation offered a material path into and through his work. The simultaneous social and political power of an event on the one hand and the weakness of its psychic and symbolic impression on the other has been at the center of Muñoz's aesthetic pursuit since his earliest work. Carbon has been the material through which he has explored this problem of distance.

As a consequence, it is worth considering Muñoz's sustained use of carbon-based materials during the last fifty years. I literally want to *follow the carbon trail* and explore why Muñoz has chosen and stuck with this substance. I want to press into the material, its origin, its cosmological and geological course,

su infancia: cómo partículas minúsculas de carbón de la quema de las cosechas de caña de azúcar entraban por las ventanas de su casa en los suburbios de Cali. Los campos quemados estaban lejos, pero aún así, las briznas entraban en su casa movidas por las corrientes de aire. Los fuegos distantes eran invisibles para él pero se hacían visibles a través de estos residuos que, como un rastro material, habían viajado y perdurado a pesar de su aparente fragilidad.

Muñoz evocó esta situación de su infancia como un comentario incidental a propósito de su descripción de cómo había creado sus *Impresiones débiles* en 2011. Para ese proyecto, él modificó un detalle del proceso de serigrafía con polvo de carbón, lo cual se convirtió en uno de sus métodos característicos después de usarlo por primera vez en en 1994 en *Narcisos*. Para *Impresiones débiles,* él simplemente alejó la plantilla del papel de impresión. Cuanto mayor fuera la distancia entre la plantilla y el papel, más vaga y desenfocada resultaba la impresión. De esta forma, las serigrafías de polvo de carbón basadas en fotografías de principios de los años 50, que habían sido reproducidas en los manuales escolares y de historia de tirada popular, se convirtieron en impresiones débiles, y de ahí el título de la serie.

Muñoz estaba interesado en cómo la distancia física y temporal marca el modo en el que cualquier evento se presenta en nuestro campo de visión, alterando nuestra experiencia y conocimiento de este evento y, por consiguiente, su impacto a nivel individual y colectivo. Él había conocido los eventos históricos de los años 50 solo a través de la reproducción masiva de algunas fotografías de la rendición de la primera guerrilla liberal en Colombia ante las Fuerzas Armadas Nacionales, aunque él –como todos los colombianos– hubiera vivido bajo los poderosos efectos, tanto inmediatos como a largo plazo, de este evento. A medida que pasaban los años y se hacía mayor la brecha entre el pasado y el presente, el efecto y la visibilidad del evento se difuminaban, como cualquier reproducción barata y masiva de las fotografías originales que ofrecía imágenes cada vez más desenfocadas. Muñoz traslada este drama histórico y representacional a la técnica que él utiliza.

Aquellas minúsculas briznas de carbón que entraban en la casa de la infancia de Muñoz como evidencia residual de un evento no presenciado me condujo a repensar conceptos que han sido ampliamente abordados por la crítica a la hora de analizar la obra de Muñoz: principalmente el tiempo, la violencia y la muerte.[5] La observación incidental de Muñoz ofreció un camino material hacia y a través de su trabajo. El poder social y político de un evento, por un lado, y la debilidad de su impresión psíquica y simbólica, por otro, han estado en el centro de la búsqueda estética de Muñoz desde sus primeros trabajos. El carbón ha sido el material a través del cual el artista ha explorado este problema de la distancia.

Como consecuencia, vale la pena considerar el uso sostenido de materiales a base de carbono por parte de Muñoz durante los últimos cincuenta años. Quiero literalmente seguir *el rastro del carbono* y

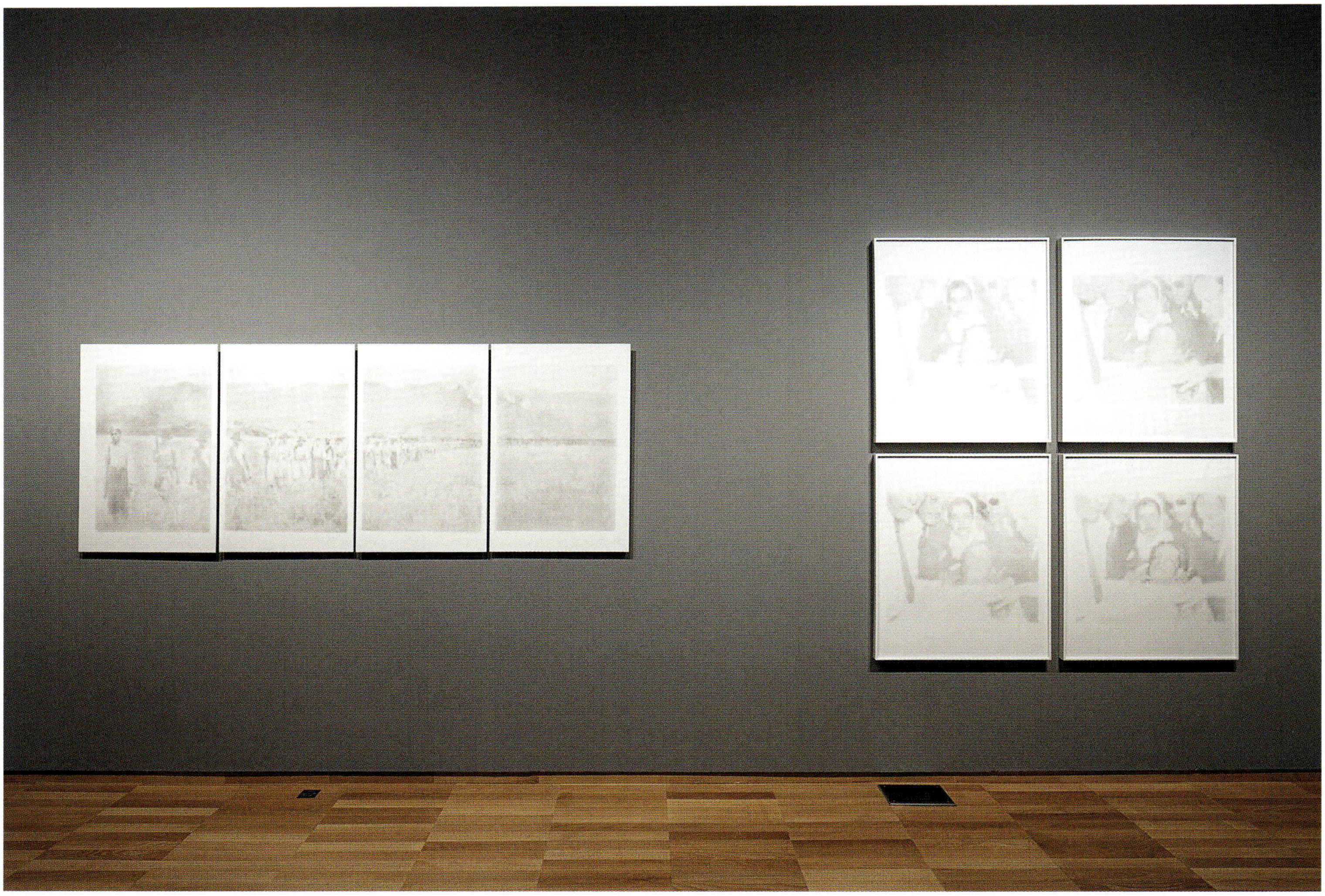

HORIZONTE, SERIE IMPRESIONES DÉBILES (HORIZON, WEAK IMPRESSIONS SERIES), 2011
Print with charcoal powder on methacrylate (Impresión con polvo de carbón sobre metacrilato)
Four elements (Cuatro elementos): 62 x 93 cm; 61 x 93 cm; 59 x 93 cm; 63 x 93 cm (24⅜ x 36⅝ in.; 24 x 36⅝ in.; 23¼ x 36⅝ in.; 24⅞ x 36⅝ in.)
San Francisco Museum of Modern Art, Accessions Committee Fund purchase

HABER ESTADO ALLÍ, SERIE IMPRESIONES DÉBILES (TO HAVE BEEN THERE, WEAK IMPRESSIONS SERIES), 2011
Print with charcoal powder on methacrylate (Impresión con polvo de carbón sobre metacrilato)
Four elements (Cuatro elementos): 73.5 x 85 cm each (29 x 33½ in.)
Collection of the artist

its fragility and its strength, its malleability and its rigidity, its ability to transform, to change, to adapt, to be in flux and in movement as well as become a deadly, unchangeable, unmodifiable mega-element. Indeed, I suggest that there is a *carbon aesthetic* through which we might read Muñoz's entire production.

FOLLOW THE CARBON

Carbon is "life's core element"[6] and "the giver of life."[7] It is "the molecular scaffold of every living creature, and all dead ones,"[8] meaning that because of its malleability, carbon has become, over the long course of the evolution of life on this planet, the building block for matter. The seemingly infinite carbon atoms that make up our bodies at any given moment eventually make their way into the air, the oceans, the plants and corals, the animals that eat them, and so on, in a cycle of elemental transformation. Human life is made up of the cyclic exhalation of carbon that is shared with the rest of organic life on earth as it is continuously recycled and transformed. Carbon works as a binder, as a carrier, as the frame, the stage, and the builder for other elements to combine. It holds genetic information and it stores, frees, and transforms the other three basic elements—oxygen, hydrogen, and nitrogen—that make up 96 percent of the human body.

Carbon is also found in almost everything that humans make: in the paper and ink of the expansive printed matter that many people engage with daily, in all the fibers of the clothes worn, in all the food and drink consumed, in the many materials that construct our houses and buildings, in every plastic object we touch, in the natural gas and gasoline that power most of our vehicles. Numerous environmental and political crises triggered by human greed under the guise of what capitalism, colonialism, and democracy have called "progress" have in fact been the mobilization of power to exert control over valuable raw materials, carbon among them. Carbon dioxide emissions continue to overheat the planet; the desire for oil (hydrocarbons) prompts wars that have destroyed countless lives throughout the Middle East and elsewhere; the aerospace industry, military, and sporting goods manufacturers compete for the limited carbon fiber that they all "need" to produce airplane wings, body armors, and tennis rackets. By being in virtually almost all commodities, carbon is a fundamental element in the production of value and thereby serves to organize and mobilize power dynamics in today's world.

Carbon's multiple possibilities (life and matter; commodities and politics) remind us that its deadly and devastating powers were exploited by humans whose organic life is made of and depends on it. These destructive powers were always present,

explorar por qué Muñoz ha elegido y ha seguido trabajando con esta sustancia. Quiero adentrarme en el material, su origen, su curso cosmológico y geológico, su fragilidad y su fuerza, su maleabilidad y su rigidez, su capacidad de transformar, cambiar, adaptarse, estar en flujo y en movimiento, así como convertirse en un mega-elemento mortal, inmutable e inmodificable. De hecho, sugiero que hay una *estética del carbono* a través de la cual podríamos leer toda la producción de Muñoz.

TRAS EL CARBONO

El carbono es tanto un "elemento central de la vida"[6], como "dador de vida".[7] Es "el soporte molecular de toda criatura viviente y muerta"[8], lo que significa que, debido a su maleabilidad, el carbono se ha convertido, a lo largo de la evolución de la vida en este planeta, en el componente básico de la materia. Los aparentemente infinitos átomos de carbono que componen nuestro cuerpo en un momento dado, finalmente, se abren camino hacia el aire, los océanos, las plantas y los corales, los animales que se los comen, etc., en un ciclo de transformación elemental. La vida humana se compone de la exhalación cíclica de carbono que se comparte con el resto de la vida orgánica en la tierra, ya que se recicla y transforma continuamente. El carbono funciona como aglutinante, como conductor, como marco, escenario y constructor para que otros elementos se combinen. Contiene información genética y almacena, libera y transforma los otros tres elementos básicos –oxígeno, hidrógeno y nitrógeno– que constituyen el noventa y seis por ciento del cuerpo humano. El carbono también se encuentra en casi todo lo que fabrican los seres humanos: en el papel y el extenso material impreso con el que mucha gente interactúa a diario, en todas las fibras de las ropas que se usan, en toda la comida y la bebida que se consume, en los muchos materiales que conforman nuestras casas y edificios, en cada objeto plástico que tocamos, en el gas natural y en la gasolina que alimenta a la mayoría de nuestros vehículos.

Numerosas crisis ambientales y políticas desencadenadas por la codicia humana bajo el disfraz de lo que el capitalismo, el colonialismo y la democracia han llamado "progreso" han sido, de hecho, movilizaciones del poder para ejercer control sobre materias primas valiosas, entre ellas el carbón. Las emisiones de dióxido de carbono continúan sobrecalentando el planeta; el deseo de petróleo (hidrocarburos) provoca guerras que han destruido innumerables vidas en todo el Medio Oriente y en otros lugares; la industria aeroespacial, militar y los fabricantes de artículos deportivos compiten por una limitada fibra de carbono que todos "necesitan" para producir alas de avión, chalecos antibalas y raquetas de tenis. Al estar presente en prácticamente todos los productos básicos, el carbono es un elemento fundamental en la producción de valores y, por lo tanto, sirve para organizar y movilizar las dinámicas de poder en el mundo actual.

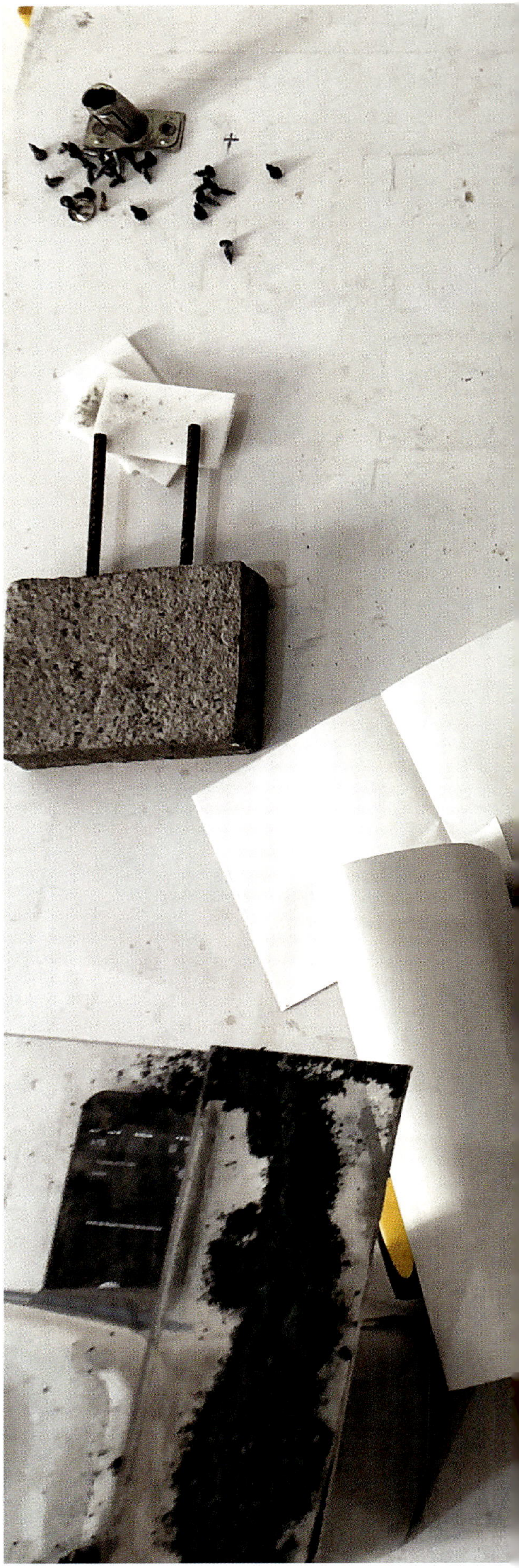

Oscar Muñoz's studio, Cali, Colombia
El estudio de Oscar Muñoz, Cali, Colombia

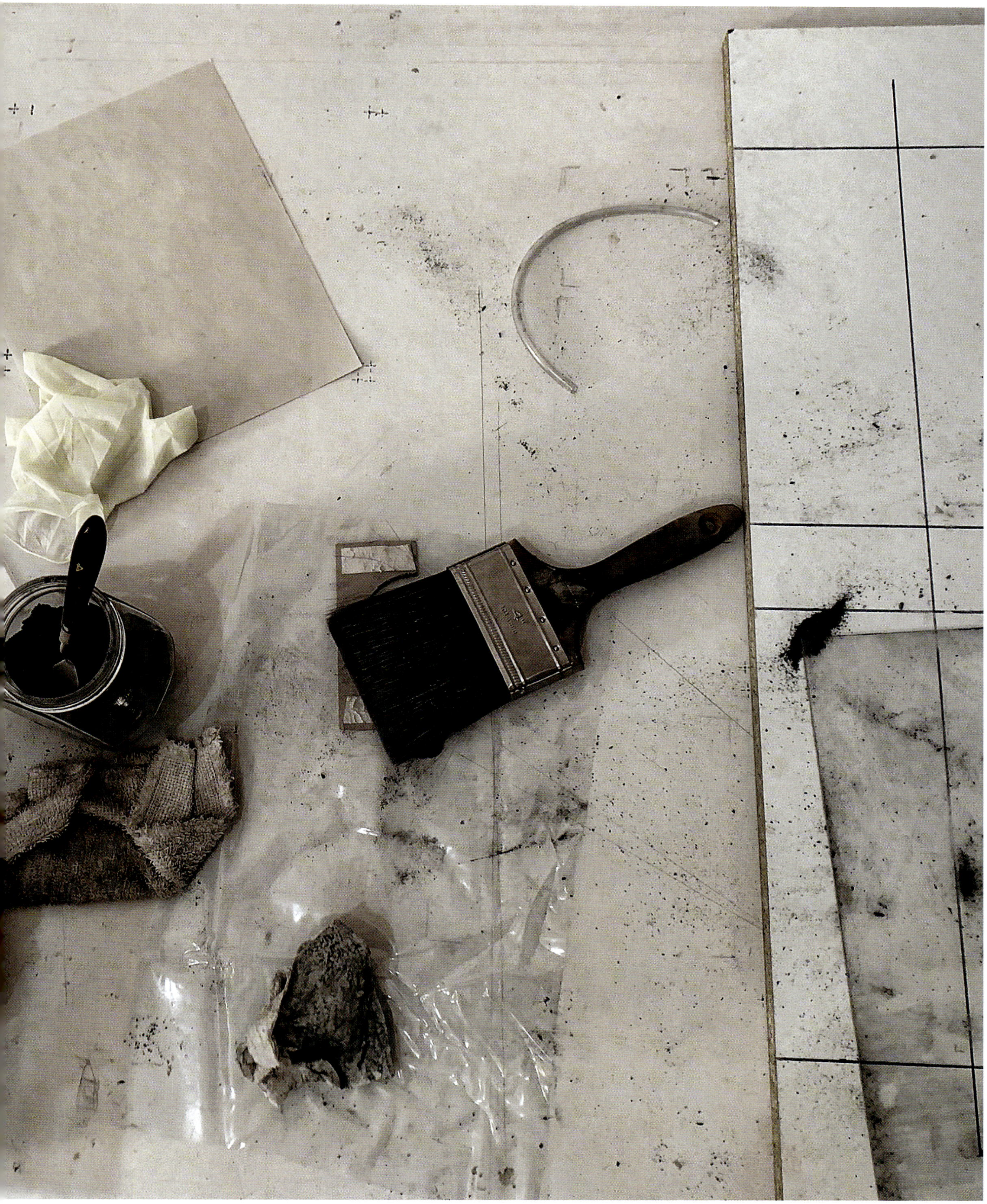

but it was particular forms of "progress" that brought out carbon's deadly potential. Carbon's conjoined capacity encompasses both life and death. Humans have produced their own death—or at least accelerated the undoing of a viable ecosystem—using one of the most powerful sources of life. This paradox can be visualized through the concurrent scramble for carbon-based materials and the heightened current awareness of our "carbon footprint."

Coal, oil, and gas, "the technological icons of modernity,"[9] are all based on the combustion of carbon. As we know, the last two centuries of burning hydrocarbon minerals has affected the world temperature and consumed the massive quantities of coal-forming organic carbon that was buried over the course of sixty million years some three hundred million years ago, during the Carboniferous period. Sixty million years, three hundred million years, two hundred years—the planet's carbon cycle spans a vastness of time more akin to the creation of the Earth than to the history of humankind. The measure of modern Western temporality remains the chronometric, standardized time of the industrial revolution and its aftermath, the 24/7 of fossil capitalism. Geological scales and clock scales do not match up. The clock scale is intertwined with the human-made rhythm of capital and market, while the geological scale, with its nonhuman numbers, points to the cosmological.

Carbon's presence, both inside and outside our bodies, opens us up to cosmological time. Billions of years ago, all carbon atoms were created in the centers of stars and then released into space when those stars exploded. The very matter of stars now runs through us and in everything we make.

THE GRAY SPLENDOR / TWILIGHT OF THE VISIBLE (OR THE BLURRING OF BORDERS)

Gray has structured the palette of Oscar Muñoz's production since the early 1970s. More precisely, black and white constituted his initial palette, but since blurring is a constant in his process, they are consistently hazed into shades of gray. Particularly interesting is the black of his carbon-based materials: pencil, charcoal, carbon dust; black is always becoming gray, much as carbon is always becoming something else. Let's call it the "black and blur."[10]

There is a relationship between this black becoming gray and Muñoz's "protophotographic" practice. The source materials for almost all of Muñoz's work are photographs: photographs taken by his friend and mentor Fernell Franco of the city of Cali in the 1970s; self-portraits that became the basis of many of Muñoz's early drawings; photographic images reproduced in newspapers and mass-produced books. Their grayness and blur

Las múltiples posibilidades del carbono (vida y materia, mercancía y política) nos recuerdan que sus poderes mortales y devastadores fueron explotados por los humanos, cuya vida está compuesta y dependen del mismo. Estos poderes destructivos siempre estuvieron presentes, pero fueron formas específicas de "progreso" las que revelaron el potencial mortal del carbono. La capacidad conjunta del carbono comprende tanto a la vida como a la muerte. Los humanos han producido su propia muerte –o, al menos, acelerado la ruina de un ecosistema viable– usando una de las fuentes de vida más poderosas. Esta paradoja puede ser visualizada a través de la lucha simultánea por los materiales a base de carbono y el actual aumento de la conciencia sobre nuestra "huella de carbono."

Carbón, petróleo y gas, "los íconos tecnológicos de la modernidad"[9], están basados en la combustión del carbono. Como sabemos, la combustión de minerales de hidrocarburos en los últimos dos siglos ha afectado la temperatura mundial y ha consumido cantidades masivas de carbono orgánico formador del carbón que estuvieron enterradas por más de sesenta millones de años, algunas incluso trescientos millones de años atrás, durante el período Carbonífero. Sesenta millones de años, trescientos millones de años, doscientos años: el ciclo del carbono del planeta abarca una vastedad de tiempo similar a la creación de la Tierra más que a la historia de la humanidad. La medida de la temporalidad occidental moderna sigue siendo el tiempo cronométrico y estandarizado de la revolución industrial y sus secuelas, las 24 horas del día, los 7 días de la semana del capitalismo fósil. Las escalas geológicas y las escalas de reloj no coinciden. La escala del reloj está entrelazada con el ritmo del capital y el mercado creado por el hombre, mientras que la escala geológica, con sus números no humanos, apunta a lo cosmológico.

La presencia del carbono, dentro y fuera de nuestros cuerpos, nos abre al tiempo cosmológico. Billones de años atrás, todos los átomos de carbono fueron creados en el centro de las estrellas y luego liberados al espacio cuando estas estrellas explotaron. La materia misma de las estrellas ahora está impregnada en nuestro cuerpo y está en cada cosa que hacemos.

EL ESPLENDOR GRIS / EL CREPÚSCULO DE LO VISIBLE (O EL FUERA DE FOCO DE LAS FRONTERAS)

El gris ha estructurado la paleta de la producción de Oscar Muñoz desde principios de los 1970. Específicamente el negro y el blanco constituyeron su paleta inicial, pero dado que el fuera de foco es una constante en su proceso, estos valores continuamente se funden en tonos grises. Particularmente interesante es el negro de sus materiales a base de carbono: lapiz, carboncillo, polvo de carbón. El negro siempre se vuelve gris, así como el carbono siempre se está convirtiendo en otra cosa. Llamésmole "negro y borroso".[10]

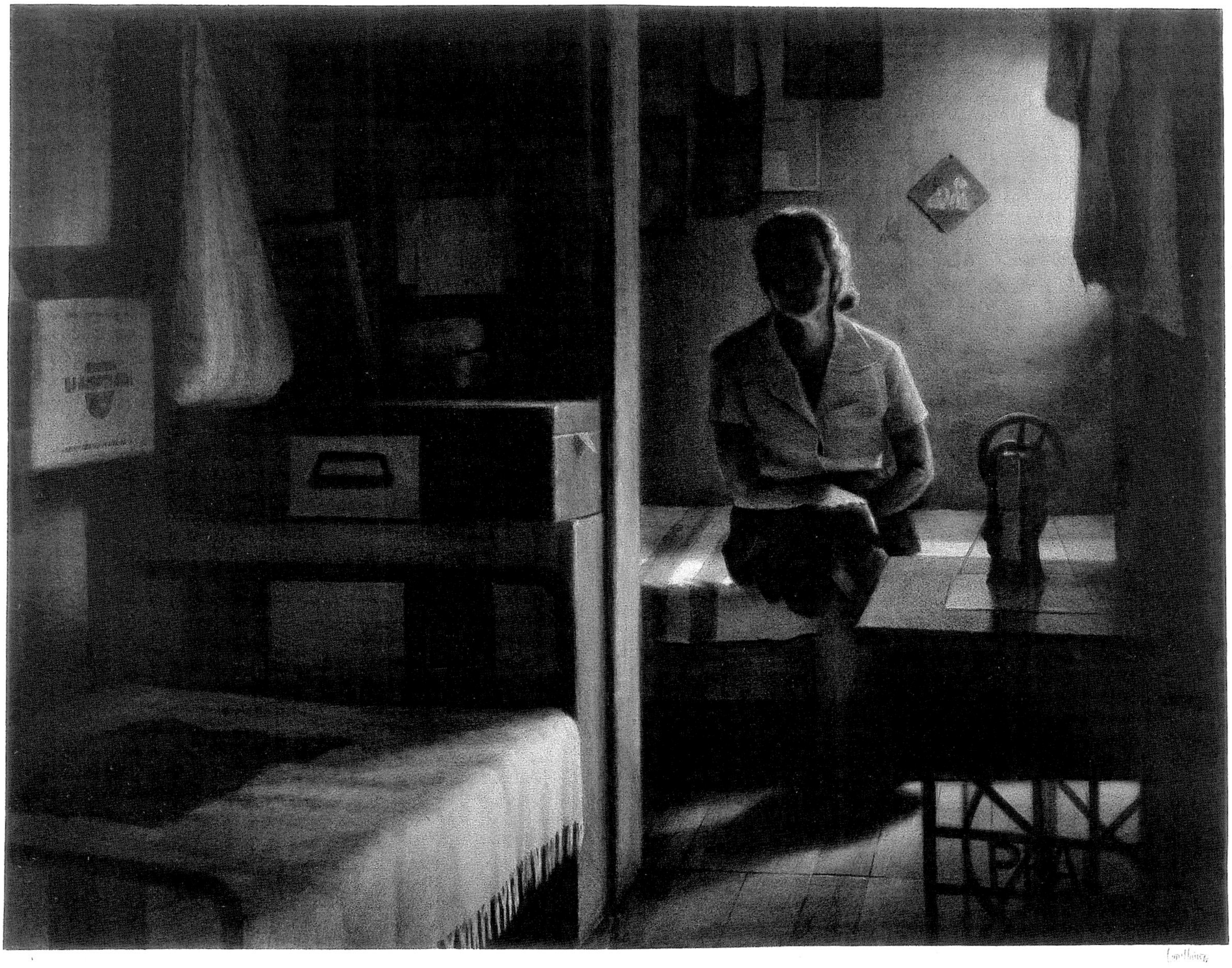

SIN TÍTULO, DE LA SERIE INTERIORES (UNTITLED, FROM THE INTERIORS SERIES), 1977
Black chalk on paper (Tiza negra sobre papel)
120 x 94 cm (47¼ x 37 in.)
Collection of the Blanton Museum of Art, The University of Texas at Austin, Gift of Barbara Duncan, 1994

suggest an opening up the space of experience through an invitation to live inside duration.

"Protophotographic" is the term art critic José Roca used to conceptualize Muñoz's image-in-flight as opposed to fixed-image[11]—the image as a state instead of an object; the image as alive rather than as representation; the state of the image right before it becomes fixed, that moment when it belongs to the realm of the fleeting and the contingent, and as such, a part of the movement that characterizes life. Can we understand the image as a state of transition, as a process and a movement instead of as something that has been "subtracted from life" (imaginary or material life) and turned into a static (and lifeless) object? What would such an image look like if, fundamentally, such an understanding of the image as always in movement would seem to contradict all historical and philosophical approaches to the mechanically or electronically reproduced image? Would this be an image or a refusal of the image? This image-in-flight is perhaps a failure at apprehension and comprehension, and if so, its failure is its virtuosity.

The shades of gray that envelop Muñoz's body of work, discoloring black for almost half a century of production, surround his images with something akin to a fog. Fog, in Walter Benjamin's 1931 short history of photography, surrounds the origins of the medium: the blurriness and lack of clarity in early photographs give them a singularity and a mysterious, magical quality in those years before the industrialization of the technology. Benjamin's essay predates his much better known and more widely quoted 1935 essay on the work of art in the age of mechanical reproduction. In the later essay, Benjamin discusses the shift in perception and the loss of aura and authenticity in art as the result of the arrival of mechanical reproduction (primarily photography and film), yet instead of dwelling on the negative aspects of the loss proposes a revolutionary potential that supplants any possible erosion on the ontology of art as it enters the era of technical reproducibility. The essay exudes a kind of exultation. In the earlier essay, as Benjamin grapples with the ninety-year history of photography because the "philosophical questions relating to the rise and fall of photography have remained unattended for decades,"[12] he remains attentive to the loss of aura and also, importantly, to the industrialization of the art form. There is mourning for the loss of aura, and an exploration into the moments and transformations in the medium's development that regained the sense of "unapproachable beauty" that the early, foggy photographs had. In the essay's opening paragraph, Benjamin suggests that the re-emergence of aura—through fog—signals a crisis in capitalism: "It would not be surprising if the photographic practices which today, for the first time, direct our gaze back to that pre-industrial primer,

Existe una relación entre este negro que se vuelve gris y la práctica "protofotográfica" de Muñoz. Las materias primas para casi todo el trabajo de Muñoz son fotografías: fotografías tomadas por su amigo y mentor Fernell Franco de la ciudad de Cali en 1970; autorretratos que se convirtieron en la base de muchos de los primeros dibujos de Muñoz; imágenes fotográficas reproducidas en periódicos y libros producidos masivamente. Su agrisado y difuminado sugieren una apertura del espacio de la experiencia a través de una invitación a vivir su duración interna.

"Protofotográfico" es el término que el crítico de arte José Roca emplea para conceptualizar la imagen al vuelo en oposición a la imagen fija[11]: la imagen como un estado en lugar de un objeto; la imagen como algo vivo más que como representación; el estado de la imagen justo antes de fijarse, ese momento en el que pertenece al reino de lo fugaz y contingente y, como tal, forma parte de un movimiento que caracteriza la vida. ¿Podemos entender la imagen como un estado de transición, como proceso y movimiento en lugar de como algo que ha sido "sustraído de la vida" (vida material o imaginaria) y ha convertido en un objeto estático (y sin vida)? ¿Cómo luciría dicha imagen si, esencialmente, tal comprensión de la imagen en movimiento pareciera contradecir todos los enfoques históricos y filosóficos de la imagen reproducida mecánica o electrónicamente? ¿Sería esto una imagen o un rechazo de la imagen? Esta imagen al vuelo es quizás el fracaso de su aprehensión y comprensión y, si es así, dicho fracaso es su virtud.

La gama de grises presente en la obra de Muñoz, quien ha decolorado el negro durante casi medio siglo de producción, rodea las imágenes como algo parecido a la niebla. La niebla, en la breve historia de la fotografía que escribiera Walter Benjamin en 1931 se asocia a los orígenes del medio: lo borroso y poco claro de las primeras fotografías les otorga una singularidad y una cualidad mágica y misteriosa en aquellos años antes de la industrialización de la tecnología. El ensayo de Benjamin precede su más conocido y citado ensayo de 1935 sobre la obra de arte en la era de la reproducción mecánica. En ese ensayo posterior, Benjamin comenta el cambio en la percepción y la pérdida del aura y la autenticidad en el arte como resultado de la llegada de la reproducción mecánica (fundamentalmente la fotografía y el cine). Sin embargo, en lugar de detenerse en los aspectos negativos de la pérdida del aura, propone un potencial revolucionario que suplanta cualquier posible erosión de la ontología del arte al entrar en la era de la reproductibilidad técnica. El ensayo exuda una especie de júbilo. En el ensayo anterior, mientras Benjamin lidia con los noventa años de historia de la fotografía porque "durante decenios no se ha prestado atención alguna a las cuestiones históricas o, si se quiere, filosóficas que plantean el auge y la decadencia de la fotografía" [12], permanece atento a la pérdida del aura y también, lo que es más importante, a la industrialización de esta forma de arte. Hay un duelo por la pérdida del aura y una exploración de los momentos y transformaciones en el desarrollo del medio en los que

turned out to be linked subterraneously with the crisis of capitalism."[13] Capitalism sets forth a mode of production that by privileging seriality, homogeneity, and standardization creates an ever widening gap between human life and the matter and times of the planet and the cosmos. Within the arena of the technological, capitalism will privilege the clean and clear cut, not the foggy (or the indistinct, the blurry, the grayish).

The state, Benjamin continues, took control of the photographic enterprise early on (or, said otherwise, of the means of production toward reproduction), establishing the grounds for a "continuously accelerating condition" that led to the camera rapidly becoming so small that it was able to capture the most transitory and secret pictures, dangerously "stuck in the approximate." According to Benjamin, the medium's unstoppable progress and industrialization brought the world close, falsely "approximate," and easy to access, destroying the here and now of aura, of, that is, life as experiential. Experiential (as aura) is the arena of the unexpected, of difference, of singularity. To insist on the foggy character of the mechanical image is to open the medium up to experience—and with it, to life and to aura.

In the earlier essay, Benjamin describes how prior to its professionalization, when photography was almost exclusively the work of amateurs on the side of the makers, and of subjects who accepted the necessary long duration of sitting for the first cameras, fog surrounded the medium. In those early, foggy years of the medium, the people photographed were "living inside rather than outside the moment."[14] This fog, this grayness, is what gave those early photographs their aura. Before the medium's "period of decline"—when lenses became virtually perfect and the shutter speed shortened—the technology and its users "progressed" together, becoming professional photographers and professional sitters. Photography went from the "fairground and its traditional arts" (when the nature of the medium was the presentation of the world at a distance), to belonging to industry (when all things, peoples, and situations were brought dangerously close). In those early days of the medium, the world remained "unapproachable" and mysterious. The progress that brought the eradication of fog also brought the loss of aura and distance as the medium transformed into a mass-produced commodity. At the hands of industry and professionals, as part of the then developing bourgeois social forms, images took on a form of "camouflage" that made them perfect, rigid, lifeless photographs.

Muñoz's work returns insistently to the diffuse and grayish; it stages the fogginess of photography's early years. Is this to stress that we *cannot* see the real because we are alienated by commodity production and bourgeois ideology? That we see things in black and white, but in fact they are gray and the role

se recupera el sentido de "belleza inaccesible" que tenían las primeras fotografías nebulosas. En el párrafo inicial del ensayo, Benjamin sugiere que el resurgimiento del aura, a través de la niebla, señala una crisis en el capitalismo: "No sería extraño que las prácticas fotográficas, que comienzan hoy a dirigir retrospectivamente la mirada a aquel floreciente período preindustrial, estuviesen en relación soterrada con las conmociones de la industria capitalista".[13] El capitalismo establece un modo de producción que al privilegiar la serialidad, la homogeneidad y la estandarización crea una brecha cada vez mayor entre la vida humana y la materia y tiempos del planeta y el cosmos. En el ámbito de lo tecnológico, el capitalismo privilegiará lo limpio y claro, no lo brumoso (o lo indistinto, lo borroso, lo grisáceo).

El estado, continúa Benjamin, tomó el control de la empresa fotográfica desde el principio (o, dicho de otra manera, de los medios de producción hacia la reproducción), estableciendo las bases para una condición de aceleración continua que llevó a que la cámara se empequeñeciera cada vez más y estuviese dispuesta cada vez más a fijar imágenes fugaces y secretas que, peligrosamente, "se queda[n] en aproximaciones".[14] Según Benjamin, el imparable progreso y la industrialización del medio acercaron el mundo, falsamente "aproximado" y de fácil acceso, destruyendo el aquí y ahora del aura, es decir, de la vida como experiencia. Lo experiencial (el aura) es el escenario de lo inesperado, de la diferencia, de la singularidad. Insistir en el carácter nebuloso de la imagen mecánica es abrir el medio a la experiencia y, con ella, a la vida y al aura.

En el ensayo anterior, Benjamin describe cómo, antes de la profesionalización, cuando la fotografía era casi exclusivamente obra de amateurs al margen de los creadores, y con sujetos que aceptaban estar sentados por un largo tiempo frente a las primeras cámaras, la niebla rodeaba al medio. En esos primeros y neblinosos años, el procedimiento inducía a las personas fotografiadas a "a vivir no fuera, sino dentro del instante".[15] Esa niebla, esa grisura, es lo que otorgó su aura a esas primeras fotografías. Antes del "período de declive" del medio (cuando las lentes se volvieron prácticamente perfectas y la velocidad de obturación se acortó), la tecnología y sus usuarios "progresaban" juntos, convirtiéndose a la vez en fotógrafos profesionales y modelos profesionales. La fotografía pasó del "recinto ferial y sus artes tradicionales" (cuando la naturaleza del medio era la presentación del mundo a distancia), a la pertenencia a la industria (cuando todas las cosas, pueblos y situaciones eran mostradas peligrosamente cerca). En aquellos primeros días del medio, el mundo seguía siendo "inaccesible" y misterioso. El progreso que trajo consigo la erradicación de la niebla también trajo la pérdida del aura y la distancia cuando el medio se transformó en una mercancía producida en masa. De la mano de la industria y los profesionales, como parte de las formas sociales burguesas en desarrollo en ese entonces, las imágenes adquirieron una forma de

of art is precisely to eliminate the black and white and help us to see again, in gray? Or is working with the blur and in the gray a means of assuming a skeptic's position: that even if humans *want* to see in black and white (where modern Western science and philosophy developed as a way to secure a black and white epistemology), the reality is always gray? A position that maintains that we must abandon our hope of obtaining either Black or White, because these do not exist, because there is no stable and solid truth, and only shades of gray (with no capital letters)? If this is Muñoz's motivation, then art can help us to leave behind and even destroy our fetish concepts and religious and dogmatic visions of truth, and teach us instead to live in a minor mode. In this skeptic framework, art becomes an epistemological vehicle to retrain our senses and understanding to perceive the world as it really is: blurry and gray.

Among other interventions, the grayness, fogginess, and general blur that Muñoz insists on in his work diffuse visibility and offer an alternative to figuration and to representation. The treatment also, importantly, explores uniqueness and singularity at the heart of seriality. The grayness opens up to aura, while remaining within the world structured by the mass scale of the mechanically reproduced images. In pushing photographic reproduction toward the fog that enveloped its emergence, through the use of carbon-based materials, Muñoz brings into relief the problems of distance, aura, experience, and through these, questions of life and death.

For Benjamin, aura is "a peculiar web of space and time: the unique manifestation of a distance."[15] In their unclarity, the earliest photographs kept a distance despite the technical mode of reproduction that made the distant and past be at the same time close and present. Those early photographs presented an auratic relationship to the world. Uniqueness, singularity, and an irregular rhythm eventually yield to the sense of "sameness," to multiple forms of "salability," and, still echoing Benjamin, to a closeness,.

Photography's decline comes when picture-making moves away from understanding toward functionality and reification. For Benjamin, understanding happens in the realm of the unclear, the undelimited, the blurry and foggy. In other words, the earliest photographs were distant from the commodity form; their grayness sheltered them from the emerging industrial commodity form that was slowly alienating the human from the natural world. The indistinct, blurry images plunge us into the world, into experience. In their fogginess, early photographs offer us the matter of the world. They complicate a Cartesian, hierarchical, Black and White world that produced and controlled mechanically reproduced images as critical tools of interpretation.

"camuflaje" que las convertía en fotografías perfectas, rígidas y sin vida.

El trabajo de Muñoz retorna insistentemente a lo difuso y grisáceo: representa la niebla de la fotografía en sus primeros años. ¿Es esto para enfatizar que *no podemos* ver lo real porque estamos alienados por la producción de mercancías y la ideología burguesa?¿Será que vemos las cosas en blanco y negro, pero en realidad son grises y el papel del arte es precisamente eliminar el blanco y negro y ayudarnos a ver de nuevo los grises? ¿O es trabajar con lo borroso y los grises una manera de asumir una posición escéptica: que incluso si los humanos quieren ver en blanco y negro (donde la ciencia y la filosofía occidentales modernas se desarrollaron como una forma de asegurar una epistemología en blanco y negro), la realidad es siempre gris? ¿Es esta una posición que sostiene que debemos abandonar nuestra esperanza de obtener el Negro o el Blanco porque no existen, porque no hay verdad estable y sólida y solo hay tonos grises (sin mayúsculas)? Si esta es la motivación de Muñoz, entonces el arte nos puede ayudar a dejar atrás e incluso a destruir nuestros fetiches y visiones dogmáticas y religiosas sobre la verdad y enseñarnos a vivir en un modo menor. En este marco escéptico el arte se convierte en un vehículo epistemológico para reentrenar nuestros sentidos y entendimiento para percibir el mundo como realmente es: borroso y gris.

Entre otras intervenciones, el gris, la neblina y el fuera de foco en los que insiste Muñoz en su obra difuminan la visibilidad y ofrecen una alternativa a la figuración y a la representación. El tratamiento también explora, de manera significativa, la originalidad y la singularidad en medio de la serialidad. Lo grisáceo se abre al aura, permaneciendo dentro del mundo estructurado por las imágenes reproducidas mecánicamente a gran escala. Al empujar la reproducción fotográfica hacia la niebla que envolvió su surgimiento, mediante el uso de materiales a base de carbono, Muñoz pone de relieve los problemas de la distancia, el aura, la experiencia y, a través de ellos, cuestiones sobre la vida y la muerte.

Para Benjamin el aura es "una trama muy particular de espacio y tiempo: irrepetible aparición de una lejanía".[16] En su falta de claridad, las primeras fotografías mantuvieron una distancia a pesar del modo técnico de reproducción que hacía que lo lejano y el pasado fueran a la vez cercanos y presentes. Esas primeras fotografías presentaban una relación aurática con el mundo. La unicidad, la singularidad y un ritmo irregular eventualmente ceden al sentido de "igualdad", a múltiples formas de "vendibilidad" y, haciéndonos eco de Benjamin, a una cercanía.

El declive de la fotografía se produce cuando la creación de imágenes se aleja de la comprensión y se acerca a la funcionalidad y la cosificación. Para Benjamin, la comprensión ocurre en el ámbito de lo poco claro, lo ilimitado, lo borroso y brumoso. En otras palabras, las primeras fotografías estaban distantes de la forma como mercancía; su grisura las protegía de la forma industrial emergente

Writing in the early 1930s, during one of the first global economic crashes, Benjamin suggests that "it would not be surprising if the photographic practices which today, for the first time, direct our gaze back to that pre-industrial primer, turned out to be linked subterraneously with the crisis of capitalism." That crisis of capitalism became the fertile ground for the rise of fascism in Germany. Oscar Muñoz's "black and blur" technique, which emerged in the 1970s and has persisted over the last forty years, might also turn out to be linked with the multiple crises in mid-twentieth-century Colombia: the struggle over political power between liberals and conservatives in the 1950s; the economic precarity and dependence on the United States during the 1960s; the growth of guerrilla warfare demanding wealth distribution in the 1960s and 1970s (ELN, FARC, M-19); and the ensuing drug market, with its accompanying rule through violence, that developed from the 1970s through the 1990s. At a time of sustained crises of capitalism in Colombia, Muñoz's body of work directs our gaze to the pre-industrial image, seeking to open up the image, singularize it, destabilize it so that it may be seen anew through its novel protoauratic character. Instead of recording, Muñoz's protophotographic and protoauratic practice releases both the image and the matter of the world.

In an essay that follows the trail of gray from medieval to contemporary art, philosopher Georges Didi-Huberman suggests that in Western art, truth—spiritual and perhaps even the metaphysical truth—appears grayish, something between the visible and the invisible, never one nor the other.[16] As something barely visible, or fleetingly visible as it very quickly dissolves or changes state, shape, and form, this gray and blurry truth does not come in the stark and clearly delimited black and white or in colors. It comes in gray, it appears blurred. In this reading, Didi-Huberman is brushing the history of modern science and philosophy against the grain. For Western thought, René Descartes famously established the central criteria of truth for classical philosophy: truth is what is perceived in a clear and distinct way. In the twentieth century, Didi-Huberman states, humans are able to turn other humans into formless gray. He mentions Auschwitz and Hiroshima, but we can think also of the millions of murdered and displaced people in Colombia since the beginning of "La Violencia" in the middle of the twentieth century. The ancient presence of grayness and dust, of colorless decomposed matter, takes on a "multiple and important reformulation" in modern times. In the works of Duchamp, Giacometti, and Picasso through Jasper Johns, gray and fog can be found as the "dust of history and the obsession of time."[17] Western art offers, according to Didi-Huberman, another epistemology for truth, one that, in staying in the twilight of the visible, offers a gray splendor.

que, poco a poco, fue alienando al ser humano del mundo natural. Las imágenes borrosas e indistintas nos sumergen en el mundo, en la experiencia. En su neblina, las primeras fotografías nos ofrecen la materia del mundo. Dificultan un mundo cartesiano, jerárquico, en blanco y negro que produce y controla imágenes reproducidas mecánicamente como herramientas críticas de interpretación.

Escribiendo a principios de la década de 1930, durante una de las primeras crisis económicas mundiales, Benjamin sugiere que "no sería sorprendente que las prácticas fotográficas que hoy, por primera vez, dirigen nuestra mirada de regreso a ese período preindustrial, resultaran vinculadas subterráneamente con la crisis del capitalismo". Esa crisis del capitalismo se convirtió en el terreno fértil para el ascenso del fascismo en Alemania. La técnica del "negro y borroso" de Oscar Muñoz, que surgió en la década de 1970 y se ha mantenido durante los últimos cuarenta años, también podría estar ligada a las múltiples crisis de la Colombia de mediados del siglo XX: la lucha por el poder político entre liberales y conservadores en la década de 1950; la precariedad económica y la dependencia de Estados Unidos durante la década de 1960; el crecimiento de la guerra de guerrillas, que exigía distribución de la riqueza en los años sesenta y setenta (ELN, FARC, M-19); y el consiguiente mercado de las drogas, con su dominio a través de la violencia, que se desarrolló desde la década de 1970 hasta la de 1990. En un momento de crisis sostenida del capitalismo en Colombia, la obra de Muñoz dirige nuestra mirada a la imagen preindustrial, buscando abrir la imagen, singularizarla, desestabilizarla para que pueda ser vista de nuevo a través de su novedoso carácter protoaurático. En lugar de fijarla, la práctica protofotográfica y protoaurática de Muñoz libera tanto a la imagen como a la materia del mundo.

En un ensayo que sigue la estela de lo gris desde el arte medieval al contemporáneo, el filósofo Georges Didi-Huberman sugiere que en el arte occidental la verdad –la espiritual y quizás, incluso, la verdad metafísica– aparece grisácea, algo entre lo visible y lo invisible, nunca uno ni lo otro.[17] Como algo apenas visible, o fugazmente visible a medida que se disuelve o cambia rápidamente de estado, apariencia y forma, esta verdad gris y borrosa no se presenta en blanco y negro o en colores claros y claramente delimitados. Viene en grises, parece borrosa. En esta lectura, Didi-Huberman está peinando la historia de la ciencia y la filosofía modernas a contrapelo. Para el pensamiento occidental, René Descartes estableció el criterio central de la verdad para la filosofía clásica: la verdad es lo que se percibe de una manera clara y distintiva. En el siglo XX, afirma Didi-Huberman, los humanos son capaces de convertir a otros humanos en un gris informe. Menciona Auschwitz e Hiroshima, pero podemos pensar también en los millones de personas asesinadas y desplazadas en Colombia desde el inicio de "La Violencia", a mediados del siglo XX. La antigua presencia de grises y polvos, de materia incolora en descomposición, adquiere una "reformulación múltiple e importante" en los tiempos modernos. En

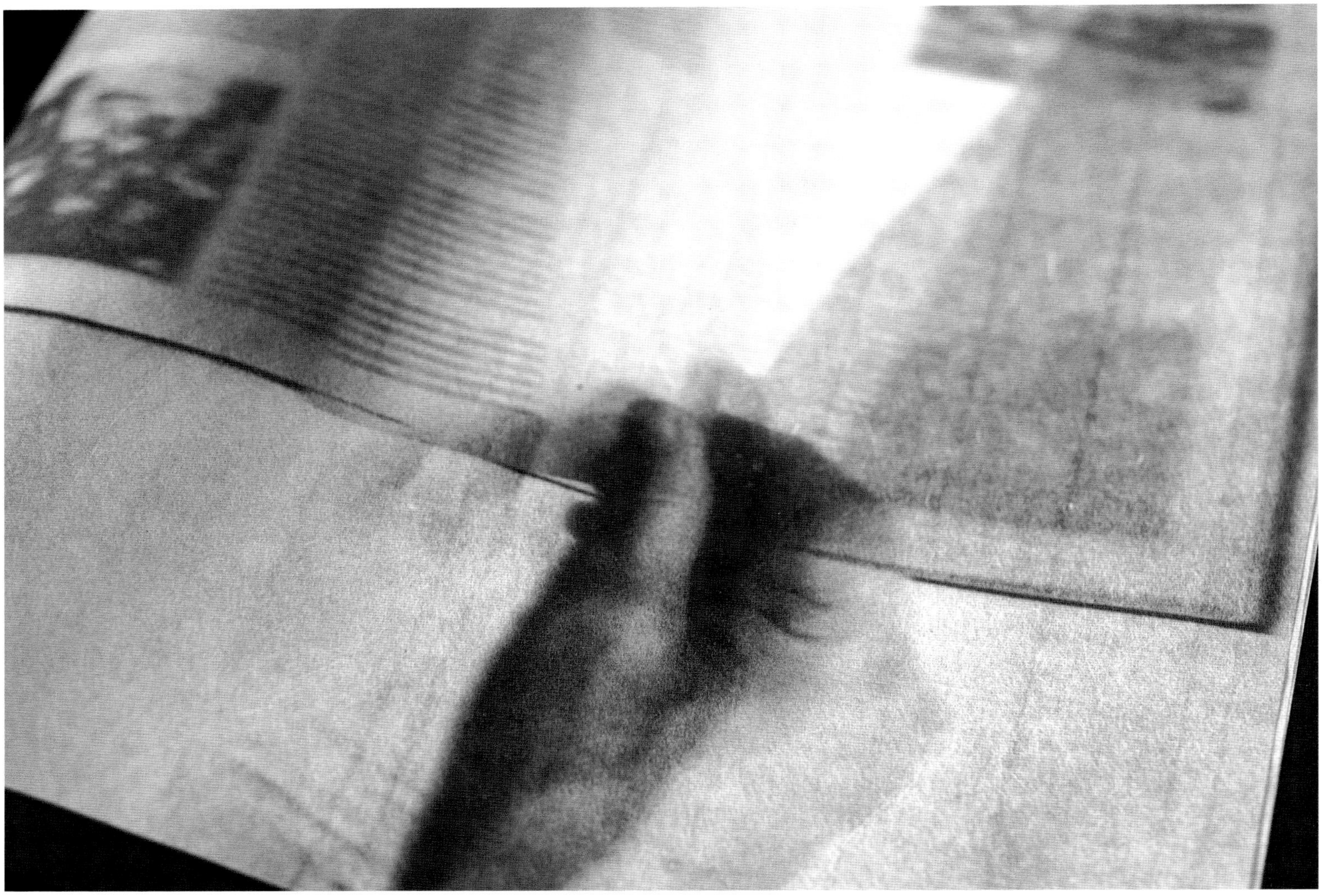

LIBRO ABIERTO (OPEN BOOK), 2019
Three prints on polymer plate stamped on both sides of Arte Bambu & Zonzo 25g paper (Tres grabados sobre plancha de polímero estampado sobre ambas caras del papel Arte Bambu & Zonzo 25g)
Open (Abierto): 69 x 41.5 cm (27⅛ x 16⅜ in.)
Collection of the artist

And this is why Oscar Muñoz has continued to explore gray, fog, and carbon. It is to return to experience, to breathe life and knowledge as passing, as unclear. Being inside the matter of life—inside carbon—is also acknowledging distance. Carbon, used by Muñoz as his material of choice, opens to a temporality of life and aliveness, of transformation, malleability, and duration. Of, as curator José Roca has argued, time in flux.[18]

LOADED WITH MATTER

The numerous works in which, since the 1990s, Muñoz has printed with charcoal dust—onto paper, on water, on bathroom sinks—are especially revealing of the blurring of the charcoal's blackness. The initially black dust particles settle and disseminate, generating a grayness and a fragility in the image as it loses its contours.

In *Narcisos* (*Narcissi*), the series begun in 1994 that brought Muñoz visibility in the global art world, the artist silkscreened portraits of himself using charcoal dust on water. Before the image was silkscreened, paper was sometimes placed in the water. It might be a single white sheet, a discarded newspaper, a map, or some other paper previously printed or used. As the water evaporates, the image blurs, and the charcoal disperses. Most critics have commented that the radical novelty in this work was printing on water. The absolute dematerialization of the work's support—the water evaporates—underscores that the mechanically reproduced image exists regardless of the presence of a support, whether paper, glass, or metal. Other critical readings have focused on the work's title, arguing that *Narcissi* enacts a certain "death of the artist" and offers a critique of the subject. But it is important here to call attention to the irregular carbon dust images that remain. The initial photograph that served as the image for the silkscreen is diffused, blurred, and the seriality associated with the mechanically reproduced image becomes the ground for the irregular, the always different, that has turned figure into abstraction, giving ground to disfigurement. Most intriguing is the relationship between the material property and the expressive content of Muñoz's works. If *Narcissi* has been described by both Muñoz and numerous critics as a turning point in his oeuvre, it is because the properties of his material and the expressive dimension of the work align in a noiseful way, that is, insisting on the fugitive and unstable nature of grammar. Carbon leads the image into metamorphosis, instability, movement, and transformation.

A number of the works Muñoz made for a solo show at La Fábrica in Madrid that ran between March and May of 2011 speak to the relationship between his choice of carbon-based

las obras de Duchamp, Giacometti y desde Picasso hasta Jasper Johns, el gris y la niebla se pueden encontrar como "el polvo de la historia y la obsesión del tiempo".[18] El arte occidental ofrece, según Didi-Huberman, otra epistemología de la verdad, una que, al permanecer en el crepúsculo de lo visible, ofrece un esplendor grisáceo.

Y es por eso que Oscar Muñoz ha seguido explorando el gris, la niebla y el carbón. Es volver a la experiencia, respirar la vida y el conocimiento al paso, como algo impreciso. Estar dentro de la materia de la vida, dentro del carbono, es también reconocer la distancia. El carbón utilizado por Muñoz como su material de elección se abre a una temporalidad de vida y vitalidad, de transformación, maleabilidad y duración. De, como ha argumentado el curador José Roca, el tiempo en flujo.[19]

CARGADO DE MATERIA

Las numerosas obras en las que, desde la década de los noventa, Muñoz imprime con polvo de carbón sobre papel, sobre agua, sobre lavabos, son especialmente reveladoras de la difuminación de la negrura del carbón. Las partículas de polvo inicialmente negras se asientan y se difuminan, generando la grisura y fragilidad en la imagen que va perdiendo sus contornos.

En *Narcisos*, la serie de 1994 que dio visibilidad a Muñoz en el mundo global del arte, el artista realizó serigrafías con autorretratos usando polvo de carbón sobre agua. Antes de imprimir la imagen, el papel en ocasiones se ponía en el agua. Podía ser una hoja de papel blanco, un periódico desechado, un mapa, o algún otro papel previamente impreso o usado. A medida que el agua se evapora, la imagen se vuelve borrosa y el carbón se dispersa. La mayoría de los críticos han comentado que la novedad radical de esta obra fue la impresión en agua. La desmaterialización absoluta del soporte de la obra –el agua se evapora– subraya que la imagen reproducida mecánicamente existe independientemente de la presencia de un soporte, ya sea de papel, vidrio o metal. Otras lecturas críticas se han centrado en el título de la obra, argumentando que *Narcisos* representa una cierta "muerte del artista" y ofrece una crítica del tema. Pero aquí es importante llamar la atención sobre las imágenes irregulares de polvo de carbón que quedan. La fotografía inicial que sirvió de imagen para la serigrafía se difumina, se torna borrosa, y la serialidad asociada a la imagen reproducida mecánicamente se convierte en el terreno de lo irregular, lo siempre diferente, lo que ha convertido la figura en abstracción, dando terreno a la desfiguración. Lo más intrigante es la relación entre la propiedad del material y el contenido expresivo en las obras de Muñoz. Si *Narciso* ha sido descrito, tanto por Muñoz como por numerosos críticos, como un punto de inflexión en su obra es porque las propiedades de su materialidad y la dimensión expresiva de la obra se alinean de manera ruidosa, es decir, insistiendo en la naturaleza fugitiva e inestable de su

materials for his work and his proposal of a philosophy of time and history. That exhibition showcased, among other works, four series, *Haber estado allí* (*To Have Been There*), *Horizonte* (*Horizon*), *El Testigo* (*The Witness*), and *Libro abierto (Grupo de 24 enmarcados)* (*Open Book [Group of 24 Framed]*), that constitute the larger body of work *Weak Impressions*, all made with carbon dust. All the works in the series were based on mass-reproduced images from printed matter such as magazines, newspapers, and textbooks that Muñoz had collected since the 1970s. *To Have Been There* used the photograph taken by the reporter Sady González of Jorge Eliécer Gaitán's post-autopsy cadaver as published by the Colombian newspaper *El Tiempo* on April 9, 1948. *Horizon* uses photographs taken in 1953 of Llanos Orientales guerrillas handing over their weapons as they surrender to the state army. These images were published in the newspaper *El Colombiano*. A photograph of the same historical event supplies the images for *The Witness*, a series that documents the historical meeting between Dumar Aljure and Guadalupe Salcedo, the leaders of the guerrillas of the Llanos Orientales, as they prepare their surrender. *Open Book* makes use of photographs from history textbooks recounting events of the 1950s. Muñoz exhausts these images, easily recognized by generations of Colombians who used these high school textbooks, suggesting that their endless reproduction has emptied them of their historical importance, which is the reason for their easy transmission. The title's "impressions" points to printing (of photographs, of images in mass-produced printed matter), and to impact. The impact of historical events has been watered down, and so have the prints Muñoz gives us of the images that represent them in the collective unconscious.

In his earliest drawings from the 1970s, Muñoz privileged graphite, moving to charcoal in 1975. An important turning point toward charcoal happened when he began his collaboration with the photojournalist Fernell Franco, ten years his senior. Franco's photographs of the harsh economic inequalities and dramatic quotidian violence that gave the city of Cali its texture in the 1970s became the basis of many of Muñoz's drawings in his series *Interiores* (*Interiors*) (1976–81) and *Inquilinatos* (*Tenements*) (1976–78). The influx of migrants to Cali from the rural regions of the Valle del Cauca in the 1950s, displaced by "La Violencia" and the effects of the development of the sugar industry in southwestern Colombia, were the subject of many of Franco's photographic essays. According to Muñoz, the two men shared a fascination with interiors and boarding houses, and later with the city in decline, its ruins, violence, and collapse, and more broadly, with Cali itself.

Muñoz's charcoal drawings of the time are marked by a chiaroscuro, a darkness that opens to a mixture of both

gramática. El carbono lleva la imagen a la metamorfosis, la inestabilidad, el movimiento y la transformación.

Varias de las obras que Muñoz realizó para una exposición individual en La Fábrica en Madrid, que se desarrolló entre marzo y mayo de 2011, hablan de la relación entre su elección de materiales a base de carbono y su propuesta de una filosofía del tiempo y la historia. En dicha exposición se presentaron, entre otras obras, cuatro series: *Haber estado allí*, *Horizonte*, *El Testigo* y *Libro abierto (Grupo de 24 enmarcados)*, que constituyen gran parte del cuerpo de obras *Impresiones débiles*, todas realizadas con polvo de carbón. Todas las obras de la serie se basaron en imágenes reproducidas de forma masiva en materiales impresos como revistas, periódicos y libros de texto que Muñoz había recopilado desde la década de 1970. *Haber estado allí* se basó en la fotografía tomada por la reportera Sady González del cadáver post-autopsia de Jorge Eliécer Gaitán publicada por el periódico colombiano *El Tiempo* el 9 de abril de 1948. Para *Horizonte* se utilizaron fotografías tomadas en 1953 de guerrilleros de los Llanos Orientales entregando sus armas al rendirse al ejército estatal. Estas imágenes fueron publicadas en el diario *El Colombiano*. Una fotografía del mismo hecho histórico suministra las imágenes para *El Testigo*, serie que documenta el histórico encuentro entre Dumar Aljure y Guadalupe Salcedo, los líderes de la guerrilla de los Llanos Orientales, mientras preparan su rendición. Para *Libro abierto* se emplean fotografías de libros de texto de historia que relatan eventos de la década de 1950. Muñoz agota estas imágenes, fácilmente reconocidas por generaciones de colombianos que utilizaron estos libros de texto de secundaria, sugiriendo que su reproducción sin fin las ha vaciado de su importancia histórica, razón por la cual su transmisión ha sido fácil. Las "impresiones" en el título apuntan a la impresión (de fotografías, de imágenes en material impreso producido en masa) y al impacto de las mismas. El impacto de estos hechos históricos se ha diluido, y también las impresiones que nos da Muñoz de las imágenes que los representan en el inconsciente colectivo.

En sus primeros dibujos de la década de 1970, Muñoz privilegió el grafito, pasando al carboncillo en 1975. Un importante punto de inflexión hacia el carboncillo ocurrió cuando comenzó su colaboración con el fotoperiodista Fernell Franco, diez años mayor que él. Las fotografías de Franco de las duras desigualdades económicas y la dramática violencia cotidiana de la ciudad de Cali en la década de 1970 se convirtieron en la base de muchos de los dibujos de Muñoz en sus series *Interiores* (1976–81) e *Inquilinatos* (1976–78). La afluencia de migrantes a Cali desde las regiones rurales del Valle del Cauca en la década de 1950, desplazados por "La Violencia" y los efectos del desarrollo de la industria azucarera en el suroeste de Colombia, fueron tema de muchos de los ensayos fotográficos de Franco. Según Muñoz, los dos compartían una fascinación por los interiores y las pensiones, y luego por la ciudad en decadencia, sus ruinas, violencia y colapso, y más ampliamente, por la propia Cali.

dreamlike visions and neorealist agenda, to social and human neglect in the murky corners of a place being ravaged. The drawings insist on a certain invisibility achieved through a form of foggy, out-of-focus, uncertain, and grayish visibility. Quiet and eerie, they wrestle toward a very particular kind of failure that will be present subsequently throughout Muñoz's work: they fail to offer certainty and clarity as they diffuse visibility, as, that is, they blur and fog the terror of visibility.

If we follow Didi-Huberman in his argument that truth is gray, it is because "it remains between the visible and the invisible."[19] Here, in this question of the invisible and the visible, the truth of violence is in that gray; it is not just the historical archive, it is also the interior and affective fog violence has left. The carbon traces that are inscribed not only in our bodies and visible matter we can read, but also in our psyche.

STARDUST

The vindication of grayness in Muñoz's work suggests a connection between visibility, aura, and living matter itself. Grayness is the form of visibility that belongs to the carbon world, that belongs, that is, to the human world, and it escapes the scientific, rational, capitalist, and commodified black and white divide. Matter itself is always changing, and visibility is not something we can take for granted. It is transient, blurry, occasional, ideological, and subjective—because we, too, the seeing subjects, are made of matter and also are constantly changing.

Gray figures a "living inside rather than outside the moment." This can be elaborated as a question of immersion in matter and distance from matter. Gray images invite us to live "inside" the moment, to live "inside" the matter, to recognize, that is, that we are all carbon. Following Benjamin, we can say that in his explorations on carbon and matter, from his early *Interiors* and *Tenements* through his *Weak Impressions*, Muñoz is developing something akin to a materialist spirituality. He is telling us that there is an "interior" record of things, that carbon matter constitutes our inside in this constantly changing way, leaving traces.

Muñoz's body of work reinstates a cosmological time within the realm of the mechanically reproduced image.

We are all stardust.

Los dibujos al carboncillo de Muñoz de la época están marcados por el claroscuro, por una oscuridad que se abre a una mezcla de visiones oníricas y de agenda neorrealista, al abandono social y humano en los rincones oscuros de un lugar devastado. Los dibujos insisten en una cierta invisibilidad lograda a través de una forma de visibilidad brumosa, desenfocada, incierta y grisácea. Silenciosos y espeluznantes, estos luchan hacia un tipo de fracaso muy particular que estará presente posteriormente a lo largo de la obra de Muñoz: no logran ofrecer certeza y claridad al volver difusa la visibilidad, es decir, desdibujan y empañan el terror de la visibilidad.

Para Didi-Huberman la verdad es gris porque "permanece entre lo visible y lo invisible." Aquí, en esta cuestión de lo invisible y lo visible, la verdad de la violencia está en ese gris; no es sólo el archivo histórico, es también la niebla interior y afectiva que ha dejado la violencia. Podemos leer no solo las huellas de carbono que están inscritas en nuestro cuerpo y materia visible sino también en nuestra psiquis.

POLVO DE ESTRELLAS

La reivindicación del gris en la obra de Muñoz sugiere una conexión entre la visibilidad, el aura y la propia materia viva. El gris es la forma de visibilidad que pertenece al mundo del carbono, que pertenece, asimismo, al mundo humano, y escapa a la brecha científica, racional, capitalista y mercantilizada en blanco y negro. La materia en sí misma siempre está cambiando y la visibilidad no es algo que podamos dar por sentado. Es transitoria, borrosa, ocasional, ideológica y subjetiva, porque también nosotros, los sujetos, estamos hechos de materia y cambiamos constantemente.

El gris representa un "vivir dentro y no fuera del momento". Esto puede desarrollarse como una cuestión de inmersión en la materia y distancia de la materia. Las imágenes grises nos invitan a vivir "dentro" del momento, a vivir "dentro" de la materia, a reconocer que todos somos carbono. Siguiendo a Benjamin, podemos decir que en sus exploraciones sobre el carbono y la materia, desde sus primeros *Interiores* e *Inquilinos* hasta sus *Impresiones débiles*, Muñoz ha desarrollado algo parecido a una espiritualidad materialista. Nos está diciendo que hay un registro "interior" de las cosas, que la materia de carbono constituye nuestro interior, que va dejando huellas en este constante cambio.

El cuerpo de trabajo de Muñoz reinstala un tiempo cosmológico dentro del ámbito de la imagen reproducida mecánicamente.

Todos somos polvo de estrellas.

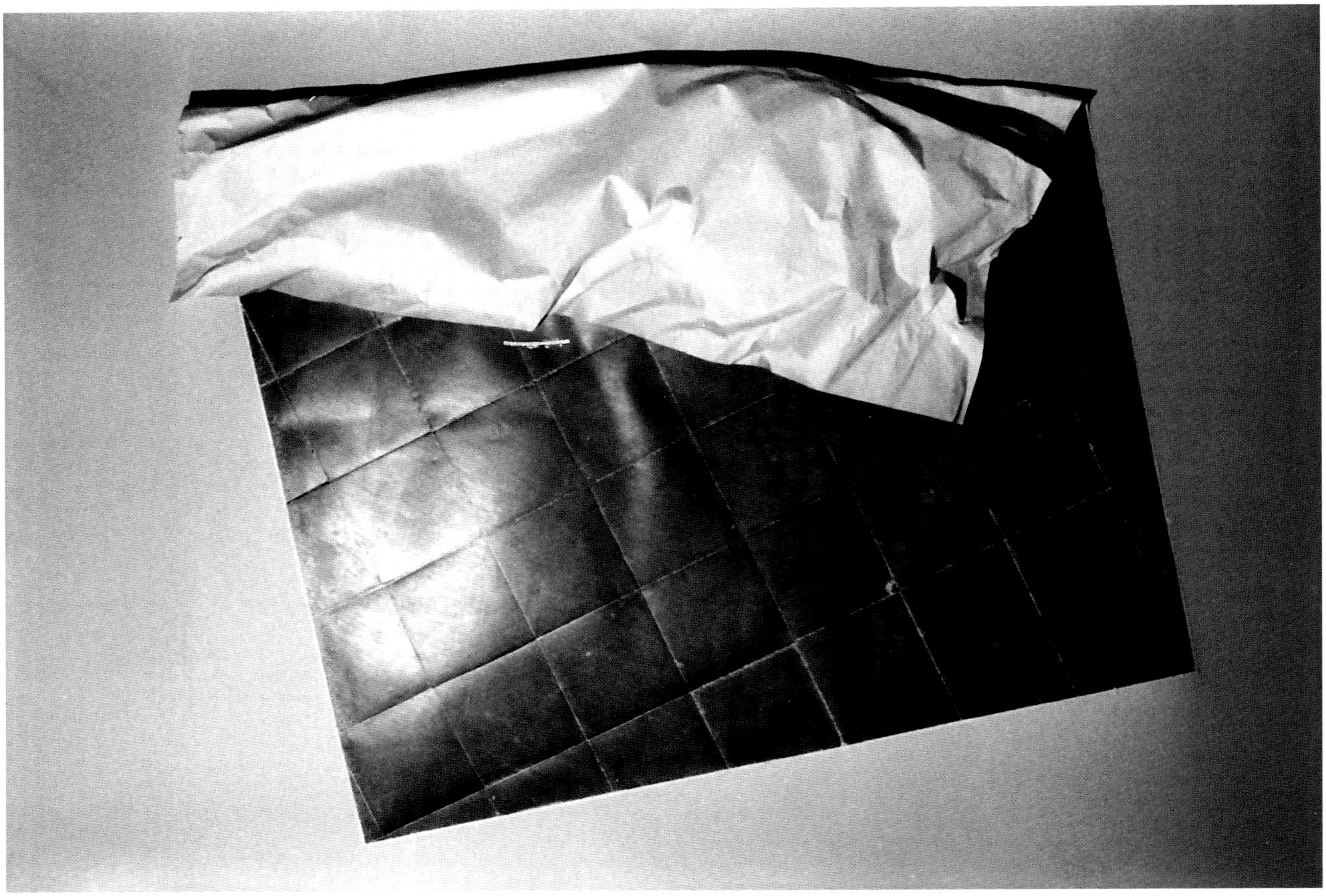

LEVANTAMIENTOS (LIFTINGS), 1987
Frottage and graphite drawing on paper (Frottage, dibujo graffito sobre papel)
Two elements (Dos elementos): 150 x 150 cm each (59 x 59 in.)
Collection of the artist

NOTES

1 Robert M. Hazen, *Symphony in C. Carbon and the Evolution of (Almost) Everything* (New York: W.W. Norton, 2019), digital book.
2 Walter Benjamin, "A Short History of Photography," trans. Stanley Mitchell, *Screen* 13, no.1 (March 1972): 5.
3 Oscar Muñoz, "Entrevista con María Willis Londoño," in *Oscar Muñoz: Protografías* (Bogotá: Banco de la República, 2012), 103.
4 Jorge Drexler, "Polvo de estrellas," Album *Eco* (Warner, 2004, CD).
5 One way of framing Oscar Muñoz's early work would be to situate it formally within "photo-realism"—a style widespread in Colombian, Latin American, and global art practices in 1971 when Muñoz had his first solo exhibition at Cali's Ciudad Solar. This framework could lead to a discussion, among other topics, of a Pop aesthetic that emerges between the late 1960s and late 1970s throughout the Americas; of the emergence of a global "pictures generation," as Douglas Crimp famously named the group of emerging artists in New York in the mid-1970s, who no longer held the undisputed "culture industry" at bay as something distinct from aesthetic pursuits, and of a generational response to (geometric) abstraction. See Douglas Crimp, "Pictures," *October* 8 (Spring 1979): 75–88 and "The Photographic Activity of Postmodernism," *October* 15 (Winter 1980), 101. A framework for approaching Muñoz's production from the 1990s onward would be to place it within the critical conversation about an "archival turn" in contemporary art toward the end of the millennium. According to Okwui Enwezor's conceptualization, in the archival turn, "the artist serves as the historic agent of memory, while the archive emerges as a place in which concerns with the past are touched by the astringent vapors of death, destruction, and degeneration." See Okwui Enwezor, *Archive Fever: Uses of the Document in Contemporary Art* (New York: Steidl and ICP, 2008), 46–47. Both of these frameworks eventually lead to a discussion of the historical specificity of Muñoz's work in relationship to the violence that has ravaged Colombia for the last seventy years and the critique of visual practices structured on passive forgetting as opposed to active remembrance.
6 Eric Roston, *The Carbon Age. How Life's Core Element has Become Civilization's Greatest Threat* (New York: Walker, 2008), 2.
7 Hazen, *Symphony in C,* digital book.
8 Roston, *The Carbon Age*, 3.
9 Dain Bolwell, *Governing Technology in the Quest for Sustainability on Earth* (New York: Routledge, 2019), digital book.
10 I borrow the notion of "black and blur" from Fred Moten's book *Black and Blur* (Durham: Duke University Press, 2017).
11 "The essence of the photographic act does not lie in the taking of the image (the colloquial expressions "take a photograph" or "shoot the camera" refer to the moment in which, after the selection of the subject and the definition of the frame, the lens is shuttered), but rather in *fixing* such an image. What is the status of the image in the instant prior to the moment in which it is detained for posterity? That image, or raher, that *state* of the image, could be considered as a potential photograph, an incipient photograph: a proto-photograph." See José Roca, "Protografías," in *Oscar Muñoz: Protografías* (Bogotá: Banco de la República, 2012), 17–18.
12 Benjamin, "A Short History of Photography": 17.
13 Ibid.: 5.
14 Ibid.: 17.
15 Ibid.: 20.
16 See Georges Didi-Huberman, *Grisalha. Poeira e poder do tempo* (Lisbon: KKYM + IHA, 2014), digital book.
17 Ibid.
18 The closing sentences to Roca's essay read: "Before being fixed, the photograph was the image of time in flux. Muñoz recovers this fluid time that photography freezes by extending the moment indefinitely to postpone or impede its fixation." See Roca, "Protografías," 42.
19 Didi-Huberman, *Grisalha*, digital book.

1 Robert M. Hazen, *Symphony in C. Carbon and the Evolution of (Almost) Everything* (New York: W.W. Norton, 2019), libro digital.
2 Walter Benjamin, "A Short History of Photography," trans. Stanley Mitchell, *Screen* 13, no.1 (March 1972): 5.
3 Oscar Muñoz, "Entrevista con María Willis Londoño," en *Oscar Muñoz: Protografías* (Bogotá: Banco de la República, 2012), 103.
4 Jorge Drexler, "Polvo de estrellas", Album *Eco* (Warner, 2004, CD).
5 Una forma de enmarcar los primeros trabajos de Oscar Muñoz sería situarlo formalmente dentro del "foto-realismo", un estilo generalizado en las prácticas artísticas colombianas, latinoamericanas y globales en 1971, cuando Muñoz tuvo su primera exposición individual en la Ciudad Solar de Cali. Este marco podría conducir a un debate, entre otros temas, sobre la estética pop que surge entre finales de los años 60 y finales de los 70 en todas las Américas; sobre el surgimiento de una "generación de imágenes", como Douglas Crimp nombró al grupo de artistas emergentes en Nueva York a mediados de la década de 1970 que no sostenían la indiscutible "industria cultural" como algo distinto de sus búsquedas estéticas; así como sobre la respuesta generacional a la abstracción (geométrica). Véase Douglas Crimp, "Pictures", *October* 8 (Primavera, 1979), 75–88 y "The Photographic Activity of Postmodernism", *October* 15 (Invierno, 1980), 101. Un marco para abordar la producción de Muñoz a partir de los años noventa sería situarla dentro de la conversación crítica sobre el "giro archivístico" en el arte contemporáneo hacia el final del milenio. Según la conceptualización de Okwi Enwezor, en el giro archivístico, "el artista sirve como el agente histórico de la memoria, mientras que el archivo emerge como un lugar en el que las preocupaciones por el pasado son tocadas por los vapores astringentes de la muerte, la destrucción y la degeneración". Véase Okwi Enwezor, *Archive Fever: Uses of the Document in Contemporary Art* (Nueva York: Steidl e ICP, 2008), 46–47. Ambos marcos conducen a una discusión sobre la especificidad histórica de la obra de Muñoz en relación con la violencia que ha asolado a Colombia durante los últimos setenta años y la crítica de las prácticas visuales estructuradas en el olvido pasivo en contraposición al recuerdo activo.
6 Eric Roston, *The Carbon Age. How Life's Core Element Has Become Civilization's Greatest Threat* (New York: Walker, 2008), 2.
7 Hazen, *Symphony in C,* digital book.
8 Roston, *The Carbon Age*, 3.
9 Dain Bolwell, *Governing Technology in the Quest for Sustainability on Earth* (New York: Routledge, 2019), libro digital.
10 Tomo prestada la noción de "negro y borroso" del libro de Fred Moten *Black and Blur* (Durham: Duke University Press, 2017).
11 "La esencia del acto fotográfico no radica en la toma de la imagen (las expresiones coloquiales 'tomar una fotografía' o 'disparar la cámara' se refieren al momento en el que, luego de la selección del sujeto y de la definición del encuadre, se obtura el objetivo), sino en la fijación de tal imagen. ¿Cuál es el estatus de la imagen en el instante previo al momento en el cual es detenida para la posteridad? Esa imagen, o más bien, ese estado de la imagen, se podría considerar como el de una fotografía en potencia, una fotografía incipiente: una proto-fotografía". Véase José Roca, "Protografías," en *Oscar Muñoz: Protografías*, op. cit., 17–18.
12 Walter Benjamin, "Pequeña historia de la fotografía", en *Discursos Interrumpidos I* (Bueno Aires: Taurus, 1989), 63.
13 Ibid.; 64.
14 Ibid.: 82
15 Ibid.: 69.
16 Ibid.:75.
17 Véase Georges Didi-Huberman, *Grisalha. Poeira e poder do tempo* (Lisbon: KKYM + IHA, 2014), libro digital.
18 Ibid.
19 En la oración final del ensayo de Roca se lee: "La fotografía antes de ser fijada, era la imagen del tiempo en flujo. Muñoz recupera este tiempo fluido que la fotografía congela al extender indefinidamente el instante para postergar o impedir su fijación." Véase Roca, "Protografías," 42.

LIGHTNESS OF THE SHADOW, PRAISE OF THE STAIN: SOME FOOTNOTES ON OSCAR MUÑOZ

JOAN FONTCUBERTA

Denying temporal succession, denying the self, and denying the astronomical universe, all appear to be acts of desperation and are secret consolations [...]
Time is the substance of which I am made.
Time is a river that sweeps me along, but I am the river;
it is a tiger that mangles me, but I am the tiger;
it is a fire that consumes me, but I am the fire.
The world, unfortunately, is real;
I, unfortunately, am Borges.
—JORGE LUIS BORGES, "A New Refutation of Time," in Jorge Luis Borges, *Other Inquisitions,1937–1952*, trans. Ruth L.C. Simms (New York: Simon and Schuster, 1968), 187.

A blue dress like the one worn by princesses in fairy tales. A blue dress with semen stains. It was preserved for years unwashed, not like a trophy, or the intimate garments exchanged by teenagers after making love. Rather as protection, as evidence of an excruciating secret. Evidence proving an "inappropriate" ejaculation. The scandal erupts, and the attention of public opinion must be diverted. Then the bombs fall on Belgrade. The

Negar la sucesión temporal, negar el yo, negar el universo astronómico, son desesperaciones aparentes y consuelos secretos [...]
El tiempo es la sustancia de que estoy hecho.
El tiempo es un río que me arrebata, pero yo soy el río;
es un tigre que me destroza, pero yo soy el tigre;
es un fuego que me consume, pero yo soy el fuego.
El mundo, desgraciadamente, es real;
yo, desgraciadamente, soy Borges.
—JORGE LUIS BORGES, "Nueva refutación del tiempo", en *Obras completas* (Emecé Editores: Buenos Aires, 1974), 771.

Un vestido azul como de un cuento de princesas. Un vestido azul con manchas de semen. Preservado durante años sin lavarlo. No como un trofeo o como las prendas íntimas que los adolescentes intercambian después de hacer el amor. Más bien como protección, como evidencia de un lacerante secreto. Evidencia probatoria de una eyaculación "inapropiada". Estalla el escándalo y hay que desviar la atención de la opinión pública. Entonces caen las bombas sobre Belgrado. Las

LEVEDAD DE LA SOMBRA, ELOGIO DE LA MANCHA. ALGUNAS NOTAS A PIE DE PÁGINA SOBRE OSCAR MUÑOZ

JOAN FONTCUBERTA

allusions to the movie *Wag the Dog* (directed by Barry Levinson, 1997) become evident. A White House advisor (played by Robert de Niro) hires an eccentric Hollywood producer (played by Dustin Hoffman) to help him fabricate a war in Albania. Once underway, they keep the media entirely focused on the war. The goal was to distract public attention that had been engaged in a sex scandal that touched the President of the United States.

Reality once again imitates art. Also, the Secretary of State had already said: "What's the point of having this superb military that you're always talking about if we can't use it?" The explosions of Tomahawk missiles raise magnificent smoke screens—what a pity for the collateral victims! A toxic smoke intended to cloud fellatio. Fellatio that occurred in the oval office, the most mediatic fellatio until today, and, without a doubt, the most epic one in history, after Helen of Troy.

The image of that dress and, specifically, the image of those spots, challenge the ephemeral quality of the document. We talked about that dress with familiarity. It was the sample cataloged as Q3242-1 by the FBI forensic laboratory, and just one photograph has circulated on the Internet. Art has also always been a matter of spots: significant spots—stains on a cave wall, on a canvas, on a blue dress. Being human means having a culture, and culture means, among other things, the ability to extract meaning from stains: to recognize the majestic figure of a bison, the sublime face of a Madonna, the fleeting traces of passion. If Duchamp lifted his head, he would not hesitate to rescue that blue dress as a ready-made object and to propose it as an exquisite paradigm of the infrathin.

The infrathin is the category of the post-sublime and the anti-romantic. It encapsulates the search for the most temporary forms and sensations and refers to the miraculous simultaneity of absence and presence at the limit of the invisible: it would be what remains in the mirror when you stop looking at it. Duchamp, who coined the concept, called it an intuition that cannot be defined, only understood through examples: a caress, a light touch, a spasm of pleasure, a tear, a drop of water that splashes a surface, an iridescent bubble, heat that dissipates, fog in the window, a blurry drawing, a footprint erased, wax that melts, the allegory of oblivion, the instant before a loss... Point out a breath of life, the fleeting, the ephemeral, the subtle, the fragile, the tiny, the humble, the precarious ... Duchamp was fascinated by those "lost energies," those modest elements that go unnoticed and neglected. Although they are so elusive, they define us as humans. In a note about infrathin, Duchamp writes:

> A transformer designed to utilize the slight wasted energies such as the excess of pressure on an electric switch, the exhalation of tobacco smoke, the growth of a head of hair, of other

alusiones bromistas a la película *Wag The Dog* (dir. Barry Levinson, 1997) se hacen patentes: un asesor de la Casa Blanca (interpretado por Robert de Niro) contrata a un excéntrico productor de Hollywood (interpretado por Dustin Hoffman) para que monte un conflicto artificial en un país remonto llamado Albania de forma tal que se distraiga la atención pública, ocupada en un escándalo sexual en el que está envuelto el presidente de los Estados Unidos. La realidad volverá a imitar al arte. Además, la señora Secretaria de Estado ya lo había dicho: "¿Cuál es el punto de tener este excelente ejército del que siempre estás hablando si no podemos usarlo?". Las explosiones de los misiles Tomahawk levantan magníficas cortinas de humo –!qué pena por las víctimas colaterales! Un humo tóxico destinado a nublar una felación. No cualquiera: una felación en el despacho oval, la felación más mediática que se conoce. Sin duda, después de la de Helena de Troya, la felación más épica de la historia.

La imagen de ese vestido y, dentro del vestido, la imagen de esas manchas, interpelan la cualidad evanescente del documento. Hablamos de ese vestido con familiaridad: fue la muestra catalogada como Q3242-1 por el laboratorio forense del FBI, de la circuló en internet un único registro fotográfico. El arte también ha sido siempre una cuestión de manchas: manchas significativas. Manchas sobre los muros de una caverna, manchas sobre un lienzo, manchas sobre un vestido azul. Ser humano significa tener cultura y, entre otras cosas, cultura significa capacidad de extraer sentido de las manchas: reconocer la majestuosa figura de un bisonte, el rostro sublime de una *madonna*, las huellas fugaces de la pasión. Si Duchamp levantase la cabeza, no dudaría en rescatar ese vestido azul como *ready-made* y en proponerlo como exquisito paradigma de lo infraleve.

Lo infraleve es la categoría de lo post-sublime y de lo anti-romántico. Traduce la búsqueda de las formas y las sensaciones más efímeras y se refiere a la milagrosa simultaneidad de ausencia y presencia en el límite de lo imperceptible: sería lo que queda en el espejo cuando se deja de mirar. Lo infraleve es una intuición, decía Duchamp, que no puede ser definida, sólo entendida por medio de ejemplos: una caricia, un roce ligero, un espasmo de placer, una lágrima que brota, una gota que salpica, la burbuja iridiscente, el calor que se disipa, el vaho en la ventana, un dibujo declinante, la huella que se desfigura, la cera que se derrite, la alegoría de un olvido, el instante previo a una pérdida . . . Señalar un soplo de vida, lo fugaz, lo efímero, lo sutil, lo frágil, lo ínfimo, lo humilde, lo precario . . . Duchamp quedó fascinado por esas "energías perdidas", por todos aquellos modestos elementos que pasan desapercibidos y son desatendidos, pero que, aunque resulten tan escurridizos, son definitorios de lo humano. En una nota sobre lo infraleve Duchamp escribe:

> Coleccionar y transformar todas las pequeñas manifestaciones externas de energía (en exceso o

body hair and of the nails, the fall of urine and excrement, movements of fear, astonishment, boredom, anger, laughter, dropping of tears, demonstrative gestures of hands, feet, nervous tics, forbidding glances, falling over with surprise, stretching, yawning, sneezing, ordinary spitting and of blood, vomiting, ejaculation, unruly hair, cowlicks, the sound of nose-blowing, snoring, fainting, whistling, singing, sighs....
(MARCEL DUCHAMP, "Duchamp. Writings," in André Breton, *Anthology of Black Humor*, trans. Mark Polizzotti [London: Telegram. 2009], 191–92.)

In his effort to overcome a "retinal" art, Duchamp equated creation with life and turned fragile events from everyday life into subjects of his works. Usually, subversion opens the path for new artistic thoughts, but always underlying these radical gestures is an emphasis on the infrathin, along with erotic drive. Duchamp sought to reverse the prevailing dynamics of art in favor of an artistic gesture that consisted of polishing and stripping the work of accessory elements until only the idea remained, the pure concept. His idea is about producing intensities by subtraction, thus reaching the skeleton of the ghost.[1]

But, be careful: we must talk about the infrathin in a low voice, since we risk it disappearing, as the palace of the Yellow Emperor vanished in Borges's story. When the poet defined the essence of the castle in words, it disappeared, because, says Borges. "There cannot be any two things alike in the world." (JORGE LUIS BORGES, "Parable of the Palace," in *Jorge Luis Borges. A Personal Anthology*, ed. Anthony Kerrigan, trans. Carmen Feldman [New York: Grove Press, 1967], 87–88.) Perhaps Duchamp was toying with the idea of a new category that was both sensitive and intellectual, exceeding the sublime and romantic sentimentality. Confronted with the magnificent and immeasurable, there emerges the emotion of the sublime, the overwhelming feeling that makes the observer insignificant. The infrathin, on the contrary, directs us to the antipodes, to

1 These are images that escape through a slit of time. Images that run away without looking back. Oscar Muñoz is obsessed with time, materiality, fixation, durability, permanence.... He is also interested in the infrathin of the void that remains in the mirrors. The mirror is the antecedent of the daguerreotype—which is precisely a mirror-with-memory. Our face is reflected in the daguerreotype when we look at it. Only when we move it obliquely and change the incidence of light, does the image captured by the camera appear. In *Aliento* (*Breath*) (1995), Muñoz recovers the alternating effect of two appearances that devour each other. To do this, he prints some portraits on small mirrors using a transparent oily substance. In front of the mirrors, the spectator only perceives his reflection, but when he breathes on the mirror, a hidden face becomes visible. The warm moisture of the exhalation reveals the faint image, but it exists only for the duration of the sigh that gives it life. God said, "Let there be light," and there was light, and then, he formed man from the dust and breathed the breath of life into his nostrils, and the man became a living being. Lacking supernatural powers, humans manage to make only ephemeral and evanescent creations, to create the illusion of the transient return of something extinct.

desperdiciadas) del hombre, como por ejemplo: el exceso de presión sobre un interruptor eléctrico, la exhalación del humo del tabaco, el crecimiento del cabello y de las uñas, la caída de la orina y de la mierda, los movimientos impulsivos del miedo, de asombro, la risa, la caída de las lágrimas, los gestos demostrativos de las manos, las miradas duras, los brazos que cuelgan a lo largo del cuerpo, el estiramiento, la expectoración corriente o de sangre, los vómitos, la eyaculación, el estornudo, el remolino o pelo rebelde, el ruido al sonarse, el ronquido, los tics, los desmayos, ira, silbido, bostezos.
(MARCEL DUCHAMP, *Notas*, trans. Mª Dolores Díaz Vaillagou [Madrid: Editorial Tecnos, 1989], 154–155.)

En su esfuerzo por superar un arte "retiniano", Duchamp pasó a equiparar la creación con la vida, la materia del arte con los frágiles acontecimientos extraídos de la observación de lo cotidiano. La vía para un nuevo pensamiento artístico debía abrirse a golpe de subversión; pero bajo los gestos escandalosos siempre debía subyacer, además de la pulsión erótica, el énfasis por la idea de lo infraleve. Invirtiendo las dinámicas comunes, el gesto artístico habría de consistir en pulir y pulir y pulir, en despojar la obra de todo lo accesorio hasta que solo quedase su enunciado o su idea: el puro concepto. Se trata de producir intensidades por sustracción y llegar así al esqueleto del fantasma.[1]

Pero, cuidado: hay que hablar siempre de lo infraleve en voz baja ya que corremos el riesgo de que, al levantar la voz, lo infraleve desaparezca, como en el cuento de Borges desaparece el palacio del Emperador Amarillo después de que el poeta replicara su esencia con una palabra, puesto que "en el mundo no puede haber dos cosas iguales". —JORGE LUIS BORGES, "Parábola de palacio." En *El Hacedor* (Buenos Aires: Emecé, 1960), 41–42. Tal vez a tientas, Duchamp merodeaba la idea de una nueva categoría, a la vez sensible e intelectual; una categoría que superase lo sublime y todo el sentimentalismo

1 Imágenes fugitivas en una rendija del tiempo. Imágenes que huyen sin mirar atrás. A Oscar Muñoz le obsesiona el tiempo, la materialidad, la fijación, la durabilidad, la permanencia... También lo infraleve del vacío que queda en los espejos. Para la fotografía, el espejo es el antecedente del daguerrotipo –que es, justamente, un espejo-con-memoria. Nuestra cara se refleja en el daguerrotipo cuando lo miramos. Sólo cuando lo movemos oblicuamente y cambiamos la incidencia de la luz aparece la imagen que captó la cámara. En *Aliento* (1995), Oscar Muñoz recupera ese efecto de alternancia de dos apariencias que se parasitan recíprocamente. Para ello, imprime unos retratos sobre unos pequeños espejos utilizando una sustancia oleaginosa transparente. Cuando un espectador los observa, sólo percibe su reflejo, pero cuando echa su aliento sobre el espejo, aquel rostro oculto se hace visible. La sutil imagen es revelada por la humedad cálida de la exhalación, pero sólo existe mientras dura el suspiro que le da vida. Dios dijo "sea la luz" y fue la luz, y luego sopló sobre una estatuilla de barro y creó al hombre a su imagen y semejanza (resumidamente). Al carecer de superpoderes, los humanos solo alcanzamos a hacer creaciones efímeras y evanescentes, provocando la ilusión del retorno fugaz de algo extinto.

the insignificant part of the phenomena, to the tiny and trivial things. But, then, the Surrealists and other avant-gardists led the artistic ideas toward the conceptualization of the sinister (*Unheimlich*), a category that, in the end, was more successful than the infrathin.

Duchamp died in 1968 and did not see how the infrathin took root in other voices. Meanwhile, a blue dress led us to the Balkans. Great images may mask acts of love or violence. Documentary filmmaker Mireia Sallarès (Spanish, b. 1973) produces narratives about precariousness and conflict from a sociological and anthropological perspective. She takes as precedent Slovenian philosopher Slavoj Zizek's "zombie concepts"—which he used to criticize the legacy of revolutionary activism—to explore what Sallarès calls "junk concepts." These are notions that had a value in the past, but no longer count; they have become waste, debris, precariousness. Sallarès applies the doctrine of the infrathin to the social sciences. She began with truth and work, then went on to focus on love as waste.

After two years of residence in Serbia immediately after the war, Sallarès set out to use the "junk concept" of love as a tool to analyze general spiritual and political desolation. Scenario: a devastated country in moral reconstruction, scapegoat for history and geostrategic interests, and victim and executioner in simultaneous self-destructive fanaticism; a country that is unable to shelve its inherited drama. Serbia offers a complicated and stimulating mosaic to rethink love because of its economic and political ruin, created by two of the most stigmatized wars in twentieth-century Europe. But it is a captivating scenario also because of the country's incorporation of capitalism in crisis, and the springing up of nostalgia for its communist past. In Sallarès's work, she recovers the political and transformative sense of love articulated by current thinkers such as American political philosopher and literary theorist Michael Hardt:

> Love is not a process in which two individuals merge into one. Individuals have nothing to do with love. Love only takes place in multiplicities. And therefore, we can only take care of it in the community. . . . My purpose is to develop a political concept of love or, better, to understand how love can be the central constitutive mode and the engine of politics. (MICHAEL HARDT, *The Procedures of Love* [Berlín: Hatje Cantz, 2012], 6.)

Thus, love as a "junk concept" resonates with the philosophical tradition present in the emancipation movements of the early twentieth century. Emma Goldman (*The Protection Trap*, 1917) and Errico Malatesta (*Mal de Amor*, 1919) serve as references. These texts discuss a battery of questions: Is love a pure passion or a democratic and libertarian passion? Can love be a productive

romántico. Si la emoción de lo sublime venía dada por lo grandioso y lo inconmensurable, por una sensación de sobrecogimiento que volvía insignificante al observador, lo infraleve nos trasladaba a las antípodas: a la insignificancia de los fenómenos mismos, a lo ínfimo e inasible. Pero luego llegaron los surrealistas y otras vanguarduchas que derivarían el relevo del pensamiento artístico hacia lo siniestro (*Umheimlicht*), la categoría que, a la postre, se llevó el gato al agua.

Duchamp tuvo la ocurrencia de morir en 1968, el año de las revueltas, y no llegó a ver cómo la semilla de lo infraleve germinaba en otras voces y ramificaba sus modulaciones. Mientras, un vestido azul nos conducía a los Balcanes. Puede que las grandes imágenes estén condenadas a enmascarar actos de amor o de violencia. Mireia Sallarès (Barcelona, 1973) es una artista que parte de una perspectiva sociológica y antropológica para producir narrativas sobre la precariedad y el conflicto. Así como Slavoj Žižek habló de "conceptos *zombie*" para criticar el legado del activismo revolucionario, Sallarès interroga lo que llama "conceptos basura": conceptos que otrora tuvieron un valor, pero que ya no cuentan, como el desecho, el escombro, el desperdicio, el residuo, lo precario. Sallarès traslada a las ciencias sociales la doctrina de lo infraleve. En proyectos anterio res se ocupó de la verdad y del trabajo; luego pasó a centrarse en el "concepto basura" del amor, el amor como desecho.

Después de dos años de residencia en la Serbia inmediatamente post-bélica, Sallarès se propuso aplicar el "concepto basura" del amor como herramienta para analizar la imperante desolación espiritual y política. Escenario: un país descalabrado y en reconstrucción moral, chivo expiatorio de la historia y de intereses geoestratégicos cruzados, víctima y verdugo de fanatismos autodestructivos e incapaz de dar carpetazo al dramatismo heredado. Entre la incorporación a un capitalismo en crisis y la nostalgia por el pasado comunista, la ruina económica y política como consecuencia de dos de las guerras más estigmatizadas de la Europa del siglo XX hacían de Serbia un mosaico tan complejo como estimulante para repensar el amor. Un concepto de amor del que se recupera el sentido político y transformador reivindicado por pensadores actuales como Michael Hardt:

> El amor no es un proceso en el que dos individuos se funden en uno. Los individuos no tienen nada que ver con el amor. El amor solo tiene lugar en las multiplicidades. Y por tanto solo podemos hacernos cargo de él en comunidad. . . . Mi propósito es desarrollar un concepto político del amor o, mejor, entender cómo el amor puede ser el modo constitutivo central y el motor de la política". (MICHAEL HARDT, *The Procedures of Love* [Berlín: Hatje Cantz, 2012], 6, traducción mía.)

Así, en el amor como "concepto basura" resuena la tradición filosófica desplegada por los movimientos de emancipación de principios

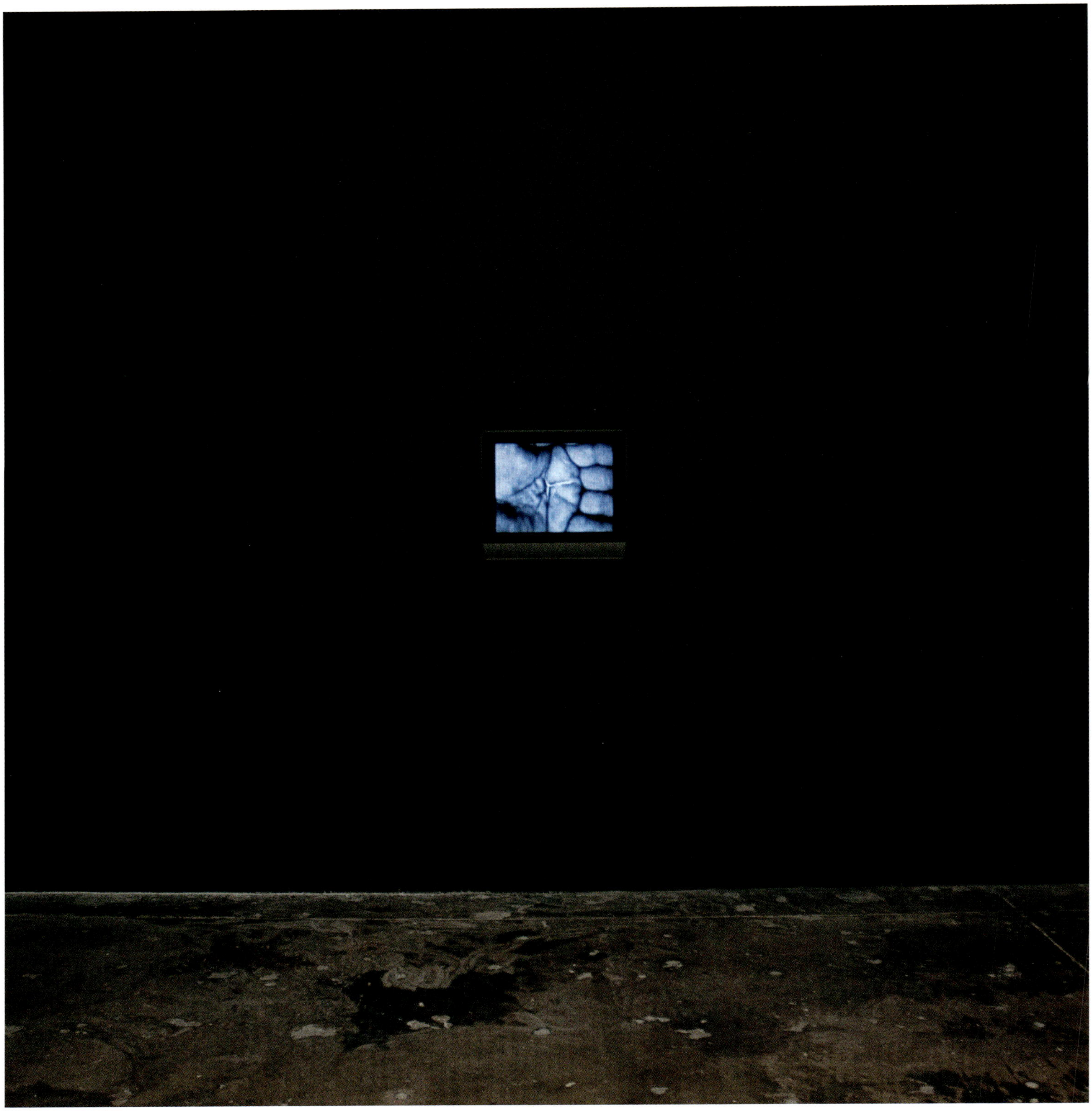

LÍNEA DEL DESTINO (LINE OF DESTINY), 2006
Single-channel video without sound (Video monocanal, sin sonido), 2 min.
Denver Art Museum: Gift of Polly and Mark Addison, 2011.298.1-2

force more than a reproductive force? Does love contribute to perpetuating inequalities, or can it subvert them? Has love been a machine of capitalism to subjugate the working class? What is, in short, the model of love that has been imposed on everyone, the whom to which this model suits, and the whom to which it submits? Sallarès goes on the attack in these debates with her project *Kao malo vode na dlanu* (*Like a Little Water in the Palm of my Hand*), which is both a video installation and a book.[2]

The title was taken from a banner raised in a massive protest against the Bosnian war in front of a government building in Sarajevo in March 1992. What is valuable to us ends up being pretty damn precarious. Unfailingly, the water will leak through our fingers. In the book and video, the artist simulates a police interrogation inspired by her "suspicious" activity in Serbia. During the police questioning, a specific passage refers to Sallarès's visit to the collective funeral at the Potočari Memorial, held annually by the victims of the Srebrenica massacre.[3] The exhumation and identification of the victims continued; it was the nineteenth anniversary. It proceeds, in part, with the following dialogue:

-What would you highlight from the visit to the Memorial?

-Photographs that were in the former socialist factory, which today has become the Memorial Museum. It is the same place where the Dutch Blue Helmets were when the UN declared the Srebrenica safe zone during the war and where thousands of Bosnian Muslims went to protect themselves.

-Why were you so interested in those photographs?

-Because they were exposed and rotting.

-Rotting?

2 At this point, it is impossible not to evoke Oscar Muñoz's work *Línea de destino* (*Line of Destiny*) (2006). The video shows a fixed shot of the palm of a hand that forms a bowl and contains some water. The face of the artist is reflected hesitantly on the surface of the liquid. However, little by little, the water drains between the fingers, and the self-portrait vanishes. Grooves of another physiognomy—the palm—emerge, but they could be read only by a palm reader.

3 A memorial is a ceremonial space to help keep a tragic event alive. The images serve to mitigate losses, replace absences, recover identities. In the video *Proyecto para un memorial* (*Project for a Memorial*) (2005), Oscar Muñoz interprets this concept in infrathin code. A hand draws the features of a face with quick gestures as if it was following instructions to make a robotic portrait of a missing person. Using only a brush with water on a cement slab, the artist makes wet strokes that stand darker on the light surface. But, as the drawing progresses, the earlier strokes evaporate, and the representation blurs. We are trapped in a vicious cycle: the figure can never be completed. We feel, then, the vertigo of facing an impossible, endless work, similar to the grieving for a loved one that was stolen from us.

del siglo XX. Emma Goldman (*La trampa de la protección*, 1917) y Errico Malatesta (*Mal de Amor*, 1919) sirven de referencia. En esos textos ya empezó a debatirse una batería de cuestiones: ¿es el amor una simple pasión o una pasión democrática y de raíz libertaria? ¿Puede ser una fuerza productiva y no únicamente reproductiva? ¿Contribuye a perpetuar las desigualdades o puede subvertirlas? Después de la época feudal, ¿ha sido el amor una máquina del capitalismo para subyugar a la clase trabajadora? ¿Cuál es, en definitiva, el modelo amoroso que ha terminado imponiéndose; a quién conviene y a quién somete? Sallarès entra al trapo con su proyecto *Kao malo vode na dlanu* (*Como un poco de agua en la palma de la mano*, traducción mía); proyecto que se bifurca en una video-instalación y en un libro.[2]

El título procede de una pancarta que unos manifestantes enarbolaban en una multitudinaria concentración de protesta contra la guerra de Bosnia frente a un edificio del Gobierno en Sarajevo, en marzo de 1992. Un poco de agua es lo que nos queda y sabemos que no durará: aquello que nos resulta valioso termina siendo malditamente precario. Indefectiblemente, el agua se nos escurrirá entre los dedos. En el texto del libro y en el video, la autora simula que es sometida a un interrogatorio policial en el que el funcionario hurga en su actividad "sospechosa" durante su estancia en Serbia. Discurrimos entonces por una concatenación de preguntas y respuestas. Un pasaje refiere la visita de Sallarès al funeral colectivo en el Memorial de Potočari que se celebra todos los años por las víctimas de la masacre de Srebrenica.[3] La exhumación e identificación de los restos proseguía; era el 19º aniversario. Procede, en parte, con el diálogo siguiente:

-¿Qué destacaría de la visita al Memorial?

-Unas fotografías que había en la antigua fábrica socialista, que hoy se ha convertido en el museo del Memorial. En el

2 Con este título es imposible no evocar la pieza *Línea del destino* (2006) de Oscar Muñoz. Se trata de un video que muestra un plano fijo de la palma de una mano formando un cuenco y contiene un fondo de agua. Sobre la superficie del líquido se refleja, vacilante, el rostro del artista. Sin embargo, poco a poco el agua se escurre entre los dedos y el autorretrato se esfuma. Emergen, entonces, los surcos de otra fisonomía, la de la palma de la mano, que solo pudiera ser leída por un quiromántico.

3 Un memorial es un espacio ceremonial para ayudar a mantener vivo un recuerdo trágico. Las imágenes sirven para mitigar pérdidas, suplir ausencias, recuperar identidades. En su video *Proyecto para un memorial* (2004–2005), Oscar Muñoz lo interpreta en clave infraleve. Como siguiendo las instrucciones de una descripción facial para confeccionar el retrato-robot de un desaparecido, una mano dibuja con gestos rápidos los rasgos de un rostro. Utiliza tan sólo un pincel con agua sobre una losa de cemento. Los trazos mojados se destacan más oscuros sobre la superficie clara. Pero a medida que progresa el dibujo, los trazos más antiguos se evaporan, la representación se des-representa. Estamos condenados a un círculo vicioso: la figura nunca podrá completarse. Sentimos, entonces, el vértigo de enfrentarnos a una labor imposible, inacabab le, sin fin. Como el dolor incompensable por los seres queridos que nos fueron arrebatados.

-From the humidity that they had suffered. Mold had consumed essential parts. Some of them were almost unrecognizable. And this fascinated me because I realized that their documentary condition had changed, and their scope was enormous: they suggested more things because they exceeded the facts. They were humble photographs of unknown authors who did not follow the Western standards of what was supposed to be exhibited in a memorial. In some of the photos, one could see decomposed bodies in mass graves, while, at the same time, the pictures themselves were rotting.

-And this was fascinating to you?

-I was fascinated to see how the photographs became a great metaphor for the fragility of memory, life, story, justice, and history. The coincidence of the deterioration indicated that not only are experience and facts fragile, but also the documentation of these facts, and its preservation, use, and interpretation.

-And what is the relation between this and your project?

-The link between photography and love is very close. It was revealing to see which parts of the images were rotting and which were not: in a photograph, there was a UN soldier in front of the Bosnian refugees. Mold ate part of the soldier and his flag, while the refugees were not in danger of disappearing. For me, it was as if the mold were living beings with a sense of justice, capable of reversing the facts.
(MIREIA SALLARÈS, *Com una mica d'aigua al palmell de la mà* [Barcelona: Editorial Arcàdia, 2019], 45–48, my translation.)

Poetic justice. The documents take the law into their own hands. The experience reported by Sallarès suggests that the images have become aware and are acting accordingly, rebelling against the abjection they have been forced to show.

It is, in effect, a beautiful metaphor, as if photographs had a testimonial voice and can reveal the pain of the victim along with the rotting of the image. If the awareness of the pictures is doubtful, we can affirm, however, the autonomy of the life governed by its biology laws, which allow the birth and agony, or the development and corruption of its existence. Just as stones seem to be forever, but in the end turn into dust, the photographs of Potočari should last forever, but in the end become victims once again. The stones, however, were created by nature. Photographs are artifacts produced to vanquish mortality by pretending to defeat the overwhelming force of time. The finitude of the image, its duration, refers to two issues: materiality and transience.

mismo lugar en que se instalaron los Cascos Azules holandeses cuando la ONU declaró Srebrenica zona segura durante la guerra, y a donde miles de bosnios musulmanes se dirigieron para protegerse.

-¿Por qué le interesaron tanto las fotografías?

-Porque estaban expuestas y se estaban pudriendo.

-¿Pudriendo?

-Por la humedad que habían padecido. Los hongos se habían comido partes importantes; algunas estaban casi irreconocibles. Y esto me fascinó porque me di cuenta de que su condición documental había cambiado y su alcance era mayor: deterioradas decían más cosas, porque iban más allá de los hechos. Eran fotografías humildes, mal positivadas y de autores desconocidos que no seguían los estándares occidentales de lo que un Memorial ha de exhibir. En algunas se veían fosas comunes con cuerpos descomponiéndose, mientras que a la vez se iba descomponiendo la misma fotografía.

-¿Y esto le parece fascinante?

-Me fascinaba como la imagen, hecha objeto, se convertía en una gran metáfora de la fragilidad de la memoria, de la vida, del relato, de la justicia y de la historia. La coincidencia señalaba que no solo la vida y los hechos son frágiles, sino que también lo es la documentación de estos hechos y de esta vida. Igual que su preservación, los usos y su interpretación.

-¿Y qué relación tenía esto con su proyecto?

-El vínculo entre la fotografía y el amor es muy estrecho. Era revelador observar qué partes de las imágenes se estaban pudriendo y cuáles no: en una se veía un soldado de la ONU frente a los refugiados bosnios –los hongos se comían el soldado y su bandera, mientras que los refugiados habían quedado fuera de peligro. Para mí era como si los hongos fuesen seres vivos con sentido de la justicia, capaces de revertir los hechos.
(MIREIA SALLARÈS, *Com una mica d'aigua al palmell de la mà* [Barcelona: Editorial Arcàdia, 2019], 45–48, traducción mía.)

Justicia poética. Los documentos emprenden su propio arreglo de cuentas. La experiencia relatada por Sallarès sugiere que las

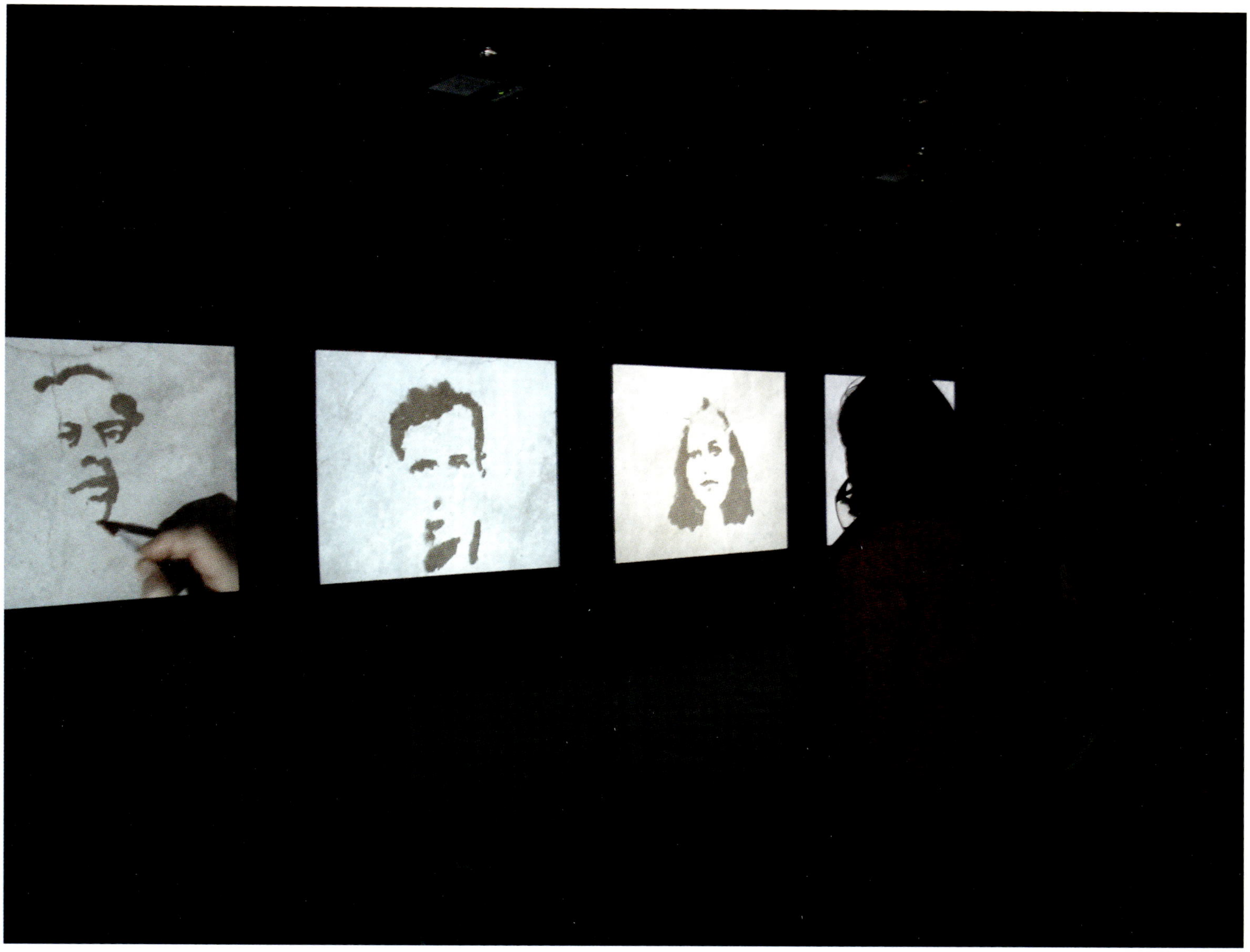

PROYECTO PARA UN MEMORIAL (PROJECT FOR A MEMORIAL), 2005
Five-channel video installation without sound
(Video-instalación, cinco videos sincronizados sin sonido),
7 min. 30 sec.
Collection of Clarissa Alcock Bronfman

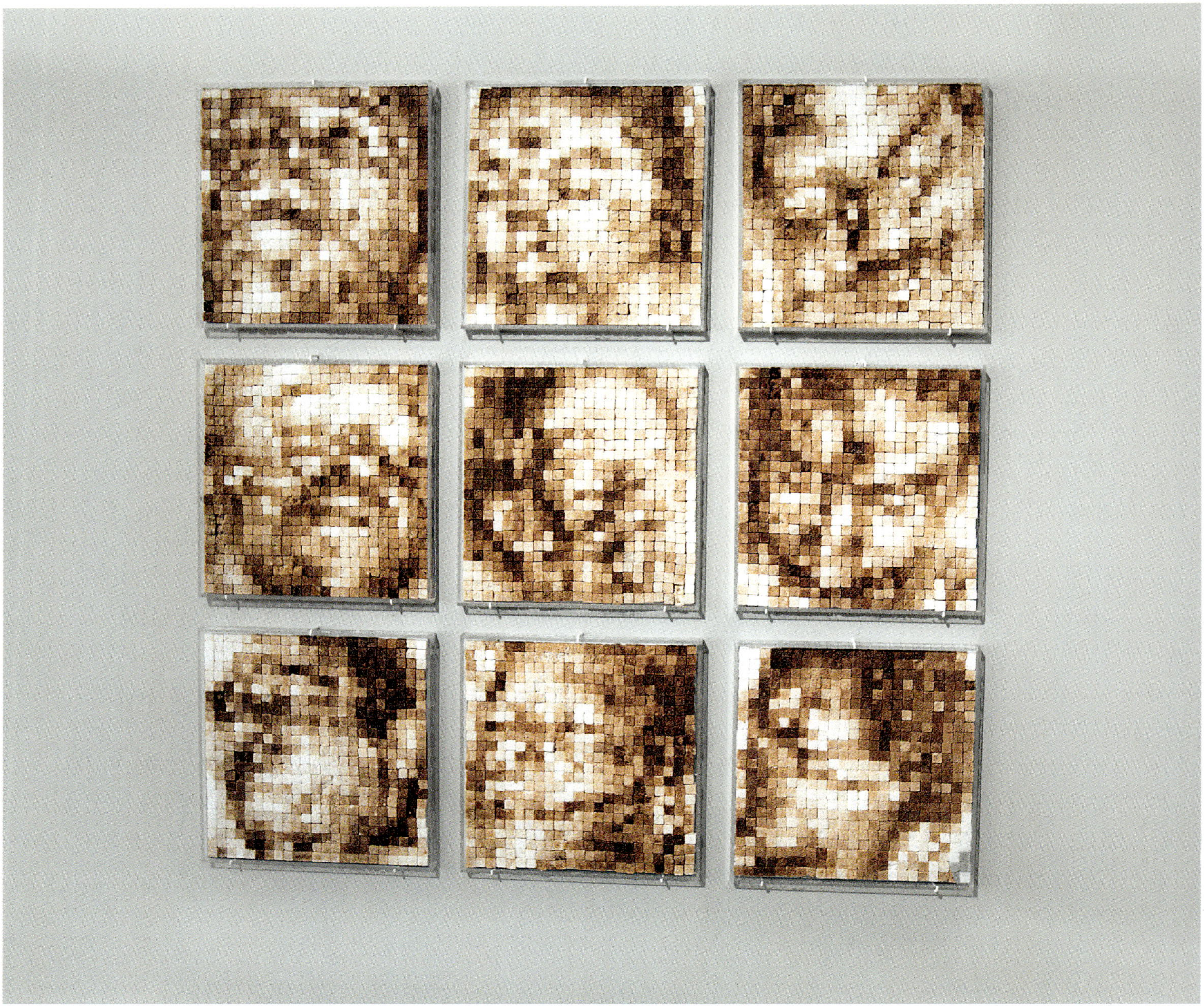

PIXELES (PIXELS), 1999–2000
Coffee tincture on sugar cubes in plexiglass (Cubos de azúcar pintados con café sobre plexiglas)
Six elements (Seis elementos): 35 x 35 x 3 cm each (13⅞ x 13⅞ x 1³⁄₁₆ in.)
Collection of The Diane and Bruce Halle Foundation

What are the ingredients of an image? What are the spots made of?[4] Ink or sperm, or anything else that produces some alteration of surfaces. In chemistry, a human body is composed of carbon atoms and water; in biology, cells and tissues; in physiology, bones, muscles, and organs. Catalan artist Núria Banal completed a travel notebook with 120 pencil drawings of picturesque places in Rome. She erased them one by one, recovering the virgin whiteness of the paper. She was inspired by words of the Polish Nobel Prize poet Wislawa Szymborska: "We travel faster, more often, further; however, instead of memories, we return with photos." Banal's work was a deliberate exercise whose raison d'*être* was to preserve and classify the eraser shavings in small glass jars like urns containing the ashes of the dead. Eraser shavings from different drawings did not mix.

4 Regarding the structural nature of the images, Muñoz has carried out works with sugar cubes soaked in coffee in different degrees of absorption that replace the grid of a pixel mosaic as, for example, the light versus the dark in *Píxeles* (*Pixels*) (1999–2000). Binary language moves here to the opposition between sweet and bitter. On other occasions, he has generated a grid of black dots by producing small burns with a cigarette that mimic the effect of the photomechanical dot, as in *Intervalos (mientras respiro)* (*Intervals [While I Breathe]*) (2004) The result has a dialogic nature: on the one hand, we have physical support, something tangible that occupies a place; on the other, visual information, graphic data to interpret. Theologically, we could raise it in terms of body and soul.

Banal additionally impregnated the small graphite chips with glue, compacting them as if were manure, and encapsulated also the substance that had created the drawings, like precious metal objects piled up alongside worthless items in a garage sale. Each infrathin chip of graphite carried traces of the missing image that, in turn, portrayed the landmarks of ancient Rome: it was the disappearance of the disappearance, another end of history, a tabula rasa of memory. Or, at least, the liquefaction of the remembrance, as the artist Tatiana Abellán (Spanish, b. 1981), implies with her evocative 2018 work *Fuiste yo* (*Memoria Líquida*) (*You Were Me [Liquid Memory]*).[5] Here again,

5 The dissolution of the image as a metaphor for fading memory is a resource used by Oscar Muñoz from various perspectives, for example, when he revives the myth of Narcissus. A handsome ephebe contemplates his reflection in the water of the stream, and the splendor of his beauty seduces him. In the series *Narcisos en proceso* (*Narcissi in Progress*) (1995–2011), Muñoz creates images from paper fragments (placed into containers with water) on which he deposits a serigraphic impression in charcoal dust that shows his self-portrait. In this way, he obtains a suspended image, extremely delicate and fragile, vulnerable. The onslaught of reactions between charcoal and water will govern the destiny of the picture. The work offers us the opportunity, as the artist points out, to look at the three essential phases of the cycle: *when the dust touches the water and becomes an image, the transformations that occur because of evaporation, and when the powder finally adheres to the bottom, fixing the remains of the self-portrait. Three breaths mark the existence: birth, life, and death.* Eventually, Narcissus will drown. As in other works by Muñoz, water becomes the cradle and the grave of the image.

imágenes han adquirido consciencia y actúan a su dictado. Se rebelan contra la abyección que se les ha obligado consignar. Es, en efecto, una bella metáfora. Como si además desdoblasen su voz testimonial revelando el sufrimiento de la víctima junto al mismo sufrimiento de la imagen. Pero si la consciencia de las imágenes es dudosa, bien podemos hablar de vida, de existencia autónoma regida por una biología propia, la que permite el nacimiento y la agonía, el desarrollo y la corrupción. Así como las piedras quieren ser piedras para siempre, y lo son durante siglos, aunque al final se conviertan en polvo, las fotografías de Potočari querían durar eternamente, pero, a la postre, también fueron vencidas por el envejecimiento. Las piedras, sin embargo, han sido puestas por la naturaleza en el lugar, mientras que las fotografías son artificios perpetrados con la pretensión de conquistar la inmortalidad a base de doblegar la fuerza arrolladora del tiempo. La finitud de la imagen, su

4 En relación con la naturaleza estructural de las imágenes, Oscar Muñoz ha realizado obras con terrones de azúcar empapados de café en diferentes grados de absorción que reemplazan la retícula de un mosaico de píxeles. Lo claro versus lo oscuro (*Píxeles*, 1999–2000). El lenguaje binario se traslada aquí a la oposición entre lo dulce y lo amargo. En otras ocasiones, genera una retícula de puntos negros produciendo pequeñas quemaduras con la punta de un cigarrillo que imitan el efecto de la trama fotomecánica, como en *Intervalos (mientras respiro)*, 2004. El resultado posee una naturaleza dialógica: por un lado, tenemos un soporte físico, algo tangible y que ocupa un lugar; por el otro, la información visual, los datos gráficos a interpretar. Teológicamente lo podríamos plantear en términos de cuerpo y alma.

lapso de duración, nos remite a dos cuestiones: la materialidad y la transitoriedad.

¿Cuáles son los ingredientes de la imagen? ¿De qué están hechas las manchas? [4] Ya hemos visto que de tinta o de esperma, o de cualquier otra cosa que produzca alguna alteración susceptible de ser discernida. De hecho, la reseña de la composición depende del nivel desde el que la analicemos. Para la química, un cuerpo humano está compuesto de átomos de carbono y agua; para la biología, de células y tejidos; para la fisiología, de huesos, músculos y órganos. La artista catalán Núria Banal completó todo un cuaderno de viaje con dibujos a lápiz de parajes pintorescos de Roma. Inspirada por una frase de la poetisa polaca Wislawa Szymborska ("Viajamos más rápido, más a menudo, más lejos; sin embargo, en vez de recuerdos, regresamos con fotos"), la artista borró uno a uno los 120 dibujos que había hecho, apurando al papel a recobrar su virginal blancura. Los borró con el mismo tesón con el que los había creado: un ejercicio premeditado cuya razón de ser consistiría en guardar los restos de la goma de borrar para, seguidamente, preservarlos y clasificarlos en pequeños frascos de cristal, como las urnas con las cenizas de los difuntos, de forma que no se mezclasen los restos de un dibujo con los de otros. Impregnando las pequeñas virutas con goma y compactándolas como moñigos –como la ganga que conglomera un metal precioso junto a otros elementos sin valor–, las partículas de grafito que otrora integraban los dibujos quedaban allí encapsuladas. Cada infraleve viruta

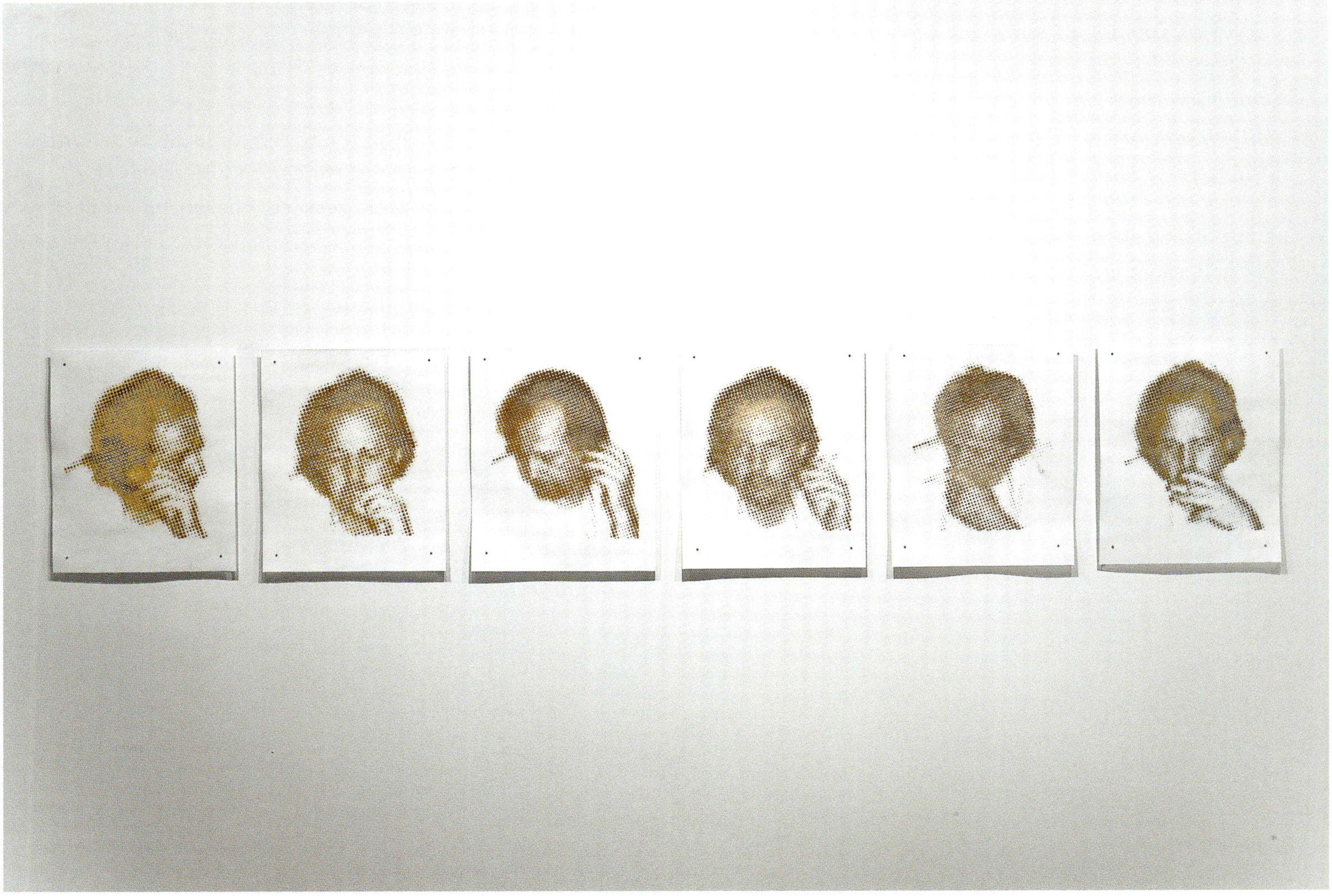

INTERVALOS (MIENTRAS RESPIRO) (INTERVALS [WHILE I BREATHE]), 2004
Burnt paper (Papel quemado)
Three elements (Tres elementos): 60 x 50 cm each (23⅝ x 19¾ in.)
Collection of the artist

we find the paradox of the photographic artifact that should preserve the memory of facts or people but, once something or someone modifies its surface (in this case, the artist), the artifact becomes the absolute representation of oblivion. In *You Were Me*, Abellán re-creates her self-portrait from a collection of anonymous photos purchased at flea markets and antique stores. They are images with which the artist felt some kind of connection. Her work suggests a link with Borges:

> A man sets out to draw the world. Through the years, a man peoples a space with images of provinces, kingdoms, mountains, bays, ships, islands, fishes, rooms, tools, stars, horses, and people. Shortly before his death, he discovers that the patient labyrinth of lines traces the image of his own face. (JORGE LUIS BORGES. "Epilogue of *The Maker*," in *Jorge Luis Borges. A Personal Anthology*, 203.)

We know nothing about these photographs, and therefore, they become silent images, purely anecdotal records. However, they still retain enough strength to serve as a mirror. The reflection that they return to us contains the certainty that in a short time, we will also be forgotten. Thus, the fate of the people portrayed merges with ours: they were us, and we will be them.

To emphasize the idea of dissolving memory, Abellán treats the photographs with an acid solution that removes the layer of silver in which the image is deposited. As in the case of Banal, the artist deletes visual information, now with a chemical substance, but the support is equally empty. Only a slight hint of the figure emerges as an infrathin trace of what it was. Nothing remains, and yet something remains. Also, in this case, some bottles preserve the emulsion dissolved by chemical action. The essence of the image remains in the container in its gross state, without the orderly arrangement or proper codification necessary for its reading. According to the Renaissance giant Michelangelo, each sculpture was already complete within the marble block; he just had to chisel away the superfluous material. Similarly, photographs are already in the thin layer of silver salts that covers the paper; the photographer only dissolves the excess. With an iconoclastic gesture, Abellán, however, does not commit to getting rid of the surplus matter but instead compels matter to return to the ancestral dust. Besides, the materiality of the photograph is interdependent on the memory capacity (losing matter means losing memory).

On the other hand, photography maintains a special relationship with its physical nature. In photography, light is transformed into matter. The phenomenological appearance

era portadora de unas motas de la desaparecida imagen de una también desaparecida milenaria civilización: era la desaparición de la desaparición, otro fin de la historia, *tabula rasa* de la memoria.

O, por lo menos, su licuación, su reducción a memoria líquida, como nos da a entender otra artista española, Tatiana Abellán, con un evocador trabajo titulado *Fuiste yo* (2018).[5] De nuevo asistimos a la paradoja de fotografías creadas para mantener viva la memoria pero que, mediante la desconfiguración del gesto artístico, pasan a ser la representación absoluta del olvido. Abellán parte del intento de reconstrucción de su propio autorretrato a partir de una colección de fotos anónimas adquiridas en mercadillos de pulgas y anticuarios, imágenes con las que presiente algún tipo de vínculo. Ya en esa revelación late la poética de Borges: "Un hombre se propone la tarea de dibujar el mundo. A lo largo de los años puebla un espacio con imágenes de provincias, de reinos, de montañas, de bahías, de naves, de islas, de peces, de habitaciones, de instrumentos, de astros, de caballos y de personas. Poco antes de morir, descubre que ese paciente laberinto de líneas traza la imagen de su cara". (JORGE LUIS BORGES, "Epílogo," en *El Hacedor*, 109.)

De esas fotografías encontradas nada sabemos; desprovistas de información, se revuelven como imágenes mudas, como registros puramente anecdóticos. Sin embargo, aún conservan la fuerza suficiente para funcionar como un espejo, y el reflejo que nos devuelven contiene la certeza de que en poco tiempo también nosotros seremos olvidados. Así, su destino se funde con el nuestro: ellos fueron nosotros y nosotros seremos ellos. Para enfatizar ese efecto de disolución de la memoria, la artista trata las fotografías con una solución ácida que elimina la capa de plata en la que se deposita la imagen. Como en el caso de Núria Banal, se borra la información gráfica, ahora químicamente, pero el soporte queda igual de vacío. Sólo una leve insinuación de la figura, antes perceptible, aflora como un rastro infraleve de lo que fue. Nada permanece y, sin embargo, algo queda. También en este caso unos frascos preservan esa emulsión disuelta por la acción química. Toda la sustancia de la imagen sigue contenida en ellos, solo que en su estado bruto, sin la disposición ordenada, codificada, necesaria para su lectura. Miguel Ángel decía que cada una de sus obras escultóricas ya estaba contenida en el bloque de

5 La disolución de la imagen como metáfora de la memoria evanescente es un recurso en el que Oscar Muñoz se recrea, por ejemplo, reviviendo el mito de Narciso. Un apuesto efebo contempla su reflejo en el agua del arroyo y es seducido por el esplendor de su propia belleza. En la serie *Narcisos en proceso* (1995–2011), en unos recipientes con agua, la imagen se forma a base de recubrir la superficie líquida con unos recortes de papel diversos sobre los que se deposita una impresión serigráfica en polvo de carbón que muestra el autorretrato de Oscar Muñoz. Se consigue así una imagen en suspensión, extremadamente delicada y frágil, vulnerable; una imagen cuyo destino será regido por los embates de las reacciones entre el carbón y el agua. La incertidumbre nos ofrece la oportunidad, tal como señala el artista, de fijarnos en los tres pasos esenciales del ciclo: cuando el polvo toca el agua y se convierte en imagen, las transformaciones experimentadas durante la evaporación y cuando finalmente el polvo se adhiere al fondo fijando los restos del autorretrato. Tres soplos que marcan el nacimiento, la vida y la muerte. Narciso terminará ahogado. También aquí el agua se convierte en cuna y sepulcro de la imagen.

of the image requires a consistent surface that works as a container (paper or another thing). Conventional photographs, photochemical ones, belong to material culture. They are entities that can be touched and they occupy a place in the world. At the same time, the images that float on screens, the digital images, are not objects; they are intangible and need specific devices to become visible and distributed. As Vilém Flusser said: "Photographs are the last phenomenon of the culture of objects and the first one of the culture of pure information, and their distribution illustrates precisely that revolutionary transition." (VILÉM FLUSSER. "The Distribution of Photographs," in Claudia Giannetti, ed., *Something Other Than Photography: Photo & Media*, [Oldenburg: Edith-Russ-Haus für Medienkunst, 2013], 134.) In today's post-photographic culture, the soul has relegated to the body. Digital is immaterial by definition, and its condition of pure language rejects analog photography's qualities of transfer and indexicality.

However, when it seems that pure information prevails over materiality, there is a melancholic regression to waste and ruin. We have recently seen the emergence of artists who have adopted archaeological practices. They are committed to making sense of damaged photographs, such as those of Potočari, to reveal other meanings that refute the stubborn thesis that conceives photography as a transparent representation of reality. Every image is perishable. The oxidation of silver, mold, moisture, and the degradation of organic components usually cause the most frequent fatalities in both negatives and positives. Modifying a famous phrase from the ancient Greek poet Pindar, we can say: "Photography, do not aspire to immortal life, but exhaust the limits of the possible."

The degradation of images and the rescue of photographic and film materials from their imminent disappearance become an essential part of the aesthetic discourses of experimental filmmakers such as Peter Delveut, Bill Morrison, Yervant Gianikian, and Angela Ricci Lucchi, or Gustav Deutsch, and visual artists such as Tessa Traeger, Luce Lebart, Diego Vidart, Akram Zaatari, and Andrzej Kramarz. Temporality emerges as a reflection on memory, precisely from its deteriorated condition. The damages that time and contingencies have inflicted on pictures are like wounds that testify to the adversities faced by those images. Far from seen as defects that affect the appearance, these damages are now exposed with the pride of worthwhile sacrifices. This view is reminiscent of *kintsugi*, a technique that Japanese apply to broken vessels to return their functionality. They reassemble the pieces, but instead of hiding the

mármol; él sólo quitaba lo que sobraba. De forma similar, cada fotografía ya está prefigurada en la fina capa de sales de plata que recubre el papel; el fotógrafo lo único que hace es disolver lo sobrante. Con un gesto iconoclasta, Abellán no se detiene en lo sobrante, sino que castiga a la materia a regresar al polvo ancestral.

Asimismo, la materialidad de la fotografía es interdependiente de la capacidad de memoria. Perder materia implica perder memoria. Pero la fotografía mantiene una relación particular con su naturaleza física. En la fotografía, es la luz la que se transforma en materia. Lo contenido en la imagen se constituye como una aparición fenoménica frente al observador, pero requiere de una superficie consistente (papel o lo que sea) que actúe de contenedor. Las fotografías convencionales, fotoquímicas, pertenecen a la cultura de los objetos, son entes que literalmente se pueden tocar y ocupan un lugar en el mundo, mientras que las imágenes que flotan en las pantallas, las imágenes digitales, no son objetos, son intangibles y, careciendo de soporte, requieren de dispositivos específicos para hacerse visibles y ser distribuidas. Para Vilem Flusser "las fotografías son el último fenómeno de la cultura de los objetos y el primero de la cultura de la pura información, y su distribución ilustra precisamente esa transición revolucionaria". (VILÉM FLUSSER. "The Distribution of Photographs," in Claudia Giannetti, ed., *Something Other Than Photography: Photo & Media* [Oldenburg: Edith-Russ-Haus für Medienkunst, 2013], 134, traducción mía.) En la actual cultura postfotográfica el alma ha relegado al cuerpo. Lo digital es, por definición, inmaterial y su condición de puro lenguaje descarta las cualidades de transferencia e indicialidad de la fotografía analógica.

Bajo esa nueva correlación de fuerzas, cuando la pura información prevalece sobre la materialidad, se produce un reflujo melancólico hacia el desecho y la ruina. Asistimos a la irrupción de los buscadores de cadáveres (o de enfermos terminales), o sea, de los artistas que adoptan unas prácticas archivológicas. Aquellos que son capaces de extraer interpretaciones a las fotografías dañadas, como las de Potočari, para revelar otros sentidos distintos a la tesis tozuda de una representación transparente de la que el referente emerge como fenómeno. Toda imagen es perecedera. La oxidación de la plata, los hongos, la humedad y la degradación de los componentes orgánicos suelen causar, tanto en los negativos como en los positivos, las fatalidades más frecuentes. La fotografía no se afana por alcanzar una vida inmortal, sino tan solo, como moralizaba Píndaro a propósito del alma, por agotar "el ámbito de lo posible".

Para cineastas experimentales como Peter Delveut, Bill Morrison, Yervant Gianikian y Angela Ricci Lucchi, o Gustav Deutsch, y artistas visuales como Tessa Traeger, Luce Lebart, Diego Vidart, Akram Zaatari, o Andrzej Kramarz, la degradación de los materiales fotográficos y fílmicos rescatados de su inminente desaparición se convierte en una parte esencial del discurso estético; su temporalidad emerge como una reflexión sobre la memoria, precisamente a partir de su condición deteriorada. Los daños que el tiempo y las contingencias han infligido a las imágenes

cracks, they emphasize them with golden threads. Every wound is a rite of passage; transforming them into gold, slowly and patiently, is an alchemical process. Day after day, they clean the pieces, polish them, and "cure" them until, in the end, the matter reaches a perfect imperfection. *Kintsugi* is an art of resistance, an infrathin tinged with Zen philosophy.

The grief of losing materiality—with the emergence of digital images—has led us to resent the beauty of scars. In that claim lies a sensitivity that proposes, more than the illegibility of history, a melancholic poetics of temporality, constructed from fragments, ruins, and traces. Artists are also involved in archaeology that tries to rescue the vestiges of the photographic in order to be able, finally, to see the image, to recognize it. Because a photograph, regardless of what it shows, is always invisible. It is not the photograph itself that we see. But when spots cloud the representation, the photo itself emerges. We discover then that the real was never in its place and that behind an image there is no mystery, just another image.

son las cicatrices que dejan testimonio de las adversidades que han debido atravesar. Pero lejos de contemplarlas como defectos que afean la apariencia, son ahora mostradas con el orgullo de los sacrificios que han valido la pena. Nos recuerdan incluso la técnica del *kintsugi* que aplican los japoneses a los objetos rotos: para devolver la funcionalidad de vasijas y jarrones, re-ensamblan delicadamente los pedazos en vez de desecharlos por inútiles. Pero no disimulan las roturas, sino que las enfatizan con hilos de oro. Las heridas son iniciáticas, y transformarlas en oro con lentitud y paciencia es un proceso alquímico. Día tras día las piezas se limpian, se pulen y se "curan" hasta que, al final, son sublimadas, alcanzando la perfecta imperfección. El *kintsugi* es el arte de la resistencia, una especie de infraleve teñido de filosofía zen.

El duelo por la materialidad perdida nos lleva, pues, a reivindicar la belleza de las cicatrices. En esa reivindicación subyace una sensibilidad que, más que la legibilidad de la historia, pone en juego una poética siempre circundada por la melancolía y por una concepción de la temporalidad construida a partir de fragmentos, ruinas y huellas. Y embarcados en esa arqueología que pretende inventariar los vestigios de lo fotográfico es cuando por fin somos capaces de ver la imagen, de reconocerla. Porque al margen de lo que muestre, una fotografía es siempre invisible; no es la fotografía misma lo que vemos. Sólo cuando las manchas nublan la representación emerge la fotografía misma. Descubrimos entonces que lo real no está nunca en su sitio, y que detrás de una imagen no hay ningún misterio, tan solo otra imagen.

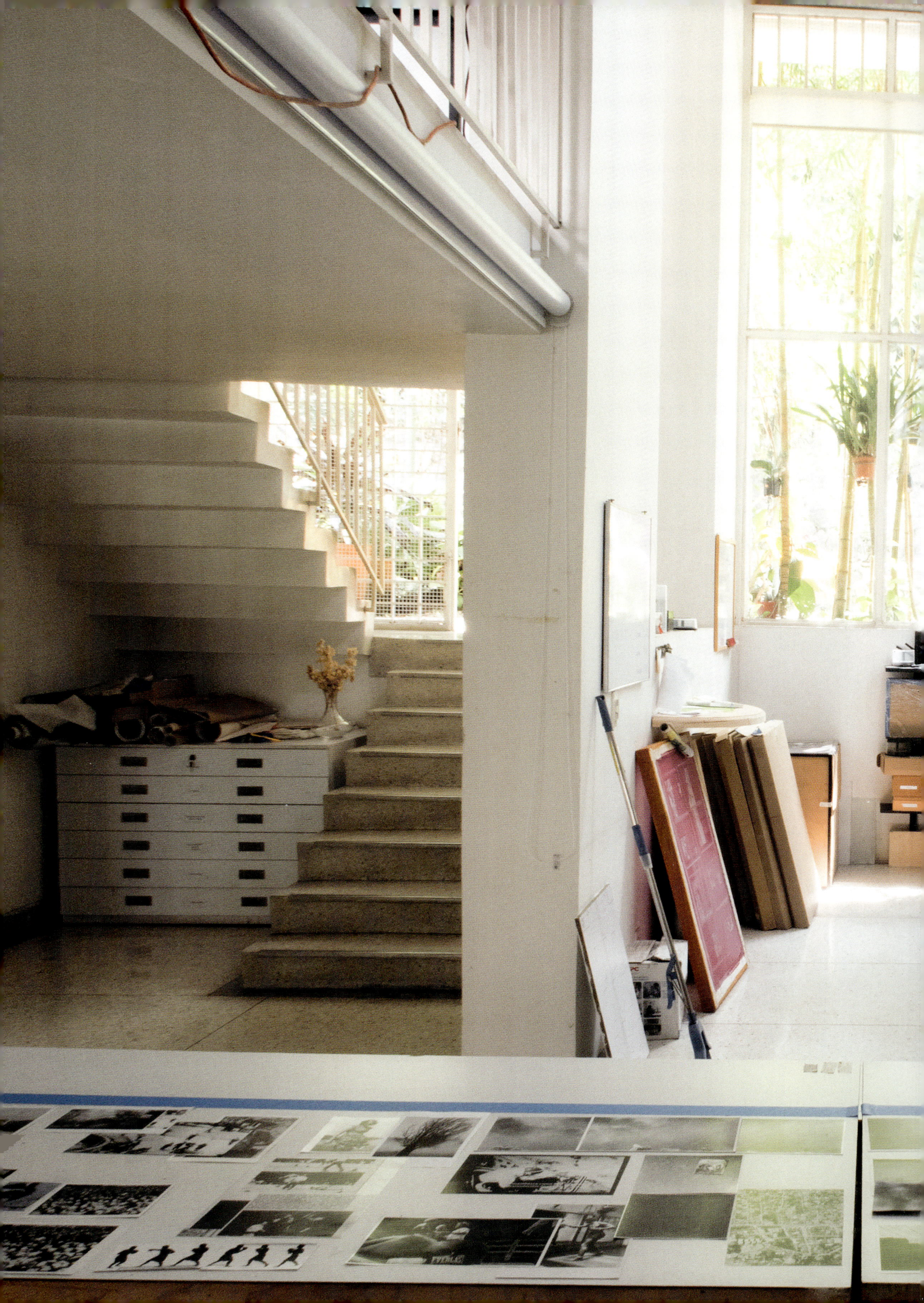

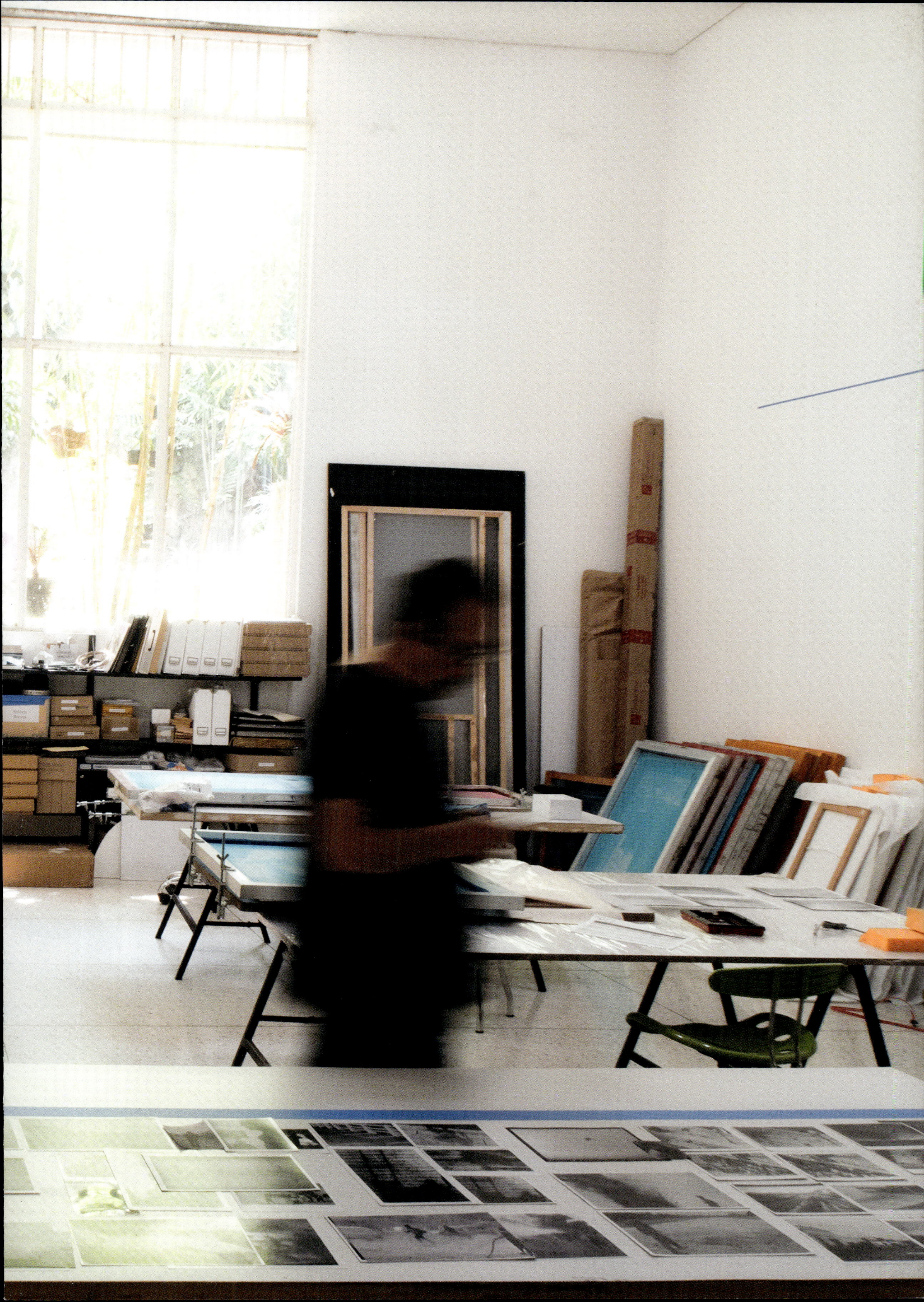

CHRONOLOGY

FLORENCIA BAZZANO

This section presents the details of Oscar Muñoz's biography as a chronological framework with the objective of considering his life and artistic practice in the general context of art in Colombia and Cali.

1950s

1948–58
This period known as "La Violencia" ("The Violence") is characterized by civil war between members of the Colombian Conservative and Liberal parties, fought mainly in the countryside.

1951
Oscar Muñoz is born in Popayán, Colombia, to a middle-class family interested in the arts who encourage and support such interests in their children.[1] He spends his early years in Venezuela.

1955
El Taller (The Workshop), a place to promote modern art, opens in Cali, a city in the department of Valle del Cauca, an area in southwestern Colombia surrounded by mountains and traversed by the Cali River. Enrique Buenaventura founds the Experimental

DÉCADA DE 1950

1948–58
Este período conocido como "La Violencia" se caracteriza por una guerra civil entre miembros de los partidos conservador y liberal, librada principalmente en zonas rurales.

1951
Oscar Muñoz nace en Popayán, Colombia, en el seno de una familia de clase media, interesada en las artes, que alienta y apoya tales intereses en sus hijos.[1] Pasa sus primeros años en Venezuela.

1955
El Taller, un lugar para promover el arte moderno, abre en Cali, ciudad del departamento de Valle del Cauca, un área en el sur occidente colombiano rodeada de montañas y atravesada por el río Cali. Enrique Buenaventura funda el Teatro Experimental de Cali (TEC) en la Escuela Departamental de Bellas Artes.

CRONOLOGÍA

FLORENCIA BAZZANO

Esta sección presenta los detalles de la biografía de Oscar Muñoz como un marco cronológico con el objetivo de considerar su vida y su práctica artística en el contexto general del arte en Colombia y Cali.

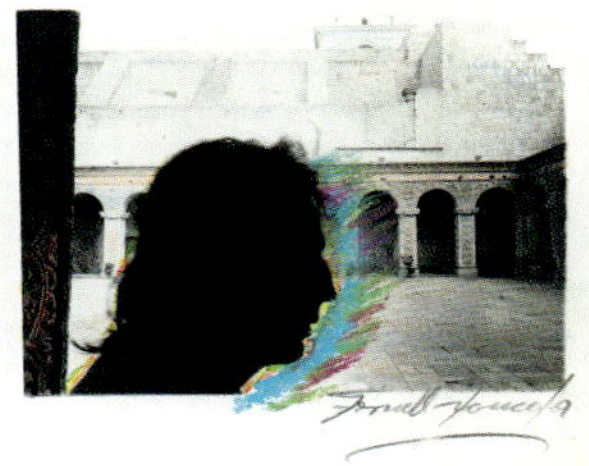

Fernell Franco, *Oscar Muñoz*

Theater of Cali (TEC) at the local Departmental School of Fine Arts.

1956
A cultural space called Museum La Tertulia opens in a rented house in the San Antonio neighborhood in Cali under the direction of Maritza Uribe de Urdinola. It supports exhibitions of modern art, cultural and educational activities, and discussions about politics. The institution goes unnoticed by state security agencies that ban such meetings.

1959
The Muñoz family moves from Venezuela to Cali. They live in the neighborhood of El Peñón.

1960s

EARLY 1960s
Colombian artists begin to move away from traditional media. Feliza Bursztyn has her first exhibition of sculptures produced with recycled metal. The *National Art Festival of Cali*, sponsored by official institutions, begins to take place annually (until 1970). It supports an increasingly dynamic art scene in Cali. Muñoz and his mother regularly visit the nearby Museum La Tertulia where he sees work by modern artists such as Pedro Alcántara, Fernando Botero, Enrique Grau, David Manzur, Norman Mejía, Alejandro Obregón, Omar Rayo, and Lucy Tejada. Drawing becomes Muñoz's favorite activity.

1962
The Commission to Investigate the Causes of The Violence publishes *The Violence in Colombia. Study of a Social Process*, bringing the subject of violence to the center of cultural discourse among artists, writers, and intellectuals.[2] Alejandro Obregón wins first prize at the *National Salon of Colombian Artists* with his painting *Violence*, a paradigmatic depiction of violence during this period in Colombian art.

1963
The Museum of Modern Art opens its doors in Bogotá under the direction of Marta Traba. Fernell Franco becomes interested in photography when he is hired as a messenger for the photography studio Foto Arte Italia.

1964
Colombia's civil war shifts to low-grade confrontations between the state and newly founded leftist guerrilla groups. The *I Intercol Salon for Young Artists* takes place in July. It includes the participation of Feliza Burstyn, Beatriz González, Carlos Rojas, and Bernardo Salcedo. Their works recycle popular and media-based images, everyday objects, and found materials, signaling the emergence of Pop Art in Colombia.

1956
En marzo, se abre el espacio cultural Museo La Tertulia bajo la dirección de Maritza Uribe de Urdinola, en una casa alquilada en el barrio de San Antonio en Cali. Allí se promueven exposiciones de arte moderno, actividades culturales y educativas y debates sobre política. La institución pasa desapercibida por las agencias de seguridad del estado que prohíben tales reuniones.

1959
La familia Muñoz se traslada de Venezuela a Cali. Viven en el barrio El Peñón.

DÉCADA DE 1960

PRINCIPIOS DE LA DÉCADA DE 1960
Los artistas colombianos comienzan a alejarse de los medios tradicionales. Feliza Bursztyn presenta su primera exposición de esculturas elaboradas con metal reciclado. El *Festival Nacional de Arte de Cali* comienza a realizarse anualmente (hasta 1970) con el auspicio de instituciones oficiales, dando apoyo escena artística de Cali, cada vez más dinámica. Muñoz y su madre visitan regularmente el Museo La Tertulia, donde ven obras de artistas modernos como Pedro Alcántara, Fernando Botero, Enrique Grau, David Manzur, Norman Mejía, Alejandro Obregón, Omar Rayo y Lucy Tejada. El dibujo se convierte en la actividad favorita de Muñoz.

1962
La Comisión Investigadora de las Causas de la Violencia publica *La violencia en Colombia. Estudio de un proceso social,* colocando el tema de la violencia en el centro del discurso cultural, el cual es debatido entre artistas, escritores e intelectuales.[2] Alejandro Obregón gana el primer premio en el *Salón Nacional de Artistas Colombianos* con su pintura *Violencia*, una representación paradigmática de la violencia en el arte colombiano del período.

1963
El Museo de Arte Moderno abre sus puertas en Bogotá bajo la dirección de Marta Traba. Fernell Franco se interesa por la fotografía cuando lo contratan como mensajero en el estudio fotográfico Foto Arte Italia.

1964
La guerra civil de Colombia continúa como una serie confrontaciones de baja intensidad entre el gobierno y nuevos grupos guerrilleros de izquierda. En julio se inaugura el *I Salón Intercol de Artistas Jóvenes*, con la participación de Feliza Burstyn, Beatriz González, Carlos Rojas y Bernardo Salcedo. Sus obras marcan el surgimiento del Arte Pop en Colombia al reciclar

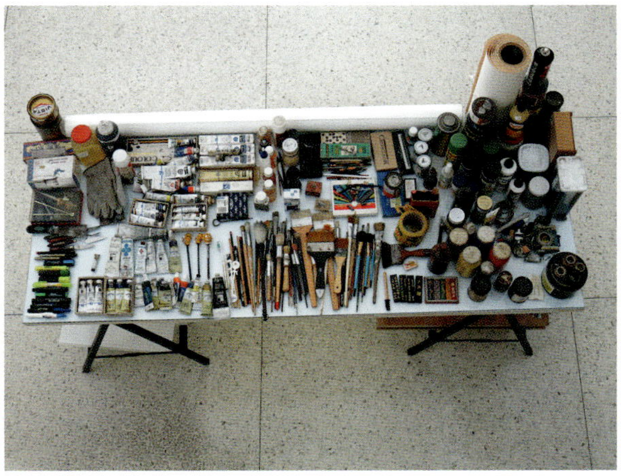

1965–75
Drawing and printmaking emerge in Latin America as independent artistic media. Graphic art biennials begin in Chile, Puerto Rico, and Colombia. Important poster production develops in Cuba and among Chicanx artists in the United States. Colombian graphic artists tend to address social and political subjects in response to the deepening socio-political crisis and the increase in the level of violence.

1965
I Pan American Painting Salon opens at the Museum La Tertulia, Cali. The *I Cali Vanguard Art Festival* is organized at the Art Gallery The National in Cali by the Nadaistas, a group of avant-garde poets and artists inspired by the philosophies of nihilism and existentialism. The Nadaistas saw the event as both a countercultural response to the *Cali National Art Festival*, and a critical statement against violence in Colombia. The festival featured a Happening organized by Pedro Alcántara and Norman Mejía.[3] The *Cali Student Art Festival* begins to be held annually. It includes work by two fourteen-year-olds: Oscar Muñoz and Andrés Caicedo. Franco Fernell begins to work for the *Diario de Occidente* as a photojournalist. Muñoz attends secondary school at the Colegio San Antonio María Claret, a parochial school (until 1970).

1966
The *II Cali Vanguard Art Festival* takes place, featuring the work of Pedro Alcántara, Carlos Granada, Augusto Rendón, and others.

Late 1960s
Cali experiences a period of extensive artistic and cultural activity, becoming a rich creative environment. It also undergoes an urban transformation in advance of the Pan American Games of 1971. Muñoz begins to take evening classes at Cali's Departmental School of Fine Arts, an informal school geared toward instruction in the visual arts, dance, and theater. He focuses on drawing, his favored medium during his early years.[4] The training he receives and the interest in political art at the school (Mexican muralism and expressionist neofiguration) have a lasting influence on his practice. Through his older sister Stella, Muñoz meets and begins a lasting friendship with Miguel González, an important local art critic and curator.[5]

1967
Gabriel García Márquez publishes *One Hundred Years of Solitude*. In June, the *VII Cali National Art Festival* features exhibitions of Bernardo Salcedo and Beatriz González.

1968
The newly renamed Museum of Modern Art La Tertulia moves to a new, larger building. Its ongoing support of Cali's growing art scene includes a film series organized by Luis Ospina and Ramiro Arbeláez, which Muñoz attends.

imágenes populares o provenientes de los medios de comunicación, objetos cotidianos o materiales encontrados.

1965–1975
El dibujo y el grabado emergen en América Latina como medios artísticos independientes. Comienzan las bienales de artes gráficas en Santiago de Chile, Puerto Rico y Colombia. Se desarrolla una importante producción de carteles en Cuba y en las comunidades de artistas chicanas/os en los Estados Unidos. Los grabadores colombianos abordan temas sociales y políticos en respuesta a la profunda crisis sociopolítica y al aumento de los niveles de violencia.

1965
I Salón Panamericano de Pintura, abre en el Museo La Tertulia, Cali. El *I Festival de Arte de Vanguardia* de Cali tiene lugar en la Galería de Arte La Nacional, organizado por los Nadaístas, un grupo de poetas y artistas de vanguardia, inspirados en el nihilismo y el existencialismo. Los Nadaistas concibieron el evento como una respuesta contracultural al *Festival Nacional de Arte de Cali* y como una declaración crítica contra la violencia en Colombia. El festival contó con un *happening* organizado por Pedro Alcántara y Norman Mejía.[3] El *Festival Anual Estudiantil de Artes de Cali* comienza a realizarse anualmente. Incluye obras de dos artistas de 14 años: Oscar Muñoz y Andrés Caicedo. Franco Fernell se une al plantel del *Diario de Occidente* como fotógrafo gráfico. Muñoz asiste a la escuela secundaria en el Colegio Parroquial San Antonio María Claret (hasta 1970).

1966
Se realiza el *II Festival de Arte de Vanguardia de Cali*, donde se exhiben obras de Pedro Alcántara, Carlos Granada y Augusto Rendón, entre otros.

Finales de la década de 1960
Cali experimenta un período de intensa actividad artística y cultural, convirtiéndose en un entorno rico en recursos creativos. También tiene lugar una transformación urbana en preparación para los *Juegos Panamericanos* de 1971. Muñoz comienza a tomar clases nocturnas en la Escuela Departamental de Bellas Artes de Cali, una escuela informal dedicada a las artes visuales, danza y teatro. Él se concentra en el dibujo, su medio favorito durante su período temprano.[4] La capacitación que recibe en la escuela y el interés por el arte político (el muralismo mexicano y la neofiguración expresionista) dejan una influencia duradera en su práctica. A través de su hermana mayor Stella, Muñoz conoce y comienza una amistad duradera con Miguel González, importante crítico de arte y curador local.[5]

1967
Gabriel García Márquez publica *Cien años de soledad*. Junio: *VII Festival Nacional de Arte* de Cali presenta exposiciones de Bernardo Salcedo y Beatriz González.

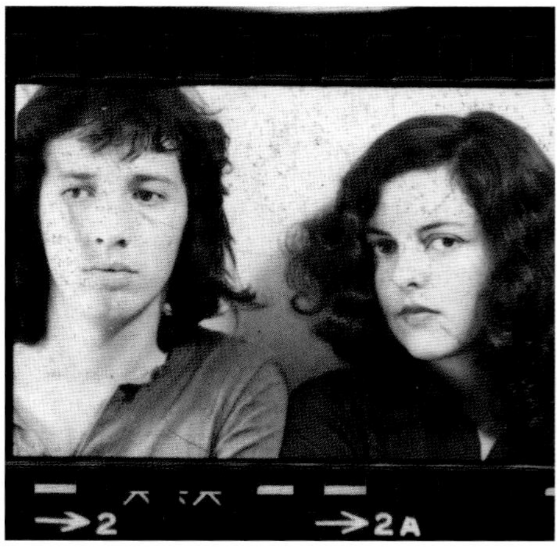

With/con María de la Paz Jaramillo

His interest in film and in Italian neorealism will continue throughout his career. In June, Muñoz participates in the intercollegiate exhibition *III Cali Student Art Festival,* organized by the Museum of Modern Art La Tertulia, the Experimental Theater of Cali, and the Center of Psychoanalytic Studies.[6] The show *Twenty Young Colombian Artists,* including Oscar Muñoz, takes place at the Colseguros gallery in Bogotá. In December, the Museum of Modern Art of Bogotá, now located on the campus of the National University, opens the exhibition *Environmental Spaces*, featuring experimental and conceptualist work by Alvaro Barrios, Feliza Bursztyn, Santiago Cárdenas, Ana Mercedes Hoyos, and Bernardo Salcedo.

1969
Art critic and curator Marta Traba leaves Colombia. The loss of her authoritative voice creates a lasting void in art criticism at the national level. Muñoz participates in the *IV Cali Student Art Festival.*

1970s

EARLY 1970s
Photography becomes integral to the international practice of Pop Art, Conceptual Art, and the development of realist and hyperrealist styles. Beatriz Gonzalez, Alvaro Barrios, Antonio Caro, and Bernardo Salcedo adopt the strategies of Pop Art and Conceptual Art to explore the everyday, media culture, and political issues. They are linked to the international art scene, but their subject matter remains local. In Colombia, partly due to the emergence of the so-called "boom" in Latin American literature, realism becomes important in photography, filmmaking, and literature. In Cali, Fernell Franco, Maria de la Paz Jaramillo, and Saturnino Ramírez, pursue realist styles. Muñoz graduates from the Departmental School of Fine Arts and rents a studio in Cali.[7]

1970
Important print biennials begin to take place in Puerto Rico, which will inspire similar events in Cali. In May, the *II Coltejer Art Biennial* in Medellín features the breakthrough conceptual installations *Hectare of Hay* by Bernardo Salcedo and *Almost Still Life* by Beatriz González. Santiago Cárdenas wins an award as best Colombian artist. The *Pan-American Exhibition of Graphic Arts* takes place in November at the *X Cali National Art Festival*, Museum of Modern Art La Tertulia. It includes works by Antonio Caro, Beatriz González, and Jorge Posada (*Colombian Shield*). Bernardo Salcedo exhibits works like *General Information* that critics identify as Conceptual Art.[8] Muñoz exhibits at the *Cultural Art Week*, at the School of Fine Arts, Cali.

1971
The printmaking collective Taller 4 Rojo, often focusing on political subjects, becomes active in Bogotá. In July, the Museum of Modern Art

1968
El ahora nombrado Museo de Arte Moderno La Tertulia se muda a un edificio nuevo y más amplio. Su continuo apoyo a la cada vez más dinámica escena artística de Cali incluye un ciclo de cine organizado por Luis Ospina y Ramiro Arbeláez, al que Muñoz frecuenta. Su interés por el cine y, en especial, el neorrealismo italiano, continuará a lo largo de su carrera. En junio, Muñoz participa en la exposición intercolegial *III Festival Estudiantil de Arte de Cali*, organizada por el Museo de Arte Moderno La Tertulia, el Teatro Experimental de Cali y el Centro de Estudios Psicoanalíticos.[6] La exposición *Veinte artistas jóvenes colombianos*, en la que se incluye a Oscar Muñoz, se exhibe en la Galería Colseguros en Bogotá. En diciembre, el Museo de Arte Moderno de Bogotá, ahora reubicado en el campus de la Universidad Nacional, inaugura la exposición *Espacios ambientales*, con las obras experimentales y conceptuales de Alvaro Barrios, Feliza Bursztyn, Santiago Cárdenas, Ana Mercedes Hoyos, y Bernardo Salcedo.

1969
La crítica de arte Marta Traba se va de Colombia. La ausencia de su voz autorizada crea un vacío duradero en la crítica de arte a nivel nacional. Muñoz participa en el *IV Festival Estudiantil de Arte de Cali*.

DÉCADA DE 1970

PRINCIPIOS DE LA DÉCADA DE 1970
La fotografía se convierte en parte integral de la práctica internacional del arte pop, el arte conceptual y el desarrollo de los estilos realistas e hiperrealistas. Beatriz González, Álvaro Barrios, Antonio Caro y Bernardo Salcedo adoptan las estrategias del arte pop y conceptual para explorar la vida cotidiana, la cultura mediática y los temas políticos. Se vinculan a la escena artística internacional, pero los temas de sus obras siguen siendo locales. En Colombia, en parte debido al llamado "boom" de la literatura latinoamericana, el realismo se vuelve dominante en el arte, la fotografía, el cine y la literatura. En Cali, Fernell Franco, María de la Paz Jaramillo y Saturnino Ramírez eligen estilos realistas. Muñoz se gradúa de la Escuela Departamental de Bellas Artes y alquila un estudio en Cali.[7]

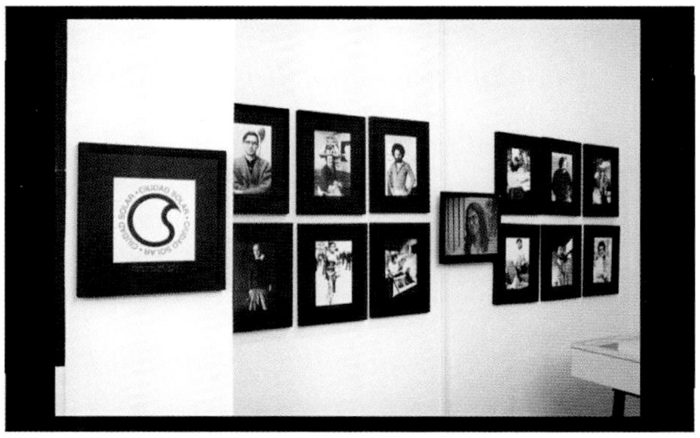

Ciudad Solar

La Tertulia presents the *I Americas Biennial of Graphic Arts* in conjunction with the *Pan American Games*. The biennial is organized in part by Pedro Alcántara. Dario Morales wins first prize and Antonio Caro submits *Salt*, a relief made of salt. The *Cali Vanguard Art Festival* features Norman Mejía and Pedro Alcántara, with works characterized by clear social criticism. Muñoz becomes interested in the work of Pedro Alcántara, Luis Caballero, Santiago Cárdenas, and Darío Morales.[9] Muñoz remembers Cali during this period as "a very dynamic cultural environment, which inspired us. In my case, at the beginning, I got into drawing because here it was strongly promoted through the *Biennial of Graphic Arts*. Besides, it was what I did the most while I was in school: draw with charcoal on pages of white paper."[10]

The art center Ciudad Solar (Solar City) is founded in La Merced, a neighborhood in Cali's historic center that is home to several cultural organizations. The founders are Francisco "Pakiko" Ordóñez, Miguel González, and Hernando Guerrero, whose family owns the property. Until 1973, Ciudad Solar functions as an alternative, collective art space, the first in Colombia to encourage experimental practices that could not always be presented at the Museum of Modern Art La Tertulia. Ciudad Solar sets the stage for the formation of the Cali Group, which includes Ramiro Arbeláez, Hernando Guerrero, and Muñoz, as well as important filmmakers like Eduardo Carvajal, Carlos Mayolo, and Luis Ospina. Some participants cofound the Cali Cine Club, which writer Andrés Caicedo directs from 1972 to 1977. Film and video art become a central interest during Muñoz's formative years. At Ciudad Solar, Muñoz meets many emerging figures in Cali's art scene, such as Ramiro Arbeláez, Ever Astudillo, Andrés Caicedo, Eduardo Carvajal, Fernell Franco, María de la Paz Jaramillo, Francisco "Pakiko" Ordóñez, and Luis Ospina, along with well-established artists like Jan Bartelsman, María Thereza Negreiros, Edgar Negret, and Lucy Tejada. Muñoz forges a lasting friendship with Pedro Alcántara, from whom he learns printing techniques. Muñoz joins the Graphic Experimental Workshop in Cali, a short-lived group dedicated to printmaking that is led by Pedro Alcántara and includes Ever Astudillo, María de la Paz Jaramillo, and Phanor León. Although Muñoz produces some works with them, he does not remain an official member.[11]

Along with artists such as Fernell Franco and Ever Astudillo, Muñoz is part of the "urban generation" who witnessed Cali's transformation from provincial town to large city, and who focus their work on urban themes through drawing, photography, documentary film, and literature. "We were all very interested in the phenomenon of the expansion of the city," said Muñoz. "The 60s and 70s are decades when Cali has an astonishing expansion. Previously unseen phenomena now emerge—also in Medellín and Bogotá—and thus that interest in making a record of these cities: to gaze at

1970
Comienzan a realizarse importantes bienales de grabado en Puerto Rico, lo que inspirará eventos similares en Cali. En mayo, la *II Bienal de Arte Coltejer* en Medellín exhibe las instalaciones conceptuales innovadoras, *Hectárea de heno* de Bernardo Salcedo y *Naturaleza casi muerta* de Beatriz González. Santiago Cárdenas gana un premio como mejor artista colombiano. En noviembre, se inaugura la *Exposición Panamericana de Artes Gráficas*, en el *X Festival Nacional de Arte de Cali*, Museo de Arte Moderno La Tertulia. Incluye obras de Antonio Caro, Beatriz González y Jorge Posada (*El escudo colombiano*). Bernardo Salcedo exhibe obras como *Información general* que los críticos definen como arte conceptual.[8] Muñoz expone en la *Semana Cultural de Arte*, Escuela de Bellas Artes, Cali.

1971
Se forma en Bogotá el grupo de artistas gráficos Taller 4 Rojo, el que a menudo aborda temas políticos. En julio, el Museo de Arte Moderno La Tertulia presenta la *I Bienal Americana de Artes Gráficas* conjuntamente con los *Juegos Panamericanos*. La bienal está organizada principalmente por Pedro Alcántara. El *Festival de Arte de Vanguardia de Cali* presenta a Norman Mejía y Pedro Alcántara, cuyas obras se caracterizan por una clara crítica social. Darío Morales gana el primer premio, y Antonio Caro presenta *Sal*, un relieve hecho de sal. Muñoz se interesa por la obra de Pedro Alcántara, Luis Caballero, Santiago Cárdenas y Darío Morales.[9] Muñoz recuerda a Cali de este período como "un ambiente cultural muy dinámico que nos contagiaba. En mi caso, al comienzo, tuve contacto con el dibujo porque aquí se promovía mucho a través de la *Bienal de Artes Gráficas*. Además, era lo que más hacía cuando estaba en la escuela: dibujar con un carboncillo sobre unas hojas de papel en blanco".[10]

Se funda el centro de arte Ciudad Solar en La Merced, un barrio en el centro histórico de Cali que alberga varias organizaciones culturales. Los fundadores son Francisco "Pakiko" Ordóñez, Miguel González y Hernando Guerrero, cuya familia es dueña de la propiedad. Hasta 1973, Ciudad Solar funciona como un espacio de arte alternativo y colectivo, el primero en Colombia en fomentar prácticas experimentales que no siempre podían presentarse en el Museo de Arte Moderno La Tertulia. De su escena artística emerge el Grupo de Cali, el que incluye a Ramiro Arbeláez, Hernando Guerrero y Oscar Muñoz, así como a los importantes cineastas Eduardo Carvajal, Carlos Mayolo y Luis Ospina. Algunos participantes cofundan el Cine Club Cali, dirigido por Andrés Caicedo entre 1972 y 1977. El cine y el videoarte se convierten en un interés prioritario durante los años formativos de Muñoz. En Ciudad Solar, Muñoz conoce muchas figuras emergentes de la escena artística de Cali, como Ramiro Arbeláez, Ever Astudillo, Andrés Caicedo, Eduardo Carvajal, Fernell Franco, María de la Paz Jaramillo, Francisco "Pakiko" Ordóñez y Luis Ospina. También conoce a artistas bien establecidos como Jan Bartelsman, María Thereza Negreiros, Edgar Negret y Lucy Tejada. Muñoz forja una amistad duradera con Pedro Alcántara,

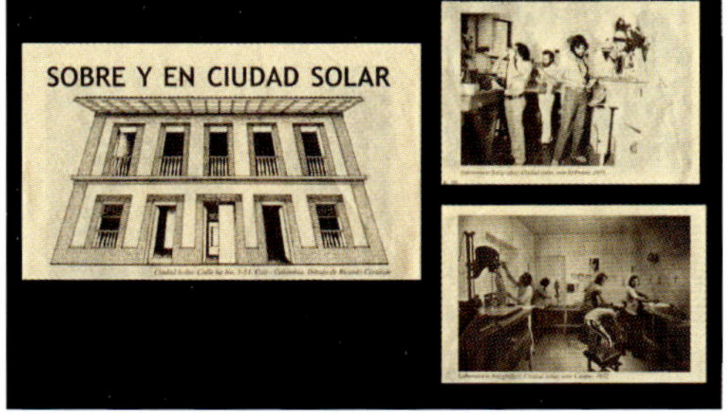

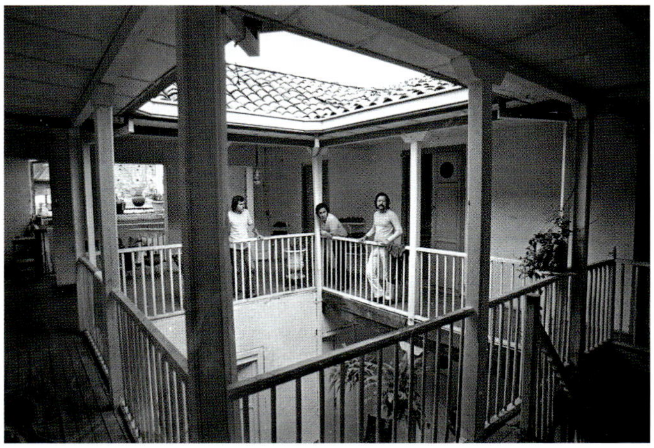

Both images/Ambas imágenes: Ciudad Solar

what's inside the theaters, as Miguel Ángel Rojas did, or visualize the pool halls, as was done by Saturnino Ramírez and Fernell Franco. There were the prostitutes of Buenaventura that [Franco] showed, the underworld characters, the young thugs of Oscar Jaramillo. The urban landscape is heavily featured."[12] In October, the *Ten Years of Colombian Art* exhibition at the Museum of Modern Art La Tertulia features work by Feliza Bursztyn, Beatriz González, and Bernardo Salcedo. In November, at the invitation of its director and curator, Miguel González, Muñoz mounts his first exhibition at Ciudad Solar. He includes his series *Morbid Drawings*, some of the last works he produced at school, showing distorted, elegantly dressed figures nude from the waist down. Muñoz's work begins to receive critical attention. He is twenty years old.[13]

1972
Miguel González becomes curator of the Museum of Modern Art La Tertulia. In May, the *III Coltejer Art Biennial* is held in Medellín. In July and August, the *Salon for Young Artists* takes place at the Museum of Modern Art La Tertulia. Muñoz participates with his *Morbid Drawings*. His new series *Couples* feature similarly bisected images with erotic content. In November, Muñoz is included in the *XXVIII National Salon of Artists* at the National Museum in Bogotá. At Ciudad Solar, Fernell Franco presents *Prostitutes*, his photographs of sex workers from Buenaventura.

1973
In March, Muñoz participates in the exhibition *New Names in Colombian Art* at the Museum of Modern Art of Bogotá. His works include *Lady*, an erotic pastel drawing on craft paper. In October, the *II Americas Biennial of Graphic Arts* takes place at the Museum of Modern Art La Tertulia. Ciudad Solar moves to Cali's El Peñon neighborhood. Under the direction of Francisco "Pakiko" Ordóñez and critic Alvaro Herrera, it remains open until 1977.

1974
Feliza Bursztyn exhibits her performative sculptures *Beds* at the Museum of Modern Art La Tertulia. Muñoz creates linear drawings of female and androgynous figures with sensual content. In September, he wins first prize at the *V Salon of Young Art*, Zea Museum, in Medellín, with his drawing *Cries and Whispers*.

Mid-1970s
The illicit cultivation of marijuana leads to a drug boom in Colombia. Dollars flood the local economy, but the resulting inflation fuels the discontent of the working class. Cali street photographers, called *fotocineros* or "photo-cinema-tographers," take pictures of random people in the street hoping to sell them a portrait.

con quien aprende las técnicas de impresión. Muñoz se une al Taller Gráfico Experimental de Cali, un grupo de corta duración dedicado al grabado. El taller, dirigido por Pedro Alcántara, incluye a los artistas Ever Astudillo, María de la Paz Jaramillo y Phanor León. Aunque Muñoz produce algunos trabajos con ellos, no continúa figurando como miembro oficial.[11]

Muñoz, junto con artistas como Fernell Franco y Ever Astudillo, forma parte de la "generación urbana" que presencia la transformación de Cali de pueblo provinciano a gran ciudad, y que centra sus trabajos en temas urbanos a través del dibujo, la fotografía, el documental y la literatura. "Todos estábamos muy interesados por el fenómeno de la expansión de la ciudad", recuerda Muñoz. "Los años sesentas y setentas son décadas en las que se da una expansión impresionante de Cali. Aparecen fenómenos que antes no se veían—también ocurre en Medellín y Bogotá—y es ese interés por hacer un registro de las ciudades: una mirada al interior de los teatros como lo hizo Miguel Ángel Rojas, o una visión de los billares como lo hicieron Saturnino Ramírez y Fernell Franco. Están las prostitutas que [Franco] había mostrado en Buenaventura, los personajes del bajo mundo, los malandros de Oscar Jaramillo. El paisaje urbano aparece fuertemente".[12] En octubre, la exposición *Diez años de arte colombiano* en el Museo de Arte Moderno La Tertulia presenta obras de Feliza Bursztyn, Beatriz González y Bernardo Salcedo. En noviembre, por invitación de su director y curador, Miguel González, Muñoz exhibe su primera exposición en Ciudad Solar. Incluye su serie *Dibujos morbosos*, entre los últimos trabajos que produjo en la escuela. Presentan figuras distorsionadas, elegantemente vestidas, pero desnudas de la cintura para abajo. La obra de Muñoz comienza a recibir atención crítica. Tiene veinte años de edad.[13]

1972
Miguel González es nombrado curador del Museo de Arte Moderno La Tertulia. En mayo se celebra en Medellín *La III Bienal de Arte Coltejer*. En julio y agosto se lleva a cabo en el Museo de Arte Moderno La Tertulia el *Salón de Artistas Jóvenes*. Muñoz participa con sus *Dibujos morbosos*. Su nueva serie *Parejas*, son imágenes de contenido erótico, divididas en dos secciones. En noviembre, Muñoz expone en el *XXVIII Salón de Artistas Nacionales*, Museo Nacional en Bogotá. Fernell Franco presenta en Ciudad Solar la muestra *Prostitutas*, con sus fotografías de trabajadoras sexuales de Buenaventura.

1973
En marzo, Muñoz participa en la exposición *Nombres nuevos en el arte de Colombia* en el Museo de Arte Moderno de Bogotá. Presenta, entre otras, su obra *Dama*, un dibujo erótico en colores pastel sobre papel artesanal. En octubre se celebra la *II Bienal Americana de Artes Gráficas* en el Museo de Arte Moderno La Tertulia. Ciudad Solar se muda al barrio caleño El Peñón. Bajo la dirección de Francisco "Pakiko" Ordóñez y el crítico Álvaro Herrera, el espacio permanece abierto hasta 1977.

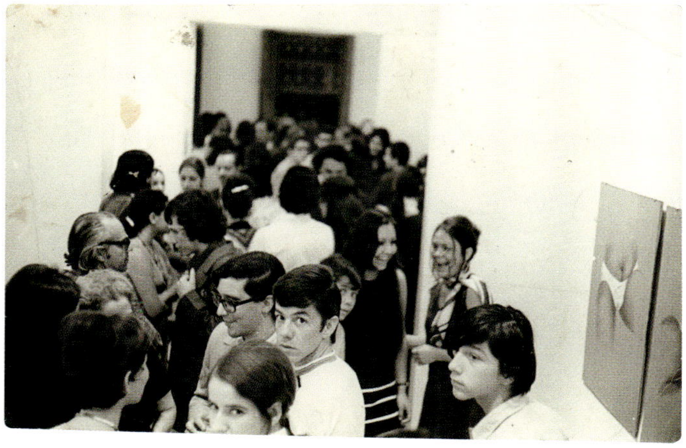

Exhibition opening at Ciudad Solar
Inauguración de una exposición en Ciudad Solar

1975
Muñoz slowly shifts toward Photorealism, placing female figures in dark interior spaces, and making their sensuality more subtle.

1976
Muñoz begins his drawing series *Interiors*, depicting figures in dark indoor domestic spaces. He adopts a horizontal format to emphasize these spaces as urban landscapes.[14] Interested in exploring this hyperrealist aesthetic from a social and urban perspective, Muñoz begins a series of drawings titled *Tenements*. These dark works, loaded with charcoal, are based on photographs that he and Fernell Franco took in marginal neighborhoods in Cali.[15] They depict abandoned mansions in downtown Cali that were turned into overcrowded tenements. In July and August, Muñoz participates in the *III Americas Biennial of Graphic Arts* in Cali with his series *Tenements*. The *National Salon of Colombia*, which has been losing support among leading artists, changes its organization to secure more regional participation. Under the new name of *XXVI National Salon of Visual Arts*, it takes place in September, with venues in Bogotá, Barranquilla, Bucaramanga, Cali, Cartagena, Ibagué, Medellín, and Tunja. Its jury awards Antonio Caro's *Colombia–Coca-Cola* an honorable mention, indicating the acceptance of Conceptual Art in Colombia's mainstream art institutions.[16] Muñoz also receives a mention for *Tenements*. He purchases an archive from a photographic studio called Instantáneas Panamericanas (Pan-American Instant Photos) that was going out of business.[17] Years later, he used this material discarded by the *fotocineros* as the basis of his project *Bycontact Archive*.

1977
Muñoz begins to show his work internationally. Drawings from his series *Tenements* are presented in the exhibitions *The Newest Colombians*, organized by Marta Traba at the Museum of Contemporary Art of Caracas, and *One Century of Colombian Art* at the Casa de las Américas in Havana. His exhibition *Tenements* is presented at the Belarca Gallery in Bogotá, Barrios Gallery in Barranquilla, and the Center for Contemporary Art in Pereira.

Late 1970s
Workers, students, and intellectuals (including artists) become more openly critical of state policy, increasing social discontent. The Colombian government considers these groups as potential threats to democracy. Author Gabriel García Márquez and sculptor Feliza Bursztyn are exiled from Colombia. Drug traffickers organize into cartels. The Medellín Cartel, controlled by Pablo Escobar, shifts from marijuana to cocaine.

1978
Muñoz exhibits *Interiors* and *Tenements* in Paris at the *10ème Biennale, FIAC 78* (*International Fair of Contemporary Art*),

1974
Feliza Bursztyn exhibe sus esculturas performativas *Camas* en el Museo de Arte Moderno La Tertulia. Muñoz crea dibujos más lineales de figuras femeninas y andróginas, con contenido sensual. En septiembre, Muñoz gana el primer premio en el *V Salón de Arte Joven*, Museo de Zea, en Medellín, con su dibujo *Gritos y susurros*.

Mediados de la década 1970
Comienza en Colombia el auge del tráfico de drogas, basado en el cultivo ilícito de marihuana. Los dólares inundan la economía local, pero el incremento del nivel de inflación intensifica el descontento de la clase trabajadora. Los fotógrafos ambulantes caleños, conocidos como *fotocineros*, sacan fotos a personas en la calle al azar para venderles un retrato.

1975
Muñoz gravita lentamente hacia el fotorrealismo, colocando figuras femeninas de sensualidad más sutil en espacios interiores oscuros.

1976
Muñoz comienza su serie de dibujos *Interiores*, representando a figuras en espacios interiores domésticos. Muñoz adopta el formato horizontal para enfatizar estos espacios como paisajes urbanos.[14] Interesado en explorar la estética hiperrealista desde una perspectiva social y urbana, Muñoz comienza una serie de dibujos titulados *Inquilinatos*. Son obras oscuras, al carboncillo, basadas en fotografías que él y Fernell Franco tomaron en barrios marginales de Cali.[15] Representan mansiones abandonadas en el centro de Cali que se convirtieron en arrendamientos hacinados. En julio y agosto, Muñoz participa en la *III Bienal Americana de Artes Gráficas* en Cali con su serie *Inquilinatos*. El *Salón Nacional de Colombia*, al perder apoyo entre los artistas principales, se reorganiza para lograr una mayor participación regional. Bajo el nuevo nombre de *XXVI Salón Nacional de Artes Visuales*, se inaugura en septiembre con sedes en Bogotá, Barranquilla, Bucaramanga, Cali, Cartagena, Ibagué, Medellín y Tunja. El jurado otorga una mención de honor a *Colombia–Coca-Cola* de Antonio Caro, señalando la aceptación del arte conceptual en las principales instituciones de arte de Colombia.[16] Muñoz también recibe una mención por su serie *Inquilinatos*. Él compra un archivo de un estudio fotográfico llamado Instantáneas Panamericanas que estaba cerrando sus puertas.[17] Este material descartado por los *fotocineros* será usado por el artista años después como base de su proyecto *Archivo Porcontacto*.

1977
Muñoz comienza a participar en exposiciones internacionales. Presenta dibujos de su serie *Inquilinatos* en las muestras *Los novísimos colombianos*, organizada por Marta Traba en el Museo de Arte Contemporáneo de Caracas, y *Un siglo de arte colombiano*, Casa de las Américas, La Habana. La muestra *Inquilinatos* se expone en la Galería Belarca en Bogotá, la Galería Barrios en Barranquilla, y en Centro de Arte Actual, Pereira, Colombia.

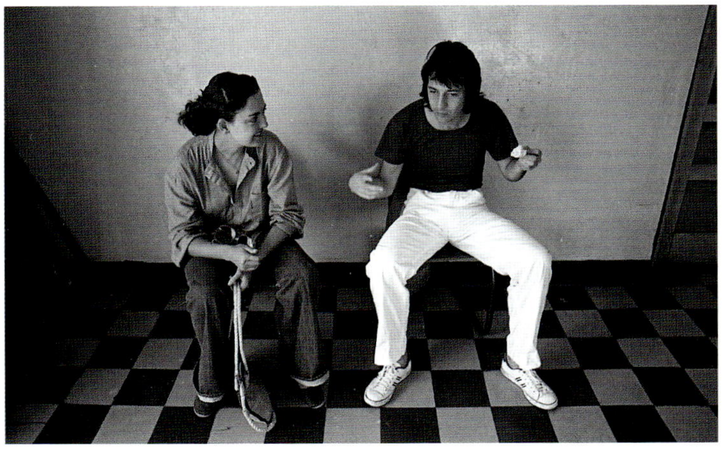
Oscar Muñoz with/con María de la Paz Jaramillo

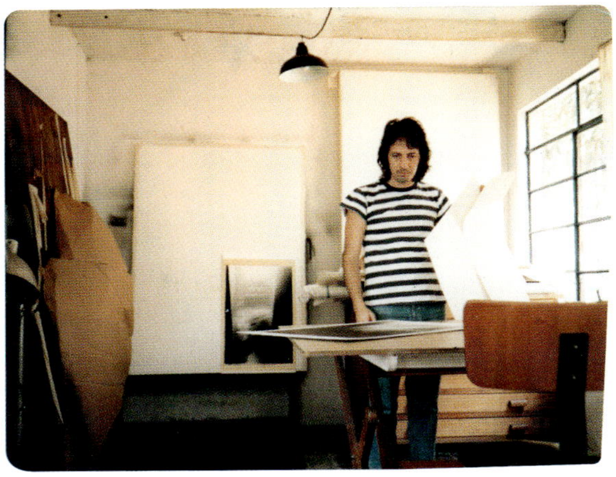
Muñoz in his studio/Muñoz en su estudio

presented by the Galerie Albert Loeb. He also participates in the show *Lines of Vision*, Center for Inter-American Relations, New York.

1979
In the exhibition *Ever Astudillo, drawings / Fernell Franco, photographs / Oscar Muñoz, drawings* at the Museum of Modern Art La Tertulia, all three artists focus on the urban environment and popular culture in Cali.[18] The Casa Pro-Artes opens in Cali.

1980s

EARLY 1980s
Under political repression, Colombian artists seldom address specific social or political issues in their work. Conceptual Art dominates the scene, fostering formal experimentation and new uses of photography to comment on society. Artists working conceptually include Bernardo Salcedo, Luis Fernando, Fernell Franco, and Miguel Ángel Rojas. With the rise in violence, the Cali art scene enters a period of crisis. Artists become more isolated from one another and the public. Muñoz begins to eliminate representation of the human figure in his series *Interiors*. He focuses instead on representing the interplay of light and texture on various surfaces, especially shower stalls with white tiles and translucent curtains. Lighter tonal values sometimes shift toward whites so radiant that the object becomes almost abstract. Muñoz experiments with the notion of the figure situated between materialization and dematerialization.[19]

1980
A group of photographers represent Colombia at the *XXIX Venice Biennial*. The exhibition is shown in 1981 at the Museum of Modern Art La Tertulia. The Company for Cinematographic Support of FOCINE, the national state fund to support film projects, is dissolved. Many Cali filmmakers shift to video. Lawrence Alloway organizes the exhibition *Realism and Latin American Painting: The 1970s*, at the Center for Inter American Relations in New York. It includes the work of Muñoz. Muñoz also has solo exhibitions at the gallery Fred Lanzenberg, Brussels; Albert Loeb, Paris; and at the Colombian-French Alliance Center, Cali, and participates in a group show at the Museum of Modern Art of Monterrey, Mexico.[20]

FINALES DE LA DÉCADA DE 1970
Los trabajadores, los estudiantes y los intelectuales (incluidos los artistas) critican más abiertamente la política del estado, lo que aumenta el descontento social. El gobierno colombiano considera a estos grupos como una amenaza potencial para la democracia. El escritor Gabriel García Márquez y la escultora Feliza Bursztyn son forzados a exiliarse de Colombia. Los narcotraficantes se organizan en carteles. El Cartel de Medellín, bajo el control de Pablo Escobar, pasa de la marihuana a la cocaína.

1978
Muñoz expone *Interiores* e *Inquilinatos* en París en la *Décima Bienal* y en *FIAC 78 (Feria Internacional de Arte Contemporáneo)*, presentado por la Galería Albert Loeb. También participa en la muestra *Líneas de visión*, Centro de Relaciones Interamericanas, Nueva York.

1979
En la exposición *Ever Astudillo, dibujos / Fernell Franco, fotografías / Oscar Muñoz, dibujos*, Museo de Arte Moderno La Tertulia, los tres artistas incluidos tratan el tema del espacio urbano y la cultura popular de Cali.[18] La Casa Pro-Artes abre en Cali.

DÉCADA DE 1980

PRINCIPIOS DE LA DÉCADA DE 1980
Bajo la represión política, los artistas colombianos raramente abordan en sus obras temas sociales o políticos específicos. El arte conceptual domina la escena artística colombiana fomentando la experimentación formal y los nuevos usos de la fotografía para el comentario social. Entre los que adoptan estrategias conceptuales se encuentran Bernardo Salcedo, Luis Fernando Valencia, Fernell Franco y Miguel Ángel Rojas. Con el aumento de la violencia, la escena artística de Cali entra en un período de crisis. Los artistas se aíslan entre sí y con respecto al público. Muñoz comienza a prescindir de la representación de la figura humana en su serie *Interiores*. Explora las formas de representar como la luz y la textura interactúan en varias superficies, sobre todo en las duchas con azulejos blancos y cortinas translúcidas. Los valores tonales más claros a veces viran hacia blancos tan radiantes que el objeto se vuelve casi abstracto. Muñoz experimenta con la noción

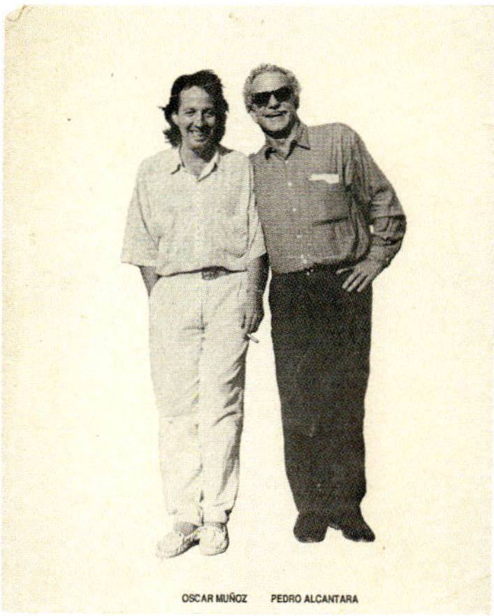

Oscar Muñoz and/y Pedro Alcántara

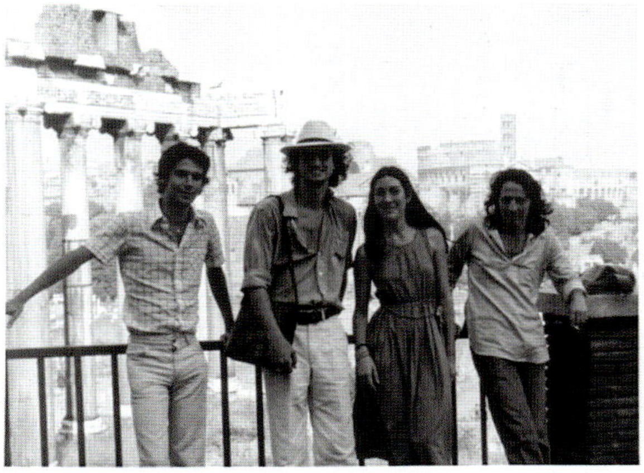

Oscar Muñoz with/con Frabrizzio S, Luis Ospina, Karen Lamassonne, Rome/Roma

1981
The *IV Americas Biennial of Graphic Arts* is held in Cali. The *IV Medellín Art Biennial* presents the "Colloquium on Non-Object Art and Urban Art." Beatriz González exhibits her piece *Decoration for Interiors*, a large curtain-like installation critical of President Julio César Turbay Ayala, at the Garcés Velásquez Gallery, a leading art gallery in Bogotá. The gallery also mounts *Oscar Muñoz, Charcoal Drawings*.

1982
Gabriel García Márquez receives the Nobel Prize for Literature. The show *Oscar Muñoz, Ever Astudillo, Miguel Ángel Rojas and Saturnino Ramírez* is presented at the Museum of Modern Art La Tertulia, Cali. The exhibition *Oscar Muñoz* opens at the Center for Present-Day Art, in Pereira, Colombia. Muñoz explores the use of limited colors in his pastel drawings.

1983
Muñoz participates in the exhibitions *Five Colombian Artists,* shown in Buenos Aires, Santiago, São Paulo, and Paris (featuring several artists of the Cali Group); *Colombian Realists,* on view at the Museum of Modern Art La Tertulia; and *Oscar Muñoz,* presented at the Chamber of Commerce, Cali.

MID-1980s
Colombian cultural activities decline due to budget cuts for arts organizations, kidnapping or extortion of art collectors, and infiltration of money laundering within the art market.[21] Muñoz teaches for seven years at the Departmental School of Fine Arts in Cali. His formal classes on drawing encourage an experimental approach, expanding traditional understanding of the medium. Muñoz reaches a turning point in his artistic practice. He continues to base his work on photographs, but returns his focus to the human figure. He also seeks a more dynamic engagement with the viewer by adopting new materials as supports.[22]

1984
Muñoz works on his *Shower Curtains* series. He replaces the translucent curtain of his earlier drawings with an actual plastic curtain as his new support. Real water is also included in these three-dimensional installations. He participates in the *I Havana Biennial* in Cuba.

1985
The Palace of Justice in Bogotá (the seat of the country's Supreme Court), is seized by a guerrilla group, with deadly results. Colombian artists such as Beatriz González and Doris Salcedo see the violent events of this year as a turning point, and begin to address more directly political issues in their work.[23] The Cali Cultural Center opens. The solo exhibition *Oscar Muñoz* is presented at the Museum of Modern Art La Tertulia. It includes *Shower Curtains,* shown for the first time.

de la figura situada entre la materialización y la desmaterialización.[19]

1980
Un grupo de fotógrafos representa a Colombia en la *XXIX Bienal de Venecia*. La exposición se exhibe en 1981 en el Museo de Arte Moderno La Tertulia. Se disuelve la Compañía de Fomento Cinematográfico (FOCINE), el fondo estatal nacional para apoyar proyectos cinematográficos. Muchos cineastas de Cali adoptan el formato de video. Lawrence Alloway organiza la muestra *Realismo y pintura latinoamericana: los años 70*, en el Centro de Relaciones Interamericanas en Nueva York. En ella se incluye la obra de Muñoz. Él también presenta exposiciones individuales en la Galería Fred Lanzenberg, Bruselas; Galería Albert Loeb, Paris; y en el Centro Alianza Colombo Francesa, Cali; y participa en una exposición colectiva en el Museo de Arte Moderno de Monterrey, México.[20]

1981
Se celebra en Cali la *IV Bienal Americana de Artes Gráficas*. La *IV Bienal de Arte de Medellín* presenta el "Coloquio de Arte No Objetual y de Arte Urbano". Beatriz González exhibe su pieza *Decoración de interiores*, una gran instalación en forma de cortina en la que se critica al presidente Turbay Ayala, en la Galería Garcés Velásquez, importante galería de arte de Bogotá. Allí también tiene lugar la muestra *Oscar Muñoz, carbones*.

1982
Gabriel García Márquez recibe el Premio Nobel de Literatura. La muestra *Oscar Muñoz, Ever Astudillo, Miguel Ángel Rojas y Saturnino Ramírez* abre en Museo de Arte Moderno La Tertulia, Cali. La exposición *Oscar Muñoz* se presenta en el Centro de Arte Actual, en Pereira. Muñoz explora el uso de una paleta de colores limitada en sus dibujos al pastel.

1983
Muñoz participa en las exposiciones *Cinco artistas colombianos,* con sedes en Buenos Aires, Santiago de Chile, São Paulo y París (incluyendo a varios artistas del Grupo de Cali); *Realistas colombianos,* inaugurada en el Museo de Arte Moderno La Tertulia; y *Oscar Muñoz*, en la Cámara de Comercio de Cali.

MEDIADOS DE LA DÉCADA DE 1980
Las actividades culturales disminuyen en Colombia debido a recortes presupuestarios para organizaciones artísticas, y a otros motivos, como los secuestros extorsivos a coleccionistas de arte y la infiltración del lavado de dinero en el mercado del arte.[21] Muñoz enseña durante siete años en la Escuela Departamental de Bellas Artes en Cali. Sus clases de dibujo promueven un enfoque experimental, expandiendo la comprensión tradicional de sus técnicas. Muñoz alcanza un punto de inflexión en su carrera. Continúa con el uso de la fotografía, pero retorna a la figura humana. Busca un compromiso más dinámico con el espectador

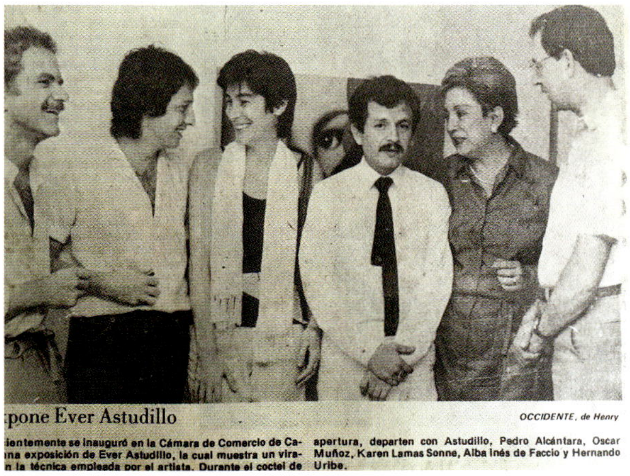

Opening of an exhibition by Ever Astudillo
Inauguración de una exposición de Ever Astudillo

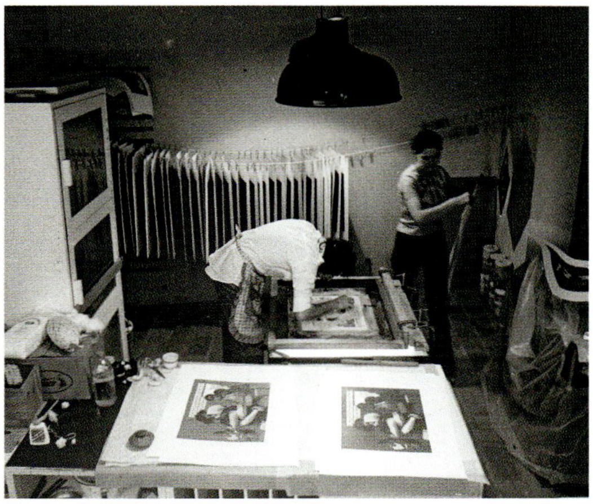
Oscar Muñoz with/con María de la Paz Jaramillo, printing the series *Couples*/imprimiendo la serie *Parejas*

1986
Muñoz has individual exhibitions at the Autopista Art Gallery, Medellín, and Garcés Velásquez Gallery, Bogotá. He participates in the *XXXI National Salon of Artists* in Bogotá with *Shower Curtains*. He produces several versions of this work which critics consider innovative. The *I Cali International Art Festival* is organized by the Association for the Promotion of the Arts under Claudia Blum de Barberi. Muñoz participates in the *V Americas Biennial of Graphic Arts* at the Museum of Modern Art La Tertulia, and in ARCO '86, Contemporary Art, International Art Fair of Madrid. He is also included in the *First Paper Biennial*, National Museum of Fine Arts, Buenos Aires.

1987
The *XXXI National Salon of Artists* awards Doris Salcedo first prize for her haunting assemblage of discarded hospital beds. Beatriz González participates with her painting *Mr. President, What an Honor to Be with You at This Historic Moment*, that refers to the 1985 seizure of the Palace of Justice. Doris Salcedo is appointed director of the Departmental Institute of Fine Arts of Cali and revises the curriculum with new methodologies (until 1988). The art gallery Jenny Vilá opens in Cali. Muñoz has solo exhibitions at the Bank of the State Foundation, Popayán; the Época Gallery, Santiago, Chile; and Center of the Miraflores Municipality, Lima. In May, he participates in the *II Cali Art Festival* with the retrospective *Oscar Muñoz: 15 Years,* held at the Cali Chamber of Commerce, Department of Cultural Extension. The show includes his new series of "object drawings" entitled *Risings*. In October, Muñoz exhibits his work at the *XIX São Paulo Biennial*..

LATE 1980s
The Cali Cartel in southern Colombia becomes independent from the Medellín Cartel. At odds as to how to fight the government, the two cartels begin a war against each other, unleashing violence throughout the country. Cultural activities in Cali stagnate as the drug trade permeates all levels of society and government. Censorship as well as the threat of imprisonment and torture inhibit public or collective cultural activities. Artists show resurgent interest in addressing violence in their work but through indirect and symbolic means.[24] The Cultural Center of the Bank of the Republic opens in Cali.

1988
Muñoz participates in the *I Art Biennial*, Museum of Modern Art of Bogotá.

mediante la adopción de nuevos materiales como soporte.[22]

1984
Muñoz produce su serie *Cortinas de baño*. Reemplaza la cortina de ducha translúcida de sus dibujos anteriores por una cortina de plástico real como nuevo soporte. En esta serie de instalaciones tridimensionales también se incluye agua real. Participa en la *I Bienal de La Habana* en Cuba.

1985
Un grupo guerrillero toma violentamente el Palacio de Justicia de Bogotá (sede de la Corte Suprema de Justicia) con trágicas consecuencias. Los acontecimientos violentos sucedidos este año marcan un momento crucial para artistas colombianos como Beatriz González y Doris Salcedo, quienes comienzan a abordar más directamente temas políticos en sus obras.[23] Se abre el Centro Cultural de Cali. La exposición individual *Oscar Muñoz* se presenta en el Museo de Arte Moderno La Tertulia. Incluye su instalación *Cortinas de baño*, que se muestra al público por primera vez.

1986
Muñoz realiza exposiciones individuales en la Galería Arte Autopista, Medellín, y la Galería Garcés Velásquez, Bogotá. Muñoz exhibe *Cortinas de baño* en el *XXXI Salón Nacional de Artistas* en Bogotá. Produce varias versiones de esta obra, que los críticos consideran innovadora. El *I Festival Internacional de Arte de Cali* está organizado por la Asociación para la Promoción de las Artes, bajo la dirección de Claudia Blum de Barberi. Muñoz participa en la *V Bienal Americana de Artes Gráficas*, en el Museo de Arte Moderno La Tertulia; y en *ARCO '86, Arte Contemporáneo, Feria Internacional de Madrid*. También está incluido en la *Primera Bienal del Papel* en el Museo Nacional de Bellas Artes, Buenos Aires.

1987
El *XXXI Salón Nacional de Artistas Colombianos* otorga el primer premio a Doris Salcedo por su inquietante obra sin título, un ensamblaje construido con camas de hospital desechadas. Beatriz González participa con su pintura *Sr. Presidente, qué honor estar con usted en este momento histórico*, referida a la toma del Palacio de Justicia en 1985. Doris Salcedo es nombrada directora del Instituto Departamental de Bellas Artes de Cali. Revisa el plan de estudios, introduciendo nuevas metodologías (hasta 1988). La Galería de Arte Jenny Vilá abre en Cali. Muñoz presenta sus obras en exposiciones individuales en la Fundación Banco del Estado en Popayán; en la Galería Época en Santiago, Chile; y en el Centro de la Municipalidad de Miraflores en Lima, Perú. En mayo, participa en el *II Festival de Arte* de Cali con la retrospectiva *Óscar Muñoz: 15 años*, presentada en la Cámara de Comercio de Cali, Departamento de Extensión Cultural. La exposición incluye su nueva serie de "dibujos de objetos" titulados *Levantamientos.* En octubre

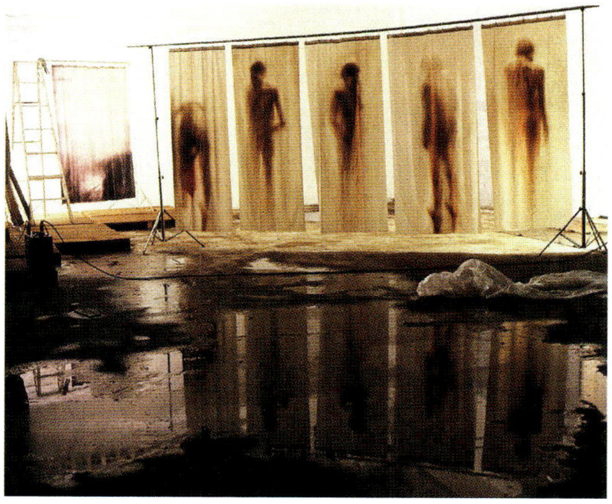

Oscar Muñoz, *Shower Curtains* (*Cortinas de Baño*). Image by/Imagen de Fernell Franco

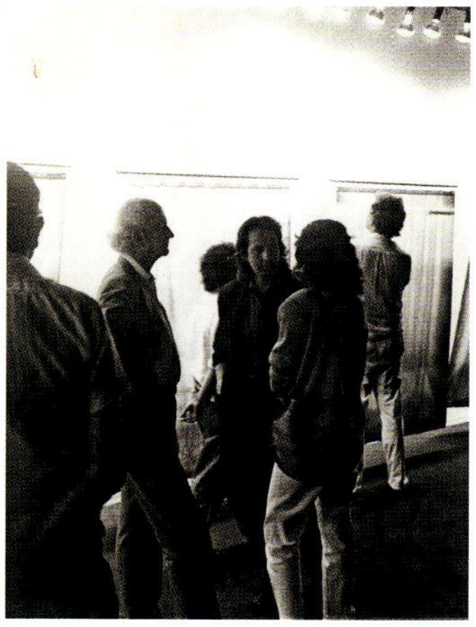

With/con Fernando De Szyszlo, Lima, 1987

1990s

1990s
The Medellín Cartel detonates more than fifty bombs in Cali. Images and descriptions of violence proliferate in the media, slowly desensitizing the population. As violence pervades life in Cali, artists continue to work independently in their studios. Violence becomes a ubiquitous presence in Colombian art, but artists continue to seek new ways to address the complexity of issues. Doris Salcedo produces her installation *Irritable*, showing pairs of shoes in wall niches covered with translucent animal skin; and Miguel Ángel Rojas creates his installation *Broadway*, featuring a path of coca leaves that trail across a wall as if carried by ants. Muñoz experiences a creative crisis that he resolves by privileging the process of production, which can last for days, over its results. He explores the dematerialization of art through processes such as pulverization and evaporation. Muñoz touches on themes such as the loss of personal and collective memory that obfuscate remembrance of the dead and disappeared. He addresses how violence becomes normalized as part of everyday life, perpetuating narratives of violence that exacerbate the problem.[25]

1990–91
Muñoz exhibits his new series *Tainted* and *Charcoal Surfaces* at the Museum of Modern Art La Tertulia; Suramericana de Seguros gallery, Medellín; and Garcés Velásquez gallery, Bogotá.

1992
Muñoz participates in the exhibition *America, Bride of the Sun: 500 Years, Latin America and the Low Countries*, at the Royal Museum of Fine Arts, Antwerp.

1993
Miguel González organizes the exhibition *Impulses* at the Museum of Modern Art La Tertulia. It includes work by Alicia Barney, María Dolores Garcés, Elías Heim, Becky Mayer, Oscar Muñoz, Miguel Ángel Rojas, and Pablo Van Wong. In the catalogue, González writes about the effects of narco-terrorism in Cali and Colombia at the time: "A corrupt society—'narcotized' by easy money, and shameful for the climate and energy chaos that has resulted from a tradition of violating nature—is also capable of facing this drama and turning it into an artistic narrative. How resources are persistently used in articulating associations, complaints, or simply pointing out situations, is the reason for this exhibition."[26] Muñoz participates in *Impulses* with his installation *Atlantis*. He also presents *Oscar Muñoz: Studies and Projects* at the Fine Arts Gallery, Cali.

1994
Fernando Vallejo publishes *The Virgin of the Assassins*, drawing on his experiences with drug violence in Medellín. The book, a paradigmatic example of Colombian literature of this

Muñoz exhibe su obra en la *XIX Bienal de São Paulo*, Brasil.

FINALES DE LA DÉCADA DE 1980
El Cartel de Cali, en el sur de Colombia, se independiza del Cartel de Medellín. En desacuerdo sobre cómo luchar contra el gobierno, los carteles de Cali y Medellín comienzan una guerra entre ellos, recrudeciéndose la violencia en todo el país. Las actividades culturales en Cali se van estancando a medida que el tráfico de drogas permea todos los estratos de la sociedad y el gobierno. La censura, la amenaza de encarcelamiento y la tortura inhiben las actividades culturales públicas o colectivas. Los artistas muestran un creciente interés por abordar la violencia a través de medios indirectos y simbólicos.[24] Se inaugura en Cali el Centro Cultural del Banco de la República.

1988
Muñoz participa en la *I Bienal de Arte*, Museo de Arte Moderno, Bogotá.

DÉCADA DE 1990

DÉCADA DE 1990
El Cartel de Medellín detona más de cincuenta bombas en Cali. Las imágenes y la información sobre la violencia proliferan en los medios de comunicación, desensibilizando lentamente a la población. A medida que la violencia atraviesa la vida en Cali, los artistas continúan trabajando de forma independiente en sus estudios. La violencia se convierte en una presencia ubicua en el arte colombiano, pero los artistas buscan nuevas formas de abordar la complejidad del tema. Doris Salcedo crea su pieza *Atrabiliarios*, que muestra pares de zapatos en nichos cubiertos con piel de animal translúcida; y Miguel Ángel Rojas produce su instalación *Broadway*, con una línea de hojas de coca extendiéndose a lo largo de una pared como si estas fueran transportadas por hormigas. Muñoz pasa por una crisis creativa, la que resuelve privilegiando el proceso de producción, que puede durar días, por encima de los resultados. Explora la desmaterialización del arte a través de procesos como la pulverización y la evaporación. En su obra, trabaja temas como la pérdida de la memoria personal y colectiva que desvanece el recuerdo de los muertos y desaparecidos. Investiga las formas en que la violencia se va normalizando como parte de la vida cotidiana, perpetuándose en narrativas de violencia que exacerban el problema.[25]

1990–91
Muñoz exhibe las nuevas series *Tiznados* y *Superficies al carbón* en el Museo de Arte Moderno La Tertulia; en la Sala Suramericana de Seguros, Medellín, y en la Galería Garcés Velásquez, Bogotá.

1992
Muñoz participa en la exposición *América, La novia del sol: 500 años, América Latina y los Países Bajos* en el Museo Real de Bellas Artes de Amberes, Bélgica.

1993
Miguel González organiza la exposición *Pulsiones* en el Museo de Arte Moderno La Tertulia. En ella

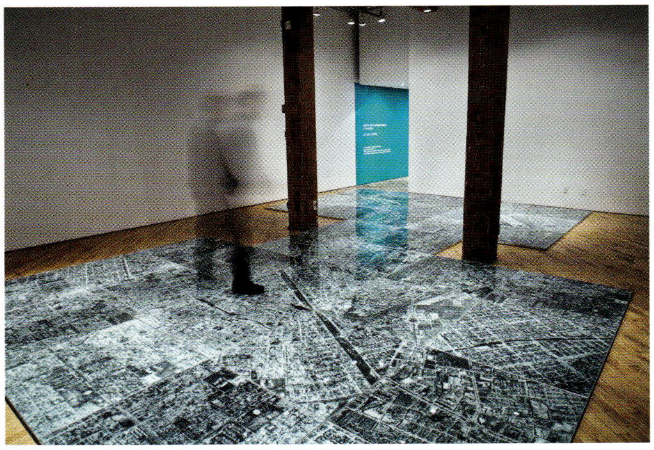

Muñoz, *Walking Place/Outpatient Ward (Ambulatório)*, Toronto, 2008

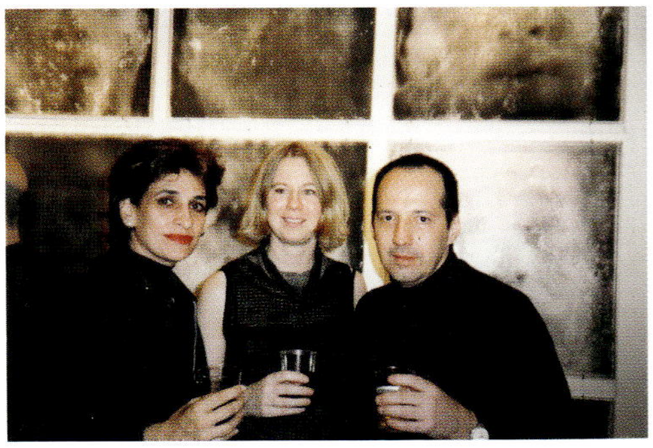

With/con Sally Mizrachi, Malin Bart, 1999

period, is later adapted into an internationally successful film. Muñoz produces the floor installation *Ambulatory* (*Walking Place / Outpatient Ward*), addressing violence in Cali. He stated, "The end of the 80's and the beginning of the 90's were the years of the so-called Cartel Wars, of the strong clashes between rival drug cartels and their shady partners in cities such as Cali and Medellín."[27] Muñoz begins to work on his long series *Narcissi*, first produced to be exhibited at the Museum of Modern Art La Tertulia in Cali, and includes his work *Dry Narcissi*. This series is also shown in New York, at the Ledisflam Gallery; and in Bogotá, at the Garcés Velásquez Gallery and the Museum of Modern Art.

1995
Luis Ospina airs his television documentary series *Cali, Yesterday, Today, and Tomorrow*, in which he explores the city's cultural and social history. Muñoz begin to work on his interactive piece *Breath*.

1996
The *V Bogotá Art Biennial* takes place at the Museum of Modern Art of Bogotá. It features several works addressing violence and widespread corruption, including Muñoz's installation *Breath*.

1997
Muñoz has solo shows at the Metropolitan Gallery of Barcelona and the Museum of Art of Pereira. Muñoz's work is included in *Re-aligning Vision: Alternative Currents in South American Drawing,* a traveling exhibition organized by the Archer M. Huntington Art Gallery, Austin, Texas, with venues in New York, Caracas, Monterrey, and Miami. He participates in the *International Art Festival*, Lima and the *6ª Havana Biennial*, Cuba.

1998
Colombian artist Fernando Botero donates large art collections to the newly created Botero Museum of the Bank of the Republic in Bogotá and the Museum of Antioquia in Medellín. The art collective Helena Producciones is founded in Cali to promote research, exhibitions, television projects, publications, and workshops. They organize the *Cali Performance Festival,* held eight times between 1998 and 2012. Muñoz's work is included in *Amnesia: New Art from South America,* with venues in Los Angeles, Cincinnati, Bogotá, Tampa, and New York.

1999
Colombia and the United States sign the treaty Plan Colombia to combat drug cartels and left-wing insurgent groups. The Museum of Modern Art of Bogotá presents the exhibition *Art and Violence in Colombia since 1948*, which includes the work of Muñoz. He produces his piece *Pixels,* using sugar cubes tinted with coffee, and his installation *Simulacra*, partially based on the format of *Narcissi*. He presents his exhibitions *Oscar Muñoz* at the Throckmorton Fine Art gallery in New

se incluyen los artistas Alicia Barney, María Dolores Garcés, Elías Heim, Becky Mayer, Oscar Muñoz, Miguel Ángel Rojas y Pablo Van Wong. En el catálogo, González escribe sobre los efectos del narcotráfico en Cali y en Colombia durante este período: "Una sociedad corrupta, narcotizada por el dinero fácil, y estigmatizada por un caos climático y energético provocado por una tradición de violaciones a la naturaleza, es capaz igualmente de enfrentar su drama y convertirlo en motivo argumental de su arte. El cómo esos recursos se emplean y se empecinan en formular asociaciones, denuncias o simplemente en señalar situaciones, es el motivo de esta muestra".[26] Muñoz participa en *Pulsiones* con su instalación *Atlántida*. También presenta la exposición *Oscar Muñoz: Estudios y Proyectos* en la Galería de Bellas Artes, Cali.

1994
Fernando Vallejo publica *La virgen de los sicarios*, en torno a sus experiencias con la violencia del narcotráfico en Medellín. El libro, un ejemplo paradigmático de la literatura colombiana de este época, es llevado posteriormente al cine, alcanzando un éxito internacional. Muñoz crea su instalación *Ambulatorio,* sobre la violencia en Cali. Como él explica, "A finales de los 80 y comienzos de los 90 son los años de la llamada guerra de los carteles, de los fuertes enfrentamientos de los carteles del narcotráfico y sus socios oscuros en ciudades como Cali y Medellín".[27] Muñoz comienza a trabajar en su larga serie *Narcisos*, que produce por primera vez para ser exhibida en el Museo de Arte Moderno La Tertulia en Cali, e incluye su obra *Narcisos secos*. Esta serie también se expone en Nueva York, en la Galería Ledisflam, y en Bogotá, en la Galería Garcés Velásquez y en el Museo de Arte Moderno.

1995
Luis Ospina transmite su serie de televisión *Cali, ayer, hoy y mañana*, un documental en el que explora la historia cultural y social de la ciudad. Muñoz trabaja en su obra interactiva *Aliento*.

1996
La *V Bienal de Arte de Bogotá* tiene lugar en el Museo de Arte Moderno de Bogotá, e incluye la instalación de Muñoz *Aliento*.

1997
Muñoz presenta exposiciones individuales en la Galería Metropolitana de Barcelona, España, y en el Museo de Arte de Pereira, Colombia. También su obra está incluida en *Realineando la mirada: Corrientes alternativas en el dibujo sudamericano*, exposición itinerante organizada por la galería Archer M. Huntington, Austin, Texas, con sedes en Nueva York, Caracas, Monterrey y Miami. Muñoz participa en el *Festival Internacional de Arte*, Lima, Perú, y en la *6ª Bienal de La Habana*, Cuba.

1998
El artista colombiano Fernando Botero dona grandes colecciones de arte al recién creado Museo Botero del Banco de la República en Bogotá y al Museo de Antioquia en Medellín. El colectivo artístico Helena Producciones se funda en Cali

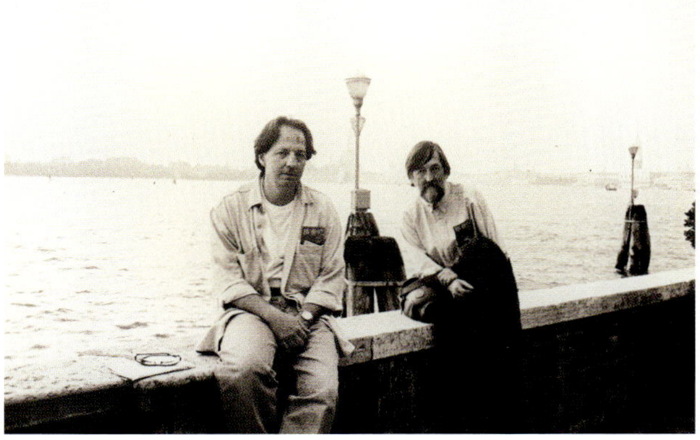

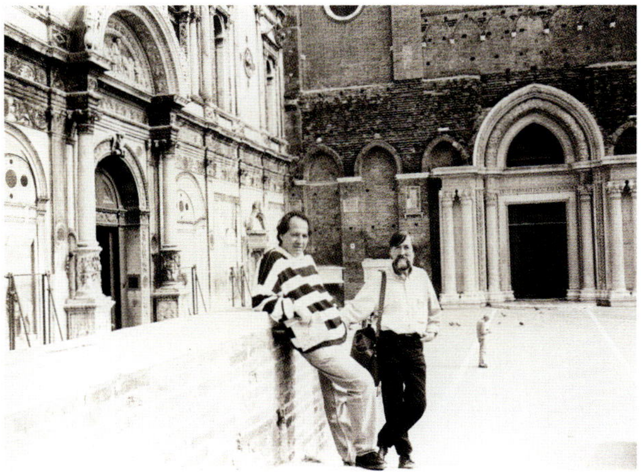

Both images: With Fernell Franco, Venice, 1997
Ambas imágenes: Con Fernell Franco, Venecia, 1997

York, and *Oscar Muñoz. Narcissi. Breath* at the MEC Center, Ministry of Education and Culture, Montevideo, Uruguay.

2000s

2000
Muñoz designs the 50,000 pesos bill, the highest denomination in Colombian currency, using motifs related to the nineteenth-century author Jorge Isaacs, a resident of Cali well known for his Romantic novel *María.* Muñoz works on his piece *Tear Collectors,* featuring portraits of people published in the media, including an assassinated female student. He produces his first video, *Narcissus*. He relies on a time-based medium to show how the image—a photographic self-portrait made with charcoal dust deposited on the surface of standing water in a white sink—distorts and disappears as the liquid drains. Muñoz designs his installation *Eclipse*, which is later installed at the Santa Fe Gallery, District Planetarium, Bogotá (2002), and at the Comfandi Hall, Cali (2003).

2001
French sociologist Daniel Pécaut, a specialist on Colombia, publishes *War Against Society*, in which he introduces concepts like "banality of violence." For Pécaut, long-term exposure to terrorism results in deterritorization (the feeling that danger is everywhere and no one can be trusted), detemporalization (the sense that violence is continuous and there is no future), and desubjectivization (the lack of a collective imaginary). Under such conditions, violence becomes mythic, everlasting, and naturalized.[28] Cali lags behind other Colombian cities in its support of the arts.[29] Muñoz creates *The Cyclops' Gaze,* consisting of six photographs of a plaster cast of Muñoz's face.

2002
Muñoz produces *Biographies*, an installation using a process similar to his video *Narcissus*. Three videos projected on the ground show charcoal-dust portraits floating on water in a white basin. The images drain away, but then

para promover investigaciones, exposiciones, proyectos de televisión, publicaciones y talleres de arte. Organizan el *Festival de Performance de Cali*, el cual se celebra en ocho ocasiones, entre 1998 y 2012. La obra de Muñoz es incluida en la muestra *Amnesia*: *Nuevo arte de América del Sur*, con sedes en Los Ángeles, Cincinnati, Bogotá, Tampa, y Nueva York.

1999
Colombia y los Estados Unidos firman el tratado Plan Colombia para combatir los carteles de la droga y los grupos insurgentes de izquierda. El Museo de Arte Moderno de Bogotá organiza la exposición *Arte y violencia en Colombia desde 1948*, la cual incluye obras de Muñoz. Crea su obra *Píxeles* con terrones de azúcar teñidos de café, y su instalación *Simulacros*, basado en parte en el formato de *Narcisos*. Presenta sus exposiciones *Oscar Muñoz* en la galería Throckmorton Fine Art, en Nueva York; y *Oscar Muñoz. Narcisos. Aliento*, en el Centro MEC, Ministerio de Educación y Cultura, Montevideo, Uruguay.

DÉCADA DEL 2000

2000
Muñoz diseña el billete de 50,000 pesos, la denominación más alta en moneda colombiana, usando motivos relacionados con el escritor colombiano del siglo XIX Jorge Isaacs, conocido por su novela romántica *María*. Muñoz trabaja en su obra *Lacrimarios*, presentando retratos de personas publicadas en los medios, entre ellas, una estudiante asesinada. Muñoz produce su primer video, *Narciso* mostrando cómo la imagen cambia a través del tiempo. Este autorretrato fotográfico, hecho con polvo de carbón depositado en la superficie del agua contenida en un lavamanos blanco, se distorsiona y desaparece a medida que el líquido se drena. Muñoz diseña la instalación *Eclipse,* la cual es luego instalada en la Galería Santa Fe, Planetario Distrital, Bogotá (2002), y en la Sala Comfandi, Cali (2003).

2001
El sociólogo francés Daniel Pécaut, especialista en Colombia, publica el libro *Guerra contra la sociedad*, en el que introduce conceptos como "banalidad de la violencia". Para Pécaut, la exposición prolongada al terrorismo, provoca desterritorialización (la sensación de que el peligro está en todas partes y nadie es confiable), la destemporalización (la impresión de que la violencia es continua y no hay futuro) y la desubjetivización (la falta de un imaginario colectivo). Bajo tales condiciones, la violencia se vuelve mítica, eterna y naturalizada.[28] Cali va a la zaga de otras ciudades colombianas en su apoyo a las artes.[29] Muñoz crea *La mirada del cíclope,* la que consta de seis fotografías del molde de yeso de la cara de Muñoz.

2002
Muñoz produce *Biografías*, una instalación en la que utiliza un proceso similar a su video *Narciso*. Tres videos proyectados en el suelo muestran retratos de polvo de carbón flotando sobre el agua en un lavamanos blanco. Los rostros se van escu-

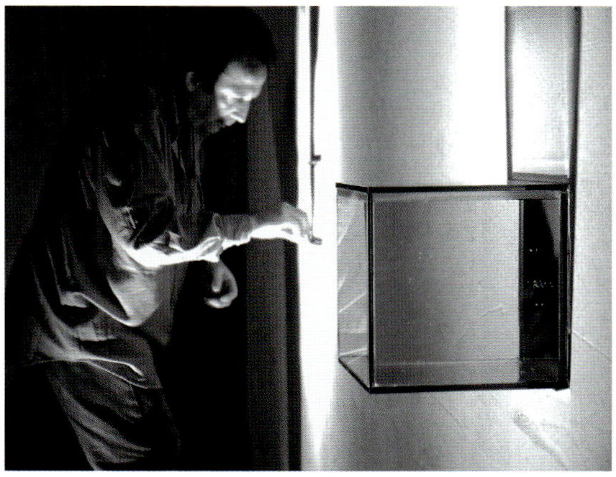

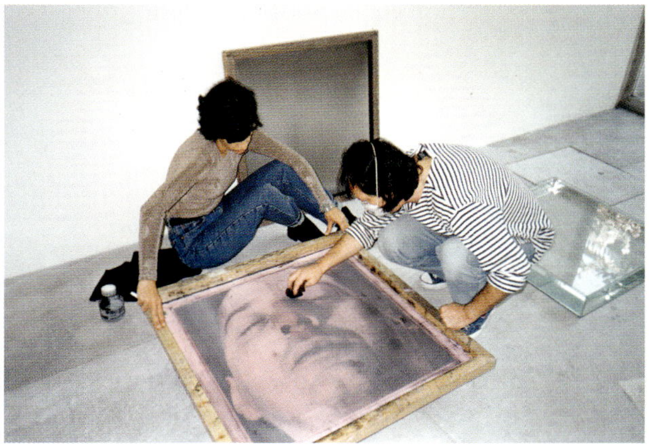

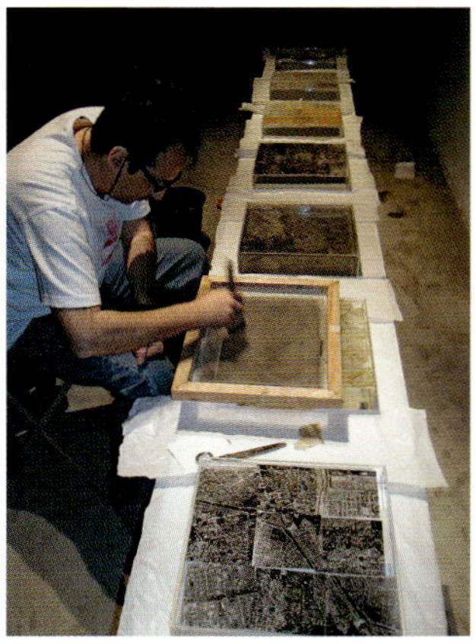

Installing work at Alcuadrado Gallery, 2003; MEC Center, Montevideo, 2002; and MAMBA, Buenos Aires, 2003
Instalando obras en la Galería Alcuadrado, 2003; Centro MEC, Montevideo, 2002; MAMBA, Buenos Aires, 2003

reappear through film editing that reverses the action. These portraits come from the *fotocineros* archive later included in his project *Bycontact Archive.*[30] In November, Doris Salcedo presents her performative installation *280 Empty Chairs*, at the Palace of Justice in Bogotá commemorating the violent attack of 1985. At the end of the year, Muñoz participates in *VIII Bogotá Art Biennial,* which takes place in different venues in that city; and in *Miami / Basel*, Florida. He has several international solo shows (that continue into 2003): *Transfigurations*, at the Iturralde Gallery in Los Angeles; *The Ends of Process* at the Sicardi Gallery in Houston; *Oscar Muñoz* in TEORéTICA, San José, Costa Rica. He also participates in the *San Juan Poly/Graphic Triennial: Latin America, and the Caribbean* in Puerto Rico.

2003
Muñoz produces his piece *Palimpsest*, and the video *Portrait/I Try Again*, showing his hand painting his portrait with water on warm cement. The exhibition *Oscar Muñoz: Portrait/I Try Again*, is presented at the Colombian-French Alliance, Bogotá. Muñoz begins to plan a cultural center in Cali called Lugar a Dudas (Room for Doubt).

Mid-2000s
Several art collectives emerge in Cali as a strategy to cope with limited spaces to exhibit contemporary art: Casa Tomada (Occupied House); the short-lived El Camión (The Truck); Circular Contemporánea (Contemporary Circular), active for more than a decade, and Descarrilados (Derailed), formed by students of the School of Visual Arts of the Institute of Popular Culture and still active.[31]

2004
Muñoz creates the six drawings of *Intervals (While I Breathe)*, by burning a dot matrix into paper with a cigarette. He begins to work on the project *Bycontact Archive*, which will take different forms over the next five years. Based on the archive by Cali *fotocineros*, purchased in 1976, this collection continues to grow through photographs submitted by the people of Cali. Muñoz wins first prize at the *XXXIX National Salon of Artists of Colombia* with his video *Portrait/I Try Again*. Lugar a Dudas receives funding from international entities such as the Daros Latinoamérica and Prince Claus Fund. Muñoz supplements their support with funds from his *National Salon* award.[32] His exhibition *Ambulatory—Portrait/I Try Again* is presented at the Sicardi Gallery in Houston as part of the art fair *FotoFest 2004*. His work is also included in *Retratos: 2000 Years of Latin American Portraiture*, Museo del Barrio, New York, and San Diego Museum of Art. In November, Muñoz presents the urban intervention piece *El puente* (*The Bridge*) at the Ortiz Bridge in Cali, with photos that are part of the *Bycontact Archive*.

rriendo con el agua, pero luego reaparecen a través de la edición de la película que invierte la acción. Estas imágenes provienen del archivo de *fotocineros* que más tarde se incluirá en el proyecto *Archivo Porcontacto*.[30] En noviembre, Doris Salcedo presenta su instalación performativa *280 sillas vacías* en el Palacio de Justicia de Bogotá, conmemorando el violento ataque de 1985. A fin de año, Muñoz participa en la *VIII Bienal de Arte de Bogotá*, la que tiene lugar en varias sedes de esa ciudad, y en la feria de arte *Miami/Basel*, Miami, Florida. Tiene varias exposiciones internacionales (que continúan durante 2003): *Transfiguraciones*, en la Galería Iturralde de Los Ángeles; *Los extremos del proceso* en la Galería Sicardi en Houston, y *Oscar Muñoz* en TEORéTICA, San José, Costa Rica. También participa en la *Trienal Poli/Gráfica de San Juan: América Latina y el Caribe,* en Puerto Rico.

2003
Muñoz crea la pieza *Palimpsesto*, y el video *Re/trato*, el que muestra su mano pintando su auto-retrato con agua en cemento caliente. La exposición *Oscar Muñoz: Re/trato*, se presenta en la Alianza Colombo Francesa, Bogotá. Muñoz comienza a planificar un centro cultural en Cali llamado Lugar a Dudas.

MEDIADOS DE LA DÉCADA DEL 2000
Surgen varios colectivos de arte en Cali como una estrategia para superar la falta de espacios para exhibir el arte contemporáneo: Casa Tomada; El Camión, de breve vida; Circular Contemporánea, activo por más de una década; y Descarrilados, aun activo y formado por estudiantes de la Escuela de Artes Plásticas del Instituto Popular de Cultura de Cali.[31]

2004
Muñoz crea los seis dibujos de *Intervalos (mientras respiro)* quemando una trama de puntos en papel con un cigarrillo. Comienza a trabajar en el proyecto *Archivo porcontacto*, que tomará diferentes formas en los próximos cinco años. Basado en el archivo de *fotocineros* caleños adquirido en 1976, la colección continuará creciendo con fotografías enviadas por la gente de Cali. Muñoz gana el Primer Premio en el *XXXIX Salón Nacional de Artistas de Colombia* con su video *Re/trato*. Lugar a Dudas recibe fondos de entidades internacionales como Daros Latinoamérica y el Fondo Príncipe Claus. Muñoz suplementa este apoyo con fondos del premio obtenido en el *Salón Nacional*.[32] La exposición *Ambulatorio-Re/trato* se presenta en la Galería Sicardi de Houston como parte de la feria de arte FotoFest 2004. Muñoz está incluido también en la exposición *Retratos: 2000 años de retratos latinoamericanos*, Museo del Barrio, Nueva York, y Museo de Arte de San Diego. En noviembre, Muñoz presenta la intervención urbana *El puente* en el Puente Ortiz en Cali, con imágenes que hacen parte del *Archivo porcontacto*.

2005
En abril Lugar a Dudas se abre al público en la vecindad de Granada. Dirigido por Oscar Muñoz y Sally Mizrachi, este espacio explora diferentes

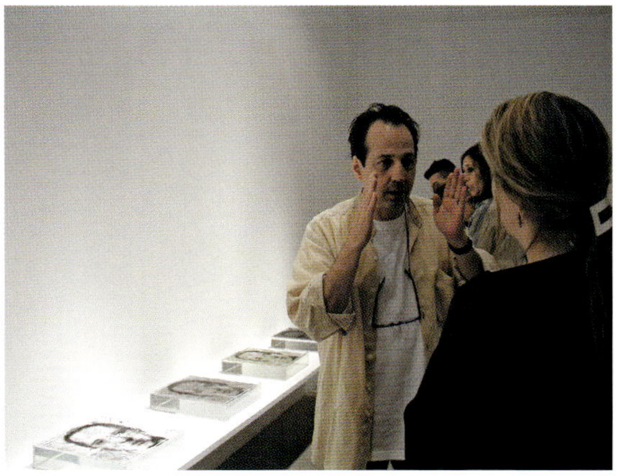

Opening/Inauguración, *Trans-figuraciones*, Los Angeles, 2002

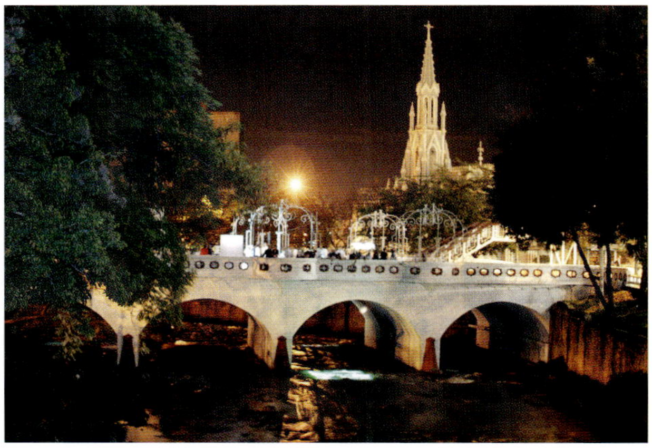

Muñoz, *The Bridge*, Ortíz Bridge, Cali, 2004
Muñoz, *El puente*, Puente Ortíz, Cali, 2004

2005
In April, Lugar a Dudas, located in the neighborhood of Granada, opens to the public. Directed by Oscar Muñoz and Sally Mizrachi, this space explores different disciplines and formats, including photography, music, theater, and the production of publications. It fosters encounters through calls for exhibition proposals, artistic and curatorial residencies, film series, and free access to library and archival materials. Young artists gather there to work through ideas and participate in public dialogue about art and politics. The space begins its activities with a show of experimental Latin American video art, *L.A Freewaves*, produced by Juan Devis, and a film series in connection with Cine Club Caligari, curated by film scholar Oscar Campo. Muñoz teaches classes in Lugar a Dudas for advanced students from the Departmental School of Fine Arts, focusing on how to develop an artistic practice. Muñoz exhibits his installation *Project for a Memorial* in Bogotá, Los Angeles, Chicago, Barcelona, and Venice, at the *51st Venice Biennale*. Based on his work *Portrait/I Try Again*, it features five videos showing the artist's hand as he attempts to draw with water on warm cement portraits he found in the obituary pages of Colombian newspapers.

2006
Muñoz continues his experimentation with water as an artistic medium. In the video *Line of Destiny*, he shows the palm of a hand holding water, on which a face is reflected until the liquid drains away. In the video *Sand Man,* the artist animates a sand-drawn figure that attempts to escape from the incoming sea. *Oscar Muñoz: Dissolvings and Phantasmagories* takes place at the Municipal Museum of Guayaquil, Ecuador; and *Oscar Muñoz: Biographies*, is shown at the Cloister of the Convent of Santa Clara, Cartagena, Colombia.

2007
Doris Salcedo creates *Shibboleth* at the Tate Modern gallery in London, a series sponsored by Unilever. At the *International Encounter of Medellín*, dedicated to "Local Histories, Global Practices," Muñoz is part of the curatorial team of the *Host Spaces* nodule that takes place at the Museum of Antioquia, inviting four local art collectives and hosting eight foreign ones. The film retrospective *Movie Valley* featuring the most important films made in the region is presented at Lugar a Dudas, with an introduction by Ramiro Arbeláez. Colombian artist Mónica Restrepo joins Lugar a Dudas as coordinator of the Center for Documentation. Muñoz creates nine collages entitled *Game of Probabilities* by weaving fragments of photographs of his own face, both in black and white and color. In his installation *Countrytime*, he uses a dot matrix, made with a pyroengraving tool on newsprint, to reproduce eighteen issues of two leading newspapers *El País* (Cali) and *El Tiempo* (Bogotá). He presents

disciplinas y formatos, incluyendo la fotografía, la música, el teatro, y la producción de publicaciones. Promueve encuentros a través de convocatorias de propuestas de exposición, residencias artísticas y curatoriales, programas de cine, y consulta gratuita de materiales de biblioteca y archivo. Los artistas jóvenes pueden reunirse allí para ensayar ideas, y participar en un diálogo público sobre arte y política. Lugar a Dudas comienza sus actividades con una muestra de videoarte latinoamericano experimental, *L.A Freewaves*, producido por Juan Devis, y un ciclo de cine en conjunción con el Cine Club Caligari, organizado por el experto de cine Oscar Campo. Muñoz da clases en Lugar a Dudas para estudiantes avanzados de la Escuela Departamental de Bellas Artes, centrándose en cómo desarrollar una práctica artística. La instalación de Muñoz *Proyecto para un memorial* se presenta en Bogotá, Los Ángeles, Chicago, Barcelona y en la 51° *Bienal de Venecia*. Basado en su obra *Re/Trato*, consiste en cinco videos que muestran la mano del artista mientras intenta dibujar con agua en cemento caliente retratos provenientes de la página de obituarios de los periódicos colombianos.

2006
Muñoz continúa su experimentación con el agua como medio artístico. En el video *Línea de destino*, se ve la palma de una mano sosteniendo agua, sobre la cual se refleja una cara hasta que el líquido se escurre. En el video *Hombre de arena*, el artista anima una figura dibujada en la arena, que intenta escapar del oleaje del mar. Se presentan las exposiciones *Oscar Muñoz: Disolvencia y fantasmagorías* en el Museo Municipal de Guayaquil, Ecuador; y *Oscar Muñoz: Biografías*, en el Claustro del Convento de Santa Clara, Cartagena.

2007
Doris Salcedo crea *Shibboleth*, una serie patrocinada por la multinacional Unilever, en la galería Tate Moderno de Londres. En el *Encuentro Internacional de Medellín*, dedicado a "Historias locales, prácticas globales", Muñoz es parte del equipo curatorial de *Espacios Anfitriones*, que tiene lugar en el Museo de Antioquia, invitando a cuatro colectivos de arte locales y ocho extranjeros. La muestra retrospectiva *Valle de Película*, que recoge las películas más importantes realizadas en la región, se presenta en Lugar a Dudas, con una introducción de Ramiro Arbeláez. La artista colombiana Mónica Restrepo se une a Lugar a Dudas como Coordinadora del Centro de Documentación. Muñoz crea nueve *collages* titulados *Juego de probabilidades,* entrelazando fragmentos de fotografías de su propio rostro, tanto en blanco y negro como en color. En su instalación *Paístiempo*, utiliza la trama de puntos, hecha con una herramienta de pirograbado sobre papel de periódico, para reproducir dieciocho números de dos diarios principales *El País* (Cali) y *El Tiempo* (Bogotá). Muñoz presenta *Archivo Porcontacto* como una instalación incluyendo un póster litografiado y varias impresiones digitales dispuestas sobre mesas. Muñoz es invitado a participar en la *52ª Bienal de Venecia*, comisariada por Robert Storr. Su obra también es incluida en la exposición itinerante *Los*

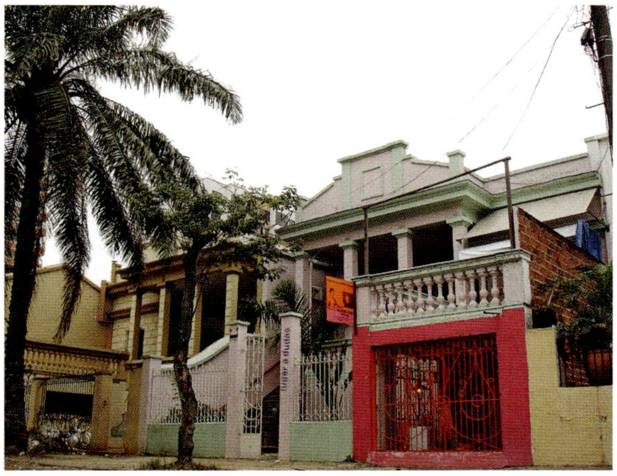

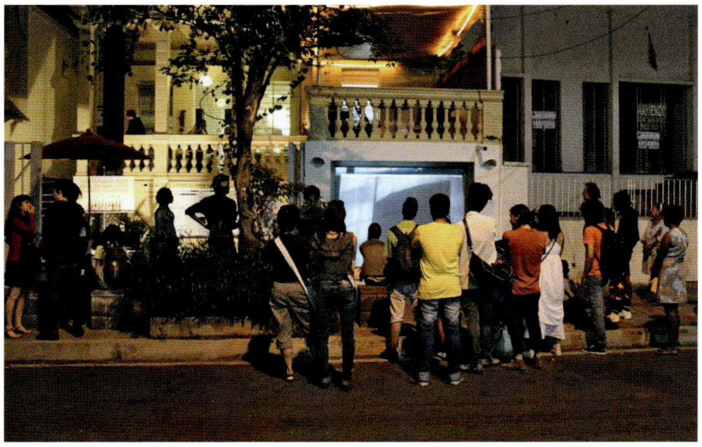

Both images/Ambas imágenes: Lugar a Dudas, Cali, Colombia

Bycontact Archive as an installation including a lithographed poster and several digital impressions displayed on tables. Muñoz is invited to participate at the *52nd Venice Biennale*, curated by Robert Storr. His work is also included in the traveling international exhibition *The Disappeared/Los Desaparecidos*, shown in the United States, Argentina, Uruguay, Chile, Guatemala, and Colombia (until 2009).

2008
The *XLI National Salon of Artists of Colombia* takes place in Cali, curated by local artists Wilson Díaz, José Horacio Martínez, Oscar Muñoz, and Bernardo Ortiz, and the Argentine curator Victoria Noorthoorn. It includes the participation of numerous local arts organizations. Muñoz works on his installation *Through the Glass*, which includes videos of family photographs made by the people of Cali. He has several important international exhibitions. His retrospective *Oscar Muñoz: Documents of Amnesia* is presented at the Extremaduran and Iberian-American Museum of Contemporary Art, Badajoz, Spain. *Oscar Muñoz: Mirror Image* opens at the Institute of International Visual Arts, London, and travels to the Perth Institute of Contemporary Arts, Australia (until 2009). *Imprints for a Fleeting Memorial* is presented at 1708 Gallery in partnership with the Visual Arts Center, both in Richmond, Virginia; Southeastern Center for Contemporary Art, Winston-Salem, North Carolina; La Galerie de l'UQAM, Montreal; and Prefix Institute of Contemporary Art, Toronto (until 2012).

2009
In the video *Fade to White* (*Two Portraits*), Muñoz presents his father with a photo of his mother in the background. The strong light illuminating the image refers to Cali's strong sun glare. Muñoz creates the work *Before the Image* by engraving on ten mirrors mounted in aluminum an image of the first photographic self-portrait of 1839 by Robert Cornelius. Each mirror also reflects the face of the viewer when observing the piece. Editorial house Laguna Libros publishes Muñoz's artist's book, *Bycontact Archive*, featuring the images taken by unknown street photographers in Cali during the 1960s and 1970s. On the cover is an image of the Olympus Pen camera these photographers often used.

Desaparecidos, que se muestra en los Estados Unidos, Argentina, Uruguay, Chile, Guatemala y Colombia (hasta 2009).

2008
El *XLI Salón Nacional de Artistas de Colombia* tiene lugar en Cali, comisariado por los artistas locales Wilson Díaz, José Horacio Martínez, Oscar Muñoz, y Bernardo Ortiz, y la curadora argentina Victoria Noorthoorn. Cuenta con la participación de numerosas organizaciones artísticas locales. Muñoz trabaja en su instalación *A través del cristal*, la que incluye videos de fotografías de familia tomadas por la gente de Cali. Tiene varias exposiciones internacionales importantes. La muestra retrospectiva *Oscar Muñoz: Documentos de la amnesia* se inaugura en el Museo Extremeño e Iberoamericano de Arte Contemporáneo, Badajoz, España. *Oscar Muñoz: Imagen reflejada* abre en el Instituto de Artes Visuales Internacionales, Londres, y viaja al Instituto de Artes Contemporáneas de Perth, Australia (hasta 2009). *Impresiones de un fugaz memorial* se presenta en las siguientes sedes: Galería 1708 en colaboración con el Centro de Artes Visuales, ambos en Richmond, Virginia; el Centro de Arte Contemporáneo del Sureste, Winston-Salem, Carolina del Norte; la galería de la Universidad de Quebec, Montreal; y el Instituto de Arte Contemporáneo Prefix, Toronto (hasta 2012).

2009
En el video *Fundido a blanco (Dos retratos)*, Muñoz presenta a su padre en un primer plano junto a una foto de su madre en el fondo. La luz intensa que ilumina la imagen hace referencia a la resolana de Cali. Muñoz crea *Ante la imagen* grabando en diez espejos montados en aluminio una imagen del primer autorretrato fotográfico de Robert Cornelius de 1839. Cada espejo también refleja la cara del espectador al observar la pieza. La editorial Laguna Libros publica el libro de artista de Muñoz, *Archivo Porcontacto*, con imágenes tomadas en Cali por fotógrafos ambulantes desconocidos durante las décadas de 1960 y 1970. Decora la portada una imagen de la cámara Olympus Pen que estos fotógrafos a menudo usaban.

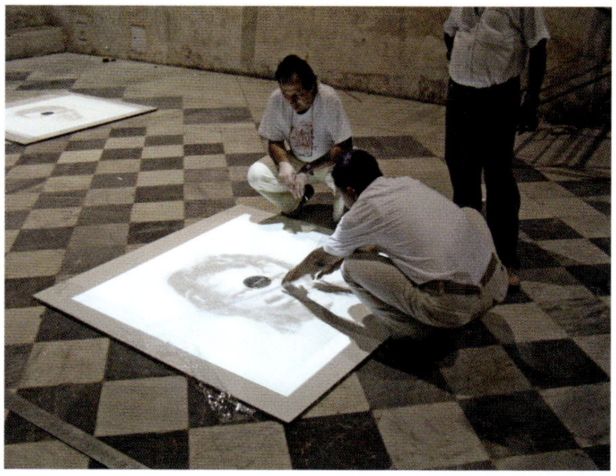

Installing/installando *Biographies* (*Biografías*), Cartagena, 2008

2010s

2010s
Security in Cali increases thanks to the capture of drug traffickers, but the homicide rate continues to be among the highest in Colombia. The collective art space Objeto-Workshops (Object-Workshops) is active in Cali. Its members focus on contemporary graphic arts.

2010
To Become Air, curated by Maria Iovino, presents Muñoz's work as part of *PHotoEspaña 2010*, at the Circle of Fine Arts in Madrid (June–July).

2011
Muñoz produces the videos *Clepsydra/Cyclops*, *Sedimentations*, and *Solitary Editor* focusing on images in constant flux. He works on the series *Weak Impressions* by silk-screening with carbon dust on an acrylic support images of important sites and characters in Colombian history. In the video *Horizon*, related to the *Weak Impressions* series, Muñoz includes vintage documentary film fragments shot in Tauramena, Colombia. He makes *Open Book* using toner on a book to show how text disappears. José Roca and María Wills curate the retrospective *Oscar Muñoz: Protografías*, which is shown at the Museum of Art, Bank of the Republic, Bogotá; Jeu de Paume, Paris; Museum of Modern Art La Tertulia, Cali; Museum of Art of Lima; Museum of Antioquia, Medellín; Library Luis Ángel Arango, Bogotá; and the Museum of Latin American Art of Buenos Aires (until 2014). From September to November, Lugar a Dudas participates in the *8ª Mercosur Biennial*, Porto Alegre, Brazil.

2012
Muñoz's *Walking Place/Outpatient Ward* is shown in Belfast, Northern Ireland.

2013
A new art collective in Cali, La Nocturna (The Nocturnal One), fosters projects at different local institutions as a form of cultural infiltration. Muñoz begins to work on *Domestic*, an installation in white marble that reflects on the memorializing role of photography. In the piece *4x3*, he recycles the discarded edges of color passport photographs—rendered faceless—which he mounts in a geometric grid. Muñoz receives the Prince Claus Award from the Prince Claus Fund in Amsterdam for his work with Lugar a Dudas. The award includes an exhibition of his work at the Prince Claus Fund Gallery, Amsterdam (in 2014). He participates in the exhibition *Cantos/ Cuentos Colombianos: Contemporary Colombian Art*, organized by Casa Daros, Rio de Janeiro.

2014
The contemporary art gallery bis | oficina de proyectos (bis | projects office) opens in Cali (active until 2019). Muñoz produces *Dystopia*

DÉCADA DE 2010

DÉCADA DE 2010
La seguridad en Cali aumenta gracias a la captura de narcotraficantes, pero la tasa de homicidios sigue estando entre las más altas de Colombia. El espacio de arte colectivo Objeto-Workshops está activo en Cali. Sus miembros se centran en las artes gráficas contemporáneas.

2010
Volverse aire, comisariada por Maria Iovino, presenta la obra de Muñoz como parte de *PHotoEspaña 2010*, en el Círculo de Bellas Artes de Madrid (junio–julio).

2011
Muñoz produce los videos *Clepsidra/Cíclope*, *Sedimentaciones*, y *Editor solitario*, centrándose en imágenes en constante flujo. Trabaja en la serie *Impresiones débiles*, serigrafiando imágenes de sitios y personajes fundamentales en la historia colombiana con polvo de carbón sobre un soporte acrílico. En el video *Horizonte*, relacionado con la serie *Impresiones débiles*, Muñoz incluye fragmentos de documentales de época filmados en Tauramena, Colombia. Muñoz crea *Libro abierto*, usando tóner en un libro para mostrar como desaparecen los textos. José Roca y María Wills organizan la retrospectiva *Óscar Muñoz: Protografías*, que se exhibe en el Museo de Arte del Banco de la República, Bogotá; Jeu de Paume, París; Museo de Arte Moderno La Tertulia, Cali; Museo de Arte de Lima; Museo de Antioquia, Medellín; Biblioteca Luis Ángel Arango, Bogotá, y el Museo de Arte Latinoamericano de Buenos Aires (hasta 2014). En septiembre y noviembre, Lugar a Dudas participa en la *8ª Bienal del Mercosur*, Porto Alegre, Brasil.

2012
Ambulatorio de Muñoz se muestra en Belfast, Irlanda del Norte.

2013
Un nuevo colectivo de arte de Cali, La Nocturna, apoya proyectos en diferentes instituciones locales como una forma de infiltración cultural. Muñoz trabaja en *Doméstico*, una instalación en mármol blanco que refleja el rol conmemorativo de la fotografía. En la pieza *4×3*, Muñoz recicla los bordes descartados de las fotografías a color de los pasaportes, que monta en una cuadrícula geométrica. Muñoz recibe el Premio Príncipe Claus, otorgado por el Fondo Príncipe Claus en Ámsterdam, por su trabajo en Lugar a Dudas. El premio incluye una exposición en la Galería de la Fundación Príncipe Claus en Ámsterdam (en 2014). Participa en la exposición *Cantos / Cuentos colombianos: Arte colombiano contemporáneo*, organizada por Casa Daros, Río de Janeiro, Brasil.

2014
La galería de arte bis | oficina de proyectos, de Cali apoya a artistas contemporáneos (hasta 2019). Muñoz produce *Distopía*, usando páginas del libro *1984* de George Orwell, impresas con tóner negro

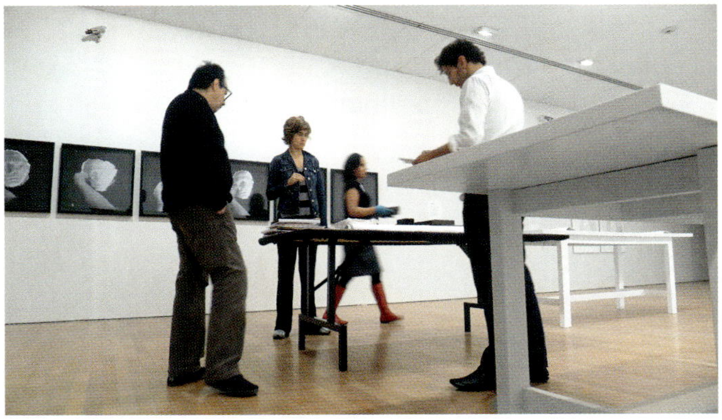

Installing/instalando *Protografías*, Muñoz, José Roca, María Wills, 2011

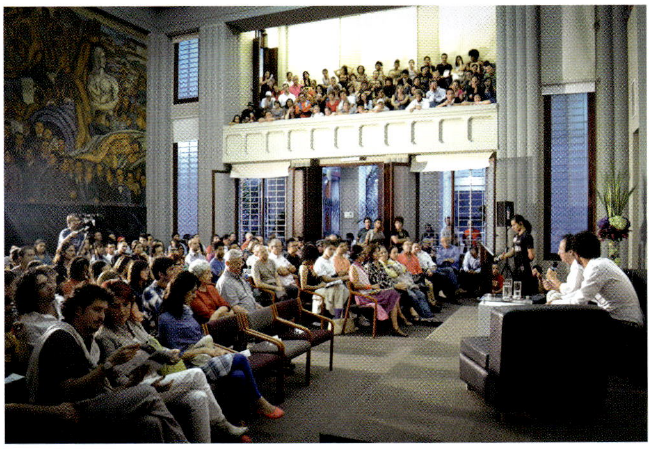

Presentation at the Museum of Antioquia, 2012
Presentación en el Museo de Antioquia, 2012

by taking pages from George Orwell's book *1984,* which were printed with black toner, and submerging them in water. The letters come off the surface of the paper, making the text illegible. *Palimpsest* is a work on paper consisting of pages with text printed with black toner that has drifted, losing all semantic coherence. Muñoz's show *Biographies* is exhibited in Albuquerque, New Mexico; Recife, Brazil; Haarlem, The Netherlands; Manchester, United Kingdom; Sydney, Australia; and Cartagena, Colombia.

2015
The gallery Arte Amerika opens in Cali, dedicated to local and international art (until 2017). After a decade, Lugar a Dudas has become a leading institution for the arts in Cali. Colombia is invited to participate in *ARCOmadrid*, the *International Fair of Contemporary Art*, as the honored guest country. The exhibition *Oscar Muñoz: Black Liquid*, curated by María Wills, is presented at La Tabacalera, Promoción del Arte, in conjunction with ARCOMadrid. Muñoz participates in the *10th Mercosul Biennial: Messages from a New America*, Porto Alegre, Brazil; in the show *Contingent Beauty: Contemporary Art from Latin America*, at the Museum of Fine Arts, Houston; and in *Chamber of Marvels*, Center of the Image, Mexico City. The exhibition *Oscar Muñoz: Sedimentations* is presented at the Contemporary Art Museum, University of South Florida, Tampa. Muñoz receives the Aurora Award from the Aurora Picture Show, Houston.

2016
The Colombian government signs a peace agreement with the most powerful guerrilla group, including the creation of a truth commission. Cali experiences a great drop in the homicide rate. Muñoz explores the relationship between photography and memory in his wall installation *Monument*. This marble piece consists of a shelf supporting twenty-four picture frames. He begins to work on the installation *The Exercise of Empathy*, re-creating the worktables of two late artists from Cali, Ever Astudillo and Fernell Franco. The pieces are exhibited at La Tertulia Museum (formerly Museum of Modern Art La Tertulia). The exhibition *Oscar Muñoz: The Collector*, is presented at the Sicardi Gallery, Houston.

2017
The artistic director of the art space Lugar a Dudas, Víctor Albarracín, initiates a six-week program (July–August) called *Uncertain School* to support collective and experimental projects and hold critical discussions among diverse groups of people.

2018–19
Muñoz receives the prestigious Hasselblad Foundation International Award in Photography. The award includes a symposium, an exhibition at the Hasselblad Center in the Göteborg Museum of Art, Sweden, and the

y sumergidas posteriormente en agua. Con la acción del agua, las letras hechas de carbón se desprenden del papel, haciendo ilegible el texto. *Palimpsesto* es una obra en papel, que consta de páginas impresas con tóner negro, cuyo texto se ha desplazado, perdiendo toda coherencia semántica. La muestra de Muñoz, *Biografías,* se exhibe en Albuquerque, Nuevo México; Recife, Brasil; Haarlem, Países Bajos; Manchester, Reino Unido; Sydney, Australia; y Cartagena, Colombia.

2015
Se inaugura en Cali la galería Arte Amerika, dedicada al arte local e internacional (hasta 2017). Después de una década de actividad, Lugar a Dudas se ha convertido en una institución líder para las artes en Cali Colombia es el país invitado de honor en *ARCOmadrid*, la *Feria Internacional de Arte Contemporáneo*. La exposición *Oscar Muñoz: Atramentos*, comisariada por María Wills, se presenta en La Tabacalera, Promoción del Arte, conjuntamente con *ARCOmadrid.* Muñoz participa en la *10ª Bienal Mercosur: Mensajes de una Nueva América*, Porto Alegre, Brasil; en la muestra *Belleza contingente: Arte contemporáneo de América Latina*, en el Museo de Bellas Artes de Houston, y en la exposición *Cámara de Maravillas*, Centro de la Imagen, Ciudad de México. La exposición *Oscar Muñoz: Sedimentaciones* se presenta en el Museo de Arte Contemporáneo de la Universidad del Sur de Florida, Tampa. Muñoz recibe el *Premio Aurora*, de la fundación Aurora Picture Show, Houston.

2016
El gobierno colombiano firma un acuerdo de paz con el grupo guerrillero más poderoso, en el cual se incluye la creación de una comisión de la verdad. Cali experimenta una gran caída en la tasa de homicidios. Muñoz continúa explorando la relación entre fotografía y memoria en su instalación *Monumento*. Esta pieza de mármol consiste de veinticuatro marcos de cuadros colocados sobre un estante. Comienza a trabajar en la instalación *El ejercicio de la empatía*, recreando las mesas de trabajo de dos artistas de Cali ya fallecidos, Ever Astudillo y Fernell Franco. Las piezas se exhiben en el Museo La Tertulia (antes llamado Museo de Arte Moderno La Tertulia). La exposición *Oscar Muñoz: El Coleccionista*, se presenta en la Galería Sicardi, Houston.

2017
Víctor Albarracín, director artístico de Lugar a Dudas, inicia un programa de seis semanas (de julio a agosto), llamado "Escuela incierta" para apoyar proyectos colectivos y experimentales, y mantener debates críticos entre grupos diversos.

2018–19
Muñoz produce su serie *Marginarios*, volviendo a trabajar con los bordes descartados de las fotografías de pasaporte. Recibe el prestigioso Premio Internacional de Fotografía de la Fundación Hasselblad. El premio incluye la organización de un simposio, de una exposición en el Centro Hasselblad y en el Museo de Arte de Gotemburgo, en Suecia, y la publicación de un libro sobre la vida y la obra de Muñoz.

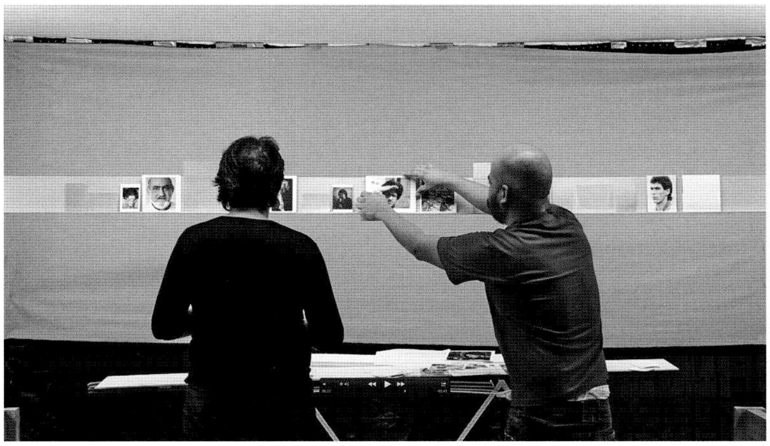

Oscar Muñoz with/con Carlos Lerma, working on *The Collector*/trabajando en *El coleccionista*, 2014

publication of a book about his life and art. Muñoz produces his series *Marginal*, working again with discarded edges of passport photographs.

2019
In May, for creating Lugar a Dudas, Muñoz receives the Montblanc de la Culture Arts Patronage Award from the Montblanc Kulturstiftung, Hamburg. Muñoz produces *Open Book*, a portfolio comprising a set of three, two-plate photogravures printed on both sides of the paper, and *Atlas Light*, an installation involving six tables with books and charcoal dust. He begins to work on a series of mini-projections titled *Ludovico's Method*. They consist of a projector set on a wall, with a small screen held up in front of it by the dual arms of an ocular speculum. The piece alludes to the fictional aversion treatment to combat violence in Stanley Kubrick's *A Clockwork Orange*. This series is exhibited at the Carlier-Gebauer gallery in Berlín, along with other mini-projections called *Trials*, because they return to preliminary studies and recordings produced for works such as *Biographies*, *Project for a Memorial*, and *Narcissus*. In November, *Oscar Muñoz. The Last Picture Show: Marginal* is presented at the gallery bis | oficina de proyectos, Cali, as the closing show for this art space.

2020s

2020
In March, Colombia enters a period of quarantine and lockdown during the Covid-19 pandemic. Muñoz remains in quarantine in his studio and produces the video *Signs of Life* (working title); and the photographic series *Judgment Day*.

2019
Muñoz produce *Libro abierto*, un álbum con tres fotograbados a dos placas, impresos en ambas caras del papel, y *Atlas leve*, una instalación formada por seis mesas con libros y polvo de carbón. Muñoz empieza a trabajar una serie de mini-proyecciones, titulada *El método Ludovico*. La obra consiste en un proyector colocado en una pared, con una pequeña pantalla sostenida frente a él por los brazos de un espéculo ocular. La pieza alude al tratamiento por terapia de aversión para combatir la violencia, llevada al cine por Stanley Kubrick en *La naranja mecánica*. Esa serie es expuesta en la Galería Carlier-Gebauer en Berlín, junto con otras mini-proyecciones llamadas *Intentos*, porque retoman ensayos y grabaciones preliminares de obras como *Biografías*, *Proyecto para un memorial* y *Narciso*. En mayo, Muñoz recibe por crear Lugar a Dudas el Premio de Patrocinio de las Artes Montblanc de la Cultura, otorgado por Montblanc Kulturstiftung, con sede en Hamburgo, Alemania. En noviembre la exposición *Oscar Muñoz. La última película: Marginarios*, se presenta en bis | oficina de proyectos, con motivo del cierre de esta galería de arte.

DÉCADA DE 2020

2020
En marzo, Colombia entra en un período de cuarentena y encierro debido a la pandemia de Covid-19. Muñoz permanece en cuarentena en su estudio y produce el video *Señales de vida*, cuyo título es provisional, y la serie fotográfica *El Día del Juicio*.

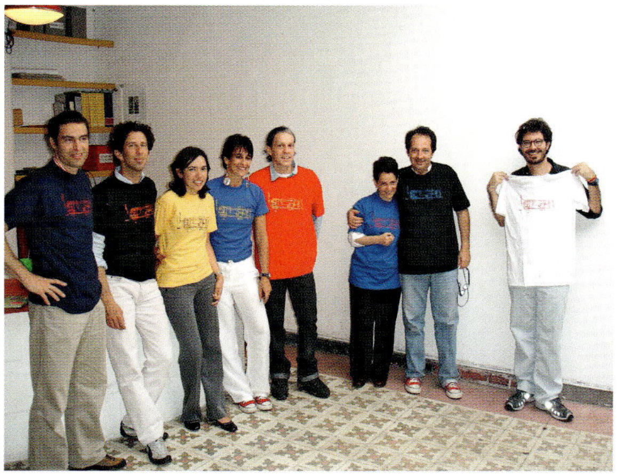

Lugar a Dudas's first advisory board/primer grupo asesor

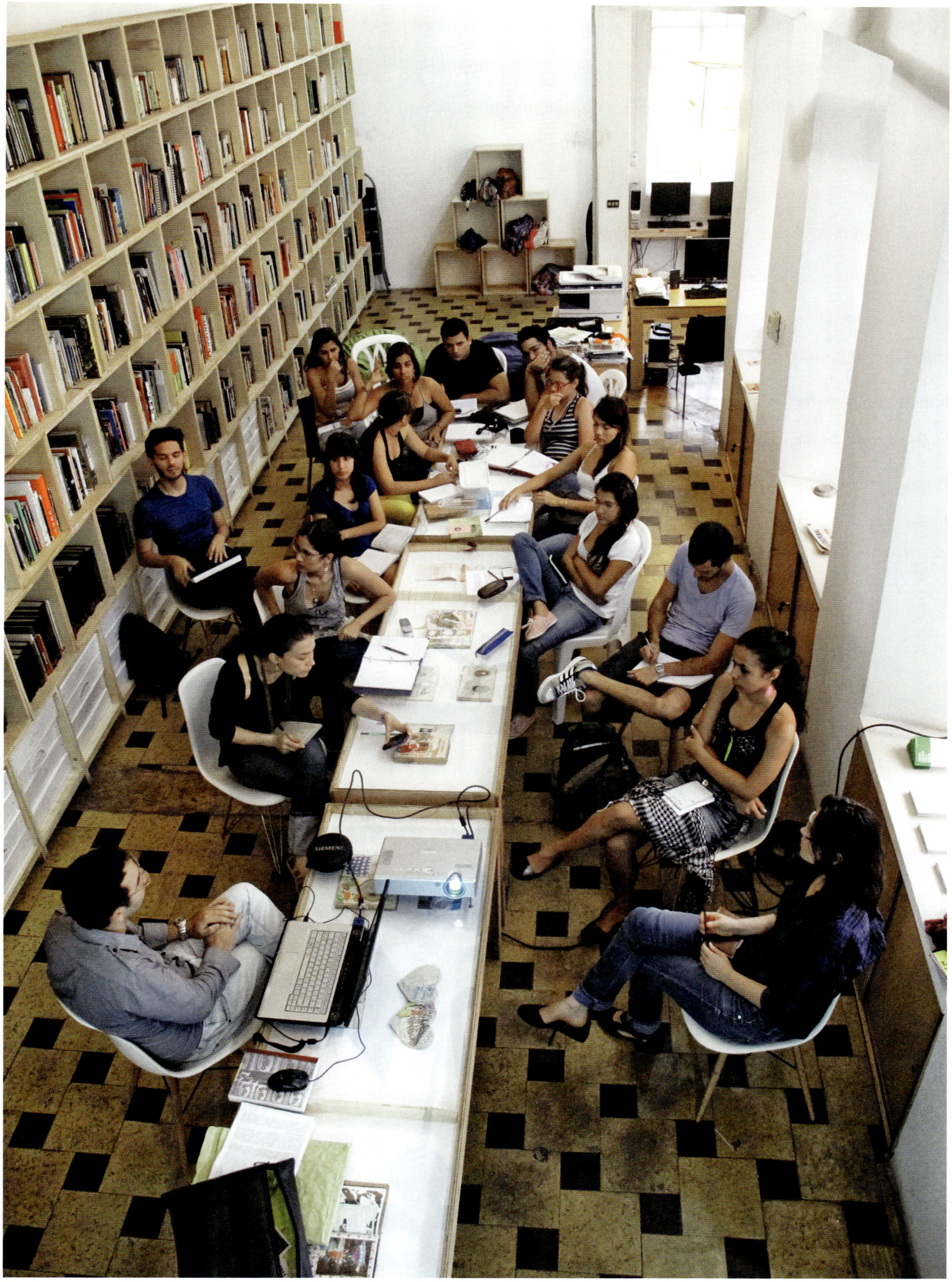

Center of Documentation/Centro de Documentación, Lugar a Dudas

NOTES

1 María Wills, "Entrevista retrospectiva a Oscar Muñoz," *banrepcultural.org*, accessed January 28, 2020.
2 Katia González Martínez, *Cali, ciudad abierta: Are y cinefilia en los años setenta* (Bogotá: Ediciones Uniandes, 2012), 41.
3 Ibid.
4 Wills, "Entrevista retrospectiva."
5 María Inés Rodríguez and Oscar Muñoz, "Un diálogo," in Carlos Jiménez et al., *Oscar Muñoz: Documentos de la amnesia* (Badajoz:
6 Wills, "Entrevista retrospectiva"; Diego Garzón, *Otras voces, otro arte: diez conversaciones con artistas colombianos* (Bogotá: Planeta, 2005), 50–51.
7 Gina McDaniel Tarver, "Intrepid Iconoclasts and Ambitious Institutions: Early Colombian Conceptual Art and Its Antecedents, 1961–1975," doctoral dissertation, The University of Texas at Austin, 2008, 12–20. Also, Wills, "Entrevista retrospectiva"; Santiago Rueda Farjardo, "Retratos de ciudad, billares, bicicletas, galladas y prostitutas: Fernell Franco, en corto diálogo con la fotografía colombiana," *Estudios Artísticos: Revista de investigación creadora*, vol. 3, no. 3: 15-38. Digital Object Identifier (DOI): <https://doi.org/10.1448/ear.v3i3.12526>.
8 Tarver, "Intrepid Iconoclasts and Ambitious Institutions," 213–14.
9 Garzón, *Otras voces, otro arte*, 51.
10 Muñoz, cited in ibid., 50.
11 González Martínez, *Cali, ciudad abierta*, 55–57, 157–63; Maria Iovino, *Oscar Muñoz: volverse aire* (Bogotá: Eco, 2003), 28, 76; Wills, "Entrevista retrospectiva."
12 Muñoz, cited in Garzón, *Otras voces, otro arte*, 51.
13 Wills, "Entrevista retrospectiva"; González Martínez, *Cali, ciudad abierta*, 197–99.
14 Miguel González, *Oscar Muñoz* (Cali: Cámara de Comercio de Cali, Departamento de Extensión Cultural, Festival de Arte de Cali, 1987).
15 Iovino, *Oscar Muñoz*, 32.
16 Tarver, "Intrepid Iconoclasts and Ambitious Institutions," 39.
17 Erika Martínez Cuervo, "La obsesión por un bulto de imágenes," *Errata* # 1, issue dedicated to Arte y Archivos, November 2010: 147–50; available at Issuu.com, accessed January 30, 2020.
18 González, *Oscar Muñoz* (1987).
19 Wills, "Entrevista retrospectiva."; Garzón, *Otras voces, otro arte*, 51.
20 Rueda Fajardo, "Retratos de ciudad," 27; González, *Oscar Muñoz* (1987).
21 Mariángela Méndez, *Seducción: Realismo extreme en la década del setenta en Colombia* (Bogotá: Fundación Gilberto Alzate Avendaño, 2015), 229.
22 Garzón, *Otras voces, otro arte*, 51.
23 María Margarita Malagón, "Art as Indexical Presence. The Work of Three Colombian Artists in Times of Violence: Beatriz González, Oscar Muñoz and Doris Salcedo in the 1990s," doctoral dissertation, The University of Texas at Austin, 2006, 54–55.
24 Ibid., 25.
25 Garzón, *Otras voces, otro arte*, 49.
26 Miguel González, *Pulsiones* (Cali: Museo de Arte Moderno La Tertulia, 1993).

NOTES

1 María Wills, "Entrevista retrospectiva a Oscar Muñoz", *banrepcultural.org*, consultado 28/01/20.
2 Katia González Martínez, *Cali, ciudad abierta: Are y cinefilia en los años setenta* (Bogotá: Ediciones Uniandes, 2012), 41.
3 Ibid.
4 Wills, "Entrevista retrospectiva".
5 María Inés Rodríguez y Oscar Muñoz "Un diálogo", en Carlos Jiménez, et al., *Oscar Muñoz: Documentos de la amnesia* (Badajoz: Museo Extremeño e Iberoamericano de Arte Contemporáneo, 2008), 181.
6 Wills, "Entrevista retrospectiva"; Diego Garzón, *Otras voces, otro arte: Diez conversaciones con artistas colombianos* (Bogotá: Planeta, 2005), 50–51.
7 Gina McDaniel Tarver, "Intrepid Iconoclasts and Ambitious Institutions: Early Colombian Conceptual Art and Its Antecedents, 1961–1975", doctoral dissertation, The University of Texas at Austin, 2008, 12–20. Also, Wills, "Entrevista retrospectiva"; Santiago Rueda Farjardo, "Retratos de ciudad, billares, bicicletas, galladas y prostitutas: Fernell Franco, en corto diálogo con la fotografía colombiana", *Estudios Artísticos: Revista de investigación creadora*, vol. 3, no. 3: 15–38. Digital Object Identifier (DOI): <https://doi.org/10.1448/ear.v3i3.12526>.
8 Tarver, "Intrepid Iconoclasts and Ambitious Institution", 213–14.
9 Garzón, *Otras voces, otro arte*, 51.
10 Muñoz, citado en Garzón, *Otras voces, otro arte"*, 50.
11 González Martínez, *Cali, ciudad abierta*, 55–57, 157–63; Maria Iovino, *Oscar Muñoz: volverse aire* (Bogotá: Eco, 2003), 28, 76; Wills, "Entrevista retrospectiva".
12 Muñoz, citado por Garzón, *Otras voces, otro arte*, 51.
13 Wills, "Entrevista retrospectiva"; González Martínez, *Cali, ciudad abierta*, 197–99.
14 Miguel González, *Oscar Muñoz* (Cali: Cámara de Comercio de Cali, Departamento de Extensión Cultural, Festival de Arte de Cali, 1987).
15 Iovino, Oscar Muñoz", 32.
16 Tarver, "Intrepid Iconoclasts and Ambitious Institution", 39.
17 Erika Martínez Cuervo, "La obsesión por un bulto de imágenes", *Errata* # 1, número dedicado a Arte y Archivos, noviembre 2010: 147–150; disponible en Issuu.com, consultado 30/1/20.
18 González, *Oscar Muñoz* (1987).
19 Wills, "Entrevista retrospectiva"; Garzón, *Otras voces, otro arte*, 51.
20 Rueda Fajardo, "Retratos de ciudad", 27; González, *Oscar Muñoz* (1987).
21 Mariángela Méndez, *Seducción: Realismo extremo en la década del setenta en Colombia* (Bogotá: Fundación Gilberto Alzate Avendaño, 2015), 229.
22 Garzón, *Otras voces, otro arte*, 51.
23 María Margarita Malagón, "Art as Indexical Presence. The Work of Three Colombian Artists in Times of Violence: Beatriz González, Oscar Muñoz and Doris Salcedo in the 1990s", tesis doctoral, The University of Texas at Austin, 2006, 54–55.
24 Ibid., 25.
25 Garzón, *Otras voces, otro arte*, 49.
26 Miguel González, *Pulsiones* (Cali: Museo de Arte Moderno La Tertulia, 1993).

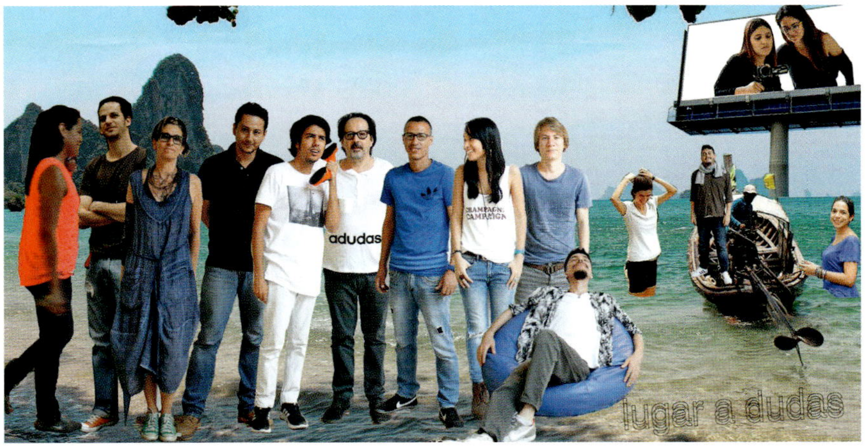

Photomontage, Lugar a Dudas team.
Fotomontaje del equipo de Lugar a Dudas

27 Oscar Muñoz, "Talk given at Global Photography Now, Tate Modern," in Jiménez et al., *Oscar Muñoz: Documentos*, 205.
28 Malagón, "Art as Indexical Presence," 65–66.
29 Garzón, *Otras voces, otro arte*, 50.
30 Wills, "Entrevista retrospectiva"; Iovino, *Oscar Muñoz*, 70–71.
31 Blanca de la Torre, "Cali: La unión hace la fuerza," Citas y sitios, *Colección Cisneros* website, posted January 21, 2015; accessed May 14, 2020.
32 Alejandra Condes Potes and Natalie Mancilla Solarte, "Como se han transformado los espacios de exhibición para las artes plásticas en Cali: Fundación 'Lugar a Dudas' (2003–2008)," undergraduate thesis, Universidad Autónoma de Occidente, Facultad de Comunicaciones, 2009, 36.

27 Oscar Muñoz, "Presentación en Global Photography Now, Tate Modern", in in Jiménez et al., *Oscar Muñoz: Documentos,* 202–203.
28 Malagón, "Art as Indexical Presence", 65–66.
29 Garzón, *Otras voces, otro arte*, 50.
30 Wills, "Entrevista retrospectiva"; Iovino,Oscar Muñoz, 70–71.
31 Blanca de la Torre, "Cali: La unión hace la fuerza", Citas y sitios, página de la red de la *Colección Cisneros*, subido 01/21/15; consultado 05/14/20.
32 Alejandra Condes Potes and Natalie Mancilla Solarte, "Como se han transformado los espacios de exhibición para las artes plásticas en Cali: Fundación 'Lugar a Dudas' (2003–2008)", Tesis de licenciatura, Universidad Autónoma de Occidente, Facultad de Comunicaciones, 2009, 36.

PHOTOGRAPHY CREDITS:

All images are courtesy of Oscar Muñoz.
Todas las imágenes son cortesía de Oscar Muñoz.

p. 250: photo Gertjan Bartelsman
p. 252: photo Francico Pakiko Ordónez
p. 256: photo Henry, *Diario de Occidente*
p. 257: photo Fernell Franco

SELECTED BIBLIOGRAPHY/ BIBLIOGRAFÍA SELECCIONADA

KARINA SALCIDO

BOOKS/LIBROS

Acosta López, María del Rosario, María Victoria Uribe Alarcón, Miguel Gualdrón, et al. *Resistencias al olvido: memoria y arte en Colombia*. Bogotá: Universidad de los Andes, Facultad de Artes y Humanidades, Departamento de Arte, 2015.

Adler, Phoebe, Tom Howells, and Nikolaos Kotsopoulos, eds. *Contemporary Art in Latin America*. London: Black Dog, 2010.

Adler, Tracy L., and Mara Hoberman. *Smoke+Mirrors / Shadows+Fog*. New York: Hunter College Art Galleries, 2010.

Agudelo Rendón, Pedro. *Cuerpo (en)marcado: ensayos sobre arte colombiano contemporáneo*. Medellín: ITM, 2016.

Al calor del pensamiento: obras de la Daros Latinamerica collection. Madrid: Fundación Banco Santander, 2010.

América Latina: 1960–2013: Photographs. Paris: Fondation Cartier pour l'art contemporain, 2013.

Amirsadeghi, Hossein, ed. *Contemporary Art Colombia*. London: Thames & Hudson, 2016.

Amor, Monica. *Amnesia*. Los Angeles: Track 16 Gallery, Christopher Grimes, 1998.

———. *Oscar Muñoz. Narcisos, Aliento*. Montevideo: Centro Cultural MEC, 1998.

Ángel, Felix. *Colombian Figurative*. San Francisco: Moss Gallery, 1990.

Baraya, Alberto. *Displaced: arte contemporáneo de Colombia = contemporary art from Colombia*. Bogotá: Ediciones Uniandes, 2007.

Barnitz, Jacqueline. *Twentieth-Century Art of Latin America*. Austin: University of Texas Press, 2001.

Barrios, Alvaro. *Orígenes del arte conceptual en Colombia (1968–1978)*. Bogotá: Alcaldía Mayor de Bogotá, 1999.

Barrios, José Luis. *El reino de coloso o el lugar del asedio en la época de la imagen*. Mexico: Museo Universitario arte Contemporáneo, 2008.

Becker, Lisa Tamara. *Vestige / Vestigio*. Colorado: University of Colorado, 2006.

Bernal, Maria Clara. *Displaced. Contemporary Art from Colombia*. Swansea: Glynn Vivian Art Gallery, 2007.

Bernstein, Joanne. *Fact and Fiction: Recent Works from The UBS Art Collection*. Guangzhou: Guangzhou Museum of Art, 2009.

Boaz, Heather, and Luis Camnitzer. *Analog Animation: Selections Spring 2006: Heather Boaz, Brett Budde, Deborah Davidovits, Almut Determeyer, John Dooley, Magdalena Fernández, Mark Fox, Eunjung Hwang, Shin Il Kim, Anna Kiraly, Kakyoung Lee, Jennifer Macdonald, Liza McConnell, Oscar Muñoz, Serge Onnen, Hans Op De Beeck, Linda Pella, David Virgien*. New York: Drawing Center, 2006.

Bond, Anthony. *Biografías: Oscar Muñoz: AGNSW Contemporary Projects*. Sydney: Art Gallery of New South Wales, 2009.

Bringas, Tamara Díaz, and Virginia Pérez-Ratton. *Estrecho dudoso*. San José: TEOR/éTica, Museo de Arte Contemporáneo San José, 2006.

Brown, Camilla, and Pippa Oldfield, eds. *Once More, with Feeling: Recent Photography from Colombia [Published on the Occasion of the Exhibition Held at the Impressions Gallery, Bradford, 14 December 2007–3 February 2008; The Photographers' Gallery, London, 17 April–15 June 2008 and Other Venues]*. Bradford: Impressions Gallery, 2008.

Bucher, François, Oscar Muñoz, and Miguel Ángel Rojas. *François Bucher, Oscar Muñoz, Miguel Ángel Rojas*. Miami: Galería Alcuadrado, 2005.

Caballero, Germán Rubiano. *El dibujo actual en Colombia*. Bogotá: Centro Colombo Americano, 1984.

———. *Dibujantes colombianos modernos, un gran examen*. Bogotá: Museo de Arte Universidad Nacional, 1987.

Capellazzo, Amy. *Love, Flesh and Water*. Miami: InterAmerican Art Gallery, Miami-Dade Community College, Wolfson Campus, 1996.

Carlos, Isabel, Félix Duque, and Iñaki Martínez Antelo. *Tempo ao tempo = Taking time*. Vigo: MARCO, 2007.

Castro, Fernando R. *FotoFest 2002. Classicism & Beyond*. Houston: FotoFest, 2002.

Catálogo conmemorativo de los 30 años del Museo de Arte Moderno la Tertulia. Cali: Museo de Arte Moderno La Tertulia, 1986.

Cazali, Rosana, et al. *Entre líneas*. Madrid: La Casa encendida, 2002.

Cerón, Jaime, and Ana María Lozano. *VIII Bienal de arte de Bogotá*. Bogotá: Museo de Arte Moderno Bogotá, 2003.

Christian Marclay, Oscar Muñoz, Yoko Ono, Gary Simmons, Christian Xatrec. Long Island City: Dorsky Gallery, 2006.

Coelho, Teixeira. *Fotobienal MASP 2013*. São Paulo: Museu de Arte de São Paulo Assis Chateaubriand, 2013.

Colombia 2003: Oscar Muñoz, José Alejandro Restrepo, Miguel Ángel Rojas: Marzo 2003. Buenos Aires: Museo de Arte Moderno de Buenos Aires, 2003.

Desmond, Jill, ed. *Companion to Light, Sound and the Moving Image*. Denver: Denver Art Museum, 2011.

Diego, Eliseo. *Primera Bienal de la Habana*. Havana: Pabellón Cuba, Museo Nacional, Centro Wifredo Lam, 1984.

DiQuinzio, Apsara, ed. *Six Lines of Flight: Shifting Geographies in Contemporary Art*. San Francisco: San Francisco Museum of Modern Art, 2012.

Dragana, Östlind Vujanović, and Louise Wolthers, eds. *Oscar Muñoz: Hasselblad Award 2018*. Gothenburg: Hasselblad Foundation, 2018.

El dibujo en Colombia. Una mirada a la colección del Museo de Arte de la Universidad Nacional de Colombia. Bogotá: Museo de Arte Universidad Nacional de Colombia, 2001.

Elstgeet, Tanja. *Silent*. Hiroshima: The Hiroshima City Museum of Contemporary Art, 2009.

Ever Astudillo, dibujos: Fernell Franco, fotografías: Oscar Muñoz, dibujos: [exposición], Museo de Arte Moderno la Tertulia. Cali: El Museo de Arte Moderno La Tertulia, 1979.

Fatamorgana: Illusion and Deception in Contemporary Art. Haifa: Haifa Museum of Art, 2006.

Fernández, Lelio. *Arte colombiano mito, sueño, realidad*. Washington, DC: Banco Interamericano de Desarrollo, 1987.

Fernández, Lelio, and Miguel González. *Oscar Muñoz: 1987*. Santiago: Galería Epoca, 1987.

Figueroa, Eugenio Valdes, ed. *Guerra y Pá: simposio sobre la situación social, política y artística en Colombia*. Zurich: Daros-Latinamerica, 2006.

For You/ Para Usted. The Daros Latinamerica Tapes and Video Installations. Zurich: Daros Latinamerica, 2009.

François Bucher forever live: the case of K. Gun: 29 de marzo al 4 de abril 2007; Miguel Angel Rojas: Corte en el ojo: 5 al 12 de abril 2007; Oscar Muñoz: Re/trato: 13 al 22 de abril 2007; Clemencia Echeverri: apetitos de familia: 23 al 30 de abril 2007. Bogotá: Fundación Gilberto Alzate Avendaño, 2007.

François Bucher, Oscar Muñoz, Miguel Ángel Rojas. Bogotá: Galería Alcuadrado, 2005.

García, Maria Soledad. *María Elvira Escalón, Juan Fernando Herrán, Oscar Muñoz, Miguel Ángel Rojas, una muestra de fotología 4*. Bogotá: Galería Alcuadrado and Antiguo Teatro Cuba, 2005.

Garzón, Diego. *Otras voces, otro arte: diez conversaciones con artistas colombianos*. Bogotá: Planeta, 2005.

———. *On What We Are: 110 Works from Colombian Contemporary Art*. Barcelona: Lunwerg, 2011.

Goetz, Ingvild, and Stephan Urbaschek. *Fast forward 2: the power of motion: media art, Sammlung Goetz*. Karlsruhe: Zentrum für Kunst und Medientechnologie, 2010.

González, Miguel. *Oscar Muñóz*. Pereira: Centre de Arte Actual, 1982.

———. *Cinco artistas colombianos. jornadas culturales de Colombia, Centroamérica, Costa Rica, El Salvador, Honduras, Nicaragua, Panamá*. Cali: Museo de Arte Moderno La Tertulia, 1984.

———. *Diez artistas vallecaucanos*. Bogotá: Museo Nacional, 1985.

———. *Serie pinturas de Agua*. Barranquilla: Galería Quintero, 1986.

———. *Oscar Muñoz: 15 años*. Cali: Cámara de Comercio de Cali, 1987.

———. *Sobre papel*. Cali: Galería Ventana, 1988.

———. *Oscar Muñoz. Superficies al carbón*. Medellín: Sala de arte Suramericana de Seguros, 1990.

———. *America Bride of the Sun: 500 Years Latin America and the Low Countries*. Antwerp: Musée Royal des Beaux-Arts, 1992.

———. *Oscar Muñoz estudios y proyectos*. Cali: Galería de Bellas Artes, 1993.

———. *Oscar Muñoz. narcisos*. Bogotá: Galería Garcés Velásquez, 1995.

———. *Oscar Muñoz. narcisos*. Cali: Museo de Arte Moderno La Tertulia, 1995.

———. *Oscar Muñoz*. Bogotá: Museo de Arte Moderno de Bogotá, 1996.

———. *Oscar Muñoz*. Pereira: Museo de Arte de Pereira, 1997.

Harwood, Joanne. *Trazos humanos*. Colchester: University of Essex, 2008.

Herrán, Juan Fernando, and María A. Iovino. *Proyecto pentágono. investigaciones sobre arte contemporáneo en Colombia*. Bogotá: Ministerio de Cultura, 2000.

Herzog, Hans-Michael. *Cantos cuentos colombianos: arte colombiano contemporáneo*. Zurich: Daros-Latinamerica, 2004.

Herzog, Hans-Michael, Sebastián López, and Felicitas Rausch, eds. *Las horas: artes visuales de América Latina contemporánea: una selección de la colección Daros-Latinamerica, Zürich = The hours: visual arts of contemporary Latin America: a selection from the Daros-Latinamerica Collection, Zürich.* Zurich: Daros-Latinamerica, 2005.

Iovino, María A. *Colombia 2003. Muñóz, restrepo, rojas.* Buenos Aires: Museo de Arte Moderno de Buenos Aires, 2003.

———. *Oscar Muñóz: volverse aire*. Bogotá: Eco, 2003.

Iovino, María A., Vilèm Flusser, and Miguel Ángel Rojas. *Contratextos Fernell Franco, Oscar Muñoz, José Alejandro Restrepo, Miguel Ángel Rojas*. Bogotá: República de Colombia, 2009.

Jaime Ávila, Juan Fernando Herrán, Oscar Muñoz. Bogotá: UBS AG Oficina de Representación, 2006.

Jiménez, Carlos. *VIII Festival internacional de arte de Cali. Imaginacion y Fantasia*. Cali: Museo de Arte Moderno La Tertulia, 1997.

———. *Generación intermedia*. Bogotá: La Casa de Moneda, Biblioteca Luis Ángel Arango, Banco de la República, 1998.

———. *La escena sin fin: el arte en la era de su big bang*. Murcia: Micromegas, 2013.

Jiménez, Carlos, et al. *Oscar Muñoz: documentos de la amnesia*. Badajoz: Museo Extremeño e Iberoamericano de Arte Contemporáneo, 2008.

Kalero, Frank, and Fred Ritchin. *Photoquai 2013, 4th biennale des images du monde*. Paris: Musée du Quai Branly, 2013.

Keen, Melanie. *Oscar Muñoz: Mirror Image*. Western Australia: Perth Institute of Contemporary Arts, 2009.

La Trama e l'Ordito. Rome: IILA Istituto Italo-Latino Americano, 2005.

Lauro-Lazin, Linda. *Impermanent Markings*. New York: Pratt Manhattan Gallery, 2008.

López, Miguel A. *Observed: Milagros de la Torre*. Lima: Museo de Arte de Lima, 2012.

Los Desaparecidos / The Disappeared. Grand Forks: North Dakota Museum of Art, 2006.

Mah, Sergio, et al. *El tiempo expandido: Bleda y Rosa, Tacita Dean, Roman Signer*. Madrid: La Fábrica, 2010.

Malagón-Kurka, María Margarita. *Arte como presencia indéxica: la obra de tres artistas colombianos en tiempos de violencia: Beatriz González, Oscar Muñoz y Doris Salcedo en la década de los noventa*. Bogotá: Universidad de los Andes, 2010.

Martinez, José, Miguel González, and Mario Rivero. *Oscar Muñoz, Ever Astudillo, Miguel Ángel Rojas, Saturnino Ramírez*. Cali: Museo de Arte Moderno La Tertulia, 1982.

Maya, Alberto, and Monica Amor. *El dibujo*. Medellín: Salad de Arte Suramerica de Seguros, 2000.

Medina, Alvaro. *Dibujantes y grabadores colombianos*. Bogotá: Museo de Arte, Dirección de Divulgación y Cultural, Universidad Nacional de Colombia, 1975.

———. *Procesos del arte en Colombia / Alvaro Medina*. Bogotá: Instituto Colombiano de Cultura, 1978.

Medina, Alvaro, et al. *Arte y violencia en Colombia desde 1948*. Bogotá: Museo de Arte Moderno de Bogotá, 1999.

Mellado, Justo Pastor, and Mari Carmen Ramírez. *Trienal Poli/gráfica de San Juan. América Latina y el Caribe*. San Juan: Instituto de Cultura Puertorriqueña, 2004.

Méndez, Mariángela. *Seducción: Realismo extremo en la década del setenta en Colombia*. Bogotá: Fundación Gilberto Alzate Avendaño y Universidad de los Andes, 2015.

Miami Currents. Miami: Miami Art Museum, 2003.

Muñoz, Oscar. *Archivo por contacto*. Bogotá: Laguna Libros, 2009.

———. *María*. Cali: Casa Proartes, 2009.

Nairne, Sandy, Sarah Howgate, and Andrew Graham-Dixon. Foreword and Introduction. In Higgins, Joe. *21st-Century Portraits*. London: National Portrait Gallery, 2013.

Nancy, Jean-Luc. *L'Altro Ritratto*. Rovereto: Museum of Modern and Contemporary Art of Trent and Rovereto, 2013.

Newspapers 1–13, 2003–2007. Bogotá: Galería Al Cuadrado, 2007.

Nombres nuevos en el arte de Colombia. Bogotá: El Museo de Arte Moderno, 1972.

Noyce, Richard. *Critical Mass: Printmaking Beyond the Edge*. London: A & C Black, 2010.

Obrist, Hans Ulrich, and Karen Marta, eds. *Conversations in Colombia: Anañam-Yoh-Reya*. Bogotá: La Oficina del Doctor, 2015.

Oscar Muñoz. Cali: Festival de Arte de Cali, 1987.

Oscar Muñoz. Monterrey, Nuevo León: Museo de Arte Contemporáneo de Monterrey, 2014.

Oscar Muñoz: November 11, 1999–January 8, 2000. Throckmorton Fine Art: New York, 1999.

Oscar Muñoz: projeto para um memorial. Évora: Fundação Eugénio de Almeida, 2014.

Oscar Muñoz: Protographies. Begard: Filigranes Editions, 2014.

Oscar Muñoz: Sicardi Gallery. Houston: Sicardi Gallery, 2012.

Oscar Muñoz: Trans figuraciones: 2002. Los Angeles: Iturralde Gallery, 2002.

Palacios, Carlos E., and Maria Esther Pino. *Correspondences: Contemporary Art from the Colección Patricia Phelps De Cisneros*. Caracas: Fundación Cisneros, 2008.

Palacio, Victor. *Imagen e identidad, el retrato en el arte contemporáneo*. Gijón: Centro de Cultura Antiguo Instituto, 2007.

Pascual, Omar. *47 Salón Internacional de Fotografía. Bordes inasibles*. Granada: Centro Cultural Cajastur, 2000.

Perez, Daniela, and Ana Paula Cohen. *Crónicas de la ausencia*. Mexico City: Fundación Olga y Rufino Tamayo, 2009.

Perez, Pilar, ed. *Amnesia*. Santa Monica: Smart Art Press, 1998.

Permission to be global: Latin American Art from the Ella Fontanals-Cisneros Collection. Miami: Cisneros Fontanals Art Foundation, 2013.

Philagrafika 2010: The Graphic Unconscious—Óscar Muñoz and Tabaimo. Philadelphia: Philadelphia Museum of Art, 2010.

Pic, Rafael, Clément Gagliano, Julie Crenn, and Julie Jones. *Nocturnes de Colombie: images contemporaines*. Issy-les-Moulineaux: Beaux Arts-TTM, 2013.

Quiroz, Fernando, José Hernán Aguilar, and Carolina Ponce de León. *Nueva imagen*. Bogotá: Ediciones Gamma, 1994.

Ramírez, Mari Carmen, ed. *Re-Aligning Vision: Alternative Currents in South American Drawing*. Austin: Archer M. Huntington Art Gallery, University of Texas at Austin, 1997.

Resonant Visions: Contemporary Video from Latin America. Melbourne: National Gallery of Victoria, 2008.

Richards, Peter, Slavka Sverakova, and Andrea Theis. *Ambulatorio Belfast: Oscar Muñoz*. Belfast: Golden Thread Gallery, 2012.

Rivero, Mario. *Artistas plásticos en Colombia. Los de ayer y los de* hoy. Bogotá: Stamato,1982.

Roberts, Jodi, et al. *The Matter of Photography in the Americas*. Stanford: Iris & B. Gerald Cantor Center for Visual Arts at Stanford University and Stanford University Press, 2018.

Roca, José, and María Wills Londoño. *Oscar Muñoz: Protografías, exposición retrospectiva, Museo de Arte del Banco de la República*. Bogotá: Biblioteca Luis Ángel Arango del Museo de Arte del Banco de la República, 2011.

Roca, José. *Entre líneas*. Madrid: La Casa Encendida, 2002.

———. *Face Value: Video Contemporáneo colombiano. La Freewaves*. Los Angeles: Museum of Contemporary Art, 2002.

Roca, José, ed. *Cardoso, Muñoz, Roldán: Colección de arte contemporáneo*. Bogotá: Seguros Bolívar, 2013.

Roca, José, and Alejandro Martin. *Entre contrarios*. Bogotá: Seguros Bolívar, 2013.

Roca, José, and María Claudia Garcia, eds. *Inmemorial*. Bogotá: República de Colombia, Ministerio de Relaciones Exteriores, 2007.

Roldán-Alzate, Oscar, Gloria Saldarriaga, Jorge Giraldo Ramirez, and Dominique Rodríguez. *Crónica 1995/2005. En la colección Juan Gallo*. Medellín: Museo de Arte Moderno, 2010.

Ruckert, Genoveva, and José Roca. *Oscar Muñoz. A través del cristal*. Linz: O.K. Centrum, 2009.

Salto, Alex, Gregorio Luke, and Cynthia MacMullen. *La presencia: Latin American Art in the United States*. Long Beach: Museum of Latin American Art, 2007.

Sichel, Bertha. *ABC Argentina, Brazil and Colombia*. New York: Sidney Mishkin Gallery, Baruch College, 1993.

Slowness: François Bucher, Ceal Floyer, Cynthia Lin, Oscar Muñoz, Keith Sanborn, Wolfgang Staehle, Alex Villar. Long Island City: Dorsky Gallery, 2003.

Stringer, John. Introduction. In Alloway, Lawrence. *Realism and Latin American Painting, the 70's*. New York: Center for Inter-American Relations, 1980.

The Constant Possibility of Erasure: William Anastasi, Joseph Beuys, Mike Bidlo, Matt Bryans, Jonathan Callan, Robin Clark, Jim Dingilian, Eldon Garnet, Ann Hamilton, Joanne Stamerra Hendricks, Christian Holstad, Kim Jones, Allan Kaprow, Songyi Kim, Christian Marclay, Oscar Muñoz, Yoko Ono, Gary Simmons, Christian Xatrec. Long Island City: Dorsky Gallery, 2006.

The Edge of Reason. Norway: Kinokino, 2011.

The Graphic Unconscious. Philadelphia: Philagrafika, 2011.

The Intricate Journey: Berlin - Colombia - Berlin. Berlin: NGBK, 2007.

Turbulence: 3rd Auckland Triennial 2007. Auckland: Auckland Art Gallery Toi o Tāmaki, 2007.

Urdinola, Maritza Uribe de. *Ocho artistas de cali*. Cali: Museo de Arte Moderno La Tertulia, 1994.

Valencia, Luis Fernando. *Oscar Muñoz. superficies al carbón*. Bogotá: Galería Garcés Velásquez, 1995.

———. *V bienal de arte de Bogotá*. Bogotá: Museo de Arte Moderno de Bogotá, 1996.

Voices from Our Communities: Perspectives on a Decade of Collecting at El Museo del Barrio. New York: El Museo del Barrio, 2001.

Yunato, Ardi, ed. *Maju kena, mundur kena: bertindak sekarang: Jakarta Biennale 2015.* Jakarta: Jakarta Biennale Foundation, 2015.

Zea de Uribe, Gloria, and Alvaro Medina. *Arte y violencia en Colombia desde 1948: mayo-junio de 1999, Museo de Arte Moderno de Bogotá / Glora Zea, directora; Álvaro Medina, curador.* Bogotá: Museo de Arte Moderno de Bogotá, 1999.

Zellen, Jodi. *Oscar Muñoz.* West Hollywood: Iturralde Gallery, 2005.

ARTICLES/ARTÍCULOS

Acosta López, María Del Rosario. "Memory and Fragility: Art's Resistance to Oblivion (Three Colombian Cases)." *CR: The New Centennial Review* 14, no. 1 (2014): 71–98.

Amor, Mónica. "Oscar Muñoz at the LedisFlam Gallery, New York." *Art Nexus,* no.14 (December 1994).

Baena, Rafael. "Cuando el color no tiene color." *Cambio 16,* no. 169 (September 1996): 42–43.

Bao, Weihong. "Reflections on Durational Art." *Representations* 136, no. 1 (Fall 2016): 132–72.

Bargallo, Daniel. "FotoFest '96. La proyeccion fotografica de Houston." *La Fotografia Actual,* no. 53 (February-March 1996): 22–23.

Barth, Malin. "Personal Permanent Records." *Photography Quarterly (U.S.A.),* no. 77 (1999): 4–16.

Barral, Alberto. "Båletîna." *Art Nexus* 5, no. 62 (October 2006): 110–12.

Barth, Malin. "Personal Permanent Records." *Photography Quarterly,* no.77 (1999): 8, 10.

Barthe, Christine."Instabilities." *Contemporary Art Colombia* (2016): 18–25.

Basilio, Miriam. "Re-Aligning Vision: Alternative Currents in South American Drawing." *Art Nexus*, no. 26 (November 1997–January 1998): 122.

Bauman, Bruce. "Amnesia." *Bomb. The Contemporary Culture Magazine*, Winter 1999: 12.

Bazileva, Irina. "Pust' 'Drugoi' Stanet Blizhnim." *Moscow Art Magazine*, nos. 67–68 (2007): 11–14.

Bélisle, Jean-François. "The Venice Biennale." *CV- Ciel Variable*, no. 69 (October 2005): 33–35.

Benítez Dueñas, Issa María. "ARCO 2004: Madrid." *Art Nexus*, no. 53 (July 2004): 96–98.

Bernal, Maria Clara. "Contradicciones y Convivencias: Arte de América Latina, 1981-2000." *Art Nexus*, no. 57 (June 2005): 160–62.

Bernard-Nouraud, Paul. "Figures Disparues, Figures de la Disparition dans les Œuvres de Luis Caballero et d'Oscar Muñoz." *Artelogie*, no. 9 (2016): 1.

Bianchi, Paolo. "Cantos cuentos colombianos." *Kunstforum International*, no. 223 (October 2013): 367–69.

Bouchard, Marie Ginette. "Le Mois de la Photo à Montréal." *Vie des Arts*, no. 215 (June 2009): 22.

Boutoulle, Myriam. "Les Images Éphémères d'Oscar Muñoz." *Connaissance des Arts*, no. 728 (July 2014): 78.

Bowditch, Lucy. "Global Modernism." *Afterimage* 35, no. 2 (September 2007): 2–3.

Britto Jinorio, Orlando. "For You." *Lapiz* 28, no. 254 (June 2009): 90.

———. "Promoviendo el arte latinoamericano." *Lapiz* 32, no. 278 (April 2013): 44–57.

Bucarelli, Viviana. "Quanti Artisti Abitano a Cartoonia." *Giornale dell'Arte* 28, no. 299 (June 2010): 36.

Büchler, Pavel. "All Together Now." *Source*, no. 54 (March 2008): 52–53.

Carey-Kent, Paul. "The World Made Upside Down." *Art World*, no. 9 (February 2009): 50–53.

Castro, Fernando. "FotoFest 2002. De la Alquimia a la Cibernética." *Arte en Colombia*, no. 91 (July–September 2002): 49, 51.

———. "Muniz / Muñoz (Re)composition/(De)composition." *Spot. Houston Center for Photography*, Winter-Spring 2003: 12–13.

———."Reviews: Oscar Muñoz." *Art Nexus,* no. 102 (September 2016): 95–96.

Cerón, Jaime. "Fotográfica Bogotá." *Art Nexus* 4, no. 59 (December 2005): 126–28.

Costa, Eduardo. "Report from Havana: The Installation Biennial." *Art in America* 86, no. 3 (March 1998): 50–57.

Costa, Eduardo, and Patricia Isaza. "Art Mundo Internacional Latin America." *Flash Art* 27, no. 173 (November–December 1993): 57.

Cruz Kronfly, Eduardo, Carlos Gutiérrez Cuevas, Oscar López Pulecio, and Héctor Moreno. "Oscar Muñoz." *Publicaciones Muro*, October 1987.

Cutajar, Mario. "Amnesia." *Art / Text*, no. 63 (November 1998).

Darling, Michael. "'Amnesia' at Christopher Grimes & Track 16." *Art Issues,* no. 54 (September–October 1998): 37.

De Micco, Luana. "Jeu de Paume d' Estate." *Giornale dell'Arte*, June 2014: 34.

Downey, Anthony. "Zones of Indistinction: Giorgio Agamben's 'Bare Life' and the Politics of Aesthetics." *Third Text* 23, no. 2 (March 2009): 109–25.

"El arte Latinoamericano de la colección Daros." *Lapiz* 29, no. 261 (April 2010): 24–25.

Fernández, Lelio. "Las manos inteligentes de Oscar Muñoz." *Papel de colgadura, vademécum gráfico y cultural* 4 (2011): 85.

Fuentes, Elvis. "Flight San Juan-Philadelphia / Passenger: Philagrafika 2010." *Art Nexus* 9, no. 77 (June 2010): 70–73.

Giraldo, José Tomás. "Lugar a dudas." *Bomb*, no. 110 (January 2010): 44–45.

Glessing, Jill. "Fernando Sánchez Castillo: National Episodes; and Oscar Muñoz: Becoming Air." *C Magazine*, no. 108 (December, 2010): 50–51.

———. "Review: Oscar Muñoz: Protographies." *Afterimage* 42, no. 4 (January 2015): 24–25.

Gonzalez, Miguel. "Oscar Muñoz." *Arte en Colombia,* no. 32 (February 1987): 45–49, 106.

———. "Oscar Muñoz."*Art Nexus,* no. 5 (1992): 70–71.

Goodman, Jonathan. "Oscar Muñoz: Throckmorton Fine Art, New York." *Art on Paper* 4, no. 5 (May/June 2000): 82–83.

Graham, Amanda Jane. "Assisted Breathing: Developing Embodied Exposure in Oscar Muñoz's 'Aliento.'" *Latin American Perspectives* 39, no. 3 (2012): 63–73.

Graham, Amanda Jane Lamarra. "Lost and Unfounded: Revealing Disappearances in the Art of Oscar Muñoz." MA thesis, York University, 2005.

Griffin, Tim. "Show and Tell." *Artforum International* 45, no. 9 (May 2007): 181–82, 184.

Guerrero, Maria Teresa. "Oscar Muñoz. Garces Velasquez, Bogotá." *Art Nexus*, no. 17 (July./September 1995.): 114.

Gutierrez, Natalia. "V Bienal de Bogotá." *Arte en Colombia*, no. 69 (January–March 1997): 92–94.

Hanfling, Edward. "Salon of 2007: Turbulence—the Third Auckland Triennial." *Art New Zealand*, no. 123 (June 2007): 54–57, 94.

Hirsch, Faye. "Multiples: The Open Print." *Art in America* 98, no. 4 (April 2010): 67–74.

Ho, Wuon-Gean. "Every Breath You Take." *Printmaking Today* 21, no. 4 (December 2012): 24–25.

Hunt, David. "Am-ne-sia. Contemporary Art from South America." *Art Nexus*, no. 31 (February–April 1999): 82–83.

Jasper, Adam. "Counting the Hours: Visual Arts of Contemporary Latin America." *Art and Australia* 45, no. 2 (December 2007): 200–201.

Jiménez, Carlos. "Los pliegues del instante: ruinas y duraciones en la fotografía latinoamericana." *Lapiz* 16, nos. 128–29 (February 1997): 20–27.

———. "The Lasting Instant: Ruins and Duration in Latin American Photography." *Third Text*, no. 39 (Summer 1997): 77–86.

———. "Las Muertes De Narciso." *Lapiz* 22, no. 196 (October 2003): 48–57.

———. "51st Venice Biennial: The Biennial of the Two Spanish (and of the Latin American)." *Art Nexus*, no. 58 (September 2005): 84–88.

———. "Photoespaña 2010." *Art Nexus* 9, no. 79 (December 2010): 96–100.

———. "Oscar Muñoz y el trabajo del duelo." *Artecontexto* 3, no. 31 (2011): 68–77.

———. "Colombia and ARCO." *Art Nexus* 13, no. 96 (March 2015): 80–83.

Kabat, Nora. "Everyman: A Search for the Male Form." *Camerawork: A Journal of Photographic Arts (U.S.A.)* 29, no. 1 (March 2002): 22–35.

Kask, Eve. "Intervjuu Kolumbia Kunstniku Oscar Muñozega." *Kunst.Ee*, no. 4 (2007): 92–93.

Kaufman, Jason Edward, Jim Quilty, and Suzana Sousa. "Emerging Markets." *Art + Auction*, February 2014: 94–101, 122.

King, Sarah S. "Oscar Muñoz." *Art in America* 102, no. 10 (November 2014): 185–86.

Lapeña-Gallego, Gloria. "El artista contemporáneo en la comunicación de la historia no oficial: retórica de la desaparición en el conflicto colombiano." *Palabra Clave* 21, no. 2 (April 2018): 387–409.

Lapp, Axel. "Venice Biennale 1." *Art Monthly*, no. 308 (July 2007): 26–27.

Leffingwell, Edward. "Facing the Facts." *Art in America*, no. 11 (December 2005): 108–11.

Lévy, Bernard. "La 52e Biennale de Venise. Un Modèle de Popularisation de l'Art Contemporain" *Vie des Arts*, no. 209 (December 2007): 49–52.

Lubin, David M. "Oscar Muñoz." *Artforum* 50, no. 1 (September 2011): 351–52.

"Lugar: A Project for the Contemporary Creation." Typed manuscript. Private Archive of Lugar a Dudas, Cali, Colombia, 2003.

Mack, Joshua. "Violent Ends." *Modern Painters,* December 2004: 54–56.

Malagón, María Margarita. "Art as Indexical Presence The Work of Three Colombian Artists in Times of Violence: Beatriz González, Oscar Muñoz and Doris Salcedo in the 1990s." Doctoral dissertation, The University of Texas at Austin, 2006.

———. "Oscar Muñoz." *Art Nexus* 11, no. 84 (March 2012): 60–64.

———. "The Art Object as Mirror or Screen: Reflections on Perception, Temporality and Empathy in the Work of Óscar Muñoz." *Third Text* 33, no. 6 (2019): 761–87.

Marger, Mary Ann. "Look South, Art Lovers." *Art Beat*, September 1999: 26.

Martell, Marisol. "Arteaméricas—Miami." *Art Nexus*, no. 57 (June 2005): 112–13.

———."Merrill Lynch: Arteaméricas—Miami." *Art Nexus* 5, no. 61 (June 2006): 114–15.

Matheson, Elizabeth. "Remains and Disappearances: The Work of Oscar Muñoz." *CV-Ciel Variable*, no. 81 (March 2009): 42–46.

Matzner, Alexandra. "Oscar Muñoz: A Través del Cristal." *Eikon*, no. 69 (2010): 73–74.

Merewether, Charles. "America Bride of the Sun." *Art Nexus*, no. 4 (April–June 1992): 110.

Miles, Christopher. "Amnesia. Christopher Grimes / Track 16, Los Angeles." *Flash Art*, October 1998: 81.

Milliard, Coline. "Oscar Muñoz: Mirror Image." *Art Review*, no. 25 (September 2008): 130.

McDaniel Tarver, Gina. "Intrepid Iconoclasts and Ambitious Institutions: Early Colombian Conceptual Art and Its Antecedents, 1961–1975." Doctoral dissertation, The University of Texas at Austin, 2008.

Navarrete, Carlos. "Oscar Muñoz práctica y reflexión en el arte." *Arte al Límite*, no. 26 (July–August 2007): 76–78.

Noriega Costas, Rebeca. "In Someone Else's Skin." MA thesis, Bard College, 2007.

Ollman, Leah. "Santa Fe Report: Everything Moves, All the Time." *Art in America* 98, no. 9 (October 2010): 83–86.

Olmo, Santiago. "La mirada y lo efímero: Oscar Muñoz." *Arco, Arte Contemporáneo*, no. 4 (Spring 2004): 108–109.

Oroño, Tatiana. "Oscar Muñoz en el MEC: Imprimir en el agua." *Brecha*, November 1998.

Ospino, William. "La danza de los elementos." *Cambio 16*, no. 206 (May–June 1997): 48–49.

Paflik-Huber, Hannelore. "Nur dieses jetzt/Jetzt: zeiterleben im medium zeichnung." *Kunstforum International*, no. 196 (April 2009): 80 –87.

Peñaranda, Nelly. "Eclipse de realidad." *Cambio 16*, March 2002.

Pérez, Juan Diego. "Toda mi posesión está expropiada: supervivencia y subjetividad a partir de Aliento de Oscar Muñoz." *H-ART: Revista de Historia, Teoría y Crítica de Arte*, July–December, 2017.

Pérez León, Dermis. "Relaciones, Museo de Arte y Diseño Contemporáneo, San José." *Arte en Colombia*, no. 68 (October–December 1996): 119–20.

Picard, Charmaine. "Art Basel Miami Beach, 2002." *Art Nexus*, no. 48 (April 2003): 104–108.

Pini, Ivonne."Fantasmagoría: Specters of Absence" *Art Nexus* 6, no. 65 (June 2007): 104–106.

Ponce De León, Carolina. "The Dark Rooms of Memory." *Galería de la Raza*, March–May 2002.

Purpura, Allyson. "Framing the Ephemeral." *African Arts* 42, no. 3 (September 2009): 11–14.

Quiroz, Luis Fernando. "Oriente-Occidente 'Relaciones,' Tercer Foro Internacional en el MADC." *Fanal*, no. 13 (April–June 1996): 6.

Ramírez Pérez, Gilberto. "Oscar Muñoz: blanco y negro detrás del espejo." MA thesis, Universidad de Bogotá Jorge Tadeo Lozano, 1997.

Reindl, Uta M. „Puntos de vista Gesichtspunkte: Zeitgenössische Kunst aus der Daros-Latinamerica Collection." *Kunstforum International*, no. 188 (October 2007): 406–408.

Rivero, Mario. "Oscar Muñoz." *Diners*, no. 135 (June 1981): 62–65.

Rodríguez, Marta. "Oscar Muñoz. Museum of Modern Art, Bogotá." *Art Nexus,* no. 23 (January/March 1997): 124–25.

———. "Eighth Bogotá Art Biennial, Bogotá, Colombia." *Art Nexus*, no. 48 (April 2003): 84–88.

———. "Colombia: 39th National Artists Salon." *Art Nexus*, no. 55 (January 2005): 116–21.

———."Sin remedio." *Art Nexus* 7, no. 71 (December 2008): 161–63.

Roston, Elana. "The Disappeared." *New Times Los Angeles* 3, no. 27 (July 1998).

Salgado, Gabriela. "Cantos/Cuentos Colombianos—An Exhibition of Colombian Art from the Collection of Daros-Latinamerica." *Art Nexus*, no. 57 (June 2005): 64–69.

Schellhorn, Tina. "Houston Fotofest '96." *Photonews: Zeitung für Photographie* 8, no. 5 (May 1996): 3–4.

Serrrano, Eduardo. "Alegorías en gris: la exposición de Oscar Muñoz entra la poesía y el crimen." *Semana*, no. 100 (October 1996): 100.

———. "En torno a la bienal." *Semana*, November 1996: 116–17.

Sicardi, María Ines, and Ximena Gama. "Sleight-of-hand: Oscar Muñoz with María Ines Sicardi and Ximena Gama on his recent installation Editor Solitario," *Spot*, Spring 2013: 36–38.

Siegel, Katy. "Venice: The Buck Stops here." *Artforum* 46, no. 1 (September 2007): 386–90.

Smyth, Diane. "Installation Zone." *The British Journal of Photography,* October 2009: 25–27.

Spaid, Sue. "Art Before Memory. Latin American Artist Offers 'Amnesia.'" *LA Weekly*, July–August 1998: 55.

Sullivan, Edward J. "Erasing Borders." *Art in America* 80, no. 8 (September 2012): 51, 70, 71.

Tanasescu, Marius. «Chronique du Temps Pressant.» *Etc*, no. 93 (June 2011): 15–22.

Taylor, Jessica Berlanga. "'Chronicles of Absence.'" *Artforum International* 47, no. 10 (June 2009): 361.

Toledo, Tamara. "Oscar Muñoz." *C: International Contemporary Art,* no. 98 (Summer 2008): 40–41.

Torres, Alfredo. "Sexta bienal de la Habana. Desde la periferia." *Brecha*, May 1997: 22.

Traba, M. "Propuesta para una doble lectura." *Arte en Colombia*, no. 23 (1984): 23–29, 82–83.

Vanmeenen, Karen. "Spaces in Time." *Afterimage* 37, no. 4 (January 2010): 8–9.

Vetrocq, Marcia E. "Be Careful What You Wish for." *Art in America*, no. 8 (September 2005): 108–19, 168.

Villegas, Tatiana. "FIAC 2004: Paris." *Art Nexus*, no. 55 (January 2005): 132–35.

Vozmediano, Elena. "Los *Testigos* de Oscar Muñoz." *El Cultural*, April 2011: 32.

Walker, Hollis. "'The Disappeared.'" *ARTnews* 107, no. 3 (March 2008): 146.

Wallach, Amei. "If This Is Venice (Kassel, Münster), It Must Be Now." *Sculpture* 26, no. 9 (November 2007): 46–55.

Wechsler, Diana. "Fokus Südamerika." *Kunstforum International*, no. 231 (February 2015): 126–35.

Weschler, Lawrence. "Project for a Memorial." *The Virginia Quarterly Review* 81, no. 4 (2005): 254–59.

Wolinski, Natacha. "Mois de la Photo à Montréal." *Beaux Arts Magazine*, no. 303 (September 2009): 148.

CHECKLIST OF THE EXHIBITION

PRESENCE/ABSENCE (PRESENCIA/AUSENCIA):

RE/TRATO (PORTRAIT/I TRY AGAIN), 2004
Single-channel video projection without sound (Video monocanal, sin sonido), 28 min.
The Museum of Contemporary Art, Los Angeles, Purchase with funds provided by the Jumex Fund for Contemporary Latin American Art

SEDIMENTACIONES (SEDIMENTATIONS), 2011
Blu-Ray video projection on three tables with sound (Video-proyección Blu-Ray sobre tres mesas con sonido), 36 min. 19 sec.
Collection of the artist

DE LA SERIE INTERIORES (FROM THE INTERIORS SERIES), 1977
Black chalk on paper (Tiza negra sobre papel)
120 x 94 cm (47¼ x 37 in.)
Collection of the Blanton Museum of Art, The University of Texas at Austin, Gift of Barbara Duncan, 1994

INTERIOR CON FIGURA (INTERIOR WITH FIGURE), 1982
Charcoal pencil on paper (Lápiz carbón sobre papel)
102 x 73 cm (40³⁄₁₆ x 28¾ in.)
Collection of the Blanton Museum of Art, The University of Texas at Austin, Gift of Barbara Duncan, 1991

EL TESTIGO, SERIE IMPRESIONES DÉBILES (THE WITNESS, WEAK IMPRESSIONS SERIES), 2011
Print with charcoal powder on methacrylate (Impresión con polvo de carbón sobre metacrilato)
Three elements (Tres elementos): 73.5 x 85 cm each (29 x 33⅜ in.)
Collection of the artist

CORTINAS DE BAÑO (SHOWER CURTAINS), 1985–86
Acrylic on plastic (Acrílico sobre plástico)
Nine curtains, variable dimensions (Nueve cortinas, medidas variables)
Collection of the artist

INQUILINATOS (TENEMENTS), 1976–78
Charcoal on paper (Lápiz carbón sobre papel)
100 x 190 cm (39⅜ x 74⅞ in.)
Collection of the Club Colombia, Cali, Colombia

DOMÉSTICO (DOMESTIC), 2013–16
Eight carved marble picture frames on marble base (Ocho portarretratos tallados sobre base de mármol)
Overall dimensions (Dimensión total): 80 x 40 x 40 cm (31⅜ x 15¾ x 15¾ in.)
Jorge M. Pérez Collection, Miami

NARCISO (NARCISSUS), 2001
Single-channel video with sound (Video monocanal con sonido), 3 min.
Collection of Cecilia and Ernesto Poma, courtesy of Sicardi | Ayers | Bacino

TIZNADOS (TAINTED), 1990
Charcoal, gesso, and paper on wood (Carbón, yeso, y papel sobre madera)
Seven panels (Siete paneles): 71 x 45 cm each (29 x 17¾ in.)
Collection of the Museo Nacional de Colombia, Bogotá, gift of the artist, 13.10.2006

LEVANTAMIENTOS (LIFTINGS), 1987
Frottage and graphite drawing on paper (Frottage, dibujo graffito sobre papel)
Two elements (Dos elementos): 150 x 150 cm each (59 x 59 in.)
Collection of the artist

LA MIRADA DEL CÍCLOPE (THE CYCLOPS' GAZE), 2002-2009
Single-channel HD video without sound (Video monocanal HD, sin sonido), 3 min. 1 sec.
Collection of the artist

MEMORY/AMNESIA (MEMORIA/AMNESIA):

PROYECTO PARA UN MEMORIAL (PROJECT FOR A MEMORIAL), 2005
Five-channel video installation without sound (Video-instalación, cinco videos sincronizados sin sonido), 7 min. 30 sec.
Collection of Clarissa Alcock Bronfman

INTENTOS 1 Y 2 (PROYECTO PARA UN MEMORIAL) NARCISOS EN PROCESO (NARCISSI IN PROGRESS), 1995-2011
Charcoal powder and paper on water in acrylic containers (Polvo de carbón, papel sobre água en contenedores de acrílico)
50 x 50 x 10 cm each (19⅝ x 19⅝ x 3⅞ in.)
Collection of the artist

NARCISOS SECOS (DRY NARCISSI), 1994-95
Charcoal powder and paper in plexiglass containers (Polvo de carbón y papel en contenedores de plexiglás)
Six elements (Seis elementos): 5 x 35 x 35 cm each (2 x 13⅞ x 13⅞ in.)
Collection of the Blanton Museum of Art, The University of Texas at Austin, The 1996 Friends of the Archer M. Huntington Art Gallery Purchase

EL JUEGO DE LAS PROBABILIDADES (THE GAME OF PROBABILITIES), 2007
Twelve color photographs (Doce fotografías en color)
55 x 44.6 cm each (21⅝ x 17 ½ in.)
Collection of Cecilia and Ernesto Poma, courtesy of Sicardi | Ayers | Bacino

4x3, 2013-17
Photographic remains mounted on 640g Fabriano paper (Restos fotográficos montados sobre papel Fabriano 640g)
30.5 x 37.5 cm each (12 x 14¾ in.)
Collection of the artist

ARCHIVO PORCONTACTO (BYCONTACT ARCHIVE), 2008
Digital prints of archival photographs (Impresiónes digitales de fotografias de archivo)
Variable dimensions (Medidas variables)
Collection of the artist

3-3A, 2008
Magnifying glass and four contact negatives installed on wall (Lupa y cuatro contactos negativos instalados sobre pared)
11 x 4 cm (4⅜ x 1½ in.)
Collection of the artist

EL COLECCIONISTA (THE COLLECTOR), 2014-16
Synchronized HD projections with sound (Proyecciones HD sincronizadas con sonido), 52 min.
Collection of the Carl & Marilynn Thoma Foundation

HABER ESTADO ALLÍ, SERIE IMPRESIONES DÉBILES (TO HAVE BEEN THERE, WEAK IMPRESSIONS SERIES), 2011
Print with charcoal powder on methacrylate (Impresión con polvo de carbón sobre metacrilato)
Four elements (Cuatro elementos): 73.5 x 85 cm each (29 x 33½ in.)
Collection of the artist

A TRAVÉS DEL CRISTAL (THROUGH THE GLASS), 2008-18
Video installation with sound; LCD screens with wood, metal, and plastic frames (Video-instalación con sonido; pantallas LCD con marcos de madera, metal y plastico)
Variable dimensions (Medidas variables)
Collection of the artist

APPEARANCE/DISAPPEARANCE (APARICIÓN/DESAPARICIÓN)

ANTE LA IMAGEN (BEFORE THE IMAGE), 2009
Photoengraving on mirror (Fotograbado sobre espejo)
Six elements (Seis elementos): 10.8 x 15.2 cm each (4¼ x 6 in.)
Collection of the artist

ALIENTO (BREATH), 1995
Serigraph on steel disks (Serigrafía sobre discos de acero)
Twelve elements (Doce elementos): 20 cm diameter each (7⅞ in.)
Collection of the artist

LÍNEA DEL DESTINO (LINE OF DESTINY), 2006
Single-channel video without sound (Video monocanal, sin sonido), 2 min.
Denver Art Museum: Gift of Polly and Mark Addison, 2011.298.1-2

BIOGRAFIAS (BIOGRAPHIES), 2002
Five-channel video installation with sound (Video-instalación, cinco canales con sonido)
Each projection (Cada proyección): 128 x 128 cm (50⅜ x 50⅜ in.)
Ed. AP1
Collection of Fundació Sorigué, Spain

EDITOR SOLITARIO (SOLITARY EDITOR), 2011
Blu-Ray video projection on a table with sound (Video-proyección Blu-Ray sobre una mesa con sonido), 36 min. 19 sec.
200 x 80 cm (78¾ x 31½ in.)
Collection of the artist

HORIZONTE, SÉRIE IMPRESIONES DÉBILES (HORIZON, WEAK IMPRESSIONS SERIES), 2011
Print with charcoal powder on methacrylate (Impresión con polvo de carbón sobre metacrilato)
Four elements (Cuatro elementos): 62 x 93 cm; 61 x 93 cm; 59 x 93 cm; 63 x 93 cm
(24⅜ x 36⅝ in.; 24 x 36⅝ in.; 23¼ x 36⅝ in.; 24⅞ x 36⅝ in.)
San Francisco Museum of Modern Art, Accessions Committee Fund purchase

SEÑALES DE VIDA (SIGNS OF LIFE), 2019–21
Single-channel video-animation without sound (Video-animación monocanal sin sonido), 15 min.
Collection of the artist

FUNDIDO A BLANCO (DOS RETRATOS) (FADING TO WHITE [TWO PORTRAITS]), 2009
Single-channel HD video with sound (Video monocanal HD con sonido), 7 min. 40 sec.
Collection of the artist

LIBRO ABIERTO (OPEN BOOK), 2019
Three prints on polymer plate stamped on both sides of Arte Bambu & Zonzo 25g paper (Tres grabados sobre plancha de polímero estampado sobre ambas caras del papel Arte Bambu & Zonzo 25g)
Open (Abierto): 69 x 41.5 cm (27⅛ x 16⅜ in.)
Collection of the artist

HOMBRE DE ARENA (SAND MAN), 2006–2009
Single-channel Blu-Ray video with sound (Video-instalación Blu-Ray monocanal con sonido), 3 min. 40 sec.
Collection of Eduardo Macia and Beatriz Fernandez, courtesy of Sicardi | Ayers | Bacino

COHESION/FRAGMENTATION (COHESIÓN/FRAGMENTACIÓN)

PIXELES (PIXELS), 1999–2000
Coffee tincture on sugar cubes in plexiglass (Cubos de azúcar pintados con café sobre plexiglas)
Six elements (Seis elementos): 35 x 35 x 3 cm each (13⅞ x 13⅞ x 1³⁄₁₆ in.)
Collection of The Diane and Bruce Halle Foundation

PAÍSTIEMPO (COUNTRYTIME), 2007
Pyroengraving on newspaper (Pirograbado sobre papel periódico)
56.3 x 33.5 cm each (22⅛ x 13⅛ in.)
Collection of the artist

INTERVALOS (MIENTRAS RESPIRO) (INTERVALS [WHILE I BREATHE]), 2004
Burnt paper (Papel quemado)
Three elements (Tres elementos): 60 x 50 cm each (23⅝ x 19¾ in.)
Collection of the artist

LIBRO FAHRENHEIT 451 (FAHRENHEIT 451 BOOK), 2020
Pyroengraved book, 200 pages (Libro pirograbado, 200 páginas)
Open (Abierto): 27 cm x 21 cm (10⅝ x 8¼ in.)
Collection of the artist

LACRIMARIOS (TEAR COLLECTORS), 2000–2001
Glass containers, water, charcoal powder, and halogen lamps (Contenedores de vidrio, água, polvo de carbón, lámparas halógenas)
20 x 20 cm each (7⅞ x 7⅞ in.)
Collection of the artist

DISTOPÍA (DYSTOPIA), 2015
Single-channel FHD video without sound (Video monocanal FHD sin sonido), 15 min.
Collection of the artist

APUNTES DEL NATURAL (NOTES FROM NATURE), 1990
Charcoal on plaster and paper (Carbón sobre yeso y papel)
25 x 35 cm (9⅞ x 13¾ in.)
Collection of the artist

SIN TÍTULO (TUBOS), (UNTITLED [TUBES]), 1995
Photographs, organic material, and acrylic tubes
(Fotografía, material orgánico y tubos acrílico)
Three elements (Tres elementos): 30 x 30 cm each
(11⅞ x 11⅞ in.)
Collection of the artist

DISTANCIA FOCAL, SERIE IMPRESIONES DÉBILES
(FOCAL DISTANCE, WEAK IMPRESSIONS SERIES), 2014–15
Print with charcoal powder on methacrylate (Impresión de polvo de carbón sobre metacrilato)
Two elements (Dos elementos): 404 x 186 cm each
(159 x 73⅛ in.)
Collection of the artist

INTENTO DEL JUEVES (NARCISO) (THURSDAY ATTEMPT [NARCISSUS]), 2003–20
Single-channel video installation without sound (Video instalación, monocanal sin sonido), 3 min. 1 sec.
Collection of the artist

PALIMPSESTO (PALIMPSEST), 2003
Silver mirror and engraved glass (Espejo de plata, vidrio grabado)
34.5 x 15.5 cm (13⅝ x 6⅛ in.)
Collection of the artist

AMBULATÓRIO (WALKING PLACE/OUTPATIENT WARD), 1994–2008
Thirty-six modules of photographs encapsulated in shattered tempered security glass (Treinta y seis módulos de fotografías encapsuladas en vidrio de seguridad templado destrozada)
100 x 100 cm each (39⅜ x 39⅜ in.)
Collection of the artist

FOTO/GRAFÍA (PHOTO/GRAPHY), 2020–21
Single-channel video without sound
(Video monocanal sin sonido), 16 min.
Collection of the artist

ACKNOWLEDGMENTS

Oscar Muñoz: Invisibilia is a project I developed in close collaboration with the artist over a period of four years. I first encountered artwork by Muñoz when visiting Colombia for the Bogotá Art Biennial in 2002 as a graduate student. The work that captured my imagination was *Aliento* (*Breath*) (1995), and it moved me so deeply that I never forgot it. Twenty years later, to be organizing a retrospective of this seminal artist's work is an ambition of which I scarcely dared to dream. And thanks to Oscar's invaluable partnership, it is coming to fruition. For this, and for many other things, I thank him profoundly.

This ambitious undertaking would not have been possible without the great enthusiasm of Blanton Museum of Art Director Simone Jamille Wicha and Phoenix Art Museum Sybil Harrington Director Dr. Tim Rodgers. In addition, both museums are tremendously grateful for the invaluable support that The Diane and Bruce Halle Foundation so generously provided for the realization of this exhibition. In the same fashion, we deeply appreciate the Carl & Marilynn Thoma Foundation's extraordinarily generous grants for both the exhibition catalogue and the show itself at both institutions. In Austin, Ellen and David Berman as well as Michael Chesser provided critical support, whereas in Phoenix, the exhibition was bolstered by the museum's Circles of Support and Museum Members. Sicardi | Ayers | Bacino supported this endeavor at both museums. We are grateful to all of them for their faith in this project even in its initial stages, and for their enthusiasm as it has come to be realized.

The Blanton Museum of Art and Phoenix Art Museum are also indebted to the many institutional and private lenders to the exhibition, whose support was vital to its success. These include Clarissa Alcock Bronfman; The Diane and Bruce Halle Collection; Eduardo Macía and Beatriz Fernández; The Jorge M. Pérez Collection, Miami; Cecilia and Ernesto Poma; the Carl & Marilynn Thoma Foundation; The Denver Art Museum; The Museum of Contemporary Art, Los Angeles; The San Francisco Museum of Modern Art; The Club Colombia, Cali, Colombia; The National Museum of Colombia, Bogotá; and The Fundació Sorigué, Spain. The loans of their extraordinary artworks have fortified this exhibition at its very foundations. I am also grateful to María Inés Sicardi and Mónica A. Hernández of Sicardi | Ayers | Bacino, who helped to facilitate and to underwrite loans crucial to the exhibition, as well as to Annalisa Palmieri Briscoe, who provided essential support for this project in its early phase.

The contributors to this catalogue provide fresh interpretations on Muñoz's works, and I am grateful for their scholarship. I thank Dr. Florencia Bazzano Assistant Curator of Latin American Art, Blanton Museum of Art, Austin; Dr. Natalia Brizuela, University of California, Berkeley; Joan Fontcuberta, artist, art historian, and independent curator, Barcelona; Marta Gili, Director, L'École Nationale Supérieure de la Photographie, Arles, France; Dr. Mariángela Méndez, Professor, Facultad de Artes y Humanidades, Universidad de los Andes, Bogotá, Colombia; Dr. María Inés Rodríguez, Independent Curator and Curator-at-Large, MASP São Paulo, Brazil; Karina Salcido, PhD Candidate, The University of Texas at Austin; Dr. Elena Shtromberg, University of Utah, Salt Lake City; Robert Storr, Professor of Painting/Printmaking, Yale School of Art; and Dr. Alejandra Uslenghi, Northwestern University. Their visionary essays have greatly contributed to scholarship on Muñoz's practice by shedding light upon his radical proposals from its beginnings to the present day, their voices charting innovative ideas.

My heartfelt thanks go to my colleagues at Phoenix Art Museum and the Blanton Museum of Art for their assistance in various aspects of this exhibition, as

RECONOCIMIENTOS

Oscar Muñoz: Invisibilia es un proyecto que desarrollé en estrecha colaboración con el artista durante un período de cuatro años. Encontré por primera vez el trabajo de Muñoz cuando visitaba Colombia para la Bienal de Arte de Bogotá en 2002 como una estudiante de posgrado. La obra que atrapó mi imaginación fue *Aliento* (1995) y me conmovió tan profundamente que nunca la olvidé. Veinte años después, organizar una retrospectiva de la obra de este artista fundamental es una ambición con la que apenas me atrevía a soñar. Y gracias a la invaluable colaboración con Oscar, se está haciendo realidad. Por esto, y por muchas otras cosas, le agradezco profundamente.

Esta ambiciosa iniciativa no hubiera sido posible sin el gran entusiasmo de la Directora del Museo de Arte Blanton, Simone Jamille Wicha, y el Director Sybil Harrington del Museo de Arte de Phoenix, Dr. Tim Rodgers. Ambos museos están tremendamente agradecidos por el apoyo invaluable que la Fundación Diane y Bruce Halle ha otorgado tan generosamente para la realización de esta exposición. De la misma manera, apreciamos profundamente las becas extraordinariamente generosas de la Fundación Carl & Marilynn Thoma en apoyo de la muestra y del catálogo. En Austin, tanto Ellen y David Berman como Michael Chesser otorgaron un apoyo crítico para la muestra, mientras que en Phoenix, la exposición fue respaldada por el Círculo de Apoyo del Museo, y el grupo de Miembros del Museo. Sicardi | Ayers | Bacino también sustentaron este proyecto en ambos museos. Estamos agradecidos a todos ellos por su fe en esta exposición, incluso en sus etapas incipientes, y por su entusiasmo a medida que se fue desarrollando.

El Museo de Arte Blanton y el Museo de Arte de Phoenix han contraido una gran deuda con las diferentes instituciones y coleccionistas privados que prestaron obras para la exposición, y cuyo apoyo fue vital para su éxito. Estos incluyen Clarissa Alcock Bronfman; la Colección Diane y Bruce Halle; Eduardo Macía y Beatriz Fernández; la Colección Jorge M. Pérez, Miami; Cecilia y Ernesto Poma; la Fundación Carl & Marilynn Thoma; el Museo de Arte de Denver; el Museo de Arte Contemporáneo, Los Angeles; el Museo de Arte Moderno de San Francisco; el Club Colombia, Cali, Colombia; el Museo Nacional de Colombia, Bogotá; y la Fundació Sorigué, España. Los préstamos de sus obras de arte extraordinarias han fortalecido esta exposición desde sus propios cimientos. También agradezco a María Inés Sicardi y Mónica A. Hernández de Sicardi | Ayers | Bacino, quienes ayudaron a facilitar y suscribir préstamos cruciales para la exposición, así como a Annalisa Palmieri Briscoe, quien brindó un apoyo esencial a este proyecto en su fase inicial.

Los colaboradores a este catálogo ofrecen nuevas visiones sobre las obras de Muñoz, y estoy agradecida por su eruditas contribuciones. Agradezco a la Dra. Florencia Bazzano, Curadora Asistente de Arte Latinoamericano, Museo de Arte Blanton, Austin; Dra. Natalia Brizuela, Universidad de California, Berkeley; Joan Fontcuberta, artista, historiador del arte y curador independiente, Barcelona; Marta Gili, Directora de la Escuela Nacional de Estudios Superiores de Fotografía, Arles, Francia; Dra. Mariángela Méndez, Profesora, Facultad de Artes y Humanidades, Universidad de los Andes, Bogotá, Colombia; Dra. María Inés Rodríguez, curadora independiente y Curadora General, MASP São Paulo, Brasil; Karina Salcido, doctoranda, Universidad de Texas en Austin; Dra. Elena Shtromberg, Universidad de Utah, Ciudad de Salt Lake; Robert Storr, Profesor de Pintura/Grabado, Escuela de Arte de Yale; y la Dra. Alejandra Uslenghi, Universidad de Northwestern, Chicago. Sus ensayos visionarios han contribuido en gran medida a la erudición sobre la práctica de Muñoz al arrojar luz sobre sus propuestas radicales desde sus inicios hasta la actualidad, y sus voces trazan ideas innovadoras.

Mis más sinceros agradecimientos van a mis colegas del Museo de Arte de Phoenix y del Museo de Arte Blanton por su ayuda en varios aspectos de esta exposición, tanto

well as to members of Oscar Muñoz's team. Gilbert Vicario, Phoenix Art Museum Deputy Director for Curatorial Affairs and The Selig Family Chief Curator, encouraged me to pursue this ambitious undertaking from the start. Registrars Laura Wenzel, Rebekah Monahan, Shelby Lakins, Meredith Sutton, and the Blanton's Manager of Exhibitions Cassandra Smith coordinated loans and shepherded artworks securely to and from Colombia and other collections with aplomb. Phoenix Chief Preparator Bob Gates and the Blanton's Senior Preparators Matt Langland and Clark Aldridge and their outstanding teams ensured that installations proceeded without a hitch. In Phoenix, Keith Williams's and Airi Katsuta's technical wizardry enabled Muñoz's video installations to come alive. Phoenix Art Museum's Communications team Nikki DeLeon Martin and Samantha Andreacchi were instrumental in raising awareness about the exhibition, as were their Blanton counterparts Carlotta Stankiewicz, Katie Bruton, Jennifer Lioy, and Justin O'Connor. Nicole Rivet in Phoenix and Anna Berns, Kelly Millán, and Sarah Burleson in Austin played seminal roles in garnering vital support for the project at both institutions. Also from the Phoenix team, Adriana Milinic Fanning's assistance in procuring images was greatly appreciated, as were Linda Alvarez's excellent translations and Christian Ramírez's assistance with public programming. The integral members of Oscar Muñoz's team also provided essential support behind the scenes, including Maria Eugenia Duque, Carlos Lerma, Ervin Palomino, Ángela Ramírez, Diana Torres, and especially Aura Rico Rubio, and I thank them all profoundly.

I would like to acknowledge the work of the team that helped create this beautiful catalogue. Editor Terry Ann R. Neff's tireless efforts ensured that the caliber of this book meets the merits of Oscar Muñoz's own remarkable work. Tracey Shiffman and James Ihira of Shiffman&Kohnke produced an innovative and creative design that transformed this book into an elegant object. I also thank Elisabeth Rochau-Shalem and Rainer Arnold of Hirmer Publishers for partnering with both museums in producing this publication. Mirta Suquet insightfully tackled many tricky translations.

Thanks are also due to Carter Foster, the Blanton's Deputy Director for Curatorial Affairs and Curator of Prints and Drawings, as well as Blanton Curator of Modern and Contemporary Art Veronica Roberts, for their astute guidance and insightful feedback. The Blanton's 2020–21 Andrew W. Mellow Fellow in Latin American Art, Jennifer Sales, also provided essential assistance, always with a cheerful outlook. In addition, I give warm thanks to Florencia Bazzano and the Blanton's Marilynn Thoma Associate Curator of the Art of the Spanish Americas, Rosario Granados, for their unwavering kindness, from vetting translations and chasing captions to providing moral support, often and always. Finally, I thank Oscar Muñoz for his generosity, wit, and enthusiasm. And for entrusting me to showcase an overarching view of his extraordinary body of work for the first time in the United States—a rare, true honor.

VANESSA K. DAVIDSON

como al equipo de Oscar Muñoz. Gilbert Vicario, Director Adjunto de Asuntos Curatoriales del Museo de Arte de Phoenix y Curador Jefe Familia Selig, me alentó a proseguir con esta ambiciosa empresa desde el principio. Las Museólogas Laura Wenzel, Rebekah Monahan, Shelby Lakins, Meredith Sutton y la Coordinadora de Exposiciones del Blanton, Cassandra Smith, coordinaron los préstamos y custodiaron las obras de arte provenientes de colecciones de Colombia y de otros sitios de manera segura y aplomada. El Preparador en Jefe de Phoenix, Bob Gates, los Preparadores Principales del Blanton, Matt Langland y Clark Aldridge, y sus excepcionales equipos se aseguraron de que las instalaciones se desarrollaran sin problema alguno. En Phoenix, la magia técnica de Keith Williams y Airi Katsuta permitió que las instalaciones de video de Muñoz cobraran vida. El equipo de Marketing y Comunicaciones del Museo de Arte de Phoenix, Nikki De Leon y Samantha Andreacchi, contribuyeron decisivamente a crear conciencia sobre la exposición, al igual que sus homólogas del Blanton, Carlotta Stankiewicz, Katie Bruton, Jennifer Lioy, y Justin O'Connor. Nicole Rivet en Phoenix y Anna Berns, Kelly Millán y Sarah Burleson en Austin desempeñaron un papel fundamental en solicitar apoyo vital para el proyecto en ambas instituciones. Del equipo de Phoenix, Adriana Milinic Fanning ayudó a obtener imágenes para el catálogo, Linda Alvarez brindó traducciones excelentes, y Christian Ramírez facilitó la programación pública. Los miembros fundamentales del equipo de Oscar Muñoz también extendieron su asistencia esencial por entre los bastidores, incluyendo a Maria Eugenia Duque, Carlos Lerma, Ervin Palomino, Ángela Ramírez, Diana Torres, y especialmente Aura Rico Rubio, y les agradezco a todos profundamente.

Quisiera reconocer el trabajo del equipo que ayudó a crear este hermoso catálogo. Los esfuerzos incansables de la editora Terry Ann R. Neff aseguraron que el calibre de este libro coincida con los méritos de la extraordinaria obra de Oscar Muñoz. Tracey Shiffman y James Ihira de Shiffman&Kohnke produjeron un diseño innovador y creativo que transformó este libro en un objeto elegante. También agradezco a Elisabeth Rochau-Shalem y Rainer Arnold de Hirmer Publishers por asociarse con ambos museos en la realización de esta publicación. Mirta Suquet abordó de manera esclarecedora traducciones a veces bastante complicadas.

Gracias también se deben a Carter Foster, Director Adjunto de Asuntos Curatoriales y Curador de Grabados y Dibujos del Blanton, así como a la Curadora de Arte Moderno y Contemporáneo del Blanton Veronica Roberts, por sus astutos consejos y sabios comentarios. La Becaria Andrew W. Mellon en Arte Latinoamericano 2020–21 del Blanton, Jennifer Sales, también brindó asistencia esencial, siempre con una perspectiva alegre. Además, agradezco mucho a Florencia Bazzano y a la Curadora Asociada de Arte Hispanoamericano Marilynn Thoma del Blanton, Rosario Granados, por su apoyo inquebrantable, desde ajustar traducciones, buscar leyendas de imágenes, hasta dar apoyo moral, frecuente y constantemente. Finalmente, agradezco a Oscar Muñoz por su generosidad, su ingenio y su entusiasmo. Y por confiarme la oportunidad de presentar una visión amplia de su extraordinario cuerpo de trabajo por primera vez en los Estados Unidos— un raro y verdadero honor.

VANESSA K. DAVIDSON

Oscar Muñoz: Invisibilia is co-organized by Phoenix Art Museum and the Blanton Museum of Art. Its Phoenix premiere is made possible through the generous support of The Diane & Bruce Halle Foundation, the Carl & Marilynn Thoma Foundation, and Sicardi | Ayers | Bacino, with additional support from the museum's Circles of Support and Museum Members.

Oscar Muñoz: Invisibilia está coorganizada por el Museo de Arte de Phoenix y el Museo de Arte Blanton. Su estreno en Phoenix es posible gracias al auspicio generoso de la Fundación Diane & Bruce Halle, la Fundación Carl & Marilynn Thoma, y Sicardi | Ayers | Bacino, con el respaldo adicional de los Círculos de Apoyo del museo, y de los Miembros del Museo.

Generous funding for this exhibition at the Blanton is provided by The Diane & Bruce Halle Foundation and the Carl & Marilynn Thoma Foundation, with additional support from Ellen and David Berman, Michael Chesser, and Sicardi | Ayers | Bacino.

En el Blanton, la Fundación Diane & Bruce Halle y la Fundación Carl & Marilynn Thoma han auspiciado generosamente esta exposición, con el apoyo adicional de Ellen y David Berman, Michael Chesser, y Sicardi | Ayers | Bacino.

ISBN: 978-3-7774-3558-9

Except where otherwise noted, all photography courtesy of Oscar Muñoz and © Oscar Muñoz.
Salvo que se indique lo contrario, todas las fotografías son cortesía de Oscar Muñoz y © Oscar Muñoz.

Page 185: Photograph by Austin Kennedy / Paper Scenery
Página 185: Fotografía de Austin Kennedy / Paper Scenery

Published by/Publicado por:

Hirmer Verlag GmbH
Nymphenburger Strasse 84
80636 Munich
www.hirmerpublishers.com

Phoenix Art Museum
1625 N. Central Avenue
Phoenix, AZ 85004
www.phxart.org

Blanton Museum of Art
The University of Texas at Austin
200 E Martin Luther King Jr Blvd
Austin, TX 78712
www.blantonmuseum.org

Editor/Editora: Vanessa K. Davidson
Translation/Traducción: Mirta Suquet
English language editor/Editora de textos en inglés: Terry Ann R. Neff, Tucson, Arizona
Spanish language editors/Editoras de textos en español: Mirta Suquet and Florencia Bazzano
Design and visual editing/Diseño y tipografía: Tracey Shiffman and James Ihira, Shiffman&Kohnke, Los Angeles

Senior Editor Hirmer Publishers/Editora Senior de Editores Hirmer: Elisabeth Rochau-Shalem
Project Manager Hirmer Publishers/Gerente del Proyecto de Editores Hirmer: Rainer Arnold
Pre-press/Preimpresión: Reproline Mediateam, Unterföhring
Paper/Papel: Gardamatt Art 170 g/m^2
Printer and Binder/Impresora y Encuadernador: Passavia Druckservice, Passau

Printed in Germany/Impreso en Alemania